JN302752

大振幅地震動と
建築物の耐震性評価

― 巨大海溝型地震・内陸地震に備えて ―

Extreme Ground Motions and Seismic Performance Evaluation of Buildings
- How to Prepare for Mega Subduction and Inland Earthquakes -

日本建築学会

ご案内

本書の著作権・出版権は(一社)日本建築学会にあります。本書より著書・論文等への引用・転載にあたっては必ず本会の許諾を得てください．

Ⓡ〈学術著作権協会委託出版物〉

本書の無断複写は，著作権法上での例外を除き禁じられています．本書を複写される場合は，学術著作権協会（03-3475-5618）の許諾を受けてください．

　　　　　　　　　　　　　　　一般社団法人　日本建築学会

序

　1995年兵庫県南部地震およびその後の被害地震では，建築基準法で規定されている地震荷重の水準を大きく超える大振幅地震動が数多く観測され，そのシミュレーション解析を通じて地震動予測手法の高精度化がはかられることとなった．また，2011年東北地方太平洋沖地震を契機に，地震動予測研究は，確率論的地震動予測地図の作成から起こりうる最大級の地震動予測へと考え方を変え，建物に対しては人命保護や財産保全から地震後の速やかな再使用に向けた対応策策定へと変化し，社会はより安心・安全を求めるようになった．そして，切迫度が高まる南海トラフの巨大海溝型地震やその前後に多発する内陸地震に対して，継続時間の長い大振幅の長周期地震動やパルス周期が比較的長いパルス性地震動が推定され，日本の現代都市が未だ経験したことのない大きな建物被害が懸念されている．

　一方，地震動の予測を行う場合には，断層形状とその破壊過程・伝播経路・地下構造などに大きな不確定性が存在し，予測地震動特性に少なからずばらつきが生じてしまうことは避けられない．また，建物応答も構造骨組の塑性化が進行し最大変形角が1/100を大きく超過する場合も考えられ，建物の大変形域におけるPΔ効果や耐力劣化の影響など，モデル化精度不足に起因した応答解析結果のばらつきや，許容する限界性能の設定など，建物側の不確定要因も多い．さらに，大振幅多数回繰返し振動に対しては，最大応答値に加えて累積値に対する判定規準も整備する必要がある．従って，大振幅地震動に対して建物の耐震性評価を行うことは決して容易なことではない．しかし，人命保護の観点から社会的に許容出来ない被害に至る可能性があれば，建築基準法の規定値を大きく超える大振幅地震動に対しても，耐震性を評価して何らかの設計的対応を行うとともに，建物の安全性に対する適切な説明を行う必要がある．

　以上のように，地震動予測手法の高精度化，安心・安全に関わる社会的な要求事項の変化，予想される地震動の社会的インパクトの大きさなどにより，建築基準法で定める地震荷重の水準を大きく超える大振幅地震動に対して，実務設計においても耐震性評価を行わざるを得ない状況となりつつある．本書は，建築基準法で定める地震荷重を大きく超える大振幅地震動が予測される際に，建築物の耐震性評価を如何に行えば良いかについて，学会として検討してきたこれまでの研究成果をとりまとめたものである．対象とする地震動は，海溝型地震による長周期地震動と内陸地震によるパルス性地震動である．前述のように，建築構造に関わる設計者，研究者，技術者が直面している課題は決して容易なものでない．本書がきっかけとなり，大振幅地震動に対して，多くの設計者や研究者に共に考えていただく糸口を提供できればと考えている．

2013年9月

日本建築学会

本書作成関係委員 (2013年3月)
——五十音順・敬称略——

構造委員会

委員長	中島 正愛
幹事	大森 博司　塩原 等　三浦 賢治
委員	（省略）

振動運営委員会

主査	福和 伸夫
幹事	壇 一男　宮本 裕司　渡壁 守正
委員	飯場 正紀　池田 芳樹　大川 出　大野 晋
	鹿嶋 俊英　加藤 研一　菊地 優　北村 春幸
	高山 峯夫　田守 伸一郎　飛田 潤　鳥井 信吾
	長島 一郎　西谷 章　西村 功　林 康裕
	久田 嘉章　三浦 賢治

地震荷重小委員会

主査	林 康裕
幹事	石原 直　壇 一男
委員	麻里 哲広　石井 透　上林 宏敏　大川 出
	岡野 創　北村 春幸　楠 浩一　田村 和夫
	土肥 博　野畑 有秀　森 保宏　山田 哲

地震荷重と応答評価指標刊行企画ワーキンググループ

主査	北村 春幸
幹事	佐藤 俊明　永野 正行　土方 勝一郎
委員	大西 良広　倉本 洋　小林 正人　高山 峯夫
	壇 一男　内藤 幸雄　西村 功　久田 嘉章
	翠川 三郎　柳下 文雄　山根 尚志
協力委員	新井 洋　石井 正人　小穴 温子　勝俣 英雄
	亀井 功　吹田 啓一郎　杉本 訓祥　多賀 謙蔵
	多幾山 法子　福島 誠一郎　三輪田 吾郎

執 筆 委 員

1章　　林　　康裕

2章　　北村　春幸

3章　　壇　　一男 (3.1)　　　久田　嘉章 (3.2)　　　永野　正行 (3.3)
　　　　岡野　　創 (3.3,3.5)　新井　　洋 (3.4)　　　土肥　　博 (3.5)
　　　　内藤　幸雄 (3.5)　　　小林　正人 (3.5)　　　上林　宏敏 (3.5)

4章　　柳下　文雄 (4.1)　　　福島　誠一郎 (4.1)　　北村　春幸 (4.2)
　　　　小穴　温子 (4.2)　　　林　　康裕 (4.3)

5章　　石井　正人 (5.1)　　　楠　　浩一 (5.2)　　　杉本　訓祥 (5.2)
　　　　多賀　謙蔵 (5.3)　　　吹田　啓一郎 (5.3)　　高山　峯夫 (5.4)
　　　　三輪田　吾郎 (5.4)　　多幾山　法子 (5.5)　　林　　康裕 (5.5)

6章　　壇　　一男 (6.1)　　　佐藤　俊明 (6.1)　　　小林　正人 (6.2)
　　　　北村　春幸 (6.3)　　　高山　峯夫 (6.4)

7章　　多賀　謙蔵 (7.1,7.2)　大西　良広 (7.1)　　　亀井　　功 (7.1)
　　　　吹田　啓一郎 (7.2)　　三輪田　吾郎 (7.3)　　勝俣　英雄 (7.3)
　　　　多幾山　法子 (7.4)　　林　　康裕 (7.4)

8章　　田村　和夫 (8.1)　　　小林　正人 (8.2)　　　永野　正行 (8.3)
　　　　土方　勝一郎 (8.4)

9章　　田村　和夫

全体調整

　　　　石原　　直 (1,2,5章)　　永野　正行 (3章,全体)　土肥　　博 (3章)
　　　　田村　和夫 (4,8,9章)　　佐藤　俊明 (6章)　　　小林　正人 (6章)
　　　　林　　康裕 (7章)　　　　土方　勝一郎 (8章)

大振幅地震動と建築物の耐震性評価
－巨大海溝型地震・内陸地震に備えて－

目　次

ページ

- 1章　はじめに 1
  - 1.1　地震荷重設定をめぐる学会の取り組み 1
  - 1.2　地震荷重設定をめぐる社会のニーズと動向 2
  - 1.3　本書の構成 4

- 2章　大振幅地震動と耐震設計の諸課題 6
  - 2.1　はじめに 6
  - 2.2　長周期地震動と応答評価指標 7
  - 2.3　超高層建物等の性能設計へ向けて 10
  - 2.4　新しい地震動と被災経験のない建物に対する対応策 14

- 3章　入力地震動評価の現状と課題 15
  - 3.1　観測記録および設計用入力地震動に見られる増大する地震動レベル 15
  - 3.2　地震タイプ別の地震動特性 27
  - 3.3　強震動予測手法と予測地震動のばらつき 42
  - 3.4　表層地盤増幅の評価に関する現状と課題 65
  - 3.5　強震記録と建物応答および建物被害 82

- 4章　地震動の特性化 124
  - 4.1　各種地震動指標とその特性 125
  - 4.2　エネルギー入力の特性化と応答評価 138
  - 4.3　パルス性地震動の特性化と応答評価 161

- 5章　構造物の応答評価と限界状態 182
  - 5.1　応答解析モデル 183
  - 5.2　RC造建物 196
  - 5.3　S造建物 215
  - 5.4　免震建物 230

	5.5	伝統木造建物	244

6章　名古屋地区の地震を想定した設計用入力地震動評価と応答評価　252
	6.1	名古屋三の丸地区における設計用入力地震動	252
	6.2	制振改修した既存S造建物の終局耐震性能の評価	261
	6.3	S造建物の終局耐震性能の評価	272
	6.4	免震建物の終局耐震性能の評価	282

7章　上町断層帯の地震を想定した設計用地震荷重と応答評価　289
	7.1	設計用入力地震動評価	289
	7.2	S造建物の評価	313
	7.3	免震建物の評価	329
	7.4	伝統木造建物の評価	339

8章　耐震技術者の意識調査に基づく課題の抽出　348
	8.1	アンケート調査の概要	348
	8.2	アンケート結果に見る意識の全体的傾向	352
	8.3	自由記載に基づく意識の分析	360
	8.4	アンケートのまとめと考察	368

9章　地震動評価と構造物の応答評価の今後の方向性　373
	9.1	耐震設計と構造物の地震応答評価	373
	9.2	耐震設計に関わる諸課題	374
	9.3	今後の方向性	375

用語索引 377

大振幅地震動と建築物の耐震性評価

－巨大海溝型地震・内陸地震に備えて－

1章　はじめに

　本章では，はじめに，地震荷重設定をめぐるこれまでの学会の取り組みについて説明するとともに，社会のニーズと動向について説明する．また，それらを踏まえた本書の目的と構成について説明する．

1.1　地震荷重設定をめぐる学会の取り組み

　日本建築学会振動運営委員会地震荷重小委員会では，建築物の耐震性能を確保し，安全性を制御することを念頭に，工学的な立場から建築物の応答特性や限界状態を踏まえた地震荷重設定法の構築に向けて検討を行ってきた．地震荷重小委員会の活動は，地震荷重設定に関わる重要な諸課題を内包しているため，その略歴を簡単に表 1.1 に示し，その特徴を以下にまとめる．なお，地震荷重小委員会の成果の一部は，日本建築学会荷重運営委員会がとりまとめる「建築物荷重指針・同解説」にも 1993 年度版から反映されるに至った．ただし，同指針は以前より統計的データあるいは確率・統計的分析によって得られた知見などの蓄積を基に地震荷重以外の荷重について作成されてきた経緯から，地震荷重についてもそれらと整合する形でとりまとめられている．

1) 中低層建物のように，必ずしも設計用地震動を用いた時刻歴応答解析により耐震検討を行うことに馴染まない建物も多く存在している．本小委員会では，木造建物も含めた様々な建物を対象にして，静的・動的な設計用地震荷重の設定法について検討を行ってきた．以上から，強震動評価に関する専門家というよりも，むしろ各種構造や耐震構造全般に造詣の深い研究者に委員として多く参画していただいてきた経緯がある．

2) 設計用地震荷重は単独では存在し得ず，検証法や設計クライテリア（建物応答指標とその限界値の関係）とセットになって存在することで意味がある．この点が，地盤震動特性や強震動特性を科学的に解明してきた地盤震動小委員会との違いと考えられる．最新の強震動研究の成果は取り入れつつも，建物応答への影響や実被害との対応を常に意識しつつ設計用地震荷重を設定する枠組み構築を行ってきた．

3) 確定論的アプローチと確率論的アプローチの両面から設計用地震荷重の検討を行ってきた．特に，確定論的な（シナリオ型の）アプローチでサイト波（建設地点における過去の地震発生履歴や周辺における活断層や地質，直下地盤性状などその固有の地震地盤環境に基づいて個別に決められる設計用地震動）を設定しても，地震動強さが過大となってしまう場合もあり，設計用地震荷重としての水準の妥当性を確率論的な視点から検討してきた．

4) 想定地震に対する予測地震動の評価精度が十分であっても,その予測地震動がサイト波として適切であるとは限らない.限られた数の予測地震動を用いて検討しても,それらを用いることで何が検証されたことになるのか明確でないことが多い.このような背景の下,予測地震動を基にして如何にして設計用地震荷重を設定するかについて検討してきた.枠組み構築を行った性能設計用地震荷重策定法を表1.2に示す.

表1.1 25年間の委員会活動のまとめ

主査	目標	主な検討項目	出版物など
大澤胖主査 (1980-1987) WG1(松島豊 WG 主査)	新耐震設計法の施行に伴う課題抽出と新提案	・重要度係数 ・確率論的評価	地震荷重－その現状と将来の展望(1987) [1]
松島豊主査 (1988-1991) WG2(田治見宏 WG 主査)	地震荷重の新たな体系化の模索と5種類の入力地震動作成法の提案	・震源と波動伝播 ・動的相互作用 ・地震応答特性	地震荷重－地震動の予測と建築物の応答（1992）[2]
西川孝夫主査 (1992-1995) 多次元入力・多次元挙動 WG (洪忠憙 WG 主査)	構造解析と安全性評価法の検討	性能評価のための多次元入力・応答の評価	多次元入力地震動と構造物の応答（1998）[3]
石山祐二主査 (1996-2001) 限界状態に対応した地震荷重検討 WG (太田外気晴 WG 主査)	兵庫県南部地震の地震動と建物被害を踏まえた地震荷重のあり方の提案	内陸直下地震に着目した地震動特性と応答特性の評価,限界状態を考慮した地震荷重評価	地震荷重－内陸直下地震による強震動と建築物の応答（2000）[4]
藤堂正喜主査 (2002-2005) 大川出主査 (2006-2009)	性能設計用地震荷重策定法の枠組み構築	国内外の地震荷重のレビューと性能設計用地震荷重の提案（表1.2）	地震荷重－性能設計への展望－(2008) [5]
林康裕主査 (2010-現在)	過大入力に対する性能設計用地震荷重設定法の構築	過大入力地震動に対する応答指標と地震荷重の設定法の検討	本出版物(2013)

表1.2 性能設計用地震荷重策定法の分類 [5]

方法	性能設計用地震荷重
方法1	現行の告示スペクトルに適合する模擬地震動など
方法2	現行の告示スペクトルに適合する模擬地震動などを定数倍したもの
方法3	予測地震動のうち代表的なもの,もしくは,予測地震動の特性をもとに作成した模擬地震動
方法4	予測地震動のうち代表的なもの,もしくは,予測地震動の特性をもとに作成した模擬地震動を定数倍したもの
方法5	すべての予測地震動

1.2 地震荷重設定をめぐる社会のニーズと動向

まず,社会的なニーズとの関係を記述する.
1) 学会独自の地震荷重案の立案を行うとともに,新耐震設計法や限界耐力計算などの国が定めた地震荷重に関わる基準類が施行されれば,運用上の課題や積み残された課題の解決や合理化のための検討が必要となる.
2) 兵庫県南部地震においては甚大な建物被害が発生した.しかし,設計で慣用されてきた設計用入力地震動の水準を大きく上回る過大な観測地震動が観測されたことを考えると,クライテリ

アぎりぎりに設計され，被害も軽微であった建物のシミュレーションは困難である（「観測地震動と建物被害との乖離」[例えば6])．その一方で，発生が懸念される大地震に関して，慣用されてきた設計用地震動の水準を大きく上回る大振幅地震動が予測されている場合がある．今後，性能設計を実質化していく上では，「観測地震動と建物被害との乖離」を埋めて，耐震設計目標の説明能力を向上していく事が不可欠となっている．

3) 兵庫県南部地震後，全国各地で被害地震が多発するとともに，K-NETやKiK-netなどの地震観測網の充実を背景として多くの強震観測記録が蓄積され，そのシミュレーションを通じて強震動予測手法の高精度化が行われてきている．これにより，強震動予測結果を設計用地震動へ反映するための基盤が徐々に整備されつつある．例えば，自治体による地震被害想定の結果を設計用地震動へ反映するような試みの他，愛知県では1999年に，公益会員・企業も参加した「愛知県設計用入力地震動研究協議会」[7]を発足させ，設計用地震動の研究を行い，設計者の技術力並びに建築物の耐震安全性の向上をはかっている．

4) 建物に要求される設計目標も多様化しつつある．近年に発生した多くの地震で震度VIクラスの地震動による被害経験から，人的安全性や構造的損傷だけでなく，機能維持やBCPの観点から，外壁・天井・間仕切り壁などの内外装材や，建物内の設備・家具・什器類・製造機器類・医療器具などの被害低減も望まれている．

一方，社会の動向については，2011年3月11日に東北地方太平洋沖地震が発生し，津波，海溝型地震に起因した長周期地震動や内陸直下地震によるパルス性地震動などの大振幅地震動に対する関心が高まっている．特に，海溝型地震の巨大地震の再現期間が比較的短く切迫度も年々増大している上，被害が広域化するとともに，大都市が位置する平野部で長周期構造物の被害が懸念される．このため，長周期地震動の予測と既存建築物の耐震性評価・向上に関する研究が，建築学会で横断的・総合的に実施されている．

これに対して，内陸地殻内地震に関しては，予測地震動を特性化して設計に用いる海外における新たな地震荷重[例えば8]の取り組みに比べて遅れていたように思われる．つまり，日本では，兵庫県南部地震以降，近年に発生した地震に対する強震動と建物被害のシミュレーションが中心であった．これは，前述の「観測地震動と建物被害との乖離」に起因している．そして，そのような観測地震動と同程度の過大な予測地震動をレベル2地震動として用いた場合，従前と同じ設計クライテリアでは設計が困難となる．このため，大阪市域では，上町断層帯の地震の予測地震動を，1/2程度に震幅調整した設計用地震動を慣用的に用いてきた[9]．しかし，最近になって，新たな予測地震動[10]を基に，震源近傍のパルス性予測地震動を用いた設計用地震動を策定して，地震動強さの水準に応じた性能設計法の枠組みを構築[11]するとともに，パルス性地震動を正弦波パルスで近似し，設計検討に用いるための方法論を構築して[12]，実務設計へ用いようとする動きが関西で広がっている．

1.3 本書の構成

本書においては，従来の設計で想定されていた地震動強さや継続時間を大きく上回る地震動に対応して，建築基準法で規定されている水準を大幅に超える予測地震動を考慮しつつ，如何に設計用地震動を設定し，応答評価や安全性検証に繋げるか，現状の課題を踏まえつつ，実際的な設計行為の中で参考となるような検討事例をまとめるとともに，今後の方向性を明らかとすることを主眼としている．

第2章では，これまでの耐震設計で想定してきた極めて稀な地震動（レベル2地震動）を上回る長周期地震動が近い将来想定されるようになった現状を受けて，長周期地震動に対して必要となる応答評価指標，これまでの規準を大幅に上回る水準の長周期地震動に対する超高層建物等の耐震性の判定と性能設計について既往の考え方をまとめる．

第3章では，まず，観測記録や建物の設計用地震動の水準が過去約100年の間にどのように増大してきたかを振り返るとともに，長周期地震動やパルス性地震動の特性，強震動予測手法や結果のばらつきとその扱い方，表層地盤の増幅特性の評価方法と課題などについて説明する．最後に，観測記録から見た建物の応答特性や強震動を受けた建物の被害をシミュレーション解析した事例について紹介する．

第4章では，地震動や建物の応答特性を特性化することで，長周期地震動やパルス性地震動の評価法と建物応答の評価法を合理化する新たな試みについて紹介する．

第5章では，安全性を検証するための応答評価法と構造種別毎の限界状態の設定方法に関する現状の知見についてまとめる．

第6章と第7章では，より具体的に，従来の設計で想定されていた地震動強さや継続時間を大きく上回る地震動に対してどのように設計すればよいかに関して，地震荷重評価と各構造種別の具体的設計事例について示す．第6章では，長周期地震動に関して名古屋地区の地震を想定して検討した結果について示す．第7章では，パルス性地震動に関して大阪の上町断層帯の地震を想定した検討結果について示す．

第6章と第7章では，増大する地震動に対する設計的対応事例を示したものの，試案にしか過ぎない．学会としての統一見解を示せる程，実験的・観測的・解析的研究蓄積が十分とは言えない状況にある．第8章では，増大する地震動に対して「地震動評価」と「構造物の応答評価」の両分野の研究者や構造設計者に対し2010年，2011年の2回にわたってアンケート調査を実施し，現在の地震動および構造物応答の評価精度や耐震設計への活用，および両技術分野の連携に関わる意見を収集した結果についてまとめる．

第9章では，従来の設計で想定されていた地震動強さや継続時間を大きく上回る地震動に対する検討結果やアンケート調査結果などを基にして，地震動評価や応答評価の今後の方向性についてまとめる．

参 考 文 献

1) 日本建築学会：「地震荷重－その現状と将来の展望」，日本建築学会，1987.11.
2) 日本建築学会：「地震荷重－地震動の予測と建築物の応答」，日本建築学会，1992.5.
3) 日本建築学会：「多次元入力地震動と構造物の応答」，日本建築学会，1998.1.
4) 日本建築学会：「地震荷重－内陸直下地震による強震動と建築物の応答」，日本建築学会，2000.6.
5) 日本建築学会：「地震荷重－性能設計への展望」，日本建築学会，2008.3.
6) 林康裕・安井譲・吉田長行：構造物の応答と相互作用効果，第5回構造物と地盤の動的相互作用シンポジウム，pp.13-24, 1998.5.
7) 福和伸夫・久保哲夫・飯吉克巳・大西稔・佐藤俊明: 愛知県名古屋市を対象とした設計用地震動の策定, (その1) 全体計画概要, 日本建築学会大会学術講演梗概集, pp.81-82, 2001.9.
8) G.P. Mavroeidis, A.S. Papageorgiou：A Mathematical Representation of Near-Fault Ground Motions, Bulletin of the Seismological Society of America, Vol. 93, No. 3, pp. 1099-1131, 2003.6.
9) 亀井功・西影武知：現状の設計用地震荷重と予測地震動との対応，シンポジウム「大阪を襲う内陸地震に対して建物をどう耐震設計すれば良いか？」，日本建築学会近畿支部耐震構造研究部会, pp.25-29, 2008.3.
10) 大西良広・澤田純男：上町断層について想定される地震動，第36回地盤震動シンポジウム，度重なる被害地震から設計用入力地震動を考える，新・入力地震動作成手法の使い方と検証(その2)-,pp. 83-90, 2008.12.
11) 多賀謙蔵・角彰・近藤一雄：上町断層を想定した設計用地震動についてのJSCAの取り組み，内陸地震に対して構造設計者はどう対応すればよいか？「地震荷重と構造設計」，日本建築学会近畿支部耐震構造研究部会, pp.55-58, 2009.10.
12) 鈴木恭平・川辺秀憲・山田真澄・林康裕：断層近傍のパルス地震動特性を考慮した設計用応答スペクトル，日本建築学会構造系論文集, No.647, pp.49-56, 2010.1.

2章 大振幅地震動と耐震設計の諸課題

2.1 はじめに

　我が国の建築物の耐震設計は，1923年関東大震災，1968年十勝沖地震などの海溝型地震と，1995年兵庫県南部地震などの内陸地震による地震動を対象にして行われてきた．これまで構造被害と対応させる応答値として，静的地震力による静的架構解析からも求めることができる，層間変形角，部材応力，塑性率などの最大値を対象として，これらの静的・動的解析値に対して耐震性判定を行ってきた．このような最大値に対する耐震性判定では，海溝型地震と内陸地震による地震動が建物応答に与える違いはあまり問題にならなかった．

　近年の地震学の進歩は著しく，1995年兵庫県南部地震以降，全国の活断層調査，堆積平野の地表から地下の地震基盤までの地下構造調査，全国の数千ヶ所にわたって強震計を設置した地震動観測などが実施され，震源特性や伝播特性，増幅特性の解明が進んだ．1995年兵庫県南部地震，2004年新潟県中越地震，2007年新潟県中越沖地震などの調査研究から，内陸地震，いわゆる直下地震による地震動には継続時間が短いが1〜2秒の周期の大きな振幅のパルス波が含まれることが明らかになった．1995年兵庫県南部地震ではこのパルス波により10階建て程度の中高層建物がピロティ階や中層階で層崩壊する大きな被害を受けた．2003年十勝沖地震を契機に注目された長周期地震動も膨大な観測記録の収集や深い地下構造の解明などを背景に調査研究が進み，東京，名古屋，大阪の大都市圏では東海・東南海・南海地震などの海溝型巨大地震の発生により，それぞれの地域に固有な長周期の揺れが長時間続く長周期地震動が予測されるようになった．その予測波による超高層建物の地震応答解析から，層間変形角や塑性率などの最大値に加えて累積塑性変形倍率や累積損傷値などの累積値に対する耐震性判定が必要なことが提示された[1]．2011年東北地方太平洋沖地震では，首都圏の超高層建物が10分間以上にわたって大きく揺れ，長周期地震動が超高層建物に与える影響が実証された．

　本章では，これまでの耐震設計で想定してきた極めて稀な地震動（レベル2地震動）を上回る長周期地震動が近い将来想定されるようになった現状を受けて，長周期地震動の特徴である特定の長周期帯で応答が卓越し地震動の継続時間の長いこと等に対して必要となる応答評価指標を検討する．さらに，これまでの規準を大幅に上回るレベルの地震動に対して長周期構造物である超高層建物等の耐震性の判定について考察する．さらに，長周期地震動に対する設計法として性能設計の可能性を検討する．

2.2 長周期地震動と応答評価指標

超高層建物等の設計で用いられる時刻歴応答解析においては，供用期間中に遭遇する恐れのある最大の地震（レベル1地震動）と建設地で想定される最大の地震動（レベル2地震動）による時刻歴応答解析から求まる最大応答値に対して耐震性の判定を行う2段階の検討が行われてきた．設計用地震動の変遷を表2.1に示す．表中，薄墨色で塗りつぶした範囲が採用された期間を示す．時刻歴応答解析に用いられる入力地震動は，観測地震動が用いられ，当初は地震波の最大加速度値で基準化された．80年代に入ると最大速度値で基準化する速度評価が一般的になり，レベル1地震動は最大速度 V_{max}=25cm/s で，レベル2地震動は V_{max}=50cm/s で基準化する方法が定着した．ほとんどの設計で採用された El Centro 1940 NS, TAFT 1952 EW, 八戸 1968 NS, EW が標準波として認められ，現在でも設計用地震動として用いられている．3秒以上の長周期領域を除くと標準波は速度応答スペクトルで概ね S_V=100cm/s(h=5%)のレベルを確保したことになると考えられる．超高層建物は，地下階を設け東京礫層など強固な地盤に直接基礎で支持されてきたが，80年代になると，東京臨海部の開発が進み，表層の厚い軟弱層を貫いて太径の杭で深い地盤に支持させる杭基礎が採用されるようになった．それに対応するため，表層地盤の地盤増幅を考慮して関東地震や東海地震を想定した敷地地盤における地震動を予測する研究が行われた．その成果として設計用地震動を応答スペクトルで設定し，設計では，この応答スペクトルに適合する模擬波が作成されて用いられた．これらの模擬波は，1秒以上の長周期領域で概ね S_V=100cm/s(h=5%)，エネルギースペクトルで概ね 150cm/s を目標とした．

2000年改正建築基準法告示では，中地震動は稀に作用する，大地震動は極めて稀に作用する地震動と発生頻度で表示されるように変わり，地震動が解放工学的基盤上の応答スペクトル S_V=81.5cm/s (h=5%)で規定され，このスペクトルに適合する継続時間が60秒以上の模擬波による検証が加わった．さらに，当該建物に影響を与える地震を対象に建設地の地震動を計算し，それをサイト波として超高層建物や免震建物の設計に用いられるようになった．さらに，2003年十勝沖地震を契機に注目された長周期地震動も調査研究が進み，東京，名古屋，大阪の大都市圏では東海・東南海・南海地震などの海溝型巨大地震の発生により，それぞれの地域に固有な長周期の揺れが長時間続く長周期地震動が予測されるようになった [1]．

表2.1 設計用地震動の変遷

	1970	75	80	85	90	95	2000	05	10
観測地震波の加速度評価									
観測地震波の速度評価									
応答スペクトル適合地震波					建築センター波				
サイト波（断層モデル等）						1995年兵庫県南部地震			
告示波							2000年改正基準法告示		
長周期地震動							2003年十勝沖地震		

日本建築学会では2004年から2006年に実施された「土木学会・日本建築学会巨大地震対応共同研究連絡会」の中で，多くの研究者から提供された東海・東南海・南海地震を対象とした東京，大阪，名古屋地区で想定される長周期地震動を速度応答スペクトルS_VとエネルギースペクトルV_Eを用いて，表2.2のように標準波・告示波との比較により整理している[1]．その結果は，長周期地震動は平均的には標準波・告示波と速度応答スペクトルS_Vはほぼ同じであってもエネルギースペクトルV_Eは1.5倍，入力エネルギーは2倍程度と大きく，地域に依存する特定の周期帯では速度応答スペクトルS_Vで1.5倍，エネルギースペクトルV_Eは2.25倍，入力エネルギーは5倍程度まで大きくなるとしている．このように，長周期地震動は最大値に対する応答スペクトルが一部の周期帯でレベル2地震動を上回るがそれ以外は同程度以下になり，累積値に対応する建物への入力エネルギーは標準波・告示波を2〜5倍上回るものと想定された．

表2.2 超高層建物に対する長周期地震動の想定レベル

		標準波・告示波	巨大地震による長周期地震動	
			平均的	特定の周期帯
速度応答スペクトル	S_V(cm/s)	80〜120 cm/s	80〜120 cm/s	120〜180 cm/s
	告示波に対する比率	1.0	1.0	1.5
エネルギースペクトル	V_E(cm/s)	120〜180 cm/s	180〜270 cm/s	270〜400 cm/s
	告示波に対する比率	1.0	1.5	2.25
入力エネルギー	告示波に対する比率	1.0	2.25	5.0

長周期地震動により超高層建物が受ける被害を予測するため，防災科学技術研究所では「首都直下地震防災・減災特別プロジェクト ②都市施設の耐震性評価・機能確保に関する研究 (2)長周期地震動による被害軽減対策の研究開発」の中で，実大超高層建物に対するE-ディフェンス震動台実験が行われた．試験体は，これまでに最も多く建設された高さ80 m程度の鉄骨造の高層建物を想定して，図2.1に示す4階建ての実大鉄骨造骨組を作製し，その上に3個のコンクリートの錘とその間に積層ゴムを挟むことで超高層建物と同じ周期で振動するものである．東海・東南海連動地震で想定される名古屋三の丸における長周期地震動を震動台に入力した際に，鉄骨造骨組は，告示波による応答値の1.5倍程度の変形を長時間に渡って何度も繰り返し受けた．1回目の三の丸波による加振を受けた際に，X方向の1970年代の超高層建物の接合部を模したフランジ現場溶接，ウエブ高力ボルト摩擦接合の梁端部の下端フランジの溶接部で鉄骨梁が破断した．破断しなかったY方向のみに引き続き三の丸波を繰返し入力すると，3回目の加振で工場溶接した柱梁接合の梁端部（写真2.1）でも鉄骨梁が破断した[2]．この実験から，長周期地震動に対する耐震性の判定には，これまでの最大値に加えて，損傷の蓄積を評価できる累積値による判定が必要なことが改めて確認された．

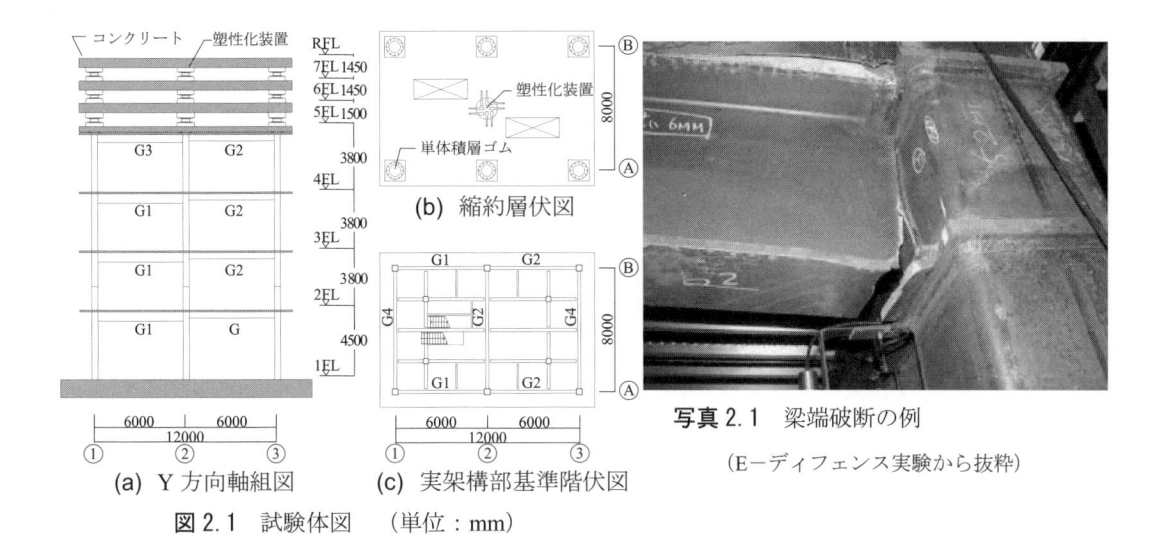

(a) Y 方向軸組図　**(b) 縮約層伏図**　**(c) 実架構部基準階伏図**

図 2.1 試験体図 （単位：mm）

写真 2.1 梁端破断の例
（E－ディフェンス実験から抜粋）

　このような状況の中，2011 年 3 月 11 日に東北地方太平洋沖地震が発生した．震源域に近い岩手県，宮城県，福島県から首都圏に至る広い範囲にわたって震度 5 弱以上の強いゆれに襲われた．この巨大地震による，首都圏の超高層建物の頂部の最大ゆれ幅は，RC 造超高層集合住宅で片振幅 50cm 程度，S 造超高層事務所ビルで片振幅 90cm 程度の大きな値を示し，10 分間以上もゆれ続けた．補修を必要とするような構造被害は無かったようだが，上層階では天井や照明器具の落下や間仕切り壁などに亀裂が入るなどの被害が発生し，固定していない家具や書架などが移動や転倒した．超高層建物の上層階にいた 8 割以上の人が，歩いたり動いたりすることに何らかの支障のある大きなゆれを感じ，8 割以上の人が強い恐怖感を感じていた[3]．また，免震建物も東北地方，関東地方，首都圏では数 cm から 40 cm の水平変位を記録した．免震建物は，長周期地震動に対しても免震効果を発揮し，上部構造には建物としての機能を損なうような被害は見られず，期待される応答性状を示した．ただし，余震を含めて長時間の多数回繰り返し加振が加わることにより，幾つかの建物の鋼材ダンパーでは塑性化による形状の変状や残留変形，鉛ダンパーには塑性化による温度上昇に起因する形状の変状や亀裂の発生などの損傷が生じ，ダンパーなどのエネルギー吸収部材には最大値による判定だけでは不十分で，累積損傷評価が必要なことが実証された[4]．

　マグニチュード 8 を超える断層破壊が 3 つ続けて起きるマグニチュード 9 の巨大地震が発生したことから，東海，東南海，南海地震の三連動地震の断層モデルの見直しが始まり，これらの地震に対して計算された長周期地震動の予測波も見直しが必要になった．地震発生の考え方が変わり，東海・東南海・南海地震の三連動地震などこれまで対象としてこなかった連動地震も含めて，発生の可能性のある最大級の地震に対する対策が求められるように変わってきた．設計で見送られることが多かった内陸地震や海溝型巨大地震も，発生確率が見直されて防災の対象にするようになった．

　このように，従来設計で想定されていた振幅レベルや継続時間を大きく上回る地震動に対する耐

震対策を求められるようになってきた現在，地震荷重や全体の設計体系を見直し，建物の終局状態に至るまでの耐震性能を的確に評価できる応答指標を整理することは，地震被害との関係を論じる上で極めて重要となる．

2.3 超高層建物等の性能設計へ向けて

　地震学では新たな調査研究を実施して，巨大地震により想定される長周期地震動を予測波として提示しているが，工学としてこれらの新しい地震動に対する耐震設計をいかにすべきか考えてみる．
　日本建築構造技術者協会（JSCA）では1995年兵庫県南部地震の教訓をもとに，2000年の建築基準法告示の改正に対応して，目標性能と性能メニュー[5]を提示している．耐震性能グレードを告示の地震動レベルに対して建物の受ける被害をどの程度に留めるかで分類し，機能維持の程度，被害の程度，修復の程度を指標として設定している．多くの建物に適用されるようになった免震・制振建物では，設計にあたって耐震性能目標として時刻歴応答解析による応答値が満たすべき判定値を定めている．定めた判定値を，JSCA性能メニュー等を参考に建物の機能維持の程度，被害の程度，修復の程度に置き換え，一般社会向けの耐震性能として説明している．JSCA性能メニューをもとに，これまでの極めて稀に作用する地震動に対する目標性能と対象建物，耐震性の判定，計算法，地震荷重との関係を表2.3に示す．表2.3に示すように，一般的には免震建物では無被害に，制振超高層建物では直ちに使用可能な軽微な被害に，超高層建物では早期に使用可能な小損に留まることを，一方，一般建物は人命保護の観点から崩壊・倒壊に至らないことを目標性能として設計がなされてきた．免震・制振建物や超高層建物は時刻歴応答解析に基づく検討を行い，一般建物は静的解析に基づく検討を行う．これらの耐震性の判定は，極めて稀な地震動（レベル2地震動）に対して，免震建物では部材に作用する応力を許容応力度以内に，制振建物は層間変形角 $R \leqq 1/150$，層の塑性率 $\mu \leqq 1.5$（JSCA応答制御構造設計法[6]のSC-Aランク），超高層建物では層間変形角 $R \leqq 1/100$，層の塑性率 $\mu \leqq 2.0$ と概ね弾性範囲にとどめること，一般建物は保有水平耐力 $Q_u \geqq$ 必要保有水平耐力 Q_{un} と構造体が終局状態に至らないことであった．東北地方太平洋沖地震以降は，継続時間の極めて長い長周期地震動を地域に特有な地震動（サイト波）として設計の対象にすることが求められるようになった．
　それに対応する耐震性の判定として表2.3に太ゴチックで示した累積損傷評価に対する規準値の設定が必要になった．また，長周期地震動は極めて稀な地震動を上回る周期帯があり，それに対応する耐震性の判定として，これまで通りに判定基準を適用するのか，もう少し損傷を受け入れる最大応答値や累積損傷値を新たに設定するのか難しい判断が控えている．一方，一般建物は静的弾塑性解析により求めた終局状態時の終局耐力と塑性変形能力（塑性歪エネルギー吸収能力）を耐震性の判定の限界値としており，時刻歴応答解析の限界値と明らかに差がある．表2.3の限界機能確保，中破・中損，中規模修復に相当する限界値が，新たに設定する限界値に当たると考えられる．さらに，極めて稀な地震動を大幅に上回る地震動に対しては，超高層建物についても人命保護の観点か

ら崩壊・倒壊に至らないことを検証することが求められ，崩壊・倒壊状態を把握するための時刻歴応答解析技術の開発が必要となる．

また，JSCA 性能メニューにおける耐震性能グレードと被害の程度の関係を図 2.2 に示す．この図を用いて，どのような地震に対してどのような機能を維持しなければならないかの要求性能が定まれば，求められる目標性能と性能グレードを説明することができる．表 2.3 の関係を図 2.2 の JSCA 耐震性能メニューにあてはめると，長周期地震動が図 2.2 の余裕度の検証で考える地震動レベル（巨大地震）に相当する場合は，表 2.3 の新しい判定基準は限定機能確保，中破・中損，中規模修復に対応する限界値になることから，この基準を満足する建物は図 2.2 の中破と巨大地震の交点である上級のゾーンに入ることになる．したがって，新しい限界値は余裕度レベルに対する上級の判定基準値を設定することに相当する．この性能メニューに余裕度レベルの地震動を追加することで，長周期地震動への対応ができそうである．

表 2.3 入力地震動と耐震性の判定

目標性能	耐震性の判定	建物種別	計算法	極めて稀に作用する地震動
機能維持 無被害 修復不要	無損傷： 存在応力≦許容応力度 層間変形角 $R \leq 1/200$	免震建物	時刻歴 応答解析	設計用地震動 告示波：解放工学的基盤上で目標応答スペクトルを規定
主要機能確保 軽微な被害 軽微な修復	ほぼ弾性： 層間変形角 $R \leq 1/150$ 層の塑性率 $\mu \leq 1.5$ **累積損傷評価**	制振超高層		標準波：最大速度値で基準化した観測波 サイト波：震源特性と地域特性を反映した地震動
指定機能確保 小破・小損 小規模修復	概ね弾性： 層間変形角 $R \leq 1/100$ 層の塑性率 $\mu \leq 2.0$ **累積損傷評価**	超高層建物		長周期地震動：長周期の揺れが長時間続く
限定機能確保 中破・中損 中規模修復	**新しい判定基準**	一般建物		
人命保護 大破・大損 大規模修復	終局状態に至らない： 保有水平耐力 $Q_u \geq$ 必要 保有水平耐力 Q_{un} **倒壊・崩壊解析技術**	一般建物	保有水平 耐力計算	標準せん断力係数 $C_0=1.0$

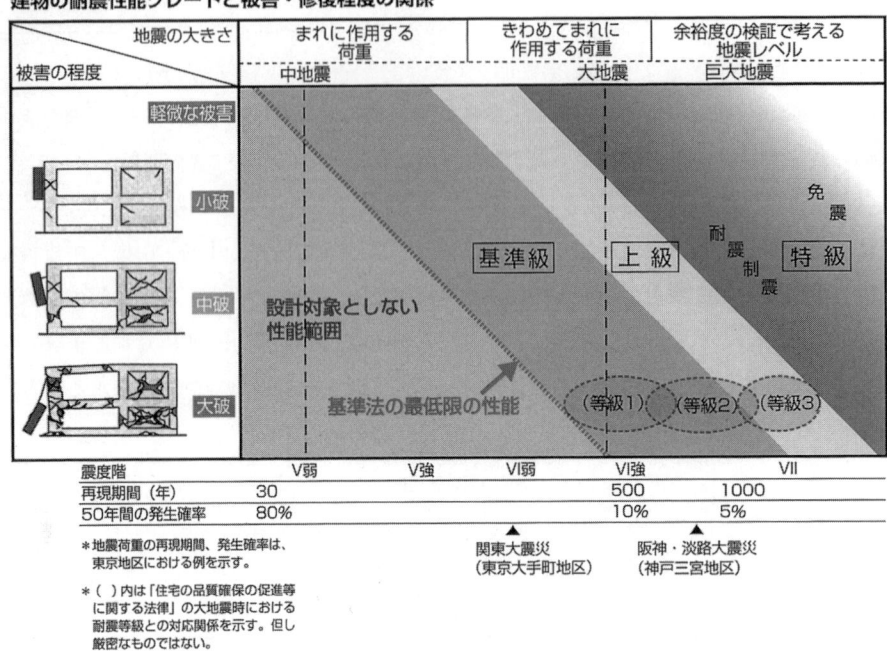

図2.2 建物の耐震性能グレードと被害の程度の関係[6]

　表2.3と図2.2の関係をより明確にするために，耐震設計法に対応した入力地震動と耐震性判定の関係を表2.4に示す[7]．横軸に保有水平耐力計算における稀に作用する地震動と極めて稀に作用する地震動，時刻歴応答解析に用いるレベル1地震動，レベル2地震動と余裕度レベルを取り，平均的レベルの長周期地震動をレベル2地震動に，特定の周期帯の長周期地震動を余裕度レベルと位置付ける．縦軸に性能評価項目に対応した建物の状態を機能維持の程度，建物被害の程度，建物の補修に要する程度に分類し，これらの状態ごとに5段階（例えば被害の程度では，無被害・軽微な被害・小破・中破・大破）に区分する．また，表2.3に示した耐震性判定を性能評価項目に対応させて示す．ただし，両者の対応関係は検証されているわけではないが，ここでは分かり易いことを優先して目標性能と耐震性判定を配置してみた．つぎに，横軸を入力地震動に縦軸を耐震性判定とする升目の基準級，上級，特級，免震特級の欄に，それぞれ対応する一般建物，超高層建物・制振超高層建物，免震建物を入れると，各建物の耐震性能の相対関係が明らかになる．ここでは，極めて稀な地震動に比べて余裕度レベルの耐震性判定を1ランク下げたが，建物の用途によっては，余裕度レベルの地震動に対しても極めて稀な地震動と同じ耐震性判定を採用する場合もある．

　以上のように，超高層建物等の設計では，サイト波として設定した長周期地震動を極めて稀な地震動と同じ耐震性の判定規準で設計するか，余裕度レベルの新しい限界値で設計するかは，建物の用途や発注者や使用者の要求に応じて，耐震性能を定める性能設計を導入することに委ねたい．

表 2.4 耐震設計法に対応した入力地震動と耐震性判定の関係[7]

保有水平耐力計算	地震荷重	稀 地震動		極稀 地震動	余裕度レベル
	標準せん断力係数	$C_0=0.2$		$C_0=1.0$	
時刻歴解析	地震動レベル		レベル1	レベル2	
標準波(cm/s)	最大速度値		$V_{max}=25$cm/s	$V_{max}=50$cm/s	
告示波(cm/s)	速度応答スペクトル	$S_V=16\sim24$cm/s		$S_V=80\sim120$cm/s	
	エネルギースペクトル	$V_E=24\sim36$cm/s		$V_E=120\sim180$cm/s	
長周期地震動 (cm/s)	地震動レベル			平均的	特定の周期帯
	速度応答スペクトル			$S_V=80\sim120$cm/s	$S_V=120\sim180$cm/s
	エネルギースペクトル			$V_E=180\sim270$cm/s	$V_E=270\sim400$cm/s
耐震目標性能[*1]	耐震性判定[*1]				
機能維持 無被害 修復不要	無損傷： 存在応力≦許容応力度 層間変形角 $R≦1/200$	基準級 一般建物	上級 超高層建物	免震特級 免震建物	免震特級 免震建物
主要機能確保 軽微な被害 軽微な修復	ほぼ弾性： 層間変形角 $R≦1/150$ 層の塑性率 $\mu≦1.5$ 累積損傷評価			特級 制振 超高層建物	免震特級 免震建物
指定機能確保 小破・小損 小規模修復	概ね弾性： 層間変形角 $R≦1/100$ 層の塑性率 $\mu≦2.0$ 累積損傷評価			上級 超高層建物	特級 制振 超高層建物
限定機能確保 中破・中損 中規模修復	新しい判定基準			基準級 一般建物	上級 超高層建物
人命保護 大破・大損 大規模修復	終局状態に至らない： 保有水平耐力 $Q_u≧$ 必要保有水平耐力 Q_{un} 倒壊・崩壊解析技術			基準級 一般建物	基準級 一般建物

*1 分かり易いことを優先して目標性能と耐震性の判定を並列配置したが，両者の対応は検証されているわけではない．

2.4 新しい地震動と被災経験のない建物に対する対応策

　以上の検討から，極めて稀な地震動を上回る長周期地震動に対応するには，建物の用途や発注者や使用者の要求に応じて耐震性能を定める性能設計の考え方を導入する必要がある．耐震性能設計に当たっては入力地震動と耐震性判定を一体で考える必要がある．その際，超高層建物の概ね弾性挙動の判定と一般建物の終局耐力の判定の間に大きな隔たりがあり，その間に新しい基準値を設定する必要がある．

　これまで，一般の社会に建物の高耐震化や既存建物の耐震改修を求める際に，これまでの共有する被災経験をもとに，想定される被害とその対応策と高耐震化による効果を説明して，理解を得てきた．未経験の地震動に対する超高層建物への事前の対策を一般の社会に求めるためには，地震時の建物の振動挙動や被害状況，地震後の再使用の可否，復旧の可能性などについて，発注者や使用者の理解が得られるように分かり易く説明できることが重要になる．そのためには，これまでの蓄積・経験してきた科学・技術を背景にした想像力を動員し，東日本大震災における被災経験や幾多の映像，E-ディフェンス震動台破壊実験のような模擬経験（実験）を活用して，未経験の地震に対する被災経験のない超高層建物の被害を想像する必要がある．その上で，所有者や使用者の判断により個々の建物に応じた対応策を講じることができるように，地震時の建物の被害の程度，被災後の機能維持の程度，復旧に要する工期や工費などについて分かり易く説明していくことが望まれる．

参 考 文 献

1) 日本建築学会東海地震等巨大災害への対応特別調査委員会：長周期地震動と建築物の耐震性，日本建築学会，2007.12
2) 長江拓也・鐘育霖・島田侑・福山圀夫・梶原浩一・井上貴仁・中島正愛・斉藤大樹・北村春幸・福和伸夫・日高桃子：超高層建物の耐震性能を検証する実架構実験システムの構築－E-ディフェンス振動大実験－，日本建築学会構造系論文集，第74巻，第640号，pp.1163-1171，2009.6
3) 日本建築学会：長周期地震動対策に関する公開研究集会，構造委員会・長周期建物地震対応小委員会報告書，2012.3
4) 日本免震構造協会：東北地方太平洋沖地震に対する応答制御建築物調査，応答制御建築物調査委員会報告書，2012.1
5) 日本建築構造技術者協会編：安心できる建物をめざして　JSCA性能メニュー，パンフレット第2版，2006.9
6) 日本建築構造技術者協会：JSCA応答制御構造設計法－付.免震・制振(震)建築の設計例／装置・部材データ集－，彰国社，2000.11
7) 北村春幸：超高層建物に求められる耐震性能，日本建築学会・建築雑誌(JABS)，vol.127，No.1637，pp.29-30，2012.10.

3章　入力地震動評価の現状と課題

　本章では，はじめに，観測記録や建物の設計で用いられている地震動のレベルが過去約100年の間にどのように増大してきたかを整理する．ついで，観測記録の特徴を地震タイプ別に説明したうえで，強震動予測の手法や結果のばらつきとその扱い方について説明する．また，観測で大きな記録が得られた場合，表層地盤の増幅の影響を強く受けていることが多いため，表層地盤の増幅の評価方法と課題について説明する．最後に，観測記録から見た建物の応答特性や強震動を受けた建物の被害を解析で追跡した研究を紹介する．

3.1 観測記録および設計用入力地震動に見られる増大する地震動レベル

　近年，地震計の広周期帯域化と地震観測網の充実にともなって，最大加速度や最大速度の値がきわめて大きな記録が得られるようになってきた．同時に，断層モデルを用いた想定地震の予測地震動にも，きわめて大きな振幅となる事例が見られるようになった．そこで，本節では，わが国で得られた地震記録のうち，大振幅の地震記録が，どのようなものかを俯瞰した．また，構造物の設計用入力地震動が地震記録とともにどのように変遷してきたかを，一般建物，超高層建物，原子力発電所の順に簡単に説明した．

　以下，本節の説明は，主に，大崎 (1983)[1], 田中 (1995)[2], 武村 (2008)[3] によった．

3.1.1 強震記録の最大値の変遷

（1）　強震観測以前

　わが国で，はじめて地震計が製作されたのは1880年（明治13年）のことで，いまから約130年前のことである．その後，地震計にはさまざまな改良が加えられ，微弱な地震動も記録できるようになっていったが，強震時には，感度の高い地震計が一番先に壊れ，強い地震動の忠実な記録は手に入れることができなかった．

　1923年（大正12年）の関東地震でも，そのときの地震動の実態はわかっていない．東京・本郷における振り切れた波形の復元から，最大加速度は240 cm/s^{2}あるいは380 cm/s^{2}程度，平均して300 cm/s^{2}くらいかとの推定もされてはいるが，想像の域を出ていない．地震に対処する工学である地震工学の立場からいえば，これは致命傷であった．

　東京大学地震研究所の初代所長であった末広恭二は，はやくから，このことに着目していて，1932

表3.1.1　代表的な強震記録の最大値 (日本建築センター, 1986など)[4]

	地震名	M (注)	観測点	観測最大値					
				最大加速度 (cm/s/s)			最大速度 (cm/s)		
				NS	EW	UD	NS	EW	UD
振幅を調整して用いている設計用記録で	1940年 米国 Imperial Valley地震	7.0	カリフォルニア州 El Centro	342	210		33	37	
	1952年 米国 Kern County地震	7.5	カリフォルニア州 Taft	153	176		16	18	
	1956年 東京湾北部の地震	6.0	TOKYO-101 (東大地震研究所)	74			7.6		
	1962年 宮城県北部地震	6.5	SENDAI-501 (東北大建築学科)	58			3.5		
	1963年 越前岬沖地震	6.9	OSAKA-205 (日本板ガラス本社)		25			5.1	
	1968年 十勝沖地震	7.9	八戸 (港湾技研)	225	183		34	36	
	1978年 宮城県沖地震	7.4	東北 (建築研究所)		203			28	
大振幅の記録	1962年 広尾沖地震	7.0	釧路地方気象台	385					
	1978年 宮城県沖地震	7.4	東北大学	1040	524	356	150	73	23
	1993年 釧路沖地震	7.5	釧路地方気象台	815	919	465			
	1993年 北海道南西沖地震の最大余震	6.5	明和小学校	393	1569	575			
	1995年 兵庫県南部地震	7.3	神戸海洋気象台	818	617	332	97	80	43
			JR鷹取	608	645	280	130	136	13
	1999年 台湾集集地震	7.7	日月潭	423	990	312	54	117	28
			石岡	365	502	520	291	281	229
	2000年 鳥取県西部地震	7.3	日野町根雨	675	1482	1407			
	2003年 宮城県北部の地震の前震	5.6	鳴瀬町役場	603	2005	584			
	2004年 新潟県中越地震	6.8	川口町役場	1142	1676	870	50	146	83
			K-NET 十日町	1716	849	564	53	50	14
	2004年 新潟県中越地震の余震	6.5	川口町役場	1639	2036	549	43	67	17
	2008年 岩手・宮城内陸地震	7.2	KiK-net 一関西	1143	1433	3866	71	62	85

(注)　1940年Imperial Valley地震と1952年Kern County地震および1999年台湾集集地震のMはモーメントマグニチュード、他の地震のMは気象庁マグニチュードである．

年 (昭和7年) にアメリカの土木学会に招かれて講演したとき，大地震時における地震動の加速度を正確に記録して，土木・建築の耐震設計資料とすることの必要性を説いた．アメリカはこの忠告をすぐに取り入れ，早くも翌年には全米沿岸測地局 (USCGS) が強震動の加速度波形を記録できる地震計を製作して，カリフォルニア州の数十個所に据えつけた．そしてその年，Long Beach地震が起こり，加速度波形を記録することに成功した．

このときの最大加速度はそれほど大きくはなかったが，大きな加速度波形を記録したのは，表3.1.1の1行目にあげている1940年 (昭和15年) のImperial Valley地震 (M_W 7.0) のときであった．最大加速度は342 cm/s^{2}で，関東地震の推定最大加速度とほぼ等しい．観測点はEl Centroで，断層線から約6 kmのところに地震計は設置されていた．その後，1952年 (昭和27年) のKern County地震 (M_W 7.5) でも

断層線から約36 km離れたTaftで強震記録がとられ，El Centroの強震記録とともに，振幅を調整して，いまでも高層建築などの耐震設計に使われている．

（2） 強震観測のはじまり

わが国では，強震計の全国的配置の実現は戦後まで持ち越され，1953年（昭和28年）に強震計の第一号機が完成した．

強震計で記録された最初の地震は1954年（昭和29年）の茨城県南西部の地震（M 5.5, 東京震度III, 強震記録の地震番号No. 1）で，最大加速度は地震研究所の地下2階観測室で約8 cm/s^{2}であった．その後も主として関東周辺の地震（東京震度II〜IV）を年5回程度，2〜7個所の強震計で記録に成功した．中でも，1956年（昭和31年）の東京湾北部の地震（M_J 6.0）による震度は東京と横浜でIV，市川でVであった．記録は地震研究所，品川の明石製作所，東横デパートで得られ，加速度の大きな最初の記録であった．地震研究所の記録は，表3.1.1の3行目に示すように，74 cm/s^{2}であった．

強震記録の正式な公表は「STRONG-MOTION EARTHQUAKE RECORDS IN JAPAN」のタイトルで東京大学地震研究所から英語版で刊行されることになり，Vol. 1が1960年3月に発行され，設置点（観測点）番号は次のように付けられた．

東京地区: 100番台，大阪地区: 200番台，名古屋地区: 300番台，北海道地区: 400番台，東北地区: 500番台，関東地区: 600番台，中部地区: 700番台，近畿地区: 800番台，中国・四国・九州地区: 900番台．

当時，記録の最大加速度値が比較的大きく地震応答解析の研究等に用いられた強震記録は，便宜的にそれを記録した観測点の番号で呼ぶことが特に工学方面で慣用されていた．例えば，1956年の東京湾北部の地震を地震研究所で観測した記録波形は「東京101」，1962年の宮城県北部地震の際に東北大学工学部建築学科建物（1F）で得られた波形は「仙台501」，また「大阪205」は1963年（昭和38年）の越前岬沖地震を大阪の日本板ガラス本社ビル（B2F）で観測した記録波形を指す．これらの記録の最大振幅を表3.1.1にまとめて示す（日本建築センター，1986など）[4]．

（3） 強震観測の拡充

1960年代（昭和30年代後半）には，わが国は高度経済成長期にはいり，強震計の設置台数も増加の一途をたどった．そのような中，1978年宮城県沖地震のときには，東北大学の9階建てSRC造建物の9階で最大加速度が1040 cm/s^{2}もの記録がとれ，このように大きな揺れでは建物自体が倒壊する可能性が大きいため，この最大加速度は当分やぶられないだろうといわれた（日本建築学会，1980）[5]．

図3.1.1は，1982年（昭和57年）3月当時の強震計の設置位置を示すもので，全国で1500台にのぼった．全国的な分布の状況がよくわかるように，強震計が一台しかない地方の小都市も，100台以上もある東京や大阪も，全部同じ一つの点として書いてある．これをみると，わが国の強震観測網は，1982年3月の時点では，まだまだ完成までにはほど遠かった．

その後も，強震観測点は少しずつ増え，1993年（平成5年）の釧路沖地震（M_J 7.5）のとき，釧路地方気象台において気象庁87型電磁式地震計で最大加速度が919 cm/s^{2}の記録がとられた．このとき，重力加速度に匹敵する大加速度の記録を観測したにもかかわらず，釧路地方気象台の建物の被害が

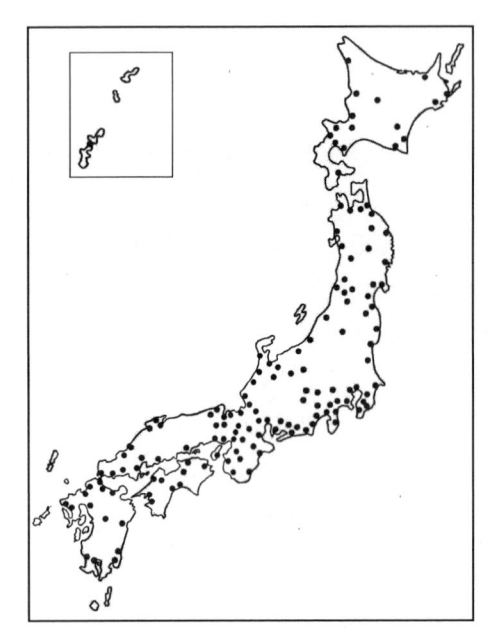

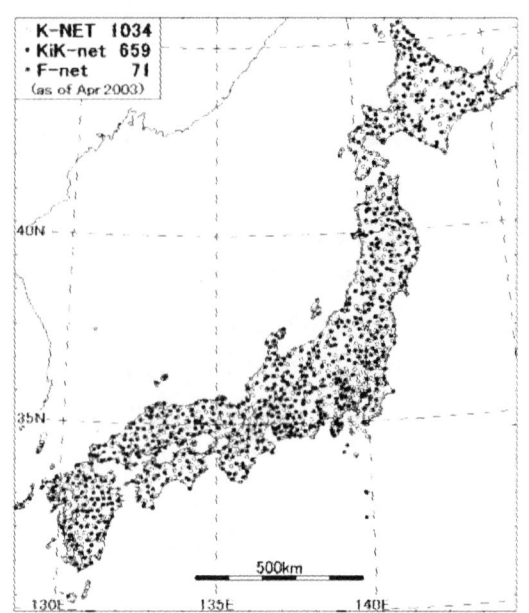

図 3.1.1　1982年3月時点の強震観測点 (大崎, 1983)[1]

図 3.1.2　2003年4月時点のK-NETとKiK-netおよびF-netの観測点 (Okada et al., 2004)[7]

少ないことが，耐震工学者の間で課題となった．実は，この問題は，同じ釧路地方気象台で，1962年 (昭和37年) の広尾沖 (M_J 7.0) のときに，最大加速度が385 cm/s^{2}の記録がとられたときも指摘されていた．

　その後も1993年 (平成5年) の北海道南西沖地震の最大余震 (M_J 6.5) や1995年 (平成7年) の兵庫県南部地震でも大振幅の地震記録がとられ，建物の被害あるいは無被害との関係の説明性が課題となった．

　1995年の兵庫県南部地震では，日本における強震観測体制に対する反省がなされ，日本のどこで地震が発生したとしても必ず被害地域での記録が取得でき，しかも必要としている全ての人々が，それらの強震記録を自由に利用できる強震観測・データ流通システムを構築する必要性が認識され，防災科学技術研究所により，全国規模の強震観測網の整備が開始された (藤原・他, 2007)[6]．この結果構築されたのが，K-NET (全国強震ネットワーク) である．これは，全国を約25 kmメッシュで覆う約1,000カ所の強震観測網であり，1995年度補正予算により整備が認められ，1996年6月より運用を開始した．さらに，1995年7月には地震防災対策特別措置法が成立し，当時の総理府に地震調査研究推進本部が設置され，基盤的地震観測網と呼ばれる総合的な地震観測網の整備が開始された．その一環としてKiK-net (基盤強震観測網) と呼ばれる地表及び地中での強震観測網の整備が行われ，観測点数は678カ所 (2006年3月現在) に達している．K-NET及びKiK-netのデータは，すべてインターネットを介して公開されている．

　その他，気象庁による震度観測網においては，兵庫県南部地震以前は150点だった観測点数が，現

在では600点を超える観測網に強化されている．さらに，総務省消防庁がとりまとめている震度情報ネットワークでは，各自治体が設置した震度計，気象庁の震度計，防災科学技術研究所のK-NETの一部が利用されており，全国で3,300点を超える震度情報ネットワークが構築されている．このように，兵庫県南部地震が転換点となり，日本における強震観測網は大きく変化し，世界でも希な高精度・高密度強震観測網が構築されることとなった．

図3.1.2は2003年4月時点のK-NETとKiK-netおよびF-net（広帯域地震観測網）の観測点である(Okada et al., 2004)[7]．表3.1.1の中段以降には1000 cm/s^{2}前後より大きな振幅の地震動をあげているが，これらのK-NETやKiK-netあるいは自治体の震度計でえられた大振幅の地震動が多い．また，2003年以降になると，ついに2000 cm/s^{2}や3000 cm/s^{2}を超える強震記録が観測し始められている．これらの大振幅の地震動の成因については，佐藤・他 (2007)[8]やAoi et al. (2008)[9]の研究があり，震源で生成された強い地震動が表層地盤でさらに増幅されたことがわかってきたが，建物への入力地震動の評価や，その入力動の建物への影響の評価はまだ行われていない．

3.1.2 日本における設計用入力地震動の変遷

（1）　一般建物

1891年 (明治24年) の濃尾地震直後に設立された震災予防調査会の報告書の中で，特に注目を浴びた論文が，1916年 (大正5年) 年に建築学者である東京大学教授佐野利器によって発表された「家屋耐震構造論」である．この論文で佐野は，はじめて「震度」という概念を打ち出した．

ここでいう震度とは，気象庁から発表される地震の震度ではなく，地震動の最大加速度αと重力の加速度gとの比α/gのことである．

この震度の値を決めるために，関東地震の際に，崩れ去った多くの建築の中で，ビクともしなかった日本興業銀行の体験が決め手となった．日本興業銀行の竣工は関東地震の直前1923年6月で，SRC造である．設計者の内藤多仲は，この建築の耐震設計にあたって震度1/15という値を使っていたが，これよりさらに安全をみて地震力を大き目に見積ることとし，関東地震直後の1924年 (大正13年) に「市街地建築物法」という法律で，以後の耐震設計には震度0.1を用いるよう規定した．

なお，設計震度を0.1と規定した理由として，例えば，武村 (2008)[3]には，材料の安全余裕との関係で，下記のような説明もされている．

「耐震基準を制定する際に，もっとも大きな問題となったのは地震荷重の設定であった．耐震基準は，大正8年 (1919年) 4月に制定された市街地建築物法 (大正9年11月に施行規則公布) のなかに組み入れるために，関東地震後，文部省の震災予防調査会で議論された．その際，佐野利器が耐震規定の法規の原案をつくり，(中略) その案について議論が進められた．佐野利器は，今村明恒が地震による被害調査の結果，東京の下町では水平震度0.3程度あったと推定していたことをあらかじめ頭において，材料の安全余裕を3倍とみることで設計震度0.1と設定していたが，(今村明恒博士と中

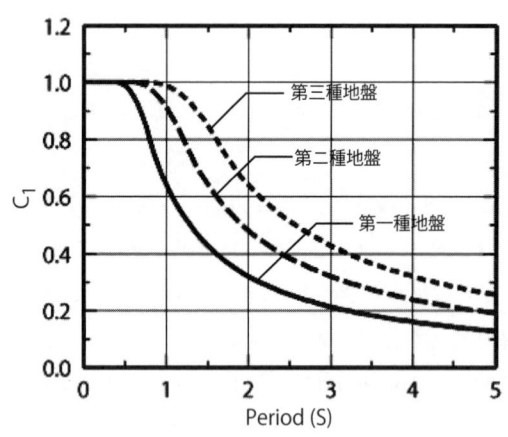

図 3.1.3 新耐震設計法による第 1 層の設計用層せん断力係数 ($Z=1.0$ のとき)

村左衛門太朗博士から) そのとおりの回答が返ってきたのである.」

その後, 1950年 (昭和25年) には, 建築基準法が制定され, これにともなって市街地建築物法が廃止された. 建築基準法では, 1934年 (昭和9年) の室戸台風を契機に, 建物に作用するさまざまな荷重が長期荷重と短期荷重に分けられ, 地震荷重は短期荷重として扱われることになった. これをうけて, 安全率は3倍から1.5倍に引き下げられ, 代わりに設計震度は従来の0.1から0.2に引き上げられた.

1968年 (昭和43年) の十勝沖地震 (M_J 7.9) では, 函館大学や八戸高専などの鉄筋コンクリート造が大被害を受けた. これは, いずれも, 腰壁 (こしかべ) や垂壁 (たれかべ) によって短くなった柱のせん断破壊が原因であった.

そこで, 1971年 (昭和46年) に鉄筋コンクリート造の柱のせん断破壊を防ぐために, 帯筋の間隔が30 cmから15 cm (柱の頭部と脚部は10 cm) にせばめられた. その後, 1981年 (昭和56年) に建築基準法施行令の大改正が行われ, 新耐震設計法と呼ばれる設計法がはじまった. 改正の要点は, 従来の許容応力度設計はそのまま一次設計として残し, 新たに二次設計を導入したことである. このとき, 地震荷重は, 従来の静的荷重としての設計震度という形ではなく, 建物の動的応答を考慮して下式で表される設計用層せん断力係数C_iで規定されることとなった.

$$C_i = Z \times R_t \times A_i \times C_0$$

ここに, i は層番号, Z は地震地域係数で1.0〜0.7, R_t は振動特性係数, A_i は高さ方向分布係数, C_0 は標準せん断力係数で一次設計では0.2 (ただし第三種地盤の木造建築物では0.3), 二次設計では1.0である.

図3.1.3には, C_1 すなわち第1層の設計用層せん断力係数を示す. ここに, 地震地域係数 Z は1.0とした. これに建物の重さをかけたものが1階の柱や壁が負担すべき地震時のせん断力となる. 図より, 二次設計では, 短周期側で, 重力加速度と同じ1 gを地震力として考えていることがわかる.

その後, 1995年の兵庫県南部地震では, 図3.1.4(a)に示すように, 震災の帯とよばれる震度7の領域が海岸に沿って形成された (松島・川瀬, 2006に加筆)[10]. また, 図3.1.4(b)と図3.1.4(c)に示すように, 最大加速度が1000 cm/s^{2}近く, 最大速度も150 cm/s近い大振幅の記録が得られた. 震度7の震災の帯の中を含む地域の被害調査の結果, 大振幅の記録が得られたにもかかわらず, 新耐震設計法が施行されたあとの建物は, それ以前の建物と比べて, 有為に被害が少ないことがわかり, 新耐震設

(a) 震度7の震災の帯 (松島・川瀬, 2006に加筆)[10]

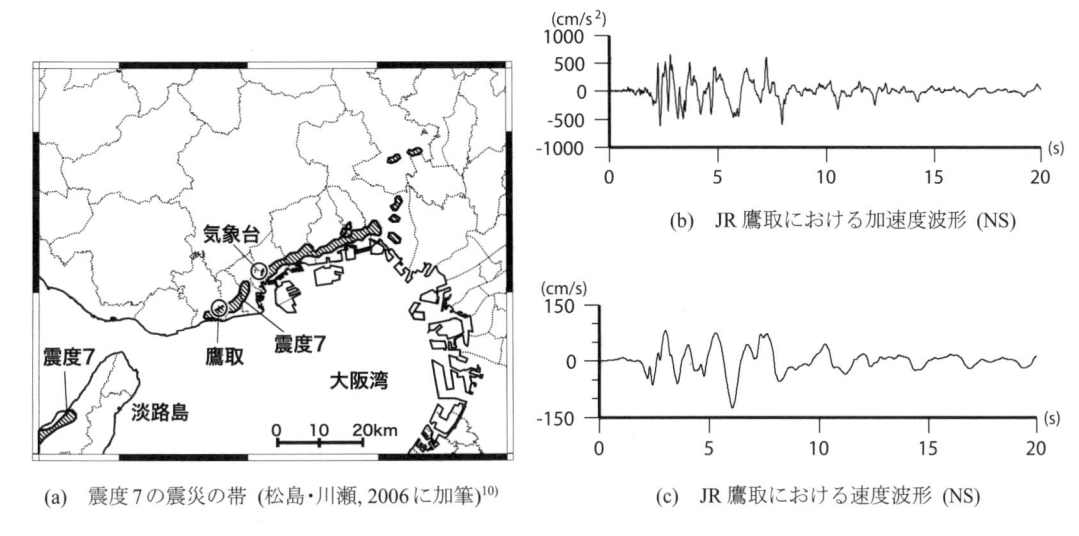

(b) JR 鷹取における加速度波形 (NS)

(c) JR 鷹取における速度波形 (NS)

図 3.1.4　1995 年の阪神・淡路大震災における震災の帯 (震度 7) と観測記録

計法によって設計された建物は十分な耐震安全性能を有していることが明らかとなった.

また，最近では，静岡県 (2002)[11] が，東海地震対策として，県の建築構造設計指針で地震地域係数を1.2としている．

（2）　超高層建物

建物の高さについては，1920年 (大正9年) の市街地建築物法施行令で100尺制限 (100尺は30.3 m) が設けられていたが，1963年 (昭和38年) 以降，建設大臣が建築基準法第38条に基づいて個別に認定を行う方式で，高さ制限が緩和された．

超高層建物の設計には，動的設計法が取り入れられ，標準波と呼ばれる著名な強震記録と，サイト波と呼ばれる建設地点の近くで観測された強震記録が用いられてきた．標準波としては，表1に示したEl Centro波，Taft波，八戸波の3つの記録が用いられることが多く，サイト波としては，東京では東京101，大阪では大阪205が用いられることが多かった．振幅は，レベル1の弾性設計では最大速度にして20 cm/s～25 cm/s，レベル2の弾塑性設計では40 cm/s～50 cm/sとなるように調整された．

これに対して，1990年 (平成2年) ごろ，東京湾の臨海部で超高層建物の建設が始まると，実際に建設地点に来る地震動をサイト波として用いる試みがはじまった (日本建築防災協会, 1991, 1992など)[12]．このとき想定された地震は，関東地震，安政江戸地震，東海地震などである．

この試みは，1995年 (平成7年) の兵庫県南部地震のあと，大阪地区や名古屋地区でも行われた．

大阪地区では，1995年の兵庫県南部地震をうけて上町断層帯地震などによる地震動が計算されるようになり，その結果，1997年に大阪市が「建築物の耐震性向上の指針」を示している．最近，上町断層帯地震は再検討され，新聞報道 (朝日新聞, 2008a)[13] によると，上町断層帯地震による地震動は最も大きな地点では最大速度が368 cm/s，最大加速度が1614 cm/s^{2}となっている．これらの値は，

1997年に大阪市が「建築物の耐震性向上の指針」の中で示した数字より大幅に増え，74.5 cm/sだった最大速度は約5倍に，262 cm/s^{2}だった最大加速度は約6倍になっている．上町断層帯の地震を想定した設計用入力地震動については，設計のクライテリアも含めて本書の7.1節にまとめている．

一方，名古屋地区では，1994年 (平成11年) 11月に発足した愛知県設計用入力地震動研究協議会 (福和・他, 2001)[14] により，名古屋地区における設計用入力地震動が策定された．想定すべき地震の設定は，被害地震や活断層などに関する最新の知見に加え，確率論的想定地震 (亀田・他, 1997)[15] の考え方に基づいて抽出された地震を合わせた合理的判断により行われている．

また，想定地震としては，フィリピン海プレートの沈み込み帯で発生する巨大地震である想定新東海地震 (M_J 8.3)，特定の活断層の活動に起因する地震である想定濃尾平野西縁地震 (M_J 7.7)，想定伊勢湾地震 (M_J 7.5)，想定猿投北地震 (M_J 7.0)，活断層の知られていないところでも発生する地殻内地震である想定名古屋浅発直下地震 (M_J 6.8) が選定されている．

その後，愛知県設計用入力地震動研究協議会の実績をふまえ，中部地方整備局，愛知県，名古屋市が，名古屋市三の丸地区において各庁舎の免震構造化を含む耐震改修をほぼ同時期に計画し始めたとき，耐震改修に用いる地域波を上記の公的機関3者が共同して作成している (中田・他, 2004)[16]．名古屋三の丸地区における設計用入力地震動については，設計のクライテリアも含めて本書の6.1節にまとめている．

（3） 原子力発電所

原子力発電所の耐震基準は，「発電用原子炉施設に関する耐震設計審査指針」(原子力安全委員会, 2006)[17] により規定されている．制定は，1981年 (昭和56年) で，1995年の兵庫県南部地震をうけて2006年 (平成18年) に改訂されている．

1981年の審査指針では，原子炉施設を重要度に応じて，Aクラス，Bクラス，Cクラスの三段階 (なお，Aクラスのうち最重要であるものはAsクラスに分類される) に分けられ，クラスごとに地震荷重と設計のクライテリアが規定されている．また，地震荷重としては，静的地震力と基準地震動の2つを考慮することになっている．

静的地震力は，新耐震設計法の標準せん断力係数0.2を基準に，Aクラスの施設では3倍，Bクラスの施設では1.5倍，Cクラスの施設では1.0倍とされている．また，Aクラスの施設については，鉛直地震力 (震度0.3を基準) も考慮されている．ただし，振動特性係数に相当する値は，支持地盤のせん断波速度と建物の埋め込み深さを考慮して決められている．

一方，基準地震動とは，原子炉施設の耐震設計で，敷地の解放基盤表面において考慮する地震動のことで，その強さの程度に応じて，S1 (設計用最強地震) およびS2 (設計用限界地震) の2種類の地震動が策定されている．S1はAクラス (Asクラスを含む) の施設の設計に，S2はAsクラスの施設の設計に用いられている．

2006年に改訂された耐震設計審査指針では，原子炉施設は重要度を四段階によるものから三段階のSクラス (旧指針におけるAsクラス，Aクラス)，Bクラス，Cクラスに変更された．また，従来の

静的地震力は変更されなかったが，S1（設計用最強地震）とS2（設計用限界地震）は一本化され，基準地震動Ssとなった．

この基準地震動は，敷地周辺の地質・地質構造並びに地震活動性等の地震学及び地震工学的見地から施設の供用期間中に極めてまれではあるが発生する可能性があり，施設に大きな影響を与えるおそれがあると想定して策定しなければならないとされている．

この改訂により，地震動の評価結果に最も大きな影響を与えたのは，旧指針では，マグニチュード6.5の直下地震をS2として必ず考慮することになっていたのが，改訂された審査指針では，「震源を特定せず策定する地震動」とされ，震源と活断層を関連付けることが困難な過去の内陸地殻内の地震について得られた震源近傍における観測記録を収集し，これらを基に敷地の地盤物性を加味した応答スペクトルを設定し，これに地震動の継続時間，振幅包絡線の経時的変化等の地震動特性を適切に考慮して地震動を策定することになったことである．

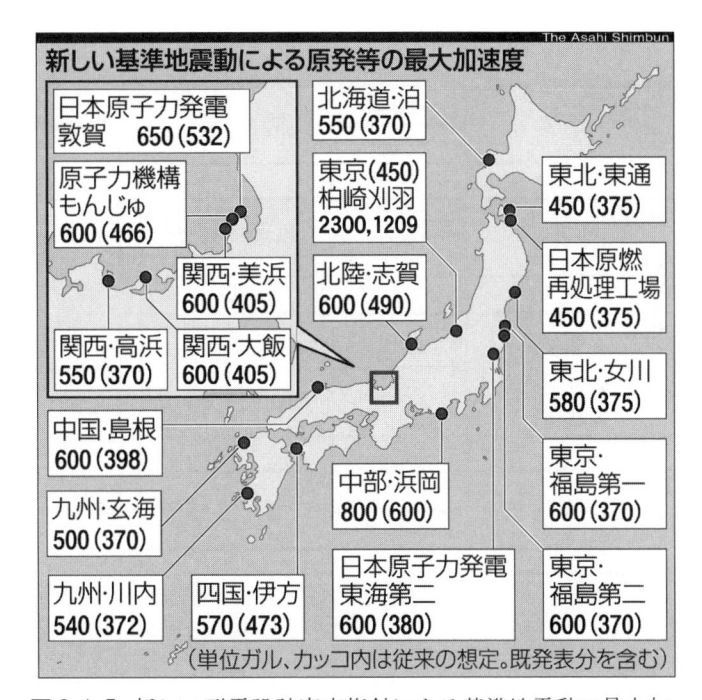

図 3.1.5 新しい耐震設計審査指針による基準地震動の最大加速度（朝日新聞, 2008bに加筆）[18]
単位はcm/s^{2}で，カッコ内は旧指針による設計用限界地震の最大加速度である．また，柏崎刈羽における2つの最大加速度は，それぞれ1号機〜4号機と5号機〜7号機のものである．

改訂された指針は，新設の原子力発電所だけではなく，既設の原子力発電所にも適用されることとなり，耐震性能が不足している部分には補強工事が施されることとなった．図3.1.5は，各原子力発電所における従来のS2（設計用限界地震）の最大加速度と改訂された指針によるSsの最大加速度である（朝日新聞, 2008bに加筆）[18]．図より，まず，すべての発電所でSsがS2より大きくなっていることがわかる．また，旧指針で370 cm/s^2〜380 cm/s^{2}となっているところは，主として，マグニチュード6.5の直下地震によりS2が決まっていたところであり，それが指針の改訂をうけて450 cm/s^2〜600 cm/s^{2}と大きくなっていることがわかる．さらに，柏崎刈羽では1号機〜4号機で2300 cm/s^2，5号機〜7号機で1209 cm/s^{2}と，特に，大きくなっていることが注目される．これは2007年（平成19年）の新潟県中越沖地震でS2を超える記録（1号機ではS2の約3.8倍）がとれたことを強震動評価に反映させ

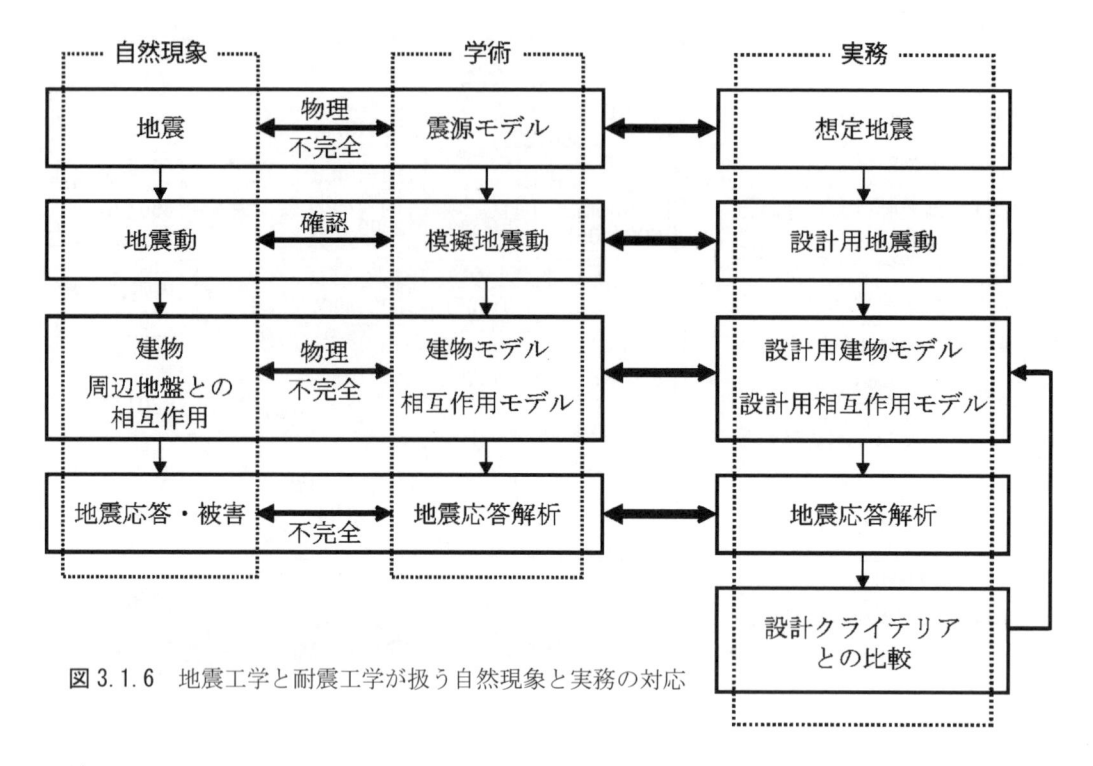

図3.1.6 地震工学と耐震工学が扱う自然現象と実務の対応

た結果である.

なお, 2011年東北地方太平洋沖地震では, 女川原子力発電所と福島第一原子力発電所で基準地震動をやや上回る記録が得られたため, すべての原子力発電所において基準地震動の見直しが必要となっている. 特に, 東北地方太平洋沖地震では, 従来, 震源域としては別々に考えられていた領域が連動して破壊したことにより, プレート境界においても内陸の活断層においても震源域や活断層の連動破壊を想定することとなった. また, 巨大地震の発生の影響を受けて日本列島の応力状態が変化したことにより, 従来, 正断層の地震は起らないと考えられていた地域で正断層の地震が起こるようになったため, 活断層の評価も見直されている(原子力安全・保安院, 2011)[19].

3.1.3 増大する地震動レベルのまとめ

以上, 近年, 記録されることが増えてきた大振幅の地震動と, それを設計用入力地震動へ反映した事例を見てきたが, このような検討は始まったばかりである. 今後, そのような事例を積み重ねるにあたっては, 3つの要点を押さえておく必要があると思われる. 一つ目は, どの地震にどう備えるのかをきちんと議論し, 明示することである. それには, 地震の想定と地震動の評価が重要となってくるが, 特に, 地震発生の確率評価は重要である. 二つ目は, 建物の実耐力の定量的な把握である. 本章の後半で説明するように, 最大加速度が1000 cm/s^{2}を超すような地震動が記録されても, 構造的な被害がほとんどない場合もあり, その合理的な説明が必要である. そして, 三つ目は,

表3.1.2 加速度の変遷

	地震名	M_J	観測点	加速度 (cm/s/s)
観測記録	1956年 東京湾北部の地震	6.0	TOKYO-101	74
	1962年 広尾沖地震	7.0	釧路地方気象台	385
	1978年 宮城県沖地震	7.4	東北大学建物	1040
	1993年 北海道南西沖地震の最大余震	6.5	明和小学校	1569
	2003年 宮城県北部の地震の前震	5.6	鳴瀬町役場	2005
	2004年 新潟県中越地震の余震	6.5	川口町役場	2036
	2008年 岩手・宮城内陸地震	7.2	KiK-net 一関西	3866
設計値	1924年 市街地建築物法　($k=0.1$)			98
	1950年 建築基準法の制定　($k=0.2$)			196
	1981年 建築基準法の改定　($C_0=1.0$)			980
	2002年 静岡県の指針　($Z=1.2$)			1176
	2008年 東京電力柏崎刈羽原子力発電所の基準地震動			2300

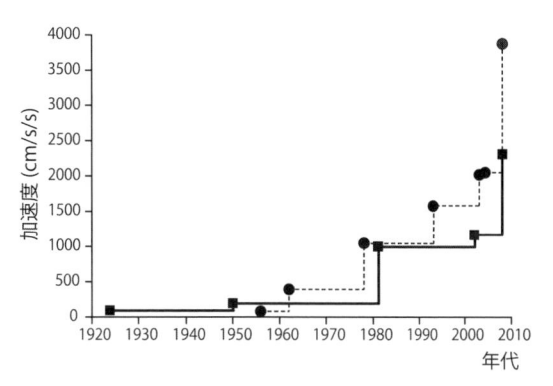

図3.1.7 観測記録(細点線)と設計値(太実線)の比較

(注)強震記録の最大加速度は、いろいろな設置条件のものが混ざっており、水平動だけではなく上下動もある。設計で考慮されている加速度も、安全率が3の時代のものと1.5の時代のもの、あるいは一般建物の弾性設計用のものと弾塑性設計用のもの、さらには原子力発電所の解放基盤における基準地震動のものが混ざっている。

建物に実際に入力される地震動の評価で、強震時に建物や周辺地盤で何が起っているかを明らかにすることである.

　これら3つの要点をもとに考えられる地震工学と耐震工学が扱う自然現象と実務の対応を図3.1.6に示す.ここでは、人工物である建物の挙動も実際の地震では物理法則にしたがって挙動することから、自然現象として扱っている.また、図中の「物理」とは自然現象の実体と学術的なモデルが物理的につながっているべきであるという意味で、「不完全」とは物理的なつながりが不完全という意味である.上述した要点の一つ目は、図3.1.6の「地震」と「地震動」と「設計クライテリア」に対応し、二つ目は、「建物」と「地震応答・被害」に対応し、三つ目は、「周辺地盤との相互作用」のことである.この図は、学術レベルでは自然現象の説明の必要性が示されており、さらに、それを受ける形で耐震設計の実務への展開の必要性が示されている.これは、地震工学と耐震工学の永遠のテーマかもしれないが、大振幅の地震動を設計用入力地震動へきちんと反映するには常に意識しておかなければならないことである.

　こういった観点で、日本における強震記録の最大加速度と設計で考慮されている加速度を年代とともに見たのが表3.1.2で、観測記録と設計値を1つの図の中で比較したのが図3.1.7である.強震記録の最大加速度は、いろいろな設置条件のもので、また、最も大きい3866 cm/s^{2}は上下動のものであるが、年代とともに大きくなっていること、設計で考慮されている加速度も、安全率が3の時代のものと1.5の時代のもの、あるいは一般建物の弾性設計用のものと弾塑性設計用のもの、さらには原子力発電所の解放基盤における基準地震動のものが混ざっているが、こちらも、年代とともに大きくなっていることがわかる.これは、図3.1.6に示した観点での自然現象と実務の対応が少しず

つすすめられている結果だと思われる．

参 考 文 献
1) 大崎順彦: 地震と建築, 岩波新書, 1983
2) 田中貞二: 日本における強震計の開発と初期の強震観測, 日本建築学会, 強震データの活用に関するシンポジウム, pp. 39-48, 1995
3) 武村雅之: 地震と防災, 中公新書, 2008
4) 日本建築センター: 高層建築物の動的解析用地震動について, ビルディングレター'86.6, pp. 49- 50, 1986
5) 日本建築学会: 1978年宮城県沖地震災害調査報告, pp. 8-29, 1980
6) 藤原広行・功刀卓・安達繁樹・青井真・森川信之: 新型K-NET: 強震動データリアルタイムシステムの構築, 日本地震工学会論文集, 第7巻, 第2号 (特集号), pp. 2-16, 2007
7) Okada Y., K. Kasahara, S. Hori, K. Obara, S. Sekiguchi, H. Fujiwara, and A. Yamamoto: Recent progress of seismic observation networks in Japan -Hi-net, F-net, K-NET and KiK-net-, Earth, Planets and Space, Vol. 56, pp. 15-28, 2004
8) 佐藤智美・土方勝一郎・植竹富一・徳光亮一・壇一男: 広帯域震源インバージョンによる2004年新潟県中越地震の大加速度に関する研究 (その2) 中・短周期震源インバージョン, 日本建築学会大会学術講演梗概集 (九州), B-2, 構造II, pp. 365-366, 2007
9) Aoi, S., T. Kunugi, and H. Fujiwara: Trampoline effect in extreme ground motion, Science, Vol. 322, No. 5902, pp. 727-730, 2008
10) 松島信一・川瀬博: 1995年兵庫県南部地震の震源近傍強震動および震災帯の再評価, 日本建築学会大会学術講演梗概集 (関東), B-2, 構造II, pp. 33-40, 2006
11) 静岡県都市住宅部: 静岡県建築構造設計指針・同解説, 2002
12) 日本建築防災協会: 臨海部における大規模建築物群の総合的な構造安全に関する調査・検討報告書, 1991, 1992
13) 朝日新聞: 上町断層揺れ想定の5倍, 2008年3月11日, 2008a
14) 福和伸夫・久保哲夫・飯吉勝巳・大西稔・佐藤俊明: 愛知県名古屋市を対象とした設計用地震動の策定 (その1) 全体概要, 日本建築学会大会学術講演梗概集 (関東), B-2, 構造II, pp. 81-82, 2001
15) 亀田弘行・石川裕・奥村俊彦・中島正人: 確率論的想定地震の概念と応用, 土木学会論文集, No. 577/I-41, pp. 75-87, 1997
16) 中田猛・福和伸夫・藤川智・壇一男・佐藤俊明・柴田昭彦・白瀬陽一・斉藤賢二: 名古屋市三の丸地区における耐震改修用の地震動作成 (その１) 全体概要, 日本建築学会大会学術講演梗概集 (北海道), B-2, 構造II, pp. 529-530, 2004
17) 原子力安全委員会: 発電用原子炉施設に関する耐震設計審査指針, 平成18年9月19日決定, 2006
18) 朝日新聞: 活断層, 原発は安全か, 2008年4月1日, 2008b
19) 原子力安全・保安院: 耐震バックチェックの検討に際しての原子力安全委員会からの平成23年東北地方太平洋沖地震を踏まえた意見の追加への対応に係る追加の指示について, http://www.meti.go.jp/press/2011/06/20110606003/20110606003.pdf (2012年10月15日参照)

3.2 地震タイプ別の地震動特性

一般に地震波はEl Centro波に代表される短周期が卓越するランダム性状の波形が観測される場合が多いが，活断層などの断層近傍では，建物をなぎ倒すような破壊力ある強震動（指向性パルス）や，地表地震断層の出現による大振幅の永久変位や地盤傾斜を伴う地震動（フリングステップ）などの特徴ある強震動が観測される場合がある．また関東平野など大都市圏の高層建物では，海溝型巨大地震等による長周期地震動への対策の必要性が高まっている．本節では，地震タイプ別の特徴的な地震動特性の成因や被害例を整理し，今後，首都圏直下地震や活断層帯の地震，海溝型巨大地震などを想定した強震動評価を行う際，考慮すべき事項を説明する（文献1),2)なども参照されたい）．

3.2.1 地震タイプ別の地震動特性

図3.2.1 は首都圏を例として関東平野直下の断面を模式化し，想定される地震のタイプと地震動特性を示している[3]．地震タイプとしては，①のプレート境界の海溝型巨大地震（東海地震・東南海地震・南関東地震など），②プレート境界の内陸型中規模地震（内閣府想定の首都直下地震[3]など），③海のプレート内地震（やや深い地震で，1884年明治東京地震など），④陸のプレート内地震（浅い地震であり，内閣府想定の都心西部・東部直下地震など），⑤活断層による地震（神縄・国府津-松田断層帯や立川断層帯による地震など），などがある．

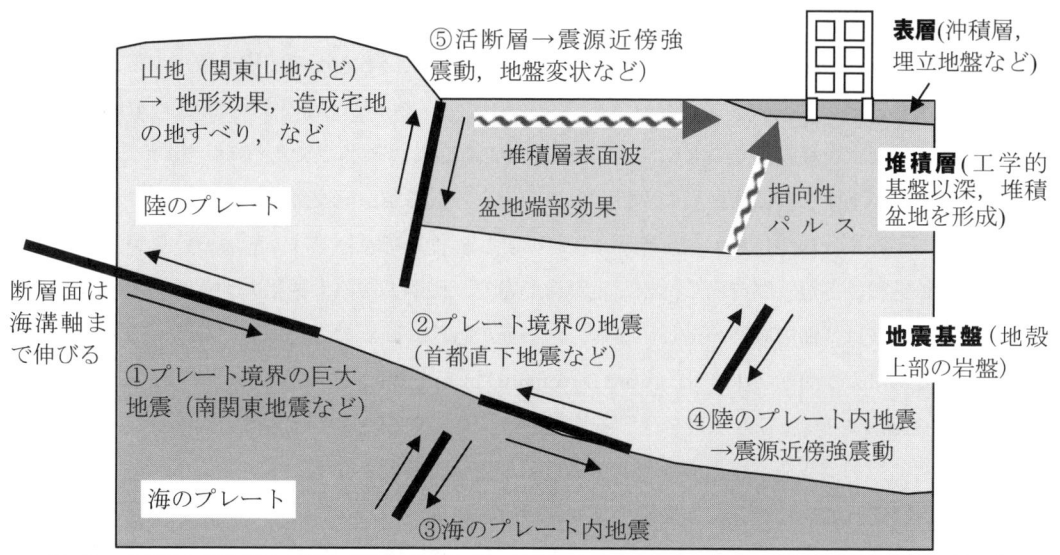

①プレート境界の海溝型巨大地震（南関東地震など）　　②プレート境界の内陸型地震（想定首都直下地震など）
③海のプレート内地震（やや深い首都直下地震：1884年明治東京地震など）
④陸のプレート内地震（浅い首都直下地震：想定・首都圏西部直下地震など）
⑤活断層による地震（神縄・国府津-松田断層帯，立川断層帯による地震など）

図3.2.1 地震タイプ別の地震動特性（説明欄の（ ）内は首都圏で想定されている地震）

①は相模トラフなどの海溝軸から関東平野南部まで断層面が伸び，②は関東平野直下に断層面が位置する．このタイプの地震では，震源断層の直上などでは破壊力ある強震動が発生する可能性があるが，フィリピン海プレート上面のような低角の断層であれば，断層の直上であっても後述するように破壊力ある強震動である指向性パルスは発生しにくい．現在，首都圏で最も甚大な被害が生じると想定されている首都直下地震は②のタイプの地震であるが，今後30年で70%の発生確率と言われている根拠となった過去の地震は③のタイプである（フィリピン海プレート内，またはより深い太平洋プレート上面など[4]）．③のタイプは深い地震であるため，あまり破壊力ある地震動とはならず，②の地震と比べて被害は軽微となるはずである．一方，近い将来の発生が懸念されている東海地震や東南海地震などの連動型地震が発生した場合，首都圏などでは非常に大きな長周期地震動が励起されると考えられている．また，④や⑤のタイプの地震では，後述するように震源近傍で発生する指向性パルスの発生が懸念される．特に⑤の地震では，地表断層のずれによって，大きな永久変形を伴うフリングステップが生じ，地盤変状に対する対策が必要となる．

3.2.2 断層近傍の強震動：指向性パルスとランダム波

建物を倒壊させる可能性のある最も破壊力ある強震動のひとつは指向性パルスであり，震源断層近傍で発生するコヒーレントな位相特性を持つ強震動である．ここでコヒーレント位相とは，ランダム位相とは異なり，要素波の位相が揃うパルス的な性状を示す特性を意味する．

断層近傍で指向性パルスやランダム波が発生する要因を説明する．図3.2.2は横ずれ断層を真上から見た図であり，太線で示した断層面において破壊伝播が左から右への伝播を仮定する．点震源を仮定した場合，その力系はダブルカップル（2組の偶力）であり，図のようなS波の放射特性を持つ震源が断層面上を移動することになる．特に断層面の近くの観測点であるA点やB点では，図の震源の太い矢印が示すように断層面の平行成分は殆ど0であるが，直交成分が最大振幅に近い位置である．したがって，B点のように断層破壊が進行する断層直交成分では，断層の各点から発生するパルス状の地震動が短時間で同じ位相で重ね合わさり，破壊力ある大振幅の地震動となる．この大振幅のパルス波は，断層破壊の進行する側，断層面の近傍，断層の直交成分に発生するという指向性を持つために，指向性パルス（Forward Directivity Pulse）と呼ばれている．一方，破壊伝播が遠ざかる観測点Aでは，断層各点から発生する地震動は，長い継続時間でばらばらに重なり，相対的に振幅の小さく短周期成分が卓越するランダム性状を示す地震動となる．

図3.2.3は横ずれ断層に加え，逆断層の地震における指向性パルスの成因の説明図である．図3.2.3(a)の横ずれ断層では図3.2.2と同じであり，断層破壊の伝播が近づく観測点Bでは，断層面の直交方向に大振幅の指向性パルスが発生する．図3.2.3(b)の逆断層の場合，指向性パルスが発生するためには，比較的に浅い断層面が高角であり，破壊が断層底部から上方に伝播する条件が必要である．この場合，断層面の延長上に近い観測点Cでは断層面の直交方向に指向性パルスが発生する．一方，

破壊伝播が遠ざかる観測点Aや，断層面の延長上から外れている観測点D，あるいは，図3.2.3 (c)の低角逆断層の場合は，指向性パルスは発生しにくく，一般にランダム性状が卓越する波形となる．パルス波の卓越周期にも依存するが，一般に断層面から10〜20 km程度以上離れると，地盤の不均質さ等によりパルス波のコヒーレント性は崩れ，ランダム波が卓越すると考えられている[5]．

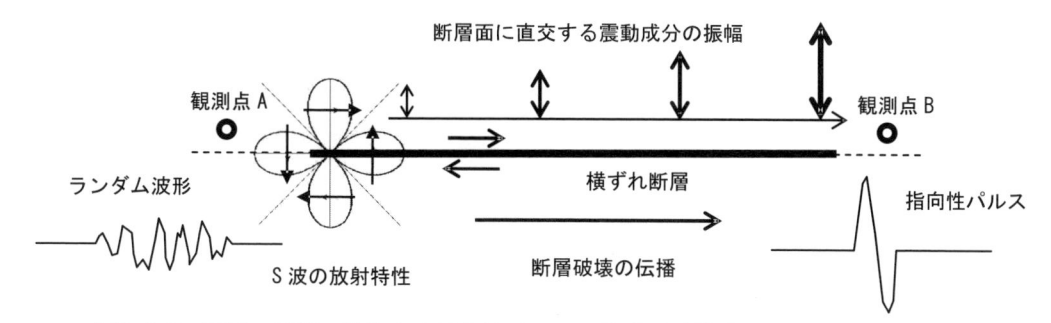

図3.2.2　断層の近傍で発生する指向性パルスの説明図（横ずれ断層を上から見た図）

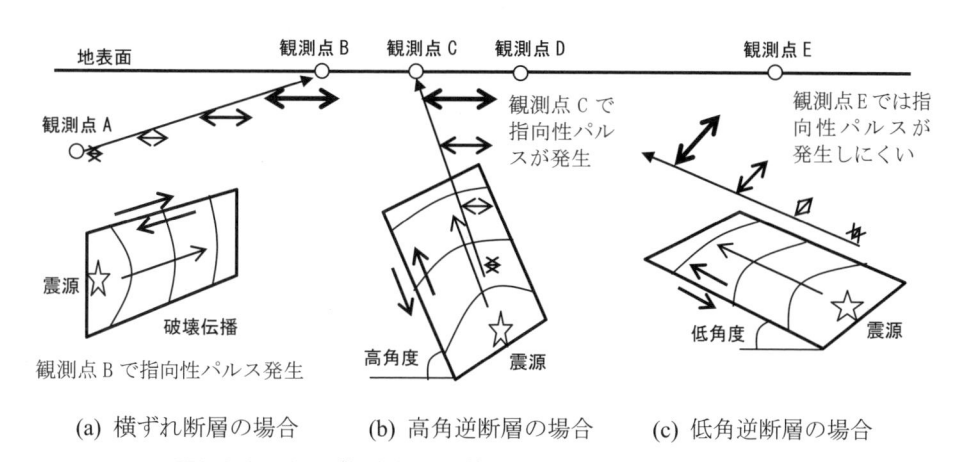

図3.2.3　浅い震源断層の近傍で発生する指向性パルスの説明図

(a) 横ずれ断層の場合　　(b) 高角逆断層の場合　　(c) 低角逆断層の場合

1994年Northridge地震や1995年兵庫県南部地震では，周期1〜2秒で卓越する指向性パルスが生じ，建物に大きな被害を与えた原因の一つとして注目された[6],[7]．その際，破壊力あるパルスは断層面全体ではなく，主としてアスペリティ（すべり破壊の特に大きな領域，強震動生成領域とも呼ばれる）から発生することが明らかになった[8]．よって強震動予測を行ううえで，アスペリティを中心とする震源パラメータの設定が非常に重要になる．現在，主として経験則に基づく震源パラメータの設定方法として，強震動予測レシピなどに詳述されているので参照されたい[9],[10]．

図3.2.3(a)に示す横ずれ断層による代表的なランダム波と指向性パルスの例として，1940年と1979年のImperial Valley地震の強震動を紹介する[1]．1940年の地震（M_w 7.0）では，Imperial Valley断層の近傍で有名なEl Centro波が観測されている．図3.2.4に示すようにEl Centroは断層の北端に位置し，破壊伝播は北から南に向かったため，ランダム性状の速度波形となった．図には断層直交（Fault

Normal：FN）と断層平行（Fault Parallel：FP）の成分をそれぞれ示しているが，両者に大きな差は見られず，加速度応答スペクトルは基準法の告示スペクトルにほぼ相当する値となっている．

指向性パルスの代表例として，同じImperial Valley断層による1979年の地震（Mw 6.5）で観測した強震動を図3.2.5に示す．この地震の震源では破壊伝播が南から観測点のある北に向かったため，断層近傍の観測点（Meloland）では，FN成分に200 cm/sを超える明瞭な指向性パルスを観測した．したがってFN成分の応答スペクトルでは，周期約1～2秒以上で告示レベルを凌駕している．

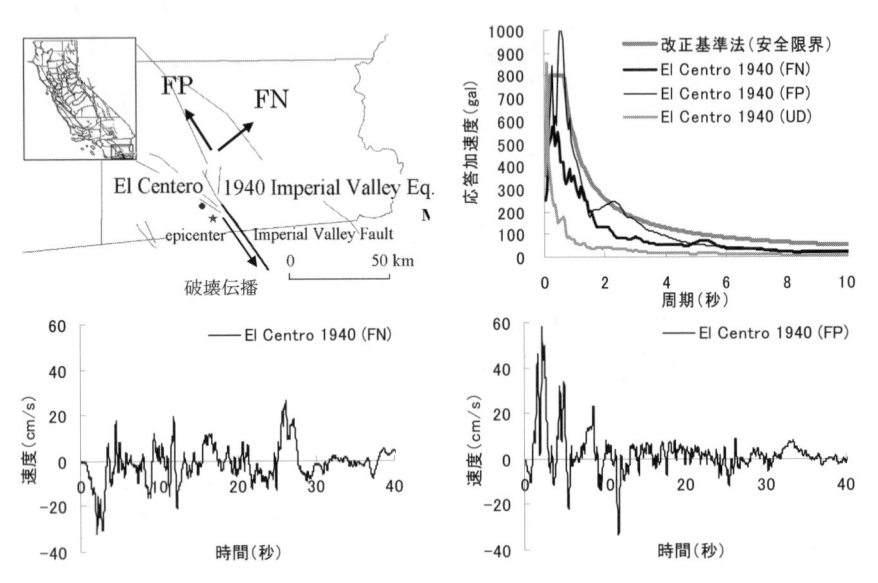

図3.2.4　1940年Imperial Valley地震とEl Centro波・応答スペクトル（ランダム波の例）

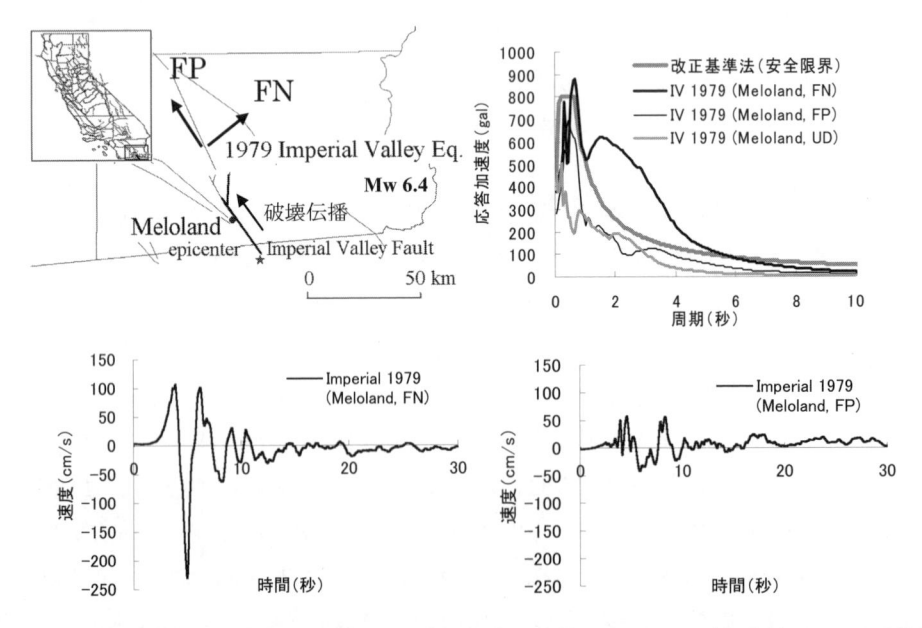

図3.2.5　1979年Imperial Valley地震とMeloland波・応答スペクトル（指向性パルスの例）

次に海溝型巨大地震の断層面の直上でありながら，図3.2.3(c)の条件によってランダム性状の強震動となった例を紹介する．図3.2.6はメキシコの1985年Michoacan地震(Mw8.1)の震源断層とその直上の観測点の位置[11]，および観測された速度波形と応答スペクトルである．この地震の震源断層は深さが20 km以上とやや深い低角の逆断層であるため，破壊伝播が近づく観測点であるLa Unionでも破壊力に乏しいランダム形となっている．観測点は，ほぼ岩盤と地盤条件も良好であるため，応答スペクトルの振幅も告示レベルの約半分程度である．ちなみに，2011年東北地方太平洋沖地震（Mw 9.0）では震源断層が低角逆断層であったことに加え，東北地方は震源断層から離れていたため，観測された強震記録は短周期成分が卓越し，長い継続時間であることを除き，破壊力が特に大きくないランダム性状を示したと考えられている．

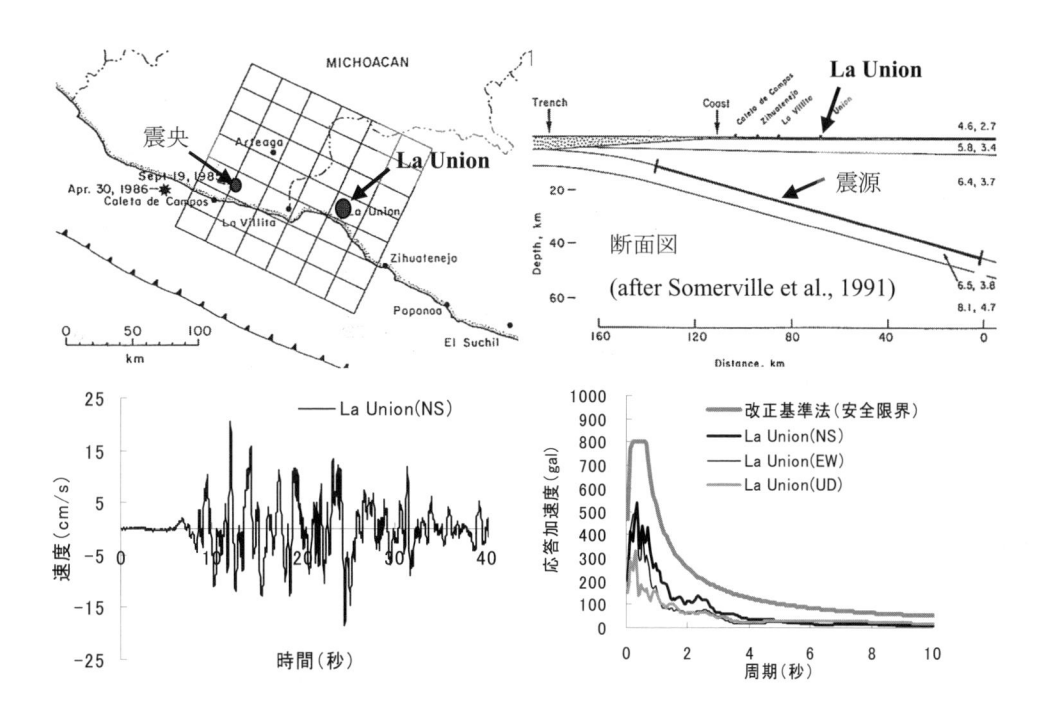

図3.2.6 1985年Mexico・Michoacan地震と速度波形，および応答スペクトル（ランダム波）

次に逆断層の場合，図3.2.3(b)のように高角な断層震源では指向性パルスが発生するが，図3.2.3(c)のように低角な断層震源では，断層面の直上であっても発生しないことを示す．図3.2.7は1994年Northridge地震（Mw 6.7）における，断層面と観測点（平面図と断面図），および，震源逆解析より得られたすべり分布である[12]．この断層面の上端は5 kmと浅く，傾斜角は約40度と高角である．よって断層破壊が上向き（北向き）に伝播したため，断層面のほぼ延長上の北側の観測点では指向性パルスが現れる条件となる．一方，それ以外の南側の観測点では，断層面の直上でもランダム性状の波形となる．図3.2.7(c)に示す断層面のすべり分布のうち，すべり量の特に大きな2つの領域(A1,

A2)をアスペリティとして，図3.2.7(a)の平面図にも示している．一方，図3.2.7(a)(b)には，極端な低角な逆断層の例として，深さ10 kmに傾斜角0°の断層面を示している．傾斜角以外の断層パラメータは文献12)と同じであり，岩盤サイトと堆積サイトとで別々の地盤モデルを用いて，波数積分法による周期1秒以上の強震動の理論計算を行った．

図 3.2.8 に，断層破壊の進行側の観測点（U56，NHL，SYL）と逆行側の観測点（U55，U53，U03）における，観測と計算による速度波形，および速度応答スペクトルを示す．全ての波形には1 Hzから2 Hzにかけて振幅を0にするハイカット（ローパス）フィルターを通し，応答スペクトルもこの波形で計算している．観測波形と傾斜角 40°の計算波形には，断層破壊の進行側の観測点の断層直交（FN）成分に大振幅の指向性パルスが現れており，速度応答スペクトルも非常に大きな値を示している．特にU56では二つのアスペリティ（A1, A2）から生じた指向性パルス波が重なり，非常に大きなパルス波となる．一方，NHLでは時間的なずれが生じ，やや振幅の小さな複数のパルスになっており，SYLでは主としてA1からの非常に大きな指向性パルスが観測されている．これらの特徴は，振幅はやや小さいものの傾斜角 40°による計算波形で良く再現されている．一方，断層破壊の進行側でも断層の平行成分（Fault Parallel）や，断層破壊の逆行側の観測点（U55，U53，U03）にはランダム性状が卓越し，相対的に振幅の小さな波形となっている．

一方，傾斜角 0°の低角逆断層モデルによる計算波形では，どの観測点にも相対的に振幅が小さく，破壊力ある指向性パルスが現れず，ランダム性状の波形となっている．ちなみに，内閣府などで想定されている首都直下地震の断層面は，深さが 20〜30 km のフィリピン海プレート上面であり，傾斜角が 23°の低角な逆断層である [13]．したがって，たとえ震源断層の直上であっても指向性パルスは発生しにくく，一般に破壊力が大きくなりにくいと考えられる [14]．

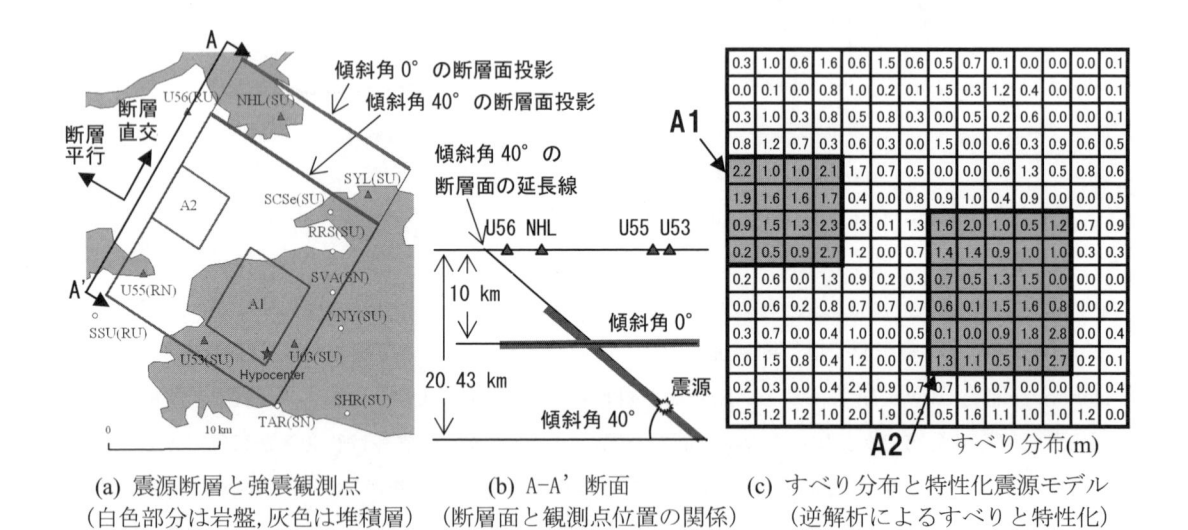

(a) 震源断層と強震観測点　　　　(b) A-A'断面　　　　(c) すべり分布と特性化震源モデル
（白色部分は岩盤，灰色は堆積層）（断層面と観測点位置の関係）　（逆解析によるすべりと特性化）

図 3.2.7　1994 年 Northridge 地震の震源断層モデルと観測点位置（上）と断面図（A-A'断面）

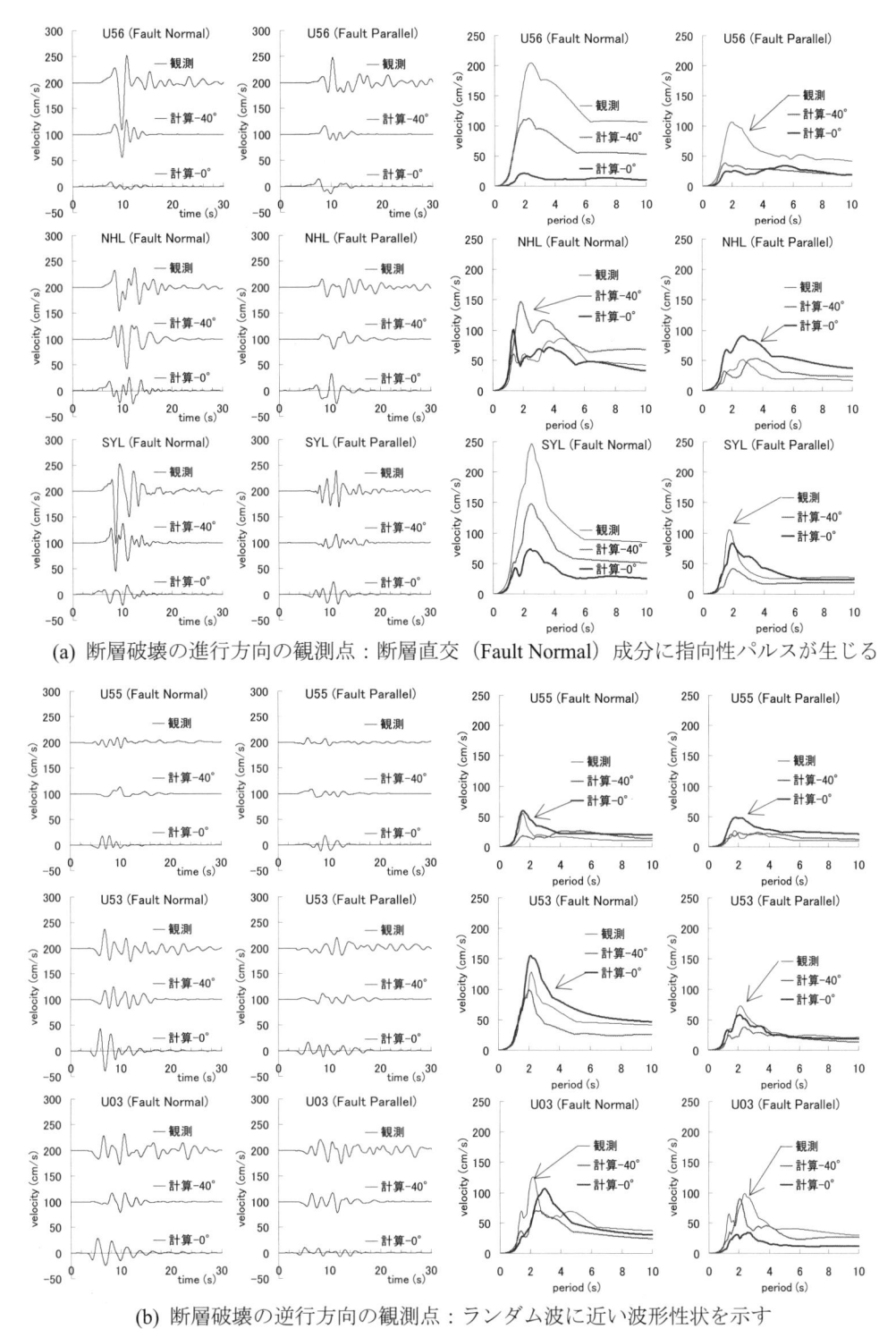

(a) 断層破壊の進行方向の観測点：断層直交（Fault Normal）成分に指向性パルスが生じる

(b) 断層破壊の逆行方向の観測点：ランダム波に近い波形性状を示す

図 3.2.8　1994 年 Northridge 地震の断層面直上の観測点における観測・計算の速度波形と応答スペクトル（全ての波形で周期 1 秒以下をカット．計算の 40°，0° は断層面の傾斜角を示す．観測と計算の 40° は基線を各 100 cm/s 移動させて表示している）

3.2.3 強震動パルス

近年，指向性パルスが発生しにくい観測点で，破壊力あるパルス状の強震動が観測される場合がある[15]-[17]．この現象を説明する例として図3.2.9は面積が小さいものの，非常に大きな応力降下量（すべり量とほぼ等価）を持つアスペリティを配置したケースである．この場合，アスペリティは点震源のように働き，観測点Aだけでなく，放射特性などにより観測点Bでもパルス状の強震動が現れる．2007年新潟県中越沖地震における柏崎市で観測された強震動パルスがこのケースに該当すると考えられている[15]．一方，点震源には図3.2.2に示す放射特性があるため，断層面の直上では大きな振幅でも45度方向では振幅が0となるなど，広い地域で強い地震動が現れることはない．

一般に地震規模とともにアスペリティも大きくなり，そこから発生する指向性パルスも長周期化すると考えられている．したがって，特に建物に破壊力を生じる周期帯域と考えられている1～2秒からずれ，低層の建物への破壊力は減少する傾向がある[18]．特に海溝型巨大地震では，陸域は図3.2.3(c)の条件であり，一般に指向性パルスは発生しにくいと考えられている．しかしながら，2011年東北地方太平洋沖地震では，震源断層の小さな領域から発生したと考えられている周期の短いパルス状の強震動が観測されている例えば[16]．このような強震動パルスを発生させる発生源のモデルは，従来の指向性パルスを発生させるアスペリティとは異なるため，スーパーアスペリティと呼ばれることがある[17]．強震動パルスは強震動予測をする上で不明な点が多く，その成因の解明と定量化は今後の課題である．

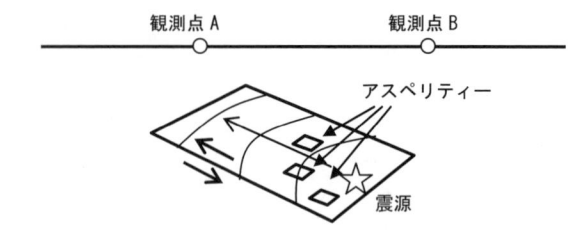

図3.2.9　大きな応力降下量をもつ小さなアスペリティから発生する強震動パルスの説明図

3.2.4 地表地震断層とフリングステップ

大規模な活断層で地震が生じた場合，地表地震断層が出現するため，そのごく近傍ではフリングステップと呼ばれるステップ関数状の大きな永久変位を伴う地震動が観測される．ここではフリングステップの成因と，典型的な観測・被害例を紹介する．

横ずれ断層では図3.2.10(a)に示すように，断層面を挟んで逆向きのすべりによるフリングステップが生じ，逆断層では同図(b)に示すように，断層面を挟んで下盤は沈下する向きに，上盤は上昇する向きに生じる．逆断層では一般に下盤は平野側，上盤は山地側となるが，変位は上盤側で特に大きくなる．フリングステップによる永久変位は大きな距離減衰（距離の2乗に逆比例[19]）を示すため，大振幅は地表地震断層のごく近傍で現れる現象である．一般にフリングステップは長周期の地

震動であり，特に逆断層の場合，上盤側では地盤が破壊され，大きな地盤傾斜を伴う場合がある．このため地表地震断層の直上で建物被害が集中する傾向があり[20),21)]，特に免震建物は長周期地震動の卓越に加え，地盤傾斜などに対する注意が必要である．

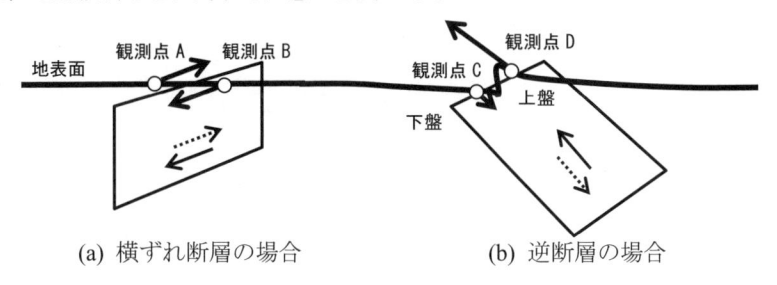

図 3.2.10　地表断層のすべりによる大変位（フリングステップ）の説明図

(a) 横ずれ断層の場合　　(b) 逆断層の場合

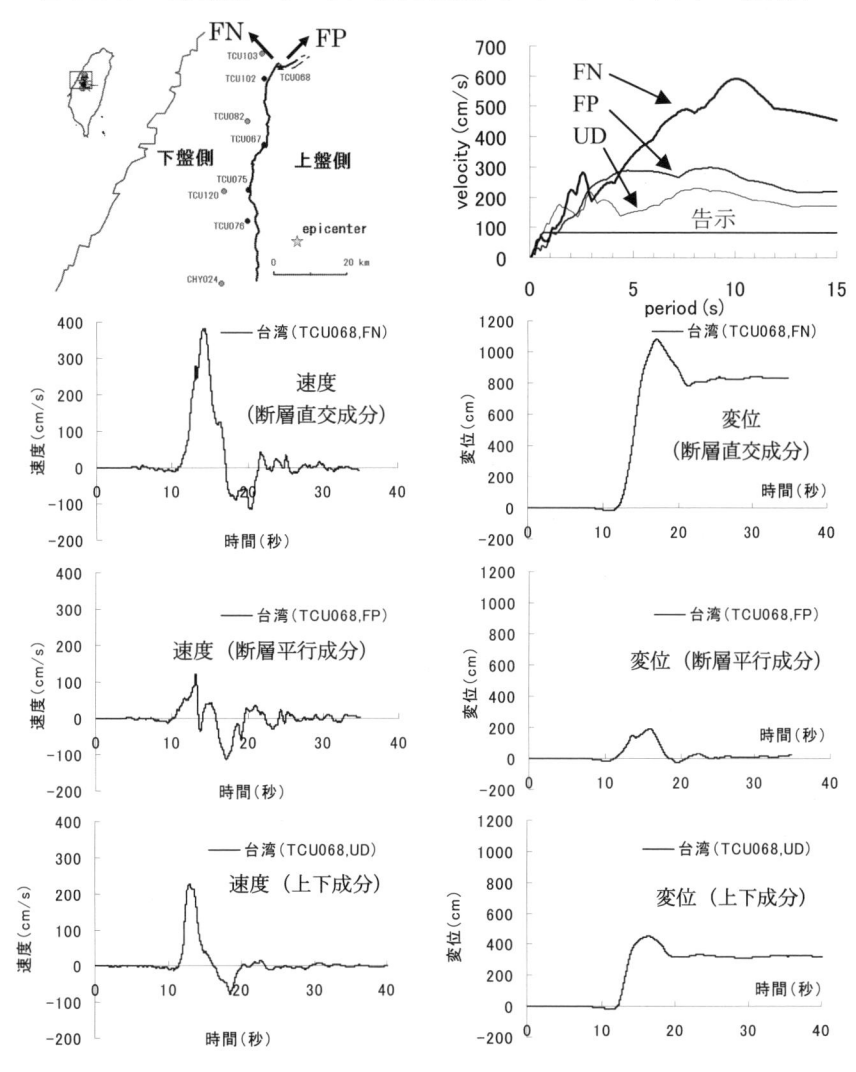

図 3.2.11　集集地震と上盤側地表近傍の観測波と応答スペクトル（TCU068，フリングステップの例）

写真 3.2.1 台湾・集集地震の地表断層（鎖線）と地盤変状による建物の被害例

　図 3.2.11 と写真 3.2.1 には，逆断層である 1999 年台湾・集集地震（Mw 7.6）による地表地震断層のごく近傍で観測したフリングステップと典型的な被害写真を示す [20]．観測点（TCU068：石岡）は上盤側の地表地震断層のごく近傍であるため，断層のすべり方向（断層直交方向）に大きな永久変位を伴うフリングステップが生じる．しかも南から伝播する破壊伝播の進行方向に位置するため，断層直交方向には指向性パルスも重なっている．したがって，図 3.2.11 に示すようにすべり方向に最大速度で 400 cm/s，最大変位で 10 m 以上の大きな振幅となり，速度応答スペクトルも周期 2～3 秒以上の長周期側で告示レベルを凌駕している．一方，短周期地震動は特に強くはなく，実際，地表断層の直上では地盤のすべり変位に起因する被害は顕著であるが，揺れによる被害は殆ど見られなかった [20]．この原因として，強震動の生成領域には 5～10 km 以上の浅さ限界があり，それより浅い断層面は大きく滑っても，短周期地震動が殆ど発生しないと考えられているためである．

　一方，日本における地表断地震層と，その近傍で建物の全数被害調査を行った例として，2011 年 4 月 11 日福島県浜通りの地震（Mw 6.6）を紹介する [21]．この地震は 2011 年東北地方太平洋沖地震により誘発された正断層の地震であり，湯ノ岳・藤原断層に加え，井戸沢断層の西側の断層が活動した．図 3.2.12 には地表断層と建物被害調査の地点を，表 3.2.1～3.2.4 には調査結果を，写真 3.2.1～3.2.4 には地表断層による典型的な建物被害の例を示す．調査した建物総数は 191 棟であり，表 3.2.1 に示すように約 9 割は木造建物である．表 3.2.2 は地表断層からの距離の分布であるが，ほぼ全ての建物は断層から 500 m 以内，半数以上は 200 m 以内である．表 3.2.3 は断層の直上・上盤（沈下側）・下盤（隆起側）に位置する建物の被害度の分布である．地表断層のごく近傍でありながら，建物の半数以上は無被害（D0）であり，軽微（D1）と合わせると 9 割近くとなり，地表断層近傍であっても大きな被害は殆ど無く，強震動も特に強くは無かったと考えられる．D4 以上の大きな被害数の殆どは断層直上に集中している．D4 以上の全壊率では，断層直上では 78%であるが，それ以外では 2%以下と非常に低い値であった．写真 3.2.2～3.2.4 に示すように，被害は地表地震断層による地盤変状に起因し，地震動による大きな被害は殆ど見られなかった．また表 3.2.4 は外観目視による築年別の被害度分布であるが，D3 以上の大きな被害を受けた建物の全ては築 10 年以上の古い建物である．ちなみに，集集地震のような逆断層では，一般に断層直上に加えて上盤側は地盤変状による建物被害が生じるが，正断層である今回の地震ではそのような傾向は見られなかった．

図 3.2.12　2011 年福島県浜通りの地表断層と調査地域

表 3.2.1 構造種別

構造種別	棟数
木造	171
S造	16
RC造	2
不明	2
合計	191

表 3.2.2 地表断層からの距離

地表断層からの距離	棟数
直上	9
100m以内	66
101～200m	56
201～300m	25
301～400m	19
401～500m	13
501m以上	3
合計	191

表 3.2.3 断層位置と被害度

被害度	直上	上盤	下盤	不明	合計
D0	0	27	67	2	96
D1	1	24	42	4	71
D2	1	1	5	0	7
D3	0	1	2	2	5
D4	6	1	2	2	11
D5	1	0	0	0	1
合計	9	54	118	10	191
全壊率	77.8%	1.9%	1.7%	20.0%	6.3%

表 3.2.4 築年(外観目視)と被害度

被害度	30年以上	30～10年	10年以下	合計
D0	37	38	21	96
D1	23	43	5	71
D2	6	1	0	7
D3	5	0	0	5
D4	8	3	0	11
D5	0	1	0	1
合計	79	86	26	191
全壊率	10.1%	4.7%	0.0%	6.3%

被災度 [21]：D0(無被害), D1(軽微), D2(一部損壊), D3(半壊), D4(全壊), D5(一部倒壊), D6(倒壊)

写真 3.2.2　田人中学校体育館の被害（左：上盤の沈降で建物が傾斜，右：柱の引張り破壊）

写真 3.2.3　塩ノ平における家屋（倉庫）の被害

写真 3.2.4　いわき市建徳寺本堂の被害

3.2.5 長周期地震動

　2011年東北地方太平洋沖地震では，首都圏や大阪などで長周期地震動が観測され，超高層建物が大きな影響を受けた．観測された強震動の継続時間が非常に長く，特に首都圏では長周期だけではなく，短周期にも強い成分を持っていた．このため超高層建物では高次モードも励起され，高層階だけでなく，中間階にも非構造部材に様々な被害が見られた[22]．

　一方，この地震による長周期地震動は，首都圏で想定すべき地震動のレベルとしては特に大きくなかったと考えられている．実際，一般に東北地方の地震は，短周期地震動は首都圏へ効率的に伝播するが，長周期地震動はあまり伝播せず，逆に駿河トラフの近くで生じる地震は，短周期地震動はあまり伝播しないが，長周期地震動は非常に効率的に伝播すると言われている．このような首都圏での地震動特性の違いを示す具体例として，新宿を対象として図3.2.13～図3.2.15に，ほぼ同じ地震規模と震源深さ，震央距離の２つの地震による波形と応答スペクトルを比較する（数値は防災科学技術研究所のK-NETのHPより）．

・2004/9/5　紀伊半島沖地震（$M_J 7.4$）　深さ 44 km　新宿まで約 369 km
・2005/8/16 宮城県沖の地震（$M_J 7.2$）　深さ 42 km　新宿まで約 367 km

ここで，2004年紀伊半島沖地震は相模トラフの近くであるが，震源がやや深く，沈み込むフィリピン海プレートの内部で発生した逆断層の地震，一方，2005年宮城県沖地震は沈み込む太平洋プレートの境界面で発生した逆断層の地震である．図 3.2.14，図 3.2.15 は，工学院大学新宿校舎の地下6階で観測された２つの地震による加速度・変位波形，および速度応答スペクトルである．宮城県沖地震の波形やスペクトルと比較すると，紀伊半島沖地震の波形の加速度（短周期成分を強調）は小さいが，変位（長周期成分）は明らかに大きい．

　最後に，今後，想定すべき地震動の例として，図3.2.16に東海・東南海連動型地震（M8.3）と想定首都直下地震（東京湾北部地震，M7.3）による新宿での工学的基盤上での地震動，および2011年東北地方太平洋沖地震の観測記録による速度応答スペクトルを示す．東北地方太平洋沖地震は工学院大学の地下6階における観測波形であり，一方，東海・東南海連動型地震は３次元有限要素法[23]による，想定首都直下地震は波数積分法による工学的基盤での計算波形[14]である．前者の破壊開始点は新宿から最も遠方の点とし，3秒程度以上の長周期成分を対象としている．一方，後者では広い周期帯域を対象とし，破壊開始点やアスペリティ分布など100パターンを計算しており，図のスペクトルはその平均値のNS成分を示している．図より東北地方太平洋沖地震のスペクトルは，短周期から長周期まで平坦に近いスペクトル特性を示すのに対して，東海・東南海連動型地震は長周期成分が卓越しており，東北地方太平洋沖地震の約２倍以上の振幅となっている．一方，想定首都直下地震では周期２～３秒程度以下の短周期成分が卓越する地震動であり，やはり東北地方太平洋沖地震の２～３倍程度の振幅である．

3章 入力地震動評価の現状と課題 —39—

2005年宮城県沖の地震
2005年8月16日
11時46分
M7.2
北緯 38.15
東経 142.28
深さ 42 km

369 km

新宿

2004年9月5日
23時57分頃
M7.4
北緯 38.15
東経 142.28
深さ 44km

367 km

2004年紀伊半島南東沖の地震

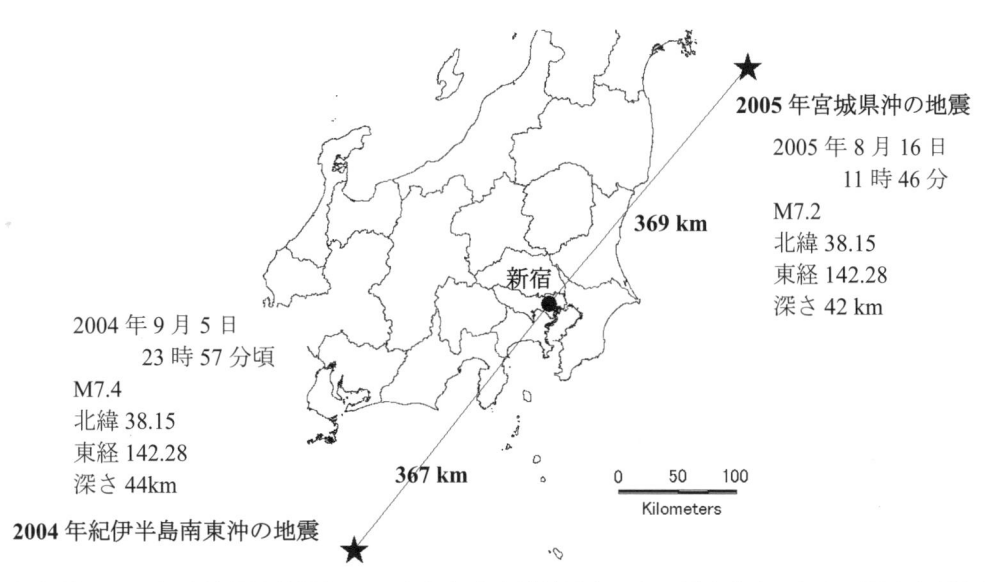

図 3.2.13　2005年宮城県沖地震と2004年紀伊半島沖地震とによる震度分布，および震央と新宿までの距離（防災科学技術研究所の K-NET の HP:http://www.k-net.bosai.go.jp/k-net/ の地震データ）

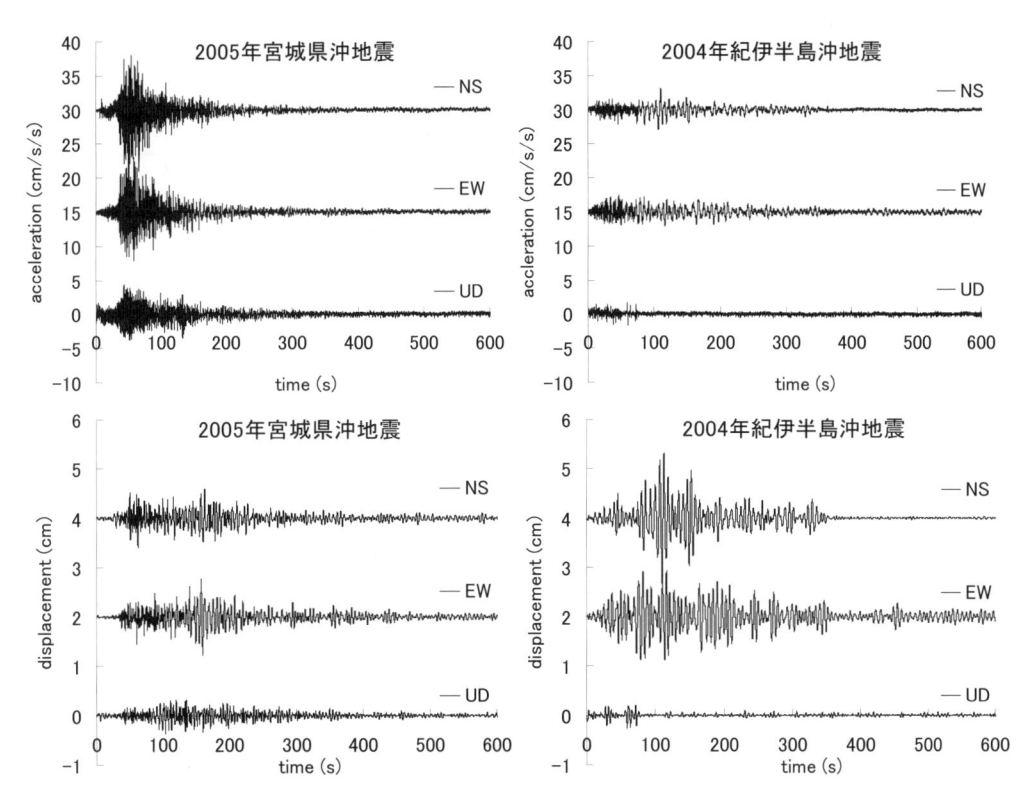

図 3.2.14　2004年紀伊半島沖地震と2005年宮城県沖地震による新宿・工学院大学地下6階の強震波形の比較（上：加速度波形，下：変位波形；変位波形は周期5秒から10秒で0になるローカットフィルターを使用．各波形は基線をずらせて表示）

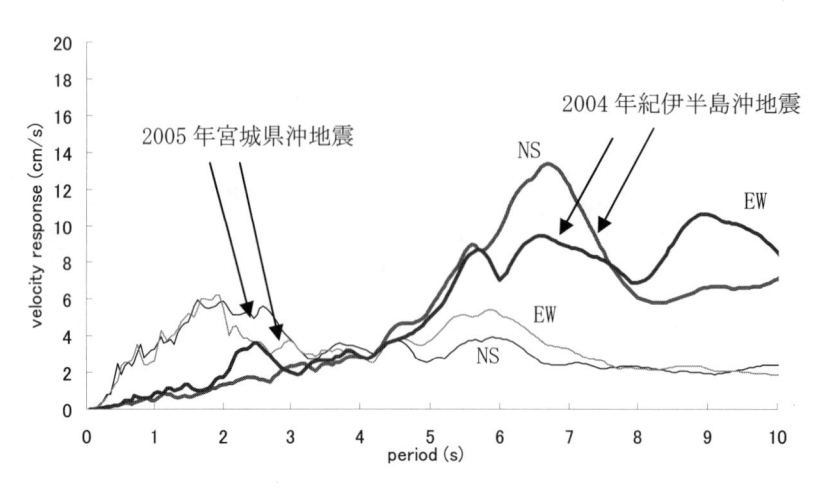

図 3.2.15 2004 年紀伊半島沖地震と 2005 年宮城県沖地震による新宿・工学院大学地下 6 階の速度応答スペクトルの比較（減衰 5 %）

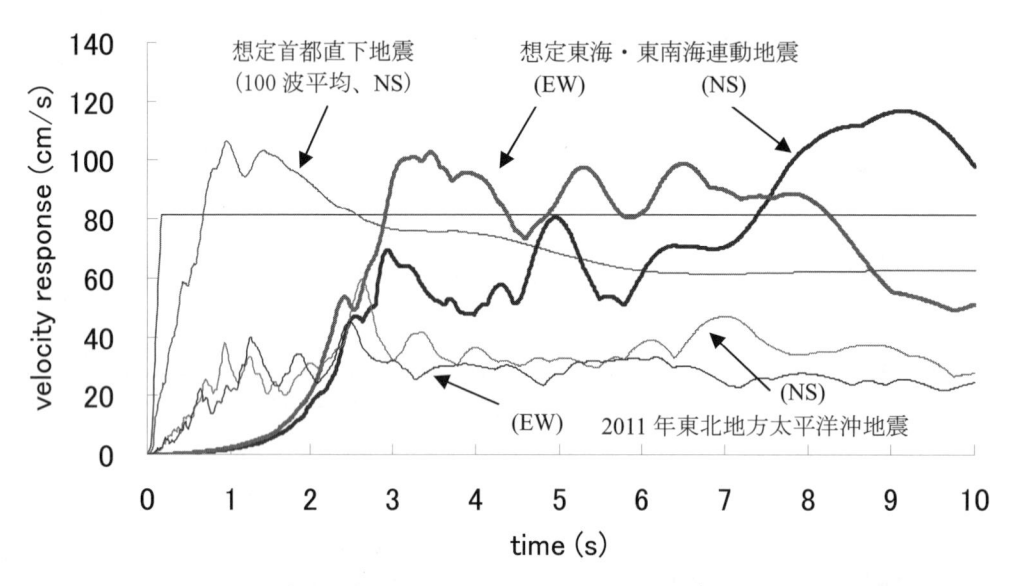

図 3.2.16 2011 東北地方太平洋沖地震（M9.0），想定東海・東南海地震（M8.3），および東京湾北部地震（M7.3）による新宿の速度応答スペクトルの比較（減衰 5 %）

　東北地方太平洋沖地震に比べて，東海・東南海連動型地震など駿河トラフ沿いの海溝型地震で首都圏の長周期地震動が大きくなる理由は，伝播とサイト特性による．すなわち，伝播特性としては駿河トラフ沿いに堆積する柔らかい堆積層（付加体）による長周期地震動（表面波）が効率的に伝播することと，サイト特性としては関東平野の北東部に比べて南西部における厚い堆積層を効率的に伝播するためと考えられているが，今後，詳細な検討が必要である．

参 考 文 献

1) 久田嘉章：震源近傍の強震動 － 改正基準法の設計用入力地震動は妥当か？ －，第29回地盤震動シンポジウム，日本建築学会，pp.99-110, 2001，地盤震動小委員会HP(http://news-sv.aij.or.jp/kouzou/s4/index.htm)．
2) 久田嘉章：建築の振動：応用編，6章 地震と地震動（分担），pp.80-140，朝倉書店，2008.
3) 中央防災会議：首都直下地震対策専門調査会（第3回），資料2 検討すべき首都直下の地震（地震ワーキンググループの検討状況），2004，http://www.bousai.go.jp/jishin/chubou/shutochokka/7/shiryou2.pdf.
4) 瀬野徹三：首都圏直下型地震の危険性の検証－本当に危険性は迫っているのか？－，地学雑誌，116(3/4), pp.370-379, 2007.
5) 大野 晋：観測記録から求めた震源近傍における強震動の方向性，第10回日本地震工学シンポジウム，pp.133-138, 1998.
6) 久田嘉章・山本俊六：ノースリッジ地震の地震動－類似点と相違点，第23回地盤震動シンポジウム，日本建築学会，pp.93-100, 1995，地盤震動小委員会HP(http://news-sv.aij.or.jp/kouzou/s4/index.htm）．
7) Somerville, P. G., N. F. Smith, R. W. Graves, and N. A. Abrahamson: Accounting for Near－Fault Rupture Directivity Effects in the Development of Design Ground Motions, Pressure Vessels and Piping Conference, Vol.319, Seismic, Shock and Vibration Isolation, ASME, 1995.
8) 釜江克宏・入倉孝次郎：1995年兵庫県南部地震の断層モデルと震源近傍における強震動シミュレーション，日本建築学会構造系論文集，500, pp.29-36, 1997.10
9) 地震調査研究推進本部：震源断層を特定した地震の強震動予測手法(「レシピ」), 2008.
10) 日本建築学会：最近の地盤震動研究を活かした強震波形の作成法，2009.
11) Somerville, P. G., M . Sen, and B. Cohee: Simulation of Strong Ground Motions Recorded during the 1985 Michoacan, Mexico and Valparaiso, Chile Earthquakes, Bull. Seism. Soc. Am., Vol.81, pp.1-27, 1991.
12) Wald, D.J, T. H. Heaton and K. W. Hudnut: The Slip History of the 1994 Northridge, California, Earthquake Determined from StrongMotion, Teleseismic, GPS, and Leveling Data, Bull. Seism. Soc. Am., V.86, pp.49-70, 1996.
13) 中央防災会議：首都直下地震対策専門調査会，第12 回 溝上委員説明資料2-2, 2004.
14) 田中良一・久田嘉章：首都圏にある超高層キャンパスの地震防災に関する研究（その2：首都直下地震の強震動予測），日本建築学会大会学術講演梗概集，No.21308, 2007.
15) 入倉孝次郎：新潟県中越沖地震から学ぶ原子力発電所の耐震安全性の課題－基準地震動評価のために考慮すべきこと－，日本地震工学会会誌第7号，pp.25-29, 2008.
16) Irikura, K. and S. Kurahashi: Strong Ground Motions during the 2011 Pacific Coast Off Tohoku, Japan Earthquake, Proc. One Year after 2011 Great East Japan Earthquake -International Symposium on Engineering Lessons Learned from the Giant Earthquake -, 2012.
17) 松島信一・川瀬博：海溝性地震におけるスーパーアスペリティモデルの提案, 月刊地球号外, No.55, pp98-102, 2006.
18) Somerville, P.G.: Magnitude Scaling of Near Fault Ground Motions, Proc. of the International Workshop on Annual Commemoration of Chi-Chi Earthquake, Taipei, 2000.
19) Hisada, Y, and J. Bielak: A Theoretical Method for Computing Near-Fault Strong Motions in Layered Half-Space Considering Static Offset due to Surface Faulting, with a Physical Interpretation of Fling Step and Rupture Directivity, Bull. Seism. Soc. America, Vol.93, No.3, pp.1154-1168, 2003.
20) 日本建築学会：1999年台湾・集集地震, 第Ⅰ編 災害調査報告書, 第1章 地震及び地震動, pp.1-11, 2000
21) 久田嘉章・久保智弘・松澤佳・松本俊明・田邉朗仁・森川淳：2011 年福島県浜通り地震の地表地震断層の近傍における建物被害調査，日本地震工学会論文集「特集号：2011年東日本大震災, その1」, Vol. 12, No. 4, pp.104-126, 2012.9
22) 久保智弘・久田嘉章・相澤幸治・大宮憲司・小泉秀斗：東日本大震災における首都圏超高層建築における被害調査と震度アンケート，日本地震工学会論文集 第12巻，第5号（特集号），pp.1-20, 2012
23) Yoshimura, C., Y. Yamamoto and Y. Hisada: Long-Period Ground Motion Simulation of 2004 off the KII Peninsula Earthquakes and Prediction of Future M8 Class Earthquakes along Nankai Trough Subduction Zone, South of Japan Island, Proc. 14th World Conf. Earthq. Engng., CD-ROM, 2008.

3.3 強震動予測手法と予測地震動のばらつき

近年の地震動予測手法の高度化，発展に伴い，海溝型地震，内陸地震を問わず各種シナリオを想定した地震動評価が活発に行われており，地域の防災対策や建設地点の地震環境を考慮した構造物の耐震設計等に活用されている．これらの地震動評価は研究機関のみならず，国や地方自治体のプロジェクトレベルでも活発に行われており，中央防災会議や地震調査研究推進本部では既に多数の地震に対する強震動予測が実施され，多数の地点で予測地震動の時刻歴波形が公開されている．その振幅レベルは，設計用入力地震動として用いられる告示波の極稀レベルを超える場合も多い．

一方，波形計算に基づく予測地震動には各種要因に起因するばらつきが存在する．本節で指す地震動のばらつきは，観測された地震記録そのもののばらつき[例えば1)2)]ではなく，震源パラメータの設定，強震動予測手法，乱数，地震動選択，地盤構造等の，解析条件設定，数値計算過程に起因する同一地震，同一地点において予測された地震動の時刻歴波形，スペクトル特性のばらつき[例えば3)]とする．

強震動レシピ[例えば4)5)]により強震動評価の大枠が提示されたとはいえ，それを具現化する段階，例えば，断層パラメータの設定，計算法の選択等によって，最終的に得られる地震動が大きく変動する．入力地震動のレベルが増大すると，地表近傍の表層地盤や構造物の地震応答は強非線形化を伴うことになる．塑性域における最大応答値は，このような強震動の変動に対し敏感に反応する可能性もあり，耐震設計に用いる入力地震動の特性に対し，構造設計者が難しい判断に迫られる場面が多くなることも考えられる．

建設地点の地震，地盤環境を考慮した構造物の耐震設計を行うには，このように作成された地震動のばらつきによる感度を十分に把握しておく必要がある．一方，強震動作成サイドより提示される地震動の数はもとより，作成条件，選定条件に関する情報は限定的であり，提供された地震波に対する構造物の応答特性を個別に調べる形にならざるを得ないのが現実である．

本節では，3.3.1項で強震動予測に用いられる計算手法を示し，その特徴と課題を整理する．3.3.2項では，国の機関等から提示されている予測地震動の計算手法や得られた結果を整理し，主に統計的グリーン関数法に用いる小地震の違いや乱数等の数値計算に起因するばらつき事例を紹介する．3.3.3項では波形合成法に基づき応答スペクトルを直接推定する方法を提示し，3.3.4項ではこの手法を用いて，破壊開始点などの震源パラメータの変動が予測結果のばらつきに与える影響を示す．上記により，手法や計算結果から見た強震動予測における現状と課題を整理する．

3.3.1 強震動予測に用いられる計算手法の特徴と課題

現在，強震動予測に用いられている計算手法は，大きく，①理論的手法，②数値計算手法，③波形合成法，④経験的手法，の4つに分類される．また①（もしくは②）と③を組み合わせたハイブリッド手法も広帯域の地震動予測に用いられている．手法によって，地震動の対象周期はもとより，

震源，伝播経路，地盤増幅等をどのように取り扱うかが異なるため，その考え方をよく理解しておく必要がある．以下では，強震動波形を評価する①～④の手法について概要や特徴，課題をまとめるとともに，表3.3.1に整理した．

表3.3.1 計算手法の特徴と課題

	手法のイメージ	特徴	計算上の課題
理論的手法		・波数積分法，薄層法，など ・水平成層構造を対象とした震源断層解の厳密解を評価することができる． ・比較的短周期までの地震動を計算することができる．	・地盤の不規則，不整形性を考慮することができず，堆積盆地内の表面波の発生・伝播を評価することができない． ・直下型地震への適用に限定される．
数値計算手法		・差分法，有限要素法 ・3次元地盤を概ね忠実に再現できる． ・震源断層のすべり破壊による，地震波動の発生，伝播，平野での表面波励起を評価することができる．	・大規模の領域を対象とする場合は，依然計算時間，計算容量が膨大となり，長周期地震動評価に限定される場合が多い． ・地盤のモデル化に必要な情報が広い領域で必要となる． ・差分法の場合，グリッド間隔，物性配置により結果が異なる場合もある
波形合成法		・経験的グリーン関数法，統計的グリーン関数法 ・強震記録に見られるスケーリング則を再現できる． ・理論もしくは数値計算手法とのハイブリッド合成により広帯域地震動の評価が可能．	・要素地震，断層面の設定，揺らぎの設定，地震波の選択方法に任意性がある． ・統計的グリーン関数法では，表面波の励起，伝播を表現することができない． ・長周期成分の計算精度が低い．
経験的手法		・地震規模，震源距離などの，少ないパラメータで応答スペクトル等を評価． ・グリーン関数や波動理論の考え方は不要で，比較的簡単に強震動を算定することができる．	・位相特性を仮定して模擬地震動を作成する必要がある． ・統計処理に用いた地震動によって回帰係数が異なる． ・サイト増幅を別途評価する必要がある．

（1）理論的手法

震源がサイトの直下にあり，地盤構造の3次元的な空間変動がそれほど大きくない場合は，3次元地盤構造を地表面も含めた層境界に不規則性のない「水平成層構造」として取り扱い，応答計算を

行うアプローチが考えられる．理論的手法はこのようなケースで適用可能性があり，震源断層のすべり破壊に対する地盤応答を，弾性波動論に立脚したグリーン関数の式から厳密に評価することができる．3次元地盤構造を扱わないことから，計算容量や入力に必要なデータ情報は大幅に低減する．

　計算方法として，波数積分法，薄層法などがある．波数積分法は弾性波動論に基づき導かれた厳密解である．ただし平行成層の境界条件を満足させるclosed formの解が存在しないため，最終的には数値計算で答えを出す形となる．高振動数域での数値計算の発散を避けるため，指数関数のベキ項をマトリックス計算から外した一般化透過，反射マトリックス[6)7)]が使われることが多い．この場合，高振動数域までの地震動の計算が可能となる．薄層法は，工学の分野では主に構造物と地盤の動的相互作用解析研究を中心として発展してきた手法である．薄層法が通常の弾性波動論と異なる点は，深さ方向について有限要素法と同様に，仮想仕事法やガラーキン法などを用いて離散化表示した方程式より出発するところである[8)]．このため厳密には波数積分法のような理論解とは異なるものの，適用条件が合えば波数積分法とほぼ同等の精度で解が得られる[9)]．

　理論的手法で扱うことのできるのが水平成層構造のみであるため，地盤構造が異なる遠方地点での地震動評価，特に表面波が卓越するケースでは，以下に示す数値計算手法による結果と異なる場合がある点に注意する必要がある．

（2）数値計算手法

　近年の計算機能力の著しい向上を背景に，地震の発生から波動伝播の過程をより正確に再現することを目的として，震源断層面を内包し，地盤の不整形性を考慮可能な，大領域三次元地盤の地盤震動解析法を数値計算手法と呼ぶ．国内では1995年兵庫県南部地震を契機に，神戸市中心部に現れた「震災の帯」や，観測記録に見られた周期1～2秒の「パルス波」の解明を中心として，従来主流であった2次元解析が，一気に3次元解析へと展開された．また2003年十勝沖地震を契機に社会的問題にまでなった「長周期地震動」は，3次元の数値計算なしでは評価し得ないものである．代表的な解析法として，差分法，有限要素法がある．

　差分法(Finite Difference Method, FDM)は3次元波動論の基礎となる偏微分方程式（釣り合い方程式，Hookeの法則）を，空間，時間方向に関して差分近似し解く手法である．3次元的に変化する地盤構造は，3方向に均等に分割された多数のグリッドの集合体で表現される．時間領域では工学分野で用いられるNewmark-β法と同様に，逐次解析で地盤応答が算定される．空間差分の定式化として，速度を含む状態量を半グリッドずらした形で定義する，スタッガードグリッド[10)]が開発されており，最近の3次元差分法ではほとんどこの考え方が取り入れられている．この方法では，近接するグリッドの速度から次の時間ステップにおける応力が，また近接するグリッドの応力から次の時間ステップにおける速度が，順繰りに効率良く計算することができる．差分法では行列寸法の大きな剛性マトリックスを作成し，大規模連立方程式を解く必要がないため，計算容量をそれほど多く必要とせず，かつ比較的短い計算時間で解く事が出来る点が大きな特徴である．

有限要素法(Finite Element Method, FEM)は強震動，地盤震動の問題のみならず，工学のあらゆる分野で従来から用いられている手法である．3次元波動論の基礎となる偏微分方程式を弱式化に基づき離散化し,3次元的に変化する地盤構造を多数の任意形状の有限要素によって表現することができる．3次元空間領域は任意形状の4面体要素や6面体要素で構成することができ，これが3方向でグリッドに均等分割する差分法との大きな違いとなる．このため，差分法に比べ斜層や山谷地形等の複雑な地盤のモデル化に柔軟に対応することができるという利点を有する．また地盤の非線形挙動を取り入れることができ，構造物との連成挙動を評価できるという点では，従来から建築・土木の分野では実績がある手法である．FEMは元来行列演算を中心とした計算法であるため，差分法等に比べ計算容量，時間の点で不利と考えられてきたが，時間積分の演算に陽解法を適用することにより，計算効率を向上させ適用範囲を拡大している．一方,有限要素法は任意形状の要素が可能であるが，ある規模以上のモデリングを行う場合には，前処理のデータ作成だけで多大な労力をかけることになる．これに対し，データ作成の容易さや計算効率を優先させ，要素形状を立方体に限定したボクセル要素を用いた計算法が提案されている．また空間領域を3方向で異なる格子間隔に分割した長方体要素の集合でモデル化し，かつ領域毎にグリッド間隔，時間刻みを変化させた効率的な計算手法も提案されている[11]．

（3）波形合成法

波形合成法は小規模地震時の記録もしくは人工的に作成した地震動から，断層面の破壊伝播を考慮して大規模地震時の地震動を合成する方法である例えば[12]．グリーン関数を数値的に評価する代わりに上記の地震動を利用することから，経験的グリーン関数法，もしくは統計的グリーン関数法とも呼ばれる．小規模地震時の記録を利用する場合には震源から当該地点までの伝播経路の影響は含まれる形となるが，統計的グリーン関数を利用する場合には，別途当該地点でのサイト増幅特性を評価する必要がある．波形合成法は短周期域と長周期域の小地震と大地震の振幅関係を満足させるような計算を適用しているが，小地震の長周期成分の精度が低い場合が多いことから，一般的には長周期地震動の評価には適さないとされている．一方，短周期成分の評価に関してはほぼ唯一の地震動予測手法となっており，広帯域地震動の評価にはほとんどのケースで利用されている．また評価精度の劣る長周期成分をカバーするために，理論的手法や数値計算手法とのハイブリッド合成法が用いられる場合が多い．

（4）経験的手法

経験的手法は地震規模，震源距離などの少ないパラメータで応答スペクトル等を評価し，模擬地震動を作成する方法である．理論的手法，数値計算手法，波形合成法で用いられたグリーン関数や波動理論の考え方は不要で，比較的簡便に強震動を作成することができる．地震波の位相特性や時間軸での包絡特性は仮定する必要があるが，近年では長い継続時間を有する長周期地震動の特性を反映させた位相差分を利用し，強震動波形を作成する研究[13]も見られる．パラメータが少ないため与えられた条件によるスペクトル評価等のばらつきはないものの，統計処理で得られた回帰係数に

よって結果が大きく異なる場合もある[14]. また, 断層面の空間的拡がりに伴うディレクティビティ効果などの地震動特性は, 別途補正して評価する必要がある.

(5) 計算手法の検証と課題

理論的手法, 数値計算手法, 波形合成法による計算コードの検証は, 2010年以降実施されているベンチマークテスト等で行われている. 理論的・数値計算手法では, 計算条件を同一にすれば, 計算コードによる違いは小さいことが示されている[例えば15]. 地下構造のモデリングの違いによる関東平野の長周期地震動評価への影響を検討した結果[16]では, スペクトル等で違いが現れる地点も見られるものの, 全体的な傾向は整合していることが示されている. 統計的グリーン関数法については, 短周期地震動成分については乱数の違いによるばらつきが見られる他, 長周期成分での差異がやや顕著となる[17].

統計的グリーン関数法では, 通常震源関数に距離減衰の効果を含めた地震波をグリーン関数として利用するケースが多い. ここに理論グリーン関数を適用する手法も提案されており[18], 震源が浅く表面波が卓越するようなケースで両手法間に比較的大きな違いも見られる場合もある[17]. これ以外にも, 平行成層地盤の増幅を考える場合の条件（鉛直入射条件, 斜め入射条件）, SV波・SH波の分離, ラディエーションパターン係数の平滑化, 距離減衰項の頭打ちなどの計算条件の違いがある. 同じ統計的グリーン関数法でも, 上記の計算条件によって出力される結果が異なる点に注意する必要がある.

統計的グリーン関数法と理論的・数値計算手法との違いは, 表向きはグリーン関数の評価の違いということになる. しかしながら, 実際には震源破壊のモデル化の考え方が両者で大きく異なる. 例えば, 理論的・数値計算手法では, 通常, 計算結果に影響を与えないように断層面を細かく分割する(例えば0.1～1km). 一方, 波形合成法では, スケーリング則を再現するため断層面を粗めに分割する(例えば5～20km)モデルが採用されている. これが, すべり速度関数の違いと併せ, 理論, 数値計算手法よる結果との不整合を生じさせる原因となる. また統計的グリーン関数法では断層面の分割は任意であり, この設定によって計算結果が異なる場合もある[19]. さらに破壊揺らぎの導入, 統計的グリーン関数としての複数の要素地震によって無数の地震波が作成され, その中の地震動の選択によって振幅レベルだけではなく振動数特性が変動する場合もある.

3.3.2 事例に見る予測地震動のばらつき

強震動レシピ等に基づく震源パラメータから地震動の時刻歴波形が作成され公開されている結果を利用し, 評価地震動のばらつきを調べる. ここで対象とする地震, 予測地震動は, 中央防災会議, 地震調査研究推進本部で共通に検討が行われている三浦半島断層群による予測地震動と, 2004年に検討された中央防災会議による東京湾北部地震による予測地震動とする. なお, これ以外にも, 想定南海地震による大阪平野における広帯域地震動評価結果を対象に比較, 検討を行った事例[20]もあり, 必要に応じ参照していただきたい.

（1） 内陸地殻内地震の地震動予測結果に基づく検討
（a） 概要

内閣府による中央防災会議（以下，中防）と文部科学省による地震調査研究推進本部（以下，推本）では，それぞれ国内の内陸地震，海溝型地震に対する強震動評価を実施している．強震動評価のための検討対象地震はそれぞれ異なるものの，同じ地震を対象に地震動評価を行っているケースもある．全国の防災計画への利用を主とした中防と，長期評価や強震動評価の精度向上を含む調査研究を進める推本では，最終目標は異なるものの，地震動評価の際にレシピをベースとして震源パラメータを設定し，断層モデルに基づき広帯域の強震動評価を行っている点は同じである．いずれも地震動の大きさを面的にもしくはグロスに捉えることを主目的としており，出力された強震動波形等の細かい議論や観測記録との厳密な合致を要求しているわけではない．しかしながら，動的解析をベースとした構造物の耐震設計や既存建物の耐震性評価に際しては，サイト毎に提示されているこれらの地震動が参照されることも多い．

推本(2002)[21]では三浦半島断層群の長期評価を行い，断層群の形状および地震発生確率を求めている．このうち衣笠・北武断層帯の位置や形状は，推本(2003)[22]，中防(2004)[23]の強震動評価における断層モデルの設定に参照されており，ほぼ共通の条件で地震動評価が実施されていると考えられる．ここでは，三浦半島断層群主部（衣笠・北武断層帯）の断層モデルによる両者の地震動評価を通じ，予測結果のばらつきを検討する．

（b） 震源パラメータ，評価手法の比較

中防と推本による断層モデルの位置を図3.3.1に比較する．また震源パラメータを表3.3.2にまとめる．断層の地表トレースは共通しており，推本(2002)[21]の長期評価に基づく陸部のトレースを海域に延長した長さ28km，走向300°となっている．傾斜角45°，すべり角180°も共通であり，断層面積もほぼ等しい．両者のモデルは断層面上端深さが異なり，推本(2003)[22]は3km，中防(2004)[23]は地

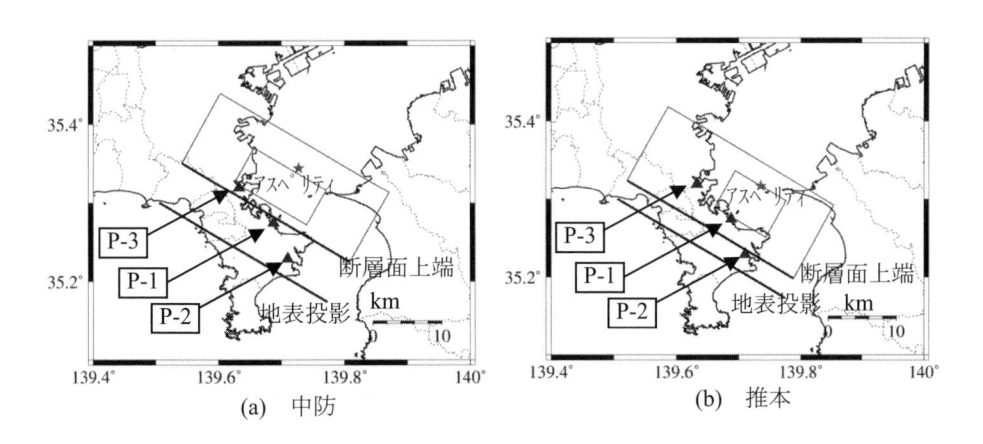

図3.3.1 三浦半島断層群主部の断層モデルと地震動の検討対象地点
（★は破壊開始点，▲は上から P-1,P-2,p-3）

表 3.3.2　断層パラメータと計算手法の比較

項目	推本	中防
走向	300°	
傾斜角	45°	
すべり角	180°	
長さ	28km	
幅	17km	16km
上端深さ	3km	6.5km
総面積	476km²	455km²
断層面分割	13×8	14×8
地震モーメント	1.3×10¹⁹Nm	2.5×10¹⁹Nm
平均すべり量	0.98m	1.6m
応力降下量	3.0MPa	
剛性率	2.7×10¹⁰N/m²	3.4×10¹⁰N/m²
S 波速度	3.2km/s	3.5km/s
破壊伝播速度	2.3km/s	2.5km/s
アスペリティ・面積	69 km²	98 km²
平均すべり量	2.0m	3.2m
地震モーメント	3.7×10¹⁸Nm	1.08×10¹⁹Nm
応力降下量	20MPa	13.9MPa
短周期レベル	1.2×10¹⁹Nm/s²	1.48×10¹⁹Nm/s²
背景領域・面積	407 km²	357 km²
平均すべり量	0.8m	1.16m
地震モーメント	8.9×10¹⁸Nm	1.42×10¹⁹Nm
応力降下量	4.1MPa	2.8MPa
短周期レベル	6.0×10¹⁸Nm/s²	5.57×10¹⁸Nm/s²
計算手法	ハイブリッド合成法	統計的グリーン関数法

震基盤上面＋2kmの6.5kmをそれぞれ上端深さとしている．地震モーメントに関しては，推本は断層面積との経験則に基づき，中防は松田式による気象庁マグニチュードM_J=7.2から設定した．中防のモデルはM_0=2.5×10¹⁹Nmであり，推本はその約半分のM_0=1.3×10¹⁹Nmとなっている．

推本は壇・他[24]の経験式から加速度震源スペクトルの短周期レベルを設定し，その値を再現するようにアスペリティの面積および応力降下量を定めた．一方，中防は，アスペリティ面積を経験的に断層面積の21.5%とし，平均応力降下量を地殻内地震の平均的な値として3MPaに設定した後に，アスペリティの応力降下量を面積比として求めた．両者は途中での設定方法が異なるものの，地震モーメントに対する加速度震源スペクトル短周期レベルは壇・他[24]の式とほぼ整合する．

中防と推本では，それぞれ独自に深部地盤構造を構築し，地震動計算に利用している．中防の地震波はV_S=0.7km/sの工学的基盤の上面で提供されているのに対し，推本では概ねV_S=0.5km/sで評価されている．推本では，接続周期1.1秒のハイブリッド合成法により地震動を評価しており，短周期成分は統計的グリーン関数法，長周期成分は3次元差分法が用いられている．統計的グリーン関数法に基づく短周期成分は，NS方向とEW方向で同じである．一方，中防(2004)[23]は統計的グリーン関数法のみで広帯域の地震動評価を行っている．統計的グリーン関数法の計算に利用する断層面の分割数は，両者でほぼ同じである．

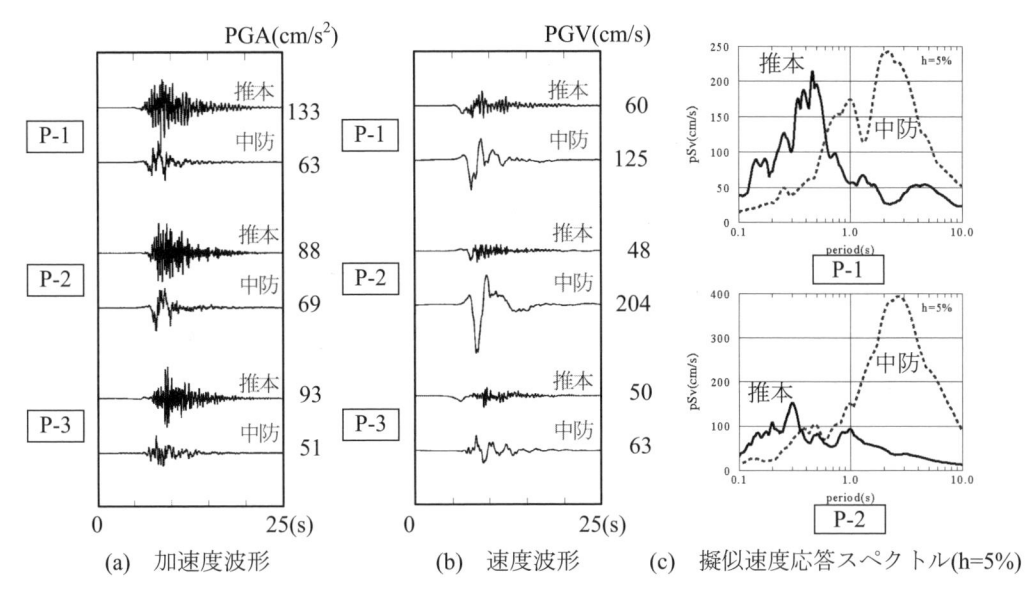

図 3.3.2　三浦半島断層群主部の予測地震動の時刻歴波形と応答スペクトルの比較(NS 方向)

（c）　3 地点における地震動の比較

図3.3.1に示す震源近傍の3地点を対象に，時刻歴波形と応答スペクトルを図3.3.2で比較した．ここでは両者の工学的基盤のV_Sの違いは無視した．

両者の地震動（以降，中防波，推本波と呼ぶ．）は，最大値，波形特性，スペクトル特性，いずれも大きく異なる．中防波はパルス状の速度波形を呈しておりP-2地点のNS方向では200cm/sを超える最大速度を示す．推本波は立ち上がり時に長周期のパルス波形が見られるが，直後に短周期成分が顕著となる．スペクトル特性は，推本波は短周期が，中防波は長周期が大きく卓越した特性を呈する．特にP-2地点のNS方向では，中防波の卓越周期3秒におけるピーク値は推本波の10倍となっている．震源パラメータも深部地盤構造，地震動を評価した地表条件も異なるため単純に比較はできないものの，両者の差異を地盤構造だけで説明することは難しいと考えられる．

推本波はハイブリッド合成法を用いているにも関わらず，震源近傍で見られるパルス特性は中防波の方が顕著で見られる．この原因として，以下が考えられる．①中防波ではすべり速度関数がパルス状となるように要素地震が作成されており[25]，破壊伝播のディレクティビティ効果によりパルスが強調された結果となっている．②中防アスペリティの地震モーメントが，推本の3倍程度である．③震源近傍のパルス波形が，計算では位置により大きく変化する場合がある．

本ケースは，内陸地震で震源断層やアスペリティ，破壊開始点のモデリングが類似していても，震源パラメータの設定過程と，長周期領域での計算方法の両者の効果により，地震動評価結果が大きく異なる場合があることを示す一例と言える．

（2）　東京湾北部地震の地震動予測結果に基づく検討
（a）　概要

2004年に中防から東京湾北部直下のプレート境界地震（M_J7.3，以降，東京湾北部地震と呼ぶ）[23]の評価結果が示され，約1km間隔での強震動の波形データも公開された．

地震動評価の際にレシピをベースとして震源パラメータを設定し，断層モデルに基づき広帯域の強震動評価を行なっており，短周期から長周期までの全周期帯域で統計的グリーン関数法が採用されている．東京湾北部地震は深さ30～40kmの深い地震であるため，地盤構造に大きな変化がなければ数メッシュ間の地震動に大きな違いはないものと考えられる．逆に，数メッシュ間の地震動を比較することにより，統計的グリーン関数法による計算結果のばらつきを把握できる可能性がある．ここでは中防の公開データを用いて千葉県野田市における評価地震動のばらつきや，それが表層地盤応答や建物応答に与える影響を検討し，また断層面上領域で評価された地震動の全体のばらつきを検討した．

（b）　千葉県野田市における地震動評価

東京理科大学野田キャンパスの位置する千葉県野田市で評価された地震動を調べた．図3.3.3に震源モデルと検討対象地点を示す．東京理科大学野田キャンパスを含むメッシュを中心として，それを取り囲む8メッシュを合わせ約3km四方の3×3の計9メッシュにおける速度波形，擬似速度応答スペクトルを，図3.3.4に示す．中防の地震波はV_S=0.7km/sの工学的基盤の上面で提供されている．ここでは比較的振幅レベルの大きいEW方向を検討対象とした．

最大加速度の変動は139～167cm/s^{2}であるが，速度の変動は18～32cm/sと比較的大きい．また，応答スペクトルについて，1秒より長周期成分での変化が大きい．神戸市中心部直下のように，地盤構造の急激な変化を伴う場合は，周期1秒成分の振幅が数100mの距離で変化することは考えられる．

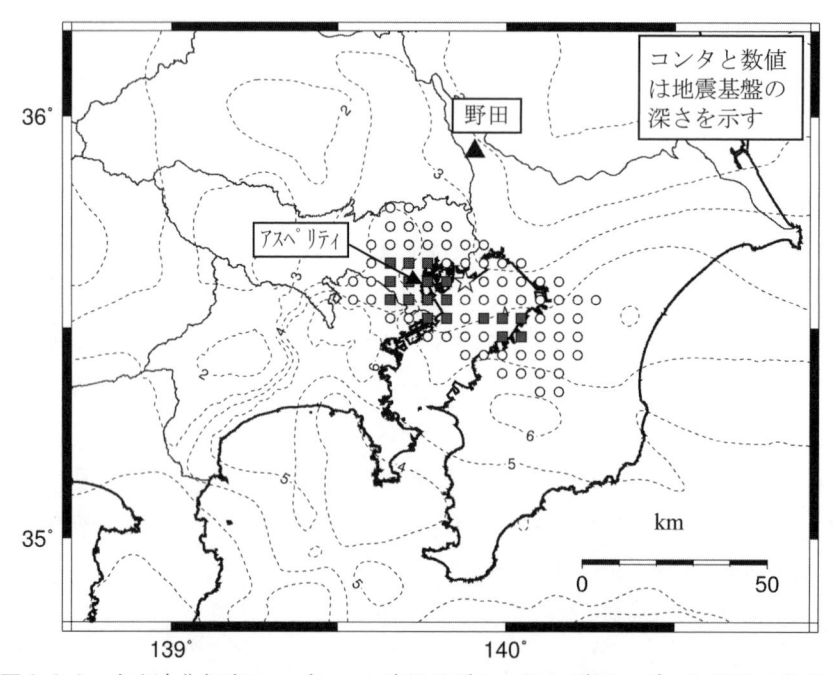

図3.3.3　東京湾北部直下のプレート境界地震(M_J7.3)の震源モデルと検討対象地点(野田)

(a) 速度波形

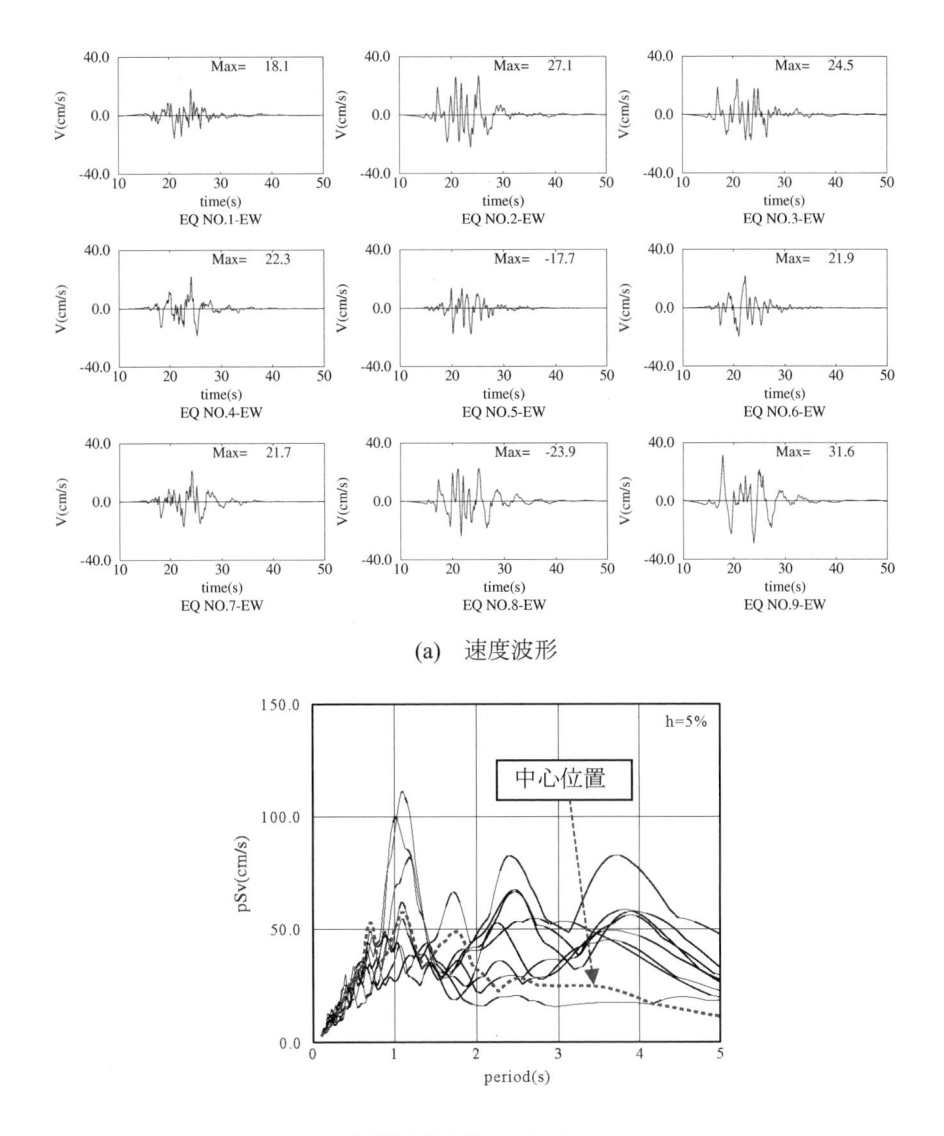

(b) 擬似速度応答スペクトル(h=5%)

図 3.3.4　野田キャンパスを含む9メッシュにおける速度波形と応答スペクトル(EW方向)

一方，野田周辺はV_S=0.7km/sより深部地盤構造が急激に変化する場所ではない．また当該エリアで震源距離が大きく変化することもなく，数値計算的に放射特性，距離減衰により地震動が大きく変化する可能性は小さい．

中防[23)]によれば，「この手法による強震動は，正規乱数時系列を用い計算されるもので，乱数系列によりその値が異なることから，複数の乱数系列による波形を計算し（海溝型及び直下の地震では30通り，活断層では15通り），収束性を確認するとともにその平均値をとることとした．」とあり，平均的なスペクトル特性に最も近い地震波が選択されている．中防による統計的グリーン関数

法の計算方法はいくつか示されているが，基本的には文献12)25)の手法を踏襲し，波形合成時には要素地震のほか，分割面の破壊開始時間，すべり角に乱数を組み込んである．メッシュ間に見られる長周期成分の違いは，選択された乱数の組み合わせの違いにより現れたものと考えられる．なお，短周期レベルでは，ラディエーションパターン係数を全方位で定数化するためすべり角の変動の影響がなくなり，破壊伝播効果の影響が小さくなることから，周期0.5秒以下のばらつきが小さくなるものと考えられる．

(c) 表層地盤の非線形挙動に与える影響

先に示した9メッシュにおける地震動と東京理科大学野田キャンパスにおける表層地盤構造を用いて，工学的基盤位置における強震動評価のばらつきが，表層地盤の非線形応答に与える影響を調べた．野田キャンパスのPS検層結果によれば，深さGL−105m位置に，S波速度V_S=510m/sの工学的基盤が現れる．中防波はV_S=700m/sの工学的基盤で提供されていることから，周辺の表層地盤構造を参照し，この上にV_S=510m/sの層が300m堆積しているものと仮定し，V_S=510m/sの工学的基盤位置における地震動を一度算定した．これを1次元地盤モデルに入力し，V_S=120m/sの地表面位置での地盤応答や地盤内の非線形挙動を検討した．EW方向を対象とし，逐次非線形解析により応答計算を行った．地盤の非線形特性はHDモデルとし，砂質土，粘性土に分けて設定した[26]．分割層厚は概ね1mとした．

表層地盤の非線形応答結果として，9メッシュにおける深さ方向の最大加速度分布と工学的基盤に対する最大相対変位分布，地表地震動の応答スペクトルを図3.3.5に示す．地表での地震動は，工学的基盤位置と同じようなばらつきの特性となっている．表層地盤の最大値分布に関し，最大加速度はメッシュ間の違いは小さいが，相対変位はばらつきが大きくなっており，最小と最大で4倍以上の差異がある．杭や地中構造物などに対し地盤震動による応力評価をする場合に，このような相対変形の違いが影響する可能性がある．

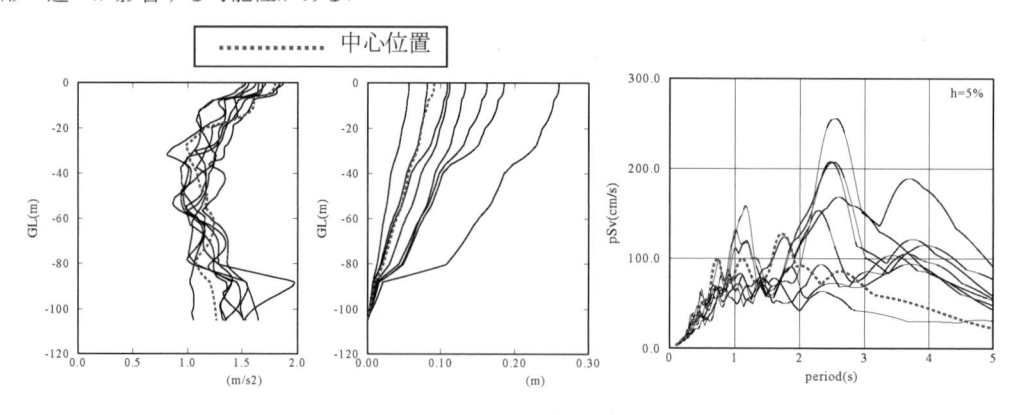

(a) 最大加速度分布　　(b) 最大相対変位分布　　(c) 擬似速度応答スペクトル(h=5%)

図3.3.5　野田キャンパスにおける表層地盤の最大値分布と地表の応答スペクトル(EW方向)

3.3.3 断層モデルによる平均的応答スペクトルの評価

これまでに見てきたように，断層モデルで評価される地震動は，同じ断層を対象としていても，かなり大きなばらつきが見られる．巨視的な断層パラメータが同一の場合の地震動のばらつきは，3.3.1（1）の例に示されるような微視的な断層パラメータの違いや計算条件によるものと，3.3.1（2）に示されるような計算手法に由来するもの，具体的には選択された乱数の違いが現れたと考えられるものに分けることができる．ここでは，まず後者に焦点をあてて検討を加えてみる．

（1） 断層モデルによる地震動評価のばらつき

統計的グリーン関数法では，要素地震の特性を周波数領域で規定した後，乱数位相を用いて時間領域の要素波に変換し，これを時間領域で合成することで大地震の地震動波形を得ている．そのため，選択する乱数位相によって合成される大地震の応答スペクトルには，ばらつきが生ずる可能性がある．統計的グリーン関数法では，アスペリティや背景領域などの領域や，SH波やSV波などの波動の種別毎に，異なる乱数位相を用いる場合が多いが，これも合成される地震動のばらつきを大きくする要因になっていると考えられる．そこで，以下では，乱数位相を用いて要素波を作成することなく，周波数領域で直接的に平均的な応答スペクトルを評価する方法を考えてみる[27]．

（2） 断層モデルによる周波数領域での応答スペクトル評価

具体例として，Irikura (1986)[12]およびそれを修正した横井・入倉(1991)[28]の合成式を用いて検討を進める．Irikura (1986)によれば，断層全体の地震動$U(t)$は，要素断層の地震動$u_i(t)$を用いて次式で与えられる．

$$U(t) = \sum_{i=1}^{n_L \cdot n_W} u_i(t-t_i) + \sum_{i=1}^{n_L \cdot n_W} \sum_{j=1}^{(n_D-1)n'} \frac{1}{n'} u_i \left\{ t - t_i - \frac{(j-1) \cdot \tau}{(n_D-1) \cdot n'} \right\} \quad (3.3.1)$$

$$t_i = \frac{\eta_i}{V_r} + \frac{r_i}{V_S} \quad (3.3.2)$$

ここで，tは時間，t_iは断層の破壊開始時刻から要素断層の波が観測点に到達するまでの時間，τはライズタイム，n_L, n_W, n_Dはそれぞれ断層の長さ方向，幅方向，滑り方向の分割数，r_iは要素断層iから観測点までの距離，η_iは断層の破壊開始点から要素断層iまでの距離，V_SはS波速度，V_rは破壊伝播速度を表す．また，n'はすべり方向の重ね合わせの際に生ずる人為的な周期性を，有効周波数外の高振動数側に移動させるための再分割数である．

式(3.3.1)をフーリエ変換すると，次式が得られる．

$$F(\omega) = \sum_{i=1}^{n_L n_W} f_i(\omega) \cdot e^{-i\omega t_i} + \sum_{i=1}^{n_L n_W} \sum_{j=1}^{(n_D-1)n'} \frac{1}{n'} f_i(\omega) \cdot e^{-i\omega\left(t_i + \frac{(j-1)\tau}{(n_D-1)n'}\right)} \quad (3.3.3)$$

ここで，$F(\omega), f_i(\omega)$はそれぞれ断層面全体の地震動のフーリエスペクトル，要素地震iによる観測点でのフーリエ振幅である．上式で，指数関数は要素波の到着時間に対応する位相遅れを表している．要素地震の波形は乱数位相$\phi_r(\omega)$を用いて作成されるので，要素地震は$f_i(\omega)e^{i\phi_r(\omega)}$と表記するのが正しいが，要素地震に共通の乱数位相を用いた場合，$e^{i\phi_r(\omega)}$は両辺に共通して表れるので，式(3.3.3)では割愛している．

ところで，フーリエ振幅スペクトルは，振動系の応答の観点から見れば，地震動の全継続時間で振動系に入力するエネルギーを速度に換算したエネルギースペクトル V_E [29]に相当する[30)31)]．振動系の最大応答は，長い時間をかけて大きなエネルギーが入力されても大きくならないが，同じエネルギーが短時間に入力すれば大きくなる．すなわち，振動系の最大応答値は，単位時間辺りの供給エネルギーと関係が深い．振動系への単位時間辺りの供給エネルギーを表すのは，パワースペクトル密度である．したがって，最大応答値を評価するためには，フーリエ振幅スペクトルをパワースペクトル密度に変換する必要がある．

定常ランダム過程では，フーリエ振幅スペクトル $|F(\omega)|$ とパワースペクトル密度 $S(\omega)$ の間に，次の関係が成り立つ．

$$S(\omega) = \frac{1}{2\pi t_d}|F(\omega)|^2 \tag{3.3.4}$$

ここで，t_d は定常ランダム過程の継続時間である．仮に，Jennings 型の経時特性関数のように，地震動を，立上がり部 $[t_A, t_B]$，主要動 $[t_B, t_C]$，後続部 $[t_C, t_D]$ と区分し，主要動区間を定常ランダムと見なすと，フーリエ振幅スペクトルとパワースペクトル密度の関係を次のように書くことができる．

$$S_{BC}(\omega) = \frac{\alpha_{BC}}{2\pi t_{BC}}|F_{AC}(\omega)|^2 \tag{3.3.5}$$

ここで，$S_{BC}(\omega)$ は主要動区間のパワースペクトル密度，$|F_{AC}(\omega)|$ は地震動の開始 t_A から主要動の終了時刻 t_C までのフーリエ振幅スペクトル，α_{BC} は時刻 t_A から t_C までに供給されたエネルギーのうち，主要動区間 $[t_B, t_C]$ で供給されたエネルギーの比率である．

主要動区間のパワースペクトル密度が式(3.3.5)で与えられたとすれば，1自由度系の加速度の定常ランダム応答の分散 $\sigma_a^2(\omega_0, h)$ は，次式で与えられる．

$$\sigma_a^2(\omega_0, h) = \int_{-\infty}^{+\infty}|H_a(\omega_0, h, \omega)|^2 S_{BC}(\omega)d\omega \tag{3.3.6}$$

ここで，$H_a(\omega_0, h, \omega)$ は固有円振動数 ω_0，減衰 h の加速度伝達関数である．

Rosenblueth(1962)[32)]のピークファクターを用いると，応答の非定常性を考慮した加速度の最大応答値は次のように与えられる．

$$S_a(\omega_0, h) = \underbrace{\sigma_a(\omega_0, h)}_{\text{定常rms応答}} \cdot \underbrace{\sqrt{1 - e^{-2h\omega_0 t_{BC}}}}_{\text{rms応答の非定常項}} \cdot \underbrace{\sqrt{2} \cdot \sqrt{0.424 + \ln(2h\omega_0 t_{BC} + 1.78)}}_{\text{ピークファクター}} \tag{3.3.7}$$

式(3.3.1)〜(3.3.7)を用いて応答スペクトルを評価する際には，主要動区間を適切に評価する必要がある．建物応答の側から主要動を定義すると，振動系に入力エネルギーの過半が供給される区間と言うことができる．このような定義に基づいて主要動区間を抽出するには，エネルギースペクトルの時間変化を周波数領域で評価する必要がある．

エネルギースペクトル V_E は，一般に振動系の応答振動数の確率密度関数で平滑化したフーリエ振幅スペクトルと言えるが[31)]，粘弾性系の場合には，大井・他(1985)[33)]が提案したエネルギー・アドミッタンスを用いれば，フーリエ振幅 $|F(\omega)|$ から厳密に評価することができる．

（3） 評価例

まず，加藤・久田ら[34]による強震動予測手法に関するベンチマークテストのモデルS21を用いた検討例を示す．モデルS21は一様横ずれ断層で，波動はSH波のみを考慮し，等方な放射係数0.63を採用している．表層地盤へは鉛直入射を仮定している．設定条件の詳細は，文献34)による．比較用の観測点は，破壊進行逆方向，観測点直上，破壊進行方向の3カ所に設定されている．

要素断層による観測点の加速度フーリエ振幅スペクトルおよび経時特性関数はBoore (1983)[35]により与え，Moment Rate関数のf_cはBrune(1970)[36]により与えている．ここまでは，通常の波形合成法と共通である．

波形合成法では，乱数位相を用いて10,000波の要素波を作成し，フーリエ振幅と目標スペクトルの誤差が小さい要素波を100波選定した．誤差の算出条件は文献27)に譲る．要素波は，乱数位相を用いて単位振幅のホワイトノイズを作成し，経時特性関数を乗じた後，フーリエ変換して，目標スペクトルを乗じ，逆フーリエ変換して時刻歴波形を作成している．以上のようにして選定した要素波を用いて，波形合成により大地震の地震動波形を100波作成した．

周波数領域の応答スペクトル評価では，総入力エネルギーの5%が供給された時点を主要動開始時刻t_B，75%が供給された時点を主要動終了時刻t_Cとした．したがって，総入力エネルギーの70%が供給される区間を主要動としていることになる．文献27)では，60%～80%が供給される区間を主要動とすれば，多くの場合，良好な結果が得られるとしている．

図3.3.6に，擬似速度応答スペクトルを示す．波形合成の結果は，100波のサンプルを灰細線で，アンサンブル平均（中央値）を黒太破線で，提案法による周期領域の評価を黒太実線で示す．図から分かるように，波形合成のアンサンブル平均と良く対応する結果が，周波数領域の応答スペクトルの直接評価から得られる．

なお，図3.3.6では，提案法の結果として，長周期側補正がある場合と無い場合を示している．1自由度系の固有周期が地震動の主要動の継続時間より長くなるような場合は，単純にエネルギーの70%が供給される区間を取り出しただけでは最大応答値が適切に評価されず，過小評価となる．このことを考慮して，固有周期が主要動継続時間より長い場合は長周期側補正を行っている．具体的な方法は，文献27)に示されている．

次に，より一般的な事例として，アスペリティと背景領域を持つ断層モデルによる検討例を示す．この場合は，アスペリティからの波と背景領域からの波の相関が問題となる．統計的グリーン関数法では，アスペリティ領域と背景領域で異なる乱数位相を用いて要素波を作成している場合が多い．ここでは，このような設定が適切かどうかは問わずに，波形合成法と同じ計算条件で検討を行う．アスペリティと背景領域の要素波に異なる乱数位相を用いると，2つの領域からの波は互いに無相関となる．そこで，周波数領域で地震動を評価する場合は，アスペリティ領域と背景領域は，個別に式(3.3.3)でフーリエ振幅スペクトルを合成した後，両者をSRSS合成した．

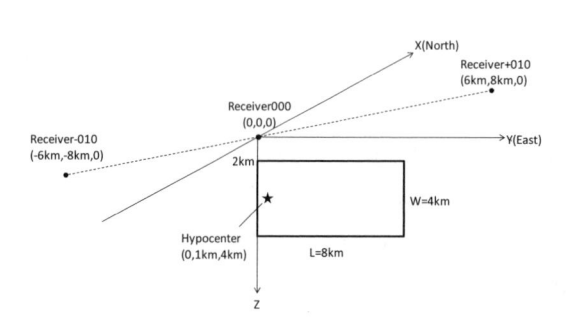

(a) 断層面と観測点

(b) 断層パラメータ（例題１）

地震モーメント	M_0(N・m)	1.04×10^{18}
応力降下量	$\Delta\sigma$(MPa)	13.95
すべり量	D(m)	1.0
ライズタイム	τ (s)	5.0
破壊伝播速度	V_r(km/s)	3.000
高周波遮断振動数	f_{max}(Hz)	6.0
要素長	ΔL(km)	1.0
要素幅	ΔW(km)	1.0
重ね合わせ数 長さ方向	n_L	8
重ね合わせ数 幅方向	n_W	4
重ね合わせ数 滑り方向	n_D	6
重ね合わせ数 再分割数	n'	84

(c) 地盤条件（例題１，例題２共通）

	層厚D (km)	S波速度Vs (km/s)	質量密度ρ (t/m³)	Qs
1層目	1.000	2.000	2.600	∞
2層目	∞	3.464	2.700	∞

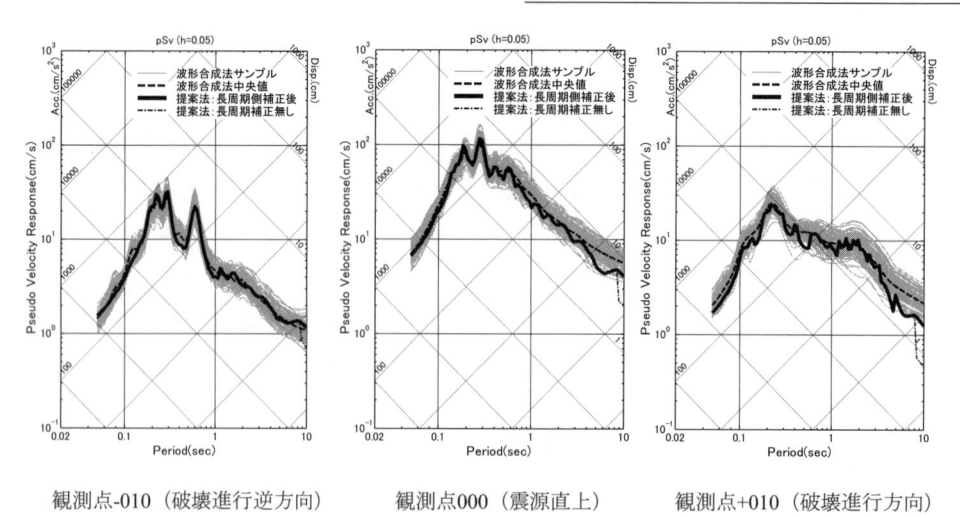

観測点-010（破壊進行逆方向）　　観測点000（震源直上）　　観測点+010（破壊進行方向）

(d) 擬似速度応答スペクトル（h=0.05）

図3.3.6　一様断層(M_w=5.9)への適用例（例題１：ベンチマークモデルS21[34]）[27]

図 3.3.7 に，断層パラメータと応答スペクトルの比較を示す．詳細な計算条件は文献 27)による．周波数領域の評価と，波形合成のアンサンブル平均が対応していることが確認できる．

以上，２つの例題で，周波数領域の評価で平均的な応答スペクトルを評価できることを示してきたが，これらの例題での波形合成による応答スペクトルのばらつきは，3.3.2（2）の例で見られるばらつきよりは小さい．これは，図 3.3.6 および図 3.3.7 の例題では，SH 波のみを考慮しているためと考えられる．SH波とSV波を考慮する場合，波形合成では通常は異なる乱数位相を用いており，乱数位相の組み合わせにより，長周期側のばらつきが大きくなると考えられる．

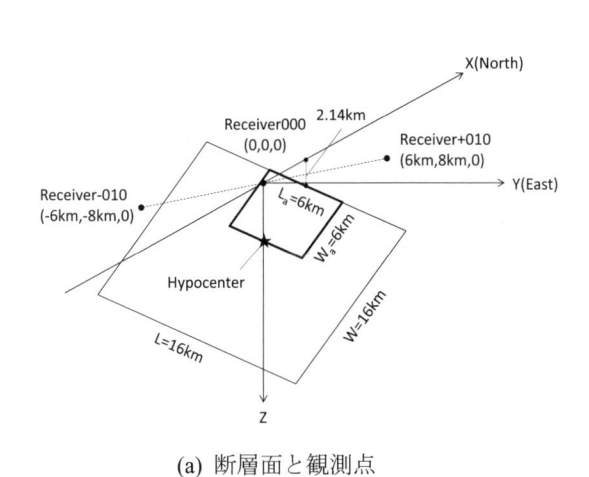

(b) 断層パラメータ（例題1）

巨視的パラメータ	走向		θ (°)	115.0
	傾斜角		δ (°)	40
	地震モーメント		M_0(N・m)	3.89E+18
	応力降下量		$\Delta\sigma$ (MPa)	2.31
	平均すべり量		D(m)	0.469
	破壊伝播速度		V_r(m/s)	3000
	上端深さ		h(km)	2.143
	f_{max}		f_{max}(Hz)	6
微視的パラメータ	アスペリティ	面積	S_a(km^2)	36.0
		平均すべり量	D_a(m)	0.938
		地震モーメント	M_{0a}(N・m)	1.09E+18
		応力降下量	$\Delta\sigma_a$(MPa)	16.21
		ライズタイム	τ_a(sec)	1.00
	背景領域	平均すべり量	D_b(m)	0.391
		地震モーメント	M_{0b}(N・m)	2.80E+18
		実効応力	σ_b(MPa)	2.53
		ライズタイム	τ_b(sec)	2.67

(a) 断層面と観測点

観測点-010（破壊進行逆方向）　　　観測点000（震源直上）　　　観測点+010（破壊進行方向）

(c) 擬似速度応答スペクトル (h=0.05)

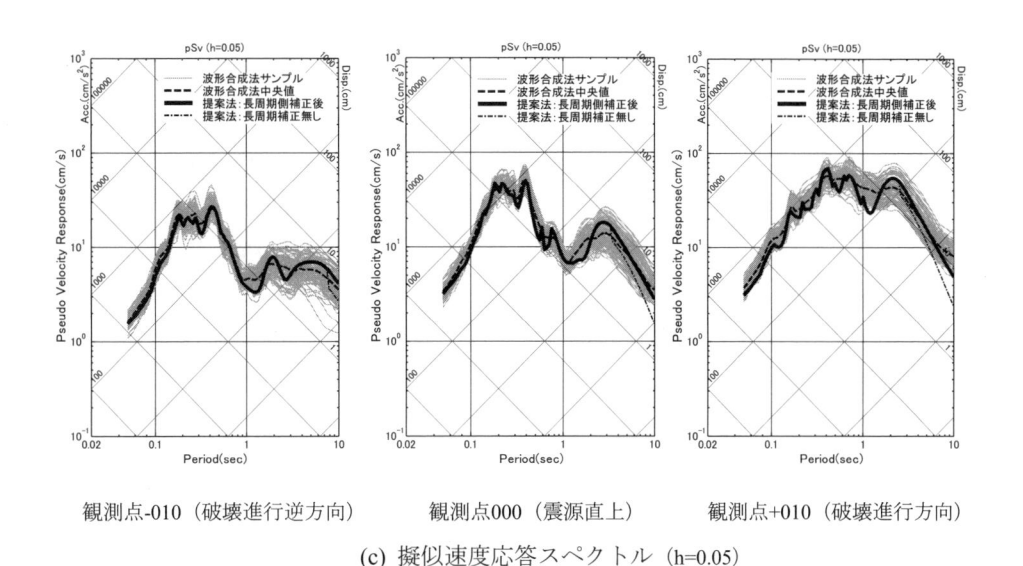

図3.3.7　アスペリティと背景領域を持つ断層(M_w=6.3)への適用例[27]

なお，周波数領域で評価できるのは，応答スペクトルの平均値までであり，現段階ではばらつきは評価できない．波形合成法における応答スペクトルのばらつきは，乱数位相による最大応答値がばらつくという要因に加えて，SH波とSV波の要素波を選択する際に長周期側の位相を合わせるかどうか，変位波形で選別を行うかどうか，などによって大きく変化する．周波数領域で応答スペクトルのばらつきを評価しようとすれば，これらの要因を個別に取り入れることが必要になる．

3.3.4　震源過程の不確定性による地震動のばらつき

断層の破壊過程は，破壊開始点，アスペリティ位置，破壊伝播方向，応力降下量，ライズタイム等，巨視的な断層パラメータでは規定できない要素があり，これらの多くは事前には確定できない

不確定要素である．これらの不確定要素を考慮して断層モデルで地震動評価を行えば，地震動には
ばらつきが生ずる．これらの不確定要因のうち，応力降下量やライズタイムのように平均的な値が
経験式で与えられるものと，破壊開始点やアスペリティ位置など通常は事前には確定し難いものに
分けることができる．経験式で与えられるパラメータにも大きなばらつきが含まれるが，ここでは，
事前に確定できない破壊開始点とアスペリティ位置に焦点をあてて，数値実験によってこれらの不
確定性が地震動評価に及ぼす影響を検討してみる．

（1）　地震規模と等価震源距離が既知の場合

　断層面が不明で，震源の規模と震源距離が分かっている状況での，断層モデルによる地震動評価
のばらつきを検討する．

　断層面が不明の地震として，地震規模は以下のようにして設定した．武村（1998,2008）[40)41)]は，
M_J 6.8 より小さい地震は，地表に活動の痕跡が残りにくいと指摘している．また，M_J 6.7 や M_J 6.6
の地震は少ないことが指摘されている．これは，M_J 6.5 以下の地震は破壊領域が地震発生層内に止
まるが，これより大きい地震では地震発生層全体が破壊し，破壊が地表面まで達するため応力解放
量が一気に大きくなるためと考えられている．以上より，地震規模は M_J 6.5 と設定した．

　武村（1990）[42)]の経験式により，地震モーメント M_0 を定め，Somerville et al.（1999）[43)]により断
層面積 S を定める．ただし，壇・他（2010）[44)]を参考にして，表層地盤は応力をほとんど解放しな
いとして，表層部を除いた部分を震源断層とし，その面積 S_{rup} をその後のパラメータ設定に用いた．
短周期レベルは壇・他（2001）[24)]により設定してアスペリティ面積を定め，Madariaga（1979）[45)]によ
り応力降下量を定めた．断層は鉛直横ずれとした．すべり時間関数にはランプファンクションを用
いた．表層厚さは 3km とし，断層上端深さは 4km とした．表層地盤による増幅率は簡略にインピ
ーダンス比より設定した．地震動の評価には，3.3.3 に示した応答スペクトルの直接評価を用いた．
波動としては SH 波と SV 波を考慮し，分割するための係数は $1/\sqrt{2}$ とする．また，S 波の放射特性
は等方な放射係数 0.63 を用いる．

　アスペリティは外縁に付随的に動く背景領域を伴うものと考えて，断層面の両脇には配置しない
こととし，アスペリティ位置として 9 ケースを考える（図 3.3.8）．破壊は，アスペリティの下端の
要素のどこかで開始すると仮定し，破壊は同心円状に伝播するとした．
観測点は，次式で与えられる等価震源距離[46)]が 10km となるように設定する．

$$X_{eq}^{-2} = \int e_m X_m^{-2} ds \Big/ \int e_m ds \tag{3.3.13}$$

地震波エネルギーの放出強度分布 e_m としては，すべり量の 2 乗を用いた．アスペリティ位置と観
測点の配置例を，図 3.3.8 に示す．以上の 9×3×12=324 ケースのアスペリティ・破壊開始点・観測
点の組み合わせに関して地震動評価した．

　図 3.3.9 に，全ケースの応答スペクトルと，対数標準偏差を示す．短周期端では，対数標準偏差は
0.1 程度と比較的小さいが，0.2 秒以上では対数標準偏差は 0.2～0.4 程度となっている．このように，

地震規模と等価震源距離を固定し，かつ応力降下量やライズタイムなどのパラメータを固定しても，アスペリティや破壊伝播効果により，対数標準偏差で 0.2～0.4 程度のかなり大きなばらつきが生じている．

(a) アスペリティ・破壊開始点・観測点の配置

パラメータ	要素番号	ケース数
アスペリティ左下端位置	30, 23, 16, 31, 24, 17, (32, 25, 18)※	9
破壊開始点	アスペリティ下辺の各3カ所(メッシュ中央)	3
観測点	走向に対して30°毎に等価震源距離が10kmとなる地点を観測点とする(対称性を考慮すると7点)	12
総計		324

※ 対称性を考慮すると計算を省略できるケース

(b) 断層面（アスペリティ左下端が要素 30 の場合）

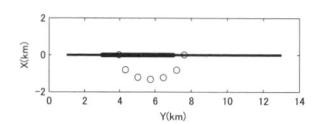

(c) 観測点（○印）配置例
アスペリティ左下端が要素 30 の場合

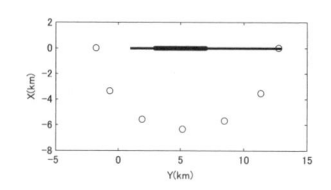

(d) 観測点（○印）配置例
アスペリティ左下端が要素 16 の場合

(e) 断層パラメータ

	項　目		設定値
巨視的パラメータ	走向	θ (°)	90.0
	傾斜角	δ (°)	90.0
	断層長さ	L (km)	14.0
	断層幅	W (km)	13.0
	地震モーメント	M_0 (N·m)	2.3320E+18
	気象庁マグニチュード	M_J	6.54
	応力降下量	$\Delta\sigma$ (MPa)	3.43
	平均すべり量	D (m)	0.5339
	Q値	Q_s	∞
	fmax	fmax (Hz)	6.0
微視的パラメータ	アスペリティ	面積 S_a (km²)	36.0(31.3)
		平均すべり量 D_a (m)	1.068
		地震モーメント M_{0a} (N·m)	1.04E+18
		応力降下量 $\Delta\sigma_a$ (MPa)	15.32
		立ち上がり時間 τ_a (sec)	1.111
	背景領域	面積 S_b (km²)	104.0(108.7)
		平均すべり量 D_b (m)	0.380
		地震モーメント M_{0b} (N·m)	1.29E+18
		実効応力 σ_b (MPa)	2.51
		立ち上がり時間 τ_b (sec)	2.407

図3.3.8　断層パラメータと観測点の配置：Case-1

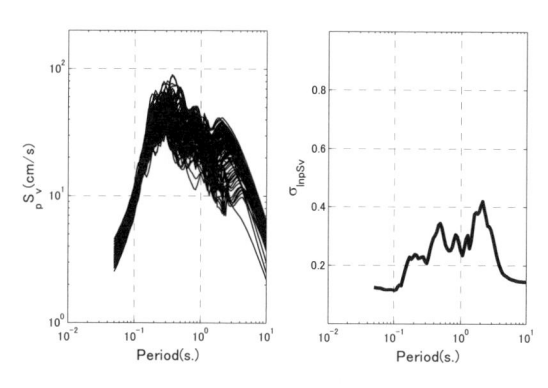

(a) 擬似速度応答スペクトル　　(b) 対数標準偏差 $\sigma_{\ln_p S_v}$

図3.3.9　擬似速度応答スペクトル（NS方向，h=0.05）：Case-1

(2) 断層面と観測点の位置を既知とした場合

次に，断層面の位置が既知で，特定の建設地点の地震動予測する状況を考える．この場合は，地震に痕跡が残る規模の地震を考える必要があるので，$M_j 7.0$ と設定する．断層面積は Wells and Coppersmith (1994)[47]により設定し，地震発生層の深さは15kmとし，断層面は地震発生層を貫通するものとする．その他のパラメータの設定法と解析条件は，Case-1と同様である．

図3.3.110に示すように，観測点は，Case-2Aでは断層面直上のトレース中央から直交方向に5kmの地点とし，Case-2Bではトレース東端から直交方向に5kmの地点に配置した．Case-2AとCase-2Bの断層最短距離は同じになるので，断層最短距離を用いた距離減衰式と比較していると考えることもできる．アスペリティの配置は断層面の両脇の要素を除く可能な全ての位置に配置し，破壊開始点はアスペリティ下端の5カ所とした．

図3.3.11(a)に，Case-2Aの擬似速度応答スペクトルとその対数標準偏差を示す．対数標準偏差は概ね0.2〜0.35の範囲に分布しており，Case-1とほぼ同等である．

(a) アスペリティ・破壊開始点・観測点の配置

パラメータ	要素番号	ケース数
アスペリティ左下端位置	67,54,41, 68,55,42, 69,56,43, 70,57,44, 71,58,45, 72,59,46, 73,60,47	21
破壊開始点	アスペリティ下辺の各5カ所(メッシュ中央)	5
観測点	断層面の地表トレースの中央(Case-2A)または東端(Case-2B)から5kmの地点	—
総計		105

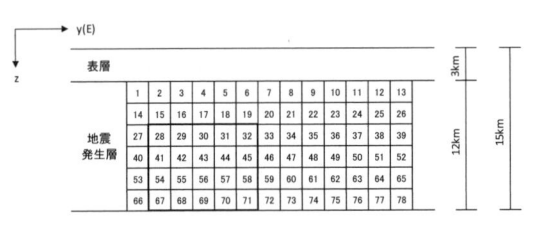

(b) 断層面（アスペリティ左下端が要素67の場合）

(c) 観測点中央配置：Case-2A

(d) 観測点東端配置：Case-2B

(e) 断層パラメータ

	項 目		設定値
巨視的パラメータ	走向	θ (°)	90.0
	傾斜角	δ (°)	90.0
	断層長さ	L(km)	26.0
	断層幅	W(km)	15.0
	地震モーメント	M_0(N·m)	8.4610E+18
	気象庁マグニチュード	M_J	7.01
	応力降下量	$\Delta\sigma$ (MPa)	3.74
	平均すべり量	D(m)	0.8692
	破壊伝播速度	V_r(m/s)	2700
	Q値	Qs	$70 \times f^{1.0}$
	fmax	fmax (Hz)	6.0
微視的パラメータ アスペリティ	面積	S_a(km^2)	80.0(78.4)
	平均すべり量	D_a(m)	1.738
	地震モーメント	M_{0a}(N·m)	4.25E+18
	応力降下量	$\Delta\sigma_a$(MPa)	14.88
	立ち上がり時間	τ_a(sec)	1.48
微視的パラメータ 背景領域	面積	S_b(km^2)	232.0(233.6)
	平均すべり量	D_b(m)	0.577
	地震モーメント	M_{0b}(N·m)	4.21E+18
	実効応力	σ_b(MPa)	2.64
	立ち上がり時間	τ_b(sec)	2.78

図3.3.10 断層パラメータと観測点の配置：Case-2

(a1) 擬似速度応答スペクトル　(a2) 対数標準偏差　　(b1) 擬似速度応答スペクトル　(b2) 対数標準偏差
　　　　　(a) Case-2A　　　　　　　　　　　　　　　　　(b) Case-2B
図3.3.11　擬似速度応答スペクトル（NS方向，h=0.05）：Case-2

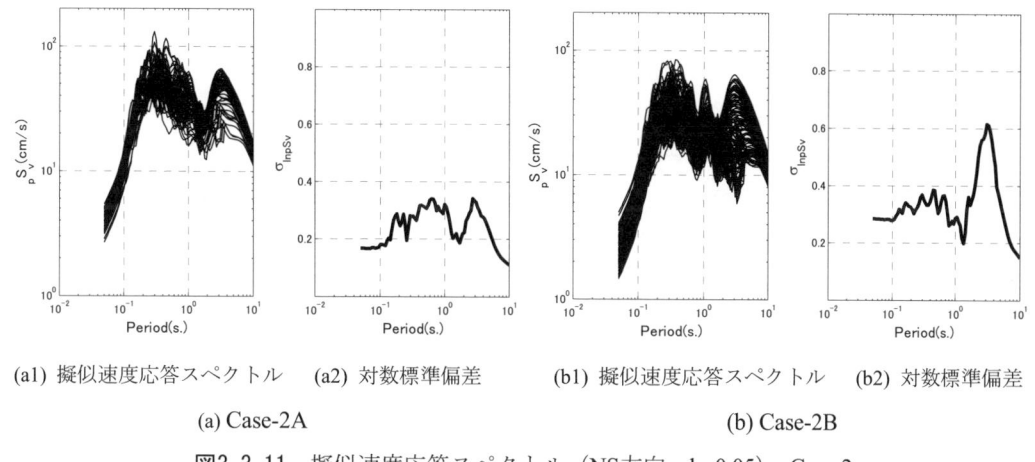

図 3.3.11(b)に，Case-2B の擬似速度応答スペクトルとその対数標準偏差を示す．対数標準偏差は 0.2～0.6 の範囲に分布しており，Case-1 の場合より明らかに大きい．これは，Case-2B では，アスペリティ位置の移動による等価震源距離の変動が大きいこと，観測点が断層の端に位置しているために破壊伝播効果がより大きく現れるなどが影響していると考えられる．

（3）　考察

　本節では，アスペリティ位置や破壊開始点を未知とした場合の，地震動のばらつきを数値実験によって検討した．Case-1 では地震規模と等価震源距離を既知としており，Case-2 は地震規模と断層最短距離を既知とする場合に相当しているので，等価震源距離か断層最短距離を用いた距離減衰式のばらつきと比べられることになる．距離減衰式の対数標準偏差は 0.5 程度とされているが，これと比べると，Case-2B のように特定の周期で 0.5 を超える場合もあるものの，全体的には断層モデルの方がばらつきは小さい．しかしながら，応力降下量やライズタイム，さらに破壊伝播速度などの不確定要素を考慮すると，断層モデルによって算定される地震動ばらつきはさらに大きくなると考えられる．

　本来的には，断層モデルによる地震動のばらつきは，経験的な地震動のばらつき，すなわち距離減衰式のばらつきと調和的で，これを説明できるものでなければならない．断層モデルによる地震動のばらつきが，例えば特定の周期で経験的なばらつきより大きいとすれば，断層モデルの想定が不適切で，例えば過度に単純化されているというような要因が考えられる．逆に，断層モデルによる地震動のばらつきの方が小さいとすれば，断層モデルに取り込まれていない変動要因があると考える必要がある．今後は，実現象に見られる変動を説明できるように断層モデルの改良を進める必要がある．

3.3.5 まとめ

本節では，強震動予測に用いられる計算手法の特徴と課題を整理し，主に統計的グリーン関数法による計算結果に見られる予測地震動のばらつきを論じた．3.3.2項の三浦半島断層群，東京湾北部地震による地震動評価では，統計的グリーン関数法に用いられる要素地震の作成方法（パルス的もしくはランダム的）の違い，波形選択が予測結果の差異につながる可能性を指摘した．これらの要素地震の作成・選択に関わるばらつきを除去するため，3.3.3項では波形合成法により断層モデルから地震動の応答スペクトルを直接評価する方法を示した．3.3.4項ではアスペリティ位置や破壊伝播の方向により，対数標準偏差で0.2～0.4程度のばらつきが生じることを示した．

一般に，断層モデルで算出される地震動の変動要因としては，数値解析法に伴うばらつきと，震源過程の不確定性に伴うばらつきがある．

前者に属するものとしては，例えば波形合成法で用いられる乱数位相の問題が上げられる．波形合成法では，複数の波動を考慮する場合に長周期側で大きなばらつきが生ずることがある．このような数値解析法に由来する変動要因については，地震動評価側で十分注意を払い，適正な地震動を提供するように努める必要がある．

後者の，震源過程の不確定性に伴う地震動のばらつきについては，本質的なばらつきとして設計者側で受け止める必要があると考えられる．地震動評価側も，平均的な・最大級の・あるいは特に配慮せずに個別の地震動を提供するのではなく，地震動のばらつきに関する情報が得られるような形で情報提供する必要がある．このときに，地震動のばらつきには震源過程他の不確定性が反映されている必要がある．

以上のように，地震動評価側と設計者側で，地震動のばらつきに十分配慮することが，相互の理解を深める上で必要と考えられる．

参 考 文 献

1) 翠川三郎・大竹雄：地震動強さの距離減衰式にみられるバラツキに関する基礎的分析，日本地震工学会論文集，第3巻，第1号，2003
2) 池浦友則・野田静雄：同一地点における地震動応答スペクトルのばらつき－地震規模と震源距離がそれぞれ等しい強震記録ペアの分析－，日本地震工学会論文集，第5巻，第3号，2005
3) 大塚久哲・P. G. Somerville・佐藤俊明：断層パラメータの予測誤差を考慮した広帯域地震動の評価，土木学会論文集，No.584／I-42, pp.185-200, 1998.1
4) 入倉孝次郎・三宅弘恵：シナリオ地震の強震動評価，地学雑誌，110（6），pp.849-875, 2001
5) 地震調査研究推進本部，地震調査委員会：付録3．震源断層を特定した地震の強震動予測手法（「レシピ」），「全国を概観した地震動予測地図2008年版」，2008.4
6) Apsel, R. J.: Dynamic Green's Functions for Layered Media and Applications to Boundary-Value Problems, A dissertation submitted in partial satisfaction of the requirements for the degree of Doctor of Philosophy in Applied Mechanics, University of California, San Diego, 1979
7) 久田嘉章：成層地盤における正規モード解及びグリーン関数の効率的な計算法，日本建築学会構造系論文集，501, pp.49-56, 1997.11

8) Tajimi, H., Contribution to Theoretical Prediction of Dynamic Stiffness of Surface Foundations, Proc. of 7th World Conference on Earthquake Engineering, Vol.5, pp.105-112. ,1980
9) 永野正行・小山哲央：薄層法を用いた理論地動の計算精度向上とその検証，その 2，日本建築学会技術報告集，第 17 巻，第 35 号，pp.55-59，2011.2
10) Virieux, J.: SH wave propagation in heterogeneous media: Velocity-Stress Finite-Difference Method, Geophysics 51, pp.889-901, 1984
11) 山田有孝・永野正行・山添正稔・三浦賢治：領域別に要素分割と時間刻みを可変とする大領域三次元地盤の地震応答解析法，日本建築学会構造系論文集，第 561 号，pp.73-80，2002.11
12) Irikura, K: Prediction of strong acceleration motions using empirical Green's function, *Proc. 7th Japan Earthq. Eng. Symp.*, 151-156, 1986
13) 佐藤智美・他：応答スペクトルと位相スペクトルの経験式に基づく想定地震に対する長周期時刻歴波形の作成，日本建築学会構造系論文集，649，pp.521-530，2010.3
14) 大野晋：経験的スペクトル評価法による平均波の作成，第 34 回地盤震動シンポジウム，pp.57-62，2006
15) 久田嘉章・永野正行・野津厚・宮腰研：強震動予測手法に関するベンチマークテスト：理論的手法の場合（その 1），日本建築学会技術報告集，第 17 巻，第 35 号，pp.43-48，2011.2
16) 早川崇・吉村智昭・永野正行：地下構造モデルの差が関東平野の長周期地震動計算に及ぼす影響，日本建築学会技術報告集，第 17 巻，第 35 号，pp.73-78，2011.2
17) 加藤研一・他：強震動予測手法に関するベンチマークテスト：統計的グリーン関数法の場合（その 2），日本建築学会技術報告集，第 18 巻，第 38 号，pp.67-72，2012.2
18) Hisada, Y.: Broadband strong motion simulation in layered half-space using stochastic Green's function technique, *Journal of Seismology*, 12, No.2, 265-279, 2008.
19) 永野正行：統計的グリーン関数法によるやや長周期地震動評価のばらつき，第 12 回日本地震工学シンポジウム論文集，No.339，pp.1462-1465，2006
20) 永野正行・吉村智明：Ⅱ．地震動，4.1 第一次，第二次提供波，pp.14-21，長周期地震動と建築物の耐震性，日本建築学会，2007.12
21) 地震調査研究推進本部：三浦半島断層群の長期評価について（平成 14 年 10 月 9 日，平成 17 年 1 月 12 日修正），2002.10
22) 地震調査研究推進本部：三浦半島断層群の地震を想定した強震動評価（平成 15 年 10 月 28 日），2003.10
23) 中央防災会議：中央防災会議「首都直下地震対策専門調査会」第 12 回，資料 2-1 地震ワーキンググループ報告書，資料 2-2 地震ワーキンググループ報告書（平成 16 年 11 月 17 日），2004.11
24) 壇一男・渡辺基史・佐藤俊明・石井透：断層の非一様すべり破壊モデルから算定される短周期レベルと半経験的波形合成法による強震動予測のための震源断層のモデル化，日本建築学会構造系論文集, 545, pp.51-62, 2001.7
25) 引間和人・後藤真希枝・増田徹：統計的グリーン関数法による地震動予測におけるピーク値の評価方法について，第 11 回日本地震工学シンポジウム，pp.639-642，2002
26) 古山田耕司・宮本裕司・三浦賢治：多地点での原位置採取試料から評価した表層地盤の非線形特性，第 38 回地盤工学会研究発表会，pp.2077-2078，2003.7
27) 岡野創・加藤研一・森川 淳：統計的グリーン関数法による平均的応答スペクトルの直接評価，日本建築学会構造系論文集，第 77 巻，第 673 号，pp.351-360, 2012.3
28) 横井俊明・入倉孝次郎：震源スペクトルの Scaling 則と経験的 Green 関数，地震，44，pp.109-122，1991
29) 加藤勉・秋山宏：強震による構造物へのエネルギー入力と構造物の損傷，日本建築学会論文集，第 235 号，pp.9-18，1975.9
30) Hudson, D.E.: Some Problems in the Application of Spectrum Techniques to Strong Motion Earthquake Analysis, *BSSA*, Vol.52, No.2, pp.417-430, 1962.04
31) 桑村仁・秋山宏・桐野康則：フーリエ振幅スペクトルの平滑化による地震入力エネルギーの評価，日本建築学会構造系論文報告集，第 442 号，pp.53-60, 1992.12
32) Rosenblueth E. and J.I. Bustamante: Distribution of Structural Response to Earthquakes, Journal of the Engineering Mechanics Division, *ASCE*, EM3, pp.75-106, 1962.6
33) 大井謙一・田中尚・高梨晃一：地震動による構造物へのエネルギー入力の統計量予測に関する基礎的考察，

日本建築学会構造系論文報告集，第347号，pp.47-55，1985.1
34) 加藤研一・久田嘉章・川辺秀憲・大野晋・野津厚・野畑有秀・森川淳・山本優：強震動予測手法に関するベンチマークテスト：統計的グリーン関数法の場合（その1），日本建築学会技術報告集，第17巻，第35号，pp.49-54，2011.2
35) Boore, F. M.: Stochastic simulation of high-frequency ground motion based on seismological models of radiated spectra, *Bulletin of Seismological Society of America*, Vol.73, pp.1865-1894, 1983
36) Brune, J.N.: Tectonic stress and the spectra of seismic shear waves from earthquake, *J. Geophys.Res.*, 75, pp.4997-5009, 1970.
37) 三宅辰哉：耐震設計規範としての最大応答と累積応答の関係に関する考察，日本建築学会構造系論文集，第599号，pp.135-142, 2006.1
38) 秋山宏・北村春幸：エネルギースペクトルと速度応答スペクトルの対応，日本建築学会構造系論文集，第608号，pp.37-43, 2006.10
39) 岡野創・永野正行・今村晃・徳光亮一・土方勝一郎：応答スペクトルとエネルギースペクトルのスケーリング，日本建築学会構造系論文集，第637号，pp.477-486，2009.3
40) 武村雅之：日本列島における地殻内地震のスケーリング則-地震断層の影響および地震被害との関連-，地震2，第51巻，第2号，pp.211-228,1998.
41) 武村雅之：強震動予測に期待される活断層研究，活断層研究，28号，pp.53-63，2008.
42) 武村雅之：日本列島およびその周辺地域に起こる浅発地震のマグニチュードと地震モーメントの関係，地震2, 43, 257-265, 1990.
43) Somerville, P.G., K. Irikura, R. Graves, S. Sawada, D. Wald, N. Abrahamson, Y. Iwasaki, T. Kagawa, N.Smith, and A. Kowada : Characterizing crustal earthquake slip models for the prediction of strongground motion, *Seismological Research Letters*, 70, 59-80, 1999.
44) 壇一男・具典淑・武藤真奈美：地表の短い活断層から想定される地中の震源断層のモデル化と強震動の試算，日本建築学会構造系論文集，第648号，pp.279-288, 2010.2.
45) Madariaga, R.: On the relation between seismic moment and stress drop in the presence of stress andstrength heterogeneity, *Journal of Geophysical Research*, 84, 2243-2250, 1979.
46) Ohno, S., T. Ohta, T. Ikeura, and M. Takemura: Revision of attenuation formula considering the effect of fault size to evaluate strong motion spectra in near field, *Tectonophysics*, 218, pp.69-81, 1993.
47) Wells, D.L. and K.J. Coppersmith : New empirical relationships among magnitude, rupture length, rupture width, rupture area, and surface displacement, *Bulletin of the Seismological Society of America*, 84, 974-1002, 1994.

3.4 表層地盤増幅の評価に関する現状と課題

表層地盤が地表での地震動特性や建物の応答・被害に与える影響の大きいことは，過去の多くの地震観測や震災経験，数値解析（地盤の地震応答解析）などから，もはや疑うべくもない．地盤の地震応答特性は，そのS波速度構造と土の非線形性に支配される．このことから，近年，建物の耐震設計で問題とされる，大振幅の地震動に対しては，とくに，砂質土・礫質土の液状化を含む地盤の強非線形挙動の評価や設計上の扱いが重要と考えられる．地盤が液状化に至るか否かで，建物に被害の生じやすい部位（上部構造か下部構造か）も異なる．

そこで，本節では，地盤のS波速度構造，土の非線形性，液状化の可能性がある地盤（以下，液状化地盤）の地震応答解析に焦点を絞り，それぞれの表層地盤増幅評価に関する現状と課題について述べる．また，実務設計の視点から，2000年の建築基準法改正で導入された限界耐力計算[1),2)]における表層地盤増幅の扱いについて述べる．

3.4.1 地盤のS波速度構造の評価

地盤のS波速度構造は，基本的に，直下の深さ方向（1次元）の情報が最も重要で，ボーリング孔を利用した弾性波速度検層法（いわゆるPS検層）によって調査可能である．

また，標準貫入試験より得られるN値とS波速度の関係を回帰分析した経験式が数多く提案されており[例えば3)-8)]，N値からS波速度の概略値を推定することも実務では行われる．ただし，N値とS波速度の関係のメカニズム（力学的な因果）には不明な部分が多く，また，経験式の根拠とされるデータは地域によって大きなばらつきを含むため，推定されたS波速度の信頼性や適用範囲について十分に留意する必要がある（図3.4.1）[9)]．

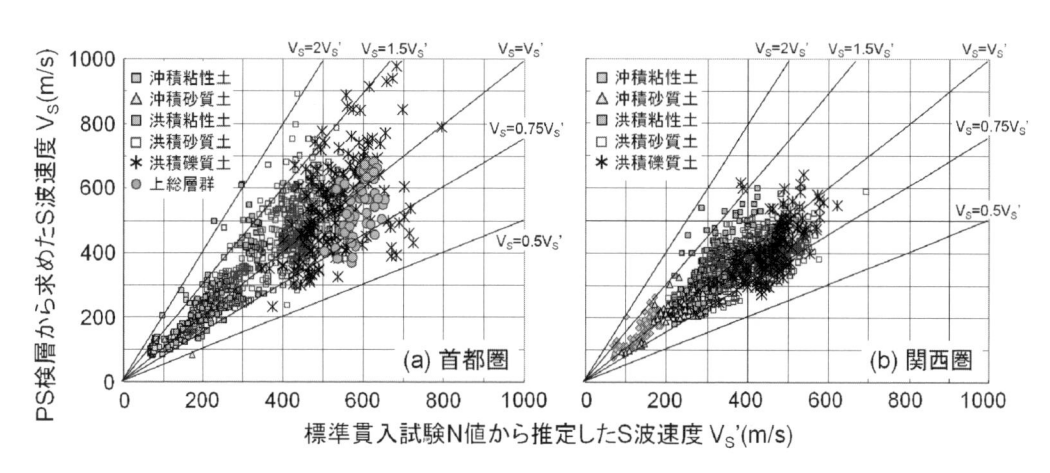

図3.4.1 標準貫入試験N値から太田・後藤[3)]の式を用いて推定したS波速度とPS検層から求めた値との比較（(a)首都圏のデータ，(b)関西圏のデータ）[9)]

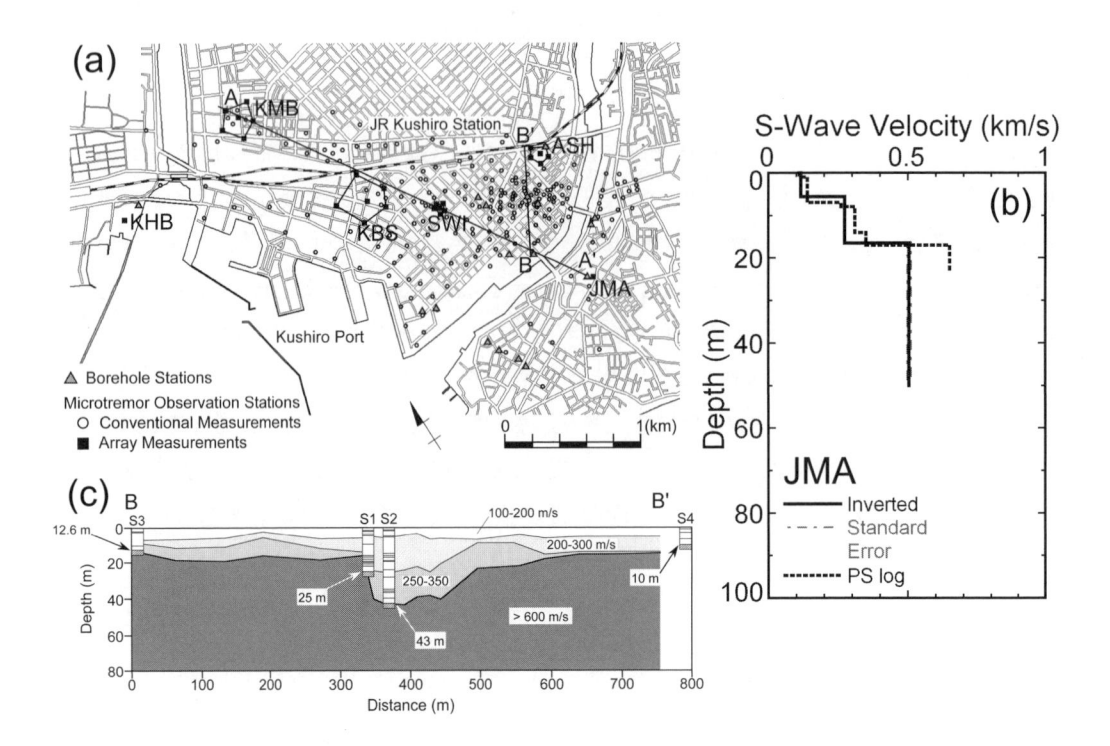

図3.4.2　(a)釧路における微動観測地点（■：アレイ観測，○：移動1点観測），(b)JMA地点において微動のアレイ観測から推定された1次元S波速度構造（実線），その逆解析における標準誤差（鎖線）とPS検層結果（破線）との比較，(c)B-B'測線において微動の移動1点観測から推定された2次元S波速度構造とボーリング調査結果（S1-S4）との比較[14]

　一方で，近年，ボーリング孔を必要としない微動（表面波）探査法によって地盤のS波速度構造を推定する可能性が数多く示されている[例えば10)-12)]．微動は地表で簡単に観測できるため，その機動性を活かして，微動観測を面的に実施することで，S波速度構造を多次元的に推定し，埋没谷など不規則な基盤形状を把握する試みも行われている[例えば13), 14)]．図3.4.2に，釧路で行われた微動探査の結果[14]の一部を示す．図から，微動より推定された1次元および2次元のS波速度構造は，PS検層やボーリングなど他の地盤調査の結果と良く対応している．とくに，同図(c)のボーリングS1, S2は，既存の地盤図には示されていない埋没谷の存在を確認するため，微動観測の後に実施されたもので，改めて，微動探査法の有効性が確認される．

　ただし，微動探査法では，観測波形データの処理解析をはじめ，表面波や逆解析の理論・計算について，正しい知識と相当の経験が必要とされ，推定結果が（その利用目的に対して）適切かは，探査を行う技術者の腕次第である．また，探査結果の妥当性や信頼性について，他の地盤情報等との比較などから，吟味することが重要である．その方法として，例えば，当該あるいは近傍地点の表層地質や地形情報等との対比，地震観測等に基づく2地点間の水平動（S波）スペクトル比の検証，感度分析等に基づく逆解析パラメータの推定誤差の評価，などが考えられる．

3.4.2 土の非線形性の評価

（1） 動的変形特性とその試験

　土の動的変形特性は，原位置よりサンプリングした土試料を整形し，三軸試験装置や中空円筒ねじり試験装置を用いて，原位置と等価な拘束条件の下，繰返しせん断試験（室内動的変形試験，以下，室内試験）を行うことで求められる．室内試験は，一般に，ステージテスト（等方の応力状態から載荷を始め，応力振幅を段階的に増大させる方法）と呼ばれる方法で行われる場合が多く，各ステージでは11サイクルの載荷を行い，10サイクル目の応力－ひずみ関係が採用される．この際，各ステージの載荷は非排水条件で行われるが，それらの間では蓄積された過剰間隙水圧が排水される．室内試験の結果は，せん断剛性と減衰定数のひずみ依存性（いわゆる$G/G_0-\gamma, h-\gamma$関係）として整理される．図3.4.3に，土の動的変形特性の概念図を示す．

　しかし，土試料のサンプリングや室内試験には費用と時間がかかり，また，全ての地層で地震応答解析に必要なひずみレベル（とくに安全限界時の検討では数%に達する）試験結果を得ることは，かなり難しい．一方で，現行のステージテストの方式や試験結果の整理方法は，等価線形解析がカバーできるひずみレベル（概ね0.1%程度のオーダー）までを前提としており，逐次非線形時刻歴解析が必要となる大ひずみレベルの土の動的特性を表現するには馴染まないとの指摘もある[15]．

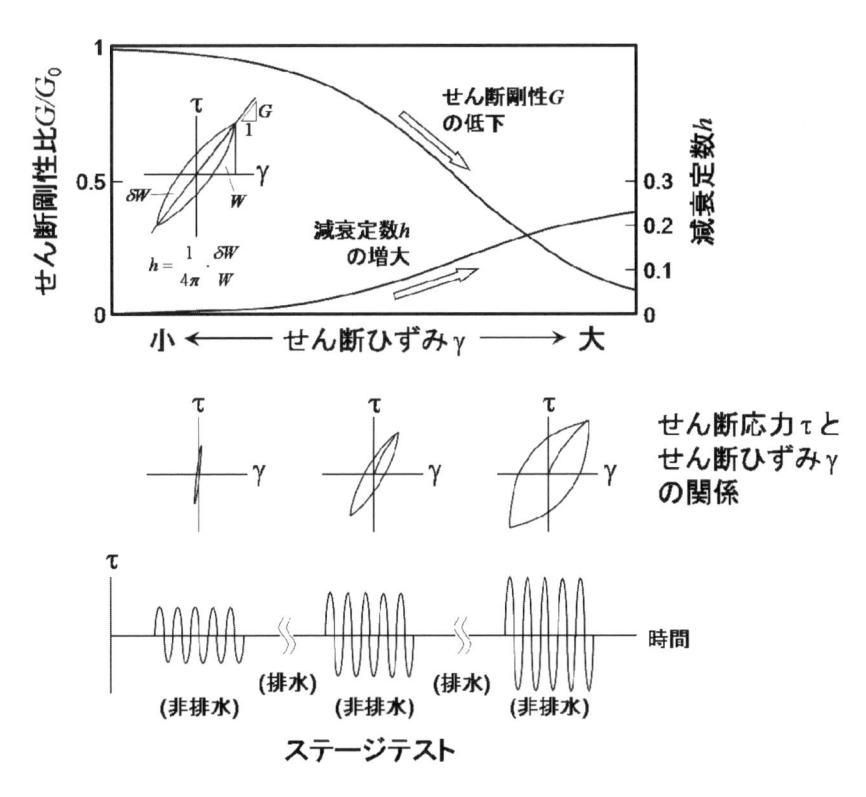

図3.4.3　土の動的変形特性の概念図

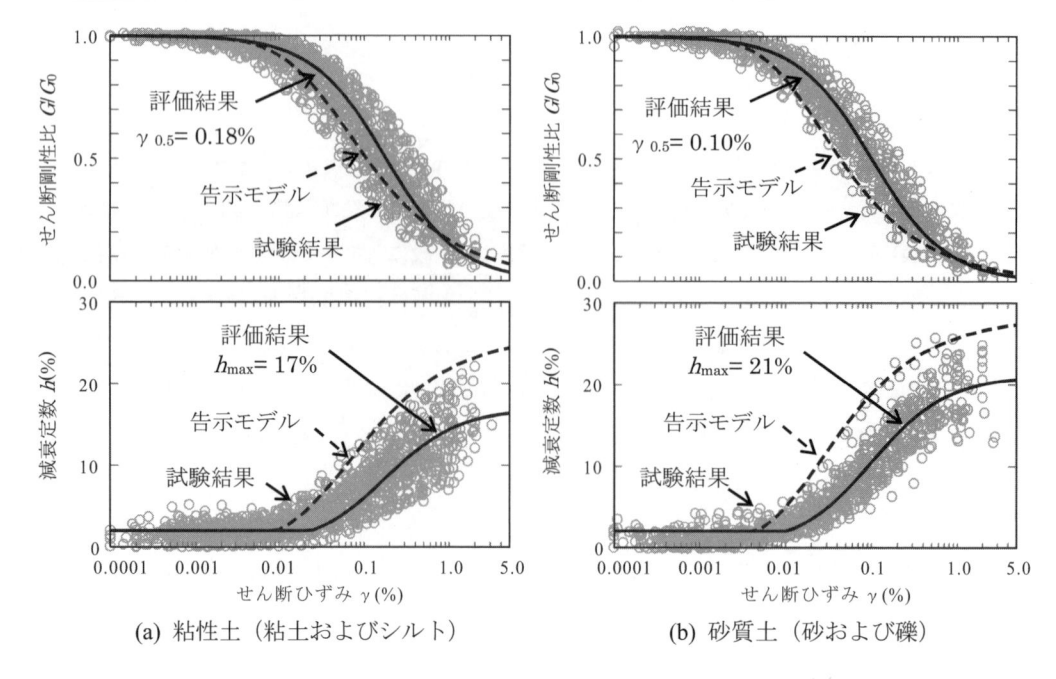

図3.4.4 粘性土および砂質土の動的変形試験結果に適合させたH-Dモデルの例[19]

　地盤の地震応答解析では，土の非線形性を数式モデル（構成則）で表現し，これを利用することが実用的である．このため，従来から，Hardin-Drnevich（H-D）モデル[16]や修正Ramberg-Osgood（R-O）モデル[17],[18]などのパラメータ（規準ひずみと最大減衰定数）を，土質や拘束圧，塑性指数ごとに整理された多数の室内試験結果を説明できるよう調節することが多く行われている．このような構成則のパラメータ調節は，室内試験の技術進歩やデータ蓄積に依存して，時機により更新されている．近年では，微小～2%程度までのひずみ範囲で，モデルのパラメタを適合させた検討（古山田ら[19]）：H-Dモデル（図3.4.4），福武[20]：修正R-Oモデル）が報告されている．これらは現在，表層地盤の地震応答解析において多用されている．

　ただし，いずれの場合も，室内試験データの不足する大ひずみレベル（概ね1-2%程度以上）の土の動的特性は，モデルによる外挿（推測）であることに留意が必要である．これによって，大ひずみレベルの土の等価減衰定数を過大に見積もり，結果として地震荷重を危険側に評価する場合のある可能性が指摘されている[21]．また，砂質土では，規準ひずみの設定において，その拘束圧依存性を適切に考慮する必要がある．初期の有効拘束圧は，土の単位体積重量（湿潤密度），地下水位，静止土圧係数から求めることができる．湿潤密度と地下水位はボーリング調査より得られる．静止土圧係数は，計測が難しいため，土質によって0.5-1程度の値が仮定される場合が多い[例えば8]．一方，粘性土では，その動的変形特性は塑性指数に強く依存することが知られており，これにも適切な配慮が必要である．

(2) 液状化特性とその試験

　液状化試験は，室内動的変形試験の一種として位置づけられ，同様に，土試料の原位置サンプリングおよび繰返しせん断試験により行われる．液状化の可能性がある砂質土・礫質土のサンプリングは，粘性土のそれと大きく異なり，土の微視的構造（土粒子骨格）を原位置のそれと同等に保つことが難しい．しかし，液状化試験は，このような高品質で乱さない土試料を用いて行われることが望ましい．このための試料採取方法として，現時点では，原位置凍結サンプリング[22]が最も適している．しかしながら，この方法は非常に高価である．

　液状化試験は，非排水条件で行われる場合が多い．ただし，液状化の発生後や地震動の終了後の動的特性の解明を目的に，試験中の給排水を自然に，または強制的に変化させる条件で行われる場合もある[例えば23]．このような，液状化後の流動や，下方ないし側方からの水の供給により発生する液状化（いわゆる2次的液状化）に関する室内試験は，現状では，あまり数多く行われていないようである．今後の研究の進展が期待される．

　液状化試験の結果は，時刻歴応答，せん断応力－ひずみ関係，せん断応力－有効応力関係（有効応力経路）のほか，液状化強度曲線（せん断応力比（せん断応力を初期有効応力で除した値）－液状化に至る繰返し回数関係）として整理される（図3.4.5）．この場合，液状化発生の判断には，三軸

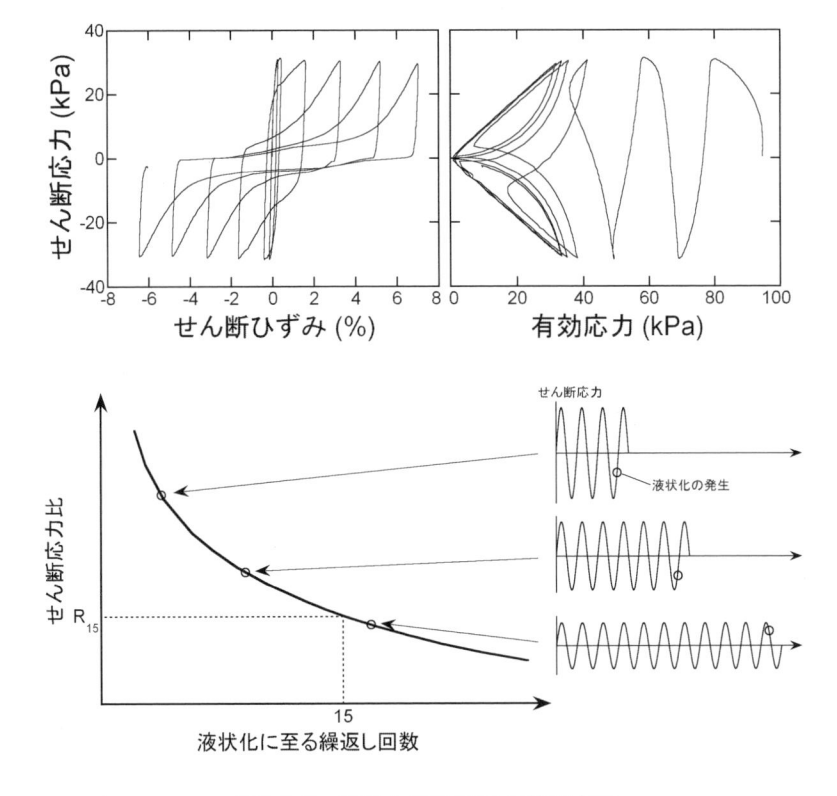

図3.4.5　液状化試験結果の整理方法

試験における軸ひずみ両振幅（DA）あるいはこれに対応するせん断ひずみの値による方法や，過剰間隙水圧比（過剰間隙水圧を初期有効応力で除した値）による方法などがある．例えば，異なるDA（＝1, 2, 5, 10%）に対する複数の液状化強度曲線があれば，初期液状化後のひずみの出方を把握できる．なお，代表的な繰返し回数（建築基礎構造設計指針[24]では15回，道路橋示方書[25]では20回）に対応するせん断応力比を，単に液状化強度（R_{15}, R_{20}）と呼ぶこともある．

これらの試験結果の整理方法は，主として，液状化の発生までの過程の把握に主眼を置いたもので，液状化後の挙動の検討に関する試験結果の統一的な整理方法は，未だ見あたらない．今後の研究の進展が期待される．

（3） 強震記録に基づく方法

地表と地中に設置された複数の地震計で同時観測された強震記録（以下，鉛直アレイ強震記録）を用いて地盤の地震時挙動を把握する試みは，太田[26]の先駆的研究以来，数多く行われている．太田[26]は，S波の鉛直下方入射の仮定と1次元重複反射理論（例えば，SHAKEなどに代表される等価線形解析）[27]に基づいて，地表と地中の観測記録のフーリエスペクトル比の逆解析から，地盤内各層の等価S波速度と等価減衰定数の分布を同定している．小林ら[28]は，地盤の減衰が，せん断による材料（履歴）減衰と散乱減衰からなり，前者はS波速度に，後者は周波数に依存すると仮定した1次元重複反射理論に基づいて，地盤物性の逆解析を行っている．佐藤[29]は，減衰の周波数依存性を考慮して，S波の斜め入射による影響について検討している．また，Changら[30]，佐藤ら[31]は，減衰が履歴減衰に支配されることを前提とした等価線形解析に基づいて，地盤減衰のせん断ひずみ依存性を同定している．

1993年釧路沖地震時には釧路市の釧路港湾[32]で，1995年兵庫県南部地震時には神戸市のポートアイランド[33]や東神戸大橋[34]で，それぞれ液状化した埋立地盤において鉛直アレイ強震記録が得られている．これらは，現在においても，液状化地盤の鉛直アレイ強震記録として極めて希有かつ貴重な資料であり，今までに，各種の有効応力解析，簡易法による液状化を考慮した地震応答解析（以下，簡易法による液状化解析），液状化層の等価物性や非線形性状の同定解析など，数多くの検討が多面的に行われている．関連する既往検討のレビューは，文献8), 35)-37)などに詳しいので，そちらを参照されたいが，総じて，有効応力解析であれば，ほとんどの構成則・プログラムにおいて，適切な液状化パラメタを室内試験結果等に基づいて設定できれば，液状化地盤で得られた鉛直アレイ強震記録を良く説明できるとの結論が得られている．また，有効応力解析に依らなくとも，液状化層の等価せん断剛性を初期値の1/50〜1/100程度とすることで，等価線形解析を用いて液状化後の地盤挙動を概ね再現できる場合のあることが報告されている（図3.4.6）[35), 38)]．

1995年兵庫県南部地震以降，国内の強震観測網の整備が，防災科学技術研究所のK-NETやKiK-net[39]，気象庁[40]などを中心として飛躍的に進展した．これにより，堆積地盤に設置された強震計において，大地震時の記録が得られる機会が格段に増え，これらを用いて表層地盤の大ひずみ領域における非線形挙動を把握するための実証的検討が数多く行われるようになった．とくに，

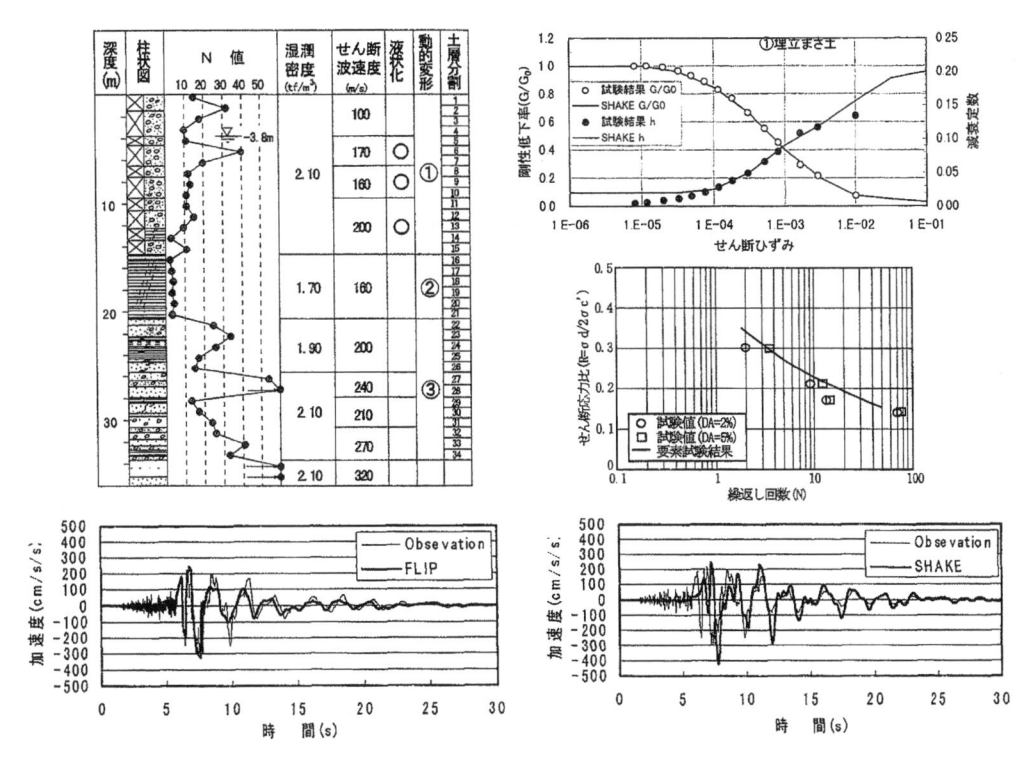

図3.4.6 液状化地盤の鉛直アレイ強震記録の再現解析の例（東神戸大橋）[35), 38)]

　KiK-netは，山間部での観測が多いものの，地表－地中の鉛直アレイ強震記録が得られるため，地盤増幅特性に関する検討を地震発生後の早い時期から実施しやすい体制となった．例えば，2000年鳥取県西部地震時には，震央付近にあるKiK-net観測点の強震記録を用いて，地盤の等価物性や非線形性状の同定などが行われている[41), 42)]．

　近年では，2007年新潟県中越沖地震時に東京電力柏崎刈羽原子力発電所[43), 44)]で，2009年駿河湾の地震時に中部電力浜岡原子力発電所[45)]で得られた強震記録が，地震発生後の比較的早い時期に公開された．前者については，震央距離16kmに位置する柏崎刈羽原発サービスホールで，表層から深度250mまでの砂層および泥岩層を含む地盤内4深度の鉛直アレイ強震記録が得られた．時松ら[46), 47)]は，これらの本震および余震の記録を用いて，周波数ひずみ依存型の減衰を持つ1次元等価線形解析[48)]に基づき，4深度の観測波形のフーリエスペクトル比6組（$=_4C_2$）の同時逆解析から，地盤内各層の等価S波速度および減衰定数のせん断ひずみ依存性の分布を同定している（図3.4.7）．その結果，本震時に推定された最大せん断ひずみは深度70mまでの砂層において0.2-3%程度で，顕著な非線形化が認められ，得られたせん断剛性比と減衰定数のせん断ひずみ依存性は，減衰定数の絶対値を除いて，既往の砂試料の室内試験結果と概ね調和的と報告されている．なお，減衰定数が既往の室内試験結果に比べて大きく推定された原因として，1次元波動論の仮定，散乱減衰を無視したことの影響，室内実験と原位置の応力条件の相違などが挙げられているが，その特定は今後の課題とされている．

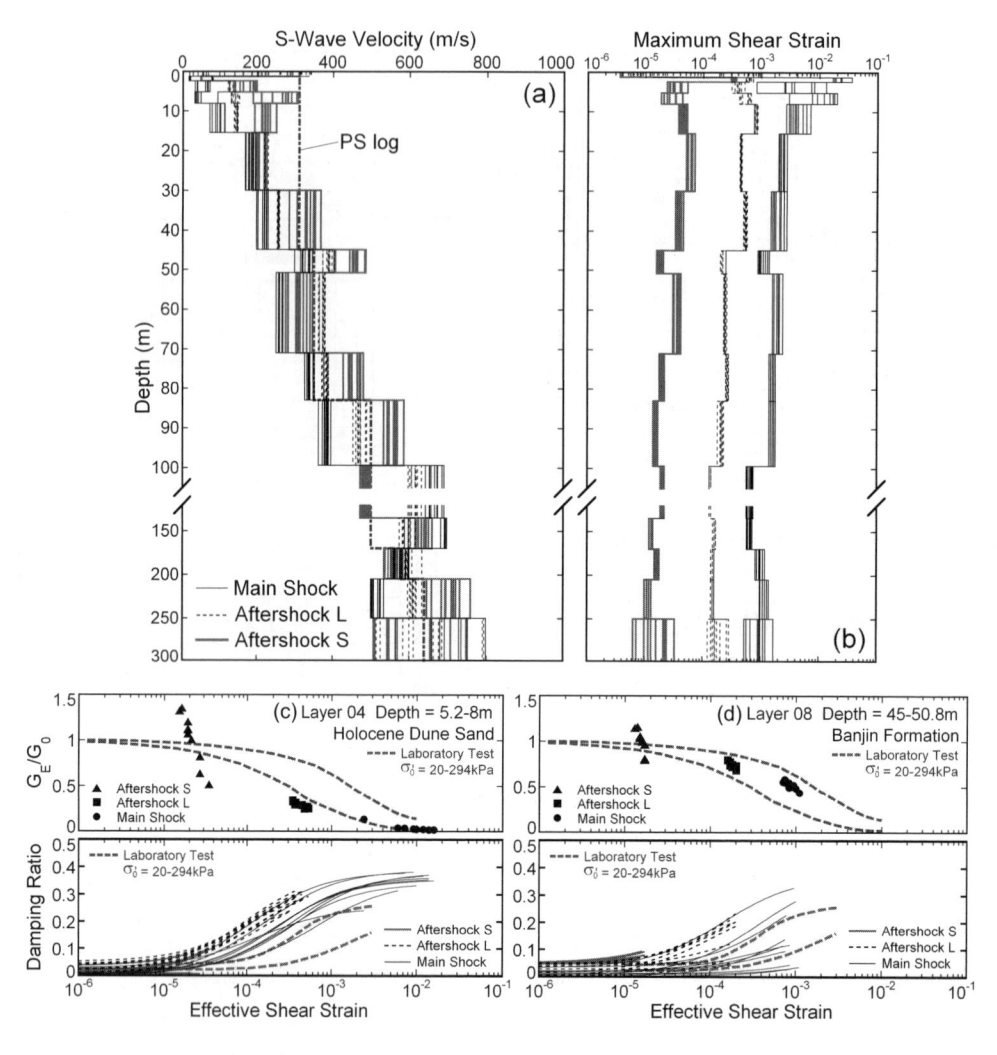

図3.4.7 鉛直アレイ強震記録の逆解析から推定した柏崎刈羽原発サービスホールの地盤のS波速度構造およびせん断剛性比と減衰定数のひずみ依存性[46), 47)]

　一方，堆積地盤において地表－地中鉛直アレイの同時地震観測が行われている場合は，港湾空港技術研究所の強震観測網[49)]を除いて未だ少なく，地表のみ強震記録が得られる場合がほとんどである．地表1地点の強震記録のみから地盤の非線形性を推定する方法の一つとして，時松・翠川[50)]の方法が挙げられる．この方法の適用事例として，時松ら[51)]は，2004年新潟県中越地震におけるK-NETおよびJMA小千谷の本震・余震記録から，両地点の表層地盤の非線形性を推定し，その結果が原位置試料の室内試験結果と矛盾しないこと，表層を占める高有機質土とシルト質粘土の非線形特性が地震動に強く影響を与えたことを指摘している．また，鈴木ら[52)]は，2007年能登半島地震におけるK-NET穴水およびJMA輪島の本震・余震記録を用いて，同様の検討を行い，粘性土地盤の間隙水圧上昇が非線形性の経時変化に与える影響を検討している（図3.4.8）．

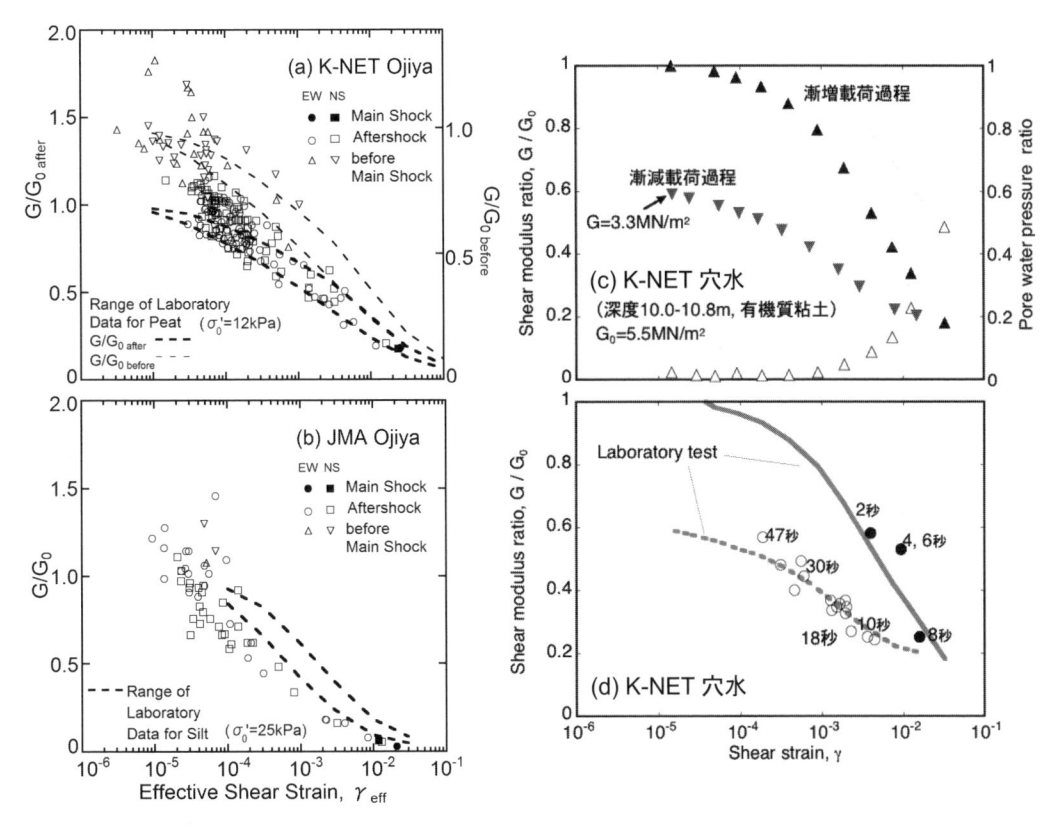

図3.4.8 地表1点の強震記録から推定したK-NET・JMA小千谷およびK-NET穴水の表層地盤のせん断剛性比のひずみ依存性と室内試験結果との比較[51],[52]

3.4.3 液状化の可能性がある地盤の地震応答解析

(1) 有効応力解析

　液状化地盤の地震応答を予測するためには，液状化発生の有無だけでなく，液状化後の地盤挙動についても評価する必要がある．そのための方法として，現時点では，有効応力解析や流体力学に基づく解析など，高度な地震応答解析に基づく方法が最も適している．有効応力解析の特色は，土のせん断応力－ひずみ関係とダイレイタンシー（体積変化）に伴う過剰間隙水圧およびサイクリックモビリティなどを規定する構成則にある．構成則は，室内試験や振動台実験などに基づいて，あるいは，これらを説明できるように作成され，解析空間（1, 2, 3次元）に応じて種々のものが提案されている．詳細は，文献8), 37)などに詳しい．

　信頼性のある有効応力解析を行うには，地盤のモデル化や境界条件，運動方程式の解法などの理解は当然として，構成則と，そのパラメタ設定に関する適切な知識と経験が必要とされる．構成則の中には，物理的意味の不明確なパラメタを多数必要とするものも少なくない．このような場合，解析の自由度が上がる反面，プログラムがブラックボックス化され，パラメタ設定がマニュアル化

されやすい．人によっては，解析結果がおかしくても気付かない，あるいは修正対応できない，という事態にもなりかねない．このため，有効応力解析を使うには，次の条件が必要と考えられる．
①有効応力解析の手法やプログラムに習熟していること（例えば，ポートアイランドや東神戸大橋など液状化地盤の鉛直アレイ強震記録の再現解析の経験が豊富など）
②プログラムで用いる構成則のパラメタ設定に必要な液状化試験データがあること（構成則に依存するが，少なくとも液状化強度曲線）

しかし，実際には，これらの条件を満たすことが難しい場合がある．その場合には，より簡便な解析手法を選択してよいと考えられる．

（2） 簡易法による液状化解析

前述のように，有効応力解析や流体力学に基づく解析では，構成則のパラメタ設定や解析プログラムに関する豊富な知識と経験が必要とされ，実務上，簡便性や実用性において十分とは言い難い．また，中小規模の建物の設計における地盤調査では，かかるコストや時間の問題などから，有効応力解析のパラメタ設定に必要なデータを得るための土試料のサンプリングならびに室内試験（液状化試験など）が行われない場合も多い．このため，液状化地盤の応答を，簡便な地震応答解析に基づいて評価する試みが多く行われている[8),36),37)]．そのうち，1次元等価線形解析[27)]を用いる方法は，実用性において有効と考えられる．

この方法では，1次元等価線形解析の結果に基づいて，液状化地盤の等価物性（せん断剛性と減衰定数）を評価し，その線形解析から液状化地盤応答を近似的に求める．ここで，液状化地盤の等価物性の決め方が問題となるが，例えば，

①建築基礎構造設計指針[24)]の方法（同指針の液状化判定および図4.5.11-12に基づくせん断剛性低下を用いる方法）
②古山田ら[53),54)]の方法（建築基礎構造設計指針の液状化判定および杭の水平地盤反力係数の低減率βに基づくせん断剛性低下を用いる方法）
③社本ら[55),56)]の方法，およびこれを簡略化した新井ら[57)]の方法（等価有効応力の評価に基づくせん断剛性低下を用いる方法）

などが挙げられる．これらは，いずれも，1次元等価線形解析に必要なパラメタ（湿潤密度・S波速度構造，地下水位，土質構成，$G/G_0-\gamma, h-\gamma$関係）を除くと，標準貫入試験N値と細粒分含有率から液状化に関するパラメタを設定できる．

図3.4.9に，文献54)の地盤モデル2を用いた簡易法による液状化解析（告示の安全限界時[1),2)]に対応するランダム位相波入力）の例[57)]を示す．地盤変形については，いずれの簡易法による解析・有効応力解析とも，概ね同じ結果が得られている．一方，地表の加速度応答スペクトル（地震荷重）については，解析手法による差異が（とくに簡易法では）大きく，改良の余地が残されている．さらに，簡易法による解析では，地盤が液状化する前の時刻の応答を，とくに加速度の短周期成分を過小評価する傾向があり，このことは地震荷重を必要以上に小さく見積もることに繋がる可能性が高

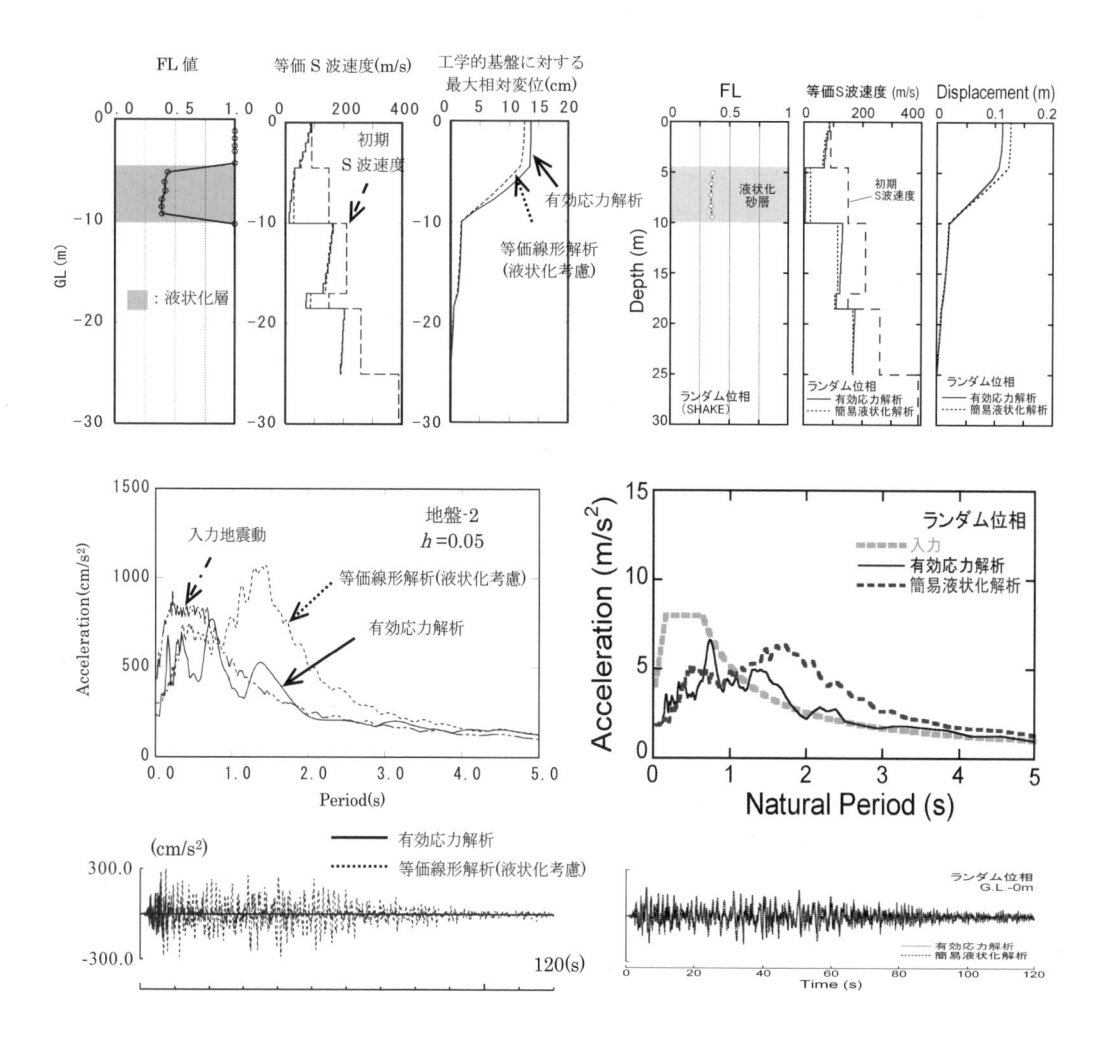

図3.4.9 簡易法による液状化解析の例（左：古山田ら[53),54)]の方法，右：新井ら[57)]の方法）

い[57)]．また，どの程度に過小評価しているか，定量的な把握が現時点では難しい．このため，当面の安全策として，地盤が液状化しないと仮定した場合の解析（通常の等価線形解析）も行い，液状化を考慮した場合と比較して，より地震荷重が大きくなる場合を選択する方法が考えられる．

なお，応答スペクトル法や限界耐力計算は，多層地盤（S波速度構造が複雑な地盤）への適用が難しく[58)]，これらを液状化地盤に応用するための適切な方法は，まだ見あたらない．今後の研究の進展が期待される．

以上は，地盤が水平成層構造の場合を前提としているが，傾斜地や側方流動など地盤の多次元的な影響・挙動を無視できない場合には，FEM等による多次元解析を行って地盤応答を算定することが考えられる．この場合，敷地内だけでなく，敷地外の周辺地盤の形状や地盤定数を適切に設定する必要がある．しかし，それらのデータの入手が難しいことが多く，適用には十分な事前調査を実

施して判断する必要がある．とくに，液状化後の地盤の流動的な挙動を表現するためのパラメタについては，極めて慎重な扱いが必要である．

最後に，液状化のメカニズムや予測・対策，液状化地盤における耐震設計に関しては，既に良質な解説的文献が数多く刊行されている[例えば59)-63)]．詳細は，そちらを参照されたい．

3.4.4 限界耐力計算における表層地盤増幅の扱い

2000年の建築基準法改正で導入された限界耐力計算[1), 2)]では，建物の耐震設計用の入力地震動を，表層地盤を除去して工学的基盤（S波速度400m/s以上の地層）を露頭させた解放工学的基盤上の標準加速度応答スペクトルで設定し，建物の敷地ごとに求められる表層地盤による地震動増幅率G_Sを乗ずることにより，地表面での地震荷重（加速度応答スペクトル）を評価する方法が採用された．

限界耐力計算では，表層地盤を等価な1層地盤に置換し，これと工学的基盤とから成る2層構造を仮定して表層地盤増幅を評価する．このため，工学的基盤の設定方法や多層地盤への適用性に課題が残されている[64)]．また，この方法は，原則として，表層地盤の厚さの5倍程度の範囲において工学的基盤の傾斜が5度以上ある場合あるいは液状化地盤には適用できない[2)]．以下では，これらの問題の解決に向けた検討を紹介する．なお，荷重レベルは安全限界時を想定している．

(1) 工学的基盤の設定方法

林ら[64)]は，S波速度400m/s以上の層を工学的基盤として設定する場合，告示の方法[1), 2)]では，2層構造を仮定することが原因で，地盤条件によってはインピーダンス比（表層と基盤の密度・S波速度の積 ρV_S の比）が過大評価され，実際の地震動増幅率に比べてG_Sを過小評価する可能性を指摘している．この問題を回避するため，次の2点の工学的基盤設定法を提案している．

①インピーダンス比が極小となる位置とする．
②工学的基盤を深めに設定した場合には，最大せん断ひずみ γ_{max} の収束計算を行った後，γ_{max} の深さ方向分布に基づいて，γ_{max} が急増する位置を工学的基盤位置として再設定して2層構造化する．

これらは，実地盤の状況に応じて，併用して検討されることが望ましいとされている．また，工学的基盤位置として複数の候補が考えられる場合には，上部構造の固有周期との関係で，地震荷重が最も安全側となるように設定すべきとされている．

(2) 多層地盤への適用性

井上ら[58)]は，告示の方法による地盤増幅率G_Sの算定法の問題点として，地盤の固有周期の算定精度が十分でない場合があること，地盤のせん断ひずみが約3倍程度大きめに評価される場合があることを指摘している．これらの問題点に対して，それぞれ，次の改良法を提案している．

①地盤の固有周期を固有値解析から決める．
②地表変位を等価1質点系の応答から近似的に求める．

ただし，告示の方法と同様，地盤構造が複雑な場合には，1次元等価線形解析に比べて増幅率の最大

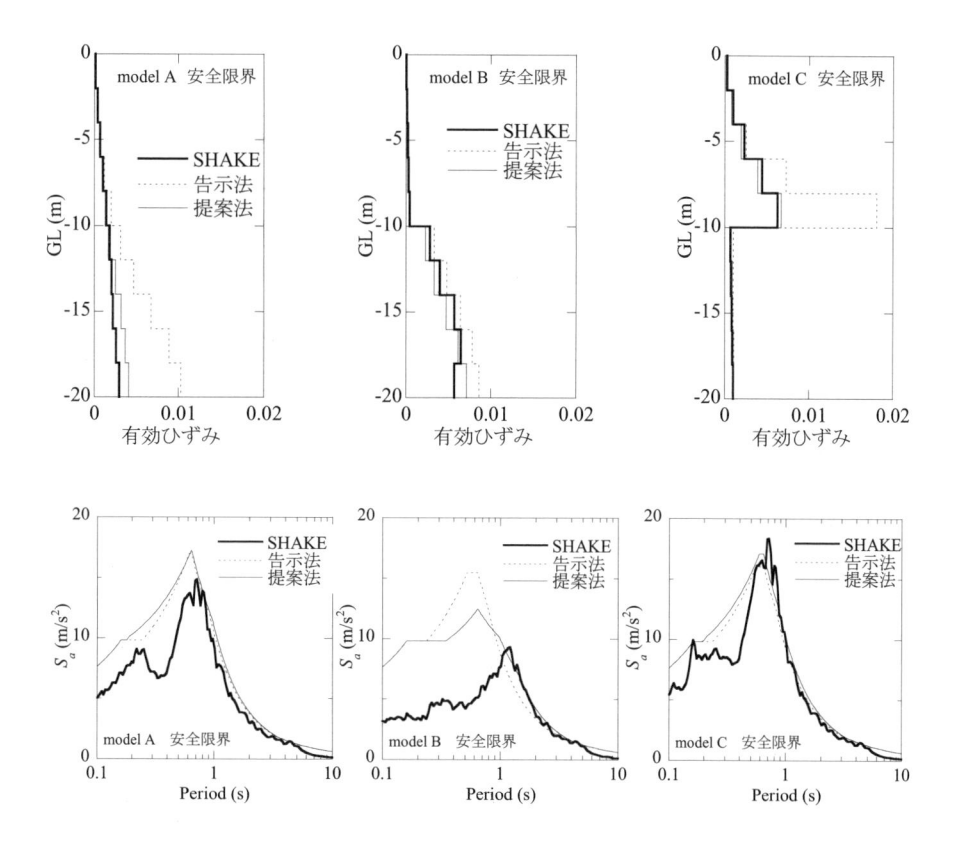

図3.4.10 安全限界時の地盤の有効せん断ひずみおよび地表の加速度応答スペクトル（SHAKE，告示の方法，提案法の比較）[58]

値G_{S1}を過小評価する傾向が認められ，今後，加速度応答スペクトルの改良のために，G_{S1}の下限値などについて，さらに検討が必要とされている（図3.4.10）．

（3）　工学的基盤の傾斜

既往の地震応答解析の知見からは，経験的には，工学的基盤の5度程度の傾斜が地表の地震動特性に与える影響は小さいとの直感があるが，これを具体的に立証することは容易でない．また，設計上，基盤傾斜の影響を考慮する必要があるのは何度以上であるか，どのように考慮すべきか，現時点では不明な部分が多い．

渡辺ら[65]は，神戸市直下の地震基盤構造を利用して，その傾斜が地盤増幅特性に与える影響を評価し，直下では15度以上，遠方では10度以上で傾斜の影響が現れることを示した．その後，傾斜基盤を持つ2層地盤モデルに対する2次元FEM線形応答解析を用いたパラメトリックスタディが行われ[66]，傾斜が5度の場合はその影響は小さいが，10度の場合には傾斜の影響を考慮する必要のあることが指摘されている．傾斜が10度の場合のG_Sの補正方法として，直下を1次元地盤とした場合の増幅率を短周期側へ1割拡幅する方法が提案されている（図3.4.11）[66]．

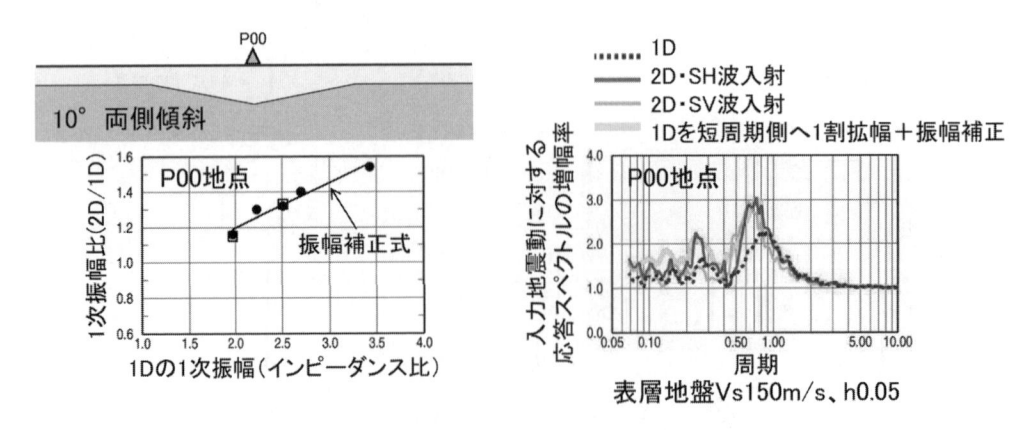

図3.4.11　工学的基盤傾斜が10度の場合のG_Sの補正方法[66]

一方で，基盤の傾斜の存在をどのようにして認識するかという問題もある．この問題に対して，ボーリングなど掘削を必要とする地盤探査法は実用的に不向きであり，このため，地表で容易に観測可能な微動を用いる方法が注目されている．ただし，いわゆる不規則構造地盤の微動特性は，直下地盤の1次元的構造の影響だけでなく，伝播経路の影響を強く受ける場合があり[13), 67)]，扱いは容易でない．今後の研究の進展が期待される．

3.4.5　まとめ

本節では，大振幅の地震動に対する表層地盤増幅の評価に関する現状と課題について，重要と考えられる4項目（地盤のS波速度構造の評価，土の非線形性の評価，液状化地盤の地震応答解析，限界耐力計算における表層地盤の扱い）に焦点を絞って記述した．

地盤のS波速度構造は，直下の深さ方向の情報が最も重要で，PS検層から求められる．実務では，標準貫入試験N値から経験式を用いてS波速度の概略値を推定する場合もあるが，経験式の元データのばらつきや地域性，推定値の信頼性や適用範囲について十分に留意する必要がある．また，微動観測からS波速度構造を推定する方法は，観測の簡便さの反面，難解な理論や高度な解析技術を必要とし，得られた結果の妥当性や信頼性が探査者の腕前に依存する．十分に注意されたい．

土の非線形性の評価は，大別して，原位置サンプリングで得た土試料の動的変形試験（室内試験）を行う方法と，強震記録を用いた地震応答解析から同定する方法が挙げられる．

前者については，既往の試験データに基づいて，土の動的特性を表現する種々の数式モデル（構成則）が提案され，地盤の地震応答解析で多用されている．ただし，現行の試験の方式や結果の整理方法は，等価線形解析がカバーできるせん断ひずみの範囲（概ね0.1%程度以下）[例えば37)]を前提としており，逐次非線形時刻歴解析が必要となる大ひずみレベル（概ね1-2%程度以上）の土の動的特性を表現するには馴染まない．このため，既存の数式モデルの外挿によって大ひずみレベルの地盤

の地震応答解析を行う場合は,得られた結果の妥当性や信頼性について十分に吟味する必要がある.
また,現行の液状化試験は,液状化発生までの過程の把握に主眼を置いたもので,今後は,液状化後の挙動の解明に資する検討が重要な課題と考えられる.

後者については,検討可能な場合が限られるものの,強震記録から推定された土の非線形性は,室内試験による動的特性と調和的な場合が多い.ただし,土の減衰定数のせん断ひずみ依存性の同定は,他に不確定要因が多く,容易でない場合がある.今後,更なる事例検討の蓄積が期待される.

液状化地盤の地震応答解析は,現時点では,有効応力解析や流体力学に基づく解析など,高度な方法が最も適している.しかし,これらの方法は,技術上ないし係る費用・時間などの問題から,実施の難しい場合がある.このため,液状化地盤の応答を,簡便な地震応答解析(例えば,SHAKEに代表される1次元等価線形解析)に基づいて評価する試みが多く行われている.ただし,いずれの方法も,液状化地盤の応答を,定性的に表現する可能性は示されているものの,工学的に十分な精度で定量的に表現するには至っておらず,今後,改良の余地が残されている.

限界耐力計算における表層地盤の扱いは,地震動増幅率G_Sを算定し,これを解放工学的基盤上の加速度応答スペクトルに乗ずることで地表面での地震荷重を評価する方法として規定されている.G_Sの算定方法は,表層と基盤から成る水平2層構造のモデル地盤を前提としている.すなわち,水平2層構造への近似が難しい多層構造の地盤や地層境界が傾斜している不規則構造の地盤については,計算上の何らかの工夫が必要となり,そのための種々の解決方法が提案されている.

参 考 文 献

1) 国土交通省住宅局建築指導課・国土交通省建築研究所・日本建築センター・建築研究振興協会(編集):2001年版 限界耐力計算法の計算例とその解説,工学図書,2001.3
2) 国土交通省住宅局建築指導課・国土交通省国土技術政策総合研究所・建築研究所・日本建築行政会議(監修):2007年版 建築物の構造関係技術基準解説書,全国官報販売共同組合,2007.8
3) 太田裕・後藤典俊:S波速度を他の土質的諸指標から推定する試み,物理探鉱,Vol. 29, No. 4, pp. 31-41, 1976.8
4) 今井常雄・殿内啓司:N値とS波速度の関係およびその利用例,基礎工,Vol. 10, No. 6, pp. 70-76, 1982.6
5) 福和伸夫・荒川政知・小出栄治・石田栄介:GISを用いた既存地盤資料を活用した都市域の動的地盤モデル構築,日本建築学会技術報告集,No. 9, pp. 249-254, 1999.12
6) 田村勇・山崎文雄:K-NETと横浜市強震計ネットワークの地盤調査データに基づくS波速度推定式,土木学会論文集,No. 696/I-58, pp. 237-248, 2002.1
7) 永田葉子・中井正一・関口徹:千葉市を中心とした千葉県北西部における土質別S波速度の検討,日本建築学会技術報告集,Vol. 14, No. 28, pp. 429-432, 2008.10
8) 日本建築学会基礎構造運営委員会:液状化地盤における基礎設計の考え方,建築基礎の設計施工に関する研究資料4, 1998.9
9) 辻本勝彦・新井洋・加倉井正昭:基礎及び敷地に関する基準の整備における技術的検討(その2) 地盤調査 N値とS波速度の関係,日本建築学会大会学術講演梗概集,構造I, pp. 399-400, 2011.8
10) 堀家正則:微動の研究について,地震2, Vol. 46, pp. 343-350, 1993
11) Tokimatsu, K.: Geotechnical Site Characterization Using Surface Waves, Proc., 1st Intl. Conf. Earthquake Geotechnical Engineering, Tokyo, Japan, Vol. 3, pp. 1333-1368, 1997
12) Okada, H.: The Microtremors Survey Method, Geophysical Monograph Series, No. 12, Soc. Exploration Geophys. Japan, 2003

13) Uebayashi, H.: Extrapolation of Irregular Subsurface Structures Using the Horizontal-to-Vertical Spectral Ratio of Long-Period Microtremors, Bull. Seism. Soc. Am., Vol. 93, No. 2, pp. 570-582, 2003.4
14) Arai, H. and Tokimatsu, K.: Three-Dimensional V_S Profiling Using Microtremors in Kushiro, Japan. Earthquake Engineering and Structural Dynamics, Vol. 37, Issue 6, pp. 845-859, 2008.1
15) 吉田望・三上武子：時代の要請に応える土の繰返しせん断変形特性試験の確率を，地盤工学会誌, Vo. 58, No. 2, pp. 1-5, 2010.2
16) Hardin, B. O. and Drnevich, V. P.: Shear Modulus and Damping in Soils: Design Equations and Curves, Proc., ASCE, SM7, pp. 667-692, 1972
17) Jennings, P. C.: Periodic Response of a General Yielding Structure, ASCE, Vol. 90, No. EM2, pp. 131-166, 1964
18) 龍岡文夫・福島伸二：砂のランダム繰り返し入力に対する応力－ひずみ関係のモデル化について（I），生産研究, 1978.9
19) 古山田耕司・宮本裕司・三浦賢治：多地点での原位置採取試料から評価した表層地盤の非線形性，第38回地盤工学会研究発表会, pp. 2077-2078, 2003.7
20) 福武毅芳：土の多方向繰返しせん断特性を考慮した地盤・構造物系の三次元液状化解析に関する研究，名古屋工業大学博士論文, 1997.9
21) 栗本修：入力地震動と地盤応答 －地盤のモデル化が表層地盤応答のばらつきに及ぼす影響－，第6回構造物と地盤の動的相互作用シンポジウム，相互作用の過去・現在・未来，相互作用と耐震設計, pp. 45-52, 2001.3
22) Yoshimi, Y., Tokimatsu, K., Kaneko, O., and Makihara, Y.: Undrained Cyclic Shear Strength of a Dense Niigata Sand, Soils and Foundations, Vol. 24, No. 4, pp. 131-145, 1984.12
23) 時松孝次・田屋裕司・張建民：液状化に伴う砂の吸水による大変形メカニズム，第31回地盤工学会研究発表会, pp. 945-946, 1996.7
24) 日本建築学会：建築基礎構造設計指針, pp. 61-72, 2001.10
25) 日本道路協会：道路橋示方書・同解説, V耐震設計編, 2002.3
26) 太田裕：地震工学への最適化法の適用, 1. 八戸港湾SMAC設置点の地下構造推定，日本建築学会論文報告集, No. 229, pp. 35-41, 1975.3
27) Schnabel, P. B., Lysmer, J., and Seed, H. B.: SHAKE – A Computer Program for Earthquake Response Analysis of Horizontally Layered Sites, EERC Report, No. 72-12, 1972.12
28) 小林喜久二・久家英夫・植竹富一・真下貢・小林啓美：伝達関数の多地点同時逆解析による地盤減衰の推定, (その3) Q値の基本式に関する検討，日本建築学会大会学術講演梗概集，構造II, pp. 253-254, 1999.9
29) 佐藤智美：鉛直アレーデータに基づくS波の斜め入射を考慮した地盤の減衰定数の同定 –焼き鈍し法の適用–，日本建築学会構造系論文集, No. 569, pp. 37-45, 2003.7
30) Chang, C. Y., Power, M. S., Tang, Y. K., and Mok, C. M.: Evidence of Nonlinear Soil Response during a Moderate Earthquake, Proc., 12th Int'l Conf. of Soil Mechanics and Foundation Engineering, pp. 1927-1930, 1989
31) 佐藤智美・佐藤俊明・川瀬博：堆積盆地におけるS波伝播の識別と土の非線形性の同定 足柄平野久野地区の鉛直アレーで観測された弱震動と強震動の分析，日本建築学会構造系論文報告集, No.449, pp.55-68, 1993.7
32) Iai, S., Morita, T., Kameoka, T., Matsunaga, Y., and Abiko, K.: Response of a Dense Sand Deposit during 1993 Kushiro-oki Earthquake, Soils and Foundations, Vol. 35, No. 1, pp. 115-131, 1995.3
33) 神戸市開発局：ポートアイランド土質調査及び地震計設置業務報告書，シマダコンサルタント, 1991
34) 建設省土木研究所：土木構造物における加速度強震記録(No. 21)，土木研究所彙報, No. 64, 1995.6
35) 建設省建築研究所 建築基礎における液状化・側方流動対策検討委員会（BTL委員会）：兵庫県南部地震における液状化・側方流動に関する研究報告書, 2000.11
36) 地盤工学会 液状化メカニズム・予測法と設計法に関する研究委員会：液状化メカニズム・予測法と設計法に関するシンポジウム発表論文集, 1999.5
37) 地盤工学会：地盤の動的解析 －基礎理論から応用まで－, 丸善, 2007.2
38) 三輪滋・池田隆明・鬼丸貞友：兵庫県南部地震における埋立地盤の地震時挙動の検討（その2：液状化したまさ土層に生じたひずみの検討），第33回地盤工学研究発表会, pp. 877-878, 1998.7
39) 防災科学技術研究所強震観測網（K-NET, KiK-net）http://www.kyoshin.bosai.go.jp/kyoshin/
40) 気象庁：地震・津波ホームページ, http://www.seisvol.kishou.go.jp/eq/index.html
41) 永野正行・加藤研一・武村雅之：2000年鳥取県西部地震時の震源断層近傍における基盤地震動の推定 －1995

年兵庫県南部地震との比較―，日本建築学会構造系論文集, No. 550, pp. 39-46, 2001.12
42) 山添正稔・加藤研一・山田有孝・武村雅之：KiK-net 伯太および日野地点の地盤構造の推定と 2000 年鳥取県西部地震時の基盤地震動の再評価, 日本地震工学会論文集, Vol. 4, No. 4, pp. 107-125, 2004.9
43) 東京電力株式会社：柏崎刈羽原子力発電所における平成 19 年新潟県中越沖地震時に取得された強震観測データの分析に係る報告（第一報），2007
44) 東京電力株式会社：柏崎刈羽原子力発電所における「平成 19 年（2007 年）新潟県中越沖地震」の加速度時刻歴波形データ（本震, 余震），震災予防協会, 2007
45) 中部電力株式会社：浜岡原子力発電所における 2009 年 8 月 11 日駿河湾の地震の加速度時刻歴波形データ, 震災予防協会, 2009
46) 時松孝次・新井洋・蓑和健太郎：柏崎刈羽原子力発電所サービスホールの鉛直アレイ強震記録から推定した地盤の非線形性状と基盤露頭波, 日本建築学会構造系論文集, Vol. 73, No. 630, pp. 1273-1280, 2008.8
47) 時松孝次・新井洋・蓑和健太郎：柏崎刈羽原子力発電所サービスホールの鉛直アレイ強震記録から推定した地盤の非線形性状, 第 43 回地盤工学研究発表会講演集, pp. 1913-1914, 2008.7
48) 杉戸真太・合田尚義・増田民夫：周波数依存性を考慮した等価ひずみによる地盤の地震応答解析法に関する一考察, 土木学会論文集, No. 493/II–27, pp. 49-58, 1994.6
49) 国土交通省港湾局港湾地域強震観測（港湾空港技術研究所地盤・構造部）http://www.eq.pari.go.jp/kyosin/
50) 時松孝次・翠川三郎：地表で観測された強震記録から推定した表層地盤の非線形性状, 日本建築学会構造系論文報告集, No. 388, pp. 131-136, 1988.6
51) 時松孝次・関口徹・三浦弘之・翠川三郎：強震記録から推定した K-NET・JMA 小千谷における表層地盤の非線形性状, 日本建築学会構造系論文集, No. 600, pp. 43-49, 2006.2
52) 鈴木比呂子・時松孝次・新井洋・翠川三郎：2007 年能登半島地震における K-NET 穴水・JMA 輪島の強震記録から推定した粘性土地盤の非線形性状, 日本建築学会構造系論文集, Vol.74, No.645, pp.2003-2010, 2009.11
53) 古山田耕司・宮本裕司・時松孝次・三浦賢治：応答スペクトル法を用いた液状化地盤の応答解析と杭応力評価, 日本建築学会技術報告集, No. 19, pp. 67-72, 2004.6
54) 日本建築学会：建物と地盤の動的相互作用を考慮した応答解析と耐震設計, pp. 51-80, 2006.2
55) 社本康広：サイクリックモビリティを考慮できる等価有効応力解析法, 日本建築学会大会学術講演梗概集, 構造 I, pp. 569-570, 1998.9
56) 淵本正樹・社本康広：等価有効応力解析の液状化地盤に対する適用性, 構造工学論文集, Vol. 51B, pp. 135-140, 2005.3
57) 新井洋・林康裕・中井正一・飯場正紀：簡易法による地盤の液状化解析, ワークショップ「建物と地盤の動的相互作用の簡易計算法」, 日本建築学会　基礎構造系振動小委員会, pp. 4.2-1-19, 2011.1
58) 井上和歌子・林康裕・新井洋・中井正一・飯場正紀：表層地盤による地震動増幅率評価法に関する研究, 日本建築学会技術報告集, No. 32, pp. 107-112, 2010.2
59) 安田進：液状化の調査から対策工まで, 鹿島出版会, 1988.11
60) 吉見吉昭：砂地盤の液状化（第 2 版），技報堂出版, 1991.5
61) 地盤工学会：液状化対策工法, 地盤工学・実務シリーズ 18, 丸善, 2004.7
62) 吉見吉昭・福武毅芳：地盤液状化の物理と評価・対策技術, 技報堂出版, 2005.10
63) 時松孝次：地盤の液状化予測と対策, 地震・津波ハザードの評価（シリーズ〈都市地震工学〉2），pp. 1-39, 朝倉書店, 2010.1
64) 林康裕・森井雄史・鬼丸貞友・吉川正隆：限界耐力計算法における地盤増幅係数評価に関する研究, 日本建築学会構造系論文集, No. 567, pp. 41-46, 2003.5
65) 渡辺哲史・田中英朗・儘田豊・永野正行：地中の基盤傾斜が地震動の増幅特性に与える影響, 第 12 回日本地震工学シンポジウム論文集, pp. 298-301, 2006.11
66) 国土交通省：平成 21 年度建築基準整備促進補助金事業 10 地震力の入力と応答に関する基準の合理化に関する検討（ハ）表層地盤の加速度増幅率 G_s に与える工学基盤の傾斜の影響の整理, 小堀鐸二研究所ほか, 2010.3
67) 上林宏敏・川辺秀憲・釜江克宏・宮腰研・堀家正則：傾斜基盤構造推定における微動 H/V スペクトルの頑健性とそれを用いた大阪平野南部域の盆地構造モデルの改良, 日本建築学会構造系論文集, Vol. 74, No. 642, pp. 1453-1460, 2009.8

3.5 強震記録と建物応答および建物被害

　日本における強震観測は，SMAC型強震計が1953年に東京大学地震研究所に設置されてから始まっている．その後，建物に設置する強震計が普及し，1964年の新潟地震や1968年の十勝沖地震では非常に貴重な強震記録が得られるとともに，耐震工学における多くの知見をもたらした．また，1995年の兵庫県南部地震では，阪神エリアで展開されていた地震観測の記録により，建物の被害分析はもとより，地震動評価，断層破壊過程の推定，地盤構造の解明，地震動予測などの研究が進み，強震観測の重要性が更に認識されたと考える．この地震を契機に，K-NET（Kyoshin Net：全国強震観測網，独立行政法人防災科学技術研究所）などの地震観測網が日本全国で整備され，現在では約7000の観測点（建物を対象とした観測は数百点程度）が存在する．また，地震が観測された直後にWeb上で記録が公開されるシステムが構築され，被害分析，復旧支援への迅速な活用も進んでいる．

　本節では，大振幅地震動の観測記録の活用という観点から，建物の振動特性の評価，地震タイプ別の建物被害の分析事例を紹介し，今後の研究課題について考察する．

3.5.1 地震タイプ別の強震記録と建物被害

（1）内陸地震による建物の被害

　活断層に起因した内陸地震は，1995年の兵庫県南部地震以来，気象庁マグニチュードM_J=7程度の地震が数年ごとに発生している（表3.5.1）．これらの地震では，断層から生じるパルス的な地震波の影響が顕著に現れ，建物は，短時間のうちに大きなダメージを受けている．特に，兵庫県南部地震では，多くの建物に被害が発生した[1)2)3)]．ここでは，建物被害が著しかった兵庫県南部地震（1995年1月17日）と，計測震度7が初めて観測された鳥取県西部地震（2000年10月6日）に注目し，観測記録の継続時間，最大値，スペクトルなどの地震動特性について報告するとともに，入力地震動と建物の被害の関係について述べる．

表3.5.1　兵庫県南部地震以降の主な内陸地震(Mは気象庁マグニチュード)

地震名	発生年月日	規模	震源深さ	最大震度
兵庫県南部地震	1995／1／17	M7.3	16 km	震度7
鳥取県西部地震	2000／10／6	M7.3	9 km	震度7(日野)
新潟県中越地震	2004／10／23	M6.8	13 km	震度7(川口町)
福岡県北西沖地震	2005／3／20	M7.0	9 km	震度6弱(福岡市など)
能登半島地震	2007／3／25	M6.9	11 km	震度6強(輪島市など)
新潟県中越沖地震	2007／7／16	M6.8	17 km	震度6強(長岡市)
岩手・宮城内陸地震	2008／6／14	M7.2	8 km	震度6強(奥州市，栗原市)

（ⅰ）内陸地震の地震動特性

サイト近傍で発生する内陸地震は震源距離が短いため，その地震動は地盤の増幅特性に加えて，断層破壊過程の影響を強く受ける．例えば，断層破壊の不均質性や，断層の破壊進行方向及び断層に直交する方向で，地震動が大きくなるディレクティビティ効果などである．また，震源深さに対する震央距離の比が小さくなり，比較的短周期成分を多く含む実体波が顕著に現れる．

兵庫県南部地震発生当時は，現在のような地震観測網が発達しておらず，激震地となった神戸市には，限られた観測地点しかなかった[4]．その為，得られた記録は，非常に貴重な存在となり，その後の建築構造工学の発展に大きく貢献している．一方，鳥取県西部地震が発生した当時はK-NET，KiK-net（Kiban-Kyoshin Net：基盤強震観測網，独立行政法人防災科学技術研究所）などの観測網が既に整備されており，地震発生時に非常に多くの記録が得られた．これらの記録は約1日後に公開され，迅速な地震動評価，被害分析などに寄与している．

（ⅱ）兵庫県南部地震

兵庫県南部地震は，明石海峡を震央とするM_J7.3（2001年修正値），深さ約16ｋｍの直下地震である．震央は，北緯34度35.9分，東経135度2.1分で，淡路島と本州の間の明石海峡付近に位置する．断層は，淡路島から神戸の六甲に掛けて分布しており，淡路島の野島断層，明石海峡から神戸側の六甲断層系（須磨，諏訪山，五助橋断層）と推測され，さらに芦屋断層の影響も示唆されている[5]．

断層近傍の地震記録などを用いた波形インバージョン解析により，断層破壊過程の推定も行われ，例えばSekiguchi et. al.[6]により，断層すべり分布が示されている．これによると，3つの大きなすべり分布（アスペリティ）が見られる．

この地震により，神戸市では最大震度7の揺れを生じ，そのエリアは図3.5.1のような帯状の分布を示した．これは，いわゆる震災の帯と呼ばれ，土木構造物も含め多くの建物が，大破・倒壊する被害が生じた．この震災の帯は，地盤の地下構造との関係が深く，特にV_S=1km/s程度以深の深い地盤による地震動の増幅が，周期1s程度の地震動に影響したと考えられる．更に，六甲山から大阪湾に至るまでの堆積地盤が段差構造となっており，この不整形性が地震動をより増幅させたとする研究成果がある[7][8][9][10]．

図3.5.1と図3.5.2に兵庫県南部地震の断層位置と主な地震観測点を，表3.5.2に各観測点の地震記録の最大値を示す．また，JMA神戸（神戸海洋気象台），NTT神戸（日本電信電話㈱），JR鷹取（西日本旅客鉄道㈱），神戸大学における加速度波形を図3.5.3に，速度応答スペクトル（減衰定数h＝5％）を，告示スペクトル（2000年改正建築基準法の告示1461号）と比較して，図3.5.4に示す．各観測点とも，地震動の主要動部の継続時間は，7～8s程度であり，短時間に非常に大きな地震エネルギーが集中したことが分かる．また，周期1s程度の地震動成分が顕著で，極稀の告示スペクトルを大きく上回っている．これは，パルス性地震動と呼ばれ，神戸市において建物に甚大な被害をもたらした1つの要因と考えられている．地震動の各成分を比較すると，ＪＲ鷹取以外は東西方向よりも南北方向の振幅が大きい．これは，前述した断層直交方向の成分が増幅するディレクティビティ効果の

現れであり，神戸市では多くの建物がこの方向に大きな地震力を受けたと考えられる．

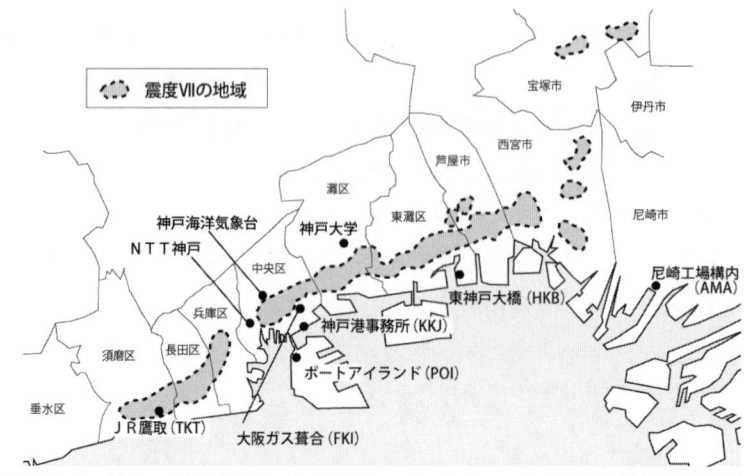

図3.5.1 神戸の地震観測点と震度7エリア（1995年兵庫県南部地震）[2]

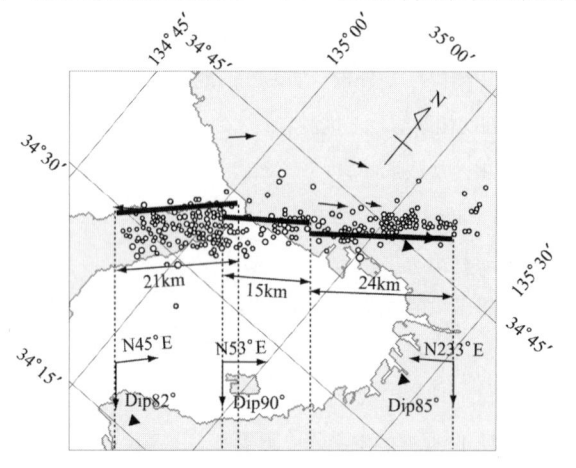

図3.5.2 兵庫県南部地震の断層例[6]

表3.5.2 兵庫県南部地震の各観測点での最大値[1)2)4]

観測点	地動最大加速度(A:cm/s^2)			地動最大速度(V:cm/s)			A/V			計測震度	震度階級	震央距離(km)
	NS	EW	UD	NS	EW	UD	NS	EW	UD			
JMA神戸	-817.8	617.1	332.2	90.2	-75.6	39.4	9.1	8.2	8.4	6.4	6強	15.5
JR鷹取	605.5	657.0	279.3	126.6	127.0	17.3	4.8	5.2	16.1	6.4	6強	10
NTT神戸駅前	330.7	153.5	169.3	86.9	25.3	20.0	3.8	6.1	8.5	5.8	6弱	15.6
大阪ガス葺合供給部	686.5	802.0	−	57.4	122.8	−	12.0	6.5	−	−	−	18.3
神戸大学	270.3	305.0	447.0	51.0	31.0	33.2	5.3	9.8	13.5	5.6	6弱	22.3

（計測震度は推定値）

(a) JMA神戸

(b) NTT神戸（B３F）

(c) JR鷹取

(d) 神戸大学

図3.5.3　兵庫県南部地震の加速度波形例

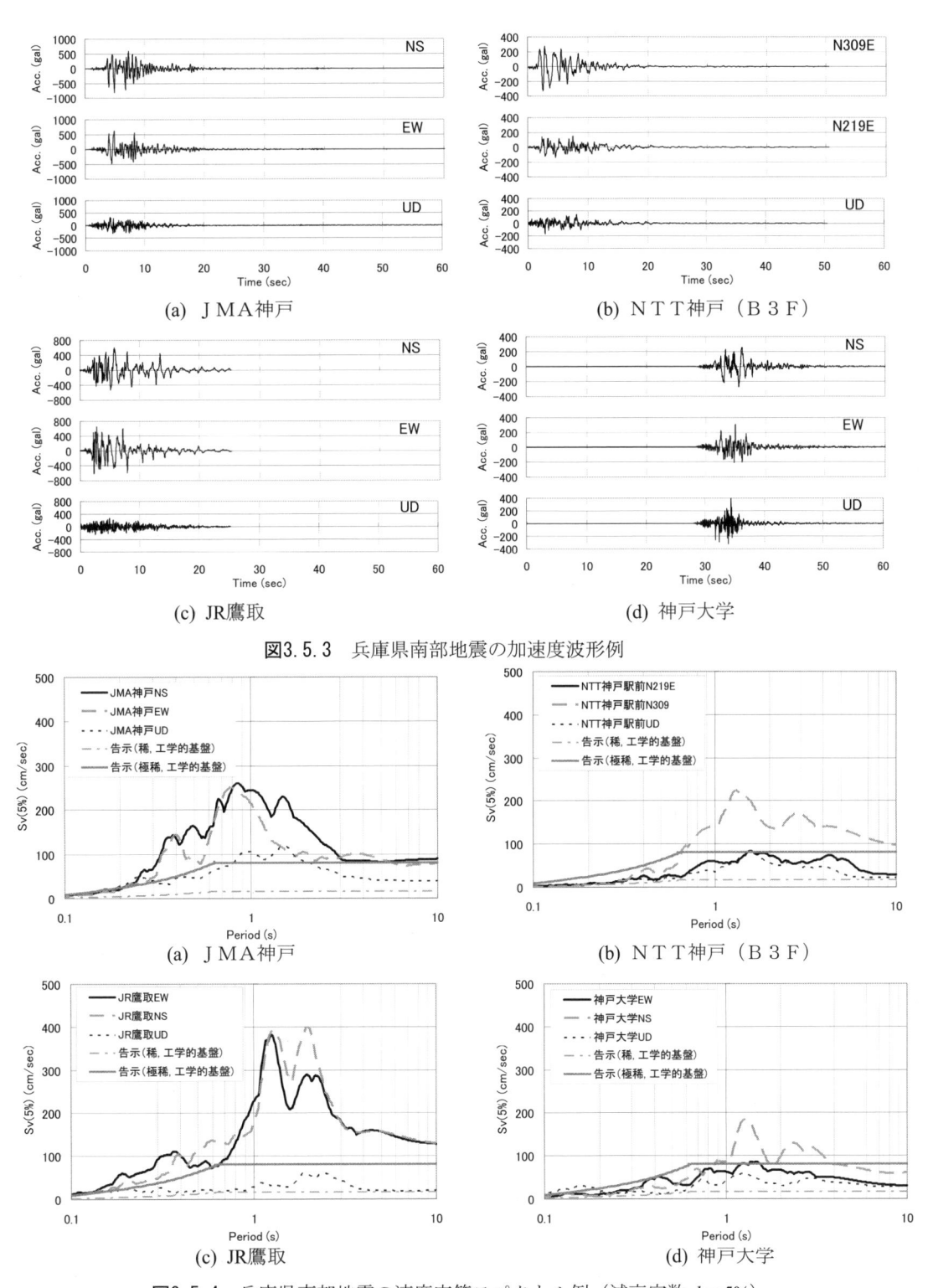

(a) JMA神戸

(b) NTT神戸（B３F）

(c) JR鷹取

(d) 神戸大学

図3.5.4　兵庫県南部地震の速度応答スペクトル例（減衰定数 $h=5\%$）

本地震は，非常に多くの建物が密集した都市部直下（神戸）で発生した地震であり，超高層ビルには大きな損傷はなかったものの，中低層建物に大きな被害が生じた．特に，いわゆる新耐震設計以前（1981年以前）の建物の被害が顕著であった（表3.5.3，図3.5.5）．

建物構造種別，構造形式ごとに被害の分析を行った研究は多々あるが，緑川ら[12]は，3階建て以上のＳ造建物について，被害レベルと建築年代との関係を検討するとともに，階数別の被害レベルと入力地震動との関係を考察している（図3.5.5）．これによると，大破/倒壊した建物の内，1981年以前の設計と1982年以降の設計の比は，3：1程度であったことが示されている．また，建物の固有周期と地震動の卓越周期との関係から，3〜5階建てのＳ造建物に大破/倒壊の被害が多かったことを指摘している．また，寺田ら[13]は，表層地盤と建物の相互作用を考慮したＳ造建物モデルに，観測記録から推定した再現地震動を用いて，梁端部の破断の検証を行っている．

ＲＣ・ＳＲＣ建物についても，被災した建物に対して，入力地震動の推定と，構造解析モデルによるシミュレーションを通した検証が行われている．芳村ら[14]は，ピロティ建物について，部材の耐力劣化を考慮した非線形地震応答解析を行って，被害の様子を再現している．また，安井ら[15]及びInaba et al.[16]はＮＴＴ神戸駅前ビル（8階建てＳＲＣ）で得られた観測記録を用いて，地盤—建物の動的相互作用解析を実施し，建物の損傷度を評価している（図3.5.6）．

表3.5.3　抽出22建物の構造種別ごとの被害数（兵庫県南部地震）[17][18]

		棟数	大破	中破	小破	軽微
		22	4	7	2	9
	RC	2	1	1	0	0
	SRC	10	3	5	0	2
S	一般	3	0	1	1	1
	超高層	7	0	0	1	6
設計年	1952〜1970	5	4	1	0	0
	1971〜1980	2	0	1	0	1
	1981〜1995	7	0	4	1	2
	評定・評価	8	0	1	1	6

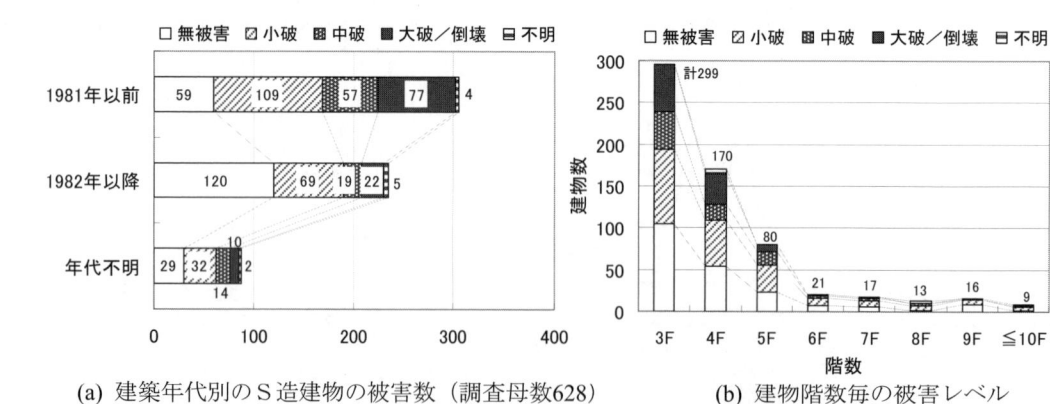

(a) 建築年代別のＳ造建物の被害数（調査母数628）　　(b) 建物階数毎の被害レベル

図3.5.5　Ｓ造建物の被害数（兵庫県南部地震）[12]

(a) ＮＴＴ神戸ビル

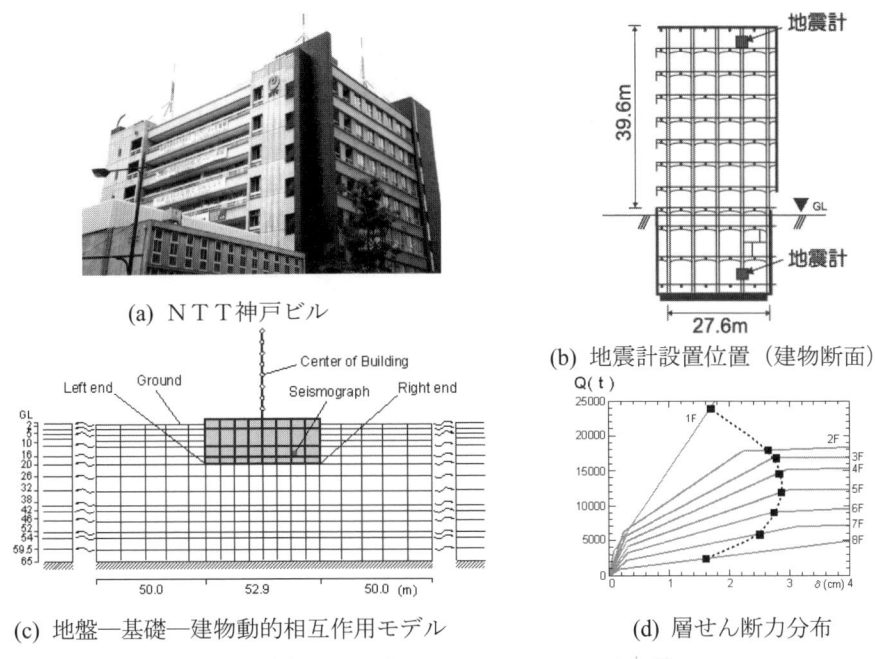

(b) 地震計設置位置（建物断面）

(c) 地盤―基礎―建物動的相互作用モデル

(d) 層せん断力分布

図3.5.6　被害シミュレーション事例[16]

(ⅲ) 鳥取県西部地震

鳥取県西部地震（M_J7.3）は，2000年10月6日に発生し，震源は鳥取県米子市から約20km南方（北緯35度16.4分，東経133度20.9分）に位置し，深さは9kmである．地震断層の運動については，複数の機関が検討しているが，国土地理院はＧＰＳ連続観測による地殻変動から，図3.5.7(a)の様な断層モデルを提示している[11]．気象庁，自治体震度計，K-NET，KiK-netにより観測された計測震度のコンターマップを図3.5.7(b)に示す．鳥取県日野郡日野町や境港市では震度6強を，KiK-net（防災科学技術研究所）の日野では，震度7（計測震度6.6）を観測している．鳥取県西部地震では，多くの観測記録が得られているが，表3.5.4に主な観測記録の最大値を示す．また，図3.5.8と図3.5.9に，KiK-net日野，KiK-net伯太，K-NET江府，K-NET米子の加速度波形と速度応答スペクトルを示す．図3.5.8から，2つの大きな波群が認められる．日野，伯太，江府の波形の主要動部の継続時間は，10s程度であり，断層から放出されたパルス的な地震波が短時間に集中して観測点に到達したことが分かる．断層直近に位置する日野，伯太，江府では，周期1s以下の短周期成分が顕著であり，最大加速度が1000cm/s^{2}近くで非常に大きい．一方，断層より北に位置する米子では，周期1～2sが卓越している．これは，日野，伯太，江府に比べて，表層地盤が軟弱であることが原因と考えられる．また，震源深さに対する震央距離が大きいため，主要動の後に表面波の出現がうかがえる．また，境港では液状化現象による地盤の非線形性の影響があったと推測されている[11]．

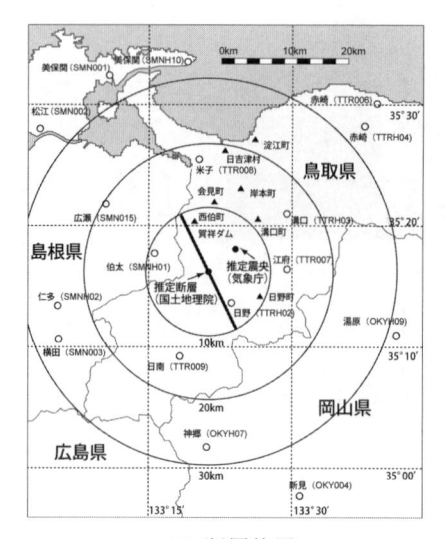

(a) 断層位置

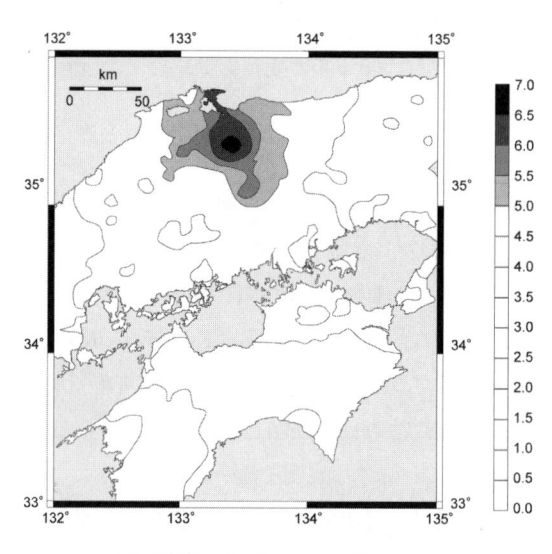

(b) 震度コンターマップ

図3.5.7 鳥取県西部地震[11]

表3.5.4 鳥取県西部地震の各観測点での最大値

観測点		地動最大加速度(A:cm/s^2)			地動最大速度(V:cm/s)			A/V			計測震度	震度階級	震央距離(km)
		NS	EW	UD	NS	EW	UD	NS	EW	UD			
KiK-NET日野	TTRH02	-926.2	-754.1	776.1	-116.4	-85.9	55.9	8.0	8.8	13.9	6.6	7	8
K-NET江府	TTR007	-725.5	573.3	404.0	38.8	25.1	10.8	18.7	22.8	37.4	5.8	6弱	9
K-NET米子	TTR008	314.4	383.5	307.8	-32.6	-50.6	9.0	9.6	7.6	34.2	5.8	6弱	15
KiK-NET伯太	SMNH01	719.9	-607.2	-631.1	-33.5	29.3	23.6	21.5	20.7	26.7	5.8	6弱	13
気象庁境港市		299.4	-748.6	-183.9	34.5	-80.8	-6.0	8.7	9.3	30.7	6.0	6強	31

(計測震度は推定値)

図3.5.8　鳥取県西部地震の加速度波形例

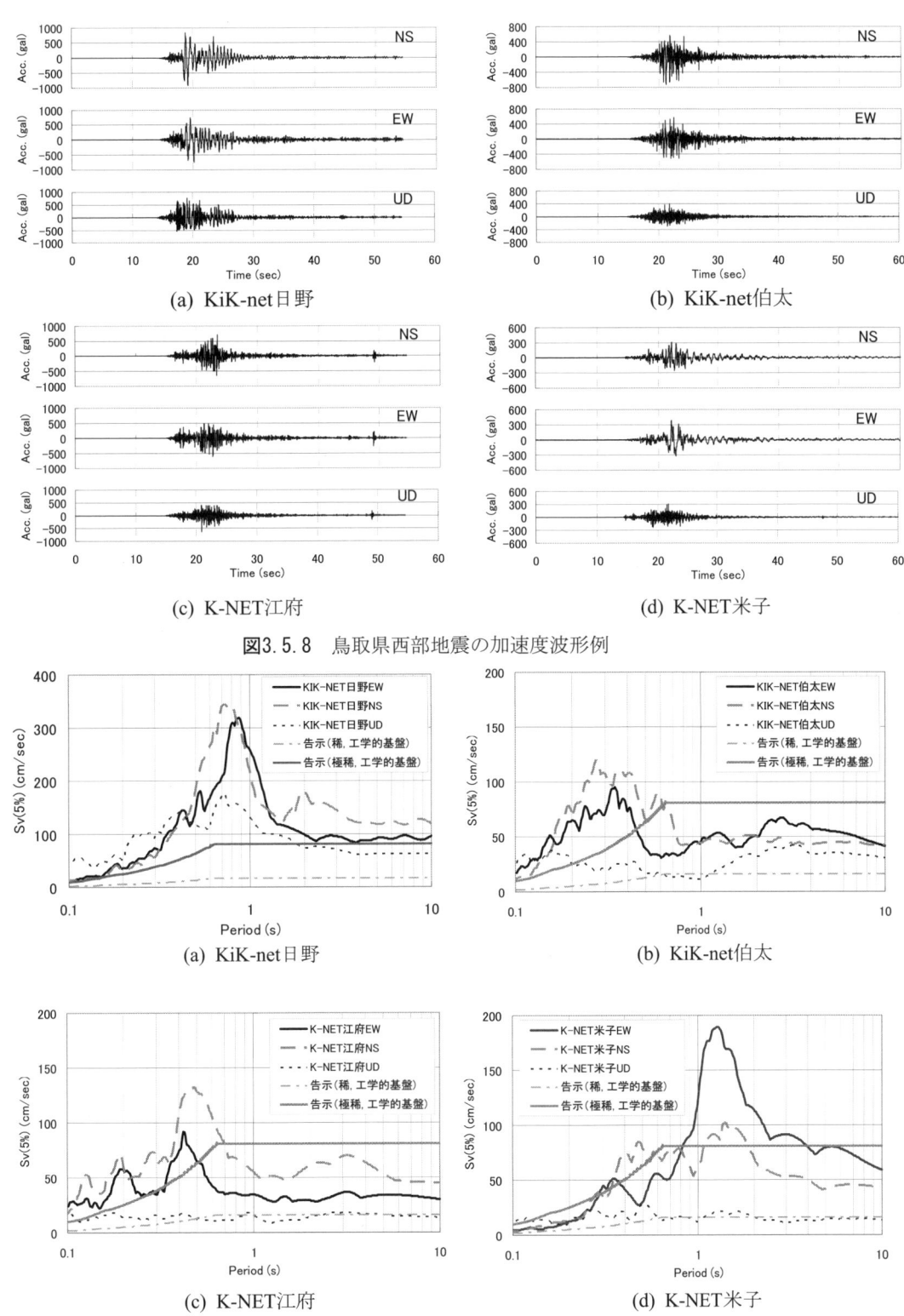

図3.5.9　鳥取県西部地震の速度応答スペクトル例（減衰定数 $h=5\%$）

表3.5.5　構造種別ごとの被害率（鳥取県西部地震）[20]

	被害大	被害中	被害小	軽微	無被害	不明	総計
戸建住宅	4	13.1	29.2	40.2	13.1	0.4	100
戸建店舗	3.4	14.9	24.1	36.8	18.4	2.3	100
町家風建物	6.6	28.9	25.9	28.9	8.4	1.2	100
蔵	33.3	38.1	9.5	4.8	0	14.3	100
総計	5.3	17.5	27.3	36.3	12.3	1.2	100

（調査数802建物）

鳥取県西部地震は，山間部で発生した地震であり，家屋などの比較的低層建物の被害が目立った（表3.5.5）[19)20)]．木造家屋の被害については，林ら[19]による被災度分析や北原ら[20]による被災地域の伝統的木造工法に着目した研究があるが，材質，仕口などの構造的特徴が，大破率を少なくしたと結論付けている．

(2) 海溝型地震による建物の被害

2011年3月11日に発生した東北地方太平洋沖地震は，太平洋プレートと北アメリカプレートの境界域（日本海溝付近）で発生した海溝型地震である．同じく海溝型地震に属する東海地震，東南海地震，南海地震は，100年から150年の周期で起こるとされ，その発生の切迫性が指摘されている．これに備え，今回の東北地方太平洋沖地震から得られた知見を活かすことは非常に有意義である．ここでは，東北地方太平洋沖地震で観測された地震記録を基に建物の地震応答特性の評価と被害分析を試みた事例を紹介する．

(i) 東北地方太平洋沖地震の地震動[21]

東北地方太平洋沖地震は，地震規模（$M_W=9$，断層長さ約500ｋｍ，断層幅約200ｋｍ）が大きかったこともあり，日本各地で多くの地震記録が得られており，公的機関に加え，私企業などからも多数の報告がある．例えば，図3.5.10は，防災科学技術研究所のK-NET，KiK-net，気象庁，港湾空港技術研究所，東北大学災害制御研究センター，東北工業大学より提供された記録を基に，最大加速度分布，最大速度分布を示したものである[21]．マグニチュードが8を超えるような巨大地震では，震源から長周期成分を多く含んだ地震動が放出されるとともに，継続時間の長い地震動がサイトに到達するのが特徴であるが，今回の記録からもそれがうかがえる．

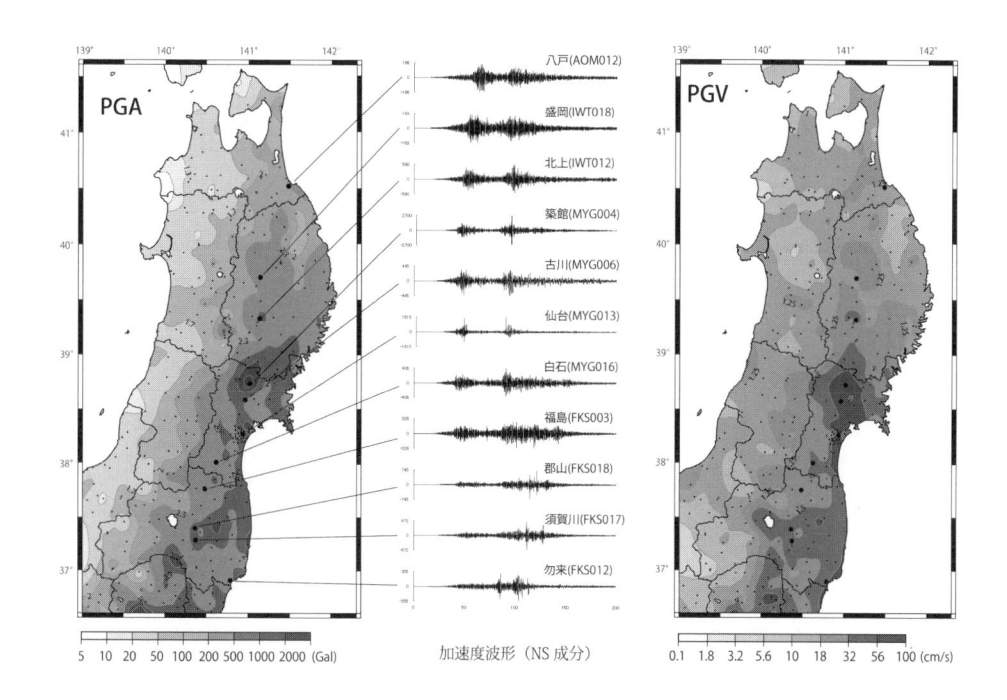

図3.5.10 東北地方太平洋沖地震の最大加速度，最大速度分布（地表面地震記録）[21]

(ⅱ) 建物地震観測と建物の被害評価

東北地方太平洋沖地震では，地震後の津波の被害が顕著であったが，地震による被害もみられた．本地震では，長周期地震動（周期1～3s）の卓越が顕著であったが，短周期成分（周期0.5s前後）の振幅レベルも比較的大きかった．また，地震動の継続時間は150s以上と長く，中小地震や直下地震には見られない特徴を示した．これらにより，建物の応答変位が大きくなり，建物の2次部材（天井，外壁など）や，免震建物のエキスパンション・ジョイント部の被害が見られた．また，耐震固定が不十分であったと考えられる設備機器類の被害が多く発生した．地盤の被害としては，震源に近い東北はもとより首都圏エリアにおいても埋立地を含む造成地で液状化が起きている．これにより，建物の傾きや電気，水道，ガス，電話などのライフラインが被害を受け，生活や事業活動に大きく影響をおよぼした．

建物の被害を把握する上で，地盤，地表での観測に加え，建物の応答を観測することは，非常に有効な手段である．建物を対象とした観測地点は徐々に増えており，東北地方太平洋沖地震では，東北地方だけでなく首都圏の建物でも観測記録が報告されている．この内，耐震構造で構造部材に被害が見られた仙台の高層ビルと低層ビルの事例を紹介する．

(a) 高層ビル（耐震構造）の事例[21][22]

仙台市青葉区の東北大学青葉山キャンパス内にある東北大学人間環境系研究棟（地上9階建ての鉄骨鉄筋コンクリート造）は，本震時に建物短辺方向（N192°E）に設置されていた連層耐震壁が

曲げ破壊し，大破している．この建物は1969年の竣工以来長期期間にわたって，振動モニタリング[23)]を実施しており，東北地方太平洋沖地震でも記録が得られている．

図3.5.11は，本建物の1階と9階で観測された加速度波形である．1階の最大値はN192°E方向，N282°E方向とも330cm/s²程度で，UD方向が250cm/s²程度である．

図3.5.12に1階の記録の擬似速度応答スペクトル（$h=5\%$）を示す．特に，N192°E方向は，周期1s辺りで振幅が180cm/sと大きな値になっている．

図3.5.13に1階に対する9階のフーリエスペクトル比を示す．本建物の1次固有周期は，N192°E方向が0.85s，N282°E方向が0.73sとされているが，本震時には，1.2〜1.3s辺りに1次固有周期に対応するピークが見られ，建物の損傷の影響と考えられている（Kashima et al.[22)]）．

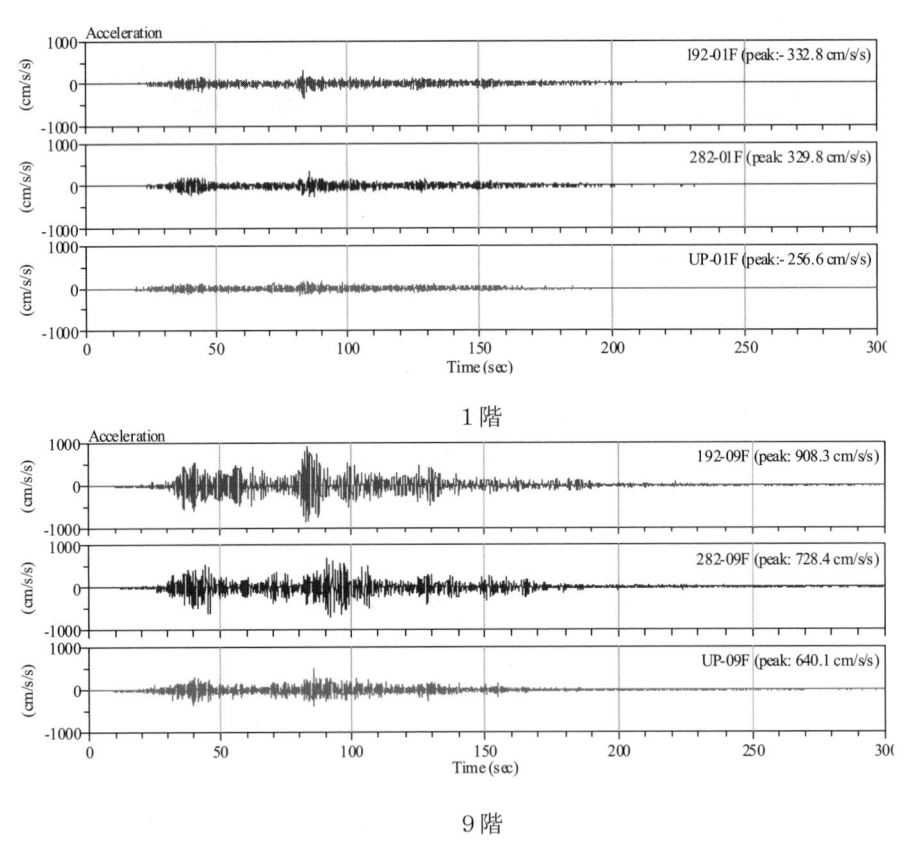

1階

9階

図3.5.11　東北大学人間環境系研究棟の加速度波形（東北地方太平洋沖地震）[21)]

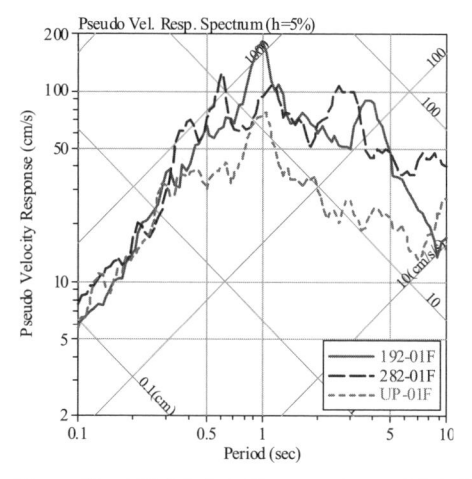

図3.5.12　1階の擬似速度応答スペクトル（減衰定数 $h=5\%$）[21]

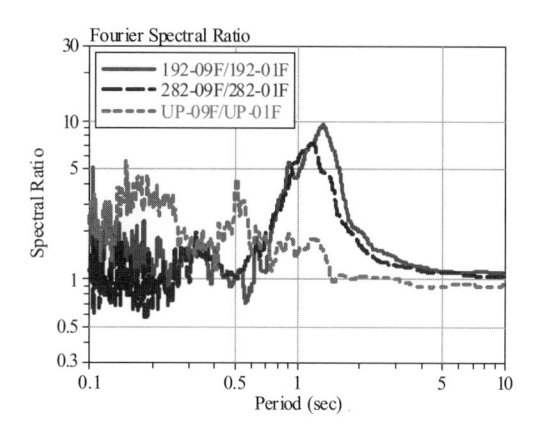

図3.5.13　9階/1階のフーリエスペクトル比[21]

（b）　低層ビル（耐震構造）の事例[24)25]

　次に，仙台市にある低層鉄筋コンクリート造建物（4階建，杭基礎）での観測記録と，被害分析について述べる．本建物は，1982年から地震観測を継続しており，1階と4階に地震計（X方向：N95° E，Y方向：N185° E，Z：UD）が設置されている．図3.5.14に建物の床伏図，軸組図と地震計設置場所を示す．東北地方太平洋沖地震では，建物主要構造部には大きな損傷はなかったものの，敷地周辺で液状化現象が発生している．

　表3.5.6に本建物で得られた東北地方太平洋沖地震の最大値（相対速度と相対変位は加速度記録の積分値）を掲げる．また，図3.5.15に1階と4階の加速度の時刻歴波形を，図3.5.16に速度応答スペクトル（$h=5\%$）を告示スペクトル（平成12年建告1461第四）と比較して示す．

1階と4階の記録を比較すると加速度は約1.8倍に増幅されている．速度応答スペクトルでは，周期0.2～2sで極稀の告示レベルを大きく上回っている．

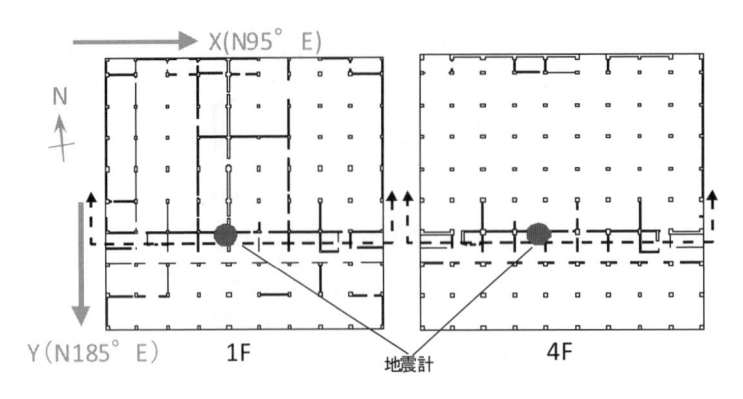

(a) 床伏図

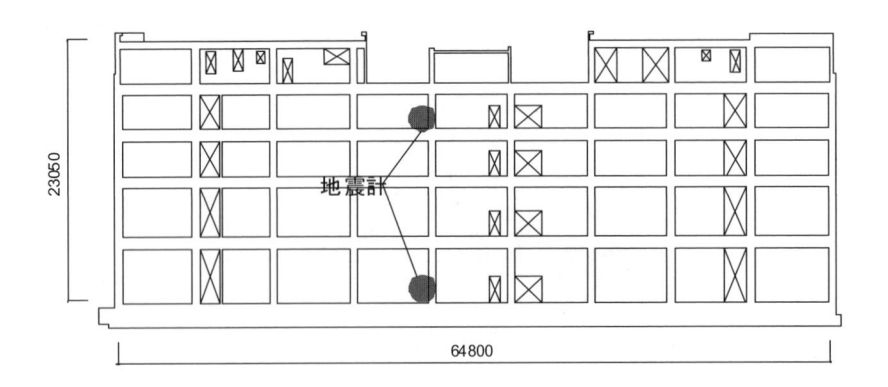

(b) Y4構面軸組図

図3.5.14 低層鉄筋コンクリート造建物と地震計設置位置

表3.5.6 東北地方太平洋沖地震の最大値

		X方向	Y方向	Z方向
4 F	絶対加速度(cm/s^2)	896.6(1.81)	1105.9(1.89)	373.0(1.87)
	相対速度(cm/s)	65.1	75.8	18.6
	相対変位(cm)	6.8	9.4	2.2
1 F	絶対加速度(cm/s^2)	496.4	586.3	199.4

※括弧内は1Fに対する4Fの加速度の比率

1階X（N95°E）方向

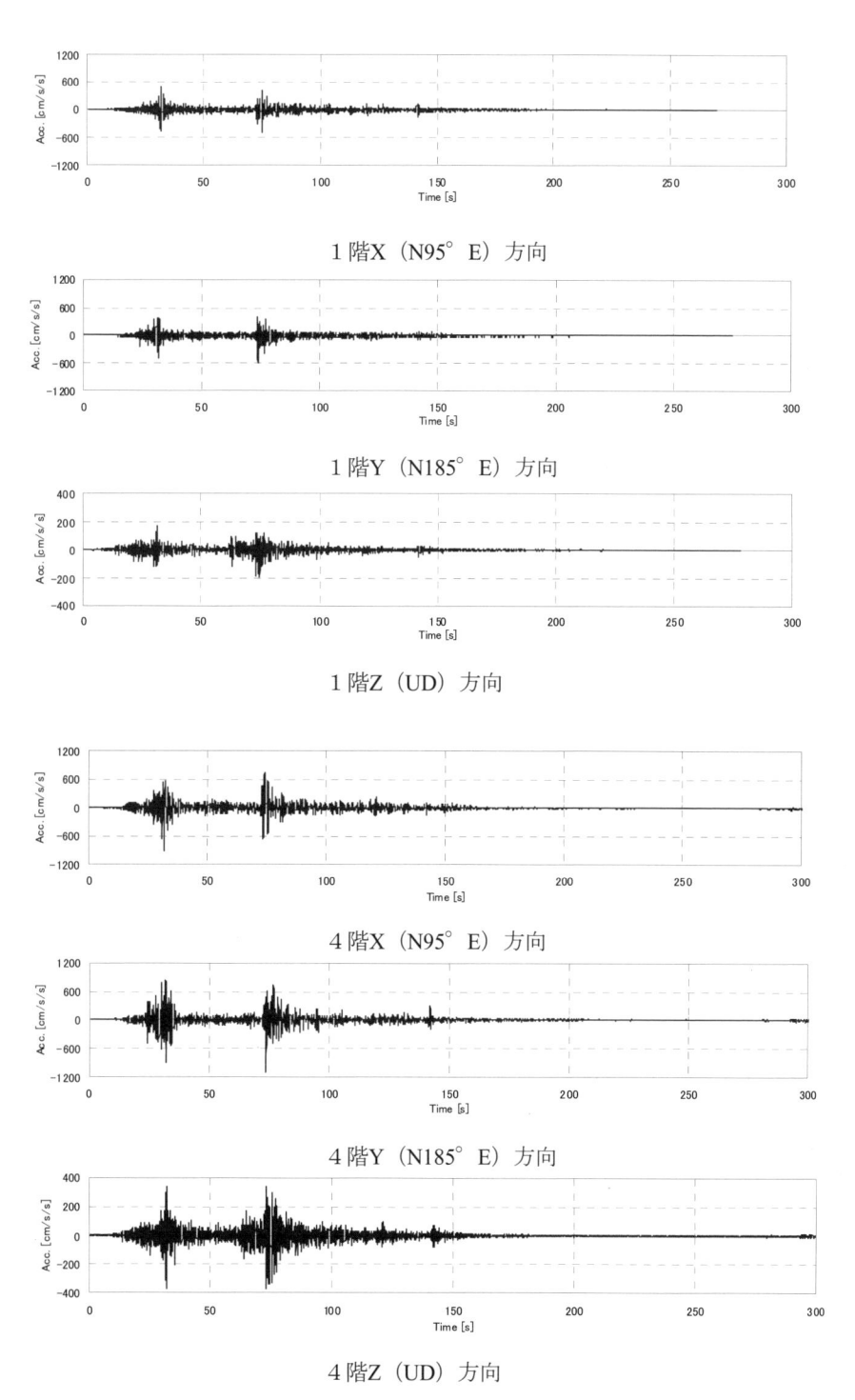

1階Y（N185°E）方向

1階Z（UD）方向

4階X（N95°E）方向

4階Y（N185°E）方向

4階Z（UD）方向

図3.5.15　低層RC造建物の加速度時刻歴波形（東北地方太平洋沖地震）

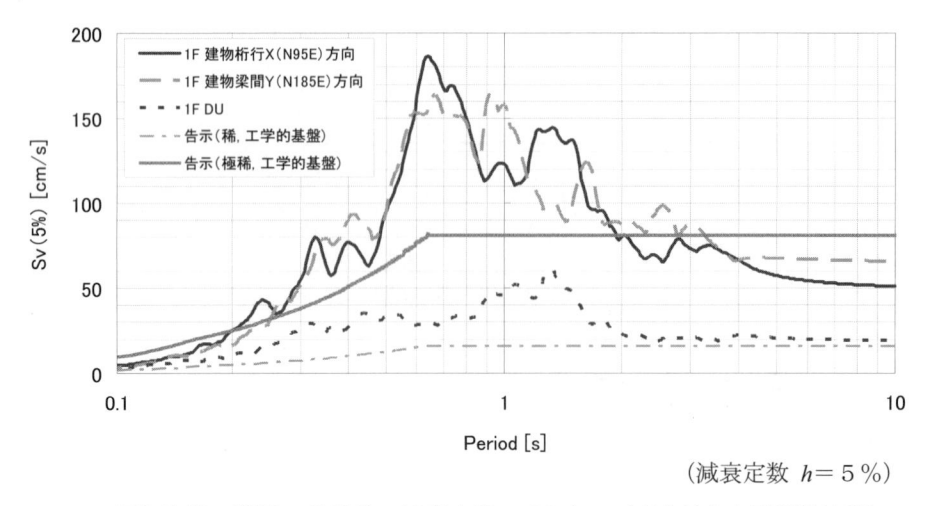

図3.5.16　低層RC造建物の速度応答スペクトル（東北地方太平洋沖地震）

　この建物では，東北地方太平洋沖地震（本震）の前後で観測記録の比較を行い，建物の固有周期の変化を調査している．表3.5.7に本震前後の地震の諸元と建物（X方向）の1次固有周期の変化を示す．また，図3.5.17に本震時の1階に対する4階のフーリエスペクトル比（X方向）を20.48sごとにサンプリングした経時変化を掲げる．本建物の1次固有周期は，本震以前に0.35s程度であったが，これ以降0.6～0.7sに延びていることが分かった．また，本震の時系列での固有周期は，振幅の大きかった第1波群と第2波群に変動が大きく0.8～0.9sまで周期が延びた．その後，0.6～0.7sに戻り，波形の後続部で0.58sとなっている．

　ＲＣ建物では，初期剛性と歪み進行後の剛性の変化が大きいと考えられ，今回の変動もこの影響ではないかと考えられる．しかしながら，建物周辺で地盤変状が確認されていることを考慮すると，建物の構造特性変化に加え，基礎や地盤の影響についても，今後更に検討を進める必要がある．

表3.5.7　東北地方太平洋沖地震前後の建物1次固有周期の変化（X方向）

地震名	発生日	Mw	1階最大加速度 (cm/sec^2)	建物固有周期 (sec)
宮城県沖の地震	2005/8/16	7.2	109.2	0.33
岩手・宮城内陸地震	2008/6/14	7.2	187.3	0.35
東北地方太平洋沖地震	2011/3/11	9.0	496.4	0.6～0.7 [*]
福島県沖の地震	2011/3/22	6.4	17.0	0.68
三陸沖の地震	2011/7/10	7.3	13.5	0.70

（＊）第2波群後の値

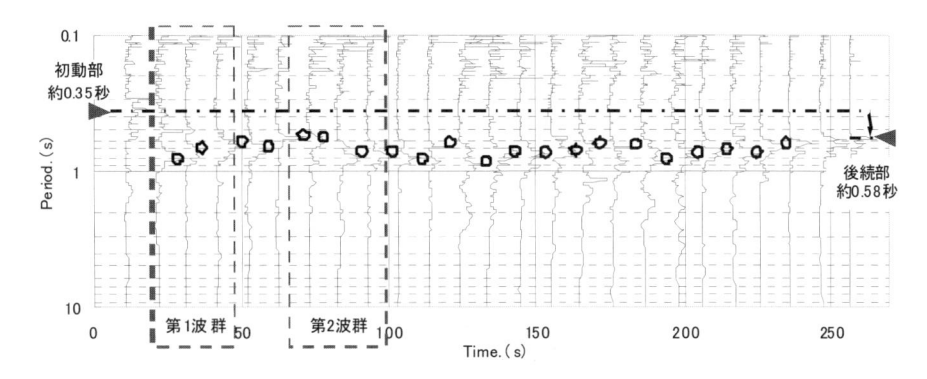

図3.5.17 東北地方太平洋沖地震でのフーリエスペクトル比の経時変化
（4階／1階：X方向）

以上，東北太平洋沖地震を中心に地震観測記録を用いた建物の被害評価について事例を紹介したが，その他にも免震ビル，制震ビル，超高層ビルに関する調査，研究も行われている．例えば，Miwada et al.[26]は，免震ビルのエキスパンション・ジョイントの被害を，Goto et al.[27]は，仙台の超高層制震ビルのダンパーの効果を，Hisada et al.[28]は，東京の超高層ビル（耐震構造）の2次部材の被害などを，地震観測記録を基に研究している．

3.5.2 観測記録に基づく固有振動数と減衰定数の変化

（1）はじめに

地震動の予測であれ建物応答の予測であれ，実際の観測記録と比較して予測精度の確認を行い，また予測手法の改良を試みる事は，極めて重要である．さらに建物の観測記録からは，建物の構造特性，剛性やその変化を知る事ができる．

近年，各地点の地震記録が多数公開されるようになり，地震動の予測，評価に関しては，画期的な進展がもたらされた．例えば，ある地震に対して，震動がどのように伝播していったか，各地点の地震動の差異，類似性は，と言った空間的にスケールの大きな検討が広く行われるようになり，またそれ程距離の離れていない地点でも場合によっては地震動に大きな差のある事も一般に知られるようになった．

同様に建物の挙動の地震観測記録が広く公開され多くの研究者，設計者により検討されるようになれば，地震応答解析の信頼性向上，改良のみならず設計手法の面でもやはり画期的な進展がもたらされると考えられる．しかるに現状では，公開，公表されるものの割合は極めて少ない．これはひとつには，多くは私有資産であるところの当該建物に関し，地震で損傷を受け剛性が変化してしまった，等の状況が明らかになり資産価値が低下したら大変だ，との配慮によると思われる．

この姿勢は将来的に改められるべきであり，株式を公開した会社に決算の公開が必須であるように，大規模な建物に関しては地震観測とその記録の公開が義務となる社会的規範が確立されなければならない，と考えられる．最近では，まだ先駆的な動きではあるものの，一部で，経年後や大地震経験後に，地震観測記録等の分析により建物の剛性が低下した事が明らかになった，と報告する文献も見られるようになった．こうした事例が積み重なり，建物の剛性変化が一般的な当たり前の事であり，それをモニターし続ける事が重要との認識が広まれば，観測記録の公開も自ずと進展する筈である．

本項ではこの観点から，建物の地震観測記録やその分析結果の公表例を紹介するものである．我々は，建物の剛性に関し，新築時のクライテリアしか持っていなかったと言え，共振振動数とコンクリート圧縮強度の相関性等，今後明らかにされなければならない点が多い．

（2）公表例と分析手法の傾向

ここ数年，一般建物について，地震を経験した，あるいは時を経た事による，共振振動数（剛性）の低下を報告したものが出るようになった[29]~[35]．一方，原子力発電所，原子炉建屋に関しても，地震記録やその分析結果[36]~[38],[41]の公開に関する最近の進展は目覚しいものがあり，特に女川の例[36]~[38]では，共振振動数（剛性）の変化が報告されている．

また建物に起振機を設置した振動試験や地震観測の結果から，建物のみの振動特性，共振振動数を求める手法が複数公開されている[29][30][39][40]．これらを実際の建物の地震記録に適用した例[29][30][36]~[39][41]の他，建物の基礎部分の水平動を入力として扱った例や，地盤の変形を含む振動系を扱った例も多い[32]~[35]．後者では，建物自体の変形の他，地盤のロッキングばねやスウェイばねの変形が関与した伝達関数，振動特性が得られる事になる．地震観測記録の公開，公表が進めば，こうしたヘルスモニタリングに関わる分野に今後一層の関心が持たれ，より良い手法，評価法の研究が進む可能性がある．方向性としては，建物の特性と地盤の特性を分けて検討する事が主流になると考えられる．

（3）各公表例の概要

文献29）建物の固有周期，減衰定数等の経年変化を推定する研究の先駆となった文献であり，地上8階建ての建物（SRC造）・地盤系を対象とした1998年〜2005年の約7年間の記録と分析結果が紹介されている．最も大きな地表最大加速度は74cm/s^2，計測震度は3.8である．図3.5.18の振動系を想定した分析では図3.5.19の結果が得られている．図3.5.20の振動系を想定した分析では，図3.5.20のモデルを用いた最適化により，建物とスウェイ，ロッキングの剛性が推定され，図3.5.21の結果が得られている．これらの結果から；①対象期間内に振動数は約7割，建物の剛性は約1/2になった；②地盤のスウェイばね，ロッキングばねの剛性変化は明瞭ではない；等の結果が明らかになった．

文献30）上記文献と同じ観測対象に関する，その後3年間の記録も追加され分析されている．分析手法はやや異なるが，同様の結果が得られている．また固有振動数が，応答の累積値と最大値によって変化すると仮定した，振動数の予測式も提案されている．

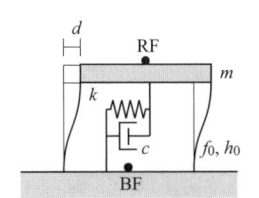

図 3.5.18　せん断型1質点[29]

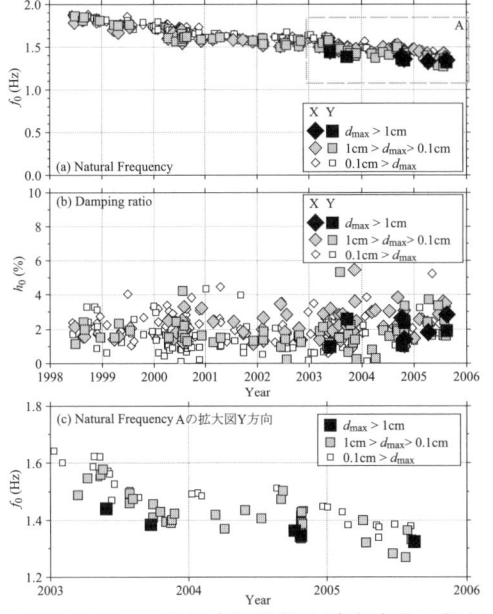

図 3.5.19　1次固有振動数と減衰定数の経年変動[29]

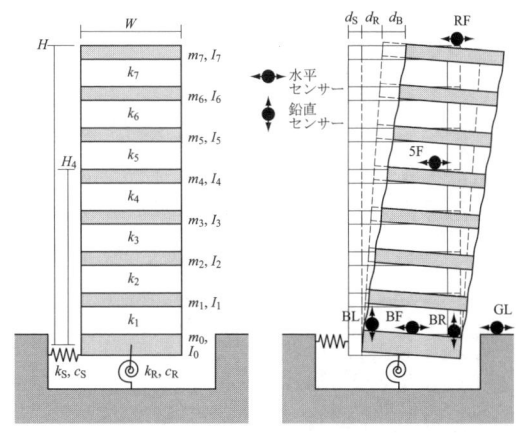

図 3.5.20　せん断型多質点系モデル[29]

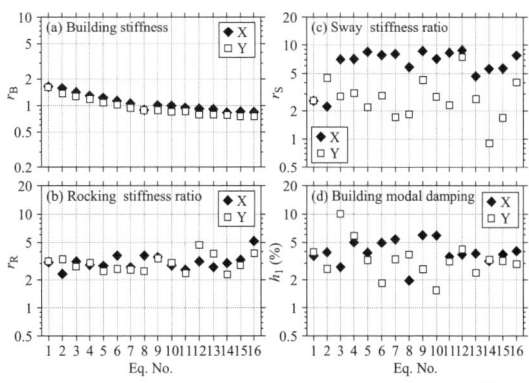

図 3.5.21　r_B, r_R, r_S 及び h_1 の最適化結果[29]
（記号の定義は図中 (a)～(d)参照）

文献31）　やはり同じ観測対象の，2011年3月11日地震の記録とその分析結果が報告されている．上記文献も参考にすると，竣工時との比較で振動数で1/2，剛性で1/4になったと言える．

文献32）　1978年～2005年の，5つの強震記録における，SRC造9階建て建物の固有振動数の状況が，常時微動記録の分析結果とともに図3.5.22のように示されている．

文献33）　鉄骨造11階建の建物に関し，図3.5.23の結果が得られている．

文献34）　CFT構造11階建の建物に関し，図3.5.24の結果が得られている．

文献35）　鉄骨造23階建の建物に関し，図3.5.25の結果が得られている．

文献36）～38）　1985年～2010年の25年間にわたる，女川原子力発電所1号機原子炉建屋の，地震記録とその分析結果が示されている．結果の概要を図3.5.26に示した．右側目盛は基礎スラブ上端の最大加速度値であり，分析手法は文献40），41）と同じである．基礎固定（建屋のみの特性）とスウェイ固定（建屋＋ロッキングばねの特性）で振動数にそれ程の差がないのは，支持岩盤の剛性が高い事によると考えられる．

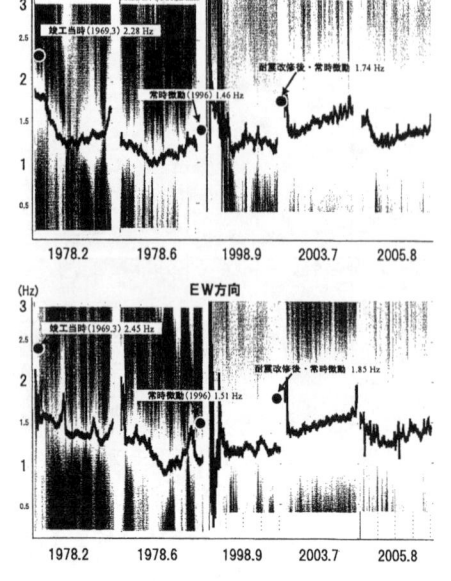

図 3.5.22 固有振動数の経年変化
（SRC 造 9 階建）[32]

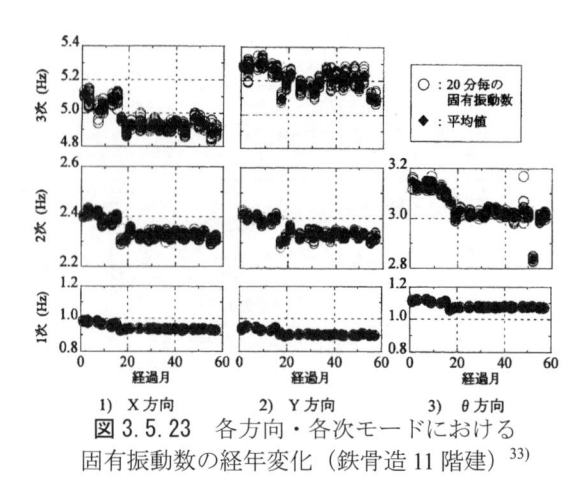

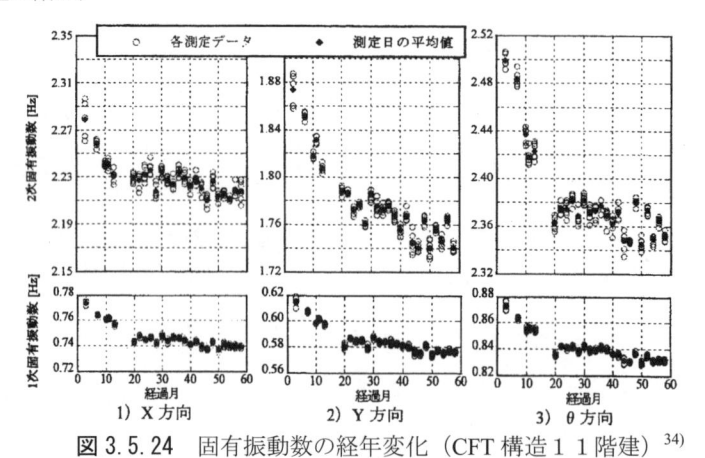

図 3.5.23 各方向・各次モードにおける
固有振動数の経年変化（鉄骨造 11 階建）[33]

図 3.5.24 固有振動数の経年変化（CFT 構造 11 階建）[34]

図 3.5.25 各方向における各次モードの固有振動数（鉄骨造 23 階建）[35]

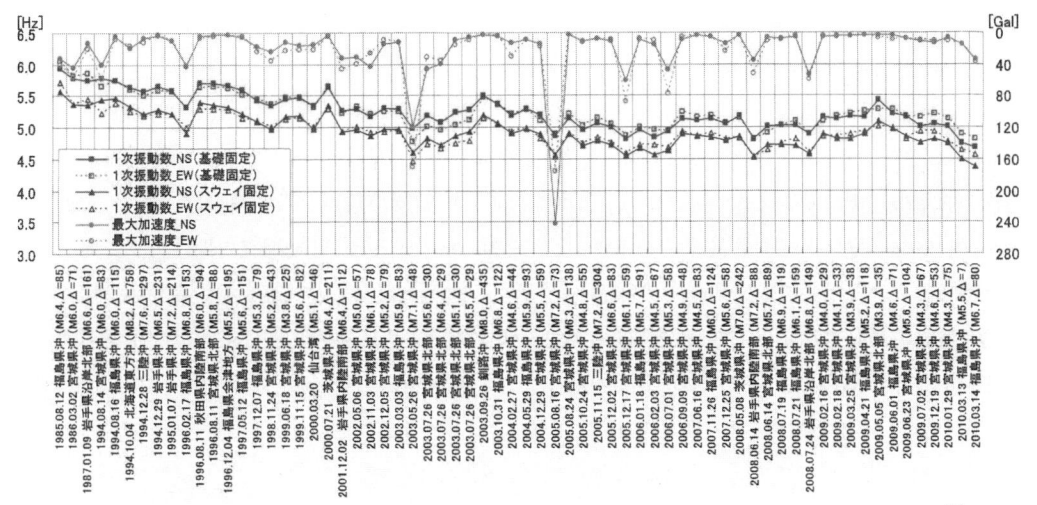

3章 入力地震動評価の現状と課題 —101—

図 3.5.26 建屋1次ピーク振動数の経年的変化と基礎スラブ上端の最大加速度の関係[37]

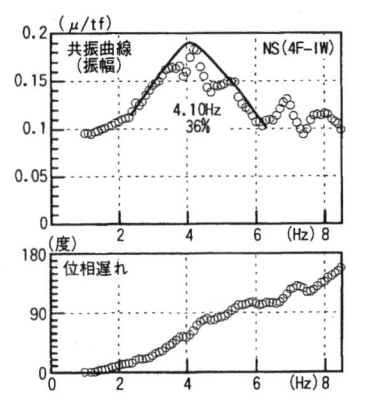

図 3.5.27 振動試験で得られた相互作用系としての共振曲線[41]

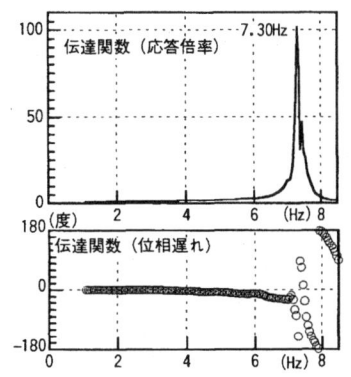

図 3.5.28 振動試験から求めた基礎固定下部入力時伝達関数[41]

文献39) 基礎固定時伝達関数，スウェイ固定時（スウェイが除かれた上部変形＋ロッキング）伝達関数と連成系（上部変形＋ロッキング＋スウェイ）の伝達関数が常時微動より求められ，これらを用いて上部構造，スウェイ，ロッキングの剛性と減衰係数が同定されている．上部構造は，等価質量，等価高さを求める事により1質点系のモデルに置換され，同定が行われる．

文献40) 上部構造が多質点の曲げせん断系であるときの，基礎固定時伝達関数を求める理論式が示され，模型試験体に適用されている．手法の精度に関する検討，考察も示されている．

文献41) 前項で示された手法が実機原子炉建屋に適用されている．起振機加振に適用した結果は図3.5.27，図3.5.28に示されている．相互作用系（スウェイ・ロッキングを含む）と基礎固定時で結果が大きく異なる事が明らかにされた．文献36)～38)の原子炉建屋と比較すると，支持岩盤の剛性に差のある事が，こうした振動特性上の差を生んだと考えられる．

（4）減衰定数の固有振動数依存性と振幅依存性
（i）小振幅振動時の減衰評価

建築物の減衰小委員会（日本建築学会）が作成した減衰データベース[42]には，常時微動測定，人力加振などによって実測された小振幅振動時の減衰評価結果が収録されている．ここでは，鋼構造建物の並進モード（長手方向）について3次までの固有周期及び減衰定数が評価されている60棟のデータを取り上げて，その評価事例を示す．図3.5.29に示すように，1次固有周期は軒高に対し比例的に増加し高い相関性を示す．一方，図3.5.30に示す各次固有振動数と減衰定数の関係は，全体的には固有振動数が高くなるほど減衰定数は増加する傾向を示すが，建物ごとに様々な変化を示す．図3.5.31はその傾向を明確にするため，各次の固有振動数と減衰定数を1次の値で除して基準化して示したものである．減衰定数の固有振動数依存性は，減衰一定型を下回るケースもあるが，全体的には，剛性比例型と減衰一定型の間に広く分布しており，設計で一般的に用いられている剛性比例型減衰に比べてかなり小さくなることがわかる．

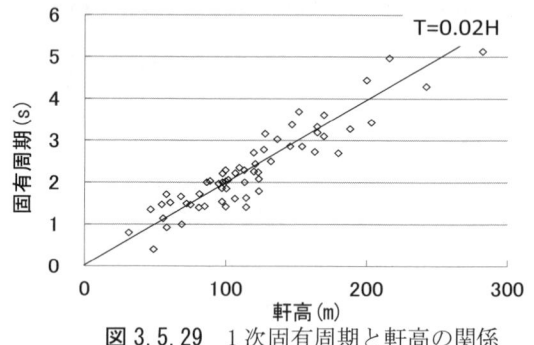

図3.5.29　1次固有周期と軒高の関係

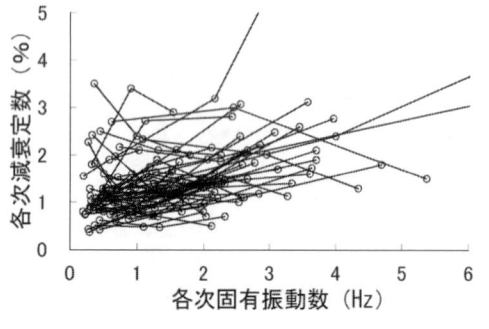

図3.5.30　減衰定数と固有振動数の関係 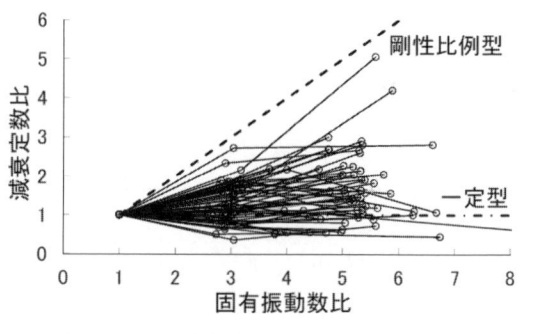　　図3.5.31　減衰定数の固有振動数依存性
（折線で結ばれた点が一つの建物データであり，固有振動数の低い方から1次～3次の値を示す．）

（ii）実大鋼構造建物の震動台実験による減衰評価

E-ディフェンスで2007年[43]，2009年[44]に実大鋼構造建物の震動台実験が実施された．2007年の実験については，詳細なデータがASEBIに公開されている[45]．それぞれ4層建物，5層建物の実大試験体であり，入力波には兵庫県南部地震鷹取駅記録が使用されている．ここでは，主体構造の変形が弾性限界程度までを対象として，文献46)（4層建物）および文献47), 48)（非制振5層建物）の同定結果に基づいて，減衰定数の固有振動数依存性，振幅依存性について示す．図3.5.32に固有振動数と最大層間変形角の関係を示す．変形角の増加に伴い，各次の固有振動数は低下するがその変化は僅かであり安定した値を示している．なお，5層建物では，最大層間変形角が0.01radを超える比較的

大きな変形が生じているが，この試験体は，層間変形角0.01radで柱は弾性，梁は若干の塑性化を許容するという設計がなされている．そのため，固有振動数の低下が小さかったものと考えられる．
図3.5.33に各次の固有振動数と減衰定数の関係を示す．1次減衰定数は層間変形角が大きい場合においては，4層建物で2%を超える値を示し，5層建物では2%を下回る値を示している．また，図3.5.31の減衰特性と同様，減衰定数の固有振動数依存性は剛性比例型減衰を大きく下回っており，これまで慣用的に使用されてきた剛性比例型の減衰モデルが高次モードの減衰定数を過大評価することが確認される．5層建物では4層建物に比べて減衰定数が全体的に小さいが，その一因として各試験体に取り付けられた非構造部材・仕上材の影響が考えられる．4層建物では4構面ある外壁のうち3構面の全層に渡って外装材が設置されているのに対し，5層建物では1，2階の一部にのみ設置されている．また，内装材については，5層建物では2〜5階に間仕切り壁・鋼製ドア，4，5階に天井が設置されているのに対し，4層建物では2〜4階まで間仕切り壁のほか耐火被覆材・吊り天井・鋼製ドアの設置，4階は全面に天井を張るなど内装の割合が大きく設定されている．減衰定数の差異はこの非構造部材・仕上材の影響を強く受けていると考えられるが，図3.5.30および図3.5.31のように減衰定数は固有振動数と比較して大きくばらつく傾向を示すため，今後より一層のデータの収集，充実をはかり，その影響分析を行う必要がある．

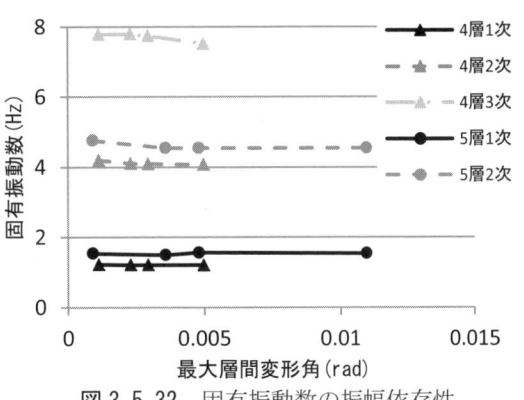

図 3.5.32　固有振動数の振幅依存性

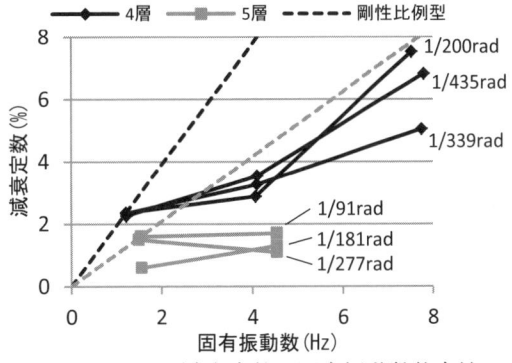

図 3.5.33　減衰定数の固有振動数依存性
（図中の破線はそれぞれの試験体に剛性比例型減衰を仮定した場合を示している．）

3.5.3　強震記録に基づく低層 RC 造建物の被害状況の分析と課題

（1）はじめに

　近年の被害地震では，低層建物に関して，観測される強震記録の大きさに対して予測されるよりも建物の損傷が小さいことが指摘されている．その原因として，地震動強さの指標として用いられる地動最大加速度や震度と，建物の損傷と関連する周期成分の対応に問題あるのではないかという

指摘がある．しかし，近年の得られた強震記録には，建物の損傷と関連する周期帯の成分が大きい記録も多く，全てを地震動指標の適否の問題に帰することはできない．低層建物については，現段階では特定されていない要因によって，建物の損傷の低減が起こっていると考えられる．

地震動強さと建物損傷が乖離する原因としては，地盤・建物の動的相互作用や建物の設計強度と実強度の差などが考えられている．以下では，強い地震動を受けた実建物について詳細に検討した研究を取り上げて，低層建物で地震動強さと建物損傷に乖離が生ずる原因について考察する．

なお，S造についてはRC造に比較して被害事例の調査データ数そのものが少なく，地震動の強さと被害の関係が学問的に十分に確立していないと考えられることから，ここではRC造に限定して述べる．

（2） 兵庫県南部地震における学校建築群の地震被害

観測される地震動の強さに対して建物の被害が想定より小さいことが初めて指摘されたのは，1993年釧路沖地震である[49]．その後の1995年兵庫県南部地震でも，同様な現象が生じたと見られる．

地震動の強さに対して建物被害が小さいと定量的に示すためには，複数の建物について，建物に作用した地震動強さ・建物の耐震性能・建物の被災度の3要素が分かっている必要がある．建物の耐震性能評価に最も労力がかかることから，通常の地震被害資料では建物の耐震性能が欠けていることが多い．しかし，兵庫県南部地震では，日本建築学会のRC造運営委／災害調査小委／学校建築WGにより，複数の学校建築で詳細な被災度調査と耐震性能の評価が行われ，貴重な被害資料として残された[50]．

鈴木ら(2006)[51]は，このデータを用いて，震度6弱以上の地域に位置する31棟について，耐震性能と損傷割合D[52]の関係を整理した．耐震性能としては，I_S指標，終局時の$C_T S_D$，最大強度を表す$F=1$での強度指標$C_{(1)}$を取り上げ，損傷割合は$C_{(1)}$との相関が強いとしている（図3.5.34(a)）．

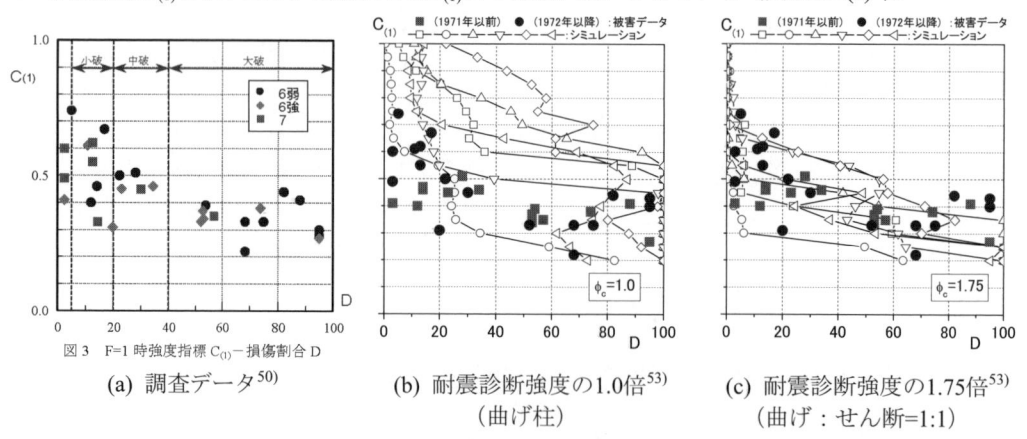

(a) 調査データ[50]　　(b) 耐震診断強度の1.0倍[53]　　(c) 耐震診断強度の1.75倍[53]
　　　　　　　　　　　　　（曲げ柱）　　　　　　　　（曲げ：せん断=1:1）

図3.5.34 兵庫県南部地震における学校建築の強度指標と損傷割合の対応関係

鈴木ら(2007)[53]はさらに，この結果に対して1自由度系を用いたシミュレーション解析（図3.5.34中の白抜き記号）を行って，建物強度と損傷割合の対応関係について調べている．RC造の部材損傷

度は，残留ひび割れ幅に基づいて判定されるので[52]，「RC造耐震性能評価指針（案）」[54]の方法を用いて，最大応答変形→残留変形→残留ひび割れ幅という手順で算出している．入力地震動には，葺合，鷹取，JMA神戸のNS・EW2方向の観測記録を用いている．

図3.5.34 (b)に，耐震診断強度をそのまま用いたシミュレーションの結果を示す．全部材を曲げ柱と仮定しているので，同一の強度に対して応答変形も損傷度も小さく評価する設定となっているが，それでも損傷度は大幅に過大評価されている．

図3.5.34 (c)では，耐震診断の1.75倍の強度を用いたシミュレーションを行っている．部材の構成は，学校建築では廊下側が短柱，教室側が長柱となっている場合が多いことを考慮して，曲げ柱とせん断柱の耐力分担率を1:1としている．図より，耐震診断の1.75培の強度を用いることにより，被害データとほぼ対応する結果が得られることが分かる．

以上の結果から，実被害との乖離を建物強度に換算すると，1.75倍程度になると考えられる．調査データの基になっている2次耐震診断では，強度算定式は安全側に設定されているが，梁を剛強と仮定し，雑壁なども原則として考慮しているので，強度を過大評価する傾向にある．また，シミュレーションでは1自由度系を用いているが，1自由度系では特定層への損傷集中が考慮されないため，損傷を過小評価する要因となる．これらの要因を勘案すれば，実被害を説明するために要求される強度比は1.75倍以上になると考えられる．

このように，解析から予測される被害と実被害の差は，強度に換算して2倍程度に達すると見られるが，これは部材強度の算定式に対して通常想定されるばらつきの範囲を超えており，他の要因を想定する必要がある．以下では，入力の相互作用，いわゆる入力損失によって被害が低減したと見られる事例と，非線形領域での慣性の相互作用によって被害が低減したと見られる事例を紹介し，最後に振動台実験から明らかにされた建物の実強度を紹介する．

（3） 入力の相互作用による建物被害の低減事例

地盤・建物の相互作用による建物応答が低減する要因としては，入力の相互作用（Kinematic Interaction）における入力損失[55]と，慣性の相互作用（Inertial Interaction）における逸散減衰の効果が考えられる．ここでは，入力損失が建物被害低減の要因と見られる事例を紹介する．

安井ら(1998)[15]は，兵庫県南部地震で被害軽微に止まったSRC造地上8階，地下3階の建物について，基礎入力動の低減効果について検討を行っている（図3.5.35）．この建物では，最上階と建物基礎で，本震の記録が得られている．建物基礎の観測記録を用いて，解析を介して自由地表面波を逆算推定している．建物の固有周期0.75sで自由地表面と基礎入力動の応答スペクトルには有意に差が生じており，1階応答波を入力した場合と，地表面推定波を入力した場合で，約2倍の違いが生じている．したがって，本事例では入力損失によって建物応答が低減したと考えられる．

本事例は，深さが軒高の約50%に達する地下階を有すること，基礎底面がV_S=410m/sの堅固な層に設置されているなど，入力損失の影響が現れやすい条件が揃っており，低層RC造建物一般には当てはまりにくいことに留意する必要がある．本事例では，基礎の動きが工学的基盤の挙動に支配され

ていると考えられ，地表面の観測記録で基準化した基礎入力地震動が，表層地盤の卓越周期で見かけ上，低減したように見えるため，と解釈することもできる．

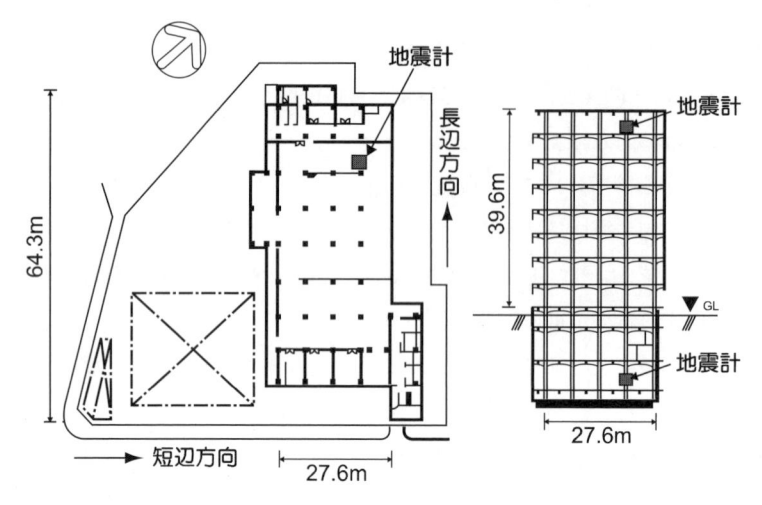

(a) NTT神戸駅前ビルの建物断面とB3F平面図

(b) 1階と自由地表面の応答スペクトル

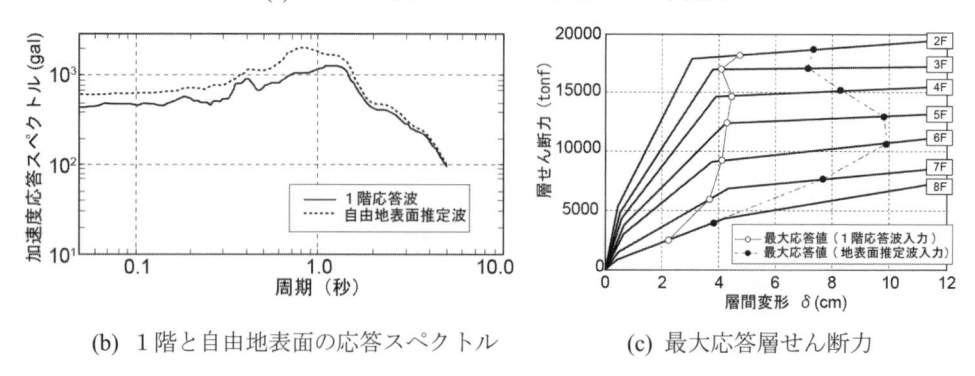

(c) 最大応答層せん断力

図 3.5.35 兵庫県南部地震における基礎有効入力動と建物応答の検討例[15]

(4) 基礎近傍地盤の局所的非線形化による建物応答の低減事例

支持地盤が軟弱な場合の一般的な基礎形式である杭基礎は，地盤を拘束する力が小さいので，いわゆる入力損失は起こりにくいと考えられている．以下では，杭基礎建物に関して，応答の低減要因を検討した事例を示す．

土方ら(2008)[56]は，2004年新潟県中越地震で被害を免れた小千谷西高校について詳細な検討を行っている．小千谷では，2004年新潟県中越地震で設計用の地震動を大きく超える観測記録が得られている．小千谷では大きな被害を受けた病院や学校もあったが，被害を免れた建物も少なくなかった．小千谷西高校はそのような建物のひとつである．図3.5.36に示すように，小千谷西高校は無被害〜軽微であり，基礎の傾斜も認められなかった．本建物は長さ約6mのPHC杭に支持されている．

学校建築のような低層建物の検討を行う場合は，建物と地盤の観測記録が無いので，建設地点の

地盤応答は近隣の強震観測点の記録から推定する必要がある．また，本震時の建物応答も，被災度調査の結果から推定しなければならない．

小千谷西高校の場合は，南東約300mの地点でJMA小千谷の記録が，さらに南東約700mの地点では水仙の家の基礎階で記録が得られている（図3.5.36）．水仙の家は，工学的基盤と見なせる地盤が露出している．そこで，水仙の家の記録を露頭波とみなして，JMA小千谷の自由地表面の記録が再現できることを確認した後，小千谷西高校の地盤応答評価に用いている．このようにして再現された小千谷西高校の地盤応答を図3.5.37に示す．地盤応答は2方向同時入力と，1方向入力による評価を行っている．この地点ではY方向の地震動の方が大きい．このため，X方向（建物長辺方向）は2方向入力した場合に，地震動の強軸方向であるY方向の影響を受けて，短周期成分が低減している．このことが，建物の被害が小さくなる一因となったと考えられる．

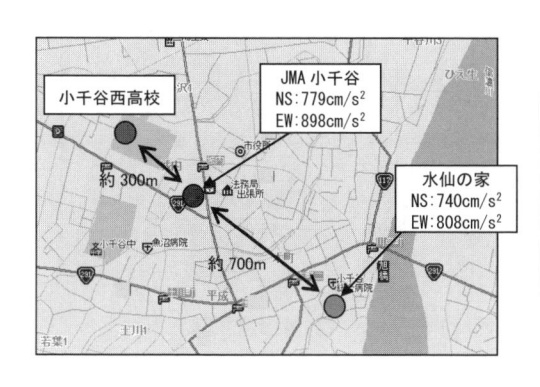

(b) 地盤の解析定数

土質	深度(m)	密度(t/m³)	S波速度(m/s)			基準歪み $\gamma_{0.5}$(%)	最大減衰定数 h_{max}(%)
			No.1	No.2	No.3		
粘土層1	3.5～4.5	1.60	100	80	90	0.11	16
砂層1	4.5～5.5	1.70	150	130	130	0.08	18
粘土層2	5.5～6.5	1.60	120	110	100	0.11	16
砂層2※	7.5～8.0	1.70	210	290	240	0.08	18
魚沼層	—	1.95	490	490	490	線形	線形

※液状化パラメータ：w1=14.0, p1=0.5, p2=0.88, c1=1.3, s1=0.005

(a) 小千谷西高校と強震観測点の位置関係

図3.5.36　小千谷西高校の位置・地盤データ・被災度調査[56]

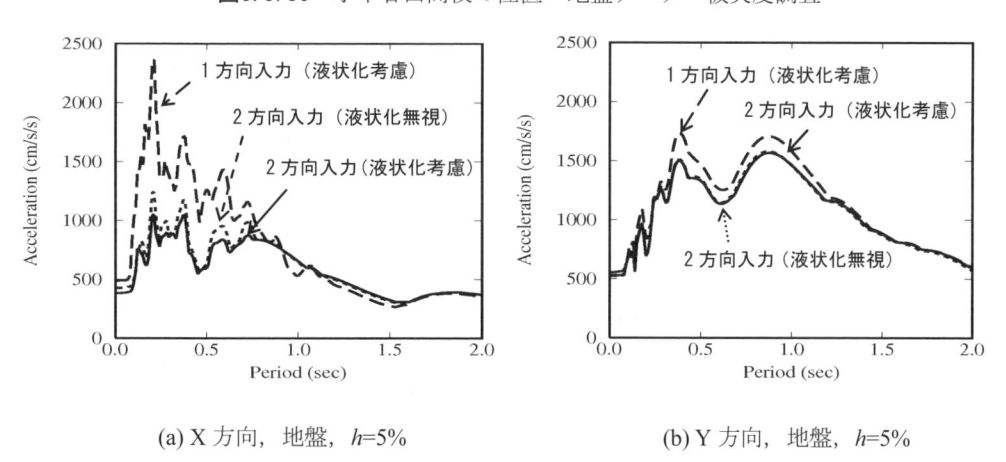

(a) X方向，地盤，h=5%　　　　(b) Y方向，地盤，h=5%

図3.5.37　小千谷西高校No.3地点の自由地表面応答[56]

(a) 解析ケース

Case	杭体と相互作用ばね	側面地盤ばね	杭頭接合条件
1	線形	—	剛接合
2	非線形	—	剛接合
3	非線形	考慮	剛接合
4	非線形	考慮	半接合

(b) 固有周期

	微動計測結果		固有値解析結果		
	基礎固定	地盤連成系	Case-0 (基礎固定)	Case-1' (初期物性)	Case-1 (等価物性)
1次	0.23	0.33	0.18	0.28	0.64
2次	0.20	0.29	0.12	0.24	0.60

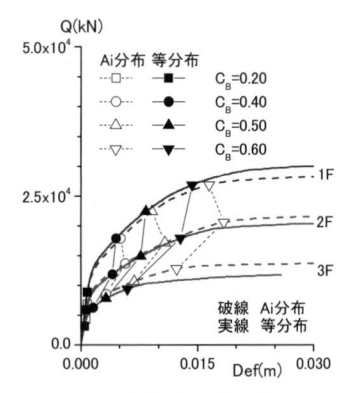

(c) 静的荷重増分解析

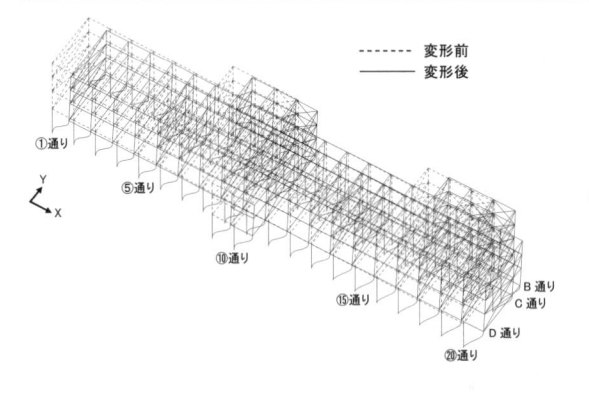

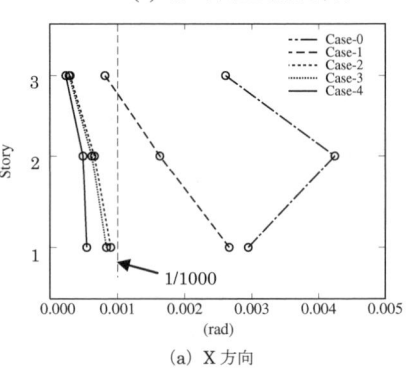

(d) 建物-杭連成モデルの1次振動モード（等価地盤物性時）

(e) 最大層間変形角

図3.5.38 小千谷西高校の保有耐力，固有値解析，地震応答解析[56]

地震時の建物応答については，「RC造耐震性能指針（案）」[54]の方法を用いて，残留ひび割れ幅→残留部材角→残留層間変形角→最大層間変形角という手順で評価している．まず，0.2mmの残留ひび割れ幅から最大部材角を約1/500と推定し，フレームモデルの荷重増分解析における部材角と層間変形角の関係から，最大層間変形角は1/1000程度以下であったと推測している．静的荷重増分解析の結果から評価した長辺方向の建物の降伏強度は，ベースシア係数で0.6程度であった．

地震応答解析では，Case-0～4の5ケースの検討を行っている．基礎固定（Case-0）は，被災度から推定された変形角を大きく上回るうえに，2階の層間変形角が最大となっており，実際の被害状況と異なる．弾性の相互作用を考慮した場合（Case-1）は，層間変形角の高さ方向の分布が大きく異なり，1階が最大となっている．これは，等価地盤物性値による1次振動モードから分かるように，杭の変形が卓越し，建物に作用する外力が等分布に近づくためと考えられる．ただし，1階の最大層間変形角は，依然として被災度から推定された変形角を大きく上回っている．Case-2～4では，慣性の相互作用による杭周辺地盤の局所的な非線形性を考慮した解析を行っている．これらのケー

スでは，1階の最大層間変形角は，被災度から推定された変形角と対応している（図3.5.38）．論文では，不同沈下が認められなかったことから，杭頭を半接合としたCase-4が実態に適合するとしているが，いずれにせよこれらの結果は，建物被害の実状を説明するためには，慣性の相互作用による杭近傍地盤の局所的な非線形性を考慮する必要があることを示している．

山添ら(2011)[57]は，2008年岩手・宮城内陸地震で被災した岩ヶ崎高校について，詳細な検討を行っている．岩ヶ崎高校から約800mの地点にあるJMA栗駒の記録等を用いた検討から，同校の自由地盤表面では告示（極希）の2倍以上の地震動が生じたと推測されるが，小破に止まっている．詳細なフレームモデルの静的荷重増分解析から，同校の校舎は1/150の変形角でベースシア係数1.2程度の強度を有していると推定され，これが通常想定されるより被害を小さくした要因のひとつであったと考えられる．本震時には，1階の層間変形角は約1/120に達したと推定されているが，これに対応する応答値を得るには，等価地盤物性値による線形相互作用を考慮しただけでは不十分で，慣性力による局所的な地盤非線形性を考慮する必要があるとしている．

(5) 基礎底面の滑りによる入力低減

上述の杭周地盤の局所的非線形性で建物応答が低減する事例は，地盤が非線形領域に入ることにより，重量のある建物を地盤が駆動できなくなるためと解釈される．同じような現象は，直接基礎における基礎底面の滑りによっても生ずる可能性がある．

壁谷澤ら(2008)[58]は，校舎を模した実大3層模型を用いて，基礎底面での滑りを考慮した振動台実験を行った．直接基礎を想定し，試験体の基礎梁底面は，コンクリート製容器とコンクリートどうしで接している．コンクリート製容器と基礎梁側面の間には，締め固めたまさ土が施工されている（図3.5.39参照）．

基礎底面を固定しないRun4では，基礎底面で滑りが生じ，建物の損傷は小破に止まっている．これに対し，基礎の4隅を固定したRun6では建物は倒壊に至っている．Run4で建物に生じたせん断力はベースシア係数で最大で0.96，繰り返し滑り時には平均的には0.4～0.5となっている（図3.5.39(e)参照）．以上より，直接基礎で建物の降伏強度が高い場合は，基礎底面の滑りにより建物応答が低減される可能性があることが分かる．

(6) 建物の実強度

ここまでは，何らかの要因で建物への入力エネルギーが低減する事例を見てきたが，建物の実強度の上昇も，建物損傷低減の直接的な要因となる．建物の強度はアクチュエータによる加力試験によっても得られるが，地震時の発揮される強度を知るためには，振動台による破壊実験を行う必要がある．

松森・白井・壁谷澤[59]は，鉄筋コンクリートの実大6層耐震壁フレームの振動台実験を行った．試験体の保有耐力は，2次部材を全て考慮に入れてベースシア係数で0.48と評価されていた．しかし，振動台実験の応答せん断力は，加振5で2倍強の0.99に達している（図3.5.40(b)参照）．

(a) 基礎周辺平面図 (b) 軸組図

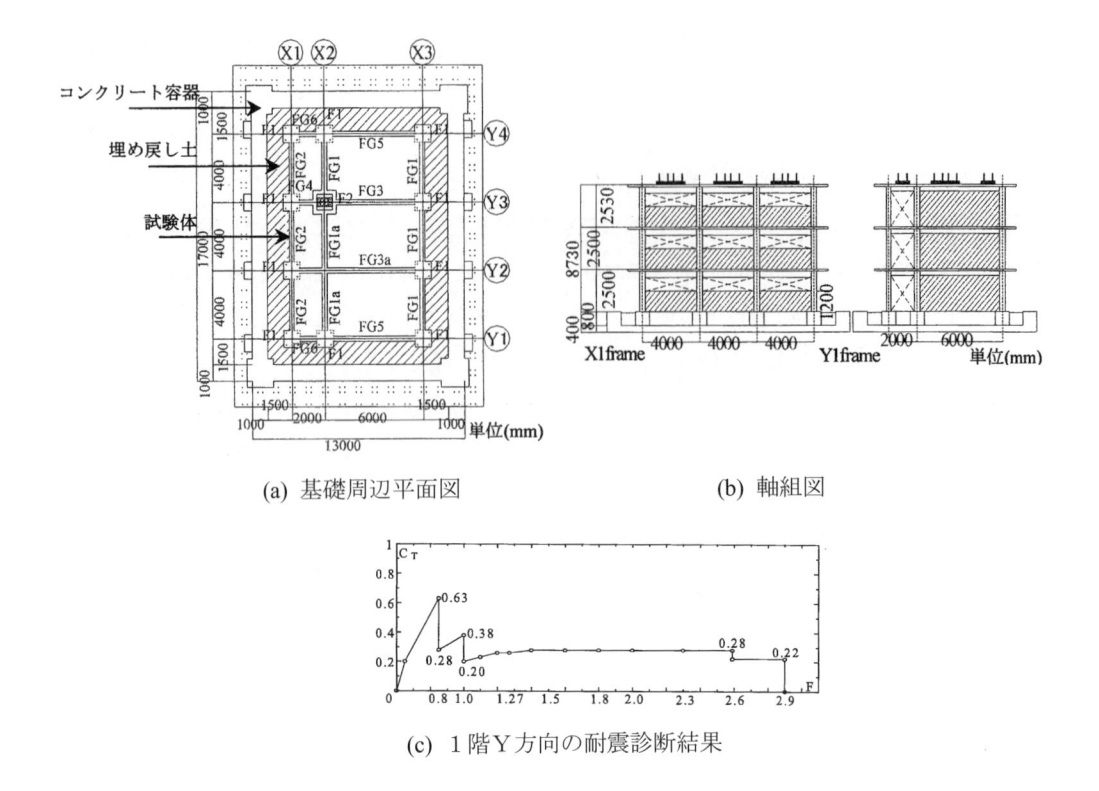

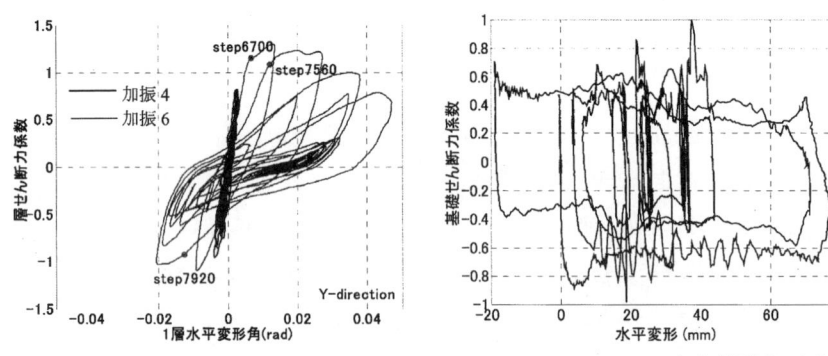

(c) 1階Y方向の耐震診断結果

(d) Run4および6における1層Y方向の復元力特性 (e) Run4のY方向基礎復元力特性

(f) 加振計画と基礎状態

加振	入力倍率	最大速度 (kine)	最大加速度(gal) 水平	鉛直	基礎
Run1	KOBE10%	9.0	88.8	28.4	非固定
Run2	KOBE25%	19.1	209.6	67.0	非固定
Run3	KOBE50%	38.7	440.9	126.1	非固定
Run4	KOBE100%	82.3	1223.8	415.8	非固定
Run5	KOBE75%	62.1	790.0	312.28	ボルト固定
Run6	KOBE100%	91.5	1179.4	386.75	4隅固定

(g) 応答変形角と固有周期

Run	X変形角(rad)	Y変形角(rad)	XBSC	YBSC	X周期(s)	Y周期(s)
1	8.40×10^{-5}	1.88×10^{-4}	0.122	0.128	0.1471	0.1840
2	2.55×10^{-4}	5.06×10^{-4}	0.272	0.283	0.1543	0.1909
3	5.00×10^{-4}	1.71×10^{-3}	0.500	0.600	0.1608	0.2064
4	8.30×10^{-4}	4.20×10^{-3}	0.825	0.956	0.1661	0.2350
5	9.30×10^{-4}	5.95×10^{-3}	0.710	1.078	0.1194	0.2728
6	8.23×10^{-3}	4.70×10^{-2}	1.290	1.298	#	#

※BSC:1層せん断力係数
周期:加振前1次固有周期(#計測せず)

図3.5.39 基礎底面の滑りを考慮した実大3層鉄筋コンクリート建物の振動実験[58]

(a) 保有水平耐力と部材のせん断終局
強度の算定値

			材料強度(1)	材料強度(2)
保有水平耐力 (ベースシア係数)	1層Y方向	(a)	2.98MN (0.40)	3.14MN (0.42)
		(b)	3.40MN (0.45)	3.60MN (0.48)
	1層X方向		2.83MN (0.38)	2.91MN (0.39)
せん断終局強度 (余裕度)	1層短柱	(a)	0.39MN (2.10)	0.47MN (2.35)
		(b)	0.46MN (1.09)	0.56MN (1.25)
	耐震壁1層		1.86MN (1.19)	2.26MN (1.37)

＊(a)(b)：腰壁の取り扱いのケース

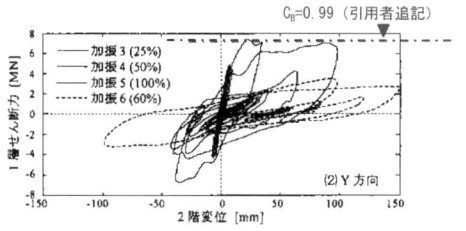

(b) 1層せん断力−2階変位関係

図 3.5.40 実大6層鉄筋コンクリート造耐震壁フレームの振動台実験[59]

実は，図 3.5.39 に示した実大3層試験体の実験[58]でも，建物の実強度の上昇が起こっている．計算上の最大強度はベースシア係数で 0.63 であったが，基礎を固定した Run6 では応答せん断力は2倍強の 1.3 に達している（図 3.5.39(d)参照）．コンクリートどうしの摩擦係数は 0.65 程度であり，建物強度の上昇がなければ，Run4 での基礎底面の滑りは発生しなかった可能性もある．

図 3.5.34 では，兵庫県南部地震での学校建築群の被害を建物強度の上昇で説明するためには，耐震診断で評価された強度の 1.75 倍以上の強度を見込む必要があることを示したが，上述の実大試験体の振動台実験では，計算上の強度の2倍以上の応答せん断力が発揮されており[58)59]，建物の強度上昇だけでも建物被害の低減の説明がつくことになる．

(7) まとめ

本項では，低層 RC 造建物で地震動強さと建物損傷の乖離が起こる原因を，実建物の被害の分析や，振動台実験により検討した研究を紹介した．既往の研究では，入力の相互作用による入力損失，非線形領域における慣性の相互作用，基礎底面の滑りによる入力低減，建物の実強度の上昇，などが原因として取り上げられている．しかし，低層建物では地震観測が行われていないので，多くの場合，原因の究明は推論の域に止まる．また，研究例が少ないこともあって，共通の原因があるのか，原因が事例毎に異なるのか，なども明確にはなっていない．

低層 RC 造建物における地震動強さと建物損傷の乖離は，安全側の現象となっているため見過ごされてきたという側面があるが，耐震設計の論拠を明確するために解決しておくべき問題である．また，防災対策における有限な資源の適正配分という観点に立つと，安全側の評価となることが必ずしも望ましいとは言えない．今後は，建物の地震観測の促進を図るとともに，現状で入手可能なデータを有効利用した実証的な研究も推し進めて行くことも必要である．

3.5.4 超高層建物の観測記録に基づく増幅特性と動特性評価

超高層建物の代表的な地震被害の事例として，1995年兵庫県南部地震（モーメントマグニチュード$Mw6.9$）による，芦屋市のS造高層集合住宅群における柱・ブレース接合部の破断や神戸市中央区のS造高層事務所建物の水平残留変位が挙げられる[60]．残念ながら，これら建物における地震記録

が存在しなかったため，観測記録に基づく地震動入力と建物応答に関する検証は行われていない．一方，強震記録が得られている超高層建物において，上記地震による神戸市長田区のSRC造高層集合住宅における小梁や雑壁のせん断破壊[61]といった事例を除けば，構造体の外観的な被害例は比較的少ない．しかしながら，兵庫県南部地震および2011年東北地方太平洋沖地震(Mw9.0)の際に，超高層RC造系建物の応答が弾性域を超えていたとの指摘がある[62]～[67]．また，東北地方太平洋沖地震時に多くの超高層建物において強震記録が得られた．これら記録は，固有周期や減衰定数の同定とそれに基づく設計モデルや耐震補強効果の検証にも活用されている[例えば67]～[68]．大変形に至らずとも，弾性域および塑性率が比較的小さい応答レベルの弾塑性域における建物の復元力特性や減衰特性の検証は，将来遭遇する可能性がある設計時の想定を超える地震動入力に対する建物安全性の検討やその内容の高度化のためには重要と考えられる．

一方，非構造体としての間仕切り壁，天井材の破損やひび割れ，エレベーター等の設備や配管機器等の故障や破損は複数の地震に対して報告されており[例えば21]，100～350cm/s^{2}程度の床応答レベルの範囲において最大加速度の増加と共に被害率が上昇する傾向にある[69]．

本項では超高層建物で強震記録が得られた東北地方太平洋沖地震，兵庫県南部地震に加え，近い将来，発生が危惧されている東南海・南海地震の想定震源域付近で発生した2004年9月5日の紀伊半島南東沖の地震(Mw7.5)による，S造系とRC造系に分類した建物群の最大応答，入力地震動レベルおよび被害状況について概観した上で，これら地震によって複数の建物で得られた観測記録に基づく動特性（剛性・減衰）の統計的評価結果[70]について述べる．

（1）主要な地震による入力地震動と建物応答の記録

東北地方太平洋沖地震による仙台・関東・大阪平野の3地点と兵庫県南部地震の震源域及び震源域から十数km離れた大阪平野上の2地点の建物基部あるいは地盤上での観測波形（速度）を図3.5.41に示す．さらに，これら地点の直上あるいは近傍地点に建つ超高層建物の最上部観測点の応答変位波形を図3.5.42に示す．ここで示した地点の地震動の最大速度において，兵庫県南部地震の方が東北地方太平洋沖地震に比べて2～3倍大きく，一方継続時間において，東北地方太平洋沖地震の方が長くなっており，内陸地震と海溝型地震の特徴の違いが見られる．

図3.5.43の擬似速度応答スペクトルにおいて，仙台市の周期3秒前後における値が告示で定める安全限界（極希に発生する地震）のスペクトル（工学基盤）を上回っており，後述する仙台市内の同周期帯に固有周期を持つ超高層建物の応答に寄与していると思われる．しかしながら，このピークの成因についてはサイト近傍での地盤調査に基づく深部構造による増幅特性では説明が困難であるとの指摘がなされており[71]，東北地方に限らず海溝型地震による長周期地震動の入力動を検討する上で，伝播経路の増幅効果を考慮することの必要性を示唆している．一方，関東地方の周期2～7秒間のスペクトル値は，さいたま市において50cm/sに至るピークが見られるが，東京都心においておおよそ30cm/s程度となっており，入力地震動のレベルとしては告示で定める損傷限界（希に発生する地震）に対して2倍程度となっている．また，これら地震動の特徴として，図中に示した約3秒以下が卓越した兵庫県南部地震や新宿区において6～7秒の卓越周期を持つ紀伊半島南東沖の地震とは

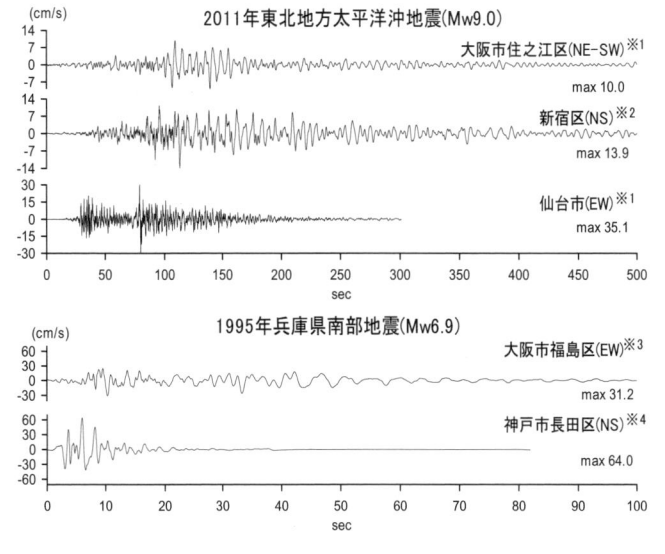

図 3.5.41 地盤・建物基部の観測記録（速度波形）

　異なり，約2秒以上の長周期帯域において比較的平坦な周期特性を示している．その結果，東京都心部において1次のみならず2次振動モードの影響を多く受けた建物が見られたことに加え，高さ100m前後のRC造建物から200mを超えるS造建物まで，概略としては一様な入力地震動の大きさであったことが推察される．

　東北地方太平洋沖地震の大阪市住之江区において6～7秒のスペクトル値が仙台や関東平野のレベルと同程度となっている．このピークは，地震基盤と堆積層の速度コントラストが明瞭な大阪堆積盆地構造において励起された表面波（ラブ波）によるものと考えられ，例え震央距離が離れていても長周期の表面波による地震動が堆積地盤の深部構造によって，選択的にある周期帯において大きくなることを示している．さらに，図3.5.43には2011年三陸沖の地震(M_w7.6)と前述の紀伊半島南東沖の地震による新宿区におけるスペクトルも描いている．両者を比較すると，周期4秒以上において関東平野の南西方向に震央が位置する後者の地震による振幅の方が3～5倍大きい．この振幅の差は，両地震間の規模や震央距離の相違だけでは説明が困難であり，伝播経路による増幅特性が震央方向によって異なることが原因と考えられる．このことは，同紀伊半島南東沖の地震が南海トラフ沿いの巨大地震の想定震源域[72]付近に位置していることから，来るべき同巨大地震による超高層建物への入力地震動の評価において，平野域の堆積盆地構造のみならず，表面波の伝播経路となる南海上の地下構造による増幅特性も考慮すべきであることを暗に示唆している．なお，東北地方太平洋沖地震と同規模に設定されている上述の南海トラフの巨大地震(M9.0)時の入力レベルを概算するため，上述の三陸沖と紀伊半島南東沖の二つの地震間の応答スペクトルの比(3～5)を東北地方太平洋沖地震による上述の東京都心域での応答スペクトルへ単純に乗ずる．その結果，告示スペクトル（安全限界）を長周期の広い帯域において上回るレベルとなり，今後のシミュレーション等に基づく詳細な検討が待たれる．

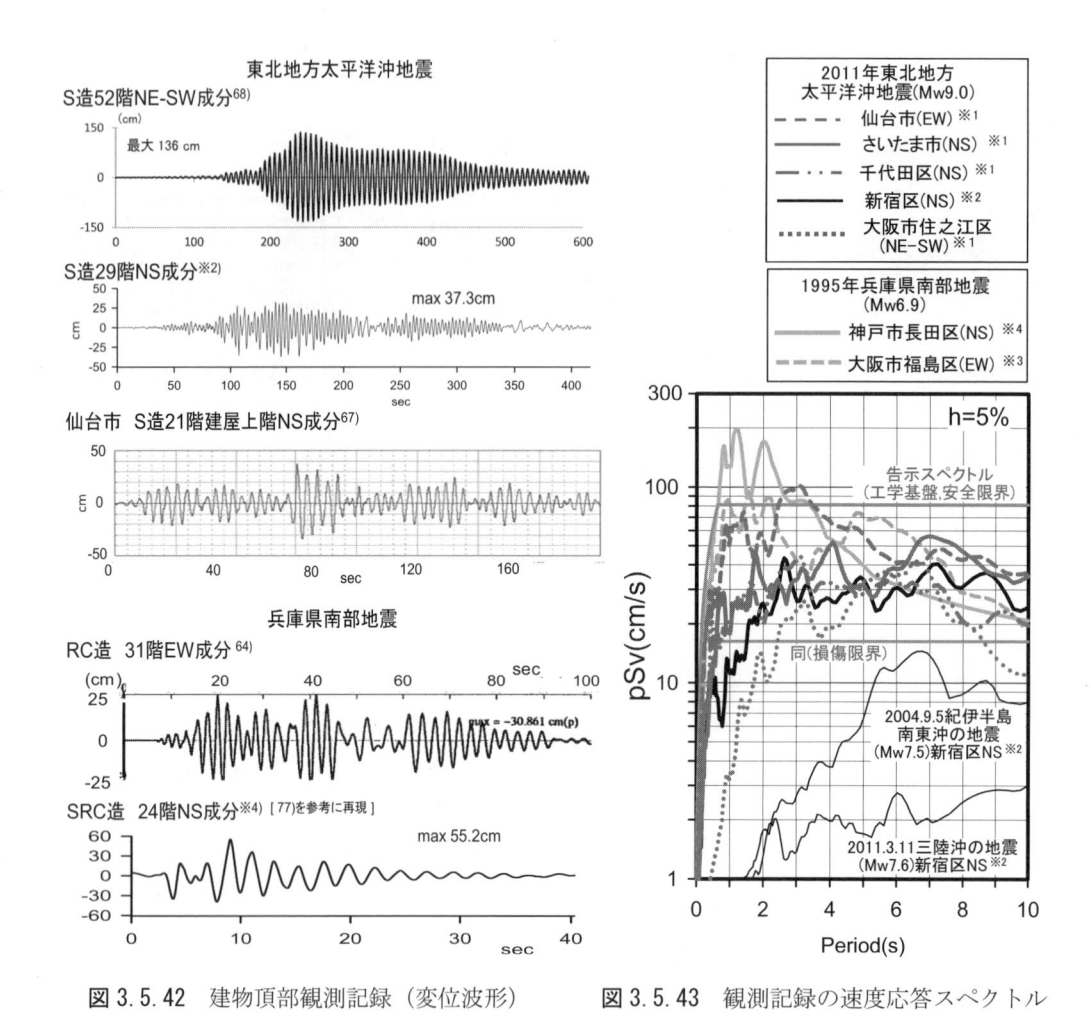

図 3.5.42 建物頂部観測記録（変位波形）　　図 3.5.43 観測記録の速度応答スペクトル

（2）超高層建物の最大応答レベル

　兵庫県南部地震と東北地方太平洋沖地震時において，最大加速度100cm/s^{2}以上の記録が得られた超高層建物の内，S造系21棟，RC造系14棟の応答が報告されている[67]〜[69]．また，兵庫県南部地震による大阪平野に建つ一部の超高層建物の強震観測記録も公開されている[73]．これら建物の最大加速度の高さ方向の分布を図3.5.44において，構造種別毎に示す．建物の水平2方向の応答の内，最も大きな加速度が得られた方向成分について示している．建物基部に対する建物上部の増幅倍率を加速度応答レベルに関わらずグラフの傾きによって比較できるように，水平軸を対数表記としている．東北地方太平洋沖地震による仙台市に建つS造建物の最上部観測点（タワー部分を除く）の最大応答は400cm/s^{2}を超えており，兵庫県南部地震による大阪市内に建つS造超高層建物の最大応答値をやや上回っている．この応答には，建物の設計用固有周期(3秒前後)と前述の入力地震動の卓越周期が一致したことが影響していると考えられる．しかしながら，図3.5.45に示す当該建物の最上部の最大相対変位が50cm程度に抑えられており，加速度より変位応答を抑制する制振装置の効

果が発揮されたようである．また，構造躯体の被害も特に報告されておらず，このことは応答が弾性範囲であったとされる兵庫県南部地震による大阪市港区に建つS造建物（図3.5.45右上）の頂部最大相対変位から略算された最大層間変形角（以下，本項では単に最大層間変形角と称す）(1/200rad)と同程度の変形レベルであったこととも対応がつく．なお，最大層間変形角に対するピークファクター（変形モードから求まる層毎の変形角の内，その最大値）は一般的に1.5～2倍と考えられる．

関東地域におけるS造の最大加速度応答値は100～300cm/s^{2}の範囲に多くの建物は分布している．これら建物の最大加速度の増幅率は，2.5～5倍である．また，東京都心に建つ幾つかのS造建物の中間階において，2次振動モードの影響と考えられる大きな応答を示している．一方，S造建物の最大層間変形角としては耐震及び制振構造において1/350rad程度であり，免震構造ではより低くなっている．なお，大阪市湾岸部に建つS造建物では1/200rad程度となっており，当該建物の固有周期（6.5秒程度）と前述の入力地震動の卓越周期が一致したことによる．以上，S造建物に対する2つの地震による強震記録の分析や再現によれば，応答は何れも弾性範囲であったようである[67]．

RC造系建物に対する最大加速度の高さ方向の分布は，水戸市及び東京都港区に建つ免震と制振建物を除けば，ほぼ一様に増幅しており，最上部の最大加速度応答値は300 cm/s^{2}前後に集中している．これは，超高層RC造のほとんどは集合住宅であり，建物高さの差も少ないため，建物毎の振動特性の差異がS造建物ほど大きくないことが原因と思われる．これらRC造の最大加速度応答レベルは，併せて示す兵庫県南部地震による神戸市の激震域に建つSRC造（下層部が店舗，中・高層部が集合住宅）の1/3程度，同地震による大阪市に建つRC造建物と同等かやや上回る程度である．一方，最大層間変形角に関して，関東地域に建つ幾つかの建物において1/200rad程度となっており，前述の兵庫県南部地震による神戸市に建つSRC造建物と同程度となっている．

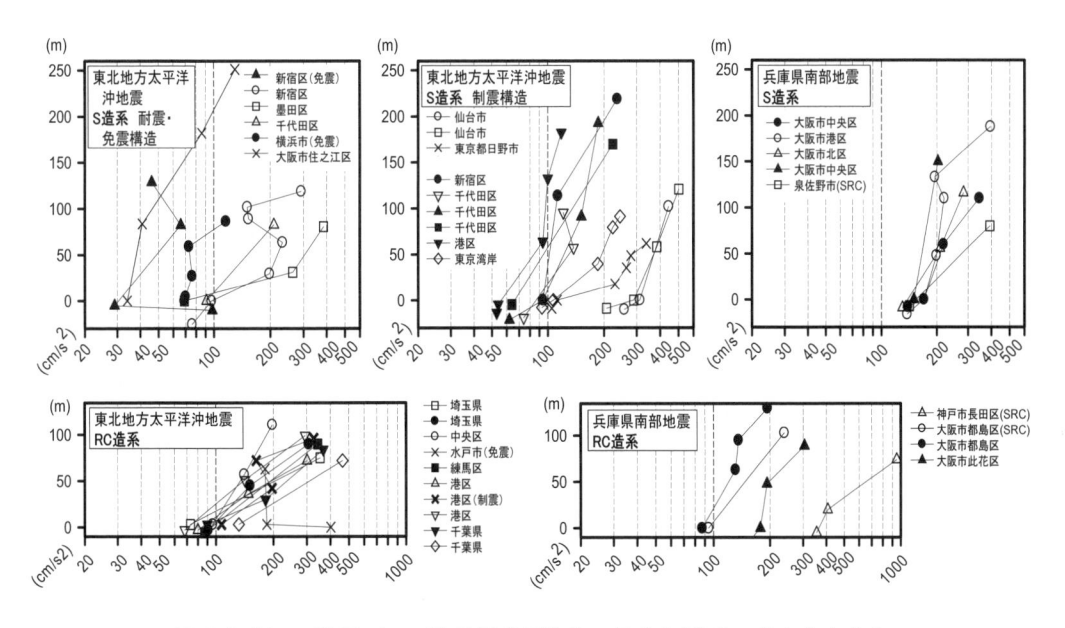

図3.5.44　S造及びRC造系超高層建物の最大加速度の高さ方向分布

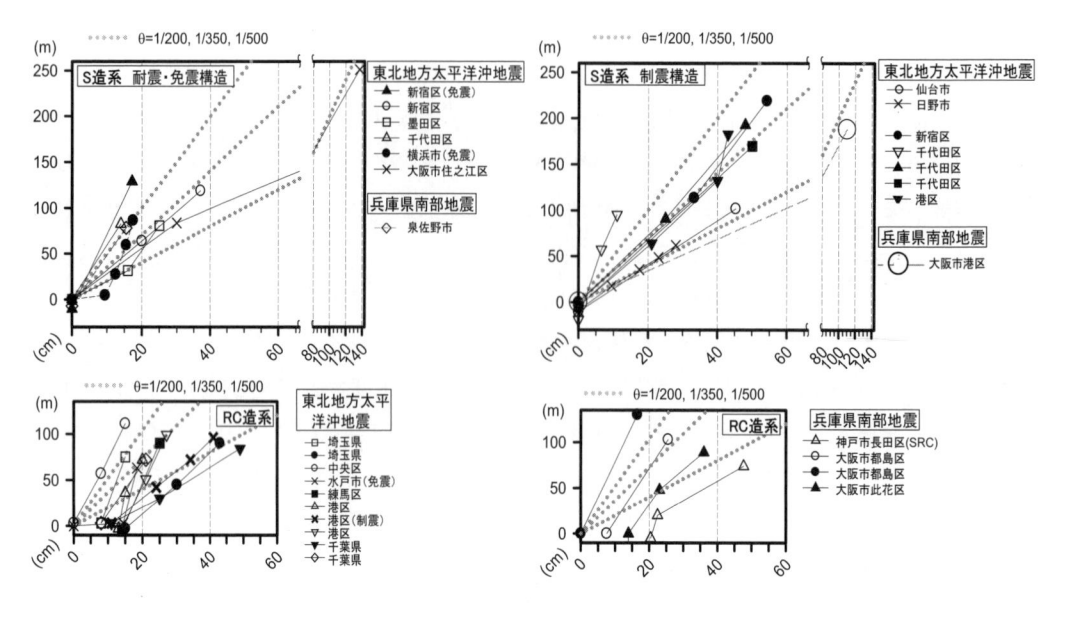

図 3.5.45 S造及びRC造系超高層建物の最大変位の高さ方向分布

(3) 地震動継続時間内における固有振動数と減衰定数の変動

建物固有周期が弾性範囲の応答であっても振幅の大きさにより変化することが報告されている[例えば74)～76)]．図3.5.46は，主な3つの地震に対する震動継続時間内における1次固有振動数（継続時間中の最小固有振動数あるいは小さな応答レベルとなった他の地震により同定された固有振動数で基準化）の変動と建物最上部の変位波形の包絡曲線の関係を示した例である．なお4棟中，2棟については減衰定数の同定結果も示している．紀伊半島南東沖の地震による大阪市に建つ200mクラスのS造建物[75)]及び兵庫県南部地震による泉佐野市に建つ100mクラスのSRC造建物（柱SRC，はりSの純ラーメン構造）に共通して，振幅の増加と共に固有振動数が低下し，震動の終息と共に初期の固有振動数に回復していることが分かる．両建物の最大層間変形角は，それぞれ1/250,1/450程度であり性能規定型設計の損傷限界レベル(1/200)以下となっていることから，何れも弾性応答範囲であったと考えられる．一方，兵庫県南部地震時における神戸市に建つSRC造建物（一部記録がオーバースケールしているため，文献77)を参考にデータを再現）及び東北地方太平洋沖地震時における都心に建つRC造建物（何れも100mクラス）において，震動が終息しても固有振動数が回復せず，初期の65%前後となっている．しかしながら，両建物の最大層間変形角は1/200，1/175程度であり，相対的に前述のS造系に比べて最大層間変形角に対する剛性低下の割合が高い傾向にある．

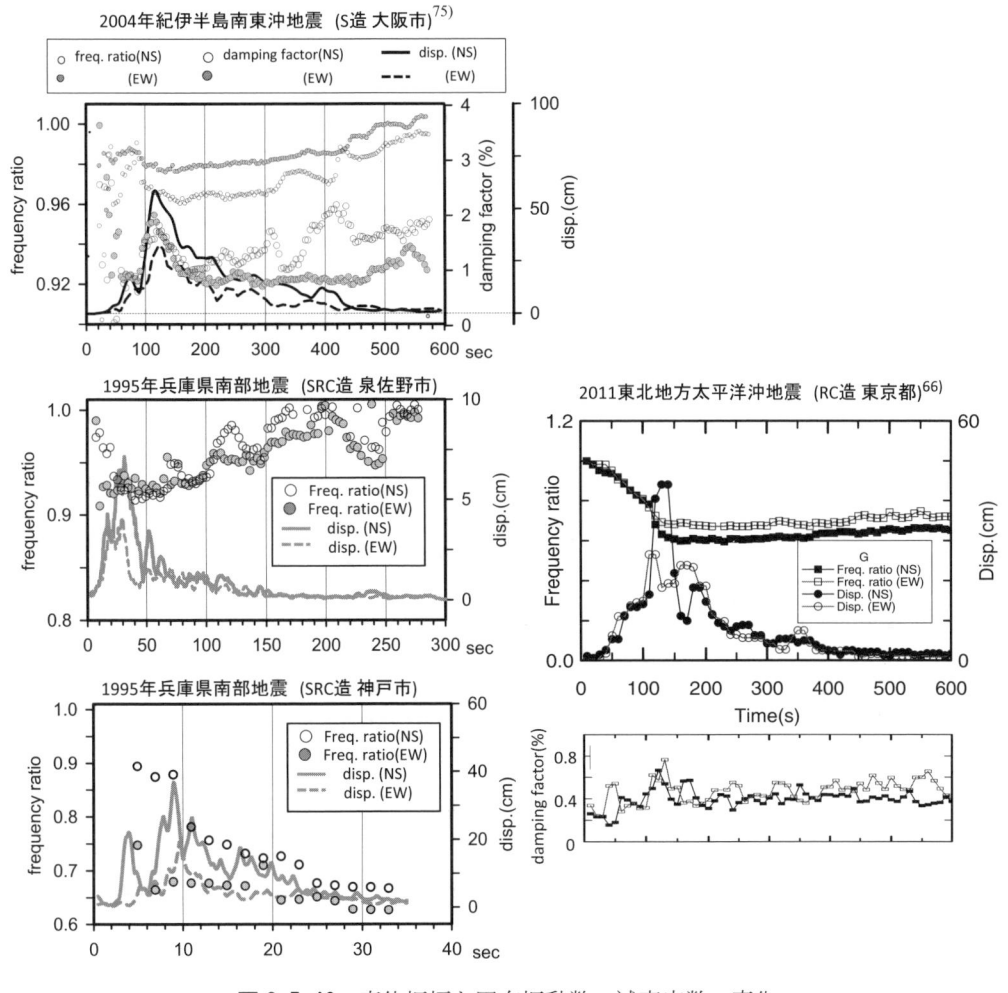

図 3.5.46 変位振幅と固有振動数・減衰定数の変化

（4）固有振動数の低下および減衰定数の増加と変形レベルの関係

超高層建物の最大層間変形角に対する建物剛性の低下割合と減衰定数の増分を前出の建物群について統計的に評価を行う．図3.5.47の各種の丸印は，応答相対変位が小振幅時に対する最大振幅時の固有振動数の比率（固有振動数比；f/f_0）と最大層間変形角（γ）の関係を示す（一つの建物について水平2成分をプロット）．なお，後述する減衰定数の同定を含め，兵庫県南部地震のように主要動前の小振幅のデータ長が短く，精度の高いシステム同定ができない建物については，最大応答相対変位が小さな他の小地震（対象とする大きな地震以前に取得されたもの）に対して同定された値を基準値としている．一方，同図の×印は固有振動数の基準値として，設計時の値（f/f_d）を採用した場合のプロットも参考値として示す．S造系の●印は前述の泉佐野市に建つ柱SRC，はりSの建物であり，他の純S造建物に比べてγに対するf/f_0の低下割合が高い．他の純S造において，γの増加とf/f_0の低下には負の相関が見られるものの，ばらつきが大きい．原因として高次振動モードや制振装

置の影響が考えられる．一方 RC 造系において，地震によるばらつきが少なく，f/f_0 はほぼ γ によって決定されることが分かる．そこで，図には $f/f_0 - \gamma$ および $f/f_d - \gamma$ 関係の回帰曲線を併記している．回帰式の導出は図 3.5.48 に示すように次の手順で行った．

① $q_0 = (f/f_0)^2 \gamma$，$q_d = (f/f_d)^2 \gamma$ よりそれぞれの式の左辺である q 値を求める．ここで，$q_0 = Q/k_0$，$q_d = Q/k_d$（Q は等価一質点系に対する層せん断力，k_0 は小振幅時の剛性，k_d は設計時の剛性）でもある[78]．② 得られた q 値と対応する γ をプロットし，バイリニア型となるように折れ点を挟んで個別に線形回

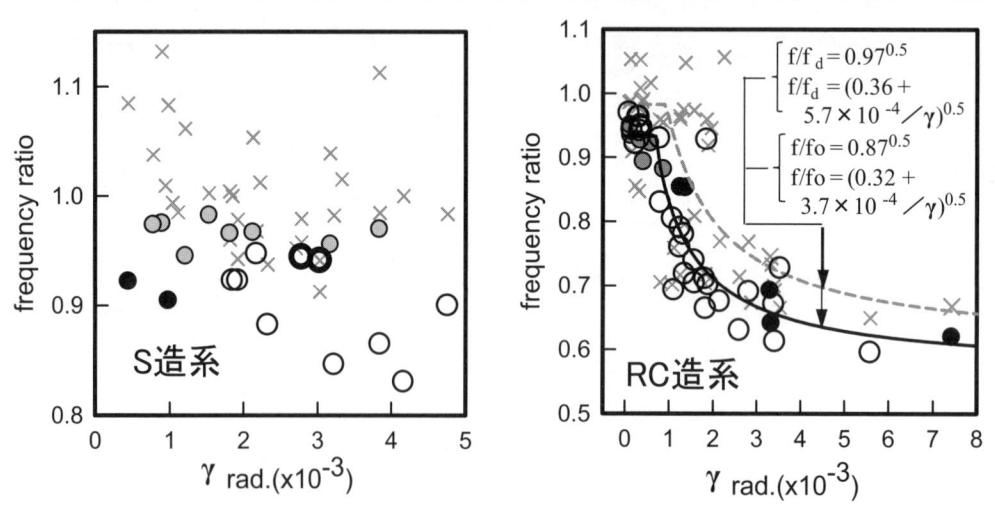

図 3.5.47 固有振動数比と層間変形角の関係（各種丸印；f/f_0，×印；f/f_d）

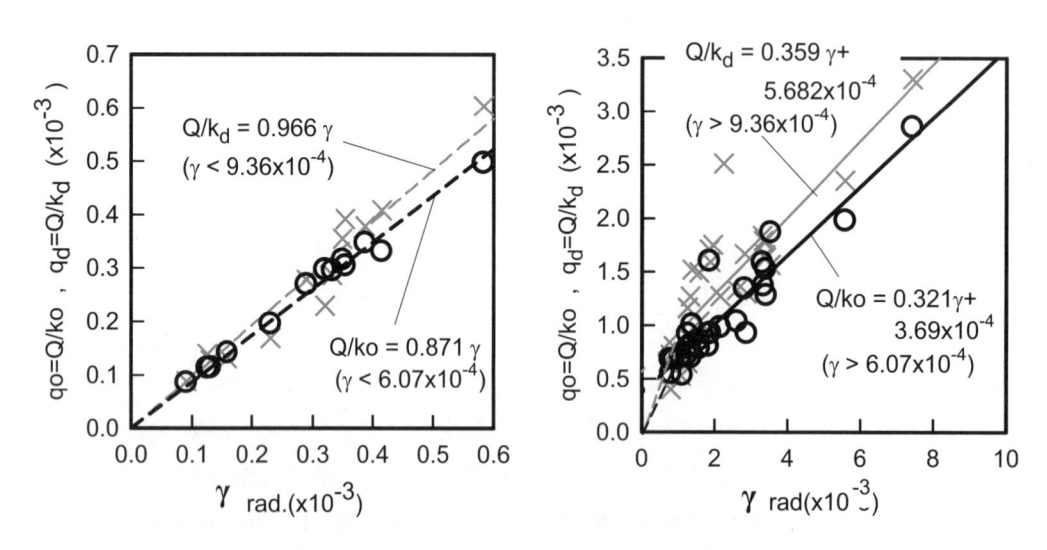

図 3.5.48 RC 造系の等価せん断力と層間変形角の関係（○印；$q_0 = Q/k_0$，×印；$q_d = Q/k_d$）

帰分析を行う．その結果，折れ点のγは初期剛性値としてk_0を採用した場合において6.07×10^{-4}（弾性限層間変形角γ_0とする）となる．③図中に記した回帰結果を図3.5.47に写像する．なお，理想的なモデルでは初期剛性時のq値－γ関係の傾きは1となる．

ここでは建物の平均的な変形レベルにおける剛性の低下割合について検討したが，兵庫県南部地震時の異なる変形レベルを有する3つのRC造系建物（●印に対応）に対する解析モデルによる応答の再現結果[63)～65)]によれば，①γが約7×10^{-3}の建物では多くの階で第2折点に至る応答を，②γが約3×10^{-3}の建物では全ての層で第1折点を超え，一部の階で第2折点に至る応答を，③γが約1.5×10^{-3}の建物では中間層で第1折点をやや超える応答を示している．これら建物の被害を要約すると，①の建物では中廊下両側開口部付近の小梁のせん断破壊と非構造壁の損傷が顕著に見られ，②の建物では大梁に軽微なひび割れとALC版の目地に沿うひび割れが発生している．一方，東北地方太平洋沖地震による関東地方に建つRC造への住居者を対象に採られたアンケートの結果，「高層部では家具や冷蔵庫といった重量物の転倒や移動が80%弱生じていたが室内壁紙や内装材の亀裂は25%程度に留まっている．一方，低層部では上述の高層部の様相とは逆に，重量物の転倒や移動は20%程度であるが，内壁紙や内装材の亀裂が60%強となっている」との報告がある[69)]．

図3.5.49の各種丸印は最大振幅時の減衰定数(h)とγの関係を示す．×印は小振幅時のhを示すが，対応する建物，方向成分における最大振幅時のγ上にプロットしている．固有振動数比と最大層間変形角の関係と同様，S造系のh-γ関係のばらつきは大きいが，非制振・純S造のhとγに明瞭な関係は見られず，大振幅時に1～3%弱の範囲にある．一方，RC造系においてはh-γ間にも明瞭な関係が見られる．γ_0以下の変形レベルにおける減衰定数（h_0；γ_0以下の丸印と全ての×印の平均）は1.71%となった．従って，これを弾性域における減衰定数とし，それを超える変形レベルの散布点に対して非線形回帰を行った．なお，回帰式は弾塑性復元力特性の等価剛性（減力勾配）の分母

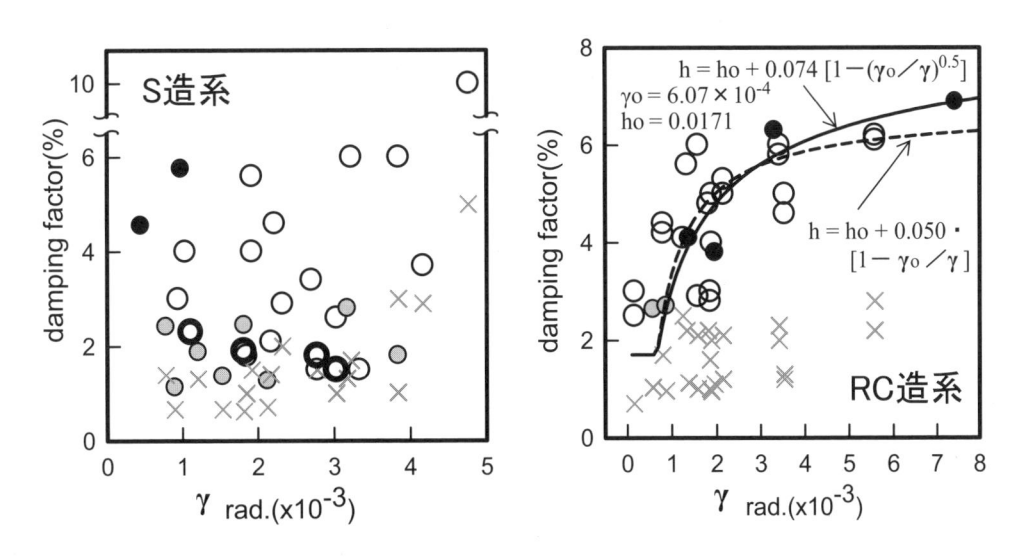

図3.5.49 減衰定数と層間変形角の関係（各種丸印；大振幅時，×印；小振幅時）

となる塑性率($\mu=\gamma/\gamma_0$)を平方根とした場合(実線)と,しない場合(破線)による2通りについて求めた[78].結果として,RC造系においては固有振動数比の回帰結果と同様,単純な一質点系によるバイリニア型弾塑性復元力特性モデルにより変形と振動パラメータが関係づけられている.なお,建物の応答振幅の増大に伴う固有振動数の低下および減衰定数の増加の原因として,建物構造材料に加え,地盤材料の非弾性的な性質(地盤物性の非線形化に伴う建物と地盤間の動的相互作用による逸散減衰の増加)が挙げられる.本項の結果は両者の減衰が合わさったものであると考えられるが,観測記録に基づいてこれらを分離することは容易ではない.しかしながら,RC造系に限れば最大層間変形角に至った地震後数ヶ月から1年以上経過した幾つかの建物において記録された小地震や微動から同定された固有振動数は,最大応答変位発生後の震動終息時の固有振動数(図3.5.46を参照)とほぼ一致しているようである.このことは,上述の固有振動数の低下および減衰定数の増加に含める割合として,地盤への逸散減衰よりむしろ建物材料の履歴減衰の方が大きいことを意味している.

参 考 文 献

1) 日本建築学会:1995年兵庫県南部地震災害調査速報,1995.3
2) 阪神・淡路大震災調査報告編集委員会:阪神・淡路大震災調査報告 共通編-2,日本地震学会,地盤工学会,土木学会,日本建築学会,日本機械学会,1998.3
3) 日本建築学会近畿支部:1995年兵庫県南部地震鉄骨造建物被害調査報告書,1995.5
4) 日本建築学会兵庫県南部地震特別研究委員会・日本建築学会近畿支部耐震構造研究部会 特定研究課題1-SWG1:1995年兵庫県南部地震強震記録資料集,1996.1
5) 菊池正幸:遠地実体波による震源のメカニズム,月刊 地球,号外 No.13a,pp.47-53,1995.8
6) Sekiguchi, H., K. Irikura, T. Iwata, Y. Kakehi, M. Hoshiba : Minute locating of fault planes and source process of the 1995 Hyogo-ken Nanbu earthquake from the waveform inversion of strong ground motion, J. Physics of the Earth, Vol.44, pp.473-487, 1995
7) 岩田知孝・入倉孝次郎・土岐憲三・笹谷努・工藤一嘉・瀬尾和大・横井俊明:神戸市及びその周辺部の地下構造探査,平成7年度文部省科学研究費(総合研究A「平成7年兵庫県南部地震の被害調査に基づいた実証的分析による被害の検証」研究成果報告書(代表・藤原悌三,07300005),pp.2-21 - 2-49.,1996.3
8) 川瀬博:強震動特性と地下構造-兵庫県南部地震における震災帯の生成メカニズム-,第26回地盤震動シンポジウム,pp. 9-20, 1998.10
9) 源栄正人・永野正行:深部不整形地下構造を考慮した神戸市の地震動の増幅特性解析-兵庫県南部地震における「震災の帯」の解釈-,日本建築学会構造系論文集,第488号,pp. 39-48, 1996.10
10) 川瀬博・松島信一・Robert W. Graves・Paul G. Somerville:「エッジ効果」に着目した単純な二次元盆地構造の三次元波動場解析-兵庫県南部地震の際の震災帯の成因-,地震,第2輯,第50巻,第4号,pp. 431-450, 1997
11) 日本建築学会:2000年鳥取県西部地震災害調査報告・2001年芸予地震災害調査報告,2001.10
12) 緑川光正・長谷川隆・向井昭義・西山功・福田俊文・山内泰之:1995年兵庫県南部地震における特定地域の鉄骨造建物被害調査,日本建築学会構造系論文集,第493号,pp.115-120,1997.3
13) 寺田岳彦・矢部喜堂・真瀬伸治・坂本真一:1995年兵庫県南部地震における被災鉄骨造建物の地震時挙動と梁端の損傷,日本建築学会構造系論文集,第492号,pp.139-147,1997.2
14) 芳村学・岩渕一徳:1995年兵庫県南部地震により崩壊したピロティを有する鉄筋コンクリート建物の非線形解析,日本建築学会構造系論文集,第486号,pp.75-84,1996.8

15) 安井譲・井口道雄・赤木久眞・林康裕・中村充：1995年兵庫県南部地震における基礎有効入力動に関する考察，日本建築学会構造論文集，第512号，pp.111-118，1998.10
16) Inaba, T., H. Dohi, K. Okuta, T. Sato, and H. Akagi : Nonlinear response of surface soil and NTT building due to soil-structure interaction during the 1995 Hyogo-ken Nanbu (Kobe) earthquake, Soil Dynamics and Earthquake Engineering, Vol.20, pp.289-300, 2000.12
17) 北村春幸・寺本隆幸・鵜飼邦夫・村上勝英・秋山宏・和田章：兵庫県南部地震における建築物の被害研究，建物被害に基づく地震エネルギー入力評価，日本建築学会構造系論文集，第503号，pp.165-170，1998.1
18) 北村春幸・寺本隆幸・鵜飼邦夫・村上勝英・秋山宏・和田章：兵庫県南部地震における建築物の被害研究，建物被害に基づく新耐震設計法・耐震診断法の評価，日本建築学会構造系論文集，第504号，pp.127-132，1998.2
19) 林康裕・北原昭男・平山貴之・鈴木祥之：2000年鳥取県西部地震の地震動強さの評価，日本建築学会構造系論文集，第548号，pp.35-41，2001.10
20) 北原昭男・林康裕・奥田辰雄・鈴木祥之・後藤正美：2000年鳥取県西部地震における木造建物の構造特性と被害，日本建築学会構造系論文集，第561号，pp.161-167，2002.11
21) 日本建築学会：2011年東北地方太平洋沖地震災害調査速報，2011.7
22) Kashima, T., S. Koyama, I. Okawa, and M. Iiba : STRONG MOTION DATA RECORDED IN BUILDINGS DAMAGED BY THE 2011 GREAT EAST JAPAN EARTHQUAKE, Proceedings of the International Symposium on Engineering Lessons Learned from the 2011 Great East Japan Earthquake, 1-4, Tokyo, Japan, pp.1169-1179, 2012.3
23) 源栄正人・本間誠・セルダルクユク・フランシスコアレシス：構造ヘルスモニタリングと緊急地震速報の連動による早期地震情報統合システムの開発，日本建築学会技術報告集，第14巻，第28号，pp.675-680，2008.10
24) 元樋敏也・後藤航・杉村義文・豊田耕造・齋藤堅二郎・土肥博：東北地方太平洋沖地震における仙台市内の低層鉄筋コンクリート造建物の地震応答特性（その1 観測記録に基づく入力地震動の分析），日本建築学会，学術講演梗概集，2012.9
25) Goto, W., T. Motohi, Y. Sugimura, S. Nagashima, H. Dohi, M. Suzuki, and K. Saito : A STUDY ON SEISMIC RESPONSE OF BUILDING IN SENDAI DURING THE 2011 GREAT EAST JAPAN EARTHQUAKE, Proceedings of 15th World Conference on Earthquake Engineering, Paper No. 1025, 2012.9
26) Miwada, G., O. Yoshida, R. Ishikawa, and M. Nakamura : OBSERVATION RECORDS OF BASE-ISOLATED BUILDINGS IN STRONG MOTION AREA DURING THE 2011 OFF THE PACIFIC COAST OF TOHOKU EARTHQUAKE, Proceedings of the International Symposium on Engineering Lessons Learned from the 2011 Great East Japan Earthquake, 1-4, Tokyo, Japan, pp.1017-1024, 2012.3
27) Goto, W., T. Motohi, Y. Sugimura, S. Nagashima, K. Toyota, M. Suzuki, H. Dohi, and K. Saito : EVALUATION OF EARTHQUAKE RESPONSE OF HIGH-RISE BUILDING WITH DAMPERS IN SENDAI DURING THE 2011 OFF THE PACIFIC COAST OF TOHOKU EARTHQUKAE, Proceedings of the International Symposium on Engineering Lessons Learned from the 2011 Great East Japan Earthquake, 1-4, Tokyo, Japan, pp.1077-1086, 2012.3
28) Hisada, Y., T. Yamashita, M. Murakami, T. Kudo, J. Shindo, K. Aizawa, and T. Arata : SEISMIC RESPONSE AND DAMAGE OF HIGH-RISE BUILDING IN TOKYO, JAPAN, DURING THE GREAT EAST JAPAN EARTHQUAKE, Proceedings of the International Symposium on Engineering Lessons Learned from the 2011 Great East Japan Earthquake, 1-4, Tokyo, Japan, pp.1110-1119, 2012.3
29) 鹿嶋俊英・北川良和：強震記録に基づく進化戦略手法による建物の振動特性推定，日本建築学会構造系論文集 第602号，p145-152，2006.4
30) 川島学・永野正行・鹿嶋俊英・井口道雄：長期間に亘る地震観測記録より観察される建物動特性の変化と回帰推定式による予測精度，第13回日本地震工学シンポジウム（2010），pp.1530-1537，2010.11
31) 鹿嶋俊英：2011年東北地方太平洋沖地震の建築研究所建物の強震記録，日本建築学会大会学術講演梗概集，pp.319-320，2011.8
32) 田中匠子・Francisco Arrecis・源栄正人：リアルタイム耐震モニタリングのための建築構造物の損傷度評価に関する研究，日本建築学会東北支部研究報告集 第70号 構造系，pp.99-102，2007.6
33) 荒川利治・原健太郎：実測データに基づく鉄骨造中層建物の振動特性評価（その1，その2），日本建築

34) 山本茂和・神尾宏幸・荒川利治：常時微動データに基づく中層建物の振動特性評価と構造モニタリング，日本建築学会大会学術講演梗概集，pp.563-564，2009.8
35) 荒川利治：常時微動測定に基づく鉄骨造高層建物の構造ヘルスモニタリングと減衰性能評価，第13回日本地震工学シンポジウム，pp.4092-4098，2010.11
36) 尾形芳博・広谷浄・相澤直之・井上範夫・野澤貴：ARXモデルによる地震時の建屋剛性の経時的変化に関する検討，日本建築学会東北支部研究報告集，第73号，構造系，pp.159-162，2010.6
37) 尾形芳博・広谷浄・相澤直之・井上範夫・野澤貴：ARXモデルによる中小地震時の建屋初期剛性の経年的変化に関する検討，日本建築学会東北支部研究報告集，第74号，pp.15-18，2011.6
38) 尾形芳博・広谷浄・相澤直之・井上範夫・野澤貴：ARXモデルによる中小地震時の建屋初期剛性の経年的変化に関する検討，日本建築学会大会学術講演梗概集，pp.983-984，2011.8
39) 原口圭・神田順・稲垣光剛：常時微動測定による中低層建物を対象とした地盤・建屋相互作用系の同定手法，日本建築学会構造系論文集，第564号，pp.31-37，2003.2
40) 内藤幸雄・谷野達夫・井口道雄・北田義夫：地盤と建物の動的相互作用の影響を除去した場合の建物のみの振動特性推定，日本建築学会構造系論文集　第564号，p39-46，2003.2
41) ニウシャアリ・内藤幸雄・管雅夫・尾之内厚志・立花篤史：実測に基づく原子炉建屋の基礎固定時伝達関数推定，日本建築学会構造系論文集，第583号，pp.69-76，2004.9
42) 日本建築学会：建築物の減衰，2000.10
43) 吹田啓一郎・松岡祐一・山田哲・島田侑子・多田元英・笠井和彦：震動台実験の概要と弾性応答特性－実第4層鉄骨造建物の完全崩壊実験　その1－，日本建築学会構造系論文集，第635号，pp.157-166，2009.1
44) 笠井和彦・引野剛・伊藤浩資・大木洋司・元結正次郎・加藤史人・馬場勇輝：実験の全体概要および非制振状態での応答性状　3次元震動台による実大5層制振鋼構造物の実験研究　その1，日本建築学会構造系論文集，第663号，pp.997-1006，2011.5
45) 独立行政法人防災科学研究所「ASEBI」より　https://www.edgrid.jp/
46) 金洋平・小林正人：実大震動台実験公開データに基づく実大鉄骨造建物の減衰特性評価，日本地震工学会シンポジウム論文集，2010.11
47) 笠井和彦・村田真一郎・加藤史人・引野剛・大木洋司：振動台の回転を加味した建物試験体の周期・減衰・モード形の同定法，日本建築学会構造系論文集，第670号，pp.2031-2040，2011.12
48) 伊藤浩資・笠井和彦・引野剛・加藤史人・馬場勇輝・関川久範：実大制震建物試験体の固有周期と減衰定数の推定結果および妥当性の検証(E-ディフェンス鋼構造建物実験研究　その61)，日本建築学会大会学術講演梗概集 (北陸)，C-1，pp.811-812，2010.9
49) 壇一男・渡辺宏一・菊地優・海老原学：1993年釧路沖地震(M7.8)の釧路地方気象台における強震記録のもつ建物破壊力に関する検討，日本建築学会構造系論文報告集，第454号，pp.51-60，1993.12
50) 日本建築学会：1995年兵庫県南部地震鉄筋コンクリート造建築物の被害調査報告書，第Ⅱ編学校建築，1997
51) 鈴木芳隆・小鹿紀英・山田有孝・岡野創・大島穣：低層鉄筋コンクリート造建物の被災度評価検討，日本建築学会大会梗概集，No.23319，2006.8
52) 建設省住宅局建築指導課監修：「震災建築物等の被災度判定基準および復旧技術指針」，(財)日本建築防災協会，1991
53) 鈴木芳隆・小鹿紀英・岡野創：低層RC造建物の強度－被災度関係から推定される耐力余裕度について，日本建築学会大会梗概，No.21154，2007.8
54) 日本建築学会：「鉄筋コンクリート造建物の耐震性能評価指針（案）・同解説」，2004.1
55) 山原浩：地震時の地動と地震波の入力損失，日本建築学会論文報告集，第165号，pp.61-66，1969
56) 土方勝一郎・杉山達也・徳光亮一・山添正稔・古山田耕司・岡野創・宮本裕司：2004年新潟県中越地震で被害を免れたRC造校舎の入力地震動と地震時応答に関する研究，日本建築学会構造系論文集，第73巻，第631号，pp.1519-1527，2008.9
57) 山添正稔・前田匡樹・三辻和弥・岡野創：2008年岩手・宮城内陸地震で小被害を受けたRC造学校建物の地震時応答に関する研究―基礎梁の埋込み分による側面地盤ばねの影響を考慮した検討―，日本建築学会構造系論文集，第76巻，第660号，pp.263-272，2011.2

58) 壁谷澤寿一・壁谷澤寿海・松森泰造・壁谷澤寿成・金祐錫：実大3層鉄筋コンクリート建物の振動実験，日本建築学会構造系論文集，第73巻，第632号，pp.1833-1840，2008.10
59) 松森泰造・白井和貴・壁谷澤寿海：大型振動台による鉄筋コンクリート耐震壁フレーム構造の耐震性に関する研究－実大6層試験体と3次元振動台実験結果の概要－，日本建築学会構造系論文集，第614号，pp.85-90，2007.4
60) 阪神・淡路大震災調査報告 建築編-3：阪神・淡路大震災調査報告編集委員会，日本建築学会，pp.142-177，1997.7
61) 阪神・淡路大震災調査報告 共通編-2：阪神・淡路大震災調査報告編集委員会，日本建築学会，pp.230-233，1998.3
62) 木村匡・田中幹夫・此上典文・中村充・日下部馨：兵庫県南部地震における新長田駅前高層SRC造建物の解析的検討-その1：建物被害と観測地震波，日本建築学会大会学術講演梗概集(近畿)，構造II，pp.533-534，1996
63) 宮久保秀樹・日下部馨・前田幸典・山口英雄：1995年兵庫県南部地震に対する高層建物の弾塑性地震応答解析，日本建築学会大会学術講演梗概集(近畿)，構造II，pp.551-552，1996
64) 住宅・都市整備公団，(株)鴻池組：1995年兵庫県南部地震 高見フローラルタウン15号棟超高層RC造集合住宅の地震応答記録からの耐震性に関する調査報告，1996
65) 中村充・安井譲・若松邦夫・野畑有秀：観測地震波に基づく構造物動的復元力特性の評価に関する基礎的検討-41階建てRC建物における兵庫県南部地震前後の復元力特性の評価-，日本建築学会大会学術講演梗概集 (北海道)，B2，構造II，pp.445-446，1995.7
66) 永野正行・肥田剛典・渡辺一弘・田沼毅彦・中村充・井川望・保井美敏・境茂樹・森下真行・川島学：2011年東北地方太平洋沖地震時の強震記録に基づく関東・関西地域に建つ超高層集合住宅の動特性，日本地震工学会論文集 特集号「2011年東日本大震災」その1，第4号，pp.4_65-4_79，2012.9
67) 応答制御建築物調査委員会報告書：日本免震構造協会，2012.1
68) 鹿嶋俊英・小山信・大川出：平成23年(2011年)東北地方太平洋沖地震における建物の強震観測記録，建築研究資料・建築研究所，No.135，2012.3
69) 長周期地震動対策に関する公開研究集会：日本建築学会・構造委員会・長周期建物地震対応小委員会，2012.3
70) 上林宏敏・永野正行：超高層建物の強震観測記録に基づく増幅特性と動特性評価，日本建築学会技術報告集，第42号，435-440，2013.6
71) 源栄正人：東日本大震災を経験して思う地盤震動研究の重要性，第39回地盤震動シンポジウム，pp43-50，2011.11
72) 南海トラフの巨大地震モデル検討会，内閣府，
http://www.bousai.go.jp/jishin/chubou/nankai_trough/nankai_trough_top.html （2012年3月13日掲載版）
73) 日本建築学会 1995年兵庫県南部地震ディジタル強震記録，日本建築学会兵庫県南部地震特別研究委員会 特定研究課題1-SWG1・日本建築学会近畿支部耐震構造研究部会，1996.12改訂版
74) 斎藤知生：モード解析型多入力多出力ARXモデルを用いた高層建物のシステム同定，建築学会構造系論文集，第508号，pp.47-54，1998.6
75) 上林宏敏・大西良広・林康裕：2004年9月紀伊半島南東沖地震の観測記録に基づく大阪平野の超高層建築物の振動特性，日本建築学会技術報告集，第31号，679-684，2009.10
76) 高島芳火・平澤光春・鈴木敏夫：高層建物での兵庫県南部地震の観測結果と固有周期の変動，日本建築学会大会学術講演梗概集 (北海道)，B2，構造II，pp.441-442，1995
77) 日下部馨・前田幸典・田中幹夫・沢井布兆：兵庫県南部地震の激震地に建つ高層建物の観測地震動，構造工学論文集，42B，pp.15-22，1996.3
78) 柴田明徳：最新耐震構造解析，森北出版，4章 pp.113-144，1981

4章　地震動の特性化

　最近は，地震動の評価技術が高度化し，震源特性や地盤特性を考慮した精度の高い地震動評価が可能になっている．一方で，従来想定していた以上の大振幅な地震動の評価結果も多く示されるようになっており，ある評価をされた特定の地震動を，耐震設計上どのように扱うのかを判断するのが困難な面がある．このような状況において，地震動評価の前提とその評価結果をよく理解した上で，適切に地震荷重を設定して構造体を構築することが，耐震設計において重要となっている．一般に上記のような地震動評価は個別の地域や震源などの条件を想定して行われるものであり，震源パラメータや地盤特性，発生の機構や発生頻度などにおける大きなばらつきが存在する．従って，個々の地震動の特性を理解するためには，時系列で得られる地震動をある指標と関連付けるなどした"特性化"を行うことにより，パラメータの影響を系統的に検討・理解することが容易になり，耐震設計を行う上で有用と考えられる．本章では，このようないくつかの特性化の方法を以下の節で紹介し，地震動評価と構造物の応答評価を関連付けるための方向性を示すこととする．

　4.1節では地震動時刻歴の代表値としての最大振幅や各種スペクトル値などの各種地震動指標と，構造物の応答時刻歴の代表値としての最大塑性率および累積塑性変形倍率との関係を検討している．これにより地震動指標を用いた概略の構造物応答評価も可能であり，多様な応用にもつなげられる．

　4.2節では，固有周期ごとの応答最大振幅を表す応答スペクトルと，長周期地震動に対する長周期構造物で問題となる総エネルギー入力を基本としたエネルギースペクトルとを用いて，構造物の最大応答振幅や累積塑性変形倍率などとの関係を整理している．構造物の応答値のクライテリアと直接つながるこの手法は，地震動を構造物の応答と関連付けて評価することができる．

　4.3節では，内陸地震における震源近傍のパルス性地震動を正弦波パルスで理想化し，その応答特性の理論的な展開も示している．このような手法は，地震動と構造物のパラメータ変化による応答特性を理解しやすくすることができ，耐震設計上の対策案を検討するためにも有用である．

4.1 各種地震動指標とその特性

（1）検討概要

建物に対してどの程度の地震動指標で損傷するか（ここで、「損傷する」とは「応答が所定の閾値を超過する」こと）を想定しておくことは、耐震設計において重要である．ただし、単一の地震動指標では地震動の特性を全て表すことができないことから、地震動指標の大きさと建物の応答の大きさは必ずしも単調な関係にはなく、単一の地震動指標に基づく損傷評価のみでは不確実性が発生する．この不確実性を低減するためには、応答との関係が高い地震動指標の選定が必要である．また、この不確実性は建物の応答の非線形性が強いほど大きくなるので、近年の地震動レベルの増大に対しては応答との関係が高い地震動指標の選定が一層重要となる．

そこで、本項では建物損傷に直結すると考えられる応答指標（最大塑性率と累積塑性変形倍率）[1]との単調な関係に着目して、増大する地震動レベルにも対応できるような地震動指標を示す．

（2）検討対象とした地震動指標

地震動指標には以下の11指標を用いた．

①最大地動加速度（PGA）

②最大地動速度（PGV）

③最大地動変位（PGD）

④実効加速度 [2]

実効加速度は、原波形に下式に示す建物周期 T に応じたハイカット振動数 fc を適用した場合の補正波の最大加速度値として定義されており、ここでは「$PGAe$」と呼ぶ．この式(4.1.1)は、波形のハイカット処理が建物の応答にまで影響を及ぼさないよう、原波と補正波による最大応答加速度の差が10%以内におさまるように設定されている．

$$fc = 1.2/T \quad (T<0.2), \quad fc = 5 \quad (T \geq 0.2) \tag{4.1.1}$$

⑤スペクトル強度（SI）[3]

スペクトル強度は、減衰定数 h が20%の速度応答スペクトルを周期が0.1秒から2.5秒まで積分した値とする．

$$SI = \int_{0.1}^{2.5} S_{Vh=0.2}(T)dT \tag{4.1.2}$$

⑥境らのスペクトル強度 [4]

減衰定数 h が20%の速度応答スペクトルを周期が0.8秒から1.2秒まで積分した値を上記の SI と区別し「SI_S」と呼ぶ．

$$SI_S = \int_{0.8}^{1.2} S_{Vh=0.2}(T)dT \tag{4.1.3}$$

なお、上式の積分範囲は対象建物の弾性周期とそれに対する塑性化による建物周期の伸び率に依

存するが[4]，ここでは文献 4）で用いた値とした．また，同文献では減衰定数は 5%としているが，境らは 20%としても建物被災度との相関関係には大きな差が見られないと指摘していることから，ここでは⑤のスペクトル強度と整合させるために，減衰定数は 20%とする．

⑦修正最大力積値（I_{max}）[5),6)]

松村らが提案する修正最大力積値 I_{max} の定義を式(4.1.4)に示す．

$$I_{max} = Min(I'_{max}, PGA \times T_1/4) \tag{4.1.4}$$

ここで，I'_{max}：最大力積値で，加速度波形のゼロ横断点間の時間積分の最大値，T_1：建物の 1 次固有周期（s）である．

⑧加速度応答スペクトル（S_a，弾性，減衰 $h=5\%$）

⑨速度応答スペクトル（S_V，弾性，減衰 $h=5\%$）

⑩変位応答スペクトル（S_d，弾性，減衰 $h=5\%$）

⑪エネルギースペクトル（V_E，弾性，減衰 $h=10\%$）

上記の地震動指標のうち，①～⑦は建物周期に依存しないため，その総称を以降「非周期依存系」，⑧～⑪は建物周期に依存することから，その総称を以降「周期依存系」と呼ぶこととする．なお，$PGAe$ と I_{max} は周期に依存する範囲が特定の周期領域に限られることから，ここでは「非周期依存系」として扱う．

（3）応答評価に用いる地震記録

建物の応答評価に用いる強震記録 67 波の一覧を表 4.1.1 に示す．

No.1～No.14 は土方ら[2)]が分析を行った強震記録の一部であり，No.15～No.67 は図 4.1.1 に示す実効地震継続時間 T_{eff} と単位地震動の反復回数 f 値の関係[7)]が特定の範囲に偏らないように東北地方太平洋沖地震の K-NET 観測記録から選択した記録である．

これらの強震記録の地震動指標間の関係を見るために，図 4.1.2 には，SI と他の非周期依存系地震動指標の相関係数および S_a と他の周期依存系地震動指標の相関係数を示す．ここで，相関係数は次式(4.1.5)により求めている．

$$R = \sum_{i=1}^{n}(\ln x_i - \eta_x) \cdot (\ln y_i - \eta_y) / \left\{ \sqrt{\sum_{i=1}^{n}(\ln x_i - \eta_x)^2} \sqrt{\sum_{i=1}^{n}(\ln y_i - \eta_y)^2} \right\} \tag{4.1.5}$$

ここで，x_i と y_i はサンプルの値，η_x と η_y はそれぞれ x_i と y_i の対数平均である．

同図より，SI は PGV と強い相関があり，SI_S とも相関が強いことが分かる．また，I_{max} も最大力積値で決まる周期領域では SI との相関が高い．さらに，周期依存系の地震動指標では S_a と S_d の相関は極めて高い．

表 4.1.1(1) 対象とした強震記録

地震名	番号	観測波	最大加速度(Gal)	f 値[7]	T_{eff}[7]
釧路沖地震 (1993.1/15, M7.5)	1	JMA 釧路 NS	815	1.90	24.36
三陸はるか沖地震 (1994.12/28, M7.6)	2	JMA 八戸 NS	602	1.27	7.88
兵庫県南部地震 (1995.1/17, M7.3)	3	JMA 神戸 NS	818	0.90	10.68
鳥取県西部地震 (2000.10/6, M7.3)	4	KiK-net 日野 NS	918	0.62	36.59
宮城県北部地震 (2003.7/26, M6.4)	5	JMA 涌谷町 NS	555	0.92	8.67
	6	JMA 涌谷町 EW	513	1.12	6.75
十勝沖地震 (2003.9/26, M8.0)	7	JMA 幕別町 EW	874	1.38	18.95
	8	K-NET 広尾 NS	809	1.58	40.11
新潟県中越地震 (2004.10/23, M6.8)	9	JMA 川口 NS	1142	0.84	41.67
	10	JMA 川口 EW	1676	0.62	34.25
	11	K-NET 長岡 NS	468	0.75	22.25
	12	K-NET 小千谷 EW	1314	0.96	14.69
	13	K-NET 十日町 NS	1716	0.90	2.32
釧路沖地震 (2004.11/29, M7.1)	14	KiK-net 鴨居東 EW	562	1.51	11.67
東北地方太平洋沖地震 (2011.3/11, M9.0)	15	K-NET 野田 NS	321	2.44	51.27
	16	K-NET 梁川 EW	556	2.63	100.62
	17	K-NET 飯舘 NS	568	3.03	97.63
	18	K-NET 原町 EW	445	2.17	92.70
	19	K-NET 葛尾 NS	478	3.61	88.08
	20	K-NET 船引 EW	735	3.58	77.54
	21	K-NET 船引 NS	1011	3.63	60.51
	22	K-NET 小野 EW	793	1.79	74.29
	23	K-NET 小野 NS	491	1.56	80.30
	24	K-NET 広野 EW	882	2.15	66.10
	25	K-NET 広野 NS	1115	2.40	65.13
	26	K-NET いわき NS	373	1.44	68.40
	27	K-NET 白河 EW	948	3.47	46.80
	28	K-NET 白河 NS	1295	2.80	39.84
	29	K-NET 須賀川 EW	492	2.56	73.33
	30	K-NET 須賀川 NS	672	2.98	82.78
	31	K-NET 川内 EW	407	1.84	69.69
	32	K-NET 桐生 NS	280	2.34	46.74
	33	K-NET 大子 NS	303	2.04	76.89
	34	K-NET 高萩 NS	524	1.74	54.27
	35	K-NET 日立 EW	1185	3.21	35.52
	36	K-NET 笠間 EW	595	3.76	55.05
	37	K-NET 笠間 NS	967	2.21	54.35
	38	K-NET 水戸 EW	786	2.46	36.06
	39	K-NET 那珂湊 NS	545	1.43	49.13
	40	K-NET 鹿嶋 EW	650	1.84	34.34
	41	K-NET 鹿嶋 NS	493	2.04	36.63
	42	K-NET 大東 EW	512	2.84	87.33
	43	K-NET 一関 EW	852	3.09	67.82
	44	K-NET 北上 EW(岩手)	454	4.29	93.52
	45	K-NET 北上 NS(岩手)	590	4.59	107.08
	46	K-NET 遠野 EW	438	3.26	74.28
	47	K-NET 相去 NS	309	3.45	91.54
	48	K-NET 気仙沼 EW	426	3.17	83.44
	49	K-NET 気仙沼 NS	412	1.83	89.46
	50	K-NET 東和 NS	570	1.22	94.86
	51	K-NET 古川 EW	571	1.93	115.07
	52	K-NET 豊里 EW	650	2.26	102.27
	53	K-NET 北上 EW(宮城)	293	1.46	110.46
	54	K-NET 石巻 NS	458	2.46	98.51
	55	K-NET 牡鹿 EW	688	1.38	77.20

表 4.1.1(2)　対象とした強震記録

地震名	番号	観測波	最大加速度(Gal)	f 値 [7]	T_{eff} [7]
東北地方太平洋沖地震 (2011.3/11,M9.0)	56	K-NET 塩竈 EW	1969	1.50	103.10
	57	K-NET 仙台 EW	982	1.94	106.72
	58	K-NET 仙台 NS	1517	1.55	89.48
	59	K-NET 作並 NS	495	3.68	111.76
	60	K-NET 岩沼 EW	353	2.81	115.77
	61	K-NET 白石 EW	359	2.57	107.09
	62	K-NET 黒磯 EW	411	2.60	53.83
	63	K-NET 黒磯 NS	362	1.32	47.34
	64	K-NET 小川 NS	377	1.55	59.33
	65	K-NET 小山 EW	419	3.25	55.10
	66	K-NET 茂木 EW	1204	3.11	55.55
	67	K-NET 北高岡 EW	399	1.62	31.37

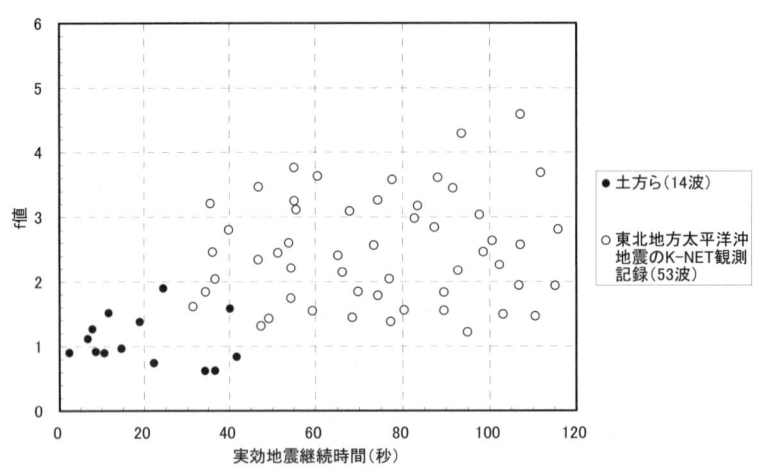

図 4.1.1　単位地震動の反復回数 f 値と実効地震継続時間の関係

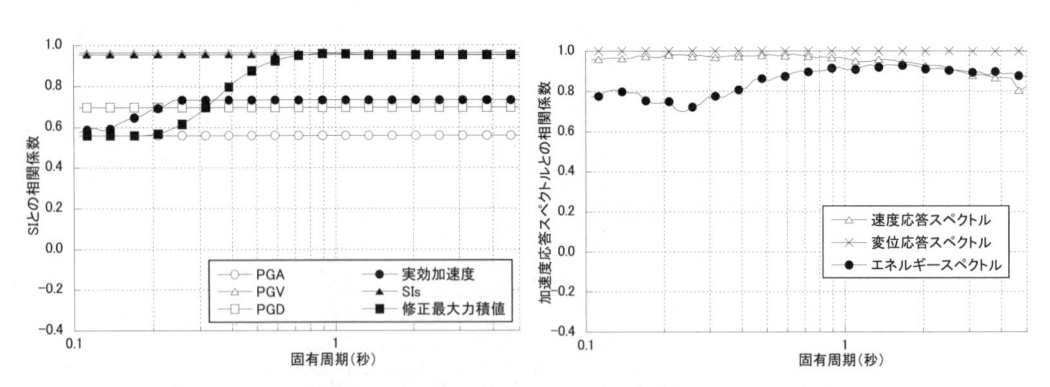

(a)　SI と他の非周期依存系指標の相関　　(b)　S_a と他の周期依存系指標の相関

図 4.1.2　地震動指標間の相関係数の例

（4） 建物モデルと応答指標

応答指標を求めるための建物モデルは基礎固定の1質点系モデル（自由度は水平方向のみ）とし，図 4.1.3 に示すように質点と地盤とを非線形せん断バネで結んでいる．弾性周期は変数とし，0.01秒から10秒の間を対数軸上で100等分した101点を与えた．

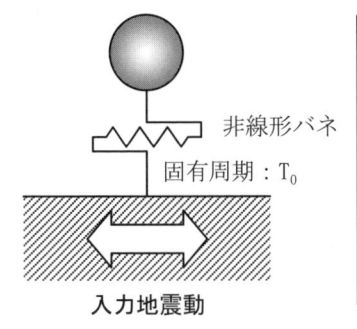

項　目	設定値
骨格曲線	バイリニア
復元力特性	ノーマルバイリニアモデル
減衰	初期剛性比例型 $h = 0.02$
降伏せん断力係数 C_y	$C_y = C_0/T_0$, $C_0 = 0.3$

図 4.1.3　建物のモデル化の概念

復元力特性はノーマルバイリニアとし，減衰は初期剛性比例型，減衰定数は2%としている．初期剛性は前述したように変数で与え，降伏後剛性は初期剛性の1%を与えている．降伏せん断力係数 C_y は，図 4.1.4[8]に示す設計用層せん断力係数 C_b に等しいと仮定し，固有周期 T_0 の関数として式(4.1.6)で与えている．ここで，C_0 は図 4.1.4 を参考に平均的な値である 0.3 とする．

$$C_y = C_0/T_0 \tag{4.1.6}$$

なお，1秒以下の短周期領域においても式(4.1.6)をそのまま適用している．

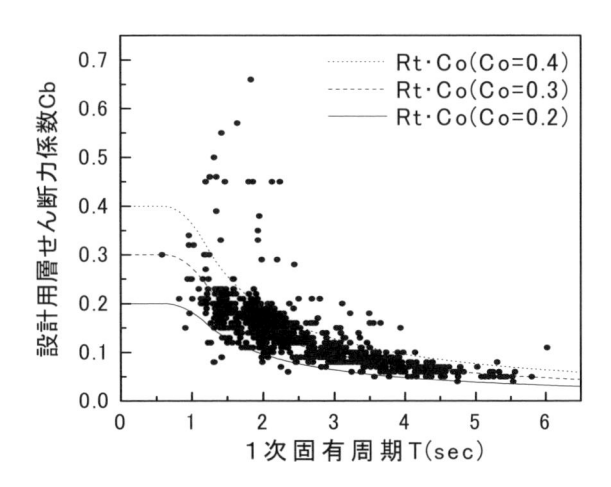

図 4.1.4　固有周期と設計用層せん断力係数の関係 [8]

また，応答指標の最大塑性率と累積塑性変形倍率の定義は以下の通りである．

最大塑性率（μ）：弾性変位に対する最大変位（正負の絶対値の最大値）の比

累積塑性変形倍率（η）：弾性エネルギーに対する累積塑性エネルギーの比

図 4.1.5 及び図 4.1.6 に，得られた最大塑性率及び累積塑性変形倍率を示す．これらの図には顕著な応答を示した地震動を併記してある．

これらの結果から，本検討で用いた地震動による応答は，0.1 秒以下の短周期や 5 秒以上の長周期では弾性応答に近く，0.3 秒から 1.0 秒辺りでは十分な非線形領域に達している．

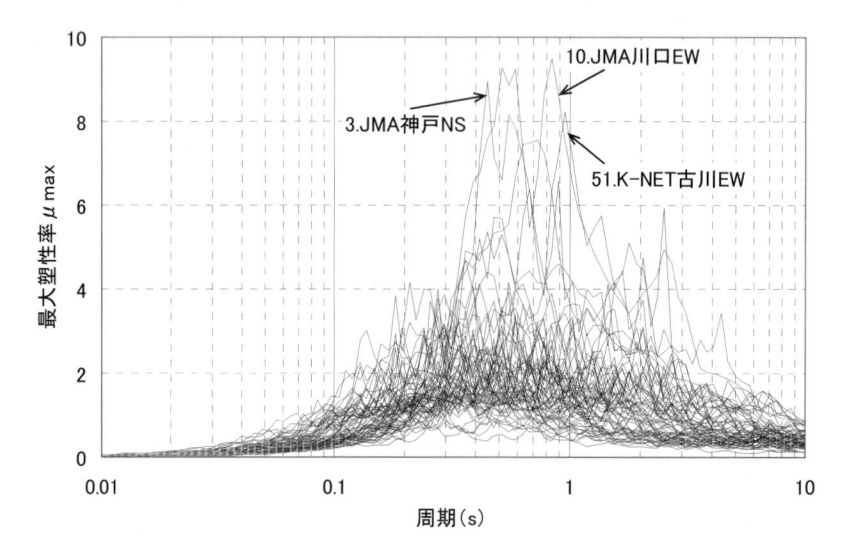

図 4.1.5　最大塑性率（67 地震動）

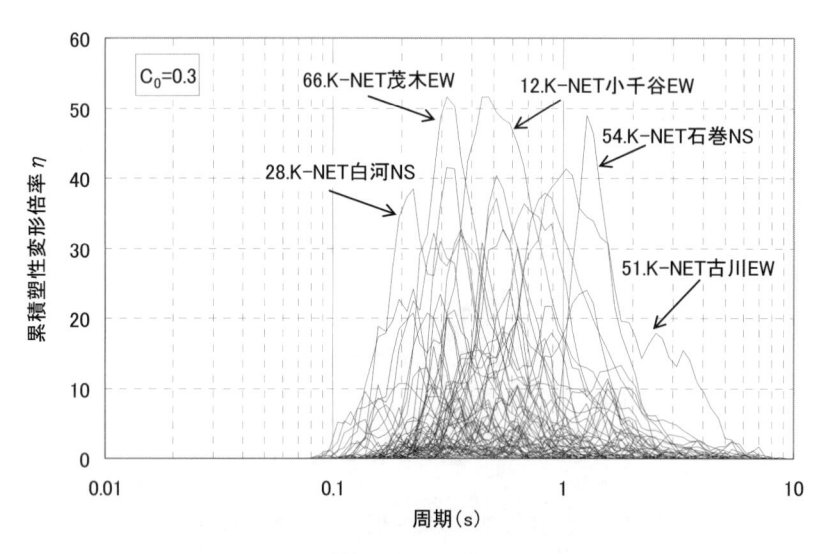

図 4.1.6　累積塑性変形倍率（67 地震動）

（5） 応答指標と地震動指標の相関

応答指標と地震動指標の相関は相関係数で定量化することができる．相関係数 R は前述の式(4.1.5)によって求めている．

最大塑性率または累積塑性変形倍率と地震動指標との相関を求めるにあたっては，建物応答が弾性範囲内にあるデータは相関係数を求める対象から除外している．また，当該周期でのデータ数が 10 未満の場合については十分な精度が得られないと考え相関係数を求めていない．

例として，特定周期（1.0233 秒）の地震動指標と応答指標の関係を図 4.1.7～図 4.1.10 に示す．これらの図上には得られた相関係数 R を示してあり，図中の直線は対数軸上で得られる回帰線である．対数軸上では比較的均等にサンプルが分布しており，特定のサンプルによって相関が支配されていないことがわかる．

図 4.1.11 に建物の周期毎に求めた地震動指標と応答指標の相関係数を示す．ここでは建物応答が塑性域に入る 0.1 秒～5.0 秒間の結果を示した．なお，これらの相関は，当該周期を含め前後 11 個の移動平均値である．同図を見ると，全体的に周期依存系の地震動指標の方が非周期依存系の地震動指標よりも応答指標との相関が高い．

また，非周期依存系の地震動指標では最大塑性率，累積塑性変形倍率とも，相関の高い地震動指標は，短周期では $PGAe$ 等の加速度系で，中周期では PGV や SI 等の速度系および I_{max}，長周期で PGD（変位系）である．なお，SI と PGV は全周期にわたってほぼ同様な傾向を示す．このことは，図 4.1.2 に示したように，SI と PGV は非常に強い相関があることによる．

さらに，周期依存系の地震動指標では最大塑性率，累積塑性変形倍率ともに周期帯に依らず S_a と S_d の相関が高く，傾向は一致している．これは，両者は図 4.1.2 に示したように強い相関があるためである．

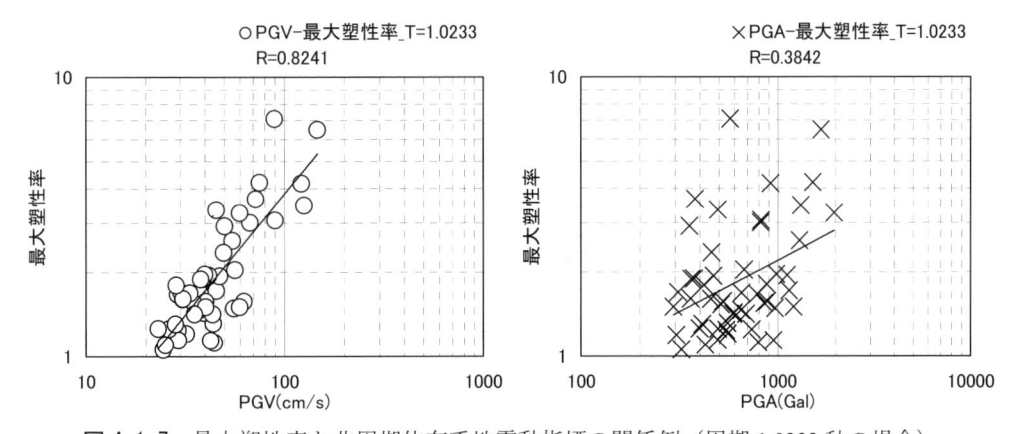

図 4.1.7　最大塑性率と非周期依存系地震動指標の関係例（周期 1.0233 秒の場合）

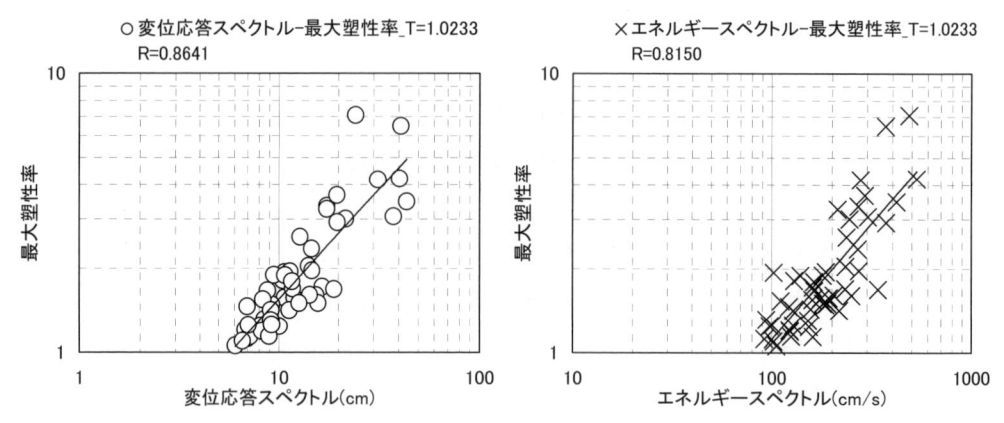

図 4.1.8 最大塑性率と周期依存系地震動指標の関係例（周期 1.0233 秒の場合）

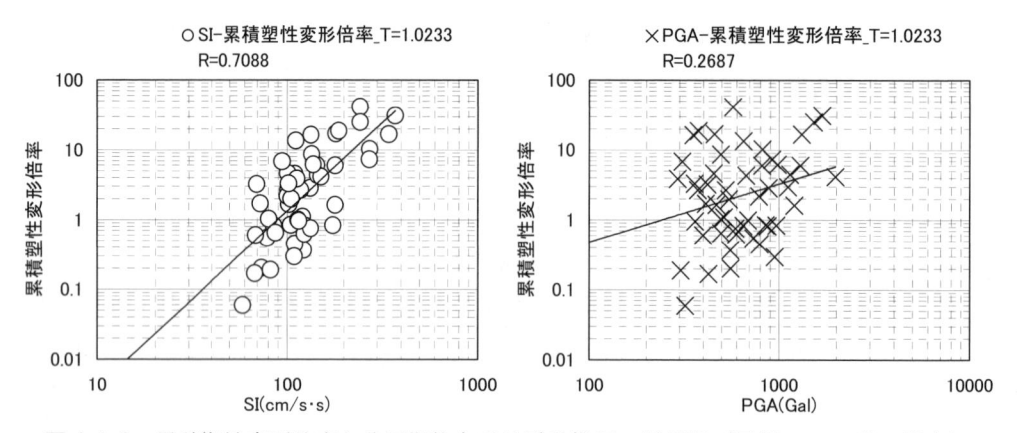

図 4.1.9 累積塑性変形倍率と非周期依存系地震動指標の関係例（周期 1.0233 秒の場合）

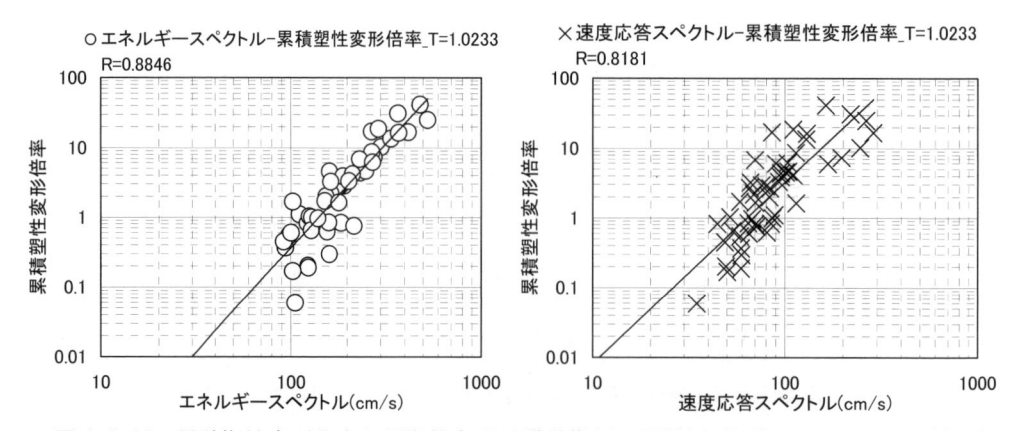

図 4.1.10 累積塑性変形倍率と周期依存系地震動指標の関係例（周期 1.0233 秒の場合）

ただし，図 4.1.11 の結果は弾性に近い状態から強非線形状態までを含んだ相関である．このような幅広い状態に対して単一の地震動指標を用いることは必ずしも合理的ではなく，非線形状態の程度を限定することで，より適切な指標を得る可能性がある．

そこで，北村ら[9]の検討結果を参照して，最大塑性率 μ の値に応じてデータを式(4.1.7)に示す3つの範囲に分類し，塑性化度合いに応じた相関を求めた．

$$1 < 最大塑性率 \leq 2, \quad 2 < 最大塑性率 \leq 4, \quad 4 < 最大塑性率 \tag{4.1.7}$$

ここでは，式(4.1.7)に示す3つの分類のうち「$1<\mu \leq 2$」を軽微な被害，「$2<\mu \leq 4$」を小破～中破，「$4<\mu$」を大破以上と考えることができる．

図 4.1.12 と図 4.1.13 に，「$1<\mu \leq 2$」と「$2<\mu \leq 4$」での相関を示す．建物応答が弾性挙動に近い場合は，全周期での平均的な傾向としては S_a と S_d が応答指標との相関が高く，先に示した図 4.1.11 と同様の傾向を示す．逆に，損傷が進んだ状態では，全周期での平均的な傾向としては，最大塑性率は SI との相関が比較的高く，累積塑性変形倍率は V_E との相関が高い．

ここで，被害状態が大破以上と想定した「$4<\mu$」となる応答結果は，応答指標と地震動指標の相関を算定するのに必要な個数（一つの周期につき 10 個以上）が全周期にわたって得られなかった．この損傷状態での相関の検討については次項に示す．

（6） 地震動の振幅レベルが増大した場合の相関

ここでは，式(4.1.6)に示す降伏せん断力を定義する標準せん断力係数 C_0 を 0.1 とすることで地震動の振幅レベルの増大を模擬する．

図 4.1.14 に，「$4.0<\mu$」となる結果での相関を示す．損傷が進んだ場合には，全周期での平均的な傾向としては，最大塑性率は SI との相関が高い．また，累積塑性変形倍率は「$2<\mu \leq 4$」の場合と同様に V_E の相関が高いが，その傾向は一層強くなる．なお，損傷が進んだ場合には，SI との相関が高い SI_S や PGV および最大力積値で決まる周期領域の I_{max} も最大塑性率とは比較的相関が高い．

また，損傷が進んだ状態では，最大塑性率については SI に比べて応答スペクトル系の相関が低くなっている．これは，弾性周期と塑性化時の周期が異なっていることによるもので，想定する被害の程度に応じてどのような周期で相関を求めるかについては検討が必要である．

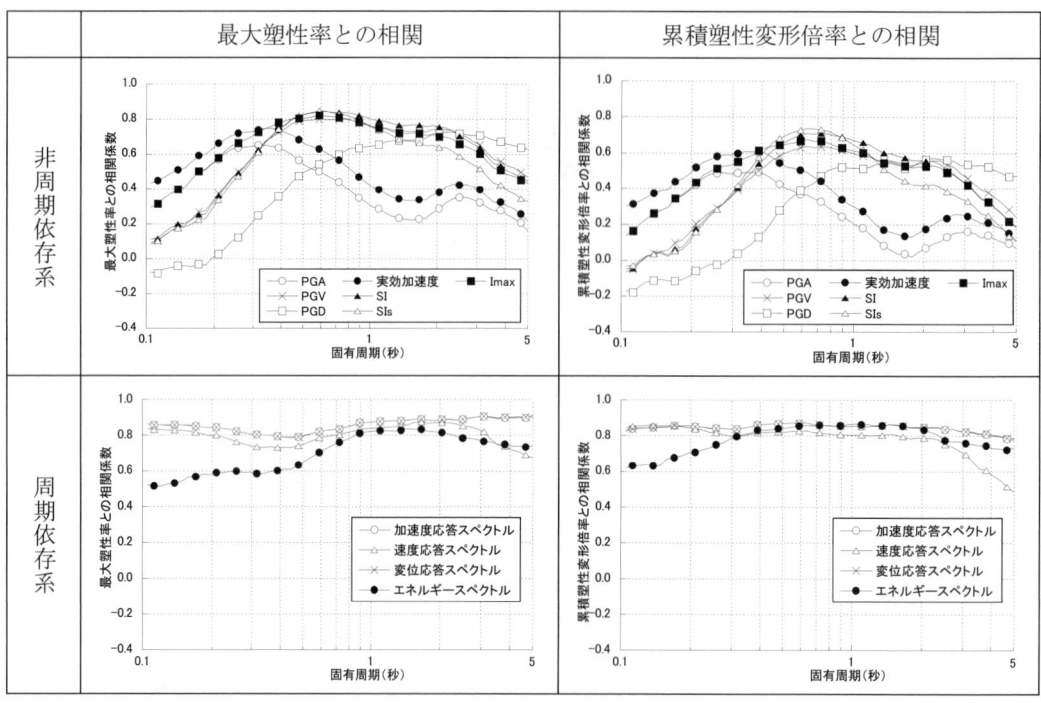

図 4.1.11　地震動指標と応答指標の相関（全応答）

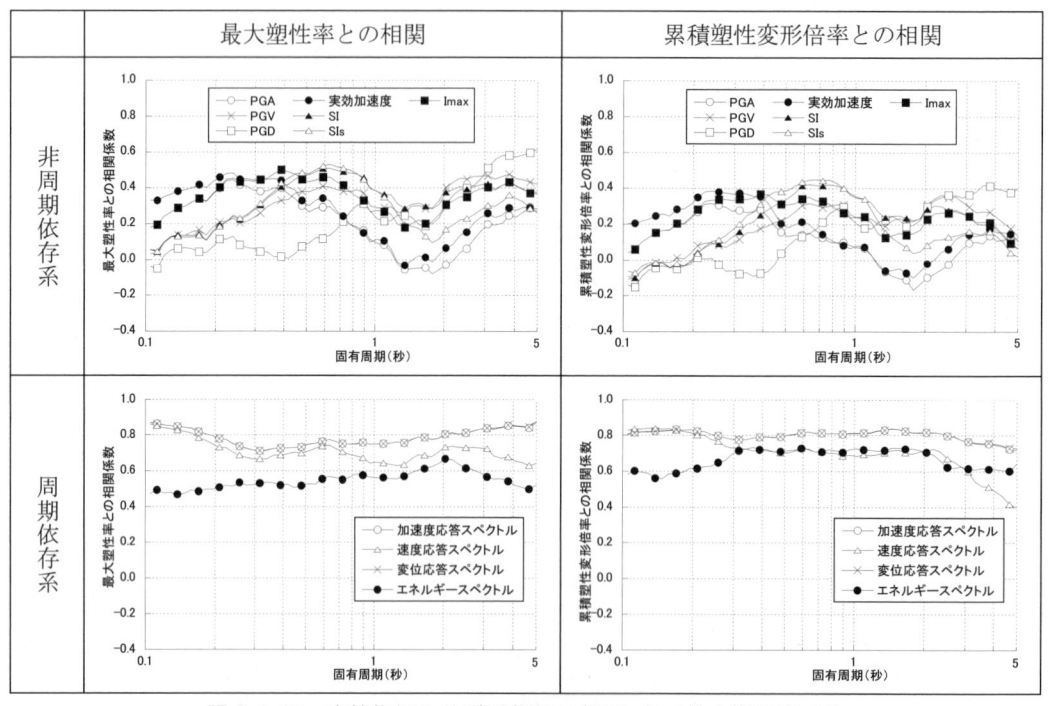

図 4.1.12　応答指標と地震動指標の相関（1＜最大塑性率≦2）

4 章 地震動の特性化 −135−

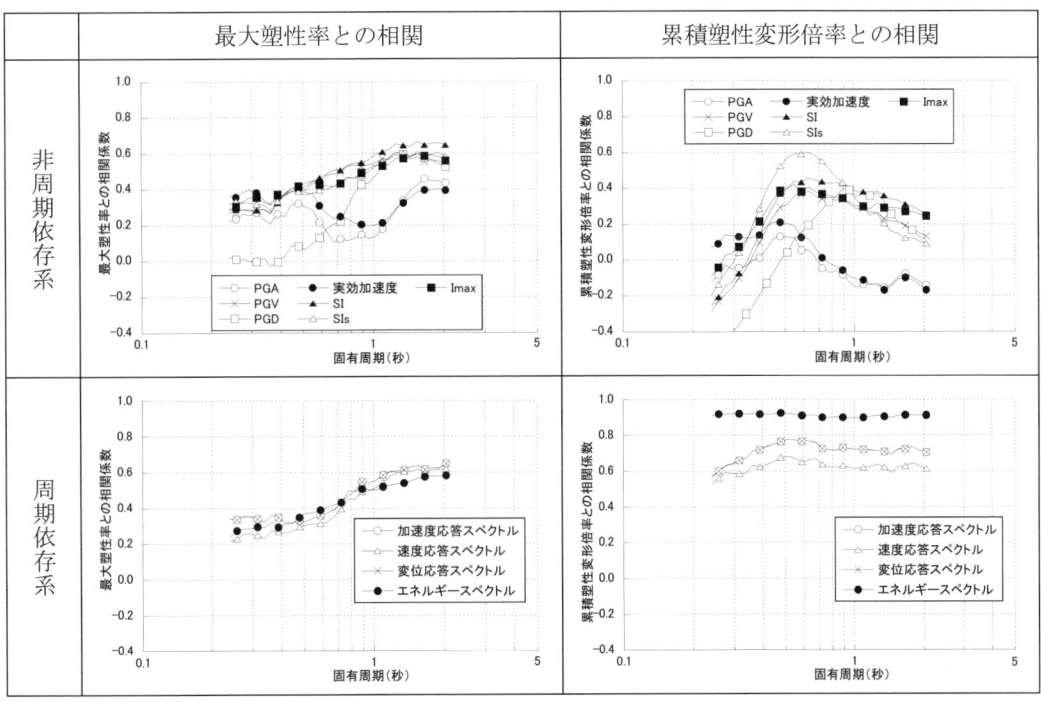

図 4.1.13 応答指標と地震動指標の相関 (2＜最大塑性率≦4)

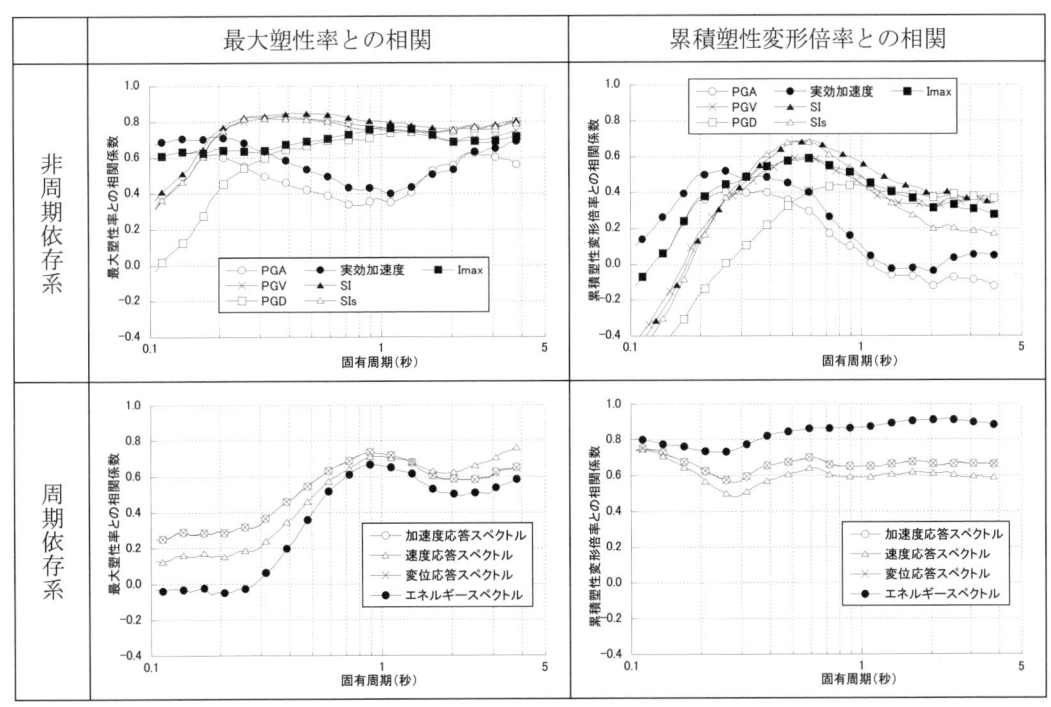

図 4.1.14 応答指標と地震動指標の相関 ($C_0 = 0.1$, 4＜最大塑性率)

（7） まとめ

地震動指標と応答指標の相関については以下のような傾向が見られる．

・損傷状態に応じて地震動指標を使い分けない場合，応答指標との相関は周期依存系の地震動指標の方が非周期依存系の指標より高い．特に，加速度応答スペクトルと変位応答スペクトルが応答指標と高い相関を示す傾向にある．ただし，ここでの結果では弾性に近い応答が多数を占めていることから，この相関は弾性に近い状態での傾向を表している．

・損傷状態に応じて地震動指標を使い分ける場合，応答指標と全周期で平均的に相関の高い地震動指標は表4.1.2のようになる．

表 4.1.2 最大塑性率（μ）の大きさに応じた相関の整理（全周期での平均的傾向）

	$1<\mu\leqq2$	$2<\mu\leqq4$	$4<\mu$
最大塑性率	S_a, S_d	SI, SI_s, PGV	SI, SI_s, PGV
累積塑性変形倍率	S_a, S_d	V_E	V_E

最大塑性率が小さい場合は，加速度応答スペクトルと変位応答スペクトルが応答指標との相関が高い．逆に，最大塑性率が大きい場合は，最大塑性率とはスペクトル強度や最大地動速度の相関が高く，累積塑性変形倍率とはエネルギースペクトルが高い相関を示す．また，スペクトル強度との相関が高い修正最大力積値も最大塑性率と比較的相関が高い．

以上より，建物が弾性状態に近い場合には，弾性の加速度応答スペクトルや変位応答スペクトルを建物への入力地震動の地震動指標として用いるのが良く，建物の応答が終局に近い状態では，地震動指標としてはスペクトル強度や最大地動速度及びエネルギースペクトルを用いるのが適切であると考えられる．このことは，強度型設計の建物については加速度応答スペクトルや変位応答スペクトルが，靭性型設計の建物については地震動指標として，スペクトル強度や最大地動速度及びエネルギースペクトルが適していると読み替えることもでき，建物の構造特性に応じて地震動指標を使い分けることによってより高い精度で損傷の程度を推定する手段の一つと考えられる．今後は，このような構造特性や本項では論じなかった他の履歴特性と地震動指標の関係を定量化していくことが必要であろう．

なお，上記の結果は比較的短周期成分が卓越する実記録による検討に基づくものであり，長周期地震動やパルス性地震動での検討は今後の課題である．

本項では，気象庁，防災科学技術研究所の K-NET，KiK-net による観測記録を使わせて頂きました．

参 考 文 献

1) 秋山宏：エネルギーの釣合に基づく建築物の耐震設計，技報堂出版，pp.43-44, 1999

2) 土方勝一郎・杉山達也・石田智昭・柳下文雄・間瀬辰也：強震動記録の分析による構造物周期に対応した実効加速度に関する一考察，第 12 回日本地震工学シンポジウム，pp.334－337，2006.11
3) Housner, G. W.: Behavior of Structures during Earthquakes, Pro. ASCE, EM4, Oct, 1959
4) 境有紀・吉岡伸悟・纐纈一起・壁谷澤寿海：1999 年台湾集集地震に基づいた建物被害を予測する地震動の破壊力指標の検討，日本建築学会構造系論文集 第 549 号，pp.43-50，2001.11
5) 樋口義規・松村和雄：弾塑性建物の最大地震応答と地震動のパルスに基づいた強さの指標との関係，日本建築学会大会梗概集（関東），B-2，pp.51-52，2006.9
6) 平良祥太・松村和雄：ある層に変形が集中する建物の損傷と相関の高い地震動強さの指標に関する研究，日本建築学会大会梗概集（関東），B-2，pp.47-48，2006.9
7) 秋山宏・北村春幸：エネルギースペクトルと速度応答スペクトルの対応，日本建築学会構造系論文集 第 608 号，pp.37－43，2006.10
8) 馬谷原伴恵・北村春幸：長周期地震動に対する鋼構造高層建物の耐震安全性評価，その 1 時刻歴応答解析による耐震安全性評価，日本建築学会大会学術講演梗概集（近畿），B-2，pp.373-374，2005.9
9) 北村春幸・宮内洋二・浦本弥樹：性能設計における耐震性能判断基準値に関する研究―JSCA 耐震性能メニューの安全限界値と余裕度レベルの検討―，日本建築学会構造系論文集 第 604 号，pp.183－191，2006.6

4.2 エネルギー入力の特性化と応答評価

超高層建物等の時刻歴応答解析に用いられる標準波の El Centro1940 記録 NS，直下地震の神戸 1995 記録 NS と海溝型地震の新宿 2011 記録(TKY007)NS の地動加速度波形，速度波形を図 4.2.1 に示す．図 4.2.1 より，El Centro 波や神戸波に比べて新宿波は継続時間が長く，150 秒以降では加速度波形は小さくなるが，速度波形はあまり減衰しないで振動を続ける特徴が見られる．地震動による建物応答を示すものとして応答スペクトル及びエネルギースペクトルがあげられる．応答スペクトルは建物応答の最大応答値と対応し，エネルギースペクトルは建物応答の累積値と対応する．このような継続時間の長い長周期地震動と，継続時間が数十秒の標準波や直下地震による地震動との速度応答スペクトル S_V とエネルギースペクトル V_E による比較を図 4.2.2 に示す．建物応答における最大値と累積値の差異を見るために，これらの地震動の V_E と S_V の比率を見ると，図 4.2.2 より，El Centro 波や神戸波，八戸 1968 記録 EW では，3〜10 秒間の平均 S_V が 20〜30cm/s に対して平均 V_E が 45〜65cm/s と V_E/S_V=2.3 倍程度の値を示す．一方，長周期地震動である苫小牧 2003 記録 NS では，平均 S_V が 48cm/s に対して平均 V_E が 125cm/s と V_E/S_V=2.6 倍，新宿波では平均 S_V が 23cm/s に対して平均 V_E が 80cm/s と V_E/S_V=3.4 倍と大きくなる．継続時間が長くなることにより，最大値である S_V に比べて累積値である V_E が相対的に大きくなる傾向を示す．これらのスペクトルを活用することによって，建物の地震時の応答挙動が総合的にとらえられる．また，応答スペクトルとエネルギースペクトルとの関係は，直下地震による地震動や長周期地震動などの地震動そのものの性格を表していると考える[1]．

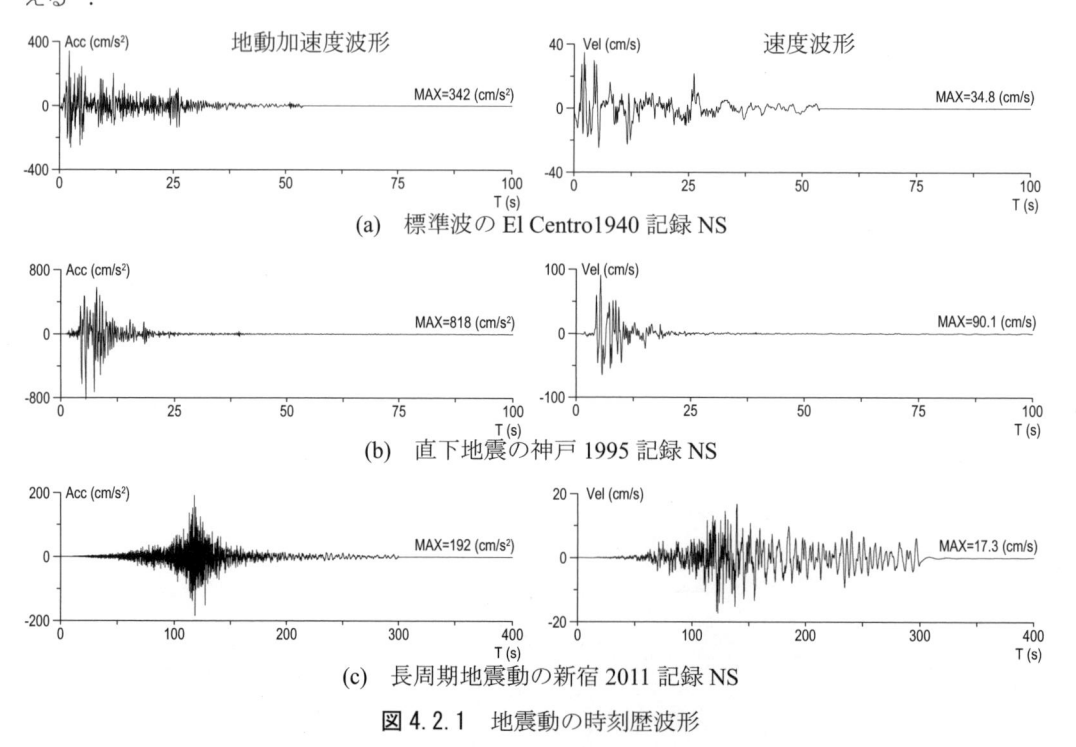

(a) 標準波の El Centro1940 記録 NS

(b) 直下地震の神戸 1995 記録 NS

(c) 長周期地震動の新宿 2011 記録 NS

図 4.2.1　地震動の時刻歴波形

(a) 速度応答スペクトル　　　　　　(b) エネルギースペクトル

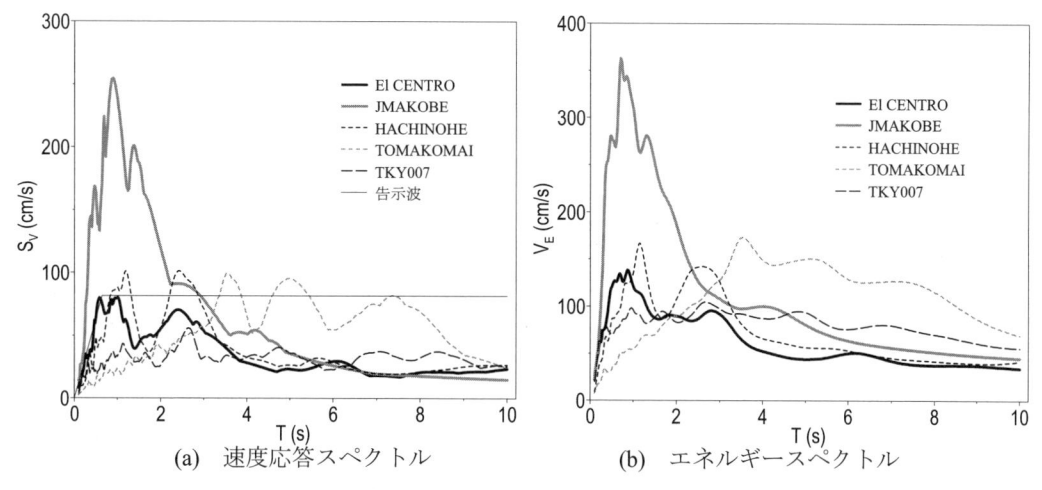

図 4.2.2　速度応答スペクトルとエネルギースペクトル

本節では，1995 年兵庫県南部地震などの直下地震による地震動と，2012 年東日本太平洋沖地震などによる長周期地震動を対象に，超高層建物等の設計用地震動として用いられてきた El CENTRO 波，八戸波などの標準波との比較により，地震動そのものの性状や建物応答に与える影響を評価する．その際，速度応答スペクトルとエネルギースペクトルとの対応関係を表す f 値を用いて，地震動の継続時間などの位相特性や，建物応答における最大値や累積値との関係を検討する．

4.2.1　応答スペクトル $S_V(T)$ とエネルギースペクトル $V_E(T)$ との対応と f 値[1]

(1)　エネルギーの釣合式と累積値

地震動時の 1 質点振動系の運動方程式は下式で表せる．

$$M\ddot{y} + C\dot{y} + F(y) = -M\ddot{z}_0 \tag{4.2.1}$$

ここで，M：質量，C：減衰係数，$F(y)$：復元力特性，y：地面に対する相対変位，z_0：水平地動

地震時の変位増分 $dy(=\dot{y}dt)$ を式(4.2.1)の両辺に乗じ，時間 t で積分すれば次のエネルギーの釣合式が得られる．

$$\int_0^t M\ddot{y}\dot{y}dt + \int_0^t C\dot{y}^2 dt + \int_0^t F(y)\dot{y}dt = -\int_0^t M\ddot{z}_0 \dot{y}dt \tag{4.2.2}$$

式(4.2.2)は時刻 t におけるエネルギーの釣合式を表す．地動の継続時間を t_0 とし，式(4.2.2)において $t=t_0$ とおけば，地動終了後のエネルギーの釣合式を得る[1),2)]．

$$W_e + W_p + W_h = E \tag{4.2.3}$$

ここで，$E = -\int_0^{t_0} M\ddot{z}_0 \dot{y}dt$：総エネルギー入力，$W_h = \int_0^{t_0} C\dot{y}^2 dt$：減衰吸収エネルギー，

$W_e + W_p = \int_0^{t_0} M\ddot{y}\dot{y}dt + \int_0^{t_0} F(y)\dot{y}dt$，$W_e$：弾性振動エネルギー，$W_p$：累積塑性歪エネルギー

式(4.2.1)を用いて時々刻々の構造物の地震時の応答を計算し，その膨大な情報の中から最大値を抽出して，耐震性の判定が行われる．一方，式(4.2.2), (4.2.3)を合わせたエネルギーの釣合式は，式(4.2.1)による応答結果を積分して求められ，累積値による耐震性の判定が行われる[2]．直下地震による地震動では主に最大値に対する耐震性の判定が行われ，海溝型巨大地震による長周期地震動では最大値に加えて累積値に対する耐震性の判定が行われる．大地震後の余震や複数の地震動を対象にする場合は主に累積値に対する耐震性の判定が重要になる．

（2）　応答スペクトル $S_V(T)$ とエネルギースペクトル $V_E(T)$ との対応関係

累積塑性変形はエネルギースペクトルに関わるのに対して，最大変形は加速度，速度及び変位応答スペクトルに関わっている．速度応答スペクトル S_V は地震動による1質点弾性振動系の応答解析から求まる最大応答速度 $\dot{y}_{max}$ と T との関係を示したものである．エネルギースペクトル V_E は地震動により1質点弾性振動系の応答解析から求めた $t=t_0$ における総エネルギー入力の速度換算値である．エネルギー釣合式(4.2.3)から，$\dot{y}_{max}$ と V_E を表すと，下式になる．

$$\dot{y}_{max}(t_m) = \sqrt{\frac{2W_e(t_m)}{M}} = \sqrt{\frac{2\{E(t_m) - W_h(t_m)\}}{M}} \tag{4.2.4}$$

$$V_E(t_0) = \sqrt{\frac{2E(t_0)}{M}} \tag{4.2.5}$$

減衰定数 $h=0\%$ のときの速度応答スペクトル $S_{V,h=0}$ は，式(4.2.4)において $W_h=0$ としたときの $t=0 \sim t_0$ 間の最大値 $\dot{y}_{max}$ であり，エネルギースペクトル V_E は $t=t_0$ 時の速度値であることから，無減衰弾性系において次式が成立する．

$$S_{V,h=0} \geq V_{E,h=0} \tag{4.2.6}$$

ここで，各種スペクトルのレベルと総エネルギー入力は次式で示される平均値で評価する．

$$\bar{S}_V = \frac{\int_0^{T_m} S_V(T)dT}{T_m} \quad , \quad \bar{V}_E = \frac{\int_0^{T_m} V_E(T)dT}{T_m} \quad , \quad \bar{E} = \frac{\int_0^{T_m} E(T)dT}{T_m} \tag{4.2.7}$$

ここで，$\bar{S}_V$：平均 S_V スペクトル値，$\bar{V}_E$：平均 V_E スペクトル値，$\bar{E}$：平均総エネルギー入力値
　　　T_m：積分範囲を規定する最大周期（$T_m=10s$），

式(4.2.6)より，$S_{V,h=0} \fallingdotseq V_{E,h=0}$ となり，$\bar{V}_{E,h=0} \fallingdotseq \bar{V}_{E,h=0.1}$ であることから，$\bar{S}_{V,h=0}$ は $h=0.1$ の $\bar{V}_E$ とほぼ同等である．従って，地震動による最大応答値に減衰定数 h が与える影響を評価する減衰関数 $F(h)$ は，無減衰時の応答スペクトルに対する比率で定義され[1]，近似的に次式が成立する．

$$F(h) = \frac{\bar{S}_V}{\bar{S}_{V,h=0}} = \frac{\bar{S}_V}{\bar{V}_{E,h=0.1}} \tag{4.2.8}$$

代表的な標準波，直下地震，長周期地震動の $\bar{E}$，$\bar{S}_V$，$\bar{V}_E$，$F(h)$，$_et_o$ を求め，表4.2.1に示す．継続時間 $_et_o$ は，地震動の加速度波形のパワーの累積値 $\int_0^t \ddot{z}(t)dt$ を求め，全体のパワーの5％点と95％点をもって継続時間と定義する．入力エネルギー $\bar{E}$ と $\bar{V}_E$ は減衰定数に関わらず，一つの地震波では

ほぼ同じ値になる．また，$h=0.1$ のときの $\overline{V}_E$ と $h=0$ のときの $\overline{S}_V$ を値はほぼ等しくなっており，$\overline{S}_{V,h=0} \cong \overline{V}_{E,h=0.1}$ が成り立つ．減衰関数 $F(h)$ は標準波の El Centro 波の $F(0.1)=0.45$，$F(0.2)=0.34$ と八戸波の $F(0.1)=0.45$，$F(0.2)=0.35$ と比較すると，直下地震の神戸波では $F(0.1)=0.57$，$F(0.2)=0.46$ と大きくなり，長周期地震動の苫小牧波と新宿波では $F(0.1)=0.33, 0.26$，$F(0.2)=0.24, 0.18$ と小さくなる．また，継続時間 $_et_o$ は標準波の El Centro 波と八戸波では，$_et_o = 24.4, 50.4s$ を示すが，直下地震の神戸波では，$_et_o = 8.4s$ と短く，長周期地震動の苫小牧波と新宿波では，$_et_o = 89.5, 81.5s$ と長い．以上より，減衰関数は地震動の継続時間に依存し，長いほど小さくなる傾向を示す．

表 4.2.1 $\overline{E}$, $\overline{S}_V$, $\overline{V}_E$ の値

			$\overline{E}/M$ (cm/s)^2	$\overline{V}_E$ (cm/s)	$\overline{S}_V$ (cm/s)	$F(h)=\dfrac{\overline{S}_V}{\overline{S}_{V,h=0}}$	$_et_0$ (s)
Imperial Valley		0	2015	49.75	60.12	1.00	
地震(1940)		0.02	2022	54.33	42.72	0.71	
El Centro	h	0.05	2094	57.21	34.22	0.57	24.4
記録 NS		0.10	2209	60.41	27.16	0.45	
		0.20	2417	65.05	20.27	0.34	
十勝沖地震		0	2741	52.81	67.34	1.00	
(1968)		0.02	2801	60.16	45.67	0.68	
八戸	h	0.05	2910	64.90	37.54	0.56	50.4
記録 EW		0.10	3071	69.96	30.40	0.45	
		0.20	3336	76.22	23.52	0.35	
兵庫県南部地震		0	7709	69.92	92.64	1.00	
（1995）		0.02	7902	85.08	73.04	0.79	
神戸海洋気象台	h	0.05	8374	96.27	62.40	0.67	8.38
記録 NS		0.10	9126	108.90	52.82	0.57	
		0.20	10493	126.34	42.45	0.46	
十勝沖地震		0	6867	97.88	123.07	1.00	
(2003)		0.02	6835	106.43	74.32	0.60	
苫小牧	h	0.05	6770	108.41	54.49	0.44	89.5
記録 NS		0.10	6645	108.90	40.81	0.33	
		0.20	6368	107.63	29.53	0.24	
東北地方太平洋		0	3164	69.73	89.67	1.00	
沖地震(2011)		0.02	3251	77.85	45.77	0.51	
新宿 NS	h	0.05	3276	79.31	32.24	0.36	81.5
(TKY007)		0.10	3301	80.20	23.13	0.26	
		0.20	3325	80.86	16.30	0.18	

（3） $S_V(T)$, $V_E(T)$, $F(h)$ と f 値

地震動をひき起こす震源断層の規模に地震継続時間は依存する．大地震の大断層では断層の破壊が順次進行し，あたかも同一地震動が数回連続して発生するのに似ている．同一地震動が一定間隔を保って数回起こるモデルを想定する．この同一地震動を単位地震動と呼ぶことにする．図 4.2.3 に示すように入力エネルギーの時刻歴は単位地震動によるエネルギー入力の時刻歴の累積である．

一方，弾性系の応答は単位地震動の時刻歴の反復にすぎない．地震動における単位地震動の反復数を f とする．また，単位地震動の減衰関数を次式で定義する．

$$_0F(h) = \frac{_0\bar{S}_V}{_0\bar{V}_{E,h=0.1}} \tag{4.2.9}$$

ここで，$_0F(h)$：単位地震動に対する構造物の減衰関数

$_0\bar{S}_V$：単位地震動の $\bar{S}_V$

$_0\bar{V}_{E,h=0.1}$：単位地震動の $\bar{V}_{E,h=0.1}$

図 4.2.3 に示すように次式の関係が成立する．

$$\bar{S}_V = {_0\bar{S}_V} \tag{4.2.10}, \qquad E = f \cdot {_0E} \tag{4.2.11}$$

ここで，$_0E$：単位地震動の総エネルギー入力

式(4.2.11)より次式が得られる．

$$\bar{V}_E = \sqrt{f} \, _0\bar{V}_E \tag{4.2.12}$$

地震動に対する減衰関数 $F(h)$ から，次式が得られる．

$$F(h) = \frac{\bar{S}_V}{\bar{V}_{E,h=0.1}} = \frac{_0\bar{S}_V}{\sqrt{f} \cdot {_0\bar{V}_{E,h=0.1}}} = \frac{_0F(h)}{\sqrt{f}} \tag{4.2.13}$$

式(4.2.13)より単位地震動の反復数 f は次式で表せる．

$$f = \left(\frac{_0F(h)}{F(h)}\right)^2 = \left(\frac{_0\bar{S}_{V,h} / _0\bar{V}_{E,h=0.1}}{\bar{S}_{V,h} / \bar{V}_{E,h=0.1}}\right)^2 = \left(\frac{\bar{V}_{E,h=0.1} / \bar{S}_{V,h}}{_0\bar{V}_{E,h=0.1} / _0\bar{S}_{V,h}}\right)^2 \tag{4.2.14}$$

上式は一般的な $\bar{S}_V \neq {_0\bar{S}_V}$ の場合の反復数 f を表す $F(h)$ は弾性減衰系のエネルギーの釣合式に基づき，等価くり返し数 n を用いて式(4.2.15)で書き換えられる．

$$F(h) = \frac{1}{\sqrt{1 + 4\pi hn}} \tag{4.2.15}$$

単位地震動を El Centro 記録と定める．El Centro 記録では $n=3$ となり，単位地震動の減衰関数 $_0F(h)$ は式(4.2.16)で表わされる．

$$_0F(h) = \frac{1}{\sqrt{1 + 12\pi h}} \tag{4.2.16}$$

ただし，f 値は減衰定数 $h=0.1$ に対応する値をとるため，ここでは $_0F(h)=0.458$ とする．

秋山らが提案した式(4.2.16)は周期 0〜10 秒の $\bar{S}_V$ と $\bar{V}_E$ の関係を対象としており，周期帯を分けた場合に同式を適用できるかはわからない．そこで，全周期成分を 0.1〜1 秒，1〜2 秒，2〜3 秒，3〜10 秒の 4 帯域に分割した場合の f 値を求め，表 4.2.2 に各周期帯の $\bar{S}_V$，$\bar{V}_E$，$F(h)$ および f 値を示す．$F(h)$ は式(4.2.8)から周期帯毎に求め，f 値は式(4.2.14)に各周期帯の $F(h)$ と $_0F(h)=0.458$ を代入して求める．表 4.2.2 の網かけ部分は周期 0.1〜10 秒（以後，全周期成分と呼ぶ）の値を示す．標準波である El Centro 記録と八戸記録では $f \approx 1$ となった一方，JMA KOBE では $f<1$，HKD129(苫小牧)記録と TKY007(新宿)記録では $f>1$ となり，各地震動の $\bar{S}_V$ と $\bar{V}_E$ の関係が f 値に現れている．また，0.1〜1

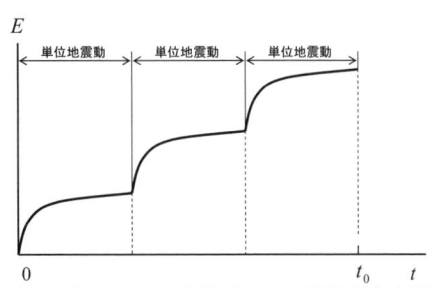

(a) 総エネルギー入力の累積値 E と地震継続時間 t の関係

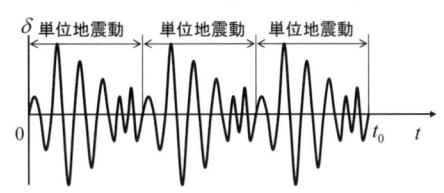

(b) 弾性系の応答値 δ と地震継続時間 t の関係

図 4.2.3 応答の時刻歴（$f=3$ の場合）

表 4.2.2 $\overline{S}_V$, $\overline{V}_E$, $F(h)$ および f 値

	周期 (sec)	$\overline{S}_V(h=0.1)$ (cm/s)	$\overline{V}_E(h=0.1)$ (cm/s)	$F(h=0.1)$	$_0F(h=0.1)$	f 値
Imperial Valley 地震(1940) El centro記録 (標準波)	0.1-10	27.25	60.60	0.450	0.458	1.04
	0.1-1	40.17	97.69	0.411		1.24
	1-2	42.23	96.72	0.437		1.10
	2-3	50.12	89.67	0.559		0.67
	3-10	20.04	46.09	0.435		1.11
十勝沖地震 (1968) 八戸記録 (標準波)	0.1-10	30.97	70.22	0.441		1.08
	0.1-1	31.89	76.72	0.416		1.21
	1-2	50.41	115.40	0.437		1.10
	2-3	63.27	133.51	0.474		0.93
	3-10	23.45	53.82	0.436		1.10
兵庫県南部 地震(1995) JMA KOBE	0.1-10	52.38	108.09	0.485		0.89
	0.1-1	114.50	231.59	0.494		0.86
	1-2	136.33	244.94	0.557		0.68
	2-3	80.57	133.73	0.603		0.58
	3-10	27.66	67.59	0.409		1.25
十勝沖地震 (2003) HKD129 (苫小牧)記録	0.1-10	40.76	109.25	0.373		1.51
	0.1-1	9.81	34.96	0.281		2.66
	1-2	23.46	74.02	0.317		2.09
	2-3	36.07	107.10	0.337		1.85
	3-10	48.24	124.99	0.386		1.41
東北地方 太平洋沖地震 (2011) TKY007 (新宿)記録	0.1-10	22.51	79.94	0.282		2.64
	0.1-1	16.94	70.74	0.239		3.66
	1-2	22.49	85.49	0.263		3.03
	2-3	25.20	91.32	0.276		2.75
	3-10	22.91	78.81	0.291		2.48

秒，1～2秒，2～3秒，3～10秒の4帯域に分割した場合のf値に着目すると，JMA KOBEやHKD129記録では周期帯による差が大きく，短周期帯と長周期帯で異なるf値を示している．一方，El Centro記録と八戸記録は周期帯による差が小さく，全周期成分とほぼ同じf値となっていることがわかる．したがって，El Centro記録と八戸記録に対しては，分割した周期帯においても$_0F(h)$を適用できると考えられる．以上の結果を踏まえ，本節ではすべての周期帯のf値の評価に式(4.2.16)を採用する．

4.2.2　長周期地震動とf値 [3]

(1)　周期帯毎の波形の分割と応答

短周期帯と長周期帯の地震動特性の違いを評価するため，周期帯を0.1～1秒，1～2秒，2～3秒，3～10秒に4分割して観測加速度記録を分析する．本節では，設計用地震動を評価することが最終目的であるため，すべての検討で応答の主軸方向に対する評価を行う．具体的には，観測加速度波形のEW方向とNS方向を15°ピッチで合成した波形から，対象周期帯における$\bar{S}_V$ (h=0.05)が最大となる方向（主軸）を求め，その主軸方向の$\bar{S}_V$，$\bar{V}_E$，f値を評価する[4]．図4.2.4に，全周期成分の応答主軸方向の波形をもとにした2011年東北地方太平洋沖地震のTKY007記録の全周期成分および各周期帯の加速度波形を示す．なお，分割に際しては，対象周波数帯域外の周波数成分に係数0をかけ，矩形のバンドパスフィルターを施した．図中の重心位置（◇印）は，加速度絶対値の累積が50%を超える時間であり，波群の平均的な到来時間を示している．図4.2.4より，長周期になるにつれて重心位置が後退し，波形の広がりが大きくなっていることがわかる．この周期分割によって，長周期地震動の非定常性を評価することができ，長周期地震動の特徴がより明確になると考えられる．

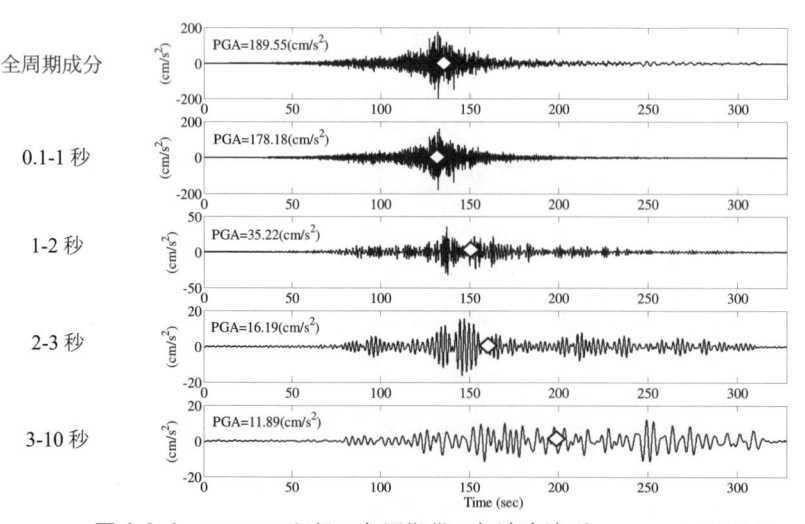

図4.2.4　TKY007記録の各周期帯の加速度波形　　◇重心位置

（2） 観測地震動による $\bar{S}_V$ と $\bar{V}_E$ および f 値

　f 値とその構成要素である $\bar{S}_V$ および $\bar{V}_E$ の震源距離やサイトによる違いと，それぞれの値の対応関係を捉えることを目的として，地図上に 2011 年東北地方太平洋沖地震の観測記録の平均速度応答スペクトル $\bar{S}_V$ を図 4.2.5(a)~(d)に，平均エネルギースペクトル $\bar{V}_E$ を図 4.2.6(a)~(d)に，f 値を図 4.2.7(a)~(d)に示す．まず，$\bar{S}_V$ と $\bar{V}_E$ の分布を確認する．図 4.2.5，6 の(a)~(d)より，いずれの周期帯でも $\bar{S}_V$ と $\bar{V}_E$ の分布が類似していることがわかる．ここで，周期 0.1~1 秒，1~2 秒では火山フロントによる減衰効果が見られるものの，概ね震源距離に応じて値が小さくなる傾向があり，距離減衰が確認できる．周期 2~3 秒から 3~10 秒にかけては，観測点（サイト）毎に $\bar{S}_V$ あるいは $\bar{V}_E$ の差が顕著に現れている．図 4.2.5，6 では青森県東部の三本木原台地，仙台平野，新潟平野，関東平野で周辺に比べて $\bar{S}_V$ と $\bar{V}_E$ が大きくなっており，堆積盆地での増幅が読み取れる．

　次に，f 値の分布を確認する．図 4.2.7(a)，(b)に示す周期 0.1~1 秒，1~2 秒では，同程度の震源距離であっても震源からの方位によって f 値の差が大きく，北＞南となっており，短周期成分の方位依存性が現れている．また，震源から 200km と 400km の円内の観測点を比べると，部分的ではあるが，震源に近いところで小さく，遠いところで大きくなっており，f 値が震源距離に依存する可能性を示唆している．一方，図 4.2.7(c)，(d)に示した周期 2~3 秒，3~10 秒では，震源近傍のピーク周期帯から外れるため，明瞭な方位依存性はみられない．また，周期 3~10 秒では震源距離の影響もほとんど読み取れない．それらに代わって，三本木原台地，関東平野などで f 値が相対的に大きくなっており，サイト特性の影響が f 値に反映されている．

　以上より得られた知見について，その原因を考察する．

(ⅰ)　短周期成分（周期 0.1~2 秒）での f 値の方位依存性

　実体波が主体となる短周期成分では，破壊が近づく方向で短く鋭い波形となり，建物応答に影響を及ぼす要因の中でも最大振幅が支配的となると考えられる．そのため，単に最大振幅が $S_V(h=0.05)$ に対応すると考えれば，V_E に対して S_V が優位となると推察される．破壊が遠ざかる方向あるいはその直交方向では，長く鈍い波形となり，波形の累積パワーが支配的となる考えられることから，S_V に対して V_E が優位となると推測できる．したがって，S_V と V_E の比である f 値にその方向性が現れたものと考えられる．

(ⅱ)　f 値の震源距離依存の可能性

　実効継続時間 $_dt_0$[3] と f 値には正の相関があることが示されており[3]，継続時間は周期 2 秒以下で震源距離と正の相関があることが指摘されている[5]．したがって，短周期成分で f 値が震源距離に比例することが推察される．

(ⅲ)　長周期成分（周期 2~10 秒）での f 値のサイト特性

　長周期成分では，厚い堆積盆地での増幅に伴う継続時間（入力エネルギー）の増大が f 値の大小に起因していると考えられる．簡単のため，S_V ＝ 振幅，V_E ＝ 振幅×地震力×くり返し回数（継続時間）と言い換えると，振幅の大小による影響は S_V，V_E とも同程度受けると推測されるが，継続時間

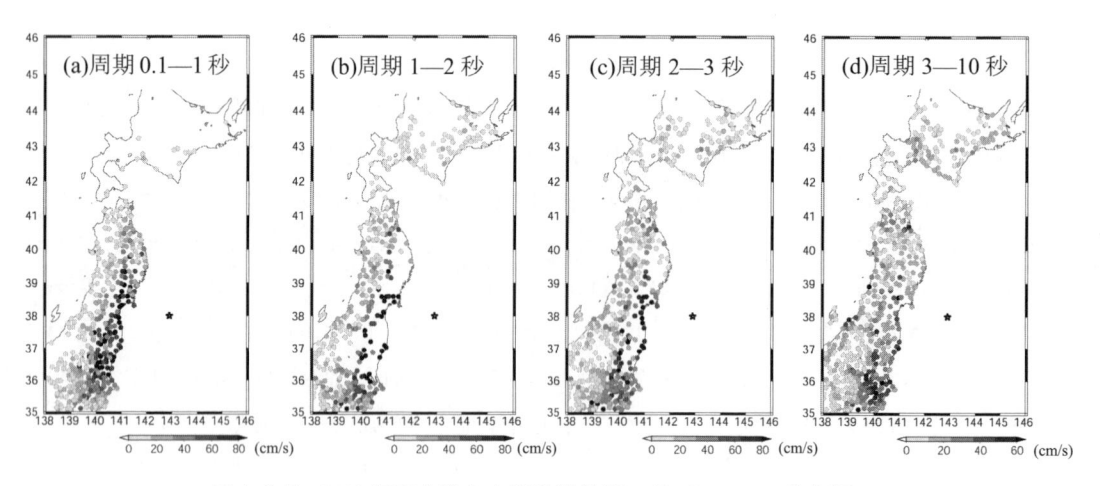

図 4.2.5　2011 年東北地方太平洋沖地震　$\bar{S}_V$ (h=0.05)の分布図

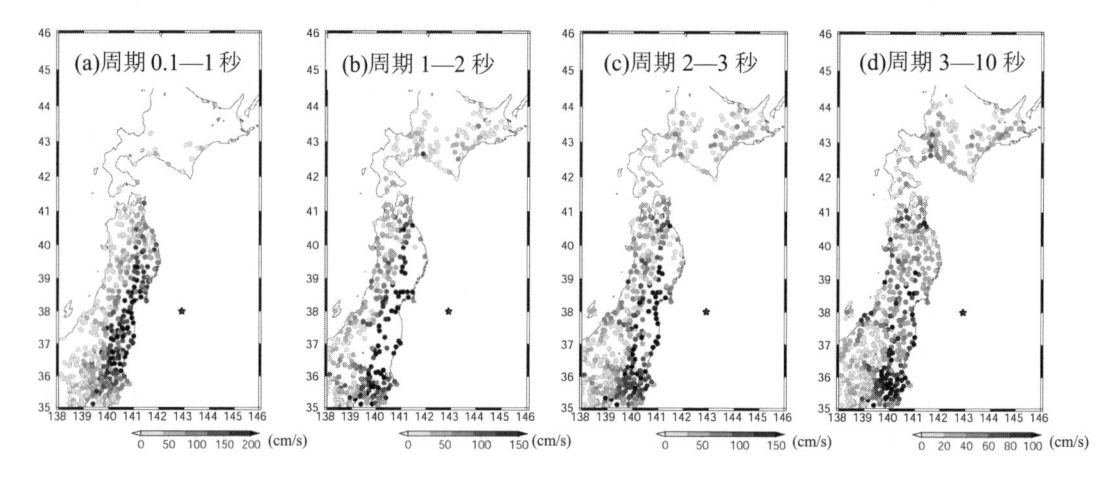

図 4.2.6　2011 年東北地方太平洋沖地震　$\bar{V}_F$ (h=0.1)の分布

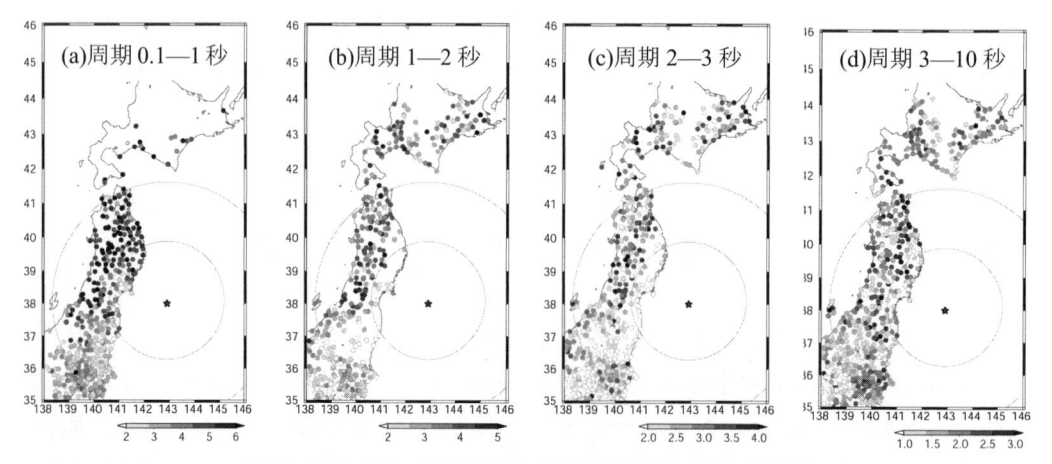

図 4.2.7　2011 年東北地方太平洋沖地震　f 値の分布図

(※) 黒星印が震源（破壊開始点），図中の円は内側から半径 200km，400km の同心円を示す．

の影響はV_Eの方が大きく受ける．そのため，継続時間が長い堆積盆地上の観測点でf値が大きくなったと推察される．以上のように，f値を用いることによって，S_V，V_Eのそれぞれからではわからない地震動特性，特に継続時間に関する特性が明らかになる．

（3） 震源距離とf値

震源とサイトを固定した場合のf値と震源距離の関係について，周期帯毎に評価する．検討用地震動には，2004年新潟県中越地震(M_W6.6)と2011年3月の長野県北部地震(M_W6.2)を採用する．観測記録は，地震動の伝播経路内の地盤構造が概ね硬質地盤であり，K-NET 強震記録の中でもデータ長さが比較的長いものを選定した．図 4.2.8 に，震央と選定した観測点および地震基盤面深さ(V_S=2.7km/s)を示す．図中の実線・鎖線は対象観測点に沿うように引いた測線である．

図 4.2.9 に測線 1 の地震基盤面深さと 2004 年新潟県中越地震のf値を，図 4.2.10 に測線 2 の地震基盤面深さと 2011 年長野県北部地震のf値を示す．いずれの地震においても，周期 0.1～1 秒では，震源距離が長くなるにつれてf値が増大する傾向がある一方，周期 3～10 秒では，震源距離に依らず一定であり，f≒1 を示している．

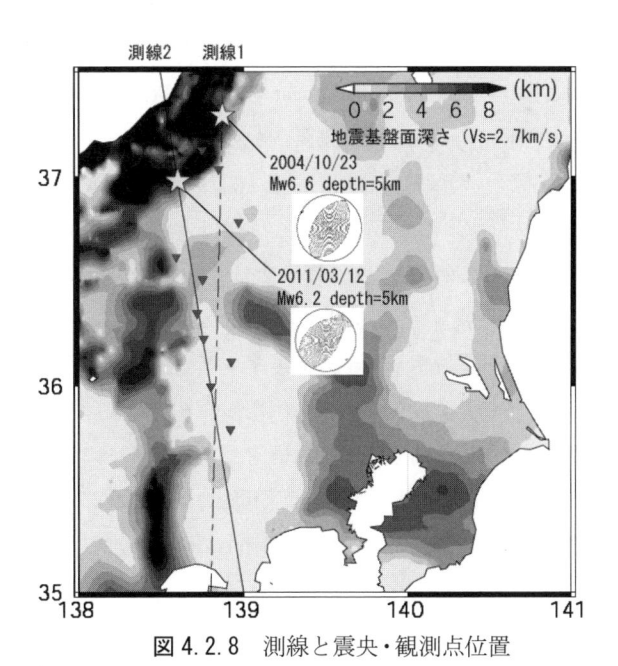

図 4.2.8 測線と震央・観測点位置

(a) 周期 0.1-1 秒　　　　　　　　　　　　(b) 周期 3-10 秒

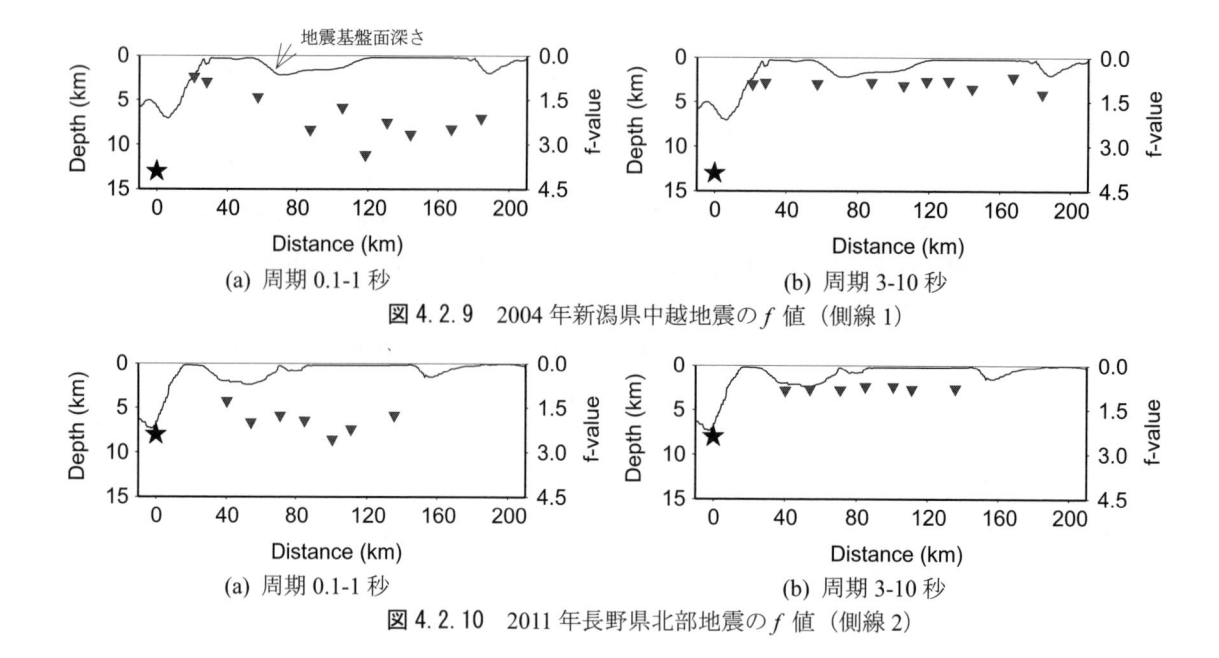

図 4.2.9　2004 年新潟県中越地震の f 値（側線 1）

(a) 周期 0.1-1 秒　　　　　　　　　　　　(b) 周期 3-10 秒

図 4.2.10　2011 年長野県北部地震の f 値（側線 2）

4.2.3　1 質点弾塑性系における最大値と累積値との対応と f 値 [6]

（1）　1 質点弾塑性系の耐震・制振解析モデル

　選定した地震動を入力として，単位の質量（$m=1.0\text{t}\cdot\text{s}^2/\text{cm}$）を持つ 1 質点弾塑性系モデルを用いた応答解析を行う．解析モデルは，文献 1）で秋山らが f 値と最大変形，残留変形，累積塑性変形との関係式の検証に用いたものを採用する．Bi-linear 型復元力特性を示す耐震モデルと，弾性挙動を示す柔要素と完全弾塑性型復元力特性を持つ剛要素からなる制振モデルとし，それぞれ図 4.2.11(a),(b) に復元力を示す[1]．耐震モデルの架構は初期剛性を k_1，2 次剛性を $k_2 (= 0.01k_1)$，降伏せん断力を $_fQ_y$，降伏せん断力係数を $_f\alpha_y$，降伏変形を $_f\delta_y$ とする．制振モデルの架構は弾性としその剛性を k_f，制振部材は弾性剛性を k_d，降伏せん断力を $_dQ_y$，降伏せん断力係数を $_d\alpha_y$，降伏変形を $_d\delta_y$ とし，$6_d\delta_y$ となる変位で，架構のせん断力 $_fQ_{max}$ と制振部材の降伏せん断力 $_dQ_y$ が等しくなる．制振モデルは，剛要素である制振部材が早期に降伏して十分なエネルギー吸収を行うように制振部材の剛性を柔要素である架構の 6 倍としている．制振部材の降伏変形の 6 倍の変形で架構と制振部材の負担せん断力が等しくなり，このとき，最も効果的な制振構造となるモデルにしている．全体の層せん断力を Q_1，層せん断力係数を α_1 とする．添え字の f は架構を，d は制振部材を表す．このように仮定すると，耐震モデルの初期剛性 k_1，制振モデルの初期剛性（$k_f + k_d$）に対応する固有周期 T は次の値で表される．

$$T = 2\pi\sqrt{\frac{_f\delta_y}{_f\alpha_y\cdot g}} \quad (4.2.17), \qquad T = 2\pi\sqrt{\frac{_d\delta_y}{_d\alpha_y(1+1/6)g}} \quad (4.2.18)$$

ここで，g：重力加速度($980\mathrm{cm/s^2}$)とする．

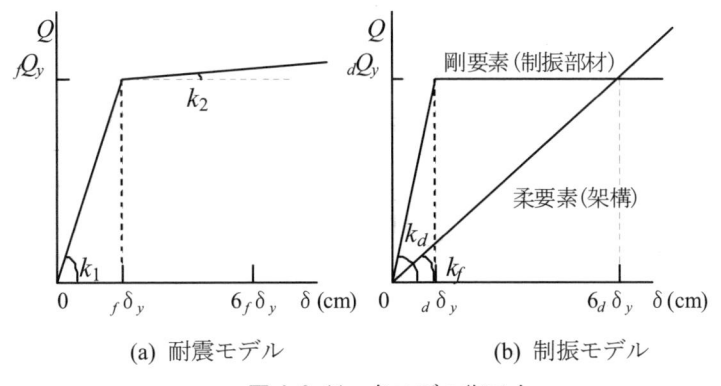

(a) 耐震モデル　　(b) 制振モデル

図 4.2.11　各モデル復元力

両モデルの弾性周期 T（T=0.4〜5.0 秒, 0.2 秒間隔）と標準せん断力係数 C_0 をパラメータとして解析を行う．ただし，本解析では PΔ 効果は考慮されていない．表 4.2.3 に解析モデル諸元とパラメータの関係を示す．表 4.2.3 より，耐震モデルの降伏せん断力係数 $_f\alpha_y$ は標準せん断力係数 C_0=0.2〜0.4（0.05 間隔）に対して，同様に制振部材の降伏せん断力係数 $_d\alpha_y$ は C_0=0.05〜0.30（0.05 間隔）に対して求める．一般建物は新耐震設計法のベースシアスペクトル（$C_B(T)=Rt(T)\cdot C_0$）を用いて許容応力度設計されていることから，降伏層せん断力係数 $_f\alpha_y, _d\alpha_y$ も 2 種地盤の Rt 式を簡略化した $Rt(T)\cdot C_0= C_0(T<1.0\mathrm{s})$ と $Rt(T)\cdot C_0= C_0/T(T\geqq 1.0\mathrm{s})$ で設定する．耐震モデルの初期剛性 k_1 と制振モデルの架構の弾性剛性 k_f は，弾性周期 $T(\mathrm{s})$ と関係付ける．同様に，耐震モデルの降伏変形 $_f\delta_y$ と制振モデルの制振部材の降伏変形 $_d\delta_y$ は，弾性周期 T と関係付ける．既存鋼構造超高層建物の 1 次周期 T と建物高さ $H(\mathrm{m})$ の関係 $T=0.025H$ を耐震モデルに適用し，制振モデルは制振効果を高めるために耐震構造に比べて架構剛性を低く設計することから $T_f=0.035H$ と設定して，建物高さ H を弾性周期 T とを関係付ける．耐震モデルの架構の降伏変形角 $_fR_y$ と制振モデルの制振部材の降伏変形角 $_sR_y$ は，1 質点系モデルから求まる水平変位が建物高さの 2/3 の位置の変位を表していると仮定して，弾性周期 T と関係付ける．以上より，1 質点系モデルは，$T\geq 1.0\mathrm{s}$ で固有周期に関係なく降伏層間変形角が一定になる．

表4.2.3 解析モデル諸元とパラメータの関係

		耐震モデル	制振モデル
弾性周期 T(s)		T=0.4〜5.0s(0.2秒間隔)	T=0.4〜5.0s(0.2秒間隔)
標準せん断力係数 C_0		C_0=0.2〜0.4(0.05間隔)	C_0=0.05〜0.30(0.05間隔)
降伏せん断力係数	$T<1.0$s	$_f\alpha_y=C_0$=0.2〜0.4	$_d\alpha_y=C_0$=0.05〜0.3
	$T≧1.0$s	$_f\alpha_y=C_0/T$=0.2/T〜0.4/T	$_d\alpha_y=C_0/T$=0.05/T〜0.3/T
せん断ばね定数		$k_1=\dfrac{4\pi^2}{T^2}m$, $k_2=0.01k_1$	$k_f=\dfrac{4\pi^2}{7T^2}m$, $k_d=6k_f$
降伏変形	$T<1.0$s	$_f\delta_y={_fQ_y}/k_1=C_0gT^2/4\pi^2$	$_d\delta_y={_dQ_y}/k_d=7C_0gT^2/24\pi^2$
	$T≧1.0$s	$_f\delta_y={_fQ_y}/k_1=C_0gT/4\pi^2$	$_d\delta_y={_dQ_y}/k_d=7C_0gT/24\pi^2$
建物高さ H		$H=40T$ (m)	$H=(200/7)T_f=(200/\sqrt{7})T$ (m)
降伏変形角	$T<1.0$s	$_fR_y=2H/3{_f\delta_y}=107/TC_0$	$_sR_y=2H/3{_s\delta_y}=174/TC_0$

架構と制振部材の最大値は層間変形角 $1/R$ と塑性変形倍率 $_f\mu, _d\mu$ を，累積値は累積塑性変形倍率 $_f\eta, _d\eta$ と残留変形倍率 $_f\Delta\eta, _d\Delta\eta$ を，損傷評価指標として用いる．なお，残留変形 $_f\delta_r, _d\delta_r$ は地震動波形の最後に0を十分長く追加して行った時刻歴応答解析の最終の変形とする．これらの算定式を以下に示す[1),2),4)]．

$$_f\mu = \frac{\delta_m}{_f\delta_y} - 1 = \frac{_f\delta_{pm}}{_f\delta_y} \quad (4.2.19), \qquad _d\mu = \frac{\delta_m}{_d\delta_y} - 1 = \frac{_d\delta_{pm}}{_d\delta_y} \quad (4.2.20)$$

$$_f\eta = \frac{_fW_p}{_f\delta_y \cdot _fQ_y} \quad (4.2.21), \qquad _d\eta = \frac{_dW_p}{_d\delta_y \cdot _dQ_y} \quad (4.2.22)$$

$$_f\Delta\eta = \frac{_f\delta_r}{_f\delta_y} \quad (4.2.23), \qquad _d\Delta\eta = \frac{_d\delta_r}{_d\delta_y} \quad (4.2.24)$$

$$R = \frac{2H/3}{\delta_{max}} \quad (4.2.25)$$

ここで，δ_{max}：最大変形，$_fW_P$：架構の塑性履歴エネルギー，$_dW_P$：制振部材の塑性履歴エネルギーとする．

（2） 最大変形 δ_{max}，残留変形 δ_r，累積塑性変形 δ_p[1),2),6)]

累積塑性変形の最大変形に対する比率は，地震動継続時間に比例して大きくなる[1)]．単位地震動が繰返し起こるモデルによって，最大変形と累積塑性変形の関係を明確に記述できることを以下に示す．まず，耐震構造と制振構造の定義を行う．図4.2.12に示すように，制振構造は弾性挙動する架構を柔要素と呼び，弾塑性挙動する制振部材を剛要素と呼び，この柔要素と剛構造の混合構造で表される．柔要素と剛要素の混合比は次式で示される r_Q によって定義される．

$$r_Q = \frac{{}_f Q_m}{{}_d Q_Y} \tag{4.2.26}$$

ここで，r_Q：柔剛混合比

$\quad {}_f Q_m$：最大変形時の架構（柔要素）の負担せん断力

$\quad {}_d Q_Y$：制振部材（剛要素）の降伏せん断力

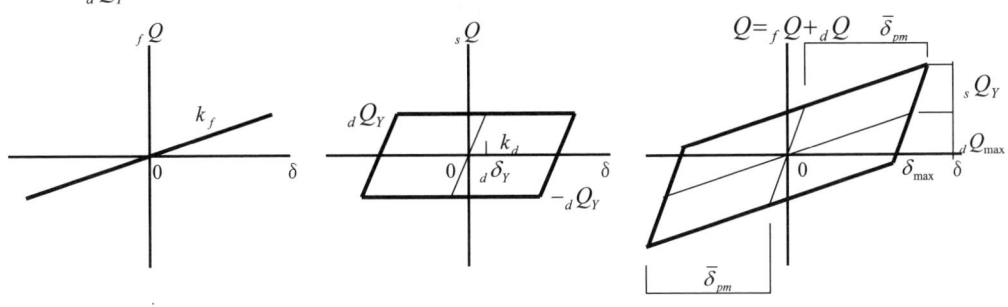

(a) 架構（柔要素）　　　(b) 制振部材（剛要素）　　　(c) 混合系

図 4.2.12　制振（柔剛混合）構造

柔要素が存在しない構造が通常の耐震構造に対応し，$r_Q \geq 1.0$ の領域において柔剛混合の特徴が明確なものになる．制振構造では柔要素の存在により最大変形が抑制され，累積塑性変形 δ_p の最大変形 δ_m に対する比率が大きくなる．また，残留変形 δ_r は殆ど生じなくなる．文献 1)には，$f = 1.0$ に対応する地震動，すなわち単位地震による耐震構造と制振構造の ${}_{f0}\delta_p$, ${}_{d0}\delta_p$, ${}_{f0}\delta_r$, ${}_{d0}\delta_r$, ${}_0\delta_m$ の関係が求められている．最大変形 ${}_0\delta_m$ は，次式による耐震構造の最大塑性変形 ${}_{f0}\delta_{pm}$，制振構造の ${}_{d0}\delta_{pm}$ に置換して評価している．

$${}_{f0}\delta_{pm} = {}_0\delta_m - {}_f\delta_Y, \qquad {}_{d0}\delta_{pm} = {}_0\delta_m - {}_d\delta_Y \tag{4.2.27}$$

ここで，${}_f\delta_Y$：架構の降伏変形，${}_d\delta_Y$：制振部材の降伏変形

剛要素の復元力特性が完全弾塑性型の場合，応答解析により次の結果が得られている．

$r_Q = 0$ の場合（耐震構造の場合）

$${}_{f0}a_d = \frac{{}_{f0}\delta_p}{{}_{f0}\delta_{pm}} = 2.0 \sim 5.0 \tag{4.2.28}$$

$$0 \leq \frac{{}_{f0}\delta_r}{{}_{f0}\delta_{pm}} = \frac{{}_{f0}\Delta\eta}{{}_{f0}\mu} \leq 1.0 \tag{4.2.29}$$

$r_Q \geq 1.0$ の場合（制振構造の場合）

$${}_{d0}a_d = \frac{{}_{d0}\delta_p}{{}_{d0}\delta_{pm}} = 8.0 \sim 12.0 \tag{4.2.30}$$

$$\frac{{}_{d0}\delta_r}{{}_{d0}\delta_{pm}} = \frac{{}_{d0}\Delta\eta}{{}_{d0}\mu} \leq 0.2 \tag{4.2.31}$$

これらの値を参考にして，$f = 1.0$ に対応する単位地震による変形を次のように仮定する．

$r_Q = 0$ の場合（耐震構造の場合）

$${}_{f0}a_d = 4.0 \tag{4.2.32}$$

$$\frac{{}_{f0}\delta_r}{{}_{f0}\delta_{pm}} = \frac{{}_{f0}\Delta\eta}{{}_{f0}\mu} = 0.4 \tag{4.2.33}$$

$r_Q \geq 1.0$ の場合（制振構造の場合）

$$_{d0}a_d = 10.0 \quad (4.2.34), \qquad _{d0}\delta_r = 0 \quad (4.2.35)$$

耐震構造（$r_Q = 0$）の場合，単位地震動が繰り返すごとに残留変形 $_{f0}\delta_r$ が蓄積する．従って，最大塑性変形 $_{f0}\delta_{pm}$ は，式(4.2.33)より $_{f0}\delta_r = 0.4{}_{f0}\delta_{pm}$ であることを考慮すれば次の値となる．

$$_{f}\delta_{pm} = {}_{f0}\delta_{pm} + (f-1){}_{f0}\delta_r = 0.6{}_{f0}\delta_{pm} + 0.4f{}_{f0}\delta_{pm} \quad (4.2.36)$$

ここで，$_{f0}\delta_{pm}$：架構の単位地震動による最大塑性変形
　　　　$_{f0}\delta_r$：架構の単位地震動による残留変形

一方，累積塑性変形 $_f\delta_p$ は式(4.2.28)と式(4.2.32)より $_{f0}\delta_p = {}_fa_d \cdot {}_{f0}\delta_{pm} = 4{}_{f0}\delta_{pm}$ であることを考慮すれば次の値となる．

$$_f\delta_p = f{}_{f0}\delta_p = 4f{}_{f0}\delta_{pm} \quad (4.2.37)$$

ここで，$_{f0}\delta_p$：架構の単位地震動による累積塑性変形

従って，$_fa_d$ の値は次のようになり，

$$_fa_d = \frac{_f\delta_p}{_f\delta_{pm}} = \frac{4f{}_{f0}\delta_{pm}}{_{f0}\delta_{pm}(0.6+0.4f)} = \frac{4f}{0.6+0.4f} \quad (4.2.38)$$

制振構造（$r_Q \geq 1.0$）の場合，$_d\delta_{pm}$，$_da_d$ は次の値となる．

$$_d\delta_{pm} = {}_{d0}\delta_{pm} \quad (4.2.39), \qquad _da_d = \frac{_d\delta_p}{_d\delta_{pm}} = 10f \quad (4.2.40)$$

次に，複数の地震動が加わる場合の f 値と最大変形 δ_m，残留変形 $_f\delta_r$，$_d\delta_r$，累積塑性変形 $_f\delta_p$，$_d\delta_p$ の関係を求める．入力順序 j 番目の地震動の最大変形 $\delta_{m,j}$ は，耐震モデルでは以前の地震動の単独入力時の残留変形 $\sum {}_f\delta_{1r,k}$ と j 番目の地震動の単独入力時の最大変形 $\delta_{1m,j}$ の和で求まることから，下式で表される．

$$\delta_{m,j} = \delta_{1m,j} + \sum_{k=1}^{j-1} {}_f\delta_{1r,k} \quad (4.2.41)$$

同様に，塑性変形倍率 $_f\mu_j$，$_d\mu_j$ も，以前の地震動の残留変形倍率 $\sum {}_f\Delta\eta_{1,k}$ と単独入力時の塑性変形倍率 $_f\mu_{1,j}$ を用いて下式で表される．

$$_f\mu_j = {}_f\mu_{1,j} + \sum_{k=1}^{j-1} {}_f\Delta\eta_{1,k} \quad (4.2.42)$$

耐震モデルの単独入力時の残留変形 $_f\delta_{1r,j}$，残留変形倍率 $_f\Delta\eta_{1,j}$ は下式で表される．

$$_f\delta_{1r,j} = 0.4(\delta_{1\max,j} - {}_f\delta_y) \quad (4.2.43)$$

$$_f\Delta\eta_{1,j} = 0.4{}_f\mu_{1,j} \quad (4.2.44)$$

とすると，式(4.2.41)，(4.2.42)は下式のように表される．

$$\delta_{m,j} = \delta_{1m,j} + 0.4\sum_{k=1}^{j-1}(\delta_{1m,k} - {}_f\delta_y) \quad (4.2.45)$$

$$_f\mu_j = {}_f\mu_{1j} + 0.4\sum_{k=1}^{j-1} {}_f\mu_{1,k} \tag{4.2.46}$$

また，制振モデルは残留変形が無いと見なすと，単独入力時の最大値と等しいことから，下式で表される．

$$\delta_{m,j} = \delta_{1m,j} \tag{4.2.47}$$

$$_d\mu_j = {}_d\mu_{1,j} \tag{4.2.48}$$

連続入力時の最大変形 δ_m，架構と制振部材の塑性変形倍率 $_f\mu$, $_d\mu$ は，それらの最大値を包絡する下式で表される．

$$\delta_m = \max\left|\delta_{m,j} : j=1 \sim N_W\right| \tag{4.2.49}$$

$$_f\mu = \max\left|{}_f\mu_j : j=1 \sim N_W\right| \tag{4.2.50}$$

$$_d\mu = \max\left|{}_d\mu_j : j=1 \sim N_W\right| \tag{4.2.51}$$

耐震モデルの j 番目の地震動による最大変形 $\delta_{m,j}$，架構の塑性変形倍率 $_f\mu_j$ は，残留変形が一方向のみに累積すると仮定すると，j 番目の地震動の単独入力時の最大変形 $\delta_{1m,j}$ とそれ以前の地震動の残留変形の絶対和で求まり，下式で表される．

$$\delta_{m,j} = \left|\delta_{1m,j}\right| + 0.4\sum_{k=1}^{j-1}\left|\delta_{1m,k} - {}_f\delta_y\right| \tag{4.2.52}$$

$$_f\mu_j = \left|{}_f\mu_{1,j}\right| + 0.4\sum_{k=1}^{j-1}\left|{}_f\mu_{1,k}\right| \tag{4.2.53}$$

一方，累積値は耐震モデル，制振モデルともに入力順序に関係なく，連続入力時の値は単独入力時の値の総和で求まることから，累積塑性変形 $_f\delta_p$, $_d\delta_p$，累積塑性変形倍率 $_f\eta$, $_d\eta$ はそれぞれ下式で表される．

$$_f\delta_p = \sum_{j=1}^{N_W} {}_f\delta_{p,j} \quad (4.2.54), \qquad {}_d\delta_p = \sum_{j=1}^{N_W} {}_d\delta_{p,j} \tag{4.2.55}$$

$$_f\eta = \sum_{j=1}^{N_W} {}_f\eta_j \quad (4.2.56), \qquad {}_d\eta = \sum_{j=1}^{N_W} {}_d\eta_j \tag{4.2.57}$$

（3） 地震動が単独に作用した場合の応答評価

表 4.2.5 に示す新東海-EW(図表中 C-SAN-EW)，伏在-EW(図表中 Fuku-EW)，横ずれ直下-EW(図表中 Yoko-EW)の 3 つの地震動がそれぞれ単独に作用する場合の応答評価を行う．塑性化による長周期化を考慮して，地震動の卓越周期より短い固有周期 T=2.0s の耐震・制振モデルを用いて，応答値と C_0 の関係を検討する．単独入力時の応答値は添字 0 を付けて連続入力時と区別する．C_0 を横軸に，耐震モデルの層間変形角 $1/R_0$ と塑性変形倍率 $_f\mu_0$ を，制振モデルの層間変形角 $1/R_0$ 並びに層せん断力係数 α_1 と架構のせん断力係数 $_f\alpha$ を，図 4.2.13 に示す．図 4.2.13 から，層間変形角 $1/R_0$ は，耐震モデルで 0.006〜0.009，制振モデルで 0.003〜0.005 と C_0 に関わらずほぼ一定の値を示す．耐震モデルでは C_0 が増加するに従って塑性変形倍率 $_f\mu_0$ が徐々に小さくなり，C_0 が最小の C_0=0.2 のときが最大となる．制振モデルでは架構の $_f\alpha$ は，制振部材の $_d\alpha_y$ に関わらず一定の値($_f\alpha$=0.05〜0.08)を示している．履歴減衰型制振モデルでは $_d\alpha_y$ に最適値が存在し，その値は 1 質点系の場合は $_f\alpha$ に概ね等しいとき[9]であることから，$_d\alpha_y=_f\alpha$=0.05 となる C_0=0.1($C_0=_d\alpha_y\cdot T$)を最適降伏せん断力係数とみなす．以上より C_0=0.2 耐震モデルと C_0=0.1 制振モデルを用いて，応答値と固有周期 T の関係を検討する．

層間変形角 $1/R_0$，架構と制振部材のそれぞれ塑性変形倍率 $_f\mu_0$, $_d\mu_0$，累積塑性変形倍率 $_f\eta_0$, $_d\eta_0$，残留変形倍率 $_f\Delta\eta_0$, $_d\Delta\eta_0$，累積塑性変形倍率と塑性変形倍率の比で表される架構の $a_d=_f\eta_0/_f\mu_0$ と制振部材の $a_d=_d\eta_0/_d\mu_0$ と固有周期 T の関係を図 4.2.14 に示す．図 4.2.14(e)における 3 本の水平に引いた波線は地震動の f 値を(4.2.38)式と(4.2.40)式に代入して求めた a_d 値を示す．図 4.2.14 より，耐震・制振モデルとも最大値の指標である $1/R_0$ と $_f\mu_0$, $_d\mu_0$ は，固有周期 2 秒以上では $1/R_0$ は 3 波ともに概ね 0.01 以下，架構の $_f\mu_0$ も概ね $_f\mu_0$=5 以下の値を示す．2 秒以下では地震動ごとに差が現れ，$1/R_0$ は横ずれ直下-EW で 0.018，$_f\mu_0$, $_d\mu_0$ は伏在-EW と横ずれ直下-EW で 8〜30 の大きな値を示す．累積値である $_f\eta_0$, $_d\eta_0$ は，3 波の応答とも 2〜3 秒で卓越し，その中で新東海-EW が大きく，架構の累積塑性変形倍率 $_f\eta_0$ も 50 を超える値を示す．耐震モデルの架構の $_f\mu_0$ と $_f\eta_0$ に比べて，制振部材の $_d\mu_0$ は約 2 倍，$_d\eta_0$ は約 3.5 倍の大きい値を示し，制振部材に損傷が集中している．残留変形倍率 $_f\Delta\eta_0$ は，制振モデルではほとんど生じないが，耐震モデルでは地震動や固有周期により大きくばらつくが，$_f\Delta\eta_0$=0〜5 と塑性変形倍率 $_f\mu_0$ に近い大きな値を示す．耐震モデルでは地震動の f 値から求めた a_d 値は，応答解析から求めた a_d 値に比べて小さめの値を示し，応答の大きい周期帯とその乖離が大きい．制振モデルでは地震動の f 値から求めた a_d 値は，応答解析から求めた a_d 値の平均的な値を示す．

表 4.2.4 検討用地震動諸元

地震動	周期 (s)	$S_V(h=0.10)$ (cm/s)	$V_F(h=0.10)$ (cm/s)	$F(h=0.10)$	$F_0(h=0.10)$	f 値
C-SAN-EW	0.1-10.0	52.9	209.2	0.253		3.28
A_{max} = 185.9 (cm/s²)	0.1-1.0	21.8	91.9	0.237		3.73
	1.0-2.0	67.8	260.8	0.260	0.458	3.10
V_{max} = 50.5 (cm/s)	2.0-3.0	123.0	444.5	0.277		2.74
$_e t_0$ = 119.9 (s)	3.0-10.0	44.8	183.4	0.244		3.51
Fuku-EW	0.1-10.0	62.5	187.3	0.334		1.88
A_{max} = 1250. (cm/s²)	0.1-1.0	54.0	169.5	0.318		2.07
	1.0-2.0	103.3	314.9	0.328		1.95
V_{max} = 82. (cm/s)	2.0-3.0	141.3	448.1	0.315		2.11
$_e t_0$ = 36.5 (s)	3.0-10.0	46.5	134.1	0.347		1.74
Yoko-EW	0.1-10.0	84.0	151.0	0.556		0.68
A_{max} = 598. (cm/s²)	0.1-1.0	62.8	89.1	0.706		0.42
	1.0-2.0	149.5	305.6	0.489		0.88
V_{max} = 107. (cm/s)	2.0-3.0	163.6	312.9	0.523		0.77
$_e t_0$ = 41.0 (s)	3.0-10.0	66.0	113.7	0.580		0.6

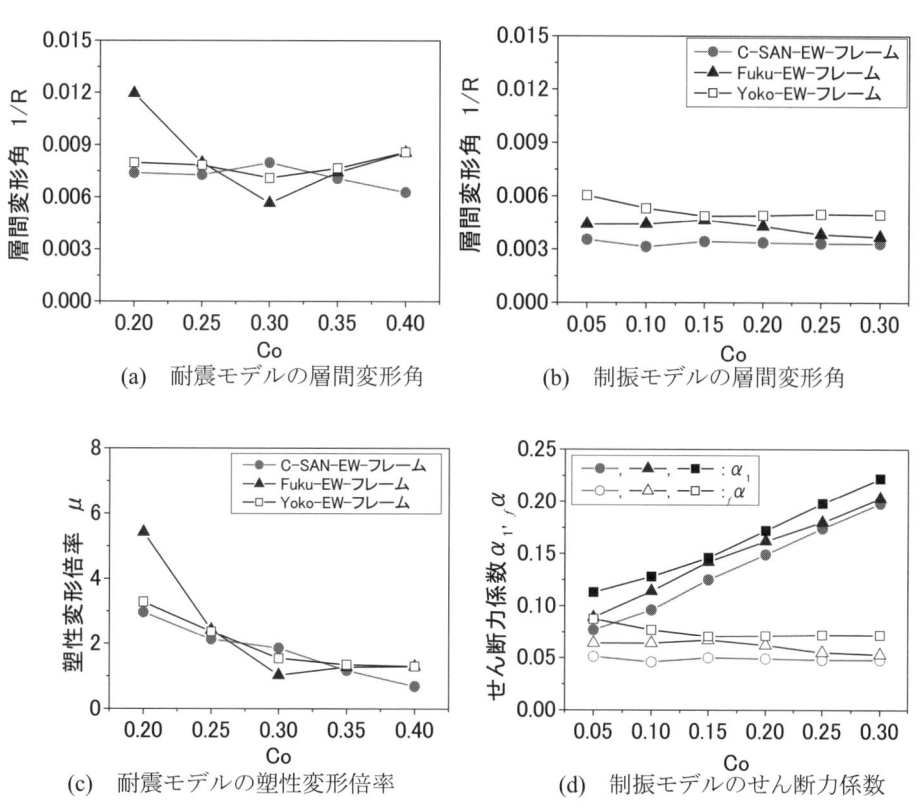

(a) 耐震モデルの層間変形角

(b) 制振モデルの層間変形角

(c) 耐震モデルの塑性変形倍率

(d) 制振モデルのせん断力係数

図 4.2.13 最大応答値と C_0 の関係 (T=2.0s)

耐震モデル($C_0 = 0.2$)　　　　　制振モデル($C_0 = 0.1$)

(a) 層間変形角

(b) 塑性変形倍率

(c) 累積塑性変形倍率

(d) 残留変形倍率

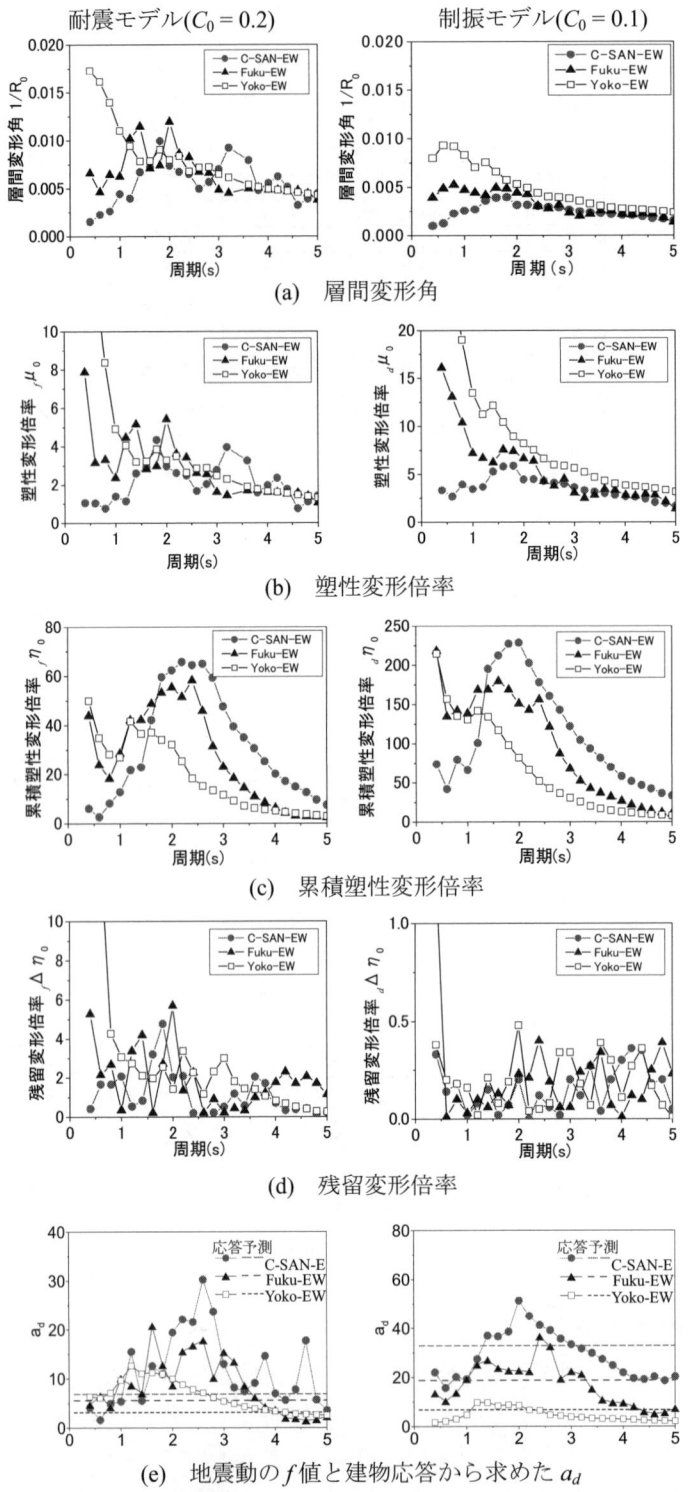

(e) 地震動のf値と建物応答から求めたa_d

図 4.2.14　地震動が単独に作用する場合の応答値と周期の関係

(4) 地震動が連続して作用した場合の応答評価

名古屋三の丸地区では，東海地震等と三河地震等が続けて起こることが多い．これらのことから3波の入力順序は，新東海-EW と伏在-EW が続けて起き，横ずれ直下-EW はその前後に発生すると仮定して，入力順序 F→S→Y, Y→F→S, S→F→Y, Y→S→F(S：新東海-EW，F：伏在-EW，Y：横ずれ直下-EW)の4ケースとした．

$C_0=0.2$ 耐震モデルと $C_0=0.1$ 制振モデルにおける，層間変形角 $1/R$，塑性変形倍率 $_f\mu, _d\mu$，累積塑性変形倍率 $_f\eta, _d\eta$，残留変形倍率 $_f\Delta\eta, _d\Delta\eta$ と周期 T の関係を図4.2.15 に示す．図4.2.15より，耐震モデルでは，塑性変形倍率 $_f\mu$ の 1/2 程度の残留変形倍率 $_f\Delta\eta$ が発生している．最大値である層間変形角 $1/R$，塑性変形倍率 $_f\mu$ は，地震動の入力順序により異なり，$T=2.0s$ 耐震モデルでは，伏在-EW の単独入力時に $1/R=0.012$，$_f\mu=5.42$ と最大値を示し，伏在-EW が最後に入力する Y→S→F のときが $1/R=0.015$，$_f\mu=6.9$ と最大になり，単独入力時より大きくなる．一方，制振モデルでは，残留変形倍率 $_d\Delta\eta$ が十分小さく，最大値である $1/R$ と $_d\mu$ はそれぞれの地震動の最大値を包絡する値と一致し，入力順序に関係なく同じ値を示す．この違いは，残留変形倍率に起因し，制振モデルでは，単独入力時に3波とも残留変形が生じないため，連続入力された場合においても，入力順序に関係なく常に原点から応答が始まるためと考えられる．一方，耐震モデルでは最初の地震動による応答解析で残留変形が残り，次の地震動の応答がそこから始まるため，単独入力時の最大値と異なることになる．なお，累積値である累積塑性変形倍率 $_f\eta, _d\eta$ は入力順序に関係なく単独入力時の $_f\eta_0, _d\eta_0$ の総和と一致する．

連続入力時の最大値は単独入力時の最大値に各地震動の残留変形の累積値が加算されるため，残留変形の方向は，ここではどちらの方向にもなりうると考える．そこで，$T=2.0s$，$C_0=0.2$ 耐震モデルを用いて，残留変形が最大となる伏在-EW が最後の入力順序 Y→S→F の波形の符号の全ての組合せ (+Y+S+F, +Y−S+F, +Y−S−F, +Y+S−F) に対する応答解析を行う．表4.2.5 に，$T=2.0s$，$C_0=0.2$ 耐震モデルと $C_0=0.1$ 制振モデルによる応答値を示す．表より，残留変形は，単独入力時に最大値を示す伏在-EW が最後に入力する(d)+Y+S−F の場合が最大で $_f\Delta\eta=8.35$ となる．塑性変形倍率は(g)+S−F+Y の場合が最大で最後の横ずれ直下-EW で $_f\mu=10.66$ となる．同じく Y→S→F 時の層間変形角 $1/R$，塑性変形倍率 $_f\mu$，残留変形倍率 $_f\Delta\eta$，$_f\Delta\eta/_f\mu$ と周期 T の関係を図 4.2.16 に示す．$_f\Delta\eta/_f\mu$ は，残留変形倍率 $_f\Delta\eta$ を塑性変形倍率 $_f\mu$ で除したものであり，残留変形 δ_r の最大塑性変形 δ_{pm} に対する比率を表す．図中の太実線は，符号の全ての組合せの最大値および最小値の包絡線を表す．図4.2.16より $_f\Delta\eta$ のばらつき幅が大きい周期の建物ほど $1/R, _f\mu$ のばらつき幅が大きい傾向を示す．$_f\Delta\eta/_f\mu$ は単独入力時の一般的な値の範囲である 0.4 を平均として 1.0 に近づく[2]．

耐震モデル($C_0 = 0.2$)　　　　制振モデル($C_0 = 0.1$)

(a) 層間変形角

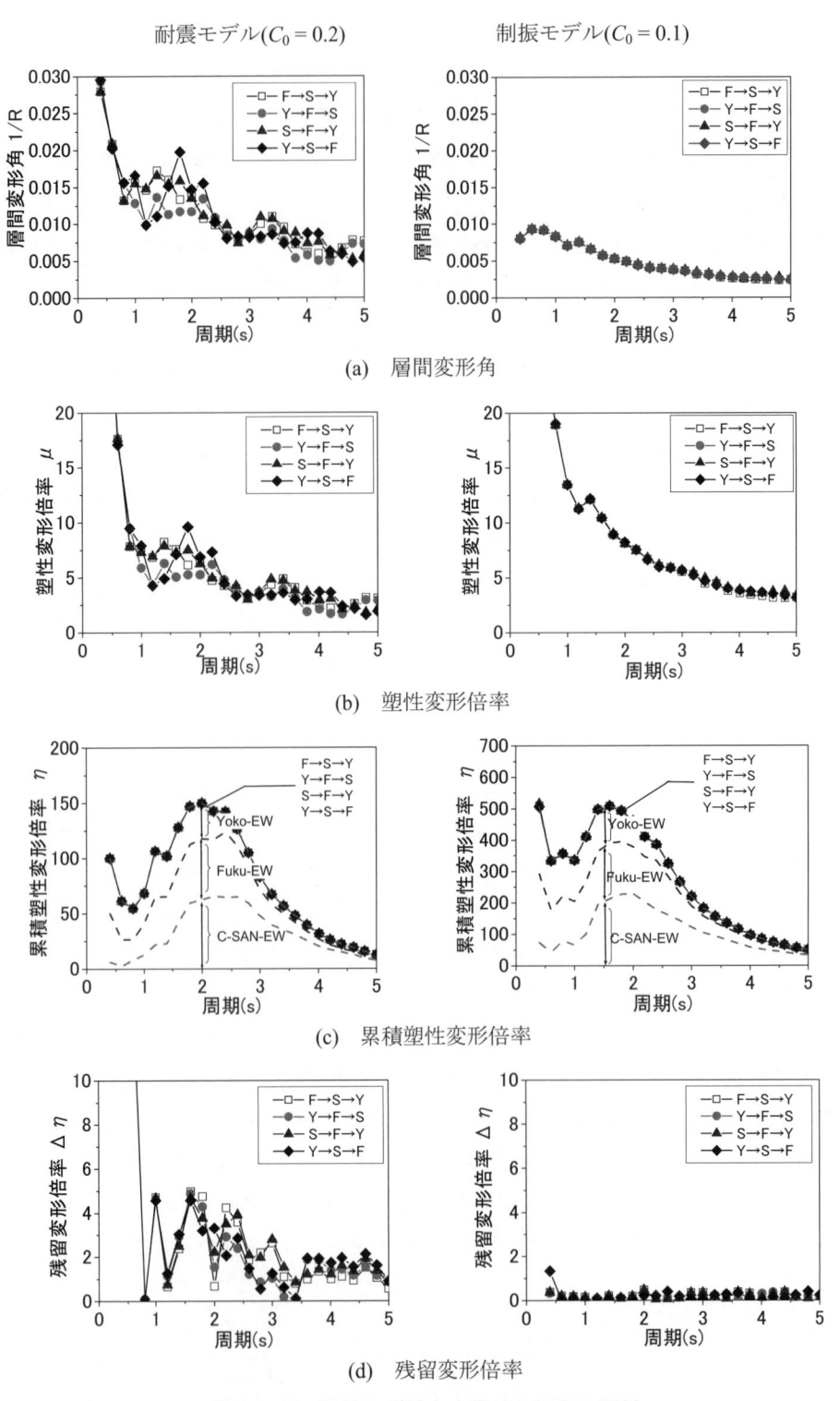

(b) 塑性変形倍率

(c) 累積塑性変形倍率

(d) 残留変形倍率

図 4.2.15　連続入力時の応答値と周期の関係

表 4.2.5　$T=2.0s$ の耐震・制振モデルの応答値

	耐震モデル				制振モデル				
	1/R	μ	η	Δη	Δη/μ	1/R	μ	η	Δη	Δη/μ
C-SAN-EW	0.007	3.18	62.3	2.030	0.638	0.006	4.46	228.4	0.2	0.045
Fuku-EW	0.012	6.42	55.4	5.700	0.888	0.008	6.67	150.9	0.23	0.034
Yoko-EW	0.008	3.78	32.9	1.420	0.376	0.010	8.23	82.0	0.48	0.058
−F+S+Y	0.020	9.75	149.7	7.08	0.74	0.010	8.13	461.1	0.97	0.12
+Y−F+S	0.019	9.40	149.9	7.35	0.78	0.010	8.23	461.1	0.40	0.05
+S−F+Y	0.022	10.66	149.7	7.950	0.74	0.010	8.37	461.1	0.97	0.12
+Y+S−F	0.019	9.02	149.7	8.35	0.93	0.010	8.23	461.1	0.46	0.06

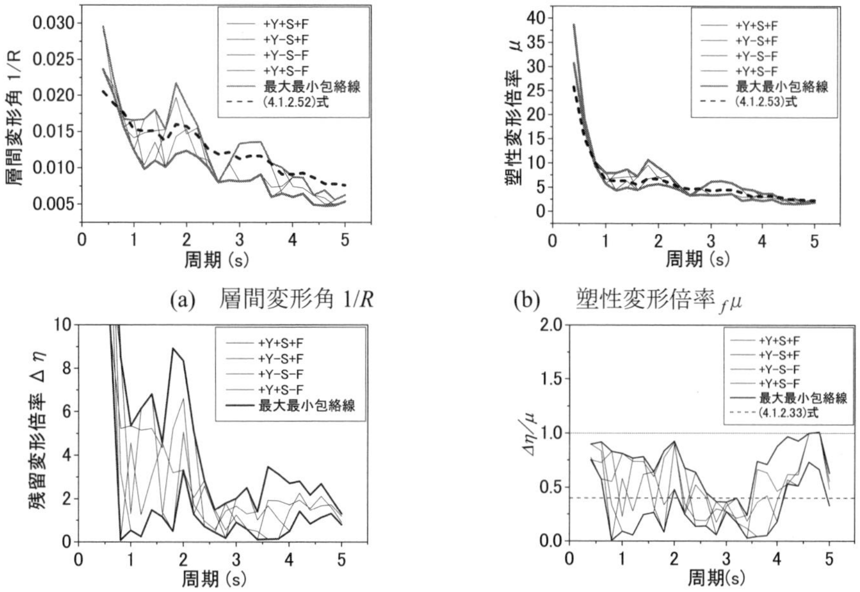

(a) 層間変形角 1/R
(b) 塑性変形倍率 $_f\mu$
(c) 残留変形倍率 $_f\Delta\eta$
(d) $_f\Delta\eta/_f\mu$

図 4.2.16　連続入力時の耐震モデル($T=2.0s, C_0=0.2$)の最大値のばらつき

4.2.4　まとめ

　地震動と建物応答の対応を示すものとして応答スペクトルとエネルギースペクトルがある．応答スペクトルは最大応答値と対応し，エネルギースペクトルは累積値と対応する．超高層建物等の設計に用いられる標準波・告示波や直下地震による地震動に比べて，継続時間が数倍長い長周期地震動では最大応答値と累積値の対応関係を同じようには評価できない．標準波を単位地震動として，単位地震動の繰返し数 f により長周期地震動を評価する f 値を用いて，地震動評価指標と建物応答評価指標の評価を行った．

　f 値は地震動の速度応答スペクトルとエネルギースペクトルの対応関係で定義され，短周期 0.1～2 秒では f 値に方位依存性があり，断層の破壊進行方向で小さく，その逆方向あるいは直交方向で

大きくなる傾向がある．短周期 0.1～2 秒の f 値は，震源距離およびマグニチュードとやや低い正の相関がある．長周期 2～10 秒の f 値は，震源距離にもマグニチュードにも依らない．主にサイト特性が支配的であり，表層地盤の増幅率が大きい観測点で f 値が大きく，増幅率が小さい観測点で f 値が小さくなる傾向がある．ただし，地盤増幅率および地震基盤面までの深さと f 値の関係が必ずしも一致しなかったため，表層地盤と深部地盤の両方を考慮したサイトと f 値の関係については今後の検討課題である．

　標準波による数多くの数値解析から得られた累積塑性変形と最大塑性変形の対応関係 a_d 値，最大塑性変形と残留変形の対応関係などを，f 値を用いて継続時間が異なる長周期地震動等にも適用できる．また，複数の地震動による応答値を単独入力時の応答値から推定できることを示した．最大値はそれまで経験した地震動による残留変形の総和と直前の地震動の単独入力時の最大値から，累積値はそれまで経験した地震動の単独入力時の累積値の総和で推定できる．また，制振構造は残留変形を生じないことで耐震構造との応答値に差が生じる．

参 考 文 献

1) 秋山宏・北村春幸：エネルギースペクトルと速度応答スペクトルの対応，日本建築学会構造系論文集，第 608 号，pp.37-43，2006.10
2) 秋山宏：エネルギーの釣り合いに基づく建築物の耐震設計，技報堂出版，1999.1
3) 小穴温子・北村春幸・吉江慶祐・佐藤俊明：設計用地震動のための長周期地震動の f 値の定性的評価，日本建築学会構造系論文集，第 77 巻，第 674 号，pp.575-584，2012.4
4) 北村春幸：性能設計のため建築振動解析入門，彰国社，2002.9
5) 佐藤智美・大川出・西川孝夫・佐藤俊明・関松太郎：応答スペクトルと位相スペクトルの経験式に基づく想定地震に対する長周期時刻歴波形の作成，日本建築学会構造系論文集，第 649 号，pp.521-530，2010.3
6) 北村春幸・野村綾・川崎恵・壇一男・佐藤俊明：長寿命鋼構造建物が遭遇する複数の強震動を想定した累積損傷評価法の提案－名古屋三の丸地区で想定される強震動を対象として－，日本建築学会構造系論文集，第 74 巻，第 642 号，pp.1443 -1452，2009.8

4.3 パルス性地震動の特性化と応答評価

内陸地殻内地震における震源近傍のパルス性地震動(加速度)を正弦波パルスで理想化することで(図4.3.1),リアルな地震動からは十分に理解しがたい建物の応答特性や要求性能を把握するとともに,設計用地震荷重への利用を模索した結果を紹介する.本節ではまず,正弦波パルスに対する非減衰1自由度系の最大応答理論解を示す.次に,最大応答理論解に基づく,パルス性地震動の影響を考慮した設計用加速度応答スペクトル,パルス性地震動に対する建物の応答特性や耐震設計の方向性について述べる.

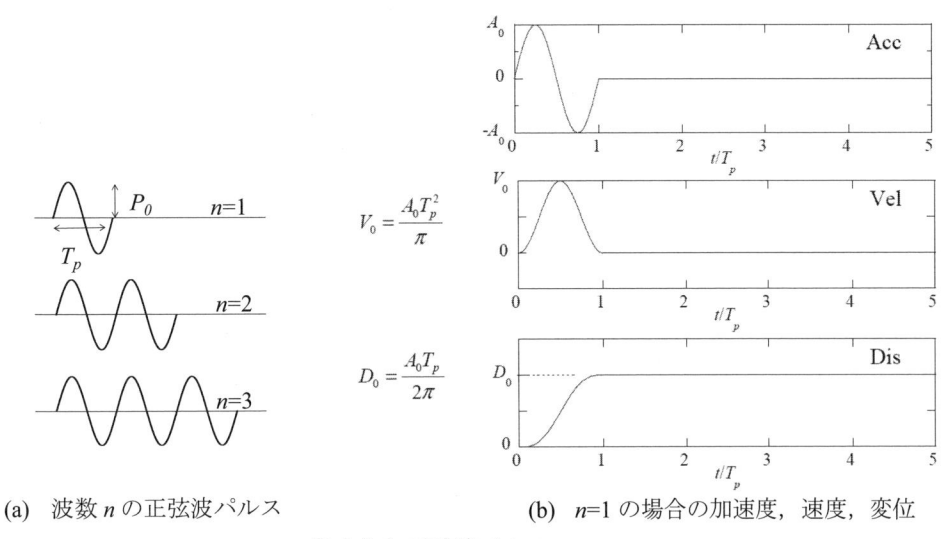

(a) 波数 n の正弦波パルス   (b) $n=1$ の場合の加速度,速度,変位

図 4.3.1 正弦波パルス

(1) 正弦波パルスに対する非減衰1自由度系の最大応答理論解 [1)]

(i) 時刻歴応答

パルス性地震動を図4.3.1に示すような正弦波パルスで理想化し,非減衰1自由度系の応答を考える.
固有周期 $T(=2\pi/\omega)$ の非減衰1自由度系に,加速度振幅 A_0,パルス周期 $T_p(=2\pi/\omega_p)$ の正弦波 n 波(正弦波パルス)が入力する場合の運動方程式は次式で表される.

$$\ddot{u} + \omega^2 u = \begin{cases} -A_0 \sin\omega_p t & (0 \leq t < nT_p) \\ 0 & (nT_p \leq t) \end{cases} \tag{4.3.1}$$

上式を,2つの場合に分けて考える.

(a) $T_p \neq T$ のとき

強制振動中 $(0 \leq t < nT_p)$ のとき,式(4.3.1)を解くと,

$$\frac{u}{A_0/\omega^2} = \frac{1}{\tau^2 - 1}\left(\sin\omega_p t - \tau\sin\omega t\right) \tag{4.3.2}$$

ここで，$\tau = \omega_p/\omega = T/T_p$ である．次に，自由振動中($nT_p \leq t$)のときは，式(4.3.1)を解くと次式が得られる．

$$\frac{u}{A_0/\omega^2} = -\frac{2\tau}{\tau^2-1} \cdot \sin\frac{n\pi}{\tau} \cdot \cos\left(\frac{2\pi}{T}t - \frac{n\pi}{\tau}\right) \tag{4.3.3}$$

(b) $T_p = T$のとき

強制振動中($0 \leq t < nT_p$)のとき，式(4.3.1)を解くと，

$$\frac{u}{A_0/\omega^2} = \frac{1}{2}\{\omega t\cos\omega t - \sin\omega t\} \tag{4.3.4}$$

次に，自由振動中($nT_p \leq t$)のときは，式(4.3.1)を解くと次式が得られる．

$$\frac{u}{A_0/\omega^2} = \pi\cos\omega t \tag{4.3.5}$$

以上より，時刻歴応答変位は，1自由度系の固有周期Tと正弦波パルスの周期T_pの比$\tau = T/T_p$に依存することがわかる．参考のために，$n=1$, $T_p=1$sの場合についての応答を，固有周期Tをパラメータとして点線で図4.3.2に示す．なお，$D_0 = T_p^2 A_0/(2\pi)$で，減衰振動の場合($h=0.1$)を実線で示している．

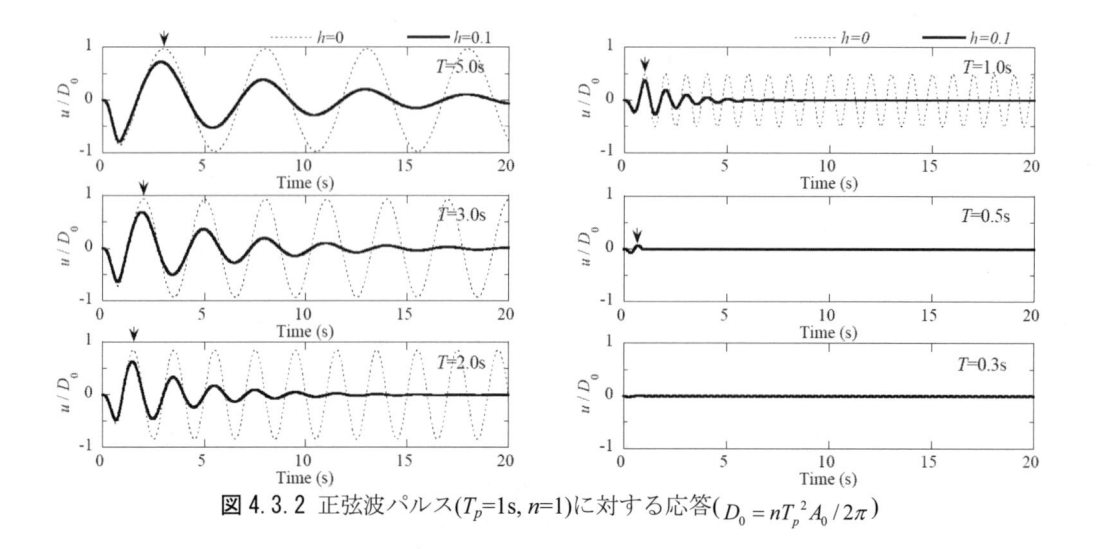

図 4.3.2 正弦波パルス($T_p=1$s, $n=1$)に対する応答($D_0 = nT_p^2 A_0/2\pi$)

(ⅱ) 加速度応答スペクトル

正弦波パルスに対する加速度応答スペクトルを求める．非減衰の場合，加速度応答スペクトルS_aと変位応答スペクトルS_dの間には$S_a = \omega^2 S_d$の関係があるので，式(4.3.2)，(4.3.3)で求めた変位応答の最大値を求めることで，加速度振幅A_0で無次元化した加速度応答スペクトルS_a/A_0を求めることができる．

まず，強制振動中($0 \leq t < nT_p$)の最大応答を求める．時刻歴で最大点となる可能性があるのは，式(4.3.2)を微分して得られる速度が0となる時刻$t = mT/(\tau \pm 1)$であり，$0 \leq t < nT_p$となるような整数mを選

ベばよい．$t=mT/(\tau+1)$ と $t=mT/(\tau-1)$ をそれぞれ式((4.3.2)に代入し，整理して以下のように $g_{1,m}$, $g_{2,m}$ とおく．

$$g_{1,m}(\tau) \equiv \left|\frac{1}{\tau-1}\sin\left(\frac{2\pi m\tau}{\tau+1}\right)\right|, \quad g_{2,m}(\tau) \equiv \left|\frac{1}{\tau+1}\sin\left(\frac{2\pi m\tau}{\tau-1}\right)\right| \qquad (4.3.6)$$

次に，強制振動終了後の自由振動中 ($nT_p \leq t$) の最大応答を求める．$nT_p \leq t$ では非減衰自由振動になるので，最大応答は式(4.3.3)の振幅となる．よって，式(4.3.3)の右辺の振幅を表す関数を以下のように f_n とおく．

$$f_n(\tau) = \left|\frac{2\tau}{\tau^2-1}\sin\frac{n\pi}{\tau}\right| \qquad (4.3.7)$$

以上より，非減衰の加速度応答スペクトルは，f_n, $g_{1,m}$, $g_{2,m}$ を用いて次式で表現できる．

$$\frac{S_a}{A_0} = \max\{f_n, g_{1,m}, g_{2,m}\} \qquad (4.3.8)$$

波数 $n=1, 2, 3$ の場合の加速度応答スペクトルを図4.3.3に示す．$T/T_p=1$ 付近では，波数 n が大きくなると最大応答加速度が大きくなり，$T/T_p=1$ では $n\pi$ となる．また，$T/T_p=1.5$ では波数によらず最大応答加速度がほぼ一定値となり，$T/T_p>1.5$ では波数 n が増加しても加速度応答スペクトルの値はあまり変わらない．

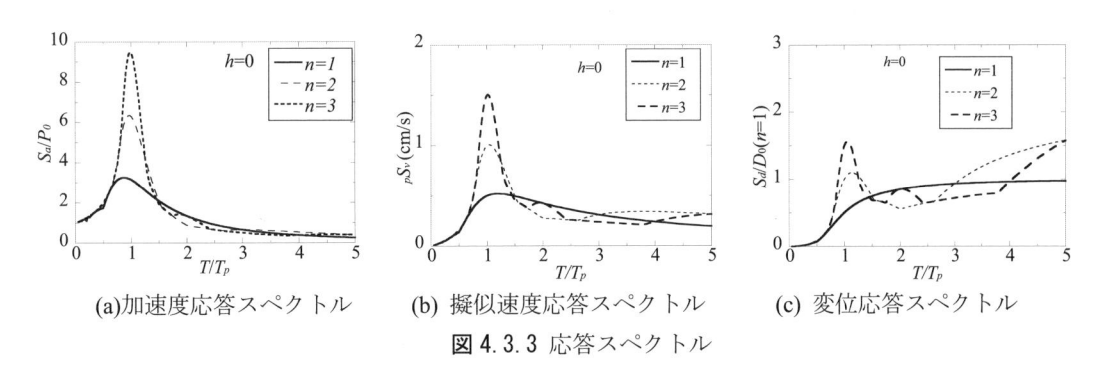

(a)加速度応答スペクトル　　(b)擬似速度応答スペクトル　　(c)変位応答スペクトル

図 4.3.3 応答スペクトル

(iii)　速度応答スペクトル

強制振動終了後に最大応答速度が発生するとき，非減衰の速度応答スペクトルは地動加速度のフーリエ振幅スペクトル $F(\omega)$ に等しい．そこで，正弦波パルス入力に対するフーリエ振幅スペクトルを計算すると次式で表される．

$$F(\omega) = \frac{A_0 T_p}{\pi}\left|\frac{\tau^2}{\tau^2-1}\sin\frac{n\pi}{\tau}\right| = V_0 \cdot \left|\frac{\tau^2}{\tau^2-1}\sin\frac{n\pi}{\tau}\right| \qquad (4.3.9)$$

ここで，V_0 は加速度正弦波パルスを積分して得られる地動速度の最大値である．また，後述のように $T/T_p \gg 1$ では概ね時刻 $t=T_p/2$ で最大応答速度が発生する性質（4.3.3参照）を用いて，式(4.3.2)を微分して得られる速度応答の式に $t=T_p/2$ を代入すれば，最大速度応答は次式で表される．

$$S_v \cong \frac{V_0}{2}\left|\frac{\tau^2}{\tau^2-1}(1+\cos\frac{\pi}{\tau})\right| \tag{4.3.10}$$

（ⅳ）　変位応答スペクトル・擬似速度応答スペクトル

図4.3.1に示した加速度振幅A_0の地動加速度を積分することにより，最大地動変位D_0は次式で表される．

$$D_0 = \frac{nT_p^2}{2\pi}A_0 \tag{4.3.11}$$

また，非減衰の場合，加速度応答スペクトルと変位応答スペクトルの間には$S_a=\omega^2 S_d$の関係があることから，式(4.3.8)で求めた加速度応答スペクトルを用いて変位応答スペクトルは次式で表される．

$$\frac{S_d}{D_0} = \frac{\tau^2}{2n\pi}\cdot\frac{S_a}{A_0} \tag{4.3.12}$$

図4.3.3(c)に$n=1,2,3$とした時の変位応答スペクトルを示す．ただし，振幅軸は$n=1$の場合の最大地動変位D_0で無次元化している．同図より$T/T_p=1$付近では波数nが大きくなるほど応答が大きくなる．また，$T/T_p\gg 1$では波数が大きいほど応答が大きくなるが，これはT/T_pが十分大きい場合，相対応答変位はほぼ最大地動変位D_0に等しくなること，最大地動変位D_0はnに比例して大きくなることが原因である．

擬似速度応答スペクトルは，次式で定義される．

$$_pS_v = S_a/\omega \tag{4.3.13}$$

（2）　設計用応答スペクトル
（ⅰ）　加速度応答スペクトルの設定

図4.3.3で示した加速度応答スペクトルがnによらず$T/T_p=1.5$でほぼ一定値になる性質を利用し，加速度応答スペクトルの振幅を周期$T=1.5T_p$での値$S_a(T=1.5T_p)$で無次元化したものを「正規化加速度応答スペクトル」と呼ぶ．図4.3.4に$n=1, 2, 3$の正弦波パルス入力時の正規化加速度応答スペクトルを示す．後述のように，内陸直下地震における震源近傍の観測記録や予測地震動の正規化加速度応答スペクトルは，$n=1, 2$のスペクトルの間に概ね分布している．そこで，正弦波パルス($n=1, 2$)入力時の正規化加速度応答スペクトルをほぼ包絡するような正規化加速度応答スペクトルS_{a0}を次式で定義する．

$$S_{a0}(\tau) = \begin{cases} g_{1,1}(\tau)/f_1(1.5) & (0.25 < \tau < 0.5) \\ g_{1,2}(\tau)/f_1(1.5) & (0.5 \leq \tau < 0.667) \\ g_{1,3}(\tau)/f_1(1.5) & (0.667 \leq \tau < 0.75) \\ g_{1,4}(\tau)/f_1(1.5) & (0.75 \leq \tau < 1) \\ f_2(\tau)/f_1(1.5) & (1 < \tau < 1.5) \\ f_1(\tau)/f_1(1.5) & (1.5 \leq \tau) \end{cases} \tag{4.3.14}$$

S_{a0}は，正弦波パルスに対する非減衰1自由度系の最大応答理論解の組み合わせからなる関数であり，スペクトルの形状を決定するものである．

ここで，パルス性地震動についても加速度低減率 F_h が周期に関係せず一定と仮定することで，内陸直下地震に対する減衰定数 h=0.05 の設計用加速度応答スペクトル $S_a(\tau=T/T_p)$ を，上式で定義した正規化加速度応答スペクトル S_{a0} を用いて次式によって表す．

$$S_a(\tau) = S_a(T = 1.5\, T_p)\, S_{a0}(\tau) \tag{4.3.15}$$

ただし，減衰補正係数 F_h は波数 n を用いて次式で表す（4.3.2(d)参照）．

$$F_h(h) = (1 + 0.05 n\pi) / (1 + n\pi h) \tag{4.3.16}$$

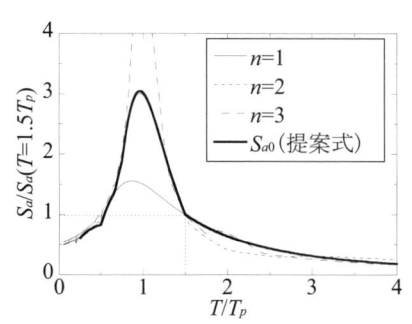

図 4.3.4 正規化加速度応答スペクトル

（ⅱ）観測記録と予測地震動の分析

近年発生した内陸直下地震の震源近傍での観測記録や，内陸直下地震に対する予測地震動を用いて，パルス性地震動が正弦波パルスで近似できる事を示す．検討には，表 4.3.1 に示す観測記録および内陸直下地震の予測地震動を用いた．内陸直下地震の予測地震動の例として，上町断層帯に対する予測地震動を用いる．

表 4.3.1 パルス性地震動の特性値

地震動の分類	地点	V_p (cm/s)	T_p (s)
1995年兵庫県南部地震	葺合	120	1.2
	JMA神戸	82	0.9
2000年鳥取県西部地震	日野	92	0.7
2004年新潟中越地震	JMA川口	125	1.4
	小千谷	105	0.7
2007年能登半島地震	JMA輪島	74	1.8
2007年新潟県中越沖地震	柏崎	118	2.4
	刈羽村	123	3.1
上町断層帯の予測地震動（産総研波）	JMAEBC	106	1.5
	OSK005	80	2.7
	OSK006	65	1.1
上町断層帯の予測地震動（中防波）	JMAEBC	102	2.9
	OSK005	67	2.6
	OSK006	61	2.2
上町断層帯の予測地震動（川辺波）	JMAEBC	105	1.7
	OSK005	100	2.0
	OSK006	47	2.4

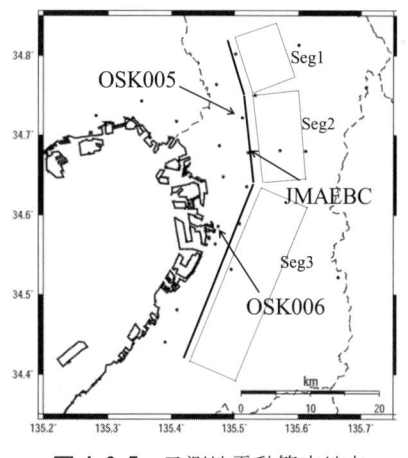

図 4.3.5 予測地震動算定地点

a）観測記録

震源近傍の観測記録として，葺合，JMA神戸(1995年兵庫県南部地震)，日野(2000年鳥取県西部地震)，JMA川口，小千谷(2004年新潟県中越地震)，JMA輪島(2007年能登半島地震)，柏崎，刈羽村(2007年新潟県中越沖地震)の8記録を用いる．

b）予測地震動

上町断層帯に対する予測地震動として，川辺・釜江による予測地震動(川辺波)[2]，産業技術総合研究所による予測地震動(産総研波)[3]，中央防災会議による予測地震動(中防波)[4]の3種類を用いる．本節では，以上の3つの予測地震動の共通の算定地点であるJMAEBC, OSK005, OSK006の地震動を用いる．図4.3.5には，3地点の位置と川辺・釜江が地震動予測に用いた断層モデルを示す．

図4.3.6に観測記録および予測地震動の速度波形を，図4.3.7に加速度応答スペクトルをそれぞれ示す．また図4.3.7には，告示で規定された工学的基盤の標準加速度応答スペクトルおよび簡略法による第2種地盤の加速度応答スペクトルを細線で示している．

パルス特性値として，パルス周期T_pとパルス速度振幅V_pを定義する．まず，減衰定数$h=0.05$の擬似速度応答スペクトルの最大値を与える周期をパルス周期T_pと定義する．次に，$0.8T_p$〜$1.5T_p$の周期帯域にバンドパスフィルタを施した速度波形の振幅をパルス速度振幅V_pと定義する．表4.3.1にパルス特性値の一覧を示す．

正弦波パルスに対する加速度応答スペクトルが$T/T_p=1.5$付近で波数によらずほぼ一定値となる性質を利用して，観測記録および予測地震動の正規化加速度応答スペクトルを算定し図4.3.8に示す．すなわち，減衰定数$h=0.05$の加速度応答スペクトルの周期軸をパルス周期T_pで除し，次に振幅軸を周期$T=1.5T_p$での加速度応答スペクトルの値$S_a(T=1.5T_p)$で除して，正規化加速度応答スペクトルを算定する．

図4.3.8には，$n=1, 2$の正弦波パルスの正規化加速度応答スペクトルを重ねて示している．図4.3.8から，観測記録や予測地震動の正規化加速度応答スペクトルは，$n=1$または2の正弦波パルスの正規化加速度応答スペクトルで概ね近似できることがわかる．

式(4.3.15)により設計用加速度応答スペクトルを算定するためには，$S_a(T=1.5T_p)$とT_pを設定する必要がある．そこで，まず，表4.3.1に示した震源近傍の観測記録や予測地震動について，パルス性地震動の特性を表現するパルス特性値(パルス周期T_pとパルス速度振幅V_p)を以下のように算出する．パルス周期T_pは，減衰定数$h=0.05$の擬似速度応答スペクトルの最大値を与える周期とし，$0.8T_p$〜$1.5T_p$の周期帯域にバンドパスフィルタを施した速度波形の振幅をパルス速度振幅V_pとする．次に，各地震動の$S_a(T=1.5T_p)$がパルス特性値T_p, V_pとどのような関係にあるのかを調べるため，パルス特性値T_p, V_pより求めた等価最大加速度$(2\pi/T_p)V_p$と$S_a(T=1.5T_p)$の関係を図4.3.9に示す．同図から，両者の間には概ね次式の関係がある．

$S_a(T=1.5T_p)=1.5(2\pi/T_p)V_p$ (4.3.17)

よって，パルス特性値T_p, V_pが決まれば，式(4.3.17)により$S_a(T=1.5T_p)$が求まり，さらに式(4.3.15)

によって設計用応答スペクトルを作成することができる．

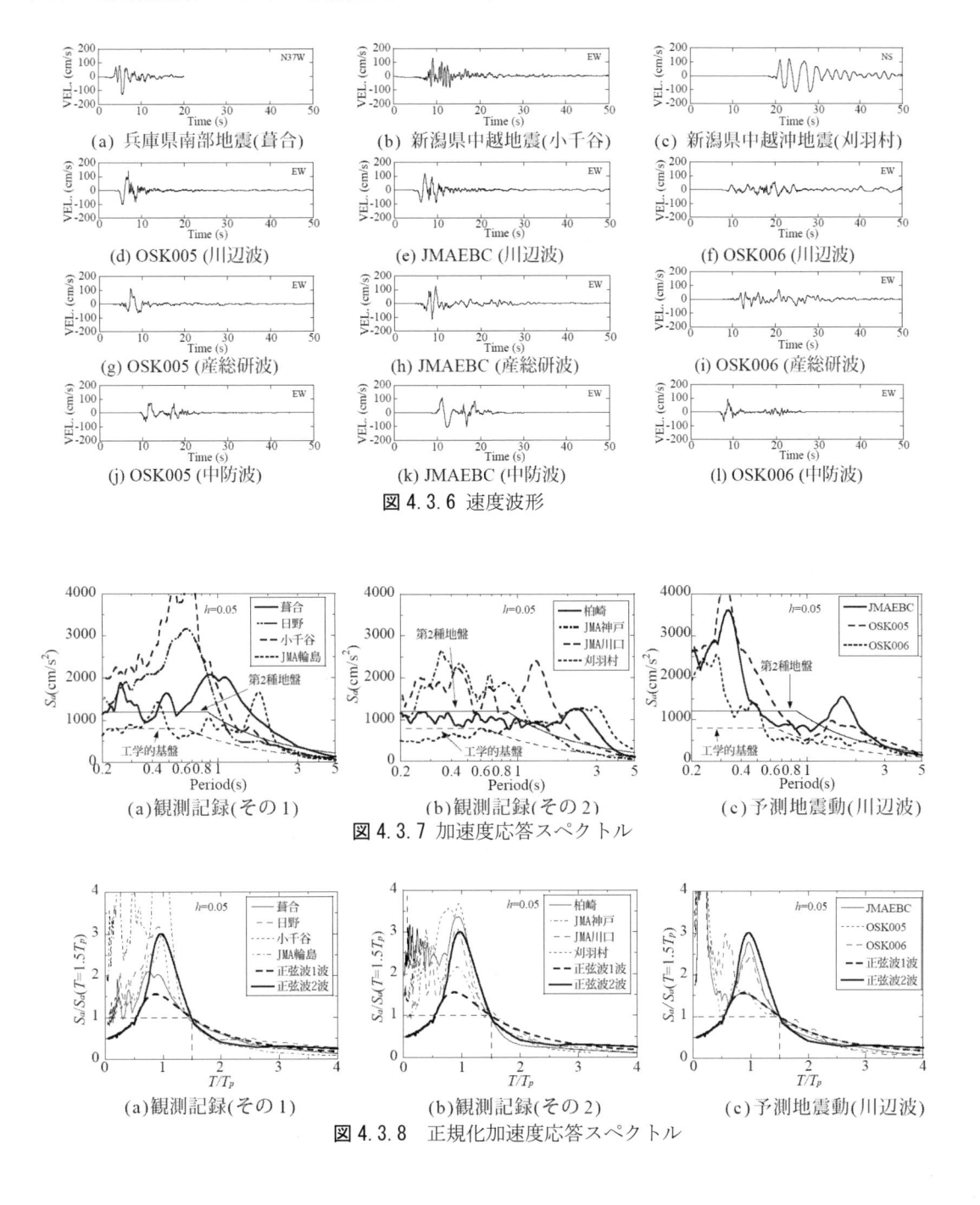

(a) 兵庫県南部地震(葺合)
(b) 新潟県中越地震(小千谷)
(c) 新潟県中越沖地震(刈羽村)
(d) OSK005 (川辺波)
(e) JMAEBC (川辺波)
(f) OSK006 (川辺波)
(g) OSK005 (産総研波)
(h) JMAEBC (産総研波)
(i) OSK006 (産総研波)
(j) OSK005 (中防波)
(k) JMAEBC (中防波)
(l) OSK006 (中防波)

図 4.3.6　速度波形

(a) 観測記録(その1)
(b) 観測記録(その2)
(c) 予測地震動(川辺波)

図 4.3.7　加速度応答スペクトル

(a) 観測記録(その1)
(b) 観測記録(その2)
(c) 予測地震動(川辺波)

図 4.3.8　正規化加速度応答スペクトル

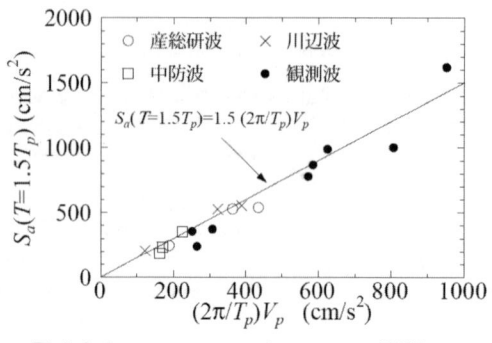

図 4.3.9 $S_a(T=1.5T_p)$ と T_p, V_p の関係

（ⅲ）　経験的なパルス特性値の設定

上記の設計用応答スペクトルを設定するには，パルス特性値T_p，V_pを定める必要がある．そこで，断層近傍のパルス特性値に関する文献5～8) を行い，パルス特性値がどの程度になるかを説明する．

（a）　分析に用いた地震動

各論文で用いられた観測記録の特徴は以下のとおりである．

1) 内陸直下地震の断層近傍での観測記録であり，明瞭なパルス状の波形が見られる．
2) モーメントマグニチュードM_wは概ね6～8の範囲で，断層最短距離が概ね10km以内である．
3) Imperial ValleyやNorthridgeなどアメリカで発生した地震のほかに，近年発生した比較的大きな台湾集集地震やトルコのIzumit地震が含まれ，大きな永久変位が見られる記録も含まれている．
4) SomervilleとBrayの論文では，岩盤上の記録と堆積地盤上の記録に分けて分析している．

（b）　パルス特性値の定義

既往の論文における，パルス性地震動の特性値(パルス周期やパルス振幅)の定義について述べる．

1) Mavroeidis　(2003)

速度波形に見られるパルスを，Gabor Waveletを基にした以下のような関数を用いて表す．

$$f(t) = \frac{A}{2}\left(1+\cos(\frac{2\pi f_p}{\gamma}t)\right)\cdot\cos(2\pi f_p t+\nu) \tag{4.3.18}$$

ここで，Aは振幅，f_pは振動数，νは位相差，γはパルスの波数に関わる係数(γが大きいほどにパルス状の波形になる)である．ここで，振動数f_pは，観測波と式(4.3.18)で示す摸擬波形の擬似速度応答スペクトルのピークとなる周期がほぼ一致するように定める．次に，振幅Aは，観測波の速度振幅と擬似速度応答スペクトルのピークの値が近くなるように算定する．また，γおよびnは，速度波形および変位波形が最もフィットするように試行錯誤を繰り返すことにより算定されている．

2) Somerville (2003)

パルス周期は速度波形の最大周期をパルス周期T_pと定義している．また，パルス振幅は最大地動速度PGVを用いている．

3) Bray (2004)

速度波形において最大振幅を示す部分のパルスのゼロクロッシング時間をパルス周期T_pとしている．また，速度パルスの振幅については，最大地動速度PGVを用いている．これは，既往の研究におけるパルス振幅がPGVとさほど差がないことによる．

4) Aravi & Krawinkler (2000)

速度応答スペクトルのピーク周期をパルス周期T_pとしている．

表4.3.2 パルス周期とモーメントマグニチュードの関係

文献	T_pの定義	T_pの回帰式	
Somerville (2003)	断層直交方向速度波形の最大パルス周期	Rock	$\log_{10}(T_{dir})=-3.17+0.5M_w$
		Soil	$\log_{10}(T_{dir})=-2.02+0.346 M_w$
Bray (2004)	速度が最大速度となる部分のゼロクロッシング時間，または，最大速度の10%になるまでの時間（速度波形にdriftが見られる場合）	Rock	$\log_{10}(T_v)=-3.73+0.57 M_w$
		Soil	$\log_{10}(T_v)=-2.43+0.40 M_w$
Mavroeidis (2003)	擬似速度応答スペクトルのピーク周期	$\log_{10}(T_p)=-2.2+0.4 M_w$	
		$\log_{10}(T_p)=-2.9+0.5M_w$ （自己相似性考慮）	
Alavi & Krawinkler (2000)	速度応答スペクトルのピーク周期	$\log10(T_p)=-1.76+0.31 M_w$	

（c）パルス特性値

各論文で定義されたパルス特性値とモーメントマグニチュードとの関係を比較する．

まず，図4.3.10に既往の論文別に，モーメントマグニチュードM_wとパルス周期T_pの関係およびT_pの回帰式を示す．また，表4.3.2に，各論文でのパルス周期の定義とパルス周期の回帰式をまとめて示す．多少のばらつきはあるものの，概ねパルス周期T_pとモーメントマグニチュードM_wは相関が良い．また，図4.3.10(a),(b)から，岩盤上ではT_pとM_wは非常に相関が良いが，堆積地盤上では相関が悪くなり，堆積地盤の影響でパルス周期にばらつきが生じた可能性がある．

次に，パルス周期がその定義の違いによりどの程度変化するかを調べるために，図4.3.11に各論文で定義されたパルス周期の対応関係を示す．図4.3.11では，Somervilleによるパルス周期T_{dir}を横軸にとり，他の3者のパルス周期を縦軸としてプロットしている．図4.3.11より，Somervilleによるパルス周期とBrayによるパルス周期はほぼ等しい．また，Alavi & Krawinklerによるパルス周期は，多少のばらつきはあるものの，Somervilleのパルス周期よりもやや小さく0.86倍程度の値となっている．

次に，図4.3.12にパルス周期とパルス振幅の関係をモーメントマグニチュードM_wの値により3グループ（$M_w<6.5$，$6.5\leqq M_w<7.5$，$7.5\leqq M_w$）に分けて示す．ばらつきは大きいが，M_wが大きいほどT_p，V_pともに大きくなる傾向が見られるものの，一部の観測記録を除いてモーメントマグニチュードの増加傾向はそれ程顕著ではない．

最後に，図4.3.13には，各論文で示されているパルス周期とモーメントマグニチュードの回帰式を重ねて示している．Mavroeidisによるパルス周期の評価は他の文献に比べて大きめとなっていることが分かる．例えば，上町断層帯の想定地震のモーメントマグニチュード M_w が概ね 6.9〜7.0 程度であることから，Mavroeidisを除けばパルス周期は 1.3〜3.3 秒程度と予測される．

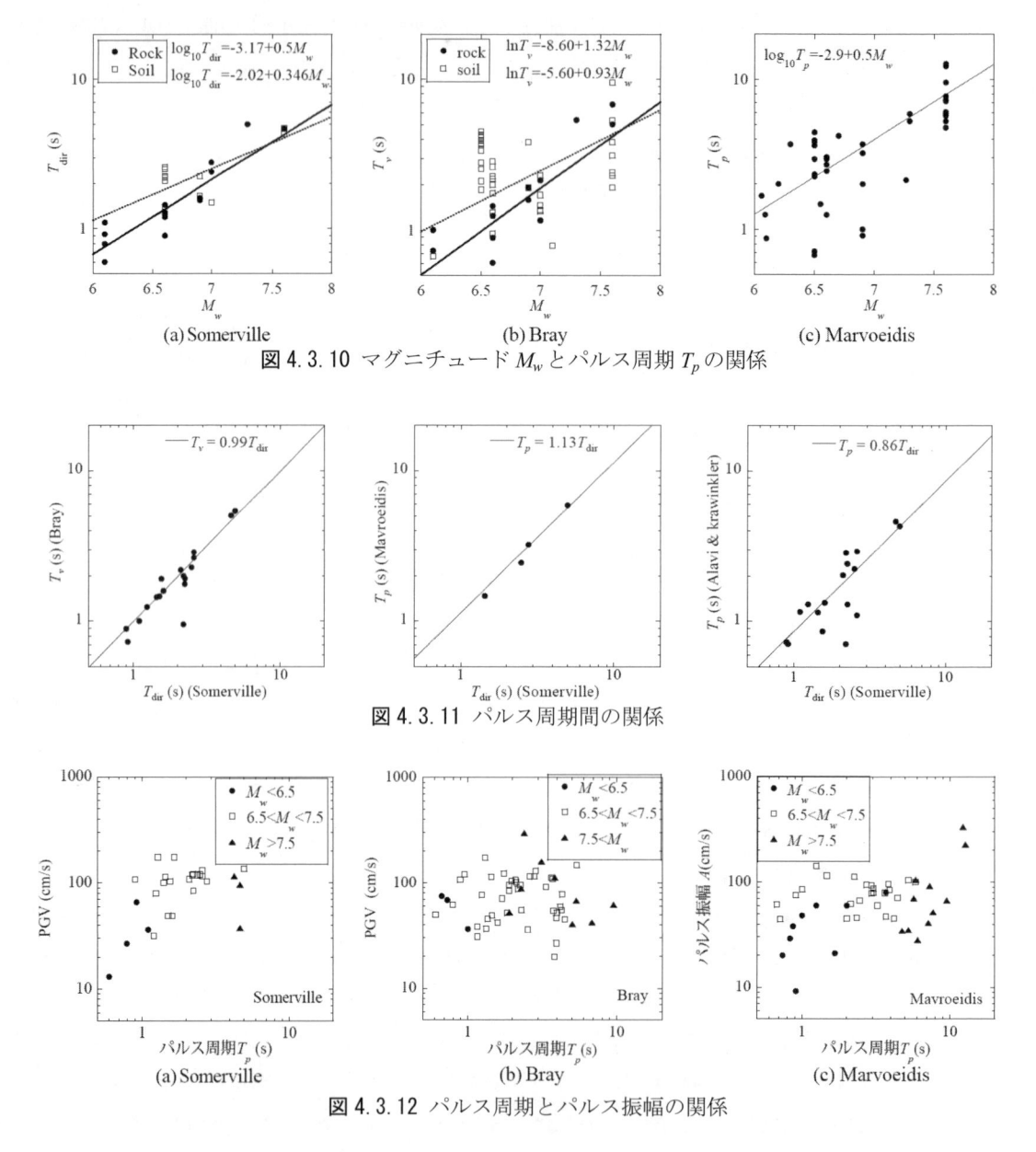

図 4.3.10 マグニチュード M_w とパルス周期 T_p の関係

図 4.3.11 パルス周期間の関係

図 4.3.12 パルス周期とパルス振幅の関係

また，断層モデルを用いた感度解析の結果によれば [9]，シングル・アスペリティの場合，断層近傍のパルス速度振幅 V_p には，アスペリティサイズ，アスペリティ上端深さ，立ち上がり時間，

破壊伝播速度の影響が大きい．地表面の地震動のパルス周期 T_p は，アスペリティから生成されるパルス周期，堆積地盤の卓越周期により概ね決定される．アスペリティが複数の場合のパルス周期 T_p は，アスペリティの配置，破壊方向，観測点との位置関係などによって変化すると考えられる．

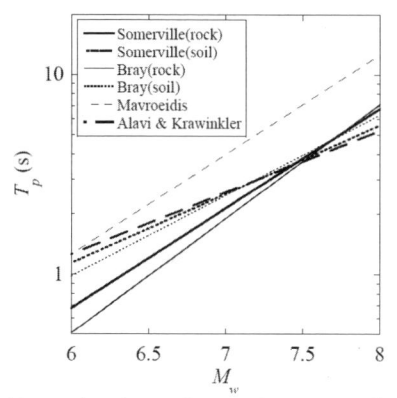

図 4.3.13 マグニチュード M_w とパルス周期 T_p の関係

(iv) 減衰補正係数

図4.3.14(a)に，正弦波パルス入力時の加速度応答スペクトルの減衰補正係数 $F_h(h)$ (= $S_a(h) / S_a(h = 0.05)$) を h=0.02と0.1の場合について示す．図4.3.14(a)から，パルス的な入力に対する減衰補正係数は T/T_p によって変化し，T/T_p =1付近で最も減衰の影響が大きいことがわかる．

ところで，T/T_p =1, $h \ll 1$ の条件で正弦波パルス n 波を入力した時，減衰定数 h=0の応答スペクトルに対する減衰補正係数 F_{h0} (= $S_a(h) / S_a(h = 0)$) は次式で表される．

$$F_{h0} = (1 - \exp(-2\pi nh)) / 2\pi nh \tag{4.3.19}$$

ここで，式(4.3.19)を次式の形で近似することを考える．

$$F_{h0} = 1 / (1 + \alpha h) \tag{4.3.20}$$

式(4.3.19)と式(4.3.20)を h=0近傍でテイラー展開し1次項の係数を等値して α を求めると $\alpha = n\pi$ となる．よって式(20)は，

$$F_{h0} = 1 / (1 + n\pi h) \tag{4.3.21}$$

と表される．式(4.3.20)の α は，減衰の効き具合を示す係数と考えられ，n=1, 2とした時の値 $\alpha = \pi, 2\pi$ は告示の α=10に比べて小さく，パルス的な入力の場合は減衰の効果が小さいことに対応している．さらに，h=0.05の応答スペクトルに対する減衰補正係数 F_h を次式で定義することを試みる．

$$F_{h,1}(h) = F_{h0}(h) / F_{h0}(h = 0.05) \tag{4.3.22}$$

例として図4.3.14(a)に式(4.3.22)を n=2として細線で示す．図4.3.14より T/T_p=1の付近では，式(4.3.22)の値が数値計算結果を概ね近似できていることがわかる．参考のために，図4.3.14(b)〜(d)に，慣用的に用いられている設計用地震動，断層近傍の観測地震動や予測地震動について算定した減衰補正係数を示す．

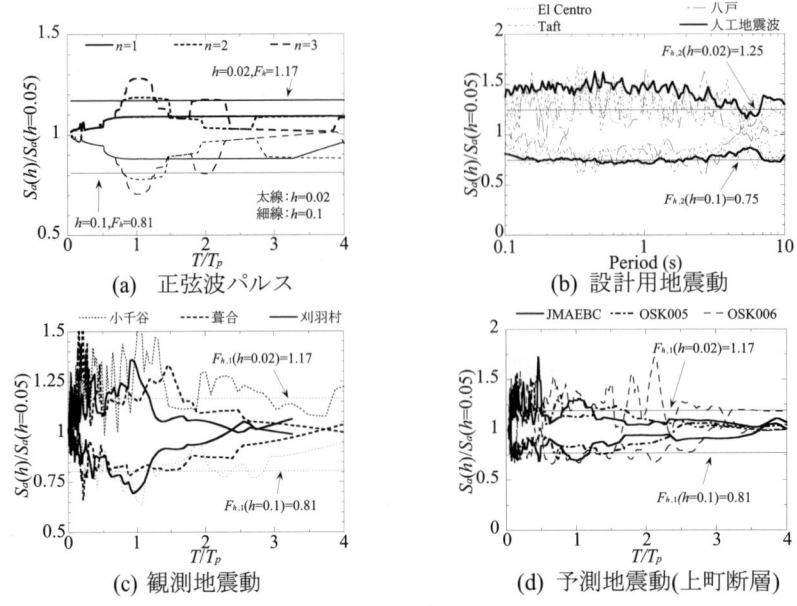

図 4.3.14 減衰補正係数の変化

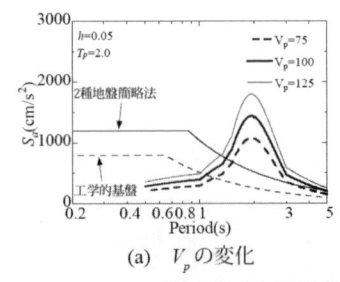

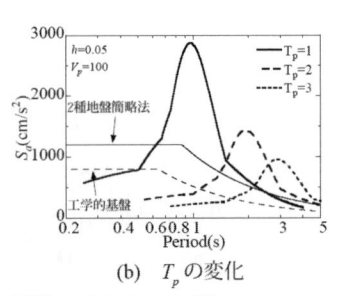

(a) 正弦波パルス
(b) 設計用地震動
(c) 観測地震動
(d) 予測地震動(上町断層)

（ⅴ）　設計用応答スペクトルの例

式(4.3.14), (4.3.15)で示した設計スペクトルの例を示す．まず，川辺らによる上町断層帯の予測地震動(川辺波[2])の地点 JMAEBC でのパルス特性値を参考に設計用応答スペクトルを算定し，太実線で図 4.3.15 に示す．大変形時の建物の応答に大きな影響を及ぼす周期 1 秒以上の周期帯域で，細実線で示した川辺波の良い近似となっている．図中には告示による工学的基盤の標準加速度応答スペクトルを点線で，簡略法による第 2 種地盤の加速度応答スペクトルを細実線で示す．図 4.3.15 より，1～3 秒の周期帯域で，提案スペクトルは現行の設計用応答スペクトルを大きく上回っている．次に，図 4.3.16(a)に，提案した設計用応答スペクトルをパルス周期 T_p=2s で一定としてパルス振幅 V_p を 75, 100, 125cm/s と変化させて示す．また図 4.3.16(b)には，提案設計用応答スペクトルを V_p=100cm/s として，T_p を 1, 2, 3 秒と変化させて示す．図 4.3.16 から，提案した設計用応答スペクトルが，現行の設計用応答スペクトルよりも長周期帯域で大きく上回っていることとともに，パルス特性値 T_p および V_p の値によって地震荷重が大きく変化し，その設定が重要であることがわかる．

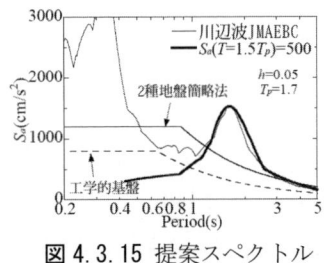

図 4.3.15 提案スペクトルによる川辺波の近似

(a) V_p の変化
(b) T_p の変化

図 4.3.16 設計用応答スペクトルの例

(3) パルス性地震動に対する基本的応答特性

(ⅰ) 建物の最大応答値

震源近傍のパルス性地震動は，継続時間が短く（図4.3.6），パルス周期T_pとパルス速度振幅V_pの加速度正弦波パルス1～2波で近似可能であり，また，減衰系の加速度・速度・変位応答スペクトルについても，近似的に陽な数式表現が可能である[10]．以下では，建物の応答を論じるため，変位応答スペクトルS_dを用いて考察する．

例えば，図4.3.17(a)に示すように，パルス周期T_pに比べて固有周期Tが小さくなる(剛な)ほど，最大応答変位が急激に小さくなるため，T/T_p (<1)が小さい建物の被害が小さくなる．その一方で，T/T_p >>1では最大応答変位は最大地動変位と概ね等しくなる（即ち，変位一定則が成り立つ）ため，Tが大きくなって建物の高さHが増加すると最大応答変形角は小さく(損傷は小さく)なる．つまり，パルス周期T_pに応じて，最大応答変形角が最大となる建物高さが変化すると考えられる．即ち，パルス周期が変化すると，被害を受ける建物規模が異なるため，被害様相が大きく変化する．

以上のことを，正弦波パルス(n=1)入力に対する変位応答スペクトルS_dを用いて示す．まず，S_dを最大地動変位D_0用いて次式で表す．

$$S_d = S_{d\,0}(\tau)\,D_0 \tag{4.3.23}$$

ここで，$\tau = T/T_p$で，D_0を正弦波パルスの速度振幅V_pとパルス周期T_pを用いて，

$$D_0 = T_p V_p / 2 \tag{4.3.24}$$

と表され，$S_{d\,0}(\tau)$は次式で近似できる．

$$S_{d0}(\tau) \approx \begin{cases} \left|\dfrac{1}{\pi}\dfrac{\tau^3}{\tau^2-1}\sin\dfrac{\pi}{\tau}\right| & (\tau > 1) \\[2mm] \left|\dfrac{1}{2\pi}\dfrac{\tau^2}{1-\tau}\sin\dfrac{4\pi}{1+\tau}\right| & (1 > \tau) \end{cases} \tag{4.3.25}$$

さらに，鉄骨造建物を想定し，1次固有周期Tと高さH，1次モードに対する等価高さH_eの間に以下の関係が成り立つとすれば，

$$T = 0.03\,H = 0.04\,H_e \tag{4.3.26}$$

最終的に平均最大応答変形角R_eは下式のように得られ，図4.3.18のように表される．

$$R_e = S_d/H_e = 0.02\,V_p\,S_{d0}(\tau)/\tau \tag{4.3.27}$$

同図より，V_p=1 m/sで，TがT_pと同程度となる場合に，R_eは最大値(0.01程度以上)となることが分かる．また，T/T_p<1以下でR_eが急激に減少することが分かる．なお，同図にはT/T_p>1の領域で高次モードの影響が含まれていないこと，損傷集中によって同図に示される値よりもさらに最大応答変形角が増大することに注意を要する．

一方，例えば，低層の免震建物では，最大地動変位D_0が免震装置の限界変形を超えた場合には，免震装置が破壊したり，擁壁に衝突したりする事に注意を要する．同様な議論は，木造住宅にも当てはまる．剛性・耐力の高い住宅の場合にはT/T_p<<1となって殆ど大きな損傷を被らないのに対し

て，(等価)固有周期TがT_pと同程度となり，最大地動変位が倒壊限界変形を超える場合には，倒壊を避けにくい．

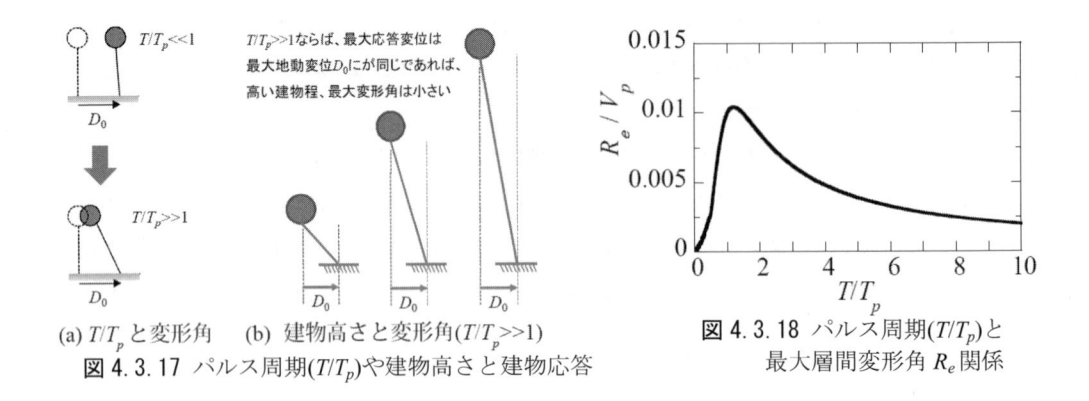

図4.3.17 パルス周期(T/T_p)や建物高さと建物応答
(a) T/T_pと変形角　(b) 建物高さと変形角($T/T_p \gg 1$)

図4.3.18 パルス周期(T/T_p)と最大層間変形角 R_e 関係

(ⅱ) 最大応答発生時刻

図4.3.19に，正弦波パルスの非減衰応答スペクトル(S_d, S_v, S_a)と最大応答発生時刻(t_{dmax}, t_{vmax}, t_{amax})を示す．パルス周期T_pと固有周期Tの大小関係によって最大応答発生時刻が大きく異なる．$T_p<T$の場合には最大(変位・加速度)応答は加振終了後に発生し，$T_p>T$の場合には加振中に発生する．非減衰1自由度系の場合，最大応答発生時刻t_{max}は下式で近似できる．

$$t_{max} = (T+T_p)/2 \tag{4.3.28}$$

従って，多自由度系における各次固有モードの最大応答は別々の時刻に発生する．そして，線形多自由度系の最大応答は，1自由度系応答理論解をもとに，各モードのピーク時刻歴応答を合成し，この中から最大のものをもって推定することが可能である（時刻別モード合成法[11]）．ただし，図4.3.20に示すように，T/T_pと減衰定数hがともに大きくなる場合には，加振終了後の自由振動が減少し，加振中に最大応答が発生するので注意を要する．

建物の固有周期Tとパルス周期T_pの組み合わせによっては，1次モードが支配的な場合と2次モードが支配的な場合がある．建物高さが十分に高く，2次固有周期がパルス周期に近い場合には，1次固有周期と2次固有周期に対する最大応答変形が同程度となるため，等価高さが低い2次モードの方が最大応答変形角が大きくなる可能性が高い．

一方，後述の応答解析例に関して図4.3.24に例示するように，震源近傍のパルス性地震動の場合には，PΔ効果の影響[12]は一般的に大きくないが，2次モードよりも1次モードが支配的な場合の方がPΔ効果の影響が大きい．

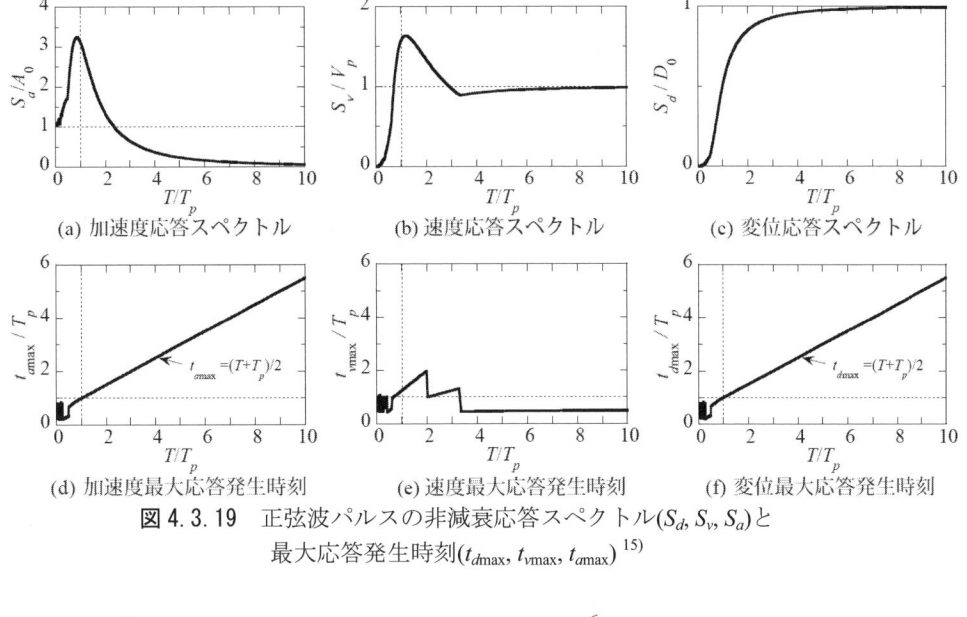

図 4.3.19 正弦波パルスの非減衰応答スペクトル(S_d, S_v, S_a)と
最大応答発生時刻($t_{d\max}, t_{v\max}, t_{a\max}$)[15]

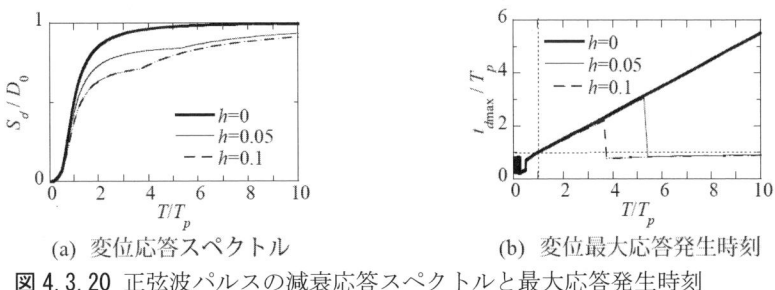

(a) 変位応答スペクトル (b) 変位最大応答発生時刻

図 4.3.20 正弦波パルスの減衰応答スペクトルと最大応答発生時刻

（ⅲ）　上下動への影響[13]

　水平成層の堆積地盤では，上下動の増幅効果は水平動に比べて小さい．堆積地盤上の上下動の卓越周期は，アスペリティにより生成されるパルスの周期の他に，第1波目のパルスと地震基盤からの反射波に起因するパルス間隔に対応した卓越周期が存在する．また，パルス間隔は地震基盤深さ及び堆積層の速度構造で決定される．

　一方，堆積地盤に段差がある場合，上下動では表面波が卓越し，段差付近で局所的に地震動が大きくなる．また，表面波の影響は，段差より下盤側で顕著であり，水平方向・上下方向それぞれの固有周期の差を考えると，段差よりやや下盤側地点では水平方向の最大応答発生時刻で振幅の大きい上下動が到達するので，水平方向・上下方向の応答の同時性の影響を無視できない(図 4.3.21)．なお，上記の指摘は1秒以上の周期帯域に対するもので，建物の上下方向固有周期に対応する1秒以下の短周期成分の影響を考慮すれば，上下方向入力の影響はさらに大きくなる．

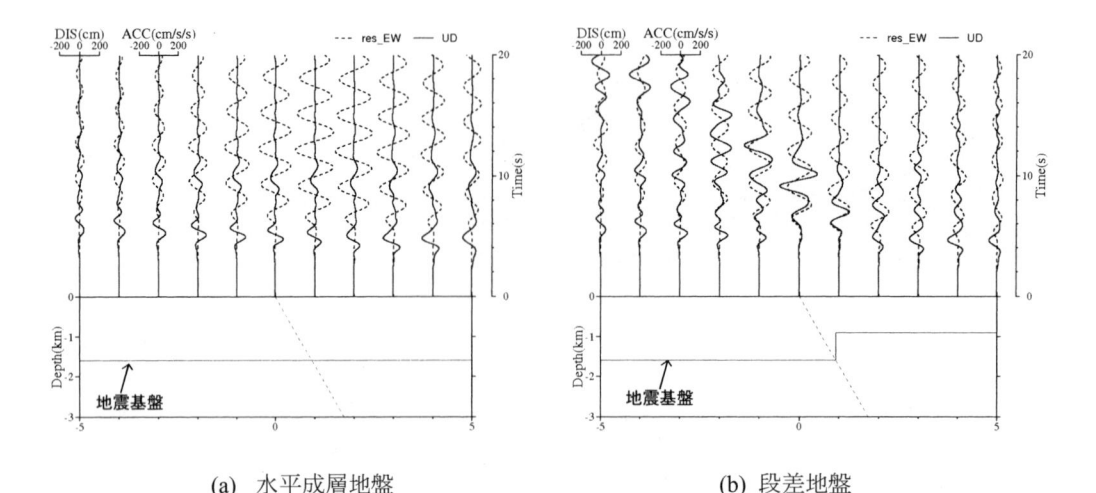

(a) 水平成層地盤　　　　　　　　　　　　(b) 段差地盤
図 4.3.21 線形 1 自由度系水平応答(h=2%：点線)と上下動地動加速度(実線)の同時性
（大阪府域を想定した検討事例）[13]

（4）　建物モデルの最大応答値

　高度成長期の設計を模したS-75，S-150の2つの検討対象建物を用いて，パルス性地震動に対する応答解析結果を示す[14]．

　建築構造概要を図4.3.22(a),(b)に示す．S-75，S-150 はともに外周構面をラーメン構造，コア構面をブレース付きラーメン構造としている．S-150 は設計にEl Centro NS, Taft EW, Tokyo101 NS の3波を用い，入力加速度をレベル1で250Gal，レベル2 で400Gal としている．設計クライテリアはS-75，S-150 ともに，レベル1では全ての主要部材が弾性域におさまり，全層の最大層間変形角が0.005rad以下であること，レベル2では全層の最大層間変形角が0.01rad 以下となり，柱とブレースは弾性域に留め，梁だけ塑性化させ，かつ最大塑性率は2.0 以下にするという条件としている．

　文献14)では，検討対象建物を平面骨組モデル，魚骨形モデル，多質点系せん断型モデル，等価一質点系モデルに置換し地震応答解析を行っている．ここでは，魚骨形モデル(図4.3.22(c))[15] の結果を紹介する．

　魚骨形モデル は検討対象建物の柱を集約した魚骨柱，梁と柱梁接合部パネルを集約した魚骨梁，ブレースを集約した層間変形のみに依存するせん断ばねで構成される．なお，図4.3.22(c)のモデル図は梁のせん断力による柱の軸力変動を考慮しないことを表現するための図であり，実際の数値計算では節点の回転を拘束する弾塑性ばねとして扱う．魚骨形モデルへは，①同一床レベルにある節点の水平変位，節点回転角は全て等しい，②検討対象建物の各柱，各梁の反曲点はその内法長さの中央にある，③柱及び梁はすべて一様断面材である，という3つの仮定に基づきモデル化をする．S-75の1次固有周期T_1は2.33秒，2次固有周期T_2は0.82 秒で，S-150のT_1は4.35秒，T_2は1.49 秒となっている．

4章 地震動の特性化 −177−

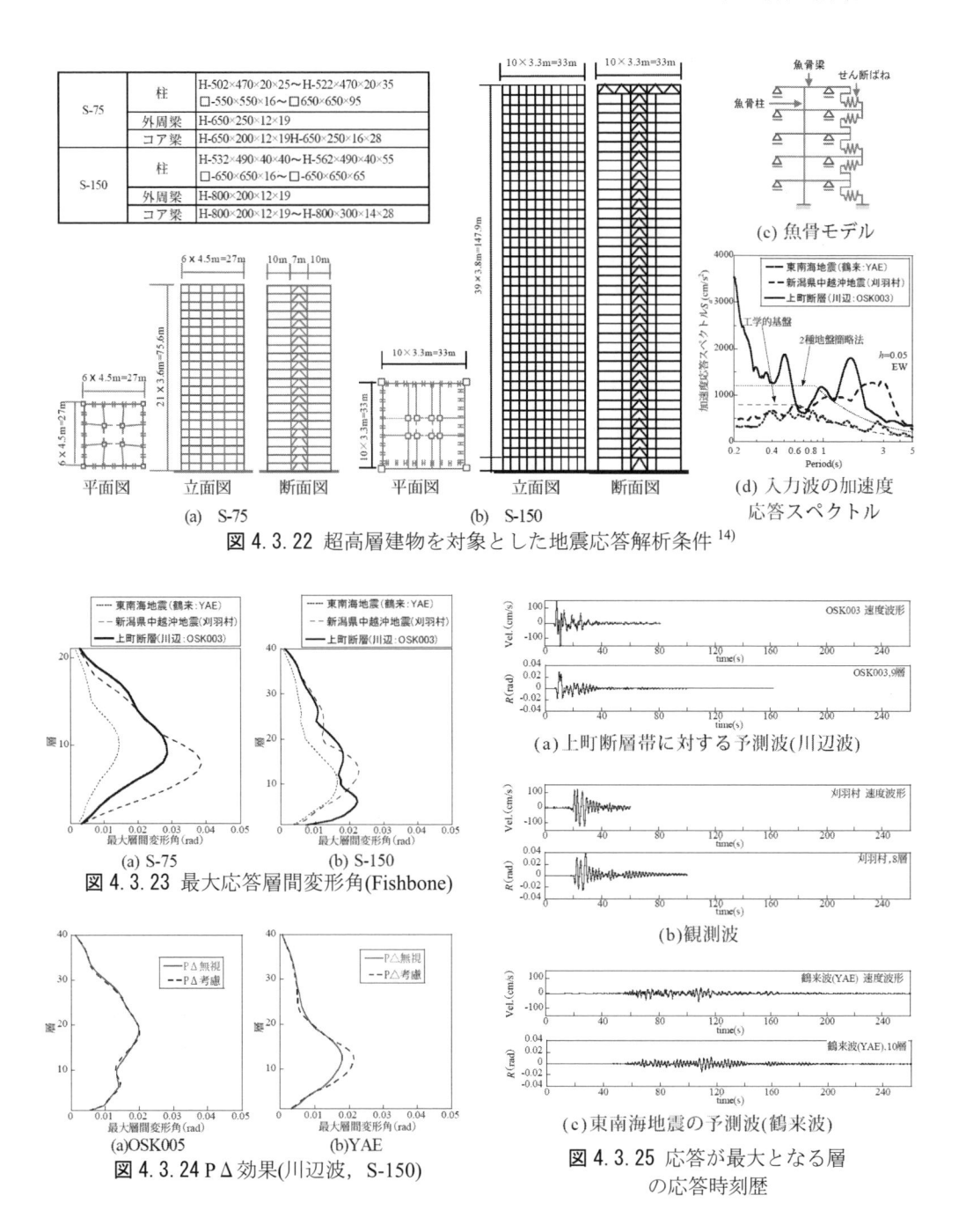

図 4.3.22 超高層建物を対象とした地震応答解析条件 [14]

図 4.3.23 最大応答層間変形角(Fishbone)

図 4.3.24 PΔ効果(川辺波, S-150)

図 4.3.25 応答が最大となる層の応答時刻歴

　入力地震波のうち，上町断層帯の予測地震動として，川辺・釜江による予測地震動(川辺波)を用いる[2]．川辺波には震源モデルの異なる3ケースの予測地震動があるが，ここではアスペリティ面積の最も大きいCase011の工学的基盤露頭波を用いることにする．川辺波は工学的基盤面上までハイブリッド法を用いて波形計算を行っている．観測地震動には近年の断層近傍の観測記録の中から，

2007年新潟県中越沖地震の刈羽村役場の観測記録(刈羽村観測波)を用いる．川辺波と刈羽村観測波のT_pは約2〜3秒である．また，長周期地震動に対する応答解析結果と比較するため，東南海地震(M8.18)の震源モデルを参考に，鶴来によりハイブリッド法で予測された地震波[16]のうちYAE地点の予測波(鶴来波)を用いる．

最大層間変形角R_{max}の高さ方向の分布について，川辺波，刈羽村観測波，鶴来波入力時の比較を行う(図4.3.23)．まず，S-75については，川辺波のR_{max}は0.03程度で，鶴来波や設計用地震動に対するR_{max}を大きく上回っている．しかし，刈羽村観測波に対するR_{max}の約0.04よりもむしろ小さく，川辺波に対するR_{max}は決して過大であるとは言えない．一方，S-150については，刈羽村観測波や川辺波に対するR_{max}は0.02を若干超える程度で，長周期地震動である鶴来波に対するR_{max}との差はS-75の場合に比べて小さい．次にS-75について，川辺波，刈羽村観測波，鶴来波に対してR_{max}が最大となる層の層間変形角Rの時刻歴を示す(図4.3.25)．川辺波や刈羽村観測波については，比較的短時間に大きな変形を経験しているのに対して，鶴来波については，かなり長時間に渡り繰り返し変形を受けていることがわかる．

(5) パルス性地震動に対する耐震設計の方向性

サイト波は，想定している地震や立地地点周辺の堆積地盤構造を反映しているので，説明能力が高いように思える．しかし，サイト波を耐震設計に用いる場合においては，断層パラメータの設定に任意性があり，設定次第ではパルス特性値(パルス周期T_pやパルス速度振幅V_p)が大きく変化する可能性がある．今後，強震動研究の立場から，断層パラメータやサイト波作成手法が，パルス特性値にどのように影響を及ぼすかを，定量的に明らかにしていく必要があろう．

また，サイト波の設定条件によってパルス特性値が変化し，建物の応答レベルや損傷集中特性も大きく変化してしまう可能性がある．しかし，限定された数のサイト波を用いた検討では，パルス特性値や建物応答の変動幅を十分に設計で考慮できていない場合がある．この意味で，本節で示した正弦波パルスを用いた検討は，想定地震動のどのようなパルス特性値に対して安全性を検証したのかが明確となるだけでなく，パルス特性値の変動(幅)を考慮して，①建物の応答変形量の予測，②必要となる被害低減策や倒壊防止対策の立案が可能となる．

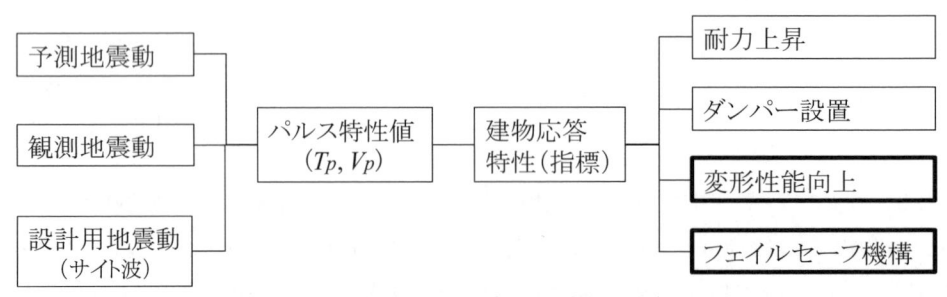

図 4.3.26 パルス特性値の設定と耐震設計の方向性

以下では，パルス性地震動に対する応答特性を踏まえた，建物の耐震設計の方向性を記述する．
（ⅰ）　耐力上昇

$T_p \ll T$ であれば，最大地動変位と同程度の変形が建物に生じるため，最大地動変位が過大な場合には，耐力上昇による変形低減効果は極めて限定的となる．しかし，$T/T_p \leq 1$ であれば，耐力上昇やそれに伴う剛性の増大(固有周期の減少)は，応答変形を劇的に減少させる事ができる．

従って，耐力上昇は，

①固有周期 T が短い中層以下の建物で，パルス周期 T_p が大きめの地震動が予測される場合，

②超高層建物で，2次モードの影響が支配的で，2次の固有周期が T_p と同程度以下の場合，

③立地地点が震源から離れ，大振幅地震動が作用する地域から外れる場合，

に有効と考えられる．

（ⅱ）　ダンパー設置 例えば，17)

パルス性地震動に対しては，減衰定数 h に応じた応答スペクトルの補正係数 F_h は式(4.3.16)で表され，告示式に対する F_h と異なる．すなわち，ダンパー設置による h の増大効果は，地震動特性によって異なる．例えば，継続時間が長い長周期地震動の場合には，共振の過程で繰り返し振動しながら応答が成長していくが，ダンパーは変形しながら徐々に振動エネルギーを吸収していくことで応答の成長を抑止する．これに対して，パルス性地震動は継続時間が短く，建物の変形や損傷が一気に進行してしまう傾向にある．パルス性地震動に対して，急激な変形や損傷の進行を，粘性系ダンパーによってある程度の低減は可能としても，大幅な抑制は容易でない．

また，履歴系ダンパーの場合には，変形が進行している過程では耐力上昇と区別がつかず，振動エネルギーの吸収は行っていない．しかし，前述のように，履歴系ダンパー設置に伴う等価剛性の変化は応答低減に効果的な場合もある．特に，建物の2次モード（固有周期 T が小）によって変形が増大する場合の応答低減や，変形の特定層への集中の回避には効果的な場合もある．ただし，履歴系ダンパー設置による応答低減効果が地震応答解析によって確認されても，それはエネルギー吸収による寄与は少なく，T/T_p の変化によるものである．むしろ，パルス周期 T_p によっては応答増大を招く事もあることに十分に留意する必要がある．

最後に，ダンパー設置を行う場合には，ストロークを超えた変形が作用した際の挙動についても設計的留意が必要であろう．

（ⅲ）　変形性能向上

前述の様に，ダンパーなどの制震機構を用いることで一定の変形低減効果・損傷集中効果は期待できるとしても，継続時間の長い長周期地震動ほどは期待できない．従って固有周期 T が T_p と同程度以上となり，地動変位が大きくなれば，確実に建物に大きな変形が生じてしまう．このため，変形性能の向上は最も確実かつ重要な対策であると考える．従って，

①局部座屈や接合部破断などの急激な性能低下を排除した，構造部材や接合部の変形性能の向上

②局所的な損傷集中を起こさない架構全体の倒壊機構の保証

といった極めて当たり前で地道な耐震対策が最も重要かつ効果的である．

（ⅳ）　フェイルセーフ機構

　建物が大変形を経験して倒壊に至る過程を，設計行為の中で解析によって追跡することは，解析法の信頼性や解析結果のばらつきを考えると現実的であるとは思えない．むしろ，倒壊を回避するために，簡易で費用もかからないフェイルセーフ機構を設置することで倒壊のような最悪事態を回避可能な対策を検討・選択することこそが望ましい．

　例えば，免震建物の場合，免震層に過大な変形が生じると，擁壁への衝突[18]や積層ゴムなどの鉛直支持部材が破壊することも十分懸念される．しかし，積層ゴム破断後の挙動を精度よく予測・評価する手法を開発することは，それほど重要とは思えない．仮に，予測・評価ができたとしても，建物の安全性自体には変わりが無い．想定を超えた地震動が襲っても，最悪の事態を回避可能なように，5.4（4）のフェールセーフ設計で示したように，現実的な範囲内で設計的対処を行うことこそが重要であると考える．

参 考 文 献

1) 鈴木恭平・川辺秀憲・山田真澄・林康裕：断層近傍のパルス地震動特性を考慮した設計用応答スペクトル，日本建築学会構造系論文集, No.647, pp.49-56,　2010.1.
2) 川辺秀憲・釜江克宏：上町断層帯の地震を想定した強震動予測，日本建築学会近畿支部耐震構造部会主催シンポジウム「上町断層帯による想定地震動に対する建物の耐震設計を考える」, pp17-24, 2009.1
3) 産業技術総合研究所活断層研究センター：大阪府周辺地域の地震動地図地震動予測研究報告 暫定版, 2005.4.
4) 中央防災会議：東南海，南海地震等に関する専門委員会，中部圏・近畿圏直下地震対策，http://www.bousai.go.jp/jishin/chubou/nankai/index_chukin.html. 2009.10.14 参照
5) G. P. Mavroeidis, A. S. Papageorgiou : A Mathematical Representation of Near-Fault Ground Motions, Bulletin of the Seismological Society of America, Vol. 93, No. 3, pp. 1099-1131, 2003.6.
6) P. G. Somerville : Magnitude Scaling of the Near Fault rupture directivity pulse, Physics of the Earth and Planetary Interiors, 137, pp.201-212, 2003.
7) J. D. Bray, A. Rodriguez-Marek : Characterization of forward directivity ground motions in the near-fault region, Soil Dynamics and Earthquake Engineering, 24, pp.815-828, 2004.5.
8) B. Alavi, H. Krawinkler : Consideration of near-fault ground motion effects in seismic design, Proc. of 12th WCEE, New Zealand, 2000.2.
9) 大西良広・鈴木恭平・田中和樹・林康裕：上町断層近傍の設計用地震荷重設定に考慮すべき断層パラメータ，日本建築学会構造系論文集, 第 76 巻, No.665,　pp.1263-1270, 2011.7.
10) 安井雅明・西影武知・見上知広・亀井功・鈴木恭平・林康裕：パルス地震動に対する 1 自由度系最大応答理論解と応答特性，日本建築学会構造系論文集, No.650, pp.731-740, 2010.4.
11) 亀井功・佐藤浩太郎・林康裕：モーダル解析によるパルス波地動に対する多自由度系の層間変形角 応答特性，日本建築学会構造系論文集, No.649, pp.567-575, 2010.3.
12) 佐藤浩太郎・蘇鐘鈺・川辺秀憲・吹田啓一郎・林康裕：上町断層帯の予測地震動に対する超高層建物の平面骨組モデルによる解析，日本建築学会技術報告集, Vol.16, No.33, pp. 463-468, 2010.6.
13) 鈴木恭平, 大西良広, 林康裕：断層近傍の上下動特性に関する研究, 日本建築学会近畿支部研究報告集, 第 51 号, pp.13-16, 2011.6.
14) 吹田啓一郎・北村有希子・五藤友規・岩田知孝・釜江克宏：高度成長期に建設された超高層建物の長周期地震動に対する応答特性-想定南海トラフ地震の関西地域における予測波を用いた検討-,日本建築学会構造系論文集,第 611 号,pp.55-61,2007.1.

15) 小川厚治・加村久哉・井上一朗：鋼構造ラーメン骨組の魚骨形地震応答解析モデル,日本建築学会構造系論文集,第 521 号,pp119-126,1999.7.
16) 鶴来雅人・趙伯明・Petukhin Anatoly・香川敬生：南海・東南海地震の大阪府域における強震動予測,構造工学論文集,Vol.51A,2005.3.
17) 南博之・鈴木恭平・多幾山法子・大西良広・林康裕：パルス性地震動に対する変形制御機構の効果に関する研究, 日本建築学会技術報告集, 第 18 巻, 第 39 号, pp.471-476, 2012.6.
18) 三輪田吾郎・小巻潤平・佐藤浩太郎・佐野剛志・勝俣英雄・多幾山法子・林康裕：実大免震建物の擁壁衝突実験とそのシミュレーション解析, 日本建築学会構造系論文集, 第 76 巻, No.663, pp.899-908, 2011.5.

5章　構造物の応答評価と限界状態

　近年では直下地震による大振幅地震動や，海溝型巨大地震による長周期地震動などが予測・観測されている．従来の耐震設計での想定を上回る変形や繰返し数が予想される地震動を対象に耐震設計を行う場合には，建物の応答を適切に評価するための手段と，応答評価結果に対する判断基準が新たに必要となる場合が多い．

　本章では，まず，建物の応答評価の際に必要となる応答解析モデルについて，特に終局耐震性の評価に関わる事項を中心として概観する．続いて，構造種別ごとの限界状態について，RC造（鉄筋コンクリート造），S造（鋼構造），免震構造，伝統木造を取り上げ，近年の研究等を含めて現状の知見をまとめる．

　5.1節では応答解析モデルについて，終局耐震性能の評価に関わる各構造種別の劣化挙動の要因や，骨組・部材・接合部のモデル化などについて述べるとともに，現状で利用されているモデル化の問題点も指摘する．また共通事項として$P\Delta$効果の扱いについて述べる．

　5.2節ではRC造建物について，長周期地震動による多数回繰返しを受ける場合の特性を中心に解説する．柱，耐震壁，梁部材，柱梁接合部，架構に関する実験結果とともに，繰り返しによる耐力低下を考慮したモデル化手法などを紹介する．

　5.3節ではS造建物について，架構としての終局限界の考え方を示すとともに，部材の評価については本会の指針類を中心として現状の知見を整理する．その上で，大振幅地震動に対する評価手法例として，大阪市直下の上町断層帯地震を対象とする設計法を示す．

　5.4節では免震建物について，近年の地震における性能や免震層の設計について簡単に振り返った上で，免震部材の限界特性を紹介する．また，1つの終局限界と考えられる擁壁への衝突に関して，限界状態の詳細や解析法を検討した例を示す．

　5.5節では伝統木造建物について，載荷実験結果により限界状態や$P\Delta$効果等を示すとともに，正弦波パルスに対する検討例も紹介して，大振幅地震動に対する応答評価の可能性と注意点を述べる．

5.1 応答解析モデル

5.1.1 終局耐震性能の評価のための応答解析モデルの要件

　超高層建物や免震建物の性能評価では，法で定められている複数の設計用入力地震動による時刻歴応答解析が義務付けられている．超高層建物では極めて稀に発生する地震動時における検討においても最大層間変形角が 1/100 以下に抑えられることを確認するなど，比較的変形レベルの小さな領域の応答値を対象としており，解析モデルは最大耐力に至るまでとその近傍の挙動を表現できれば十分である．免震建物における場合も同一の地震動による検討が行われ，上部構造はほぼ弾性範囲で免震装置も極限状態に至らないことなどを確認することに検討の主眼が置かれている．

　近年の地震動予測技術の進展に伴って，建設地の地盤特性を考慮したいわゆるサイト波による検討も積極的に行われている．サイト波は現行法の性能評価の上では参考値としての扱いに留まっているが，その入力レベルや継続時間は工学的に決定され法規制による上限はないため，応答解析モデルもこれに対応した終局耐震性能を評価できる合理的なものとする必要がある．大振幅の部材応答が予想される直下地震に対しては，大変形時に生じる部材の劣化挙動や免震装置の極限挙動などを表現できる必要があり，長周期地震動に対しては，繰り返しによる劣化挙動を表現するとともに累積損傷評価のための応答値を出力できることなどが要求される．各種部材や免震装置が多数の繰り返し履歴を受ける際の劣化挙動に関する研究は，一般的に利用できる形への体系化を目指して近年精力的に行われている．

　鋼構造，鉄筋コンクリート構造，免震構造などの構造形式や構造システムにより劣化挙動の要因や累積損傷評価の考え方は異なるので，終局耐震性能の検討のためには構造形式や解析の目的に応じて適切なモデル化を考える必要がある．一方で，いずれの構造形式においても共通に考慮すべきことは，大変形挙動下で建物重量が水平変形に及ぼす影響（P∆効果）である．鉛直荷重を考慮した幾何学的非線形解析を行えば自動的にこの影響は考慮されるが，後述するように通常の剛性マトリックスに幾何剛性マトリックスを加えることで，通常の解析の範囲内で P∆効果を簡易に扱うことができる．

　図 5.1.1 に示すように，架構の応答解析モデルには建物の性状に応じて様々な選択肢があり，モデル全体の構成として立体モデル，擬似立体モデル，平面モデルの選択肢，構成要素として柱梁部材からなる部材系モデル，魚骨モデル，せん断棒モデルや曲げせん断棒モデルのばね系モデルなどの選択肢があり，必要に応じて組み合わせて構築することができる．大変形不安定領域の動的挙動を表現するためには部材系モデルを用いることが望ましく，ばね系モデルは不安定領域における動的挙動の表現には不向きである．ばねの諸元は Ai 分布などの一定の荷重分布における静的荷重増分解析結果に基づいて固定的に各層独立に決定されているため，応答時の特定層の塑性化の進行による振動モード形状の変化を表現できないためである．魚骨モデルは骨組をある一定の精度を保って自由度を縮約するモデルであるが，局所的な軸力の変動などを表現することは難しい．大変形領域で

は地震動の違いや損傷開始部分の違いによって応答結果は非常にばらつく傾向にあるため，耐震性能の評価は特定の解析結果のみから判断することは避けて多角的に行われなければならない．

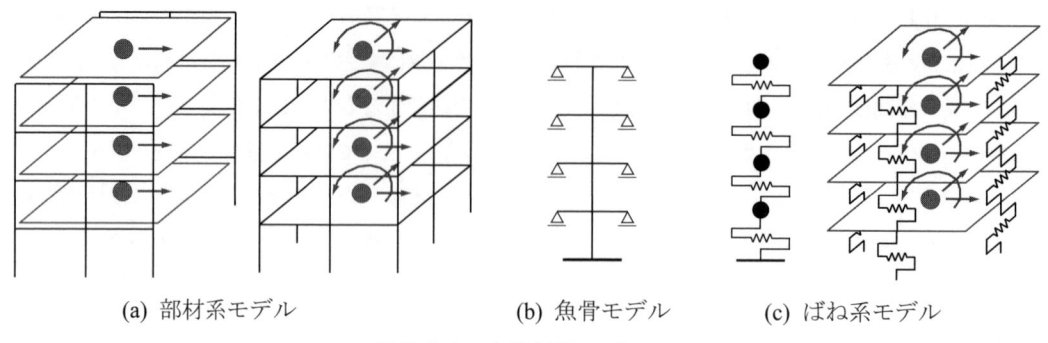

(a) 部材系モデル　　　　　　　　(b) 魚骨モデル　　　　(c) ばね系モデル

図 5.1.1　応答解析モデル

5.1.2　骨組解析モデル

　大変形挙動を表現するための解析モデルに限ったことではないが，線材モデルを基本として骨組解析モデルを構成する場合，柱梁接合部パネル，制振ダンパー，耐力壁，雑壁などをそれぞれ適切にモデル化するとともに，それらの相関関係から柱や梁の塑性化位置（フェイス位置）を決定することが重要である．図 5.1.2 にラーメン構造の柱梁接合部の扱いの違いについて示す．図 5.1.2(a)のように剛域と接合部パネルを設けないモデルは剛性を過小評価するため望ましくない．接合部パネルが弾性範囲であれば図 5.1.2(b)の形式でもよいが剛域端とフェイス位置を繋ぐ弾性部材が必要になる．接合部パネルに塑性化が生じる場合には図 5.1.2(c)のようにパネル要素 [1] としてモデル化する必要がある．

　図 5.1.3(a)及び(b)は鋼構造柱梁接合部にブレース設置のためのガセットプレートが付いた場合である．フェイス位置をガセット端としてガセットプレートが剛性増大に寄与するため(a)のように剛域を延長する [2]，あるいは解析自由度が増加する欠点はあるが(b)のようにガセットを表現するばねを配置する [3] などの配慮を行うことが望ましい．同様に図 5.1.3(c)のように梁に水平ハンチがある場合はハンチ端をフェイス位置とする．鉄筋コンクリート造で架構内に雑壁が取り付く場合には図 5.1.3(d)のように剛域長とフェイス位置を決定するのが一般的であるが，構面内と構面外架構のフェイス位置が異なる場合の三次元部材としての扱いや，雑壁付接合部パネルの扱いについては適宜判断して対応しているのが現状である．

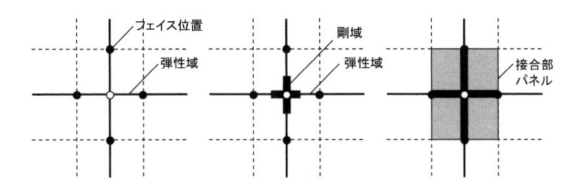

(a) 剛域，パネルなし　(b) 等価剛域　(c) パネルモデル

図 5.1.2　柱梁接合部パネルの扱い

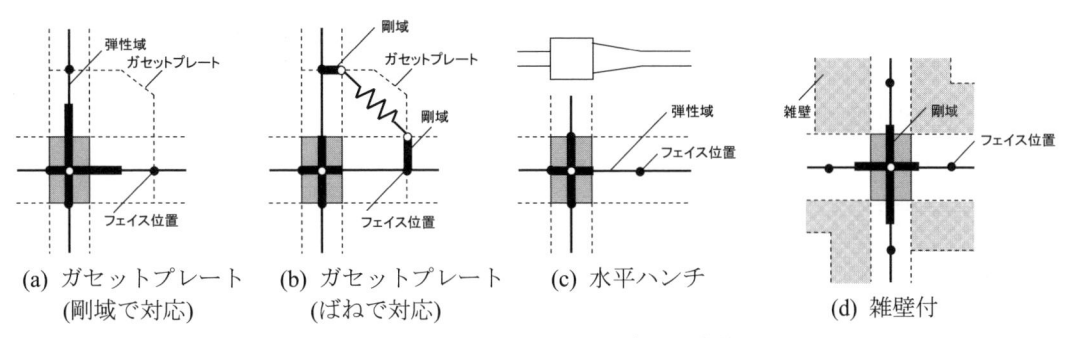

(a) ガセットプレート(剛域で対応)　(b) ガセットプレート(ばねで対応)　(c) 水平ハンチ　(d) 雑壁付

図 5.1.3　フェイス位置，剛域の設定等

制振ダンパーのモデル化にあたっては，ダンパーの制振効果を過大評価しないこと，ダンパーの損傷評価のための応答量を出力できることなどが重要である．図 5.1.4(a)にブレース型鋼材系制振ダンパー，図 5.1.4(b)に粘性体制振壁ダンパーの設置図およびモデル図を示す．ブレース型鋼材ダンパーでは弾性支持部と塑性化部を分離してモデル化し塑性化部のみの塑性率や累積塑性変形倍率などの損傷評価のための応答値を抽出できるようにすることが必要である．粘性体制振壁ダンパーでは設置梁の変形を考慮して層間変形に対するダンパー実効変形のロスを表現できるように支持部材を含むダンパー部（付加系）と主架構部を明確に区別してモデル化する[4]ことなどが重要である．

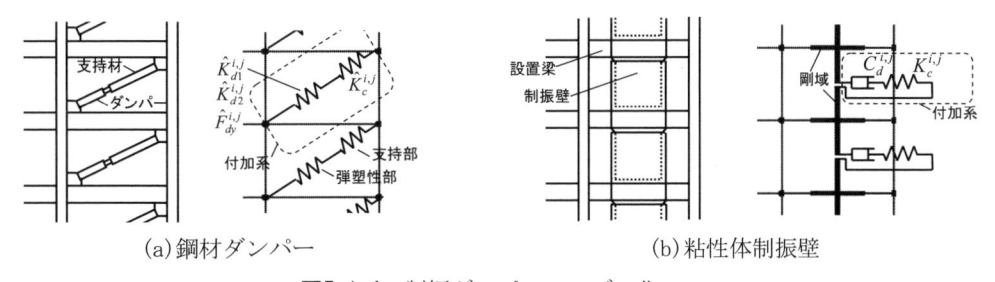

(a) 鋼材ダンパー　(b) 粘性体制振壁

図 5.1.4　制振ダンパーのモデル化

フェイス間に設定される柱梁部材モデルは，図 5.1.5 に示すフェイス位置で塑性変形を集中的に表現するもの，図 5.1.6 に示す塑性域の材軸方向への進展を考慮できるものなどが一般的に用いられる．図 5.1.5(a)の材端塑性ヒンジモデルには，部材全体の 1 軸曲げ弾塑性挙動をヒンジのモーメント－回

転角関係で表現する単純塑性ヒンジモデルと，軸力と 2 軸曲げの連成挙動を表現する一般化塑性ヒンジモデルがあり，せん断変形は直列に分離して表すことが一般的である．図 5.1.5(b)の MS（Multi - Springs）モデル[5,6] は図 5.1.7 に示すように材料特性を反映したばねで断面を離散化して材端に配置し，軸力と 2 軸曲げの連成挙動を表現するものである．このモデルは無応力状態では材軸上に長さを持たないという意味では材端ヒンジモデルと類似し，せん断変形は分離して表される．

図 5.1.6(a-c)のファイバーモデルは MS モデルと同様に断面をファイバーと呼ばれる領域に分けて領域中央に材料特性を与えて離散化を行い，平面保持を仮定して一軸の応力ひずみ関係を各ファイバー領域の弾塑性評価位置（積分点）で考慮するものである．近年では図 5.1.6(a,b)の幾何学的線形モデルに混合型の定式化に基づいた解法を適用し，材軸方向のモーメント分布を直線，軸力分布を一定と仮定して収束計算により断面のひずみ分布を定めて解き進めることが行われている[7]．図 5.1.6(c)の中間節点により部材を分割するモデル[8] は鋼構造部材の複合非線形解析(材料非線形と幾何学的非線形性を考慮した解析)に適用される．線材モデルの域を超えた詳細な部材モデルとしては図 5.1.6(e,f)に示すような部材をメッシュ分割したシェル要素やソリッド要素などがある．図 5.1.6(d)のモデルについては後述する．

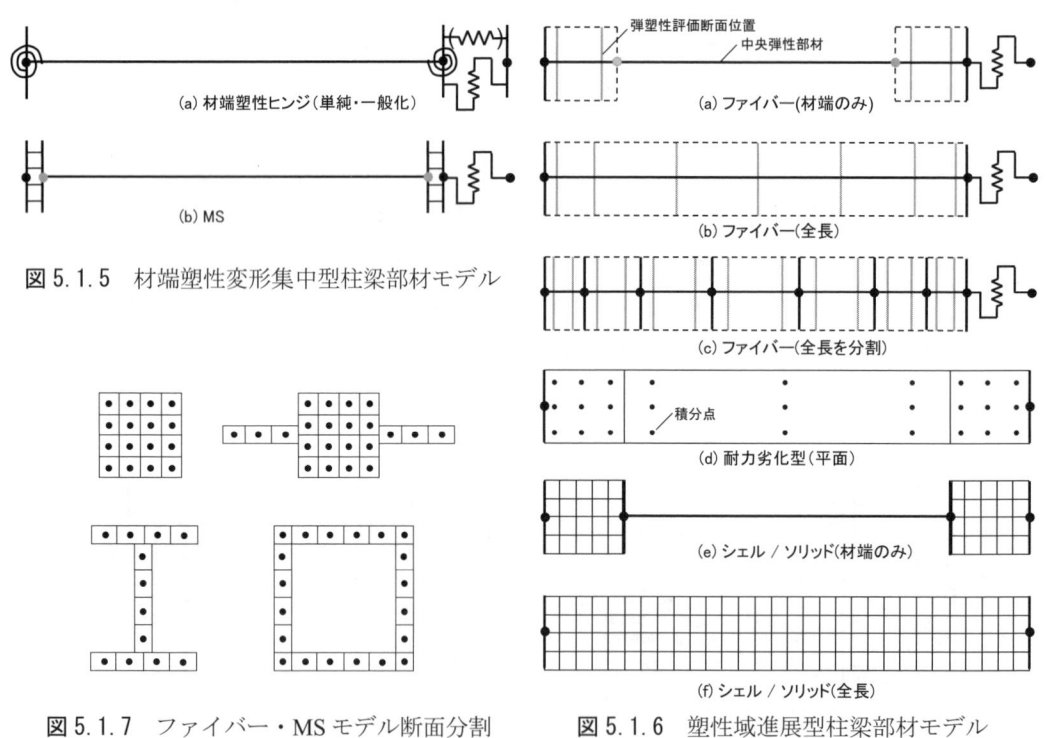

図 5.1.5　材端塑性変形集中型柱梁部材モデル

図 5.1.7　ファイバー・MS モデル断面分割　　図 5.1.6　塑性域進展型柱梁部材モデル

5.1.3　鋼構造における劣化現象と部材モデル

一般に鋼材自体は歪の増加に伴って硬化挙動を示し破断に至るまで軟化や劣化が生じる訳ではな

いので，鋼構造部材(群)における劣化挙動は，局部座屈，部材座屈，全体座屈などの座屈挙動に起因するものである．したがって，鋼構造部材を材料レベルでモデル化して劣化現象を解析的に表現するためには，複合非線形性を考慮した高度なモデルと解法が必要となる．

部材モデルを簡易化するためには，高度なモデルによってのみ表現可能な座屈現象が生じないことを部材設計により別途保証する必要がある．例えば高層建物の性能評価で通常行われている材料非線形解析では，局部座屈，部材座屈，全体座屈の全てが解析上発生しないとして幾何学的線形解析が行われている．部材設計で別途確認するという前提で，モデル上は梁の横補剛は十分なので横座屈は生じない，部材ランクの高い部材を適用し塑性率が小さい範囲の変形を対象とするため局部座屈も生じないと仮定していることになる．

表 5.1.1 は部材モデルの種類および幾何学的な非線形性についての考慮の有無の違いと表現可能な挙動の関係についてまとめたものである．なお，幾何学的非線形を考慮するとは，節点座標が増分変位とともに移動して，移動後の節点における力の釣り合いを保っていくことであり，幾何学的線形（幾何学的非線形を考慮しない）ということは，節点変位から部材応力は計算されるが，節点における力の釣り合いは初期形状のままの状態で保っていくことである．PΔ効果は幾何学的非線形性を扱うものであるが，ここではPΔ効果を考慮した節点移動のない解析は幾何学的線形解析と位置付けている．

表5.1.1　鋼構造における解析モデルと表現できる現象

表現できる現象	幾何学的線形(初期位置で釣合)			幾何学的非線形(変形後位置で釣合)		
	塑性ヒンジ	ファイバー	シェル	塑性ヒンジ	ファイバー	シェル
全体座屈	×	×	×	△	○	○
部材座屈	×	×	×	×	○	○
局部座屈	○	×	×	○	×	○
塑性域の進展	×	○	○	×	○	○
降伏後の軸剛性	△	○	○	△	○	○
PΔ効果	鉛直荷重を考慮して幾何剛性マトリックスを加えれば考慮される			鉛直荷重を考慮すれば自動的に考慮される		

鋼板から構成される鋼構造部材における最も詳細な部材モデルは，部材を構成する鋼板をシェル要素にモデル化して（図 5.1.6(f)）複合非線形解析を行うものであり，理論上は局部座屈を含むあらゆる座屈挙動を表現することができる．しかしながら計算能力の観点から実用的に建物全体をモデル化して解くことは困難なため，一般に単材や部分架構への適用に限られる．この時，部分架構にシェル要素を適用し，簡易な要素で全体モデルを解いた応答値を部分架構に与えることがあるが，部分架構の挙動が全体挙動に大きな影響を及ぼす場合にはこの考え方は成立しないので再考が必要である．多田ら[9]はE-ディフェンスにおける実大建物試験体の崩壊振動実験で試験体の崩壊挙動を明らかにし，1階柱頭柱脚部のみにシェルモデル（図 5.1.6(e)）を適用した全体モデルにより実験結果を再現した．1階柱頭柱脚の局部座屈の進展が全体崩壊挙動に大きな影響を与えることから，全

体モデルの計算効率に配慮してこの部分のみに詳細なシェルモデルを適用している．ある程度挙動の予測が行えることが前提となるが，このような精度の異なるモデルを適材適所に配置するという考え方は実務における終局耐震性能評価のための解析として取り入れるべきである．

材端塑性ヒンジモデル（図 5.1.5(a)）は材端塑性回転バネのモーメントと部材角関係により非線形挙動を表現する比較的簡易なモデルであるが，横座屈や個材の座屈に配慮した補剛を前提として，幅厚比などに応じてヒンジ部に最大耐力以降の変形領域における負勾配の特性を与えることで局部座屈に起因する部材の劣化挙動を表現できる．ただし，変動軸力を受ける柱部材の曲げと軸力の連成挙動における塑性化後の軸剛性評価には誤差を含む．上谷・荒木ら[10]は局部座屈による劣化挙動を材端塑性ヒンジモデルで表した幾何学的非線形解析により，局部座屈を考慮することで変形集中現象がより顕著に現われることなどを示している．

ファイバーモデル（図 5.1.6(c)）は部材を材軸方向に複数の要素に分割することで塑性域の材軸方向への進展を考慮できるモデルであり，中間節点を含めて幾何学的非線形性を考慮する場合には部材座屈，全体座屈が表現できる．上谷・田川[11]は高層建物において，梁端降伏による柱の長柱化に起因する変形集中現象が生じる可能性があることを複合非線形解析によって示し，通常の実務レベルにおける高層建物に用いられる解析ソフトではこの現象が表現できないことから，検討の必要性について警告を発してきた．このような幾何学的非線形解析機能を有し安定して解が得られるソフトが普及して設計実務に適用されることが望まれる．いずれのモデルにおいても部材の破断についてはモデル化上無視することが多く，この場合には応答値が破断歪を超えていないことなどを別途確認する必要がある．

梁部材モデルにおけるスラブによる合成効果の扱いについては，スラブをモデル化せずに正曲げ・負曲げの平均値としての剛性増大率を梁に与え，耐力上昇は見込まないなどと設定するのが一般的であり，材端部におけるモデルの応答と実挙動には差異が生じることが考えられる．厳密なモデル化による対処法は今後の課題であるが，限界変形や累積損傷値等の評価では安全側となる評価基準が必要である．

海外の動向に目を向けると，社会の急速な発展に伴って超高層建物の建設ラッシュが続く中国では，汎用解析ソフト ABAQUS を用いて超々高層建物の複合非線形時刻歴応答解析を陽解法にて行うことが普及している[12]．高さ 600m を超える超々高層建物において，柱梁は長さ 1m 程度に分割したファイバーモデルによる梁要素，床は一辺 1m 程度の平板シェル要素でモデル化している．鋼材ブレースも柱や梁と同様に材料レベルでモデル化されており，モデルの挙動として圧縮座屈を生じるものとなっている．ここでは建物全体を全て材料レベルでモデル化しているためモーメント図などの部材応力図は出力されず，結果の確認はコンクリートと鉄筋の最大ひずみや損傷パラメータなどを示すコンター図により行われている．我が国において 1960 年代に民間に大型コンピューターが導入されて超高層建物の建設が始まり，建設実績とともに徐々に解析技術も発展してきた状況とは対照的である．

5.1.4 コンクリート系構造における劣化現象と部材モデル

　鉄筋コンクリート構造における劣化現象は，コンクリート材料や鉄筋とコンクリートの付着の特性などの材料や材料同士の劣化に起因し，コンクリートのひび割れや圧壊，付着割裂破壊，せん断破壊などを引き起こすものである．幾何学的非線形挙動に起因して劣化挙動を生じる鋼構造とは対照的に，材料の非線形に起因する劣化挙動が支配的となるがそのメカニズムは複雑である．これらの特性を詳細に材料レベルでモデル化した高度な有限要素モデル（図5.1.6(f)）による解析も可能となってきているが，計算能力の限界から単材や部分架構モデルに限定される．建物全体のモデル化には材端塑性ヒンジモデル，MSモデル，および塑性域の進展を考慮できるファイバーモデルが適用されることが多い．

　部材のレベルで特性の設定を行う材端塑性ヒンジモデル（図5.1.5(a)）では，便宜的に部材の軸変形，曲げ変形，せん断変形をそれぞれ分離して履歴の骨格形状と履歴則を設定する．曲げ変形における骨格形状と履歴則は武田モデル，せん断変形における履歴則は原点指向とするなどの設定が一般的である．材料レベルで緒元が設定されるMSモデル（図5.1.5(b)）やファイバーモデル（図5.1.6(a-c)）では，コンクリート材料の構成則は引張・圧縮耐力後に負勾配として，軸ひずみに依存した劣化特性を考慮することで劣化挙動を表現しており，シアスパン比の大きい曲げ変形が支配的となる部材に対して適用性の高いものであるが，付着劣化特性やシアスパン比の小さな部材のせん断特性を含めた劣化挙動を合理的に表現することは難しい．

　中低層を含む多くのコンクリート系構造物は，線材モデルの適用性が高い柱や梁のみで構成される純ラーメン構造であることは稀で，耐力壁，腰壁，袖壁などの面的要素が含まれて複雑に構成されているため，線材を基本とする解析モデルにより建物の実挙動を再現するには限界がある．通常の設計用の雑壁付部材のモデル化では曲げ降伏が生じる降伏位置を仮定して，壊れないと仮定する部分は剛域で扱う方法が一般的である．最大耐力に至るまでの変形レベルではこのような設定の下で通常の武田モデルを用いればよいが，最大耐力を超えた領域では大きな負勾配の劣化特性を有している[13]ため劣化型モデルとする必要がある．金・壁谷澤ら[14]はE-ディフェンスによる実大6層鉄筋コンクリート構造試験体の解析において，長柱，短柱，耐震壁，袖壁付柱，梁が混在する建物の損傷破壊過程を追跡するために，材端塑性ヒンジモデル，ファイバーモデル，耐力劣化型平面歪モデル（図5.1.6(d)）[15]を適切に使い分けている．この手法は建物全体をモデル化するにあたって解析負荷を軽減しつつ高い解析精度を確保できる有用な方法である．

　多数の繰り返し載荷履歴が構造性能に与える影響について定量的な評価方法は明確になっていないが，最大耐力までの変形レベルでは繰り返し回数が部材履歴に与える影響はわずかであり，最大耐力以後の繰り返し載荷は付着劣化特性に影響する傾向があることなどが報告[16]されている．近年では繰り返し載荷に関する定量的な評価を目的とした実験的研究[17-20]が多く実施されており，部材モデルの繰り返しによる劣化特性設定法の確立が期待される．

　構造減衰の設定方法については，それ自体に合理性を求めることは難しいがコンクリート系構造

物においては瞬間剛性比例型とすることが一般的であり，2通りの解釈が存在する[21,22]．一つの考え方は，接線剛性に比例した減衰係数に速度を掛けて減衰力とする方法で，減衰力は不連続となり減衰効果も小さいが速度がゼロの時に減衰力もゼロとなる．もう一つの考え方は接線剛性に比例した減衰係数に速度増分を掛けて減衰力増分を計算し，各ステップの減衰力増分を累積して減衰力とするものである．後者の考え方は減衰力は連続となるが速度がゼロとなっても減衰力はゼロとならないため，このことが原因で変位が片側にシフトしたり解が発散することがある．いずれの解釈も工学的判断に基づくものであり，個々の判断により計算方法が選択されているのが現状である．

5.1.5 免震構造における終局耐震性能の評価

免震構造の極限挙動として考えられるのは，積層ゴム支承については水平変形増大によるハードニングと破断，引張破断，圧縮座屈，ダンパーやエネルギー吸収機構が付与されている積層ゴム支承については繰り返し履歴による劣化など，全体挙動については擁壁との衝突，緩衝材の挙動などである．免震構造は年代によって設計のトレンドとなる考え方は変化し，建物により適用する装置の種類と組み合わせ方法，支承の面圧，クリアランス，固有周期などの設定は様々である．極限挙動特性については5.4節で触れるが，入力レベルの高い地震動に対する応答解析の手順としてはまず通常の極限挙動を表現しないモデルで時刻歴解析を行って，得られた免震層の変形や積層ゴム支承の面圧，エネルギー吸収量などと装置やクリアランスの限界許容値を比較することにより生じうる極限挙動を予測することから始めるべきである．新築や耐震改修の場合にはその結果を免震層や上部構造の設計にフィードバックして極限挙動を回避することもできる．既存建物の評価の場合には改めて生じる極限挙動を再現できるように応答解析モデルを設定して再検討を行なうという手順が望ましいと考えられる．

なお，免震構造の挙動を忠実に再現するという観点から，現状で一般に行われている応答解析モデルの矛盾点として以下のようなことが考えられる．

・天然ゴム系の積層ゴム支承の構造減衰は実際には2～3%程度存在するが，設計用の解析として安全側の応答値を得るという観点から無視されている．

・すべり支承において実際の摩擦力はすべり方向に作用するが，一般的にはMSS（Multiple Shear Springs）モデルでモデル化しているため原点方向に作用することとなっている．

・シリンダー型のオイルダンパーなど方向性を有するダンパーを微小変形理論（幾何学的線形）でモデル化すると誤差を生じる．微小変形理論では2方向の変形や速度を受けても初期の設置方向成分のみがダンパーに作用する．免震層は2方向に大きく変形する場合には，変形や速度の直交成分の影響を無視し得ないため，幾何学的非線形性を考慮する必要がある．

・高減衰積層ゴム支承が2方向入力を受ける場合に生じるねじれ変形が原因となって，一方向実験から得られる極限状態の判定のための評価指標では危険側の評価になる[23]．

5.1.6 PΔ効果の扱い

大変形挙動下では建物重量が水平変形に及ぼす影響（PΔ効果）を無視するべきではない．鉛直荷重を考慮した幾何学的非線形解析を行えば自動的にこの影響は考慮されるが，通常の剛性マトリックスに幾何剛性マトリックスを加えることで，通常の微小変形理論に基づく解析の範囲内でPΔ効果を簡易に扱うことができる．

三次元部材座標系 x-y-z における要素の幾何剛性マトリックスは一般的に式(5.1.1)のように表せる[24]．厳密には全応力を考慮するが，各軸方向垂直応力のみを考慮するものとすると S_{ij} は式(5.1.2b)に示すようになる．式(5.1.3)のようにベクトル **d** を定義して，節点変位ベクトル **u** との関係が式(5.1.5)を満たすように $\mathbf{B}_{NL}$ を決定する．なお，「,x」は x で偏微分（ここでは微分）することを表す．

$$\mathbf{K}_G = \int_V \mathbf{B}_{NL}^T \mathbf{S} \, \mathbf{B}_{NL} \, dV \tag{5.1.1}$$

$$\mathbf{S} = \begin{bmatrix} S_{xx} & S_{xy} & S_{yz} \\ S_{yx} & S_{yy} & S_{yz} \\ S_{zx} & S_{zy} & S_{zz} \end{bmatrix} \qquad S_{ij} = \begin{bmatrix} \sigma_{ij} & \cdot & \cdot \\ \cdot & \sigma_{ij} & \cdot \\ \cdot & \cdot & \sigma_{ij} \end{bmatrix} \tag{5.1.2a,b}$$

ここに $\mathbf{d}^T = \{\bar{\mathbf{u}}_{,x}^T \quad \bar{\mathbf{u}}_{,y}^T \quad \bar{\mathbf{u}}_{,z}^T\}$ (5.1.3)

$$\bar{\mathbf{u}}_{,x}^T = \{u_{x,x} \quad u_{y,x} \quad u_{z,x}\} \quad \bar{\mathbf{u}}_{,y}^T = \{u_{x,y} \quad u_{y,y} \quad u_{z,y}\} \quad \bar{\mathbf{u}}_{,z}^T = \{u_{x,z} \quad u_{y,z} \quad u_{z,z}\} \tag{5.1.4a-c}$$

$$\mathbf{d} = \mathbf{B}_{NL} \mathbf{u} \tag{5.1.5}$$

図5.1.8(a)を部材座標系とするトラス要素の場合には，節点変位を式(5.1.6)のように定義し，材長を L として要素内1端から2端に向かって位置 x における変位を式(5.1.7)の変位関数で近似する．式(5.1.2b)で材軸方向の軸力項 σ_{xx} のみ考慮して他の項をゼロとする．また，式(5.1.4b,c)はゼロベクトルとなることから $\mathbf{B}_{NL}$ は式(5.1.9)のようになる．一般的には軸方向の高次項である $u_{x,x}$ を無視することが多いのでこれに倣うと，部材軸力を N として幾何剛性マトリックスは式(5.1.10)のようになる．

$$\mathbf{u} = \{u_1 \quad v_1 \quad w_1 \quad u_2 \quad v_2 \quad w_2\}^T \tag{5.1.6}$$

$$u = \sum_{i=1}^{2} N_i u_i \qquad v = \sum_{i=1}^{2} N_i v_i \qquad w = \sum_{i=1}^{2} N_i w_i \tag{5.1.7a-c}$$

ここに $N_1(x) = \dfrac{L-x}{L} \qquad N_2(x) = \dfrac{x}{L}$ (5.1.8a,b)

$$\mathbf{B}_{NL} = \begin{bmatrix} N_{1,x} & \cdot & \cdot & N_{2,x} & \cdot & \cdot \\ \cdot & N_{1,x} & \cdot & \cdot & N_{2,x} & \cdot \\ \cdot & \cdot & N_{1,x} & \cdot & \cdot & N_{2,x} \end{bmatrix} \tag{5.1.9}$$

$$\mathbf{K}_G = \frac{N}{L} \begin{bmatrix} \cdot & \cdot & \cdot & \cdot & \cdot & \cdot \\ \cdot & 1 & \cdot & \cdot & -1 & \cdot \\ \cdot & \cdot & 1 & \cdot & \cdot & -1 \\ \cdot & \cdot & \cdot & \cdot & \cdot & \cdot \\ \cdot & -1 & \cdot & \cdot & 1 & \cdot \\ \cdot & \cdot & -1 & \cdot & \cdot & 1 \end{bmatrix} \tag{5.1.10}$$

(a) トラス要素　　　　(b) 梁要素

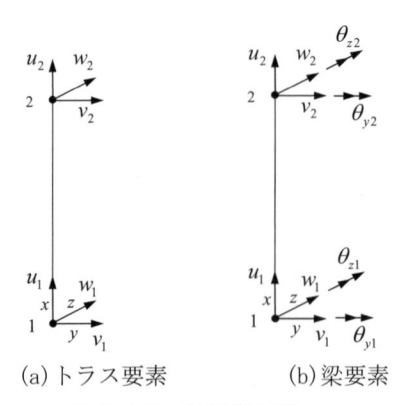

図 5.1.8　部材座標系

　図 5.1.8(b)を部材座標系とする軸剛性と曲げ剛性を考慮した梁要素の場合には，節点変位を式(5.1.11)のように定義し，材長を L として要素内 1 端から 2 端に向かって位置 x における変位を式(5.1.12)の変位関数で近似する．曲げ変形については 2 個の節点においてそれぞれ y,z 軸の各方向に関して変位とその導関数が既知であることからエルミート 3 次多項式を用いている（式(5.1.13)）．トラス要素の場合と同様に式(5.1.2b)で材軸方向の軸力項 σ_{xx} のみ考慮して他の項をゼロとする．式(5.1.4b,c)はゼロベクトルとなることから $\mathbf{B}_{NL}$ は式(5.1.14)のようになる．同様の考え方で軸方向の高次項である $u_{x,x}$ を無視すると，部材軸力を N として幾何剛性マトリックスは式(5.1.15)のようになる．

$$\mathbf{u} = \{u_1 \quad v_1 \quad w_1 \quad \theta_{y1} \quad \theta_{z1} \quad u_2 \quad v_2 \quad w_2 \quad \theta_{y2} \quad \theta_{z2}\}^T \tag{5.1.11}$$

$$u = \sum_{i=1}^{2} N_i u_i \qquad v = \sum_{i=1}^{2} (N_{1i} v_i + N_{2i} \theta_{zi}) \qquad w = \sum_{i=1}^{2} (N_{1i} w_i - N_{2i} \theta_{yi}) \tag{5.1.12a-c}$$

ここに　　$N_{11}(x) = 1 - 3(x/L)^2 + 2(x/L)^3 \qquad N_{12}(x) = 3(x/L)^2 - 2(x/L)^3$

$$N_{21}(x) = x - 2L(x/L)^2 + L(x/L)^3 \qquad N_{22}(x) = -L(x/L)^2 + L(x/L)^3 \tag{5.1.13a-d}$$

$$\mathbf{B}_{NL} = \begin{bmatrix} N_{1,x} & \cdot & \cdot & \cdot & \cdot & N_{2,x} & \cdot & \cdot & \cdot & \cdot \\ \cdot & N_{11,x} & \cdot & \cdot & N_{21,x} & \cdot & N_{12,x} & \cdot & \cdot & N_{22,x} \\ \cdot & \cdot & N_{11,x} & -N_{21,x} & \cdot & \cdot & \cdot & N_{12,x} & -N_{22,x} & \cdot \end{bmatrix} \tag{5.1.14}$$

$$\mathbf{K}_G = N \begin{bmatrix}
\cdot & \cdot & \cdot & \cdot & \cdot & \cdot & \cdot & \cdot & \cdot & \cdot \\
\cdot & \frac{6}{5L} & \cdot & \cdot & \frac{1}{10} & \cdot & -\frac{6}{5L} & \cdot & \cdot & \frac{1}{10} \\
\cdot & \cdot & \frac{6}{5L} & -\frac{1}{10} & \cdot & \cdot & \cdot & -\frac{6}{5L} & -\frac{1}{10} & \cdot \\
\cdot & \cdot & -\frac{1}{10} & \frac{2L}{15} & \cdot & \cdot & \cdot & \frac{1}{10} & -\frac{L}{30} & \cdot \\
\cdot & \frac{1}{10} & \cdot & \cdot & \frac{2L}{15} & \cdot & -\frac{1}{10} & \cdot & \cdot & -\frac{L}{30} \\
\cdot & \cdot & \cdot & \cdot & \cdot & \cdot & \cdot & \cdot & \cdot & \cdot \\
\cdot & -\frac{6}{5L} & \cdot & \cdot & -\frac{1}{10} & \cdot & \frac{6}{5L} & \cdot & \cdot & -\frac{1}{10} \\
\cdot & \cdot & -\frac{6}{5L} & \frac{1}{10} & \cdot & \cdot & \cdot & \frac{6}{5L} & \frac{1}{10} & \cdot \\
\cdot & \cdot & -\frac{1}{10} & -\frac{L}{30} & \cdot & \cdot & \cdot & \frac{1}{10} & \frac{2L}{15} & \cdot \\
\cdot & \frac{1}{10} & \cdot & \cdot & -\frac{L}{30} & \cdot & -\frac{1}{10} & \cdot & \cdot & \frac{2L}{15}
\end{bmatrix} \tag{5.1.15}$$

次にトラス要素および梁要素に基づく幾何剛性の違いについて考察する．図5.1.9にx-y平面における比較例を具体的に示す．図 5.1.9(a)には変位ベクトルを$v_1=0$，$v_2=\delta$ として式(5.1.10)と掛け合わせてトラス要素の幾何剛性による部材内力f_{gy2}を求めた結果を示している．幾何剛性のPΔ効果は軸力Nが負の圧縮時には真の部材内力f_{ey2}を増大させる方向に作用し，幾何学的線形時に対してδのN/L倍のせん断力が余分に生じることが分かる．

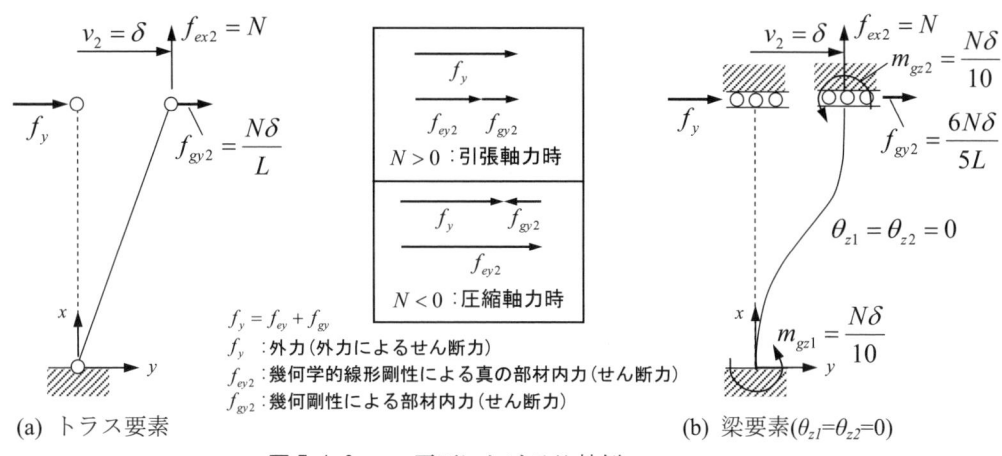

図5.1.9　x-y 平面における比較例

(a) トラス要素　　(b) 梁要素($\theta_{z1}=\theta_{z2}=0$)

梁要素の幾何剛性を$v_1=0$，$v_2=\delta$として x-y 平面上で考えると，PΔ効果による部材せん断力f_{gy2}と部材モーメントm_{gz1}, m_{gz2}は式(5.1.16)のようになる．式(5.1.16)において$\theta_{z1}=\theta_{z2}=\delta/L$とすると$f_{gy2}=N\delta/L$，$m_{gz1}=m_{gz2}=0$となりトラス要素の効果と一致することが分かる．$\theta_{z1}=\theta_{z2}=0$とした場合については図 5.1.9(b)に示すようにf_{gy2}はトラス要素の 1.2 倍になるが，梁や柱に適用する場合であっても近似的にはトラス要素から導かれた式(5.1.10)による扱いも可能であると考える．

$$f_{gy2} = \frac{6N\delta}{5L} - \frac{N}{10}(\theta_{z1}+\theta_{z2}) \tag{5.1.16a}$$

$$m_{gz1} = -\frac{N\delta}{10} + \frac{NL}{30}(4\theta_{z1}-\theta_{z2}) \qquad m_{gz2} = -\frac{N\delta}{10} + \frac{NL}{30}(-\theta_{z1}+4\theta_{z2}) \tag{5.1.16b,c}$$

PΔ効果が層せん断力－層間変形関係に及ぼす影響について平面架構の静的骨組解析を例に考察する．図 5.1.10(a)はi層の柱が負担するせん断力の合計値Q_{ci}とi層より上部の床位置にかかる水平力の総和について示す模式図で，図 5.1.10(b)はこれらの違いを層せん断力と層間変形の関係で示したものである．仮にPΔ効果を考慮しないで層せん断力がQ_{fi}となるまで荷重増分解析を行った場合には層間変形はδ_{i1}となるが，PΔ効果を考慮した場合には同じ外力でもδ_{i2}まで変形が増大する．この時，部材の負担するせん断力は外力によるせん断力より$K_{Gi}\delta_{i2}$だけ大きくなる．K_{Gi}は式(5.1.17)に示すようにi層について全柱の効果を加算したもので，上階の重量w_kの総計を階高で除して計算できる．剛床仮定でかつ PΔ効果によって局所的に破壊が進行しないという条件の下では概ねこのような関係が成立する．この場合，負の剛性値K_{Gi}を有するせん断ばねを各層に設置する(図5.1.10(c))

ことで層単位の簡易な扱いでPΔ効果を考慮することも可能である．

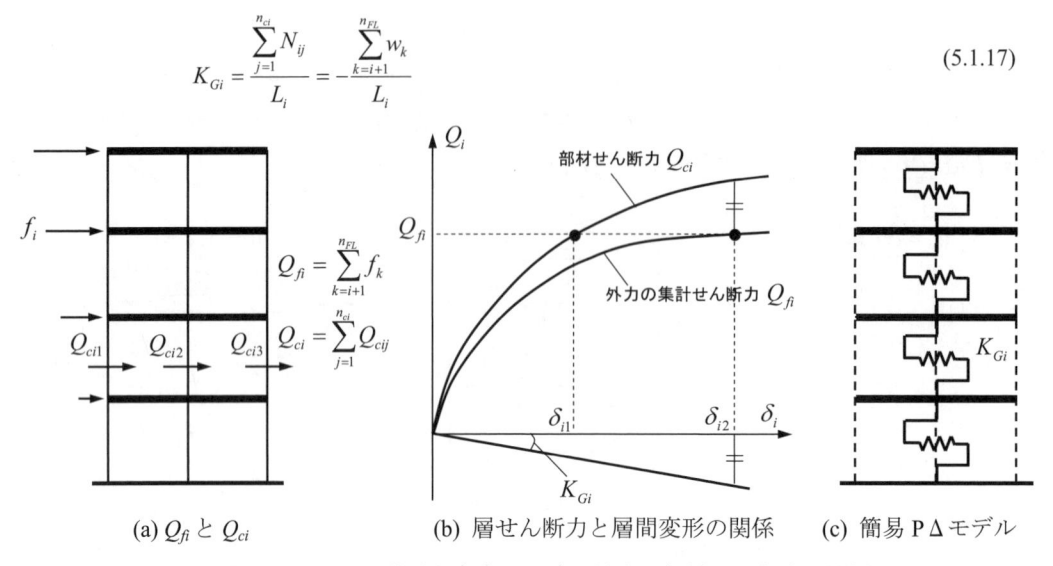

$$K_{Gi} = \frac{\sum_{j=1}^{n_{ci}} N_{ij}}{L_i} = -\frac{\sum_{k=i+1}^{n_{FL}} w_k}{L_i} \qquad (5.1.17)$$

(a) Q_{fi} と Q_{ci}　　(b) 層せん断力と層間変形の関係　　(c) 簡易PΔモデル

図5.1.10　PΔ効果を考慮した時の外力と部材せん断力の関係

5.1.7　まとめ

本節では終局耐震性評価のための応答解析モデルの要件を示した上で，各構造種別の劣化挙動の要因と骨組・部材・接合部のモデル化等について概観した．また大変形挙動下で重要となるPΔ効果について解説した．

建物終局耐震性能を評価するための解析モデルは，建物の設計で想定する入力地震動と建物の保有する耐震性能の関係や構造形式に応じて決定されるべきものである．建物の耐震性能が入力レベルに対して相対的に低い場合ほど，劣化挙動をシュミレーションするための高度な解析モデルが必要となる．この場合には，鋼構造では座屈現象，コンクリート系構造ではコンクリートや鉄筋との付着に関わる劣化現象やせん断破壊現象，免震構造では積層ゴム支承の極限挙動や擁壁との衝突現象などを解析モデルで表現する必要があるが，これらの解析技術の実務レベルへの本格的な普及はこれからである．

建物の極限状態を解析的に表現することが可能となる場合でも，大変形領域の応答結果のばらつきは非常に大きいと考えられるので，設計的な判断は特定の解析結果のみによることを避け多角的に行われるべきである．耐震改修では架構の保有性能に応じて極限的な挙動を回避するような補強対策を講じ，新築建物の設計では構造計画によって，高度な解析モデルが不要となるような安定的な挙動を確保することが理想である．

参考文献

1) 木原碩美・石井正人・斉藤安生・和田章・堀井昌博：立体骨組解析における接合部パネルのモデル化，日本

建築学会大会学術講演梗概集，C-1分冊，pp. 959-960, 1999.9
2) 空處慎史・笠井和彦・元結正次郎・金子健作・朝日智生・東優・石井正人：制振建物の簡易解析に用いる線材要素モデル化の検討 E-ディフェンス鋼構造建物実験研究 その20, 日本建築学会大会学術講演梗概集，C-1分冊，pp. 1093-1094, 2007.8
3) 吉敷祥一・植草雅浩・和田章：ガセットプレートの存在が周辺部材の力学挙動に及ぼす影響－ダンパーを組み込んだ靭性骨組の総合的な耐震性能の向上 その2, 日本建築学会構造系論文集，第633号，pp.2027-2036, 2008.11
4) 澤田毅・池永雅良・長田修一・長島和央・鈴木清春・和田章：制震壁を設置した1/2縮小フレーム動的加力試験 その3：線材要素モデル解析による考察，日本建築学会大会学術講演梗概集，B-2分冊，pp.511-512, 2009.8
5) 李康寧・小谷俊介・青山博之：3軸変動力を受ける鉄筋コンクリート柱の解析モデル，構造工学論文集，Vol.33B, pp.169-178, 1987
6) 石井正人・斉藤安生・浅野美次・堀井昌博：マルチスプリングモデルの特性 その1-2, 日本建築学会大会学術講演梗概集，B-1分冊，pp. 383-386, 1997.9
7) Spacone, E., Ciampi, V. and Filippou, F. C.: Mixed Formulation of Nonlinear Beam Finite Element, Computers & Structures, Volume58, pp.71-83, 1996.1
8) 藤本盛久・岩田衛・中谷文俊・和田章：鋼構造骨組の三次元非線形解析，日本建築学会論文報告集，第227号，pp.75-90, 1975.1
9) 元木洸介・向出静司・多田元英：局部座屈による劣化挙動を表現した角形鋼管柱を持つ鋼構造骨組の倒壊解析，その1-2, 日本建築学会大会学術講演梗概集，C-1分冊，pp.1107-1110, 2010.9
10) 荒木慶一・西本篤史・上野泰永・岡山真之介・金紋廷・上谷宏二：巨大地震に対する超高層建物の動的応答における下層部変形集中現象 その1-4, 日本建築学会大会学術講演梗概集，B-1分冊，pp.245-252, 2011.8
11) 上谷宏二・田川浩：梁降伏型骨組の動的崩壊過程における変形集中現象，日本建築学会構造系論文集，第483号，pp.51-60, 1996.5
12) 廖耘・李志山・容柏生：大規模顕式分析枝術在中国高層建築領域的応用及展望，第9回日中建築技術交流会論文集，pp.103-107, 2010.9
13) 磯雅人・白都滋：袖壁付RC柱のせん断力(Q)－部材角(R)スケルトンカーブ評価に関する研究，コンクリート工学年次論文集，26巻，2号，pp.169-174, 2004.7
14) 金裕錫・壁谷澤寿海・松森泰造・壁谷澤寿一：E-ディフェンスによる実大6層鉄筋コンクリート耐震壁フレーム構造の破壊過程究明に関する解析的研究，日本建築学会構造系論文集，第641号，pp.1327-1334, 2009.7
15) 金裕錫・壁谷澤寿海：鉄筋コンクリートのモデル化に関する研究，コンクリート工学年次論文集，26巻，2号，pp.43-48, 2004.7
16) 日本建築学会：長周期地震動と建築物の耐震性，2007
17) 木村秀樹・石川裕次・田邊裕介・宮内靖昌・前田匡樹・福山洋・壁谷澤寿一：多数回繰り返し外力を受ける鉄筋コンクリート造柱の耐震性能 その1-3, 日本建築学会大会学術講演梗概集，C-2分冊，pp.167-172, 2011.8
18) 壁谷澤寿一・福山洋・壁谷澤寿海・Xuan Deng・金裕錫・勝俣英雄・杉本訓祥：多数回繰り返し外力を受ける鉄筋コンクリート立体部分架構の静的繰返し実験 その1-2, C-2分冊，pp.741-745, 2011.8
19) 金善花・田才晃・楠浩一・壁谷澤寿一・福山洋：多数回繰り返し外力を受ける鉄筋コンクリート造スラブ付き梁の静的載荷実験，C-2分冊，pp.745-746, 2011.8
20) 佐川隆之・澤口香織・中澤春生・山野辺宏治・壁谷澤寿一・福山洋：多数回繰り返し外力を受ける鉄筋コンクリート造柱梁接合部の静的載荷実験 その1-2, C-2分冊，pp.747-748, 2011.8
21) Van Quang Phan・小谷俊介・大網浩一：非線形応答解析に用いる瞬間剛性比例型減衰に関する考察，日本建築学会大会学術講演梗概集，B-2分冊，pp.439-440, 2007.8
22) 梁川幸盛・関口洋平・宇佐美祐人：地震応答解析における瞬間剛性比例型減衰についての考察，日本建築学会大会学術講演梗概集，B-2分冊，pp.1001-1002, 2004.8
23) 山本雅史・嶺脇重雄・米田春美・東野雅彦・和田章：高減衰積層ゴム支承の水平2方向変形時の力学特性に関する実大実験およびモデル化，日本建築学会構造系論文集，第74巻，第638号，pp.639-645, 2009.4
24) 野口裕久・久田俊明：幾何学的非線形問題におけるtotal / updated Lagrange統合形有限要素法定式化，日本機械学会論文(A編), 59巻559号，pp.332-338, 1993.3

5.2 RC造建物

5.2.1 はじめに

ＲＣ造（鉄筋コンクリート造）の梁，柱や耐震壁などの部材は，適切なせん断設計がなされていれば，曲げ降伏した後も耐力を維持して変形（塑性変形）することができる．部材端部が曲げ降伏して塑性変形している状態を塑性ヒンジと呼ぶ．建物の崩壊メカニズムとは，各部材端部に塑性ヒンジが形成され，架構全体（または一部）が水平力に対して不安定になった状態をいう．図 5.2.1 は，崩壊メカニズムの一例であるが，最上階の柱頭，最下階の柱脚，および，中間階の梁端部に塑性ヒンジが形成され，崩壊メカニズムとなっている．図より分かるように，各階が均等に変形して建物全体が崩壊することから，この崩壊メカニズムは，全体崩壊メカニズムと呼ばれている．

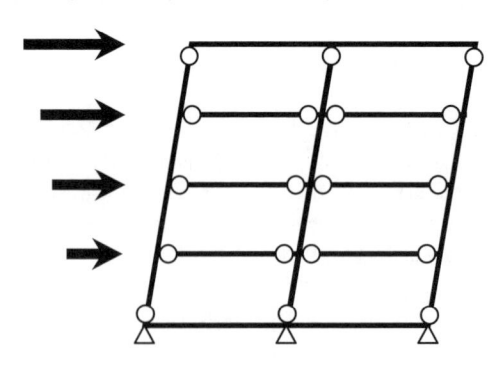

図 5.2.1 梁曲げ降伏型全体崩壊メカニズム

これに対して，図 5.2.2(a)に示すように，ある特定の階（層）の柱頭・柱脚に塑性ヒンジが形成されると，他の層に塑性ヒンジがなくても，その層が不安定になり，崩壊メカニズムを形成する．これを部分崩壊（層崩壊）メカニズムと呼んでいる．図 5.2.2(b)のように，複数の層で部分崩壊メカニズムを形成することもある．

図 5.2.1 の全体崩壊メカニズムと図 5.2.2 の部分崩壊メカニズムを比較すると，部分崩壊メカニズムは塑性ヒンジの数が全体崩壊メカニズムより少ない．地震により入力されるエネルギーが同じだとすると，部分崩壊メカニズムの方が 1 か所の塑性ヒンジがより大きなエネルギーを吸収しなければならないことになり，それだけ 1 か所の塑性ヒンジに変形が集中することになり，破壊する可能性が高くなる．これより一般的には，全体崩壊メカニズムとなるように建物を設計することが望ましいとされている．

また，一部の部材がせん断破壊のような脆性的破壊をして急激に耐力を失うと，その部材が負担していた応力を周辺の他の部材が負担しなければならなくなり，連鎖的に建物が崩壊に至ることも考えられる．図 5.2.3 は，1 階の柱がせん断破壊して軸力を支持できなくなり，上階が落下して建物が崩壊している例である．このような崩壊形を局部崩壊メカニズムと呼んでいる．

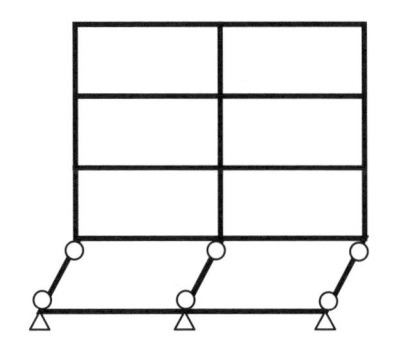

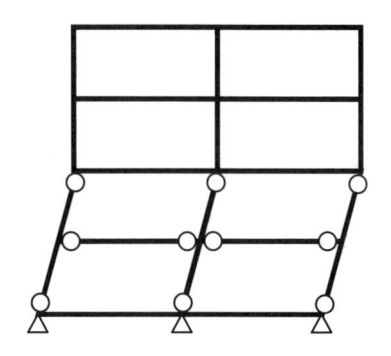

(a) 単独層の崩壊による部分崩壊　　　　(b) 複数層の崩壊による部分崩壊

図 5.2.2　部分崩壊メカニズム

柱がせん断破壊して軸力支持能力喪失

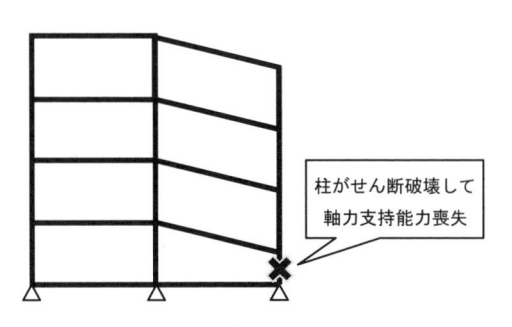

図 5.2.3　局部崩壊メカニズム

　鉄筋コンクリート造（以下，RC 造）建物が崩壊メカニズムを形成し，終局に至った状態は，一般的には変位に依存すると言われている．つまり，建物の応答変形がある限界変位に達すると，建物が終局状態に至る．その為，RC 造建物が安全限界点を超えたかどうかは，図 5.2.4 に示すような等価線形化法により評価することができる．即ち，建物の非線形での水平力－水平変位関係を 1 自由度系の応答に縮約した性能曲線と，縦軸に想定する地震動加速度応答スペクトル，横軸に変位応答スペクトルを取った要求曲線とを比較し，その交点が想定する地震動に対する応答点とするものである．その際，性能曲線の剛性が大きく低下した点以降では，建物の塑性化による付加減衰を考慮することにより，要求曲線を低減する．

　性能曲線は一般的には荷重増分解析によって求めるが，その為には外力分布をあらかじめ設定する必要がある．その外力分布のばらつきを考慮して，設計では安全率を見込む必要がある．また，材料強度自体のばらつき，安全限界変位や降伏強度などの構造性能を推定する各種計算式の精度，高次モードの影響，モデル化の精度，等々を考慮すると，更に安全率が必要となる．同図に示すように，応答点に対して，十分な安全率（図では 1.5 倍）を考慮する必要がある．

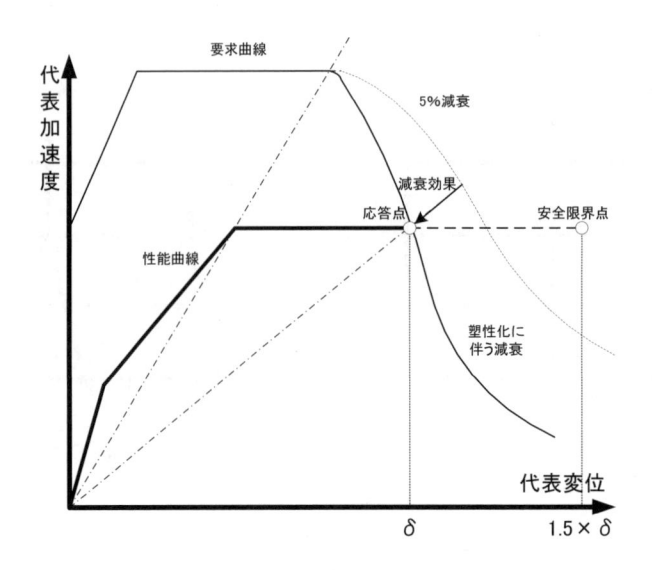

図 5.2.4　等価線形化法

　建物の安全限界点は，部材のいずれかが安全限界点に到達した時点と定義できる．部材の安全限界点は，一般的には静的加力実験結果に基づいて定義されている．広く実施されてきた静的加力実験では，試験体に強制する変位，あるいは力を漸増・漸減することによりサイクルを描き，その振幅を徐々に大きくしていく．部材の構造性能の劣化は，変位に伴って水平抵抗力が落ちる劣化と，同じ変位で繰り返し加力しても，元の水平抵抗力まで復元しないという劣化がある．後者を確認するために，一般的には同一振幅で2サイクルの加力が行われてきた．

　直下地震による大振幅地震動では，主要動の時間が短く，それに伴い建物の応答時間も短くなる．その為，履歴吸収による減衰効果が相対的に小さくなり，応答値が大きくなることが考えられる．更に地震動のレベル自体も現在想定しているレベルをはるかに上回ることから，結果として建物の応答は非常に大きくなろう．応答の推定精度を高めるためには，直下地震における減衰効果についての検討が必要となる．また，架構の応答評価における鉛直地震動の影響の評価についても，これまでに多くは検討されておらず，課題のひとつといえる．

　一方，部材の構造性能評価に関しては，想定されるサイクル数が少ないため，これまでの加力実験で十分予測可能であると考えられる．先に述べたように，建物の安全限界の評価においては，ある程度の余裕度が見込まれている．また，部材の安全限界点は，想定する終局強度を保持できなくなった点とするのが一般的であるが，破壊形式によっては，その後も幾ばくかは抵抗力を有している．しかし，これらの余裕度は，その大きさを精確に評価することは難しい．

　一方，長周期地震動では，長時間にわたって主要動が続くため，建物の履歴吸収エネルギーが相対的に大きくなり，設計時に考慮した減衰効果に比べて応答低減効果は増すことが考えられる．例えば，文献1)では，5×5スパンの整形な36階建てラーメン架構を設定し，関東地震，東海・東

南海，南海地震を想定した模擬地震波による応答解析による検討を行っている．検討の結果，最大応答に相当する繰り返し回数は，弾性耐力程度の場合10回程度，降伏変形の場合5回程度となることを確認している．一方，文献2)では，既存超高層鉄筋コンクリート造建物に一部修正を加えて対象建物モデルとし，長周期地震動の模擬地震波（平均および平均＋σ）と観測地震波（2003年十勝沖地震の際に苫小牧港で観測された記録）による応答解析を実施し，部材の応答特性を検証している．共振状態を再現した応答解析および分析の結果，1/67〜1/50の部材角は3回程度，1/133〜1/100，1/100〜1/67の各部材角レベルは１０回程度，1/300〜1/200，1/200〜1/133の各部材角レベルが１５回程度の繰り返し変形が生じているとしている．

　以上のような解析結果から，主要な変形レベルで10回程度の繰り返しを受けることが示されている．一方，これまでの静的加力実験では，各変形レベルで2回程度しか繰り返していない．長周期地震動に対しては，この多数回繰り返しの影響を実験的に検討する必要があると言える．

5.2.2　RC部材の特性

（1）柱部材について

　曲げ降伏による柱の曲げ変形性能は，主として①軸力の大きさ，②せん断余裕度，③作用するせん断力の大きさ，④せん断スパン比の大きさ，に依存すると考えられている．軸力の大きさは，柱断面の圧縮耐力により基準化した軸力比の形で議論される．軸力比は，大きくなると曲げ耐力は相対的に大きくなるが，ある軸力比を境に，主筋の引張降伏に先んじて圧縮側コンクリートの圧壊が発生するようになり，軸力比の増大に伴って曲げ強度は低下する．コンクリートの圧縮側の損傷により，軸力比が大きくなるに従って，曲げ変形性能も低下する・

　柱のせん断耐力は，近年の研究から曲げ降伏後の塑性変形に応じて低下することが知られている．その為，ある塑性回転角で柱は曲げせん断破壊を生じることとなる．よって，曲げ降伏時せん断力に対するせん断耐力の比が大きいほど，せん断耐力の低下に対する余裕が大きいこととなり，結果として曲げ変形性能が大きくなる．なお，主筋に沿ったひび割れが顕著化して部材の耐力低下につながる付着割裂破壊も，せん断破壊と同様に扱うことができる．

　作用するせん断力が大きくなると，そもそも部材に作用しているせん断応力度τのコンクリート強度に対する比率が大きくなり，早期にせん断ひび割れが発生し，曲げ変形性能も相対的に低下する傾向にある．

　柱のせん断スパン比が小さくなると，柱の形状が短柱化してくることを表し，相対的にせん断変形成分の影響が大きくなる．また，実建物では，せん断余裕度自体が小さくなることとなる．既往の実験からも，せん断スパン比が小さくなるに従って，変形性能が相対的に小さくなることが示されている．

　例えば，保有水平耐力の確認では，柱の靱性能とエネルギー吸収能力を分類する方法として，部

材種別を判定する．この種別判定に用いる項目は，軸力比，τ/Fc，せん断スパン比，引張鉄筋比としている．なお，最後の引張鉄筋比に関しては，付着割裂破壊に対する検討によって代用することができる．

　長周期地震動を対象とした場合，繰り返し回数が変形性能に与える影響を確認する必要がある．そこで文献 3)～5)では，高層建物の柱を対象に，高軸力下での柱の構造性能を検討するために，加力実験を実施している．実験変数は，変動軸力・せん断補強筋比・シアスパン比である．加力は建研式加力装置を用いて実施し，軸力は変動軸力とし，せん断力がゼロの時の軸力比（コンクリート圧縮強度に対する軸応力度の比）を 0.2 としている．正載荷では 0.2 からそれぞれの最大圧縮軸力 0.33，0.55，0.67 まで，負載荷では全主筋の降伏引張強度の 0.85 まで，せん断力に比例させて変動させている．載荷履歴は，通常の載荷履歴（図 5.2.5(a)）の他に，長周期地震動の影響を考慮するため，同図(b)に示すように，多数回繰り返し載荷も実施している．

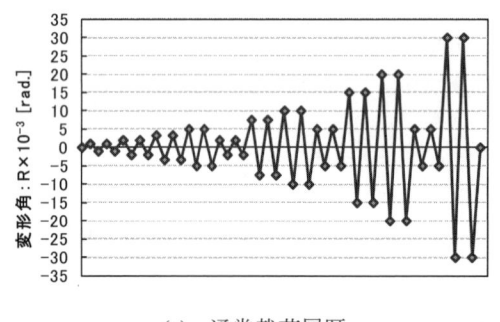

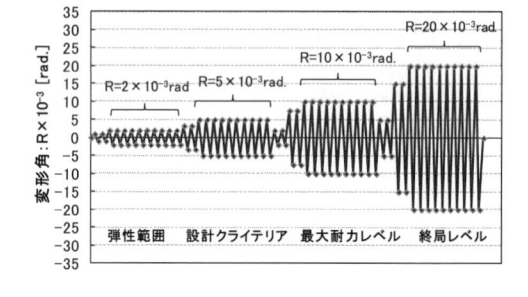

(a) 通常載荷履歴　　　　　　　　　(b) 長周期載荷履歴

図 5.2.5　載荷履歴 [3)]

　例えば，せん断余裕度 1.74 の試験体における載荷履歴の影響を図 5.2.6 に示す．実験では，多数回繰り返しの載荷の影響は，ほとんどなかった．これは，損傷状況から，多数回繰り返し載荷が，かぶり部分のコンクリートに損傷を与えるものの，コアコンクリートにはほとんど影響を与えなかったことに起因すると考えられるとしている．

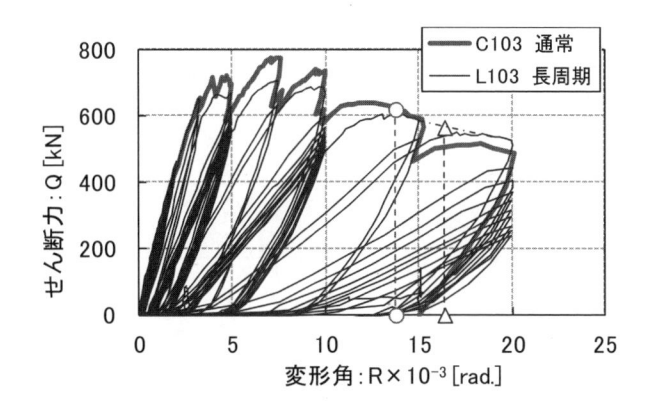

図中のプロットは限界変形角（最大耐力の80%に耐力低下する変形角）で○：C103，△：L103

図 5.2.6　載荷回数による影響[5]

また，高強度材を用いた実験結果から，軸力比が大きくなると限界変形角が低下すること，横補強筋の拘束を増すと限界変形角が増加すること，シアスパン比が大きくなると限界変形角が増加することをあわせて示している．

(2) 耐震壁部材について

高層 RC 建物では，ラーメン架構による耐震構造や，制振・免震構造とする場合が多く，立体耐震壁架構を用いた制震構造[6]などを除き，耐震壁を用いることは少ない．立体耐震壁は，特殊な架構形状の一部として研究・開発が行われているため，ここでは，一般的な建物に用いられる耐震壁について述べる．耐震壁の性能評価については，本会指針（性能評価指針）[7]では，形状，配筋，破壊モード等に応じて復元力特性を評価する手法が，実用的評価手法のひとつとして紹介されている．

本手法では，連層耐震壁の復元力特性のうち，全体水平変形を，曲げ変形とせん断変形の和として評価している．特に，曲げ降伏が生じる場合でも，せん断剛性が低下することを表現している．これは，引張鉄筋（引張側柱主筋および壁縦筋）の降伏により，せん断抵抗機構における部材軸方向の剛性低下がせん断剛性の低下を引き起こすことを表すとともに，曲げ降伏後のせん断破壊についてもモデル化するためである．曲げ変形成分とせん断変形成分それぞれについて，非線形復元力特性を与え，特に，せん断変形成分において，縦筋の降伏が生じることなくせん断破壊が生じる場合，降伏後に曲げ終局に至る場合，降伏後にせん断終局に至る場合それぞれに応じて復元力特性をモデル化している（図 5.2.7）．

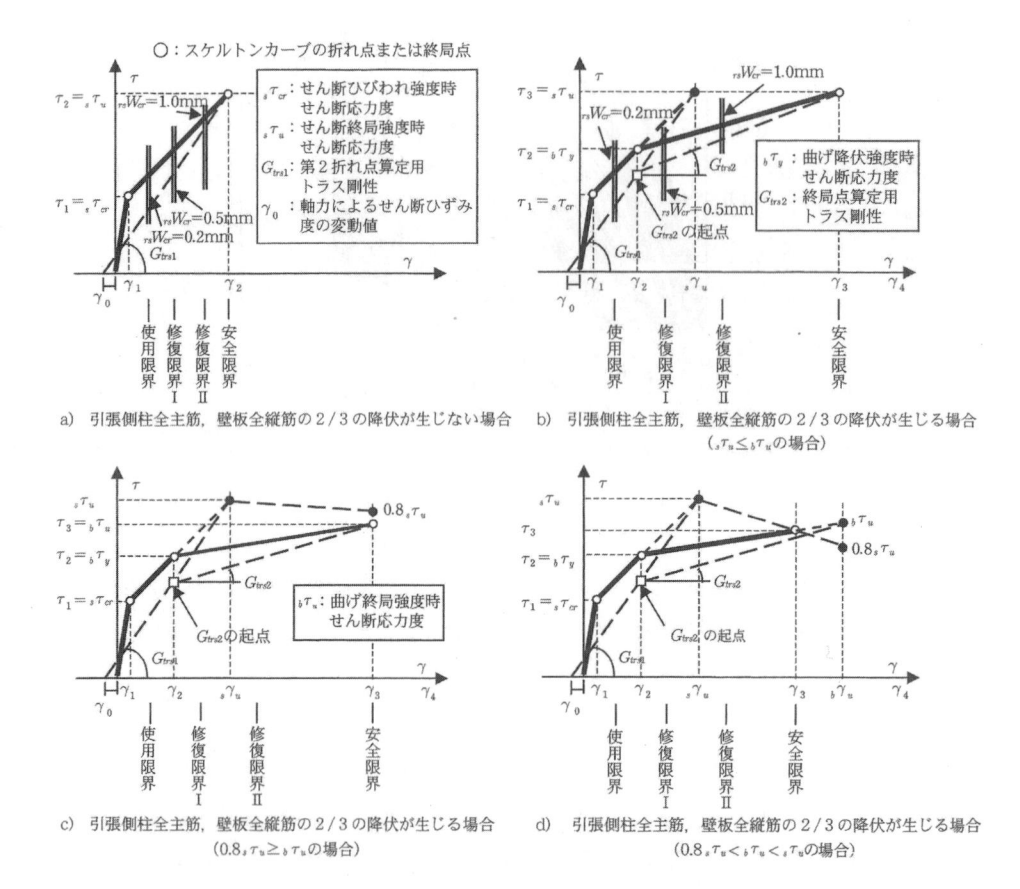

図中の使用限界, 修復限界Ⅰ, Ⅱは, 残留ひび割れ幅で定義される限界状態に対応するせん断歪度を示している

図 5.2.7 耐震壁のせん断応力度～せん断歪度関係のモデル化 [7]

　耐震壁部材の限界状態については, 上述のように降伏前にせん断破壊する場合, 降伏後に曲げ終局に至り限界に達する場合, 曲げ降伏後にせん断破壊する場合などがあり, 評価手法のひとつとして上述の提案があるといえる. 一方, 限界状態, 復元力特性に与える外的要因として, 載荷速度, 繰り返し回数などが予想され, これに関する検証も行われている[8]. ここでは, 耐震壁単体の震動実験をもとに, 同一試験体による静的載荷実験を行い, 破壊モード, 繰り返し回数, 載荷速度の違いによる耐震壁の変形性能に与える影響を検証している.

　繰り返し回数の影響を検討する実験[9]では, 破壊モード (曲げ, またはせん断), 繰り返し載荷回数 (各2回, または各6回) を変数として計4体の試験体を計画し (表 5.2.1, 表 5.2.2, 図 5.2.8), また, 載荷速度の違いを検証する実験[10]では, 破壊モード (曲げ, またはせん断), 載荷速度 (静的: 0.01Hz, 動的: 1.0～0.25Hz) を変数として, 4体の試験体を計画し (表 5.2.3, 表 5.2.4, 図 5.2.9), 実験を行っている.

　繰り返し回数の影響を検討する実験の結果, 破壊モードによらず, 繰り返し載荷回数の違いは履

歴復元力特性に影響していないこと，また，せん断破壊および曲げ降伏後のせん断破壊を生じる変形もほぼ同じであること，が確認されている．そのため，耐震壁の終局耐震性能は，累積損傷エネルギーよりもむしろ絶対変位量で決定される傾向があると述べている．しかし，同一振幅で繰り返すことによる耐力低下は確認されており，これについては1層の変形集中と関連していることが確認されている[9]．さらに，載荷速度の影響を検討する実験でも，曲げおよびせん断破壊型ともに，載荷速度の影響はほとんど見られない結果となっている．

このように，耐震壁の単体の性能評価や，耐震性能に与える外的要因の影響について検討が進められているが，それらは十分ではなく，多くの課題が残っている．例えば，高層建物の連層耐震壁架構の全体挙動として，壁以外の骨組架構との関係，無数にバリエーションが考えられる有開口耐震壁の強度，剛性，変形性能の評価，柱型の有無やピロティ形式の場合，平面・立面的に不整形となる架構における壁の挙動なども課題といえよう．

表 5.2.1　試験体諸元 [9]

		1層	2層
柱	B×D	200×200	
	主筋	12-D13(pg=3.8%)	
	帯筋	2-D6@60(pw=0.53%)	2-D6@50(pw=0.64%)
	副帯筋	2-D6@120(pw=0.27%)	－
梁	B×D	150×200	200×500(上部300は上部スタブ内に埋込※1)
	主筋	4-D10(pt=0.54%)	
	帯筋	2-D6@100(pw=0.42%)	
壁	壁厚	80	
	縦筋	D6@100千鳥(ps=0.4%)	2-D6@100ダブル(ps=0.8%)(上部400のみ※2) D6@100千鳥(ps=0.4%)
	横筋	D6@100千鳥(ps=0.4%)	

単位:mm
$Fc=27N/mm^2$，柱主筋(SD390)，その他(SD295A)
※1 梁せい500mmのうち上部300mmは上部スタブと一体となっている
※2 壁の上部400mmのみダブル配筋としている

表 5.2.2　載荷計画 [9]

	H15年度実験		H16年度実験	
	試験体AS	試験体BS	試験体ASR	試験体BSR
部材角(rad)	サイクル(回)	サイクル(回)	サイクル(回)	サイクル(回)
1/1600	1	1	1	1
1/800	1	1	1	1
1/400	2	2	2	2
1/200	2	2	6	6
1/133	2	2	6	6
1/100	2	2	6	6
1/67	2	2	2	2
1/50	1	2	1	2
1/33	1	1	1	1
1/20	正方向のみ	正方向のみ	正方向のみ	正方向のみ

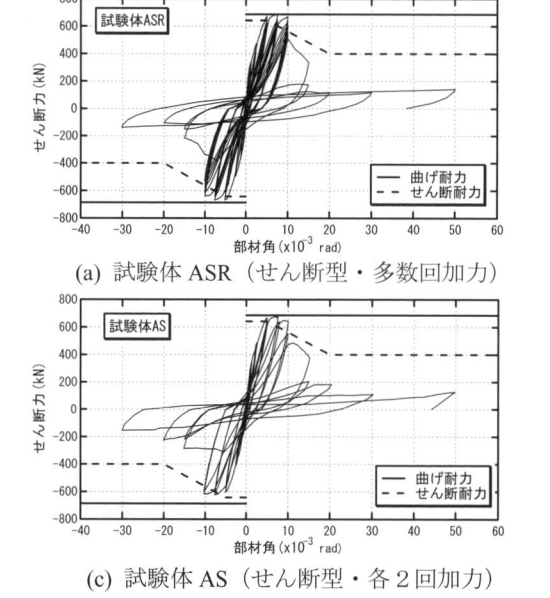

(a) 試験体 ASR（せん断型・多数回加力）

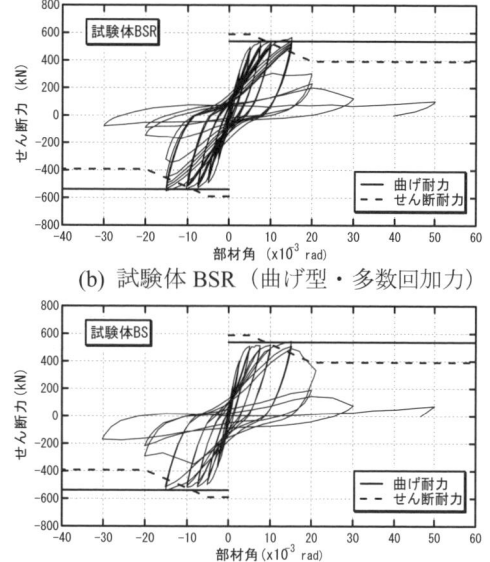

(b) 試験体 BSR（曲げ型・多数回加力）

(c) 試験体 AS（せん断型・各2回加力）

(d) 試験体 BS（曲げ型・各2回加力）

図 5.2.8　実験結果 [9]

表 5.2.3 試験体諸元 [10]

		せん断破壊先行型 (試験体SS、試験体SD)	曲げ破壊先行型 (試験体FS、試験体FD)
柱(2F) 基礎 スタブ 接合部	B×D	200×200	
	主筋	14-D13(pg=4.4%) SD390	8-D13(pg=2.5%) SD295A
	帯筋	2-D6@50(pw=0.64%)	
	副帯筋	none	
梁(2F) スタブ内 300に飲込	B×D	200×200	
	主筋	4-D10(pt=0.27%)	
	あばら筋	2-D6@100(pw=0.42%)	
壁(2F)上部	壁厚	80	
	縦筋	D6@150(ps=0.27%)	
柱(1F)	B×D	200×200	
	主筋	14-D13(pg=4.4%) SD390	8-D13(pg=2.5%) SD295A
	帯筋	2-D6@60(pw=0.53%)	
	副帯筋	2-D6@120(pw=0.13%)	D6@60(pw=0.13%)
梁(1F)	B×D	150×200	
	主筋	4-D10(pt=0.54%)	
	あばら筋	2-D6@100(pw=0.42%)	
壁(1F)	壁厚	80	
	縦筋	D6@150(ps=0.27%) 千鳥配置	
Fc=21MPa, 特記なし(SD295A)			

表 5.2.4 載荷計画 [10]

部材角(rad.)	AC_D(mm)	振動数(Hz)			
		試験体SS	試験体SD	試験体FS	試験体FD
1/3200	0.80				
1/1600	1.59				
1/800	3.19				
1/400	6.38		1		1
1/200	12.75	0.01		0.01	
1/133	19.17				
1/100	25.50		0.75		0.75
1/67	38.06		0.5		0.5
1/50	51.00		0.37		0.37
1/33	77.27				0.25

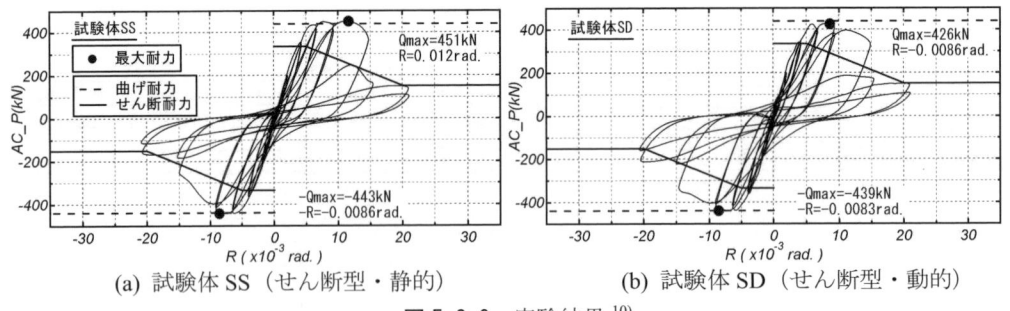

(a) 試験体 SS（せん断型・静的）　　(b) 試験体 SD（せん断型・動的）

図 5.2.9　実験結果 [10]

（3）梁部材について

　梁降伏型の全体崩壊形が推奨されることから，梁部材の変形性能は建物の変形性能を議論する上で非常に重要となる．部材の変形性能を決定付けるものは，圧縮側コンクリートの劣化，せん断破壊，付着破壊などが考えられる．柱に比べて，一般的に軸力が作用しない梁部材は，引張鉄筋比が極めて大きい特殊な場合などを除いて，圧縮側コンクリートの劣化が顕著になる例は多くない．また，一部の短スパン梁を除いては，せん断スパン比は十分大きい場合が多い．これまでに実施されてきた繰り返し数2回程度の実験から，直下地震の大振幅地震動における耐震性能評価に用いる変形性能評価や耐力評価は十分得られると考えられる．

　しかし，長周期地震動に関しては，塑性変形が10回程度強制された場合の構造性能に関する知見が未だ十分ではない．そこで，文献 11)〜13)では，スラブの有無・引張主筋量・横補強筋量・載荷履歴を変動因子として，静的加力実験を実施している．試験体のせん断余裕度は，大野・荒川 mean 式を用いた場合に 1.03〜1.88 である．実験の結果，荷重変形関係で見ると多数回加力の影響は大きくないこと，多数回加力においても等価粘性減衰定数は部材角 1/50 程度までは一定値に落ち着くこと，横補強筋のひずみは繰り返しにより増大すること，繰り返し回数が多いほど，せん断余裕度が低いほどヒンジ部分の損傷が進行することなどを示している．

文献14)では，梁のせん断劣化，特に付着特性の劣化に着目して，静的加力実験を実施している．試験体の諸元を表 5.2.5 に示す．付着割裂強度に対する余裕度は，1.04～1.88 であることが分かる．

表 5.2.5[14]　試験体諸元

試験体	B1N	B1L	B2N	B2L	B3N	B3L
コンクリート強度 Fc(N/mm2)	48					
梁幅　b(mm)	300					
梁せい　D(mm)	360					
部材スパン Lc(mm)	1800		1400		1000	
主筋（SD490）	6-D16					
引張鉄筋比　Pt	1.34(%)					
あばら筋（SHD685）	4-D6@75					
あばら筋比　Pw	0.57(%)					
スラブ筋（SD295）	全面ダブルD6@150					
加力履歴	標準	長周期	標準	長周期	標準	長周期
付着割裂強度※1/曲げ強度※2 Vbu/Qy	1.88		1.46		1.04	

図 5.2.10 に各サイクルピーク時のせん断力の推移を示す．繰り返し数の影響はほとんど見受けられず，2サイクル目の耐力低下後，ほぼ一定値となっていることが分かる．また，各サイクルで計算した等価粘性減衰定数の推移を図 5.2.11 に示す．等価粘性減衰定数についても，4サイクル程度で落ち着き，その後ほぼ一定値となっていることが分かる．

ただし，多数回繰り返しにおける梁の曲げ挙動と変形性能に関する研究は，依然として十分ではなく，更なる知見の蓄積が必要である．

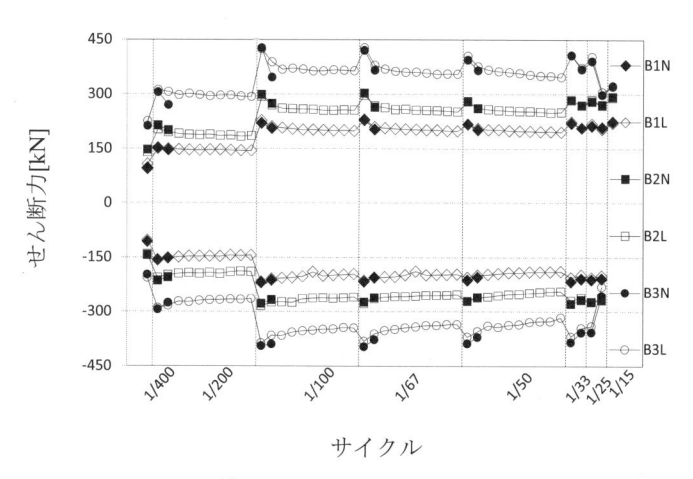

図 5.2.10[14]　各サイクルピーク時せん断力の推移

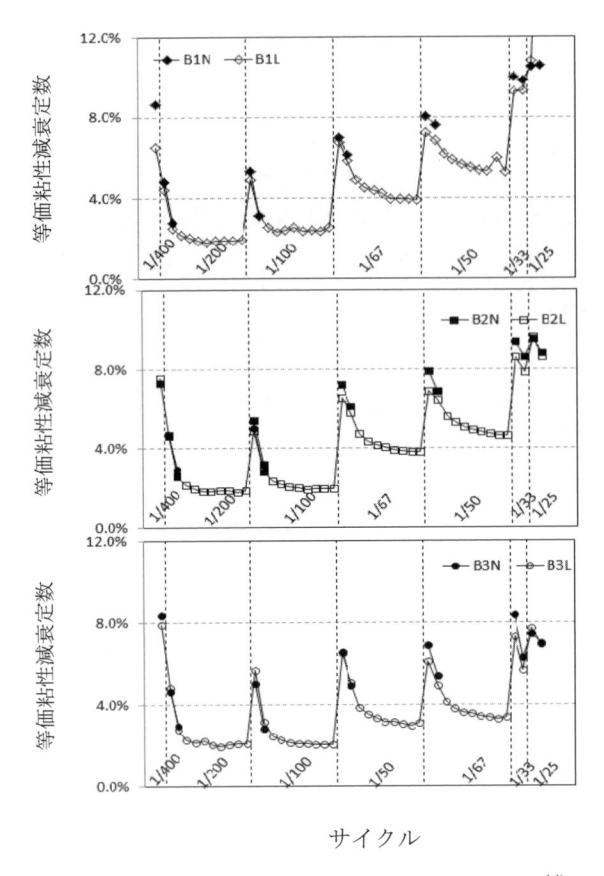

図 5.2.11 等価粘性減衰定数の推移 [14]

(4) 柱梁接合部

接合部の破壊形式は，せん断破壊のみと考えられてきた．接合部のせん断強度には，直接的には接合部分のコンクリートボリュームが影響すると考えられてきたため，例えば文献 15) のように，コンクリートのボリューム（文献 15) では水平投影断面積）にコンクリート強度により決まる接合部の強度を掛け合わせて接合部せん断耐力を求めている．接合部に作用するせん断力が接合部のせん断耐力以下の場合は，これまでは接合部は剛域としてモデル化されてきた．

一方，近年の新しい研究成果から，文献 16)～18)によれば，柱の曲げ終局耐力と梁の曲げ終局耐力に対する比（曲げ耐力比）が，降伏ヒンジの発生する方を分母にとって 1.0 を上回っていたとしても，ある値以上ないと接合部内で曲げ降伏する破壊モードになりうる．この破壊モードになると，接合部内に降伏ヒンジが発生するため，取り付く柱・梁のすべてに塑性ヒンジが発生した場合と同じ状態となる．その為，こういった接合部内ヒンジが多数発生した場合は，層降伏を生じる恐れがあると警鐘を鳴らしている．今後，柱と梁のサイズや取り付き方などのパラメータを更に増やして，実験的に検討する必要があろう．

文献 19) および文献 20) では，十字型および L 型試験体を対象に，軸力比や載荷履歴，柱梁曲げ耐力比をパラメータとした静的加力実験を行っている．コンクリート強度は，柱は Fc60，梁とスラブには Fc48，主筋は SD490，横補強筋には SHD685 を用いている．試験体の諸元を表 5.2.6 に示す．

表 5.2.6　試験体諸元 [19]

試験体	形状	想定破壊[*1]モード	接合部[*2]せん断余裕度	柱梁[*3]曲げ耐力比	載荷履歴	軸力比[*2]	備考
LJ-1N	十字形	B	1.38(1.5)	2.40(2.4)	通常	0.125 (0.11)	標準
LJ-1L					多数回		
LJ-2				2.36(2.4)	通常		梁非対称配筋
LJ-3N				1.85(1.9)	通常		柱主筋減
LJ-3L					多数回		
LJ-4				1.47(1.5)	通常	0.125 (0.10)	柱主筋減
LJ-5			2.10(2.5)	2.62(2.7)	通常		建研
LJ-5S			2.09(2.4)	2.75 (2.5)	通常	0.125 (0.11)	建研，直交梁スラブ付
LJ-6N	ト形	B	1.54〜1.57 (1.6)	2.33〜4.71 (2.2〜5.0)	通常	0.0〜0.3 (0.0〜0.28)	変動軸力長期軸力比0.125
LJ-6L					多数回		

接合部斜めひび割れの残留ひび割れ幅の推移を多数回加力と通常加力の試験体で比較し，図 5.2.12 に示す．層間変形角 $R=20\times10^{-3}$ の 2 回目の残留ひび割れ幅は同程度だが，多数回加力によって増大し，10 回目では試験体 LJ-1L で約 0.6mm と，LJ-1N の $R=30\times10^{-3}$ に当たる大きさだったとしている．また，通常加力と多数回加力の試験体の包絡線を比較し，接合部余裕度が 1.5 程度，柱梁曲げ耐力比 2.2 以上であれば多数回加力の影響は見受けられないことを示している．また，文献 15)の略算式と材料の信頼強度による梁曲げ強度は，$R=15\times10^{-3}$ の 10 回繰り返し，$R=20\times10^{-3}$ の 5 回目繰り返し時の荷重を安全側に評価できたとしている．

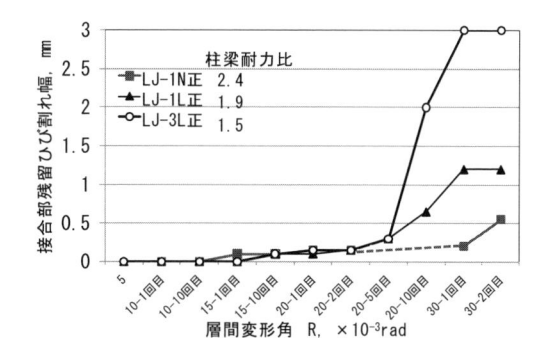

図 5.2.12　接合部斜めひび割れ残留幅 [20]

5.2.3 架構のモデル化について

一般的な建物の設計に用いられる架構の解析モデルでは，柱，梁部材を線材に置換し，各部材の非線形性を端部に設けたばねにより表現されている．このとき，変動軸力との相関を考慮する柱部材と，軸力を負担しない梁部材とでモデル化手法が異なる．すなわち，柱部材では，軸力と相関した特性とともに，2方向外力の相関も考慮してモデル化するのに対して，梁部材では，断面・配筋・スパンにより材端ばねの非線形復元力特性を決定する．この時，梁の特性として，スラブ筋の効果は耐力付加として考慮するが，どの程度の範囲を考慮するか，有効幅の取り方が課題となる．また，このようなモデル化では，梁の軸方向伸びに対する柱および床スラブからの拘束により，梁に生じる軸力についても考慮していない．さらに，実際の鉄筋コンクリート構造では，直交する各構面で，バルコニー手すりを兼用する梁部材のように，梁軸芯が必ずしも一致しない場合がある（順梁と逆梁の取合い）．順梁と逆梁の取合いでは，架構の剛性評価と接合部性能評価の点で，既往の設計手法の適用性に疑問が残る．これらの点を検討するため，いくつかの実験が行われている．

文献21)では，多数回繰り返し載荷によるRC平面架構の復元力特性への影響を確認するとともに，梁の軸方向変形を柱が拘束することにより梁に生じる軸力に関して検証することを目的として，図5.2.13に示す1層2スパンのラーメン架構の静的載荷実験を実施している．実験の結果，多数回繰り返しによる復元力特性への影響は小さいことを確認する一方で，梁に軸力付加によると思われる耐力上昇があること，さらに，柱主筋量を多くした試験体の方が耐力上昇および梁軸力が大きくなることが示されている（図5.2.14）．

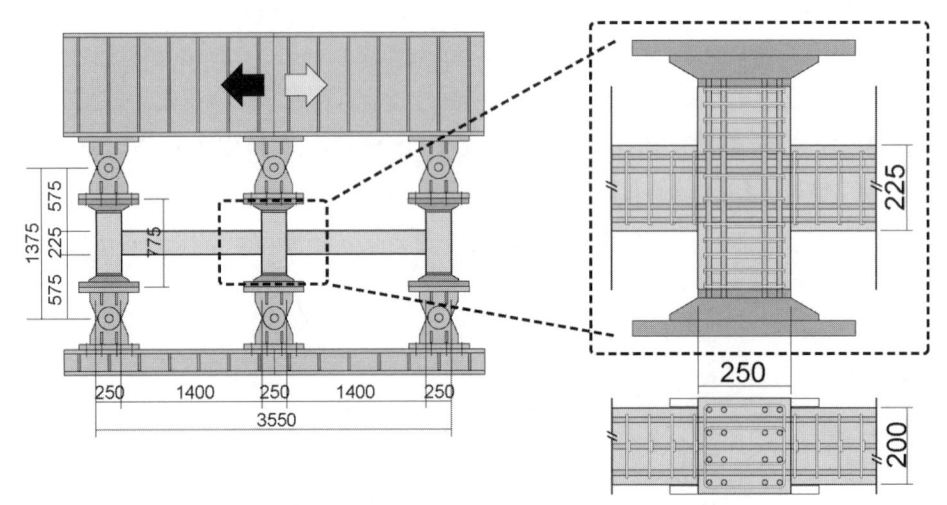

図 5.2.13 試験体形状と加力方法[21]

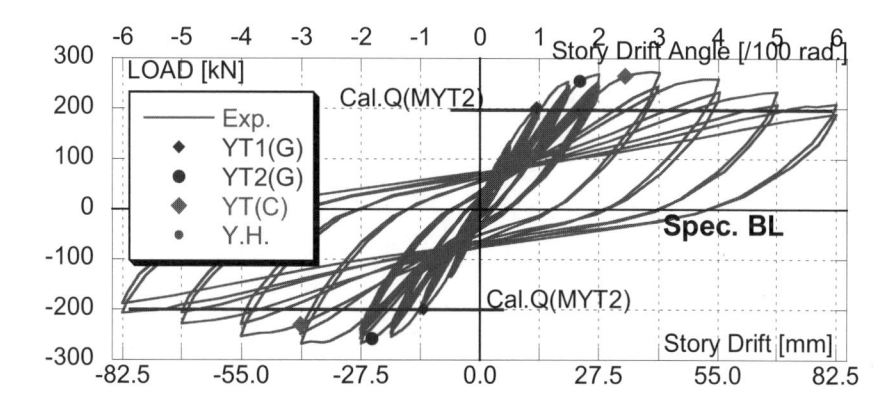

図中，Exp.：実験値，YT1(G)・YT2(G)：梁主筋1段筋および2段筋の降伏，
YT(C)：柱主筋の降伏，Y.H.：柱せん断補強筋の降伏，を表す．

図 5.2.14 荷重〜変形関係 [21]

一方，文献 22)では，梁部材耐力におよぼす影響として，スラブの協力幅と，スラブ筋降伏の反力として梁に生じる軸力を検証するため，2/5 スケール床スラブ付き1層2×2スパン立体部分架構の静的載荷実験を実施している（図 5.2.15，表 5.2.7）．実験では，多数回繰り返し載荷の影響もあわせて検討している．載荷においては，図 5.2.15 に示すように，柱による梁の軸方向拘束を生じさせないよう，柱脚の一方をピン支持し，他方をピン・ローラー支持するとともに，ジャッキを用いて梁に軸力が生じないように制御する載荷方法を採用している．実験の結果，対象試験体では，多数回繰り返しによる耐力低下が生じることはなく，良好な性状を示した．また，スラブ筋も計測範囲ではすべて降伏し，全幅有効とした耐力以上を発揮していた（図 5.2.16）．

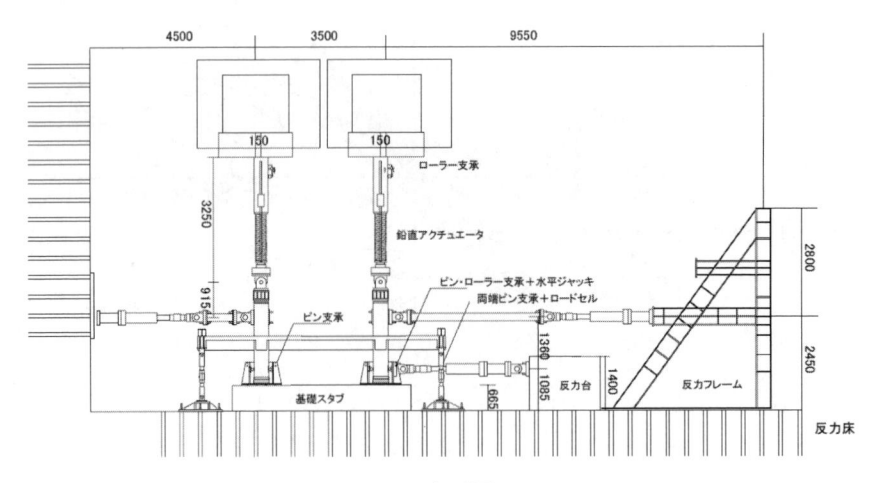

(a) 立面図

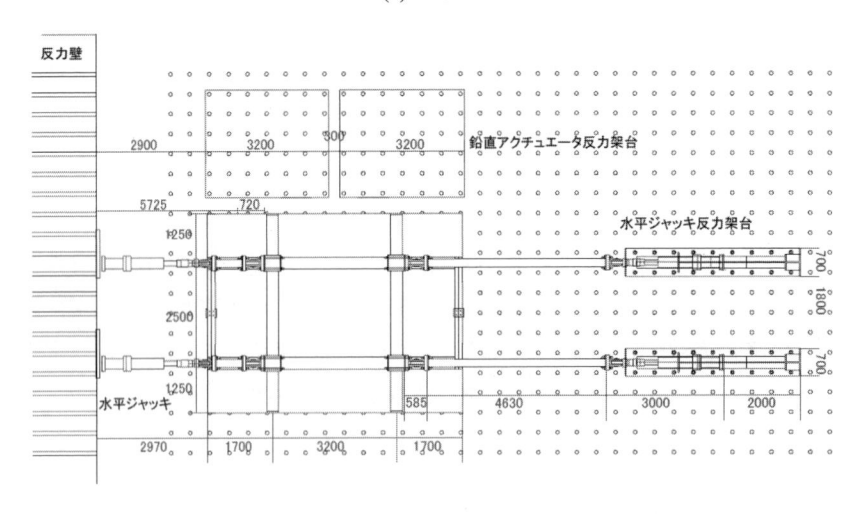

(b) 平面図

図 5.2.15 試験体形状と載荷方法[22]

表 5.2.7 試験体部材断面[22)]

	柱	梁
寸法	400×400	300×360
主筋	12-D16 (SD490)	4+2-D16 (SD490) 上下
補強筋	囲-D6@50 (SHD685)	4-D6@75 (SHD685)

	小梁	スラブ
寸法	220×290	厚さ100mm
主筋	2-D13 (SD295) 上下	D6@150 (SD295) 上下
補強筋	2-D6@75 (SD295)	

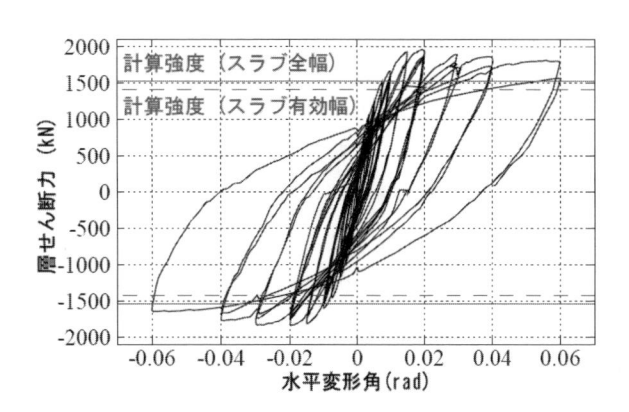

図 5.2.16 実験結果[22)]

文献23)では，2011年度に報告された[19),20)]十字型柱梁接合部部分架構試験体をベースとして直交梁を付けた架構に対して，2方向加力を行い，架構の特性に及ぼす2方向外力の影響を検証している．報告された実験シリーズには，順梁と逆梁が取り合う架構が含まれており，復元力特性への影響を検証している．この実験では，直交梁の取り付き方の違いによる各方向の復元力特性への影響はほとんど見られなかったとしている．

以上の既往研究の結果からは，架構をモデル化するにあたり，梁の特性については，スラブ筋の協力と柱の拘束により，梁耐力が上昇することが確認されており，一般に行われているモデル化手法と相違する点が指摘できる．一方，標準的な架構モデルと比べて，梁の軸芯が直交する構面で異なる架構については，復元力特性上大きな違いが見られない点も確認されている．

多数回繰り返し外力を受けるRC部材は，繰り返し回数が少ない場合に比べて限界変形が大きく変化することはない実験結果が多く得られているが，一定振幅での繰り返しにおいて，荷重が低下する現象は確認されている．この点を解析モデルに反映する手法についての検討もいくつか行われている．文献24)では繰り返しによる耐力低下の評価方法として梅村らの方法[25)]をもとに，履歴復元力特性を提案し，応答性状に及ぼす影響が検討されている．このモデル化手法では，部材の復元力特性包絡線は固定し，繰り返しにより剛性が低下することを表現している．応答解析の結果，繰り返し外力により剛性が低下し，最大応答変位が増大することが報告されている．繰り返しによる荷重の低下（剛性の低下）は，比較的変形が大きいときやせん断余裕度が小さいときに生じると報告されており[12), 26)など]，このような部材が支配的な架構においては，履歴復元力特性にその影響を反映する必要があると考えられる．さらに，そのような部材を含む架構に対して等価線形化法により最大応答値を予測する場合には，剛性低下等による応答増大を表現する方法として，減衰評価への配慮などが考えられる．長周期地震動に対するRC架構への影響を検証する上では，このような点もモデル化手法における課題であろう．

5.2.4 まとめ

本節では，近年の鉄筋コンクリート造部材の構造性能評価について，特に精力的に取り組まれてる多数回加力実験結果を中心に概説した．既往の研究から導かれる，現在の知見を，大振幅地震に対して，多数回サイクルが繰り返す地震に対して，および構造物のモデル化に対して以下にまとめる．

（1）大振幅地震動に対して
- 塑性化後に部材に強制される大振幅でのサイクル数が少なく，部材性能評価はこれまでの実験・解析による検討結果が大凡そのまま使える．
- 応答評価については，地震動レベルそのものが大きいため，要求曲線自体が増加し，かつ応答サイクル数が少ない事による等価粘性減衰の減少で応答が増加する．
- これまでに検討事例の少ない，鉛直地震動の影響の評価も必要となる可能性がある．
- 今後，等価線形化法では履歴減衰の評価が必要となろう．

（2）多数回サイクルが繰り返す地震に対して
- これまでの実験結果から，部材が十分なせん断余裕度を有していれば，限界変形を含めて，多数回サイクルによる大きな影響は見うけられない．
- 塑性化に起因する等価粘性減衰も4サイクル程度で安定した値に収束する．
- 地震中の繰り返し数が多いので，応答評価時の等価粘性減衰はむしろ相対的に大きくなる．
- ただし，現時点では限られた実験データしかないので，想定する地震動レベルも含めて，今後も検討が必要である．

（3）建物のモデル化に対して
- 超高層だけでなく，構造計算に占めるコンピューター解析の割合が大きくなってきている．たとえ詳細なモデル化による解析を用いても，そもそもモデル化していない事象は考慮することが出来ない．例えばスラブが梁に与える影響や梁の降伏に伴う軸伸びに起因する軸力の影響など，一般的なモデル化では無視されることが多いが，その影響度合いは必ずしも明確でなく，構造計算の精緻化が必要な項目は依然として少なくない．今後，精緻化に向けての研究も必要である．

参考文献

1) 出水俊彦・斉藤大樹・福山洋・森田高市・向井智久・濱田真・菊田繁美・金川基・薬研地彰・佐々木仁：長周期地震動を受けるRC造超高層建物の構造性能　その1　地震応答性状，日本建築学会大会学術講演梗概集，pp.499-500, 2009.8
2) 小鹿紀英・鈴木芳隆・阿部雅史・兵頭陽・福山洋・斉藤大樹：長周期地震動に対する超高層鉄筋コンクリート造建物の多数回繰返し挙動，日本建築学会大会学術講演梗概集，pp.759-760, 2011.8
3) 木村秀樹・前田匡樹・石川裕次・福山裕・田邊裕介・壁谷澤寿一・宮内靖昌：多数回繰り返し外力を受ける鉄筋コンクリート造柱の耐震性能　その1　実験概要，日本建築学会大会学術講演梗概集，pp.167-168, 2011.8

4) 石川裕次・前田匡樹・田邊裕介・福山洋・木村秀樹・壁谷澤寿一・宮内靖昌：多数回繰り返し外力を受ける鉄筋コンクリート造柱の耐震性能　その2　主な実験結果, 日本建築学会大会学術講演梗概集, pp.169-170, 2011.8
5) 田邊裕介・前田匡樹・石川裕次・福山洋・木村秀樹・壁谷澤寿一・宮内靖昌：多数回繰り返し外力を受ける鉄筋コンクリート造柱の耐震性能　その3　長周期地震動に対する検討, 日本建築学会大会学術講演梗概集, pp.171-172, 2011.8
6) 丸田誠・鈴木紀雄・別所佐登志：鉄筋コンクリート造開断面立体耐震壁の構造性能に関する研究, 日本建築学会構造系論文集, 第520号, pp.109-116, 1999.6
7) 日本建築学会：鉄筋コンクリート造建物の耐震性能評価指針（案）・同解説, 2004
8) 倉本洋：RC造建物の終局耐震性と応答評価指標, 振動運営委員会シンポジウム論文集「増大する地震動レベルと建物の終局耐震性の課題と展望　－地震動と建築物の耐震性を横断する評価指標の確立に向けて－」, pp.107-116, 2008.12
9) 島崎伸彦・秋田知芳・倉本洋：RC造耐震壁の変形能力に及ぼす載荷サイクル数の影響, コンクリート工学年次論文集, 第27巻, 第2号, pp.469-474, 2005.6
10) 秋田知芳・島崎伸彦・松井智哉・倉本洋：RC造耐震壁の変形能力に及ぼす載荷速度の影響, コンクリート工学年次論文集, 第28巻, 第2号, pp.451-456, 2006.7
11) 石橋久義・斉藤大樹・福山洋・森田高市・向井智久・出水俊彦・菊田繁美・金川基・薬研地彰・佐々木仁：長周期地震動を受けるRC造超高層建築物の構造性能　その2　梁実験と結果の概要, 日本建築学会大会学術講演梗概集, pp.501-502, 2009.8
12) 濱田真・斉藤大樹・福山洋・森田高市・向井智久・出水俊彦・菊田繁美・金川基・薬研地彰・佐々木仁：長周期地震動を受けるRC造超高層建築物の構造性能　その3　スラブ付き梁の検討, 日本建築学会大会学術講演梗概集, pp.503-504, 2009.8
13) 向井智久・濱田真・斉藤大樹・福山洋・出水俊彦・菊田繁美・金川基・薬研地彰・佐々木仁・高橋俊之：長周期地震動を受けるRC造超高層建築物の構造性能　その4　スラブ無し梁の検討, 日本建築学会大会学術講演梗概集, pp.505-506, 2009.8
14) 金善花・田才晃・楠浩一・福山洋・壁谷澤寿一：多数回繰り返し外力を受ける鉄筋コンクリート造スラブ付き梁の静的載荷実験, 日本建築学会大会学術講演梗概集, pp.745-746, 2011.8
15) 日本建築学会：鉄筋コンクリート造建物の靭性保証型耐震設計指針・同解説, 1999
16) 塩原等：鉄筋コンクリート柱梁接合部：見逃された破壊機構, 日本建築学会構造系論文集, 第73巻第631号, pp.1641-1684, 2008.9
17) 塩原等：鉄筋コンクリート柱梁接合部：終局強度と部材端力の相互作用, 日本建築学会構造系論文集, 第74巻第635号, pp.121-128, 2009.1
18) 塩原等：鉄筋コンクリート柱梁接合部：梁曲げ降伏型接合部の耐震設計, 日本建築学会構造系論文集, 第74巻第640号, pp.1145-1154, 2009.6
19) 佐川隆之・澤口香織・中澤春生・山野辺宏治・壁谷澤寿一・福山洋：多数回繰り返し外力を受ける鉄筋コンクリート造柱梁接合部の静的載荷実験　その1　静的載荷実験の計画概要, 日本建築学会大会学術講演梗概集, pp.747-748, 2011.8
20) 中澤春生・澤口香織・佐川隆之・山野辺宏治・壁谷澤寿一・福山洋：多数回繰り返し外力を受ける鉄筋コンクリート造柱梁接合部の静的載荷実験, その2　静的載荷実験の結果概要, 日本建築学会大会学術講演梗概集, pp.749-750, 2011.8
21) 杉本訓祥・津田和明・勝俣英雄・福山洋・斉藤大樹：多数回繰り返し外力を受ける鉄筋コンクリート造平面架構の静的載荷実験, 日本建築学会, 日本建築学会大会学術講演梗概集, pp.751-752, 2011.8
22) 壁谷澤寿一・福山洋・壁谷澤寿海・Xuan Deng・金裕錫・勝俣英雄・杉本訓祥：多数回繰り返し外力を受ける鉄筋コンクリート立体部分架構の静的繰返し実験（その1，その2）, 日本建築学会大会学術講演梗概集, pp.741-744, 2011.8
23) 富永暖子・中井俊太・坂下雅信・河野進・澤口香織・山野辺宏治・福山洋：直交梁を有する十字型柱梁接合部が2方向入力を受ける場合の耐震性能評価（その1～その3）, 日本建築学会大会学術講演梗概集, pp.511-516, 2012.9
24) 鈴木芳隆・兵頭陽・丸田誠・鈴木紀雄・小鹿紀英：多数回繰返し荷重を受ける鉄筋コンクリート造建物の挙

動に関する研究，日本建築学会構造系論文集，第 74 巻第 646 号, pp.2317-2326, 2009.12
25) 梅村恒・市之瀬敏勝・大橋一仁・前川純一：耐力低下を考慮した RC 部材の復元力特性モデルの開発, コンクリート工学年次論文集，第 24 巻, 第 2 号, pp.1147-1152, 2002.6
26) 杉本訓祥・増田安彦・津田和明・勝俣英雄：鉄筋コンクリート梁部材の多数回繰り返し載荷時の挙動, コンクリート工学年次論文集，第 33 巻, 第 2 号, pp.241-246, 2011.7

5.3 S造建物

　現状の実務設計では，大地震時に倒壊・崩壊に至らないように，一般に下記のような構造計画上の対処がなされている．

- ラーメン構造において，全体崩壊形を形成して十分なエネルギー吸収能力を確保するように，塑性化する部材の幅厚比や細長比に関する制限等を満足させたうえで，一定の柱梁耐力比（例えば1.5以上）を付与する．
- 柱梁耐力比の確保と同様の目的で，大地震時にも弾性を保つ心棒となるような連層の耐震ブレース（制振ブレースと区別する意味でこのように称する）を設ける．
- 架構の水平耐力を十分に確保するように，耐震ブレースを適所に設ける．
- 架構の減衰性能を高める目的で，制振部材を適所に設ける．

　これらの手法を適宜組み合わせて採用し，耐震性能の確保が図られる．「大地震時に倒壊・崩壊に至らない」という設計目標を満足しているかどうかは，超高層建物の場合「設計で想定する大地震レベル」に対して応答が次のような値以下に収まっていることで確認することが一般的である．

- 最大層間変形角 1/100 程度，層の塑性率 2 程度，部材の塑性率 4 程度

　これらの制限値は，設計時に前提としている骨組の塑性変形能力を阻害するような，局部座屈や横座屈，脆性破断などの不安定現象を生じさせないための配慮でもある．

　これに対して，ここで取り上げるような大振幅・大エネルギー入力を対象とした場合には，上記に示した値を超えるような場合の挙動を評価する必要があり，さらには部材レベルでは変形能力を喪失するものがあっても，架構全体として倒壊・崩壊に至らなければよい，と判断することもあり得る．このような目的から，以下にまず，S造建物の架構としての終局限界の考え方を示し，次に架構を構成する部材の耐力性状を現状ではどのように評価できるかを部位別に示す．

5.3.1 架構としての終局限界

　地震荷重によるS造建物の代表的な終局限界として層崩壊を考える．図 5.3.1 に塑性ヒンジ発生部材が全塑性耐力を維持するとしたときのある層の荷重―変形関係を示す．水平変位の増加に伴って，鉛直力 P のなす仕事すなわち $P\Delta$ 効果によって水平耐力が低下し，図中の D 点は水平耐力 $Q=0$ となって復元力が喪失される状態に対応する．この点を静的倒壊限界といい，この点に達すると塑性ヒンジ発生部材が全塑性耐力を維持していてもその層は崩壊する．水平耐力が低下する要因は $P\Delta$ 効果のほかに，架構を構成する部材の局部座屈や脆性破断などによる耐力劣化があり，大変形時にはこれらの影響を適切に評価することが極めて重要になる．地震応答する多層骨組の場合，層せん断力分布が時々刻々変化するため，このような単調載荷状態とは異なるが基本的なメカニズムは同じで，$P\Delta$ 効果ならびに部材の耐力劣化を評価して，架構の挙動を追跡する必要がある．このような現象を考慮した解析は現時点では一般的ではないため，架構としての耐力劣化が顕著とならない範

囲に応答が納まるように設計することも選択肢のひとつであるが，その場合も，部材レベルの耐力劣化限界近傍の状況を適切に把握しておく必要がある．

このほか建物全体の転倒や床梁の部分的な崩壊が終局状態となり得ることにも注意が必要である．

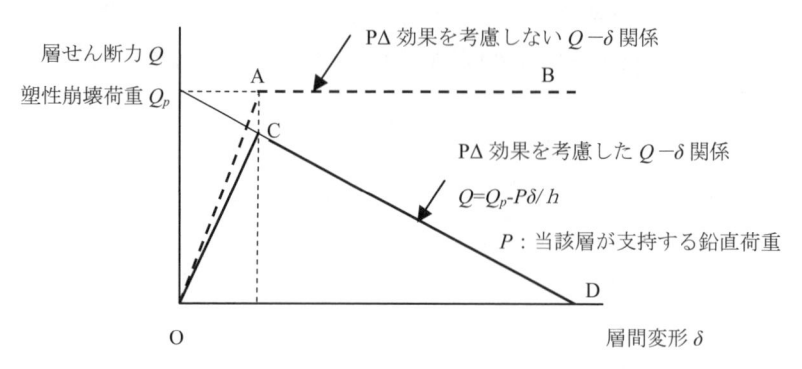

図 5.3.1　PΔ 効果を考慮した層せん断力―層間変形関係

5.3.2　部材の終局強度と変形能力

上述したように，架構の大変形時の挙動を追跡するためには部材レベルで局部座屈や脆性破断などで決まる変形限界に関する情報が必要となる．塑性変形が期待できるか否かによって部材レベルの復元力特性のイメージを図 5.3.2 の 3 パターンに分類して示す．（柱の耐力は曲げと軸力の相関で規定されるので，下図はあくまでイメージである．）

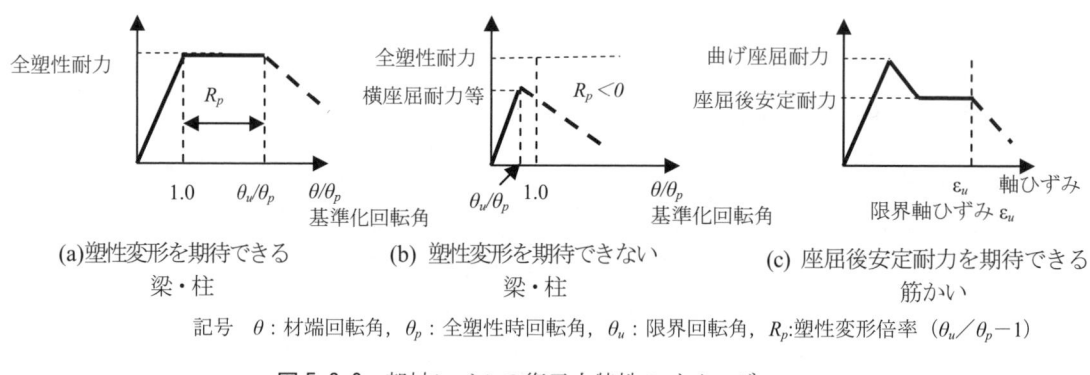

記号　θ：材端回転角，θ_p：全塑性時回転角，θ_u：限界回転角，R_p:塑性変形倍率（θ_u/θ_p-1）

図 5.3.2　部材レベルの復元力特性のイメージ

それぞれの部材について考慮すべき不安定現象に着目して評価した変形能力 R_p（筋かいの場合 ε_u）のうちの最小値とそれに対応する部材耐力が，その部材の変形能力と終局強度となる．

本会の「鋼構造限界状態設計指針・同解説」[1]は，鋼構造建物の要求性能に対応した限界状態を

明確にし,その要求性能を満足する度合いを信頼性指標という尺度で表現する性能明示型の設計法を示すものである.この指針で対象としている限界状態のうち,「終局限界状態」は建物の構造安全性に関連する限界状態として定義されていて,骨組の塑性変形能力に応じた必要保有水平耐力の低減係数を明示し,その背景となっている部材の変形能力に関する定量評価を解説として記述している.

また,本会の「鋼構造性能設計ガイドライン」[2]は,構造躯体だけでなく非構造部材と建築設備を含んだ建築物の総合的な性能を,設計者が建築主に説明する方法を示したもので,この中で構造躯体の安全限界については過去の実験データ等の分析に基づく定量的な評価方法が示されている.

これらの指針・ガイドラインでは部材の耐力劣化域(図5.3.2の復元力特性の点線の領域)は設計対象としていない.

このほか,本会の「鋼構造座屈設計指針」[3]では,座屈に関する理論や知見を網羅的に解説し,このなかで部材の塑性変形能力評価式を数多く紹介している.

これらの指針ならびにガイドラインが本稿で扱おうとしている鋼部材の終局強度と変形能力に関する本会の現時点の主な知見といえる.

以下,「鋼構造限界状態設計指針・同解説」(第3版,2010年,以下LSD指針と称する)と「鋼構造性能設計ガイドライン」(以下性能設計ガイドラインと称する)に記載されている内容を中心に,梁・柱等の部材種別ごとに考慮すべき不安定現象と,それぞれの現象に着目して規定される終局強度と変形能力について現時点の知見を整理する.

なお,性能設計ガイドラインでは,過去の実験データをデータベース化し,これらを分析することによって変形能力の定量評価を提案しているが,データのばらつきが大きい場合があることも指摘している.このように,大変形域の鋼部材の変形能力の評価についてはまだ研究の蓄積が十分とはいえず,それぞれの提案の適用に当たってはその背景を十分に理解する必要がある.また,長周期地震動を受ける超高層建物等の場合,繰返し塑性変形を受けることが想定されるが,このような場合の累積塑性変形に関する保有性能の実験情報が少ない.これらを対象とする場合は文献4)~8)などを参考にして評価する必要がある.

(1) 梁(曲げ材)

梁(曲げ材)で考慮すべき主要な不安定現象は横座屈・局部座屈ならびに材端溶接接合部の引張破断である.

(i) 梁の横座屈・局部座屈

LSD指針では,横座屈細長比を判別パラメータとして,曲げ材の横座屈に関わる部材耐力と変形能力の評価区分が表5.3.1のように示されている.また,幅厚比を判別パラメータとして,曲げ材の局部座屈に関わる部材耐力と変形能力の評価区分が表5.3.2のように示されている.

一方,性能設計ガイドラインでは,単調載荷時のR_pを,横座屈と局部座屈を併せて考慮したものとして横座屈細長比λ_b,フランジの一般化幅厚比β_f,ウェブの一般化幅厚比β_wの関数として式(5.3.1)

で評価することが提案されている．

$$R_p = 12.7 \times \frac{1}{\lambda_b^2 + 1.0} \times \frac{1}{\beta_f^2 + 0.12} \times \frac{1}{\beta_w^2 + 4.4} \tag{5.3.1}$$

さらに動的応答過程を考慮して，R_p に入力地震動の位相特性に依存する係数 γ を乗じて評価することとしている．γ の値については，詳細な検討を要するが，0.2 から 0.4 程度の範囲の値をとるとしている．

横座屈で耐力が決まる梁に関しては，上記のほか，井戸田らにより提案されている大変形領域までの繰返し載荷実験に基づく繰返し載荷履歴モデル[9]があり，これによると幅厚比が LSD 指針の P-Ⅰ-1 区分で，一定の範囲の横座屈細長比の梁について，耐力劣化後の履歴特性を評価することができる．また，局部座屈で耐力が決まる梁に関しては，上記のほか，加藤・秋山により提案されている耐力劣化モデル[10]などがあり，これによると最大耐力が降伏耐力を下回らない一定の幅厚比制限を満足する梁について，耐力劣化後の履歴特性を評価することができる．この耐力劣化モデルを用いた評価事例について 5.3.3 項で詳述する．

表 5.3.1　LSD 指針による曲げ材の横座屈に関わる耐力と変形能力の区分

区分[*1]	部材耐力[*1]	変形能力の目安	図 5.3.2 に示す応力―変形関係のタイプ
L-Ⅰ	全塑性耐力（横座屈による低減なし）	R_p=6 程度	a
L-Ⅱ	同上	R_p=2 程度	a
L-Ⅲ	横座屈による低減を考慮した耐力式[*2]	$R_p \leq 0$	b

注[*1]：判別区分，部材耐力評価の詳細は，LSD 指針による．
注[*2]：指針では，鉄筋コンクリートスラブとの合成梁で，鉄骨断面の幅厚比が下記 P-Ⅰ～P-Ⅱ区分にあり，実用的なスパンの範囲内では横座屈が生じないことが実験的に示されている[11]~[15]と解説している．

表 5.3.2　LSD 指針による曲げ材の局部座屈に関わる耐力と変形能力の区分

区分[*1]	部材耐力[*1]	変形能力の目安	図 5.3.2 に示す応力―変形関係のタイプ
P-Ⅰ-1	全塑性耐力（局部座屈による低減なし） 合成梁の場合，合成断面の全塑性モーメント	R_p=4 程度	a
P-Ⅰ-2	同上	R_p=2 程度	a
P-Ⅱ	全塑性耐力（局部座屈による低減なし） 合成梁の場合，合成断面の降伏曲げモーメント	R_p=0	b
P-Ⅲ	局部座屈による低減を考慮した耐力式	$R_p \leq 0$	b

注[*1]：判別区分，部材耐力評価の詳細は，LSD 指針による．

(ⅱ)　梁端接合部の引張側破断

LSD 指針では，柱梁仕口部における梁端接合部においては，梁部材が十分塑性化するまで接合部で破断が生じないことを設計目標とし，梁部材の全塑性曲げ耐力に梁材の降伏比のばらつきや梁端

におけるひずみ硬化による耐力上昇ならびに梁端接合部の施工条件を考慮した割増しなどを考慮したものよりも，接合部の最大耐力が上回る場合に，梁部材の塑性変形能力が期待できるとしている．

梁材の降伏比のばらつきや梁端におけるひずみ硬化による耐力上昇の考え方については，本会の「鋼構造接合部設計指針」[16]に詳述されており，特に大きな塑性変形を対象としたときの耐力上昇を評価する場合に参考となる情報が示されている．このほか梁端接合部の施工条件に応じて，特に在来型スカラップ工法や梁端混用接合形式を採用した場合には接合部耐力に適切な割増しが求められる．

一方，性能設計ガイドラインでは，表5.3.3のように鋼材の降伏比とシャルピー吸収エネルギーの組合せによる材料ランク，ならびに溶接入熱と接合ディテールの組合せによる溶接接合ランクの組合せにより，R_pを評価することが提案されている．

表5.3.3　性能設計ガイドラインによる梁端溶接接合部の脆性破断で決まる限界変形能力 R_p [2]

		溶接接合ランク			
		WA	WB	WC	WD
材料ランク	MA	15	12.5	10	7.5
	MB	12.5	10	7.5	5
	MC	10	7.5	5	3.5
	MD	7.5	5	3.5	2.5

各ランク区分の詳細は，文献2)による．

このほか，北村ら[17]は，塑性変形能力が確保された幅厚比ランクのH形鋼梁と角形鋼管柱の接合部を対象とする，正負交番の静的漸増載荷または動的載荷実験に基づく柱・梁接合部の破壊性状に関する文献を収集し，接合部詳細や接合形式ごとに梁端接合部の破断で決まる塑性変形能力を評価して，梁部材の安全限界値を設定している．実験データの多い，工場で梁端部を柱に溶接したブラケットタイプでJASS6型スカラップの場合を基準にして，ノンスカラップの場合ならびにフランジを現場溶接，ウェブを高力ボルト接合した梁端混用形式について表5.3.4のように累積塑性変形倍率の限界値 η_u を示している．床スラブ付きの合成梁では中立軸の上昇によりフランジの歪が増大する影響と合成効果による全塑性モーメントの増大を考慮して，吸収エネルギーが等価になる合成梁の限界値は，純鉄骨に対して2/3倍として評価されている．

これらをもとに，構造部材と構造骨組の応答値を関連付けて構造骨組の安全限界値を定めるとともに安全余裕度に応じた性能判断基準値表を提示している．これについては6.3節で詳述する．

表 5.3.4　北村ら[17]による梁端溶接接合部の累積塑性変形倍率の安全限界値 η_u

接合形式	η_u	JASS6型のη_uに対する比率
JASS6型スカラップ（複合円スカラップ）	21.5	1.0
改良型スカラップ	27.0	1.2
ノンスカラップ	36.5	1.7
梁端混用接合	13.5	0.63

　また，大阪府域内陸直下型地震に対する建築設計用地震動および耐震設計指針[18]では，既往の研究などを参考に，現行の指針類に基づき適切に設計・施工された接合部を対象として，破断限界の目安を接合部ディテールに応じて表5.3.5のように評価することを提案している．これは，現在用いられている接合部ディテールおよび溶接施工条件と梁の塑性変形能力との関係を実験データベース[19]に基づいて検討し，純S造の実験結果に対して合成スラブによる変形能力の低減を3/4程度と考えて示したもので，塑性変形能力の概ね下限を与える，としている．

表 5.3.5　文献18)による梁端溶接接合部の脆性破断で決まる梁の限界塑性回転角の目安

溶接接合ディテール	最大塑性回転角（rad）	累積塑性回転角（rad）
ノンスカラップ形式＋固形エンドタブ工法	0.04	0.40
ノンスカラップ形式＋鋼製エンドタブ（付け放し）工法	0.03	0.30
複合円スカラップ形式	0.02	0.20

適用条件　・梁材の鋼種はSN400B材またはSN490B材であること
　　　　　・鋼構造接合部設計指針[16]の梁端接合部最大曲げ耐力条件を満足していること
　　　　　・建築工事標準仕様書・鉄骨工事(JASS6)等に示される適切な溶接施工条件を概ね満足すること

　なお，表5.3.5における最大塑性回転角0.04radおよび累積塑性回転角0.4radという値は，梁の全塑性モーメントに到達する時の弾性回転角 θ_p が0.007〜0.01radの場合，$3\times\theta_p$〜$4\times\theta_p$の載荷振幅による交番繰返し載荷で4〜6サイクル程度で破断した時の塑性変形能力に相当し，この時の累積塑性変形倍率は48〜96で，表5.3.4のノンスカラップの場合よりやや大きめの値となる．
　この提案の背景ならびにこの指標を用いた評価事例について5.3.3項で詳述する．

（2）　柱

　曲げと軸力を受ける柱材で考慮すべき主要な不安定現象は曲げ座屈・横座屈・ならびに局部座屈である．LSD指針では，細長比，軸力比，曲げモーメント分布を判別パラメータとして，柱の曲げ座屈および横座屈に関わる部材耐力と変形能力の評価区分を表5.3.6のように示している．また，幅厚比を判別パラメータとして，柱の幅厚比に関わる部材耐力と変形能力の評価区分を表5.3.7のように示している．

表 5.3.6 LSD 指針による柱材の曲げ座屈および横座屈に関わる部材耐力と変形能力の評価区分

区分	部材耐力	変形能力の目安	図5.3.2に示す応力—変形関係のタイプ
C-Ⅰのうち，細長比・軸力比に特に厳しい制限を設けたもの	全塑性相関耐力	$R_p=3\sim5$	a
C-Ⅰのうち上記以外	同上	骨組全体の弾塑性安定性確保	a
C-Ⅱ	軸力による低減を考慮した耐力	$R_p \leqq 0$	b
C-Ⅲ	曲げ座屈，横座屈を考慮した耐力	$R_p < 0$	b

表 5.3.7 LSD 指針による柱材の幅厚比に関わる部材耐力と変形能力の評価区分

区分	部材耐力	変形能力の目安	図5.3.2に示す応力—変形関係のタイプ
P-Ⅰ-1	全塑性耐力（局部座屈による低減なし）	$R_p=4$ 程度	a
P-Ⅰ-2	同上	$R_p=2$ 程度	a
P-Ⅱ	同上	$R_p=0$	b
P-Ⅲ	局部座屈による低減を考慮した耐力	$R_p \leqq 0$	b

一方，性能設計ガイドラインでは，H形鋼ビームカラムの単調載荷時の R_p を，曲げ座屈，横座屈，局部座屈を併せて考慮したものとして一般化細長比 $\bar{\lambda}_x$, $\bar{\lambda}_y$，フランジの一般化幅厚比 β_f，ウェブの一般化幅厚比 β_w の関数として次式で評価することが提案されている．

$$R_p = 2.094 \times \frac{1}{\bar{\lambda}_x^2 + 0.797} \times \frac{1}{\bar{\lambda}_y^2 + 0.318} \times \frac{1}{\beta_f^2 - 0.008} \times \frac{1}{\beta_w^2 + 3.515} \tag{5.3.2}$$

梁の場合と同様，動的応答過程を考慮して，R_p に γ を乗じて評価することとしている．

(3) その他の部材

(i) ブレース

LSD 指針では，細長比を判別パラメータとして，圧縮ブレースの細長比に関わる部材耐力と変形能力の評価区分が表 5.3.8 に示されている．また，幅厚比を判別パラメータとして，圧縮ブレースの局部座屈に関わる部材耐力と変形能力の評価区分が表 5.3.9 のように示されている．ブレースが圧縮力によって曲げ座屈を起こすと局部座屈を起こしやすくなり，局部座屈変形が繰り返されると破断しやすくなることから，ブレースの幅厚比は厳しく制限されている．引張ブレースに関しては，ブレース接合部においてブレース材が十分塑性化するまで接合部で破断が生じないことを設計目標とし，ブレース部材の引張降伏耐力に材料強度のばらつきなどを考慮して割増した値よりも，接合部の最大耐力が上回る場合に，引張ブレースの塑性変形能力が期待できるとしている．

一方，性能設計ガイドラインでは圧縮材の最大耐力，局部座屈発生時耐力，座屈後安定耐力，最

大耐力時の変形，局部座屈発生時の変形を無次元化細長比で表した回帰予測式が提案されている．

圧縮材の座屈後安定耐力については，限界状態設計指針のほかにもいくつかの提案があり文献3)などにまとめられている．

表5.3.8 LSD指針による圧縮ブレースの細長比に関わる部材耐力と変形能力の評価区分

区分	部材耐力	変形能力の目安	図5.3.2に示す応力一変形関係のタイプ
塑性限界細長比以下	降伏限界耐力（細長比による低減なし）	特に記載なし	a
塑性限界細長比を超える	細長比による低減を考慮した座屈後安定耐力	軸ひずみ：1.0%（単調載荷），0.5%（繰返し載荷）	c

注：幅厚比区分：P-Ⅰ-1を満足するものに限る．

表5.3.9 LSD指針による圧縮ブレースの局部座屈に関わる部材耐力と変形能力の評価区分

区分	部材耐力	変形能力の目安	備考
P-Ⅰ-1	降伏限界耐力（局部座屈による耐力低減なし）	細長比に応じた目安（表4.2.3.8)参照	H形断面，正方形中空断面，円形中空断面のブレースはP-Ⅰ-1区分に限る
P-Ⅰ-2 P-Ⅱ P-Ⅲ	規定なし	記載なし	使用を想定しない

(ⅱ) 柱梁接合部パネル

　柱梁接合部パネルについては，大地震時には塑性化してエネルギー吸収をすることが期待される部分であり，LSD指針では下記のように解説されているが，変形限界については明記されていない．
・接合部パネルが早期に降伏する場合には，骨組の終局限界耐力を算定する際にその影響を考慮して柱や梁の全塑性モーメントを低減する必要がある．（パネルを部材として扱う場合は必要ない）
・弱パネルの場合にパネルを補強しすぎると，大地震時のエネルギー吸収能力が低下するので，柱梁の全塑性モーメントに見合う程度の補強にとどめることが望ましい．

(ⅲ) 制振部材

　座屈拘束ブレースやせん断パネル等の鋼材履歴型制振部材の塑性変形能力は，それぞれ実験結果等に基づき評価する必要がある．特に大振幅・大エネルギー入力に対しては，累積塑性変形能力の限界値や座屈拘束ブレースの心材と拘束材間の軸方向クリアランスのように機構上の変形限界に注意しなければならない．

5.3.3 大振幅入力を対象とした限界状態の評価手法例

　大振幅のパルス性地震動を設計対象としたときの限界状態の評価手法例として，大阪市直下の上町断層帯地震を対象とする設計法を示す[18), 20)]．対象とする内陸直下型地震による大振幅の設

計用入力地震動と，それに対する設計法を併せて提示するもので，前項に示した部材レベルの限界状態を耐力劣化域の扱いも含めて具体的に示すことが試みられている．

(1) 設計で考慮する限界状態

対象とする内陸直下型地震は，今後30年以内の発生確率は2～3％と言われている[21]一方で，多くのケースが考えられる断層破壊パターンに応じて予測地震動の大きさに大きな幅があり，個々の建設地において大きな影響を及ぼす地震の発生確率は，海溝型地震に比べて低いと考えられる．従って，高層建築物等の一般的な耐震性能目標よりも，倒壊・崩壊に対して，より踏み込んだ次の状態に至ることを許容することにしており，次の2つの限界状態を設定している．

(a) 限界状態Ⅰ：下記の終局的な限界状態Ⅱに対してある程度の余裕があり，非倒壊の保証を目標とする限界状態として設定する．

S造については，「部材耐力劣化限界」として具体的に次のように定義する．
「塑性ヒンジが生じる梁端部の破断あるいは局部座屈による急激な耐力劣化を防止し，比較的大きな層間変形角を経験する可能性はあるが，倒壊に対しては余裕を残している状態で，残留変形を許容できる範囲であれば継続使用が可能，あるいは余震等により倒壊に至らないことを目標とする．部材レベルにおいて，主要構造体の各部材の耐力が最大耐力の90％の耐力かつ全塑性耐力（全塑性曲げモーメント）を保持している状態とする（ただし，コンクリート充填鋼管(CFT)造柱は最大耐力の95％の耐力とする）．すなわち，設計で考えている全塑性耐力を下回らない状態を部材耐力劣化限界とすることにより建物全体の耐力劣化防止を図る．」

(b) 限界状態Ⅱ：最新の研究レベルを踏まえて設定する建築物が倒壊しない限界の状態．この状態を確認するためには詳細な解析や，さらなる調査・研究を必要とする場合があるため，設計のための情報として，倒壊現象を把握するための検討方法を示すことにとどめる．

以上述べたS造の限界状態の概念を図5.3.3に示す．

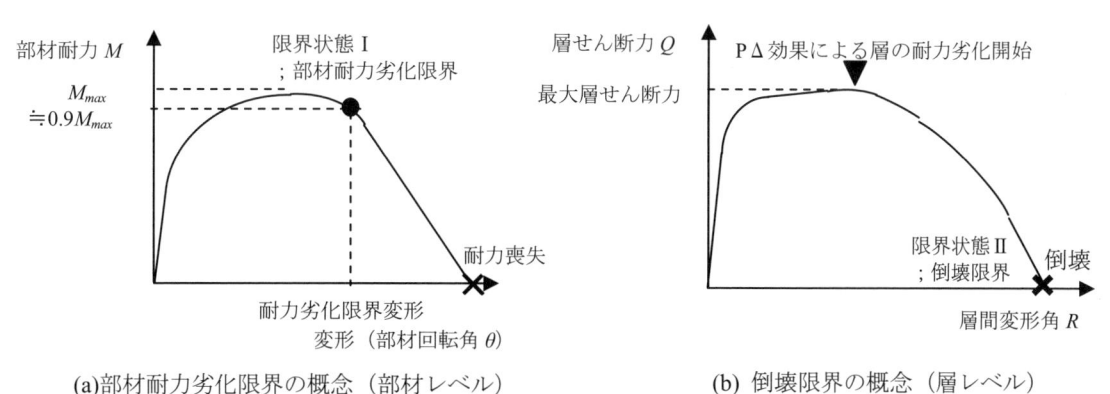

(a)部材耐力劣化限界の概念（部材レベル） (b) 倒壊限界の概念（層レベル）

図5.3.3 限界状態の概念図

(2) 部材耐力劣化限界（限界状態Ⅰ）の判別指標

S造建物の耐力劣化の大きな要因は塑性ヒンジ部での破断あるいは局部座屈であり，この点に着

目し,部材の最大塑性回転角あるいは累積塑性回転角を判別指標として定める.なお,ここで対象とする建物は,レベル2地震動に対して最上階柱頭と最下階柱脚以外では梁降伏が先行する全体崩壊形を形成するものとする.

（ⅰ）塑性ヒンジ部の破断限界塑性回転角：θ_f （接合部ディテールと塑性変形能力）

現在用いられている接合部ディテールおよび溶接施工条件と梁の塑性変形能力との関係を実験データベース[19]に基づき検討する.梁端溶接接合部の破断現象には,材料特性,溶接施工条件,接合部ディテールの影響等の因子が複雑に関係するが,以下の条件を満足する接合部を対象とする.

① 梁材の鋼種はSN400B材またはSN490B材であること.
② 鋼構造接合部設計指針[16]の梁端接合部最大曲げ耐力条件を満足していること.
③ 建築工事標準仕様書・鉄骨工事（JASS6）等に示される溶接施工条件を概ね満足していること.

梁部材の塑性変形能力を示す指標は,図5.3.4に示す骨格曲線の最大塑性回転角θ_sと累積塑性回転角$\Sigma\theta_{pl}$とする.なお,θ_sおよび$\Sigma\theta_{pl}$は,載荷履歴の影響を大きく受ける.実験は,正負漸増交番繰返し載荷で行われたものが大半を占め,以下に示す実験値もこの載荷プログラムにより得られたデータである.

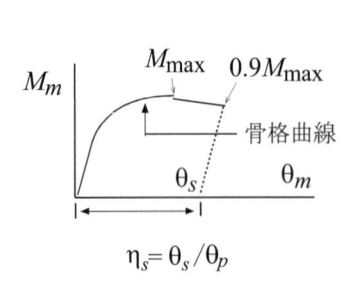

(a) 骨格曲線の最大塑性回転角　　(b) 累積塑性回転角

図5.3.4　塑性変形能力の定義

以上の前提で,溶接詳細をスカラップ形式とエンドタブ形式の組合せで次の3つのケースに分けて保有性能の目安を表5.3.5のように設定している.以下にその理由を補足する.

［ケース1：ノンスカラップ形式＋固形エンドタブ工法］

ノンスカラップ形式では,スカラップからの破壊は生じないため,塑性変形能力は,H形鋼材のフィレット部の破壊靭性に依存しない.また,固形エンドタブを用いて適切に溶接施工を行い,合否判定基準を超える溶接欠陥も無いとすると,溶接始終端からの早期の破壊は生じないため,最も塑性変形能力に富む接合部ディテールである.実験データベースの範囲では,400N/mm^{2}級鋼材の場合は,全ての試験体が局部座屈により塑性変形能力が決定し,490N/mm^{2}級鋼材でもほとんどの場合,局部座屈により塑性変形能力が決定している.

[ケース2：ノンスカラップ形式＋鋼製エンドタブ工法]

ケース1と同様にスカラップからの破壊は生じないため，塑性変形能力は，H形鋼材のフィレット部の破壊靭性に依存しない．400N/mm^{2}級鋼材では，局部座屈により塑性変形能力が決定する例がほとんどである．図5.3.5に490N/mm^{2}級鋼材を用いた実験のうち，溶接部が破断した試験体のθ_sと$\Sigma\theta_{pl}$との関係を示す[22~28]．490N/mm^{2}級鋼材では，溶接施工条件が溶接部強度および溶接部の溶込み状況に影響を与えるため，塑性変形能力にばらつきが大きい．ここでは，適切に施工された試験体の概ね下限を与える目安として，最大塑性回転角θ_s=0.04(rad)，累積塑性回転角$\Sigma\theta_{pl}$=0.4(rad)と考える．

[ケース3：複合円形式＋固形エンドタブ工法 または鋼製エンドタブ工法]

複合円形式では，スカラップからの破壊が生じる可能性があるため，塑性変形能力はフィレット部の破壊靭性に依存する．ただし，フィレット部の破壊靭性が極端に低くならない限り早期の脆性破壊は生じないと考えられる．ここでは，フィレット部の0℃におけるシャルピー吸収エネルギーが，$_vE_0$=70J程度以上を有し，早期の脆性破壊は生じないものとする．なお，現場接合形式で適切に設計および施工された場合には，[ケース3]と同等の塑性変形能力を有すると考える．

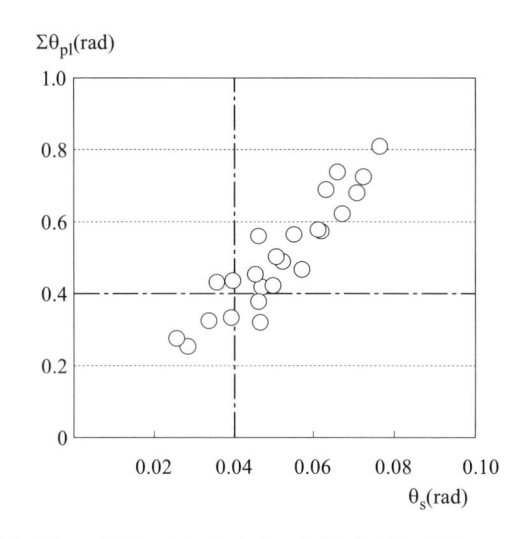

図5.3.5 破断により決定する塑性変形能力[ケース2]

これらの純鉄骨造の実験結果に対して，合成スラブによる変形能力の低減を3/4程度と考え，塑性変形能力の概ね下限を与えるものとして表5.3.5の値を示している．

なお，鋼部材の破断に至るまでの変形能力については，大きい変位振幅を作用させるよりも，小さい変位振幅を繰返し作用させた方が，破断までの累積塑性変形能力が大きいことが知られている．すなわち，本来は内陸型地震と海溝型地震の入力の差異がもたらす異なった変位振幅履歴を考慮し

て破断性能を評価する必要がある．

表5.3.5に示した塑性変形能力の目安は，漸増交番繰返し載荷より得られた実験結果に基づいており，時刻歴応答解析結果の最大塑性回転角が表中の最大塑性回転角 θ_s 以下，かつ，累積塑性回転角 $\Sigma\theta_{pl}$ 以下であれば破断しないことを示している．しかし，内陸型地震のように非常に大きい変位振幅を1～2回程度経験する場合には，最大塑性回転角 θ_s を過小評価することになり，一方，海洋型地震のように比較的小さい変位振幅を多数回経験する場合には，累積塑性回転角 $\Sigma\theta_{pl}$ を過小評価することになる．そのような場合の対処として文献6)，7)が指摘する破壊の進行に対する評価法や文献24)が提案する「破断相似則」の適用が考えられる．

(ⅱ) 柱，梁端塑性ヒンジ部の局部座屈による耐力劣化限界塑性回転角；θ_d

柱，梁部材の局部座屈を考慮した耐力劣化挙動は，文献10)の曲げモーメント－回転角関係の骨格曲線を適用した復元力モデルを用いて評価する．この骨格曲線は，全塑性耐力，最大耐力で折れ点となる3折れ線で表現され，軸力比，幅厚比，細長比，降伏応力度の4つのパラメータによって最大耐力，二次勾配，劣化勾配が決定される．このように表される部材の曲げモーメント－回転角関係において，最大曲げモーメント M_{max} から M_{max} の90％（=0.9M_{max}）あるいは全塑性曲げモーメント M_p のどちらか大きい曲げモーメントに達した時点での塑性回転角を部材の局部座屈による耐力劣化限界塑性回転角 θ_d とする（図5.3.6参照）．このように定義した θ_d と，片側の累積塑性回転角応答との比較により局部座屈による部材の耐力劣化の有無を判断する．

一例として，図5.3.7にH形鋼H-650×300シリーズの M/M_p－θ/θ_p 関係を示す．同図より，局部座屈による耐力劣化限界塑性回転角は弾性限回転角のFA部材で5.9倍（θ_d=0.0592rad），FB部材で3.7倍（θ_d=0.0376rad），FC部材で0.6倍（θ_d=0.0062rad）である．

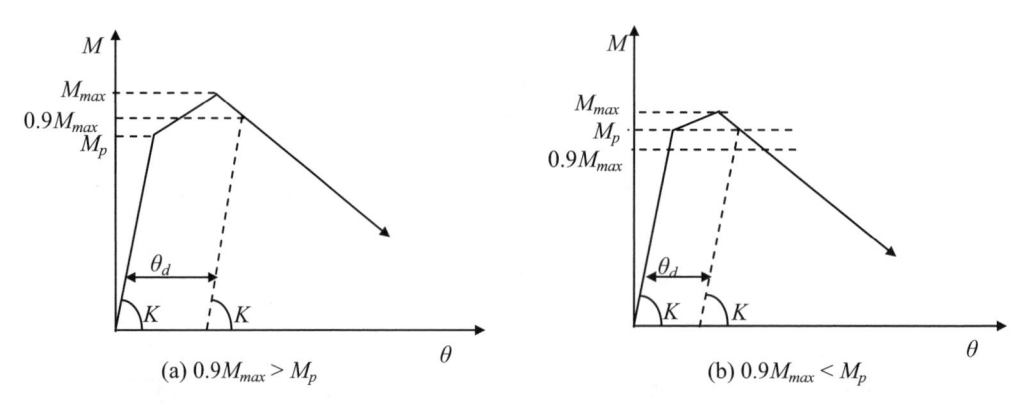

図5.3.6 局部座屈による部材の耐力劣化限界塑性回転角 θ_d の定義

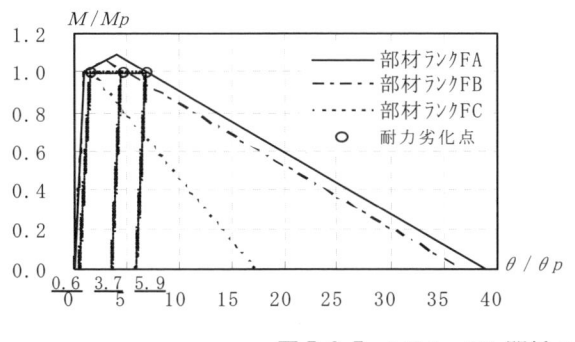

図 5.3.7 $M/M_p - \theta/\theta_p$ 関係の例

また，告示昭55建告1792号の規定によるH形鋼梁の幅厚比ランクと局部座屈による部材耐力劣化限界塑性回転角の関係の一例を図5.3.8に示す．同図より，同一幅厚比ランクでも局部座屈による部材耐力劣化限界塑性回転角に大きな差があり，さらに幅厚比ランクが悪くても大きな耐力劣化限界塑性回転角が期待できる場合もあることがわかる．

なお，柱部材の最大耐力時塑性回転角の算出に際しては，長期荷重と水平動および上下動による軸方向力を考慮する必要がある．また，CFT柱の耐力劣化限界回転角は，「コンクリート充填鋼管(CFT)造技術基準・同解説の運用および計算例等」[30]により算出する．

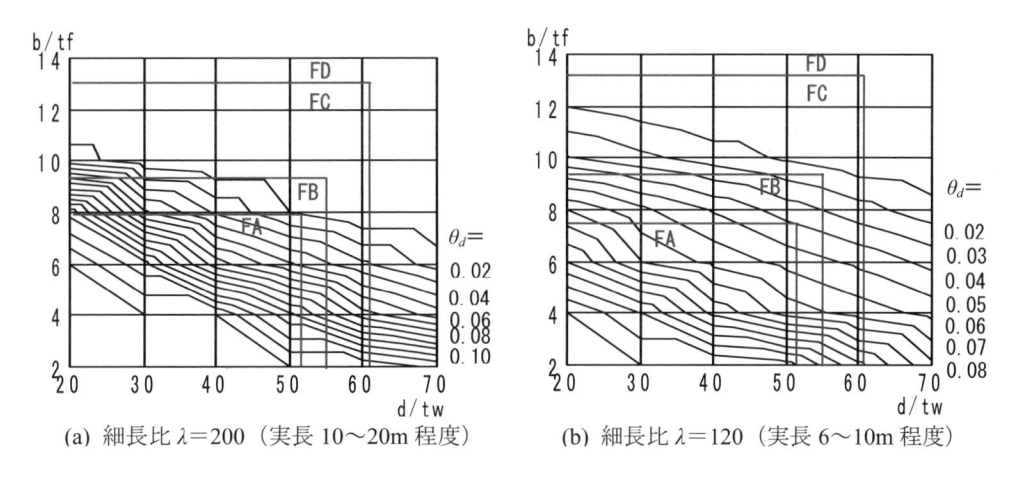

(a) 細長比 $\lambda=200$（実長 10〜20m 程度）

(b) 細長比 $\lambda=120$（実長 6〜10m 程度）

図 5.3.8 H形鋼梁の幅厚比ランクと局部座屈による部材耐力劣化限界塑性回転角 θ_d の関係
（$\sigma_y=1.1\times325\text{N/mm}^2$，断面の梁せい／梁幅比 $D/B=2.5$）

（3） 解析上の留意事項等

耐力劣化限界状態（限界状態Ⅰ）に達したかどうかは，部材の最大塑性回転角あるいは累積塑性回転角を指標として判別するため，フレームモデルあるいは魚骨モデル[31]を用いて時刻歴応答解析を行い，部材レベルの応答値を直接得る方法のほか，次の方法が適用できるとしている．

質点系モデルを用いて時刻歴応答解析を行い，最大応答層間変形をもとにフレームモデルの静的弾塑性解析によって部材の最大塑性回転角を得る．さらに，設計用地震動を用いた複数の建物についての時刻歴応答解析結果から得られた最大塑性回転角に対応する累積塑性回転角のほぼ上限を包含する評価式（5.3.3 式）を用いて，上記の最大塑性回転角から累積塑性回転角を間接的に得る．

$$\sum \theta_p = \max \theta_p + 0.005 \quad (\text{rad}) \tag{5.3.3}$$

このほか，水平 2 方向入力に対する配慮として，塑性化を許容しない柱部材は各構面方向，各節点について原則として $\sum M_{cu} \geqq 1.5 \times \sum M_{bu}$（$M_{cu}$，$M_{bu}$ は，それぞれ柱，梁の全塑性曲げモーメント）を満足することとしている．このとき，M_{bu}，M_{cu} は，スラブとの合成効果，鋼材強度のバラツキを安全側に評価する．あるいはこれに替えて 45 度方向の地震動入力あるいは 2 方向同時入力による検討を行ってもよいとしている．

5.3.4 まとめ

5.3 節では，大振幅・大エネルギー入力を対象とした場合の，S 造建物の架構としての終局限界の考え方を示し，次いで架構を構成する部材の耐力性状の評価法について，本会の LSD 指針ならびに性能設計ガイドラインに記載されている内容を中心に現時点の知見を整理して示した．さらに，大振幅のパルス性地震動を設計対象としたときの限界状態の評価手法例として，大阪市直下の上町断層帯地震を対象とする設計法を示した．

参 考 文 献

1) 日本建築学会：鋼構造限界状態設計指針・同解説，2010
2) 日本建築学会：鋼構造性能設計ガイドライン，鋼構造性能設計シンポジウム資料，2005
3) 日本建築学会：鋼構造座屈設計指針，2009
4) 吹田啓一郎・北村有希子・五藤友則・岩田知孝・釜江克宏：高度成長期に建設された超高層建物の長周期地震動に対する応答特性，日本建築学会構造系論文集，第 611 号，pp.55-61，2007.1
5) 山田祥平・北村有希子・吹田啓一郎・中島正愛：初期超高層ビル柱梁接合部の実大実験による耐震性能の検証，日本建築学会構造系論文集，第 623 号，pp.119-126，2008.1
6) 吹田啓一郎・田中剛・佐藤篤司・真鍋義貴・津嘉田敬章・蘇鐘鈺：梁端接合部の最大曲げ耐力が変形能力に及ぼす影響—塑性歪履歴を受ける鋼構造柱梁溶接接合部の変形能力　その 1 —，日本建築学会構造系論文集，第 664 号，pp.1135-1142，2011.6
7) 高塚康平・真鍋義貴・吹田啓一郎・田中剛・津嘉田敬章・蘇鐘鈺：スカラップの有無が変形能力に及ぼす影響—塑性歪履歴を受ける鋼構造柱梁溶接接合部の変形能力　その 2 —，日本建築学会構造系論文集，第 673 号，pp.453-459，2012.3
8) 長谷川隆ほか：長周期地震動に対する鉄骨造超高層建築物の安全性検証方法の検討その(1)〜その(8)，日本建築学会大会学術講演梗概集，pp.1013-1028，2011.8
9) 井戸田秀樹・松野巧・小野徹郎：横座屈で耐力が決まる一端曲げ H 形鋼梁の繰返し履歴モデル，日本建築

学会構造系論文集，第76巻，第669号，pp.1981-1988，2011.11
10) 秋山宏：建築物の耐震極限設計，東京大学出版会；第2版，1987
11) 若林実・中村武・中井政義：鉄骨ばりの横座屈に関する補剛材の効果に関する実験的研究（その2），京都大学防災研究所年報第27号B-1，1983.4
12) 若林実・中村武：端モーメントと等分布荷重をうける鉄骨H形はりの弾性横座屈に関する数値解析，日本建築学会論文報告集，第208号，1973.6
13) T.Nakamura, M.Wakabayashi : Lateral Buckling of Beams Braced by Purlins,US-Japan Joint Seminar on Inelastic Instability of Steel Structures and Structural Elements, Tokyo, 1981
14) 田川泰久・加藤勉：合成ばり部材実験，日本建築学会関東支部研究報告集，1983.7
15) 加藤勉・野田秀幸：合成梁部材実験（コンクリートスラブの横座屈拘束），日本建築学会大会学術講演梗概集，1984.10
16) 日本建築学会：鋼構造接合部設計指針，2012
17) 北村春幸・宮内洋二・浦本弥樹：性能設計における耐震性能判断基準値に関する研究—JSCA耐震性能メニューの安全限界値と余裕度レベルの検討—，日本建築学会構造系論文集，第604号，pp.183-191，2006.6
18) 西村勝尚・多賀謙蔵・福本義之・田中嘉一・吹田啓一郎・多田元英・田中剛・向出静司：上町断層地震に対する設計用地震動ならびに設計法に関する研究（その6 鉄骨造建物の設計法の提案），日本建築学会大会学術講演梗概集，pp.691-692，2011.8
19) 日本建築学会：鉄骨工事運営委員会 調査研究成果報告会資料，2000
20) 大阪府域内陸直下型地震に対する建築設計用地震動および設計法に関する研究会：「大阪府域内陸直下型地震に対する建築設計用地震動および耐震設計指針（その1 上町断層帯地震に対する大阪市域編），pp.4-1〜4-40，2011
21) 地震調査研究推進本部：http://www.jishin.go.jp
22) 阿部洋・田中輝明・巖文成・江野口正光・金子洋文・梅国章：柱梁接合部の変形性能におよぼす梁及び仕口製作方法の影響，日本建築学会大会学術講演梗概集(九州)，C-1，pp.365-368，1998.7
23) 中込忠男・藤田哲也・南圭祐・李建・村井正敏：柱梁接合部におけるノンスカラップ工法梁端ディテールに関する実験的研究，日本建築学会構造系論文集，第498号，pp.145-151，1997.8
24) 的場耕・中込忠男・山田丈富・村井正敏・會田和弘：ノンスカラップ工法を用いた柱梁溶接接合部の変形能力に関する実験的研究，日本建築学会大会学術講演梗概集(九州)，C-1，pp.355-358，1998.7
25) 真喜志卓・山本昇・筒井茂行・藤沢一善・上森博・石井匠・森田耕次：ノンスカラップ梁端溶接接合部の変形能力に関する実験，日本建築学会大会学術講演梗概集(関東)，C-1，pp.1257-1258，1993.7
26) 皿海康行・斉藤英明・横山治男・青柳隆之・坂本真一・田沼良一：梁端ディテールの違いが角形鋼管柱H形断面梁接合部における梁端仕口部の構造性能に及ぼす影響（梁全体の曲げ性能に占める梁フランジの割合が比較的小さい場合），日本建築学会大会学術講演梗概集(九州)，C-1，pp.373-378，1998.7
27) 谷口英武・内田直樹・原克己・多賀謙蔵・山辺秀夫・杉本浩一・関根雅司：改良型スカラップ工法を用いた円形鋼管柱・H形梁接合部の動的載荷実験，日本建築学会大会学術講演梗概集(関東)，C-1，pp.399-402，1997.7
28) 北園健一郎・松尾彰・中村雄治・高松隆夫・松井義昌：合成ばり架構柱・はり仕口のひずみと塑性変形能力に関する研究，日本建築学会大会学術講演梗概集(東北)，pp.735-736，2000.7
29) 桑村仁・高木直人：「破断履歴の相似則」の検証，日本建築学会構造系論文集，第548号，pp.139-146，2001.10
30) 社団法人新都市ハウジング協会：コンクリート充填鋼管(CFT)造技術基準・同解説の運用及び計算例等，2009
31) 小川厚治・加村久哉・井上一朗：鋼構造ラーメン骨組の魚骨形地震応答解析モデル，日本建築学会構造系論文集，第521号，pp.151-158，1999.7

5.4 免震建物

5.4.1 はじめに

我が国で最初の積層ゴムを使った免震建物は八千代台免震住宅（千葉県八千代市）である．本建物は，RC造2階建で1982年に評定を完了し，翌年に竣工した．このとき使われた積層ゴムアイソレータは，福岡大学の多田英之教授（当時）を中心として開発されたものである．その後，免震建物は建設会社各社の研究開発的な目的での自社の寮や研究所を中心として建設されていった．

1995年の阪神淡路大震災を契機として，免震建物は飛躍的に増加した．これ以降はマンションなどの共同住宅も増えてきているものの，それまでには見られなかった病院や超高層建築などへ免震構造の採用が増加してきている．また，戸建住宅への免震構造の採用も盛んになっている．現在では，さまざまな免震部材や免震技術が多方面に適用されていると言える．

一方，2003年十勝沖地震では苫小牧などで長周期地震動が観測された．長周期地震動に対する免震建物の地震時応答，エネルギー吸収能力などについては，日本建築学会においても精力的に研究がすすめられた[1]．また，2004年新潟県中越地震，2005年福岡県西方沖地震などでは免震建物の地震時応答が観測され，良好な性能を発揮したことが証明[2)3)]されたものの，断層近傍での強震記録に対する免震建物の応答が非常に大きくなることも明らかとなった[4]．2011年3月11日に発生した東日本大震災では多くの免震建物で想定された性能を発揮することができた．しかし，一部の建物では免震部材，特に鋼材ダンパーの取付ボルトの緩みや鉛ダンパーの疲労亀裂の進展などがみられたものがあった．

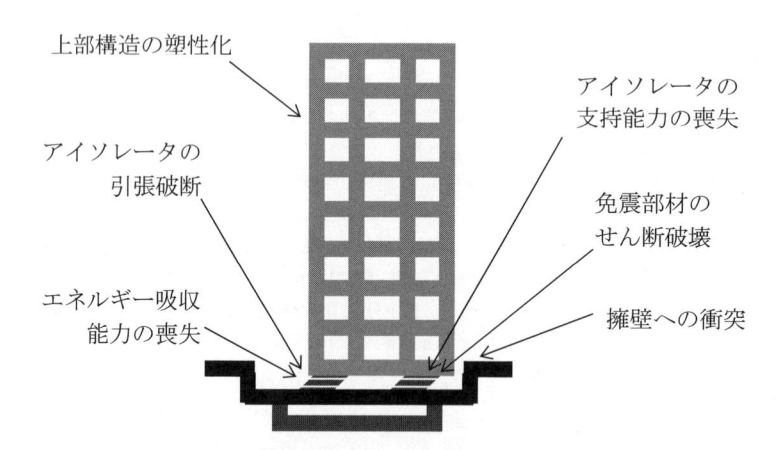

図 5.4.1 免震建物で想定される終局状態

図5.4.1は免震建物で想定される終局状態を示している．通常の設計用入力地震動に対しては，このような状態に至らないが，想定を超えるような地震動に対しては，終局状態を想定し，それに至るまでの安全余裕度を把握しておくことは重要である．

　免震層の終局限界としては，アイソレータの荷重支持限界（圧縮・引張）と水平変形限界，ダンパーのエネルギー吸収限界，クリアランスの消滅（擁壁への衝突）が想定される．クリアランスの設定を除けば，いずれもアイソレータとダンパーの限界性能に関係している．クリアランスの大きさは，アイソレータの水平変形能力（破断限界）よりも大きくするのか，破断するより前に衝突させるのかといった設計判断が必要となる．擁壁などへ衝突した場合には，上部構造へ衝撃力が伝達され応答が増幅する．想定以上の地震入力に対して，免震層のせん断力が増大し（衝突や積層ゴムのハードニングなど），上部構造が塑性化する可能性もある．上部構造の強度の設定にはある程度余裕を持たせることが肝要である．

5.4.2　免震層の設計

　免震建物の地震時性能は免震層（免震部材）の設計に大きく依存している．アイソレータの水平剛性を小さくすればするほど，免震建物の周期が長くなり建物への地震入力は低減され，応答加速度（あるいは層せん断力）は非常に小さくなる．逆に，免震層の応答水平変形は増加する傾向にある．このように応答加速度と応答変位はトレードオフの関係を示す．しかし，ダンパーの特性（減衰量）を適切に付与することで，応答加速度を低減し，かつ応答変位も適切な範囲内に納めることが可能となる．

　上部構造を剛体とみなし，積層ゴムの水平剛性だけによる免震建物の周期T_fは次式で表せる．

$$T_f = 2\pi\sqrt{\frac{w}{K_{H0}g}} = 2\pi\sqrt{\frac{\sigma h}{Gg}} \cong 0.2\sqrt{\frac{\sigma h}{G}} \tag{5.4.1}$$

ここで，w：積層ゴムの支持重量，K_{H0}：積層ゴムの水平剛性，σ：積層ゴムの面圧，
　　　　G：ゴムのせん断弾性係数，h：全ゴム層厚，g：重力加速度（=9.8m/s²）

　式(5.4.1)においてG=0.4MPa，σ=15MPa，h=0.25mとすれば，免震周期は6秒程度となる．また，積層ゴム支承と弾性すべり支承が併用されたシステムにおいて建物重量の半分が積層ゴムで支持されているとすれば，免震周期は上式の1.4倍となり，免震周期を8秒以上にすることも不可能ではない．

　免震層の変形能力は免震部材の変形能力やクリアランス，敷地の大きさなどの影響を受ける．我が国で製造されている積層ゴムの最大直径は150cm程度である．全ゴム層厚が直径の1/5～1/7とすれば，ゴム厚さは20～30cm程度となる．一般的に，積層ゴムの変形能力はせん断ひずみ400%で限界，250%～300%が線形範囲とされている．ゴム厚が30cmの積層ゴムでせん断ひずみ300%まで使

用できるとすれば，変形能力として 1m くらいは確保できることになる．弾性すべり支承やダンパーでもこれくらいの変形能力は有している．

免震建物の減衰性能は使用するダンパーの種類やその数量によって調整可能である．履歴系ダンパーや粘弾性系ダンパーを組み合わせることで必要な減衰性能を確保可能といえる．

通常，免震建物の設計では時刻歴応答解析が実施され，設計された建物の地震応答が検証される．時刻歴応答解析では入力地震動の設定，建物のモデル化，特に免震層（免震部材）のモデル化が重要となる．時刻歴応答解析のほかに，エネルギーのつり合いに基づいた包絡解析法[5]も提案されている．この手法は個々の地震動特性に依存しない大局的な応答予測が可能である．免震告示では，等価線形化手法に基づいた応答検証法が示されているものの，上部構造のせん断力係数を過小評価するなどの問題点も指摘されている[6]．いずれの方法を用いる場合でも免震建物の実際の地震時挙動を把握し余裕ある設計をすることが大切である．

免震層の復元力特性がバイリニア型で，上部構造は地震エネルギーを吸収しない場合，エネルギーのつり合いから免震層のせん断力係数 α_1 と最大変形 δ_{max} の関係は式(5.4.2)で求められる．

$$\alpha_1 = \frac{4\pi^2 \delta_{max}}{g T_f^2}\left(1 - \frac{1}{8n_1}\right) + \frac{V_E^2}{8n_1 g \delta_{max}} \tag{5.4.2}$$

ここで，n_1 は最大変形下での等価繰り返し回数，V_E は地震入力エネルギーの等価速度である．

図 5.4.2 は免震層のせん断力係数と最大変形の関係を示す．同図では，左から n_1=1, 2, 4.5 の場合について示している．n_1=2 は標準的な地震動を対象とした場合で，n_1=1 はパルス的な地震動，n_1=4.5は長周期地震動の場合[1]を想定している．V_E=400cm/s という大きな地震入力を考えた場合，n_1=1 では応答変形は 60cm を超え，免震層のせん断力係数は 0.4 以上となる．n_1=4.5 では応答変形は 40cm 程度で，せん断力係数は 0.2 程度と小さくなる．

図 5.4.2 エネルギーのつり合いによる応答予測

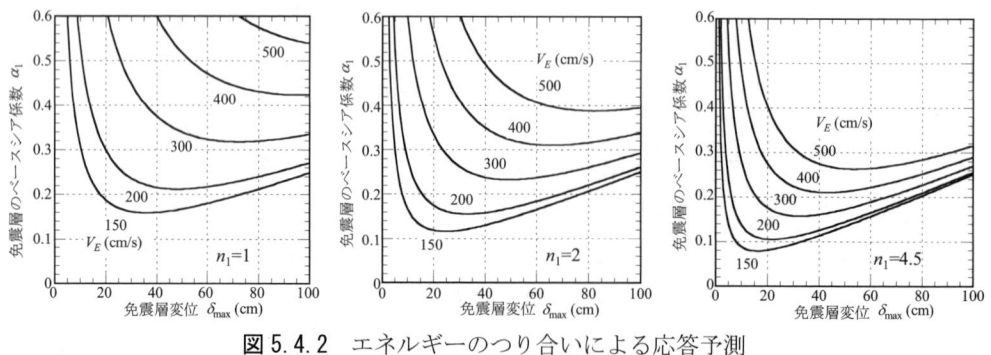

免震層の累積塑性変形量 δ_p は式(5.4.3)で求めることができる．

$$\delta_p = \frac{V_E^2}{2g \alpha_S} \tag{5.4.3}$$

ここで，α_S は降伏荷重を建物全重量で除した降伏せん断力係数である．図 5.4.3 は式(5.4.3)に基づいて地震入力エネルギーの速度換算値と累積塑性変形量の関係を描いた．同図から V_E=400cm/s であっても，α_S が 0.03 以上であれば，累積塑性変形量は 30m 以下であることがわかる．

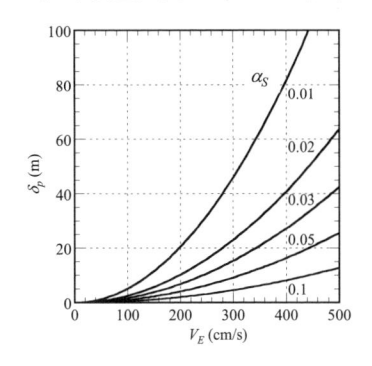

図 5.4.3　累積塑性変形量

　免震層の最大変形，累積変形量を予測し，対応できる免震部材を設計することが重要となる．なお，文献 7) では大きな断層変位が観測された場合の強震動（例えば 1999 年の台湾・集集地震での記録）に対する免震建物の応答について検討している．その結果，免震層の許容変形量として 1m を想定すれば，断層運動を伴う強震動に対しても免震建物の設計は可能だとされている．しかし，このような強震動に対応できる免震層の性能レベルは通常の地震動対応の場合と大きく異なっている．従って，免震建物を設計しようとしている地域で，どういった地震動を想定すべきかを定量的に示して欲しいとも述べられている．

5.4.3　免震部材の限界特性

　免震部材の限界性能については，これまでも実験により検証されてきている．鉛プラグ挿入型積層ゴムの動的繰り返し実験（累積変形約 70m）では，図 5.4.4 に示されるように降伏荷重の低下がみられる[8]．累積変形が 10m に達するまでに降伏荷重は半分程度まで低下する．鉛プラグ挿入型積層ゴムが地震エネルギーを吸収する際にはエネルギーが熱に変換され，それが鉛プラグの温度上昇をもたらし，降伏荷重が低下すると考えられる．直径が大きな積層ゴムほど降伏荷重の低下は顕著であることが実験で確認されている．繰り返し加振中には特性が変化するものの，加振が終了し，積層ゴムが常温に復帰した場合には，加振前とほぼ同様の性能を発揮できる．

　高減衰ゴム系積層ゴムでも繰り返し実験が行われている．ただ，高減衰ゴム系積層ゴムでは鉛プラグ挿入型と異なり，ゴム層全体で発熱するため，等価剛性や等価粘性減衰定数の変化はそれほど大きくない．しかし，高減衰ゴム系積層ゴムが 2 方向加力を受けた場合，ねじれ変形が累積し，破断ひずみが低下することが確認されている[9]．そのため長時間の揺れが想定される場合には，1 方

向加振での限界変形に対し十分な余裕をもたせることが必要である．

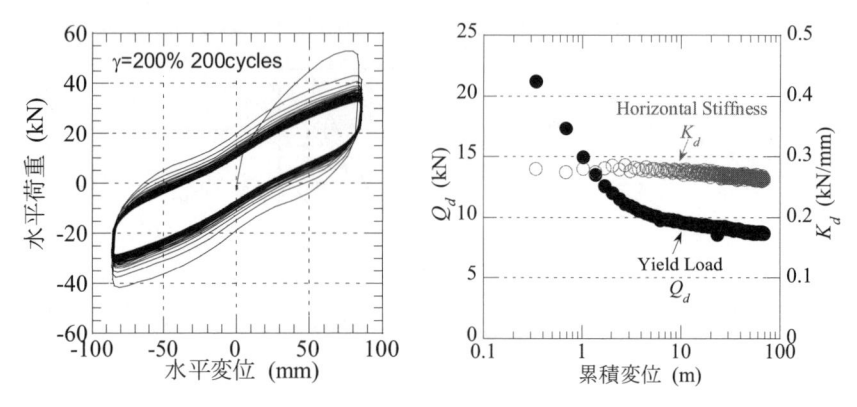

図 5.4.4 鉛プラグ挿入型積層ゴムの繰り返し特性

弾性すべり支承（高摩擦タイプ）の繰り返し試験でも，鉛プラグ挿入型と同様に繰り返しにともない摩擦係数が低下する．図 5.4.5 は摩擦係数が約 0.1 の弾性すべり支承の連続繰り返し試験（累積すべり変位 200m 以上）の水平荷重と水平変形の関係である[10]．累積すべり変位が 50m 程度に至るまでに摩擦係数は急激に低下し，初期摩擦係数の半分程度まで下がる．

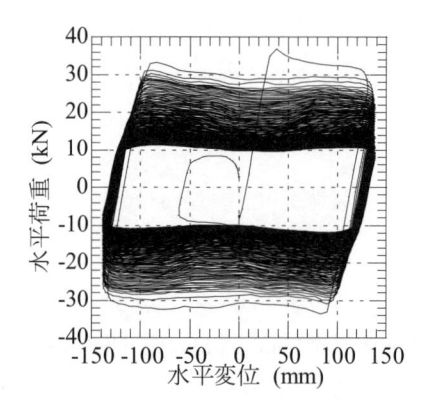

図 5.4.5 弾性すべり支承の繰り返し特性

U 型鋼材ダンパーについては，加振変形をダンパーの高さで除した平均せん断変形角を用いることで，破断に至るまでのサイクル数を統一的に評価できることが示されている[11]．鋼材ダンパーは繰り返しに伴い履歴特性は多少変化するものの，鉛プラグ挿入型積層ゴムなどのように大きな変化はない．

鉛ダンパーは可撓部の直径が異なる U180 型と U2426 型があるが，いずれも動的加振試験により，繰り返し特性が明らかにされている．鉛プラグ挿入型積層ゴムと同様に繰り返しに伴い発熱し，降

伏荷重が低下していく．図 5.4.6 は U2426 型鉛ダンパーの降伏荷重と累積変形の関係を示したものである．降伏荷重は最大荷重で基準化して示している．加振振幅によって多少の違いがあるものの，降伏荷重の減少傾向は，加振振幅にかかわらず，累積塑性変形によって特徴づけられると思われる．なお，図中には±100mm で 20 回加振後，±200mm で 30 回加振し，さらに±400mm で破断まで加振した結果[12]も示している．鉛ダンパーの降伏荷重の低下をもっとも厳しく評価すれば，図中の灰色の直線となり，次式で表される．

$$\frac{Q_y}{Q_{y\max}} = -0.3074 \cdot \log(\delta_p) + 1 \tag{5.4.4}$$

式(5.4.4)を用いることで鉛ダンパーの降伏荷重の低下を考慮した安全側の応答評価は可能であろう．

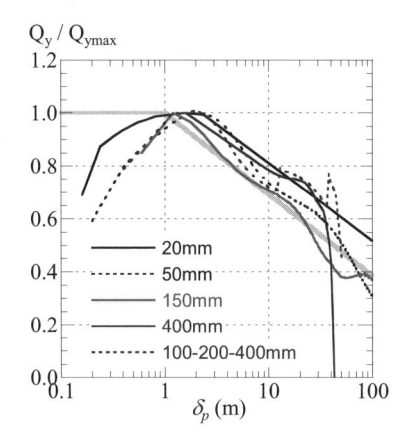

図 5.4.6 鉛ダンパーの繰り返し特性

積層ゴムはある程度の水平変形に対しては線形特性を示す．それ以降はゴム材料の硬化により復元力特性はハードニングを示す．ハードニングの特性は支持荷重，そして積層ゴムの形状やゴム材質にも影響を受ける．図 5.4.7 は天然ゴム系積層ゴムの大変形試験時のせん断応力－せん断ひずみの関係を示したものである（文献 13）に加筆）．なお，縦軸はせん断ひずみ 250%時のせん断応力度で基準化している．図中にある灰色の線が実験結果であり，点線は実験結果を包絡する折れ線である．図中に示した数値は，点線で示した剛性の弾性剛性に対する比率を示している．実験結果は概ね同様の傾向を示している．せん断ひずみ 400%程度までのハードニング特性は線形時の剛性に対し 2 ～4 倍程度の範囲にある．せん断ひずみ 400%を超えるとさらにハードニングの傾向は大きくなり，水平剛性は 5 倍以上と非常に大きくなる．せん断応力度は積層ゴムが線形のままと仮定した場合に比べ，せん断ひずみ 400%時点で 2～2.5 倍にも大きくなる．免震層の最大せん断力が上部構造の最下層に作用するせん断力とほぼ同様と考えられる．そのため，ハードニングを考慮したとき免震層のせん断力が 2 倍以上となることは，上部構造の下層部のせん断力も 2 倍程度に増加することになる．上部構造の耐力が十分確保されていない場合には，上部構造の塑性化が発生することになる．

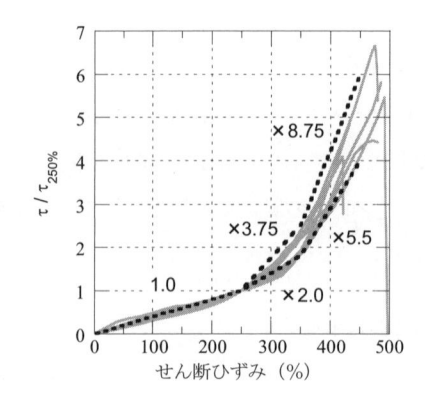

図 5.4.7　天然ゴム系積層ゴムのハードニング特性（文献 13）に加筆）

5.4.4　擁壁衝突に関するモデル化と検証法

5.4.1 項で述べたように，免震建物の終局状態を想定する上で，擁壁への衝突を考慮する必要がある．上部構造の擁壁衝突により生じると想定される終局状態は下記の3つである．
- 擁壁衝突時に生じる層せん断力の伝達による上部構造の塑性化
- 衝撃力に対して擁壁の剛性が相対的に小さく，擁壁による上部構造の水平変位抑制効果が低い場合に生じる免震部材のせん断破壊
- 衝突時に上部構造に転倒モーメントが作用することにより生じるアイソレータの引張破断

以下では，擁壁衝突現象を含む終局状態を考慮した（1）設計法，（2）擁壁モデル化手法ならびに解析法，（3）簡易応答予測法および（4）フェールセーフ設計について述べる．

（1）　擁壁衝突現象を含む終局状態を考慮した設計法

近年，上町断層帯地震に代表されるパルス性地震動により，免震建物の設計時には想定しなかった過大応答変位が免震層で発生する可能性が指摘され，これを受けた上町断層帯地震に対する免震建物の設計法（以下，提案設計法）が日本建築構造技術者協会関西支部より，提案されている[14]．提案設計法では免震建物の目標耐震性能として，以下に示す「限界状態Ⅰ」，「限界状態Ⅱ」の2つを設け，これらの目標耐震性能における表 5.4.1 のクライテリアを提案している．上町断層帯地震に対する設計用入力地震動および設計法の策定背景ならびにクライテリアの詳細等は，7.1.2 項で後述している．

（ⅰ）　限界状態Ⅰ

擁壁との衝突を許容するが，衝突の有無に関わらず，下記①〜④を満足すること．
① 上部構造が RC 造・S 造の限界状態Ⅰ[15),16)]を満足（RC 造では柱梁の限界部材角を，S 造では最大塑性回転角と累積塑性回転角がそれぞれの建物でのクライテリアとされている）
② 積層ゴム支承の最大応答変形が 400%以下かつ S2（2 次形状係数）×100%以下

③ すべり支承，転がり支承，ダンパー等の最大応答変形が各部材の限界変形以下
④ 支承面圧が限界範囲内

（ⅱ） 限界状態Ⅱ

免震層に人が立ち入らないことを前提として，下記を①および②を満足すること

① 上部構造がRC造・S造の限界状態Ⅱを満足（いずれも倒壊限界であり，文献15),16)では具体的な数値提示は無い）
② 免震部材の破断および支承の荷重支持能力喪失は許容するが，上部構造の落下防止対策（フェールセーフ）を施す

提案設計法では，擁壁をモデル化せず応答解析を行った結果，限界状態Ⅰの各条件を満足すれば，限界状態Ⅱ（倒壊）までにある程度の余裕があるとしている．擁壁への衝突が予測される場合には，擁壁衝突を考慮した解析をおこなった上で，解析結果を限界状態ⅠおよびⅡに照らし合わせ，衝突設計をおこなうこととしている．表5.4.1中の検証方法，衝突設計については（3）で後述する．

限界状態Ⅰの③各支承およびダンパーの限界変位，ならびに④限界支承面圧については，既往文献17)で確認することができる．文献17)によれば，積層ゴムの限界引張面圧（資料中では引張限界強度と定義）を 1.0N/mm^2 程度としているデバイスがほとんどであるが，この値は破断限界ではなく弾性限界である．デバイスにもよるが，引張力のみが作用した場合における積層ゴムの破断時の面圧は 6.0～10.0N/mm^2，引張ひずみ（限界引張ひずみ）は300%～500%との実験データ[18]もある．ただし，積層ゴムのせん断，引張および圧縮ひずみは相互に影響することが報告されており，せん断ひずみの増大にともない，限界引張ひずみが低下する関係が示されている[19]．そのため，提案設計法の限界状態Ⅰ②と④は独立したクライテリアとせず，上記の関係を考慮して決定することが適切であると考えられる．

表 5.4.1 クライテリア一覧（文献14)に加筆）

設計限界状態	ケース	①上部構造部材角ほか		免震層変位	②積層ゴム支承変形	③すべり支承，転がり支承，ダンパー変形	④支承面圧	過大変形時落下対策	検証方法
		RC, S造の限界状態[15],[16]		クリアランス以下	限界ひずみ以下	限界変形以下	限界範囲内		
		Ⅰ以内	Ⅱ以内						
限界状態Ⅰ	1-1	○	○	○	○	○	○	-	非衝突応答解析
	1-2	○	○	○	○	○	×[注1]	-	非衝突応答解析
	2-1	○	○	×	○	○	○	-	衝突設計（(3)参照）
	2-2	○	○	×	○	○	×[注1]	-	衝突設計（(3)参照）
限界状態Ⅱ	3	-	○	○		×		あり	非衝突応答解析
	4	-	○	×		×		あり	衝突設計（(3)参照）

凡例）○：満足する，×：満足しない，-：規定しない
注1） 全ての支承面圧が限界範囲内である必要はないが，限界範囲を超える支承の負担せん断力が，層せん断力の50%未満であることが条件

（2） 擁壁との衝突解析法

擁壁との衝突解析において最も重要なのは擁壁のモデル化である．モデル化にあたっては実験による擁壁の復元力特性データが必要となる．過去に実施された実免震建物を用いた擁壁衝突実験[20]について紹介する．

擁壁衝突実験に用いた免震建物の上部構造は5階建RC造で，免震装置は天然ゴム系積層ゴムおよび鋼棒ダンパー（擁壁衝突実験時は撤去）である．擁壁は厚さ0.2m，高さ1.2mのRC造で，背後地盤を有している．実験方法は，ジャッキを用いて上部構造に100mmの初期変位を与えた後に急速除荷し，積層ゴムの復元力により，上部構造をクリアランスを狭めた反対側の擁壁へ衝突させるものである．実験により得られた知見を以下に示す．

・ 衝突によって，上部構造の最大加速度の増大ならびに，ロッキング振動の励起が確認された．
・ 上部構造にねじれ振動が発生し，位置により擁壁衝突時刻と衝突荷重の差が生じた．
・ 実験後の観察では，1階柱脚にひび割れが生じ，上層に比べて大きな層せん断力が生じたと考えられる．

擁壁は250kN程度で降伏し，衝突位置での局所的な変形が生じた．実験後には擁壁脚部のひびわれ，約7mmの残留変形ならびに擁壁‐背後地盤間の間隙発生が確認された．

擁壁モデルの基となるこのような復元力特性データは少ないものの，擁壁の復元力特性モデル作成手法[21]が提案されている．この手法では擁壁を曲げ線材で，背後地盤をウィンクラーばねでモデル化し，擁壁の一次剛性を評価している．剛性評価式を式(5.4.5)および式(5.4.6)に，また解析モデルを図5.4.8にそれぞれ示す．当手法では，図のモデルにさらにダッシュポットを加え，背後地盤の減衰効果についても検討している．この複素剛性評価式を用いて上述した擁壁衝突実験の剛性を推定し，実験から得られた擁壁の荷重‐変形関係と比較したところ2割強程度，剛性に差があった[22]．擁壁の剛性推定精度の向上と，推定した剛性を用いた擁壁モデルによる応答解析手法の構築は今後の課題である．

$$K_s = \rho V_s V_l h + i\omega \rho V_l h b \tag{5.4.5}$$

$$V_l = 3.4 V_s / \pi(1-\nu) \tag{5.4.6}$$

ここで，K_s：背後地盤の複素剛性，ρ：地盤密度，V_s：地盤せん断波速度，V_l：地盤縦波速度，h：擁壁高さ，b：擁壁幅，ν：ポアソン比，i：虚数単位，ω：角振動数

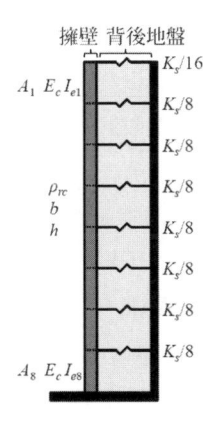

図5.4.8 擁壁剛性評価モデル[21]

　擁壁との衝突解析法の一つとして時刻歴応答解析が挙げられ，（1）の提案設計法でも解析法の一つとしている．既往の時刻歴応答解析検討報告[例えば 23)～26)]では，擁壁衝突により免震建物の上部構造が塑性化する可能性を指摘している．

　これらの解析検討の内，上部構造および免震装置の終局を判定した報告[26]について紹介する．報告では，免震建物が終局限界状態に至る際の入力地震動の大きさに影響を及ぼす構造パラメータ（上部構造の耐力，クリアランス，擁壁の復元力）の特定を試みている．擁壁のパラメータは上部構造－擁壁間のクリアランス，擁壁と擁壁背後地盤の復元力の2つである．終局限界状態の判定結果より，クリアランスが終局入力強度に及ぼす影響はあまり認められなかった一方，擁壁と擁壁背後地盤の強さは終局入力強度に及ぼす影響が認められ，特に上部構造の剛性が大きいほどこの傾向が顕著であると指摘している．なお，この傾向は上部構造のパラメータの一部を固定した上で，擁壁のパラメータスタディをおこなった結果から得た傾向であるため注意されたい．また，擁壁と背後地盤の復元力特性のモデル化方法については，衝突後の擁壁の塑性化やクリアランスの増大が考慮されているが，擁壁一面が一様に挙動すると仮定されているなど，実際の擁壁挙動との差異を検証する課題が残されている．

（3）　上部構造および免震層の簡易応答予測法

　詳細な解析結果が得られる一方，やや手間のかかる時刻歴応答解析に対して，擁壁衝突を考慮した免震建物の簡易応答予測法が提案されており，ここでは2例を紹介する．

　1例目は（1）の設計手法における簡易応答予測法である．この予測法では，擁壁の剛性を0又は無限大の2通りとして解析する手法を提案している．剛性0の場合には，擁壁による免震層の変位抑制を見込まないため，各免震装置に対して安全側の評価となる．一方，剛性が無限大の場合には，擁壁衝突によるエネルギーを全て上部構造で負担すると仮定し，上部構造に対して安全側となるよう解析をおこなう．すなわち，擁壁衝突直前の上部構造の速度から求めた運動エネルギーを，上部構造が吸収可能なエネルギーとの比較し，運動エネルギーが下回れば可としている．この応答予測法は非常に簡便ではあるが，相当に安全側の評価となるため，経済的な設計はやや困難である．

2例目は，応答時に上部構造が持つ運動エネルギーと擁壁の消費する減衰エネルギーから，上部構造の応答を予測する手法である[27)]．予測手法の流れを図 5.4.9 に示す．この予測手法では，衝突時の運動エネルギーの一部が擁壁および背後地盤の減衰により消費され，残り全てのエネルギーが衝突時から最大応答時までの歪エネルギー増分になると仮定している．予測手法における，衝突時～最大応答時までの歪エネルギー増分$|\Delta W^*_{es}|$および擁壁の減衰消費エネルギーΔW^*_{hw}の算出方法を式(5.4.7)，式(5.4.8)にそれぞれ示す．上述した（1）の設計手法における予測手法と比較して，やや手間を要するものの，擁壁の減衰エネルギー消費を考慮しているため，経済的な設計が可能である．なお，この予測法では擁壁の復元力特性をフォークトモデルとしており，時刻歴応答解析による応答予測手法と同様，擁壁の復元力特性モデルの妥当性の検証が必要である．

$$\Delta W^*_{es} = |\Delta W^*_{ek}| - \Delta W^*_{hw} \tag{5.4.7}$$

$$\Delta W^*_{hw} = (k_0^* + k_w)(A^2 + B^2)(1 - e^{-2h_w \omega^* t_2} - h_w^2 e^{-2h_w \omega^* t_2} + h_w \cos(2\theta + \psi))/2 \tag{5.4.8}$$

ここで，　$A = (v^*_{col} + h_w \omega^* B)/\sqrt{1-h_w^2}\omega^*$

$B = k_0^* C/(k_0^* + k_w)$

$\theta = \tan^{-1}(B/A)$

$\psi = \tan^{-1}(-\sqrt{1-h_w^2}/h_w)$

$t_2 = (\pi/2 - \theta)/(\sqrt{1-h_w^2}\omega^*)$

ΔW^*_{ek}：上部構造の衝突時運動エネルギー，k_0^*：衝突中の免震層の接線剛性，k_w：地盤密度，h_w：擁壁の減衰定数（背後地盤含む），ω^*：衝突中の角振動数，t_2：最大応答発生時刻，v^*_{col}：初期速度，C：初期変位

注）擁壁との衝突を考慮した場合の変数は，右肩に*印を付している

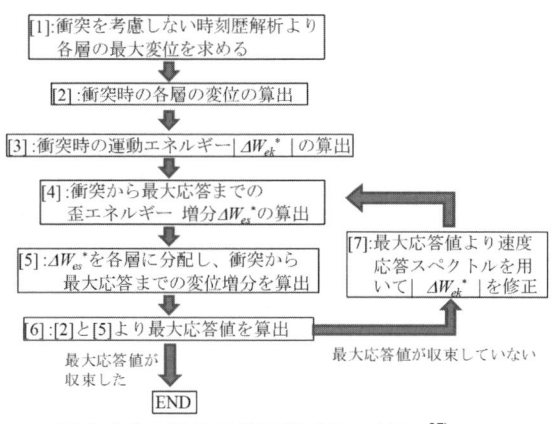

図 5.4.9　簡易応答予測手法の流れ [27]

(4)　フェールセーフ設計

　後述の 7.3 節で示すように，衝突時の衝撃力に対して相対的に擁壁の剛性および耐力が低い場合には，擁壁によるアイソレータの変形制限が期待できない．アイソレータが変形限界を超えて破断すると，荷重支持能力が失われるため，これに備えたフェールセーフ設計をおこなう必要がある．免震建物のフェールセーフ設計の一例として，滑り板を用いたソフトランディング機構[28]がある．この機構では図 5.4.10 に示すアイソレータの水平変形に伴う沈み込みにより，上部構造基礎梁下の滑り板と床版上の滑り板とが接触し，変形量が増大するほど摩擦力も増大する仕組みである．アイソレータ破断時に上部構造を支持する基本的な働きに，過大な変形を抑えるダンパーの働きが付加された機構となっている．

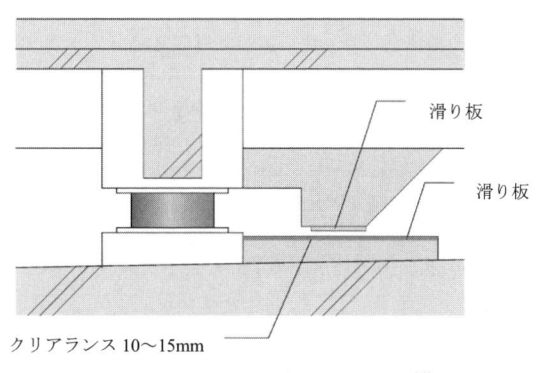

図 5.4.10　ソフトランディング機構 [28]

5.4.5 まとめ

　免震建物では上部構造は強度設計とすることが多い．すなわち，準静的に作用する水平力に対して上部構造は強度的に耐えればよく，従来の耐震設計で要求されるエネルギー吸収能力（靱性）確保のための制約条件からは解放される．上部構造の設計用せん断力係数は時刻歴応答解析結果などを参考にして決めることになるが，免震建物の損傷確率は上部構造の耐力に敏感であるとの研究[29]もあり，余裕を見込んだ設定が望ましい．免震建物への入力地震動を大きくしていった場合の応答解析結果[30]によれば，免震層の最大変形は入力地震動のレベルにほぼ比例して増大し，それにともない上部構造の応答せん断力係数も増大することが示されている．上部構造に作用するせん断力が各階の降伏耐力を超えれば塑性化が起こることになる．そして上部構造が一旦塑性化した場合には，塑性化の進行が急激に進み，特に免震周期が長い場合ほど，この傾向が顕著であることが示されている．

　免震構造では長周期地震動に対しては長時間の繰り返し変形にともなう免震層のエネルギー吸収能力の確認が必要となる．一方で，震源近傍で観測されているパルス的な大入力地震動に対しては応答変形が大きくなる可能性もあり，免震層の変形能力，水平クリアランスの余裕，擁壁への衝突による上部構造の応答増幅など，十分な検証が必要となる．

参 考 文 献

1) 日本建築学会：長周期地震動と建築物の耐震性，2007
2) 日本建築学会：2005年福岡県西方沖地震災害調査報告，2005
3) 飯場正紀・福山洋・齋藤大樹・向井智久・鴇田隆・溜正俊・太田俊也・福島順一・小山実・長島一郎：平成16年新潟中越地震における小千谷総合病院の地震応答に関する調査報告書，建築研究資料，No.105，2007
4) 高山峯夫・森田慶子：震源近傍での強震記録による免震構造の応答，日本建築学会大会学術講演梗概集，B-2分冊，pp.337-338，2008.9
5) 日本建築学会：免震構造設計指針，2001
6) 高山峯夫・森田慶子：免震建築物告示における上部構造のせん断力係数に関する考察，日本建築学会大会学術講演梗概集，B-2分冊，pp.473-474，2002.8
7) 宮崎光生・水江正：震源近傍の強震動に対し免震構造は対応可能か？，第28回地盤震動シンポジウム，pp.119-136，2000.11
8) Mineo Takayama, Ryuichi Kosaka, Takashi Kikuchi：Durability of Rubber Isolators by Long-Duration Ground Motion due to Large Earthquakes, The 14th World Conference on Earthquake Engineering, 2008
9) 山本雅史・嶺脇重雄・米田春美・東野雅彦・和田章：高減衰積層ゴム支承の水平2方向変形時の力学特性に関する実大実験およびモデル化，日本建築学会構造系論文集，第74巻第638号，pp.639-645，2009.4
10) 高坂隆一・浜崎宏典・高山峯夫・室田伸夫：弾性スベリ支承の耐久性能に関する実験的研究　その1　高摩擦タイプの弾性スベリ支承の実験結果，日本建築学会大会学術講演梗概集，B-2分冊，pp.1059〜1060，2007.8
11) 吉敷祥一・大河原勇太・山田哲・和田章：免震構造用U字形鋼材ダンパーの繰り返し変形性能に関する研究，日本建築学会構造系論文集，第73巻 第624号，pp.333-340，2008.2
12) 西村拓也・中西啓二ほか：長周期地震動に対する免震部材の多数回繰返し実験（その7）鉛ダンパー，日本建築学会大会学術講演梗概集，B-2分冊，pp. 667-668，2011.8

13) 中澤俊幸・吉敷祥一・曲哲・三好新・和田章：免震構造物における耐震安全性の確率論的評価に関する基礎検討, 日本建築学会構造系論文集, 第 76 巻 第 662 号, pp.745-754, 2011.4
14) 小倉正恒・前野敏元・近藤一雄・藤谷秀雄・林康裕・倉本洋：上町断層帯地震に対する設計用地震動ならびに設計法に関する研究（その 8）免震構造建物の設計法, 日本建築学会大会学術講演梗概集（関東）, pp.552-553, 2011.8
15) 太田寛・辻幸二・角彰・近藤一雄・神澤宏明・森清宣貴・倉本洋・西山峰広：上町断層帯地震に対する設計用地震動ならびに設計法に関する研究（その 3）鉄筋コンクリート造建物の設計法, 日本建築学会大会学術講演梗概集（関東）, pp.731-732, 2011.8
16) 西村勝尚・多賀謙蔵・福本義之・田中嘉一・吹田啓一郎・多田元英・田中剛・向出静司：上町断層帯地震に対する設計用地震動ならびに設計法に関する研究（その 6）鉄骨造建物の設計法の提案, 日本建築学会大会学術講演梗概集（関東）, pp.691-692, 2011.8
17) 免震部材標準品リスト -2009-, 社団法人日本免震構造協会, 2009
18) 設計者のための免震用積層ゴムハンドブック, 社団法人日本ゴム協会, 理工図書, 2000
19) 高山峯夫：免震構造用天然ゴム系積層ゴムアイソレータの限界性能, 日本建築学会技術報告集, No. 1, pp.160-165, 1995.12
20) 三輪田吾郎・小巻潤平・佐藤浩太郎・佐野剛志・勝俣英雄・多幾山法子・林康裕：実大免震建物の擁壁衝突実験とそのシミュレーション解析, 日本建築学会構造系論文集, No.663, pp.899-908, 2011.8
21) 小巻潤平・三輪田吾郎・大西良広・林康裕：免震建物の擁壁剛性評価手法の提案（その 2） 評価手法の構築, 日本建築学会大会学術講演梗概集（東海）, pp.261-262, 2012.9
22) 三輪田吾郎・小巻潤平・大西良広・林康裕：免震建物の擁壁剛性評価手法の提案（その 3） 実験結果との比較, 日本建築学会大会学術講演梗概集（東海）, pp.263-264, 2012.9
23) Matsagar, Vasant A., Jangid, R.S. :Seismic response of base-Isolated structures during impact with adjacent structures, Engineering Structures, 25, pp.1311-1323, 2003.8
24) 柏尚稔・中安誠明・中島正愛：過大地震動下における免震建物の応答と損傷特性, 構造工学論文集 Vol.51B, pp.237-246, 2005.3
25) 高山峯夫・森田慶子・姜坤：過大地震動下における免震建物の応答特性, 日本建築学会九州支部研究報告 第 46 号, pp.345-348, 2007.3
26) 社団法人日本コンクリート工学協会：コンクリート構造物の応答制御技術研究委員会報告書・論文集 第II編免震建築物の終局耐震性, 2002
27) 佐藤浩太郎・小巻潤平・三輪田吾郎・佐野剛志・勝俣英雄・多幾山法子・林康裕：擁壁部の抵抗特性評価と免震建物の擁壁衝突時応答に及ぼす影響, 第 13 回日本地震工学シンポジウム, pp.510-517, 2011.11
28) 中村嶽・大平満・檜垣茂雄・寺村彰：核燃料施設への免震構法適用研究（その 13）ソフトランディング装置を有する免震構造物の解析的検討, 日本建築学会大会学術講演梗概集, pp.1391-1392, 1991.8
29) 菊地優・田村和夫・和田章：免震構造物の安全性評価に関する一考察, 日本建築学会構造系論文集, 第 470 号, pp.65-73, 1995.4
30) 高山峯夫・森田慶子：免震建物に求められる安全余裕度に関する一考察（その 1～その 2）, 日本建築学会九州支部研究報告, 構造系 (50), pp.253-260, 2011.3

5.5 伝統木造建物

5.5.1 損傷限界・安全限界の定義と耐力の喪失について

伝統木造建物に関しては，建築基準法をはじめとする各々の機関が損傷限界や安全限界について定義している．これらをまとめ，表5.5.1に示す．

建築基準法において，施行令第82条の5第三号の損傷限界に相当する変形角として，木造では1/120radとすることが多く，平成12年建設省告示第1457号第6第2項は，安全限界を1/30radと定めている．また，これに付随する2007年6月20日に発令された技術的助言[1]では建築物の耐力の一部が低下しても崩壊に至らない事が確認される場合には「耐力の低下」とみなさないものとすることや，安全限界変位の各階高さに対する割合の規定値を超える場合は，架構の大きな変形によるPΔ効果を考慮した上で崩壊しない事を確かめたものとしなければならないことなどが記されている．

文化庁が定める重要文化財（建造物）基礎診断実施要領[2]では，軸組の安全限界を1/30rad，壁などの安全限界を1/15radと定めている．

日本建築学会では，クライテリアを設定する際に目安となる層間変形角[3]について，貫や土壁などの伝統的耐震要素が支配的な木造軸組の安全限界は1/15rad，筋交いや面材などの耐震要素が支配的な木造軸組の安全限界は1/30rad以下とすることや，軸組にほとんど損傷がなく補修も必要ない損傷限界を1/120radであると定めている．また，京都市もこれに倣い，京町家の耐震改修指針を示している[4]．

日本建築防災協会の耐震診断基準や被災度区分判定[5,6]でも水平抵抗要素が著しい被害に至る変形角を1/15radとしている．また，日本建築構造技術者協会(JSCA)[7,8]では，損傷限界を1/120radとし，安全限界変形角は1/30radとしているが，鉛直荷重支持能力を喪失せず，耐震要素や接合部が変形に追随できることが明らかである場合は，1/20rad～1/15rad程度まで緩和可能であるとしている．木造建物には上記のように他の構造物に比べて大きな変形角が損傷限界や安全限界として与えられているが，倒壊限界について言及する規定は存在しない．しかし，木造建物は変形が大きいため，

表5.5.1 木造建物の損傷限界と安全限界の設定値まとめ

	損傷限界変形角	安全限界変形角
建築基準法施行令第82条の5第三号	1/120rad	―
平成12年建設省告示第1457号第6第2項	―	1/30
2007年6月20日技術的助言	―	安全限界規定値を超える場合，PΔ効果を考慮して架構が崩壊しない事を確認する
重文基礎診断実施要項（文化庁）	―	（軸組）1/30rad，（壁など）1/15rad
日本建築学会 京町家の耐震改修指針（京都市）	1/120rad	（伝統的な耐震要素が主体）1/15rad （筋交いや面材などの耐震要素が主体）1/30rad
日本建築防災協会	―	水平抵抗要素が著しい被害に至る変形角 1/15rad
日本建築構造技術者協会(JSCA)	1/120rad	1/30rad以下の値，1/20～1/15rad程度まで緩和可

大振幅地震動による大変形が生じた場合は，従来はあまり考慮されていなかったPΔ効果を適切に考慮する必要がある．そこで，倒壊限界について，PΔ効果を考慮し，最大層せん断力Q_{max}を用いて復元力を喪失する層間変形角$R_{F=0}$の定式化を実験的に行った先行研究[9)]が存在する．

$$R_{F=0} = Q_{max}/W + 0.8L_C/H \tag{5.5.1}$$

ここで，Wは上載重量，L_Cは正方形柱断面の1辺の長さ，Hは柱高さを表す．伝統木造建物においては，限界耐力計算を用いた設計が実施されている．マニュアル[3)]では，構造要素ごとに最大層せん断力に到達する変形角は異なるが，これらの架構の足し合わせより求める建物全体の層せん断力は 1/30rad の場合に最大となるとしている．

5.5.2 単層軸組架構の静的繰返加力実験と従来の限界耐力計算による層せん断力の関係

マニュアルでは，管柱で構成された1要素単層軸組に対して層せん断力が設定されている．この層せん断力は，様々な耐力要素を含む単層軸組架構に対して実施した静的繰返加力実験の結果を基に設定されている．既往の実験結果に基づき，マニュアルで設定されている層せん断力の関係を例示する．ここでは，伝統的な耐震要素を主体とする軸組試験体と差鴨居試験体，全壁試験体（土壁）の3体について示す．

試験体詳細を図 5.5.1 に示す．軸組試験体は 1,820×2,798mm で柱高さ 2,625mm，柱寸法 105mm 角，長ほぞ仕様で上載重量を 16.5kN としている．差鴨居試験体は 1,820×2,790mm で柱高さ 2,610mm，柱寸法 120mm 角で柱は込栓留め長ほぞ仕様となっている．差鴨居せいは 270mm，込栓留めで，上載重量は 23.7kN である．また，全壁試験体（土壁）は 1,820×2,730mm で柱高さ 2557.5mm，柱寸法 105mm 角，柱は短ほぞと山型プレート（VP 金物）の仕様で，土壁の中塗りは 60mm，上載重量は 23.7kN である．

実験より得られた復元力特性を図 5.5.2 に示す．ここでは，日本建築学会の提示する損傷限界 1/120rad と安全限界 1/15rad，また，復元力を喪失する変形角を併せて示している．図 5.5.3 には復

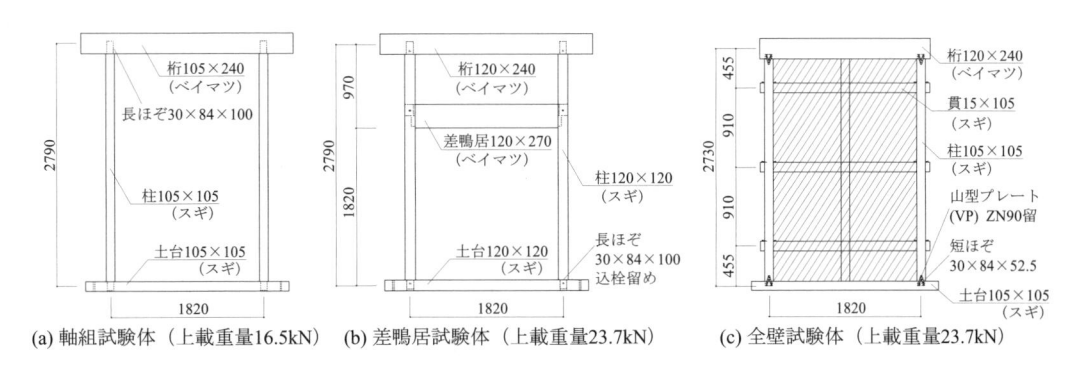

(a) 軸組試験体（上載重量16.5kN）　(b) 差鴨居試験体（上載重量23.7kN）　(c) 全壁試験体（上載重量23.7kN）

図5.5.1　試験体一覧

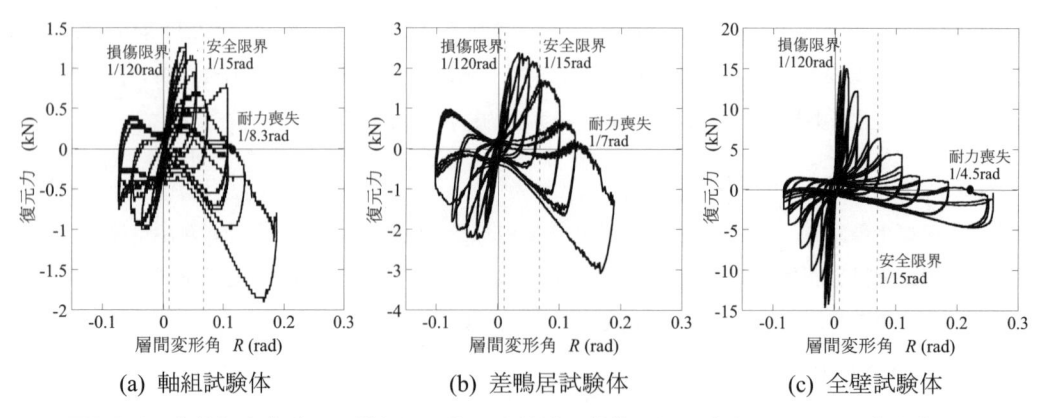

(a) 軸組試験体　　(b) 差鴨居試験体　　(c) 全壁試験体

図5.5.2　静的加力実験より得られた復元力特性と損傷限界・安全限界・耐力喪失変形角

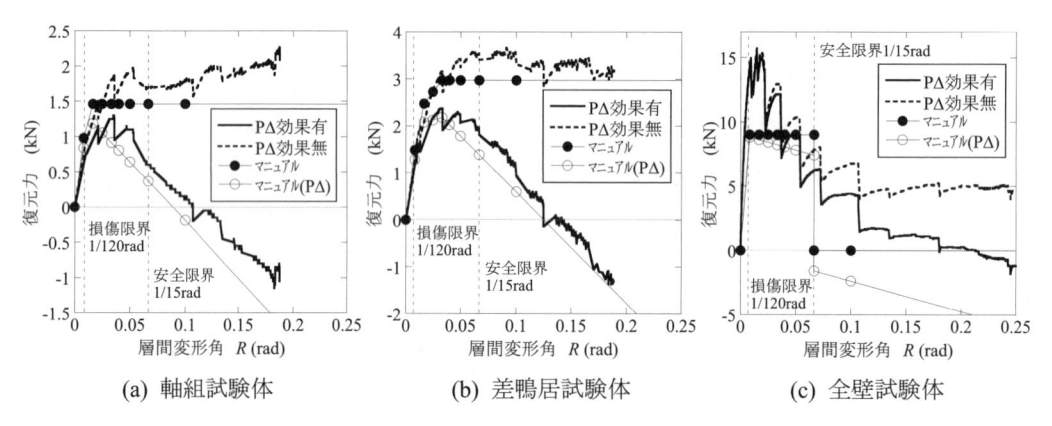

(a) 軸組試験体　　(b) 差鴨居試験体　　(c) 全壁試験体

図5.5.3　従来の限界耐力計算法による層せん断力とPΔ効果の影響

元力の骨格曲線とPΔ効果を除いた層せん断力を示し，マニュアルで用いられる復元力も併せて●で示す．また，既往の研究[9]より，マニュアルに従って算出した復元力にPΔ効果を付加した場合の骨格曲線も○で示している．なお，PΔ効果を除いた層せん断力 Q は次式のように表せる．

$$Q = F + R \cdot W \tag{5.5.2}$$

ここで，Fは復元力を示している．

マニュアルで示されている復元力は先行実験を基に決定されており，本実験結果と概ね良く対応している．軸組試験体と差鴨居試験体については安全限界以降についても概ね良い対応を示している．全壁試験体に関しては，最大復元力の実験値は設定値より大きい．また，実験では安全限界1/15rad 以降も耐力があるが，実際には急激な損傷が生じる可能性も否めない．1/20rad～1/15rad の間は実験値が設定値を下回る．式(5.5.1)より，復元力喪失変形角は降伏せん断力係数 $C_y (= Q/W)$ によって変動するため，軸力の確認をしておくことが重要である．

5.5.3 マニュアルに基づく復元力計算の京町家への適用性

　我国の伝統木造建物を代表する建物の一つである京町家には，土間であるトオリニワや通し柱などが存在し，前述の管柱で構成された単層軸組で実施した実験データとの対応は確認されていない．また，小黒柱－胴差接合部に見られるような四方差という断面欠損の多い接合部も存在する．そこで，京町家の桁行主構面を対象とした静的繰返加力実験を実施した[9-13]．

　町家大工の協力を得て，大黒通りと小黒通りを模擬した2試験体の実験を実施した（図5.5.4(a)，図5.5.5(a)）．部材断面は，大黒柱（150mm角），小黒柱（120mm角），側柱（120mm角），管柱（105mm角），母屋（105mm角），足固め（90mm角），小屋束（90mm角），胴差（240×105mm），地棟（180×120mm），側繋ぎ（180×120mm）である．上載重量は小黒通り桁行構面が負担する実際の屋根・床重量などを反映[14]し，トオリニワ側母屋上に13.6kN，室側母屋上に16.6kN，胴差上に13.4kNを付加した．

　大黒通り試験体の損傷状況と復元力特性を図5.5.4(b)に示す．正負1/30radで地棟両端と大黒柱－胴差接合部でのほぞ端抜けが生じた．正側1/20radで土壁のひび割れが生じ始め，負側1/15radで室

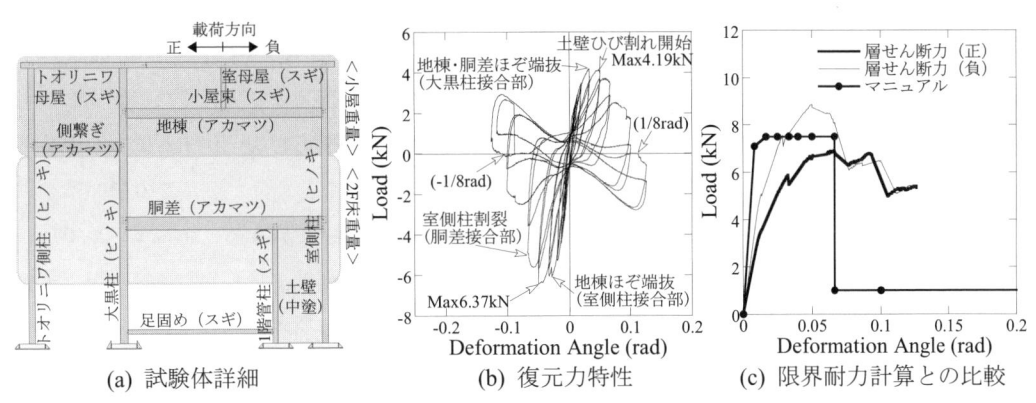

(a) 試験体詳細　(b) 復元力特性　(c) 限界耐力計算との比較
図5.5.4 試験体詳細と実験結果（大黒通り試験体）

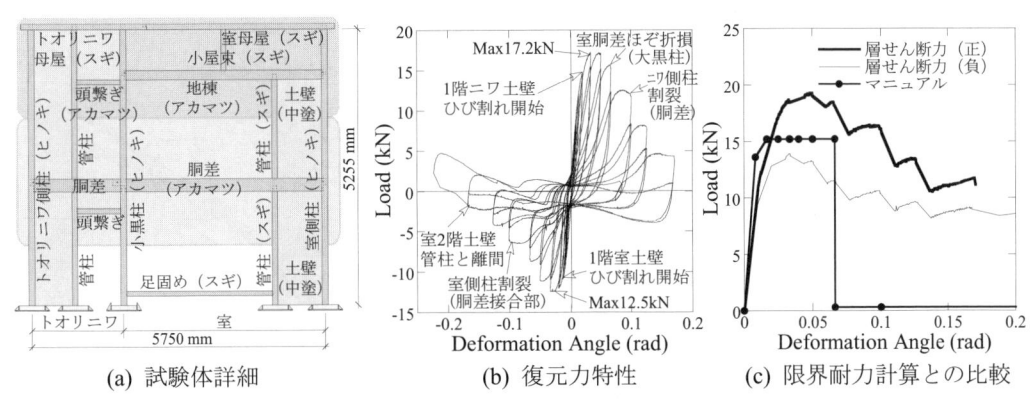

(a) 試験体詳細　(b) 復元力特性　(c) 限界耐力計算との比較
図5.5.5 試験体詳細と実験結果（小黒通り試験体）

側柱－胴差接合部で柱の割裂が生じた．また，復元力は載荷方向によって異なり，最大値は1/20rad付近で正側4.19kN，負側6.37kNである．復元力を喪失するのは正負共に1/8radであった．また，図5.5.4(c)にはPΔ効果を除いた層せん断力と，マニュアルに則って算出した層せん断力を●実線で掲載している．負側については安全側に評価できているが，正側では安全側の評価にならないことが見て取れる．また，正側1/30radでの曲げモーメント分布を図5.5.6(a)に示す．大黒柱が通し柱であることから，1階と2階で逆方向のせん断力がかかっていることが分かる．これは復元力が安全側にならない理由であると考える．さらに，土壁が硬く，フレームが柔らかいことから，図5.5.6(b)のように柱が変形し，大黒柱に沿って横架材がピンのような役割をすることが，大黒柱で逆せん断が生じるメカニズムであると考える．

小黒通り試験体の損傷状況と復元力特性を図5.5.5(b)に示す．正負1/50radで土壁のひび割れが始まるが復元力の低下は生じない．正側1/15radでは四方差し（小黒－胴差接合部）での室胴差ほぞの折損が生じ，正負1/10radでは両側柱－胴差接合部で柱の割裂が生じた．復元力は載荷方向によって異なり，最大値は1/30rad付近で正側17.2kN，負側12.5kNである．また，図5.5.5(c)にはPΔ効果を除いた層せん断力と，マニュアルに則って算出した層せん断力を●実線で掲載しているが，大黒通り試験体の場合とは異なり，正側では安全側の評価となるが，負側では安全側の評価にならないことが見て取れる．また，通し柱の1階と2階の層間変形角関係を図5.5.7に示す．

これより，トオリニワ側柱では1階層間変形角の方が2階層間変形角より大きくなる傾向がみられる．また，小黒柱と室側柱では，変形角が小さい間は1階と2階の変形を均一化する働きをするが，変形角が大きくなるにつれて1階の層間変形角の方が大きくなることが分かる．この傾向は小黒柱より室側柱の方が顕著である．以上のように，通し柱の挙動は各々で異なる．マニュアルで用いられる層せん断力は，構面を構成する耐力要素の配置に依存せず，単純に足し合わせで表現できることを前提としたものであるが，本実験結果では構面の復元力は耐力要素の配置や通し柱の存在に依存することを示唆している．耐力要素の配置によっては安全側の評価にならないことや，通し柱の存在によって各層が負担する層せん断力や層間変形角が異なることに関しても検討する必要がある．

(a) 曲げモーメント分布　　(b) 室側のメカニズム

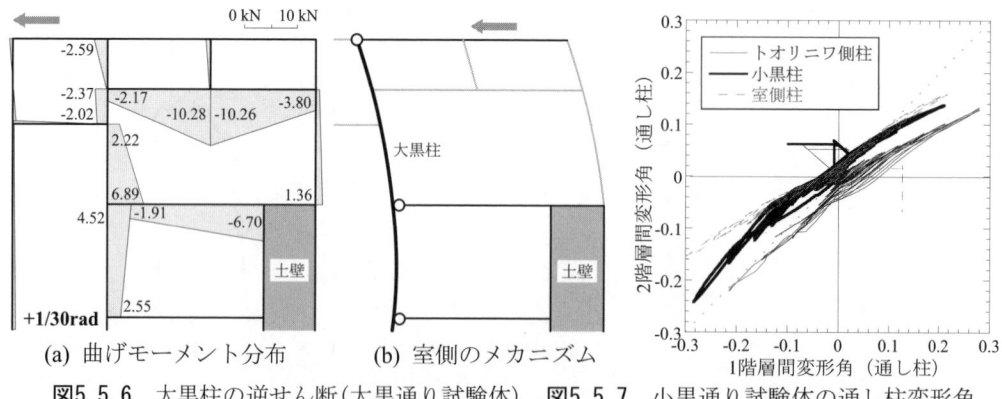

図5.5.6　大黒柱の逆せん断（大黒通り試験体）　　図5.5.7　小黒通り試験体の通し柱変形角

さらに，5.5.2項で示した単層軸組の実験結果より，軸組主体の構面に関しては，復元力喪失変形角以降もせん断力が保持されていることが確認されたことを踏まえ，現行の安全限界を超えた場合も復元力喪失変形角まで考慮できる可能性もある．

また，設計をする際には各接合部の挙動を把握しておくと共に，建物全体の崩壊モードを決定しておくなどの工夫も必要である．さらに，極大地震に対してのクライテリアを最大変形の他にも設定する必要がある．建物倒壊を防ぐためには，(a) 柱脚の浮き上がりや壁の剥落は許容するが，接合部分離は許容しない，(b) 柱の部分的折損は許容するが，軸力は保持していなければならない，(c) 架構としての復元力は保持していなければならない，などが考えられる．また，マニュアルにおいて考慮されていないP∆効果や，ねじれについても別途検討の必要がある．

マニュアルでは2層の建物は2質点系のモデルに置き換え，1次モードで変形すると仮定している．一方，木造建物を対象としたものではないが，鋼構造建物を対象とし，正弦波パルスやRicker波を入力した場合のせん断弾性棒のモーダル解析を行った先行研究がある[15),16)]．ここでは，建物の固有周期とパルス周期の比によっては，高次モードの影響が大きくなることを述べている．これはせん断弾性棒を用いた検討であるが，木造建物に関しても，1層部分に損傷集中等が生じた場合は2次モードが励起する場合もあると推測されるため，今後は弾塑性まで拡張した検討を行う必要がある．

5.5.4 応答スペクトル法を適用した最大応答の評価

木造建物に対して正弦波パルスを入力した場合の応答スペクトル法による最大応答の推定精度について検討した事例も存在する[17)]．ここでは，時刻歴応答解析より求められる最大応答値と応答スペクトル法で求める最大応答推定値を比較し，検証しているものである．

応答スペクトル法で用いる等価減衰h_e，及び，減衰補正係数F_hは式(5.5.3), (5.5.4)のように表せる．

$$h_e = 0.2(1-\sqrt{R/R_1}) + h_0 \tag{5.5.3}$$

$$F_h = (1+\alpha h_0)/(1+\alpha h_e) \tag{5.5.4}$$

ここで，降伏変形角を$R_1=1/120$rad，初期減衰定数$h_0=0.05$である．また，αについては告示では$\alpha=10$が用いられるが，$\alpha=n\pi$を提案している文献も存在する[18)]．

塑性域では，応答スペクトル法の推定値が過大評価されるが，応答変形角の推定精度はαの値に依存する．どちらの入力波においても短周期側では$\alpha=10$とした方が時刻歴応答解析より求まる解に近く，長周期側では$\alpha=n\pi$とした方が精度は良いと言われている．建物の固有周期とパルス周期の比や入力の変位振幅などの設定によって，応答スペクトル法が過大評価や過小評価となる場合があることを示している．

5.5.5 まとめ

伝統木造建物について，損傷限界は1/120rad，安全限界は軸組主体の構面で1/15rad，壁主体では1/30radと定義されている．しかし，軸組主体の構面では，復元力喪失変形角以降もせん断力が保持されることを実験的に確認しており，安全限界を超えた場合も復元力喪失変形角まで考慮できる可能性がある．また，現行の耐震設計マニュアルに基づく層せん断力は，構面を構成する耐力要素の配置に依存せず，単純に足し合わせで表現できるものとされている．しかし，2層架構を用いた実験より，構面の復元力は耐力要素の配置や通し柱の存在に依存することが実証された．さらに，設計時には，建物全体の崩壊モードを決定するなどの工夫や，極大地震に対してのクライテリアの設定，PΔ効果やねじれについての検討などの必要がある．

また，現行では1次モードでの変形を仮定するが，1層の損傷集中により2次モードが励起する可能性もあり，今後は弾塑性まで拡張した検討を行う必要がある．正弦波パルス入力の場合，時刻歴応答解析より求められる最大応答値と比較すると，応答スペクトル法で求める最大応答推定値が過大・過小評価となる場合があるなど，検討事項を多く残している．

参 考 文 献

1) 国土交通省住宅局建築指導課長：建築物の安全性の確保を図るための建築基準法の一部を改正する法律等に関係する構造関係告示の施行について（技術的助言），2007.6
2) 文化庁：重要文化財（建造物）基礎診断実施要領，2001.4
3) 木造軸組構法建物の耐震設計マニュアル編集委員会：伝統構法を生かす木造耐震設計マニュアル 限界耐力計算による耐震設計・耐震補強設計法，2008
4) 社団法人日本建築構造技術者協会関西支部：京町家の限界耐力計算による耐震設計および耐震診断・耐震改修指針（追補改訂版），2011.3
5) 財団法人日本建築防災協会：再使用の可能性を判定し，復旧するための震災建築物の被災度区分判定基準および復旧技術指針【木造編】，2003
6) 財団法人日本建築防災協会：密集市街地における防災街区の整備の促進に関する法律における既存木造建築物の耐震診断基準の解説，2003
7) 社団法人日本建築構造技術者協会：JSCA版 木造建築構造の設計，2011
8) 社団法人日本建築構造技術者協会 技術委員会 木質構造部会：JSCA 木質構造部会シンポジウム「木造軸組架構の耐震設計」，2002.11
9) 森井雄史・宮本慎宏・高橋遥希・林康裕：PΔ効果が木造軸組架構の変形性能に及ぼす影響，日本建築学会構造系論文集，第75巻 No.650, pp. 849-857, 2010.4
10) 中川敦嗣・多幾山法子・林康裕：京町家を想定した実大2層平面架構の大変形水平加力実験（その1）実験概要と水平抵抗力，日本建築学会大会学術講演梗概集（東海），pp.283-284, 2012.9
11) 津田沙織・中川敦嗣・多幾山法子・林康裕：京町家を想定した実大2層平面架構の大変形水平加力実験（その2）損傷状況と柱脚の挙動，日本建築学会大会学術講演梗概集（東海），pp.285-286, 2012.9
12) 林康裕・中川敦嗣・多幾山法子：京町家を想定した実大2層平面架構の大変形水平加力実験（その3）変形・応力分布と水平抵抗力の分布，日本建築学会大会学術講演梗概集（東海），pp.287-288, 2012.9
13) 中川敦嗣・多幾山法子・林康裕：2階建京町家を想定した実大平面架構の大変形静的加力実験，日本建築学会構造系論文集，第78巻 No.685, pp.513-520, 2013.3
14) 日本建築学会：建築物荷重指針・同解説(2004)，2004
15) 南博之・南部恭広・大西良広・林康裕：パルス波入力を受けるせん断弾性棒の最大応答評価，日本建築学会大会学術講演梗概集（東海），pp.783-784, 2012.9

16) 南博之・林康裕：パルス波地動を受けるせん断弾性棒の応答特性評価，日本建築学会構造系論文集，第 78 巻　No.685, pp.453-460, 2013.3
17) 杉野未奈・木村友香・林康裕：パルス性地震動に対する応答スペクトル法による木造建物の最大応答推定精度，日本建築学会大会学術講演梗概集（東海），pp.785-786, 2012.9
18) 鈴木恭平・川辺秀憲・山田真澄・林 康裕：断層近傍のパルス性地震動特性を考慮した設計用応答スペクトル，日本建築学会構造系論文集，第 75 巻　No.647, pp.49-56, 2010.1

6章　名古屋地区の地震を想定した設計用入力地震動評価と応答評価

　本章では，まず，従来の標準的な設計用入力地震動の大きさを超える地域の設計用入力地震動をユーザー自らが策定した先進的事例として，名古屋地区で想定される巨大海溝型地震と各種の内陸地殻内地震に対する設計用入力地震動の策定事例を紹介する．次に，これらの設計用入力地震動の中から選択された地震動を低層S造建物，高層S造建物，免震建物に入力した場合の建物応答評価事例を示す．低層S造建物では耐震改修の事例，高層S造建物では供用期間内に複数の大きな地震動が建物を襲った場合の終局応答評価事例，免震建物は免震層の挙動に着目した終局応答評価事例である．

6.1　名古屋三の丸地区における設計用入力地震動

6.1.1　はじめに

　名古屋地区では，阪神・淡路大震災以降，自治体の消防部局と建築部局が地震防災施策を展開してきたが，本格的な地震動予測は行われていなかった．しかし，免震建物の急増や耐震設計の性能設計化の動向を受けて，一部の設計者・行政担当者・研究者の中から，地域特性を踏まえた設計用入力地震動の策定が急務であり，行政が主導できないのであれば，自分たちで地域の設計用入力地震動を策定すべきであるという機運が盛り上がった．その後1年ほどの準備期間を経て，1994年（平成11年）11月に愛知県設計用入力地震動研究協議会が発足した（福和・他, 2001)[1]．

　愛知県設計用入力地震動研究協議会では，名古屋地区における設計用入力地震動を策定するにあたり，以下の基本方針のもと，検討が実施されている．
① 一般建物ばかりでなく固有周期が長い免震・制震建物までの適用性を考え，周期0.1秒から10秒を含む広帯域の地震動を計算する．
② 求める地震動は安全側の包絡波ではなく，想定される最も起こりえる地震動波形とする．
③ 想定すべき地震の設定は，被害地震や活断層などに関する最新の知見に加え，確率論的想定地震（亀田・他, 1997)[2] の考え方に基づいて抽出された地震を合わせた合理的判断により行う．
④ 地震動計算に用いる震源モデルに，断層破壊の非一様性を反映させる．
⑤ 地震動計算に用いる地下構造モデルに，濃尾平野の3次元地下構造を反映させる．
⑥ 地震基盤（S波速度約2.5 km/s以上），工学的基盤（S波速度約0.4 km/s以上）および地表の地震動を推定する．既往の地盤・震動特性の知見に基づき市内を7～8ブロックに分け，各代表地点で地震動を推定する．

⑦ 地表の地震動の計算では，表層地盤の非線形挙動を考慮し，逐次非線形地盤応答解析を実施する．

上記基本方針の特徴は③，④，⑤にあるが，特に③の確率論的想定地震 (亀田・他, 1997)[2] の考え方を導入した地震の選定が目新しい．

また，想定地震としては，フィリピン海プレートの沈み込み帯で発生する巨大地震である想定新東海地震 (M_J 8.3)，特定の活断層の活動に起因する地震である想定濃尾平野西縁地震 (M_J 7.7)，想定伊勢湾地震 (M_J 7.5)，想定猿投山北地震 (M_J 7.0)，活断層の知られていないところでも発生する地殻内地震である想定名古屋浅発直下地震 (M_J 6.8) が選定されている．

想定地震には生起確率が算定されているので，計算で求められた地震動を，確率を考慮しながら設計に組み込める利点がある．

その後，愛知県設計用入力地震動研究協議会の実績をふまえ，中部地方整備局，愛知県，名古屋市が，名古屋市三の丸地区において各庁舎の免震構造化を含む耐震改修をほぼ同時期に計画し始めたとき，耐震改修に用いる地域波を上記の公的機関3者が共同して作成している (中田・他, 2004)[3]．法制上はこれらの地域波の使用は必ずしも必要ではないが，性能規定化への対応と，建物使用者や住民への説明責任のために必要と考えられる．

6.1.2 想定地震の選定

名古屋三の丸地区における地震動を評価する想定地震として，2000年から100年間の超過確率が2〜63%となる地震動強さ（最大加速度および最大速度）をもたらす地震のうち，寄与率が比較的大きな7つの地震，すなわち，想定新東海地震，想定濃尾平野西縁地震，想定猿投山北地震，想定伊勢湾地震，推定伏在断層による想定地震，逆断層による想定名古屋浅発直下地震，横ずれ断層による想定名古屋浅発直下地震が選定されている．これら7つの地震の寄与率の合計は，100年間の超過確率が2〜63%の地震動だけではなく2%未満の地震動に対しても，ほぼ1.0であることが確認されているので，定常過程を仮定すると，地震動強さとしては，100年もしくはそれより長い期間に平均的に少なくとも1回超える地震動強さをすべて考えることになっている．

6.1.3 想定地震の断層破壊のシナリオ

想定地震の断層破壊のシナリオのうち，想定新東海地震と推定伏在断層については，中田・他など[3]〜[5]によるものが，想定濃尾平野西縁地震については，愛知県防災会議[6]によるものが，想定猿投山北地震と想定伊勢湾地震については，渡辺・他[7]によるものが用いられている．また，逆断層による想定名古屋浅発直下地震と横ずれ断層による想定名古屋浅発直下地震については，原子力安全基盤機構[8]による震源を特定しにくい地震の断層破壊のシナリオに準拠して，6とおりのマグニチュードと121とおりの断層位置が設定されている．

(a) 想定新東海地震　　(b) 活断層に起因する想定地震

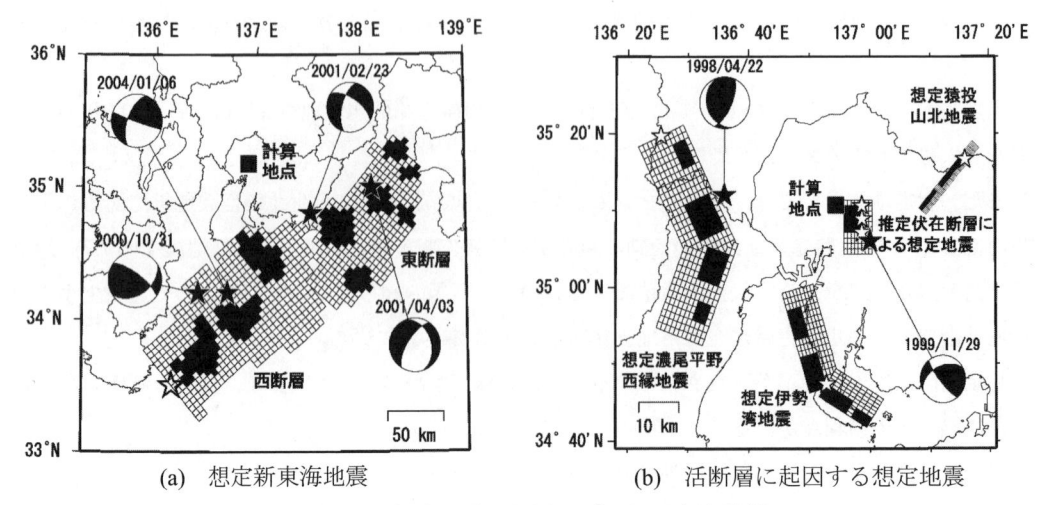

図 6.1.1　想定地震の断層モデルと要素地震 [12]

断層モデルのうち灰色の部分はアスペリティ，☆印は破壊開始点，★印は経験的グリーン関数に用いた要素地震の震央位置，■は計算地点 (名古屋三の丸地区) である．

　以下，想定地震ごとに，断層破壊のシナリオとそれに基づく断層モデルの概要を述べる．なお，各想定地震の断層モデルの設定方法は，設定当時の最新の知見に基づいており，統一された方法とはなっていない．

（１）　想定新東海地震

　想定新東海地震は，東海地震と東南海地震が連動する地震であり，中田・他など[3]~[5] は，この地震の断層モデルとして，中央防災会議[9] のモデルを採用している．ただし，プレート境界面の形状は壇・他[10] に準拠している．中央防災会議[9] のモデルは，入倉・他[11] による震源モデルの設定法に基づいており，これまでに起った東海地震や東南海地震の震度分布を説明できるように決められたモデルである．中田・他など[3]~[5] による想定新東海地震の断層モデルを図6.1.1(a)に示す[12]．

　実際の強震動の予測では，経験的グリーン関数法が用いられており，東海地震側 (図中，東断層) の各要素断層では，東海地震側で起こった2001年2月23日の地震 (M_J 5.3) と2001年4月3日の地震 (M_J 5.3) の2つの要素地震のいずれかを，一様乱数を使って割り当て，東南海地震側 (図中，西断層) の各要素断層では，東南海地震側で起こった2000年10月31日の地震 (M_J 5.7) と2004年1月6日の地震 (M_J 5.2) の2つの要素地震のいずれかを，一様乱数を使って割り当てられている．ここに，一様乱数は，11とおりの組が生成されている．このとき，11とおりの予測地震動のうち最大となる地震動は，平均値＋標準偏差より，やや大きな値になること，最小となる地震動は，平均値−標準偏差より，やや小さな値になることが期待されている．

　さらに，要素地震を断層面に格子状に配置すると，特定の周期の地震動が人工的に強調されることがあるため，要素地震は，各要素断層内において一様乱数を使ってランダムに配置されている．

ここでも，一様乱数は，予測した強震動の平均値と標準偏差がカバーできるように，11とおりの組が生成されている．

したがって，想定新東海地震では，断層破壊のシナリオとして，11×11のケースが考えられ，水平2成分と上下1成分で，合計363波が計算されている．

（2）　想定濃尾平野西縁地震

想定濃尾平野西縁地震は，濃尾平野の西の縁を画する養老-桑名断層系に起因する想定地震である．愛知県防災会議[6]による断層モデルを図6.1.1(b)に示す[12]．このモデルは，入倉・他[11]による震源モデルの設定法に基づいている．

実際の強震動の予測では，図6.1.1(b)に示す1998年4月22日の地震 (M_J 5.2) を要素地震として，11とおりの一様乱数の組を使って各要素断層内にランダムに配置されている．したがって，想定濃尾平野西縁地震では，断層破壊のシナリオとして，11のケースが考えられ，水平2成分と上下1成分で，合計33波が計算されている．

（3）　想定猿投山北地震

想定猿投山北地震は，濃尾平野の北東に位置する猿投山北断層に起因する想定地震である．渡辺・他[7]による断層モデルを図6.1.1(b)に示す[12]．このモデルは，壇・他[13]による震源モデルの設定法に基づいている．

実際の強震動の予測では，図6.1.1(b)に示す1999年11月29日の地震 (M_J 4.8) を要素地震として，11とおりの一様乱数の組を使って各要素断層内にランダムに配置されている．

（4）　想定伊勢湾地震

想定伊勢湾地震は，知多半島沿いに位置する伊勢湾-内海断層系に起因する想定地震である．渡辺・他[7]による断層モデルを図6.1.1(b)に示す[12]．震源モデルの設定法，要素地震，乱数の用い方は，想定猿投山北地震と同じである．

（5）　推定伏在断層による想定地震

推定伏在断層とは，中田・今泉[14]によって指摘されている名古屋三の丸地区をはさんで南北に走る2つの伏在断層のことである．中田・他など[3]〜[5]は，図6.1.1(b)に示すように，これを1枚の断層面でモデル化している．このモデルは，壇・他[13]による震源モデルの設定法に基づいている．

この地震は名古屋三の丸地区の直下に位置しているため，破壊開始点位置が，強震動パルス[15]の生成に大きく影響を与えることを考慮して，破壊開始点は，図6.1.1(b)に☆で示すように，3箇所を設定している．

実際の強震動の予測では，図6.1.1(b)に示す1999年11月29日の地震 (M_J 4.8) を要素地震として，11とおりの一様乱数の組を使って各要素断層内にランダムに配置されている．したがって，推定伏在断層による想定地震では，断層破壊のシナリオとして，3×11のケースが考えられ，水平2成分と上下1成分で，合計99波が計算されている．

（6）　逆断層による想定名古屋浅発直下地震

表 6.1.1 逆断層による想定名古屋浅発直下地震の断層破壊のシナリオとその 100 年生起確率 [12]

No.	M_J	アスペリティの上端深さ (km) 浅い	中間	深い	アスペリティの実効応力 (bar) 大	中	小	25 km² 当たりの100年生起確率	No.	M_J	アスペリティの上端深さ (km) 浅い	中間	深い	アスペリティの実効応力 (bar) 大	中	小	25 km² 当たりの100年生起確率
1	5.5	3.0	—	—	—	139	—	0.000394	17	6.5	12.9	—	—	—	—	109	0.000045
2	5.5	—	10.8	—	—	139	—	0.000394	18	6.5	—	14.3	—	—	—	109	0.000045
3	5.5	—	—	18.6	—	139	—	0.000394	19	6.5	—	—	15.7	—	—	109	0.000045
4	6.0	5.8	—	—	—	139	—	0.000295	20	6.6	15.0	—	—	—	—	109	0.000022
5	6.0	—	11.5	—	—	139	—	0.000295	21	5.5	3.0	—	—	191	—	—	0.000322
6	6.0	—	—	17.1	—	139	—	0.000295	22	5.5	—	10.8	—	191	—	—	0.000322
7	6.5	12.2	—	—	—	139	—	0.000056	23	5.5	—	—	18.6	191	—	—	0.000322
8	6.5	—	13.6	—	—	139	—	0.000056	24	6.0	5.1	—	—	191	—	—	0.000241
9	6.5	—	—	15.7	—	139	—	0.000056	25	6.0	—	11.5	—	191	—	—	0.000241
10	6.7	15.0	—	—	—	139	—	0.000027	26	6.0	—	—	17.8	191	—	—	0.000241
11	5.5	3.0	—	—	—	—	109	0.000322	27	6.5	10.1	—	—	191	—	—	0.000045
12	5.5	—	10.8	—	—	—	109	0.000322	28	6.5	—	13.6	—	191	—	—	0.000045
13	5.5	—	—	18.6	—	—	109	0.000322	29	6.5	—	—	16.4	191	—	—	0.000045
14	6.0	7.2	—	—	—	—	109	0.000241	30	6.8	15.0	—	—	191	—	—	0.000011
15	6.0	—	12.2	—	—	—	109	0.000241	31	6.8	—	15.7	—	191	—	—	0.000011
16	6.0	—	—	17.1	—	—	109	0.000241									

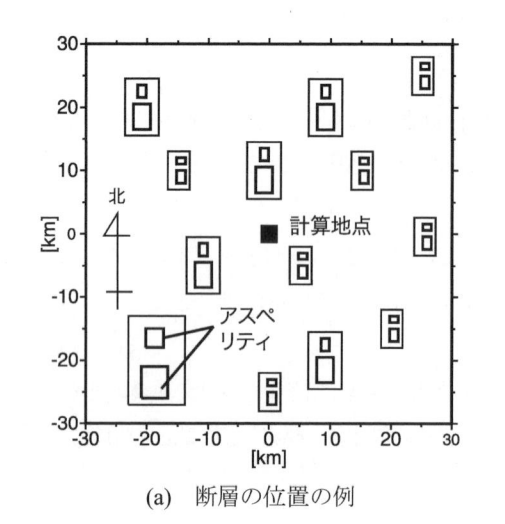

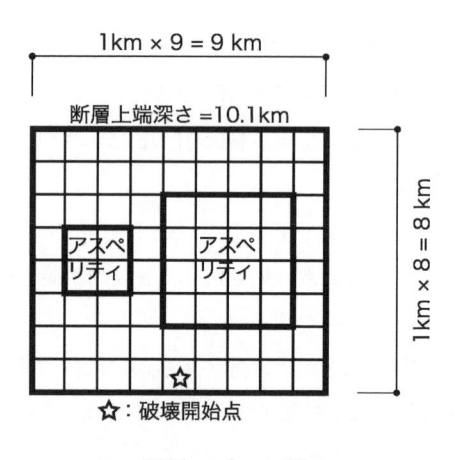

(a) 断層の位置の例　　　　(b) 断層モデルの例

図 6.1.2 逆断層による想定名古屋浅発直下地震の断層モデルの設定例 [12]

原子力安全基盤機構[8]による震源を特定しにくい地震の断層破壊のシナリオに準拠して，M_J=5.5, 6.0, 6.5, 6.6, 6.7, 6.8で，断層深さを浅いもの，中間のもの，深いもの，アスペリティの実効応力を大(19.1 MPa)，中(13.9 MPa)，小(10.9 MPa)のもの，計31とおりが考えられている．表6.1.1に31とおりのモデルの断層パラメータを示す[12]．また，推定伏在断層の走向が南北であること，およびGPS観測よりこの地域の地殻の圧縮軸はほぼ東西方向であること[16]より，逆断層による想定名古屋浅発直下地震の断層面の走向は南北とし，各断層面を，名古屋三の丸地区を中心とした50 km×50 kmの領域の中に，5 km×5 kmの間隔で121地点に配置されている．断層モデルの設定例を図6.1.2に示す[12]．このモデルは，入倉・三宅[17]による震源モデルの設定法に準拠している．

逆断層による想定名古屋浅発直下地震では，断層破壊のシナリオとして，31×121=3,751とおりが考えられ，水平2成分と上下1成分で，合計11,253波が計算されている．

表6.1.2 横ずれ断層による想定名古屋浅発直下地震の断層破壊のシナリオとその100年生起確率[12]

No.	M_J	アスペリティの上端深さ (km)			アスペリティの実効応力 (bar)			25 km²当たりの100年生起確率	No.	M_J	アスペリティの上端深さ (km)			アスペリティの実効応力 (bar)			25 km²当たりの100年生起確率
		浅い	中間	深い	大	中	小				浅い	中間	深い	大	中	小	
1	5.5	3.0	—	—	—	139	—	0.000396	21	6.5	—	9.0	—	191	—	—	0.000101
2	5.5	—	10.0	—	—	139	—	0.000396	22	6.5	—	—	15.0	191	—	—	0.000101
3	5.5	—	—	18.0	—	139	—	0.000396	23	6.8	4.0	—	—	191	—	—	0.000043
4	6.0	3.0	—	—	—	139	—	0.000339	24	6.8	—	8.0	—	191	—	—	0.000043
5	6.0	—	10.0	—	—	139	—	0.000339	25	6.8	—	—	14.0	191	—	—	0.000043
6	6.0	—	—	16.0	—	139	—	0.000339	26	7.3	8.0	—	—	191	—	—	0.000016
7	6.5	3.0	—	—	—	139	—	0.000123	27	7.3	—	—	10.0	191	—	—	0.000016
8	6.5	—	8.0	—	—	139	—	0.000123	28	5.5	3.0	—	—	—	—	109	0.000323
9	6.5	—	—	14.0	—	139	—	0.000123	29	5.5	—	10.0	—	—	—	109	0.000323
10	6.8	5.0	—	—	—	139	—	0.000053	30	5.5	—	—	17.0	—	—	109	0.000323
11	6.8	—	8.0	—	—	139	—	0.000053	31	6.0	3.0	—	—	—	—	109	0.000276
12	6.8	—	—	13.0	—	139	—	0.000053	32	6.0	—	10.0	—	—	—	109	0.000276
13	7.3	—	9.0	—	—	139	—	0.000038	33	6.0	—	—	16.0	—	—	109	0.000276
14	5.5	3.0	—	—	191	—	—	0.000323	34	6.5	4.0	—	—	—	—	109	0.000101
15	5.5	—	10.0	—	191	—	—	0.000323	35	6.5	—	8.0	—	—	—	109	0.000101
16	5.5	—	—	18.0	191	—	—	0.000323	36	6.5	—	—	14.0	—	—	109	0.000101
17	6.0	3.0	—	—	191	—	—	0.000276	37	6.8	5.0	—	—	—	—	109	0.000043
18	6.0	—	10.0	—	191	—	—	0.000276	38	6.8	—	7.0	—	—	—	109	0.000043
19	6.0	—	—	17.0	191	—	—	0.000276	39	6.8	—	—	12.0	—	—	109	0.000043
20	6.5	3.0	—	—	191	—	—	0.000101	40	7.1	—	8.0	—	—	—	109	0.000031

実際の強震動の予測では，図6.1.1(b)に示す1999年11月29日の地震 (M_J 4.8) を要素地震として，1とおりのみの一様乱数の組を使って各要素断層内にランダムに配置されている．

(7) 横ずれ断層による想定名古屋浅発直下地震

原子力安全基盤機構[8]による震源を特定しにくい地震の断層破壊のシナリオに準拠して，M_J=5.5, 6.0, 6.5, 6.8, 7.1, 7.3で，断層深さを浅いもの，中間のもの，深いもの，アスペリティの実効応力を大(19.1 MPa)，中(13.9 MPa)，小(10.9 MPa)のもの，計40とおりが考えられている．表6.1.2に40とおりのモデルの断層パラメータを示す[12]．また，この地域の地殻の圧縮軸はほぼ東西方向であることより，断層面の走向は北東–南西とし，各断層面を，名古屋三の丸地区を中心とした50 km×50 kmの領域の中に，5 km×5 kmの間隔で121地点に配置されている．

(a) 断層の位置の例　　(b) 断層モデルの例

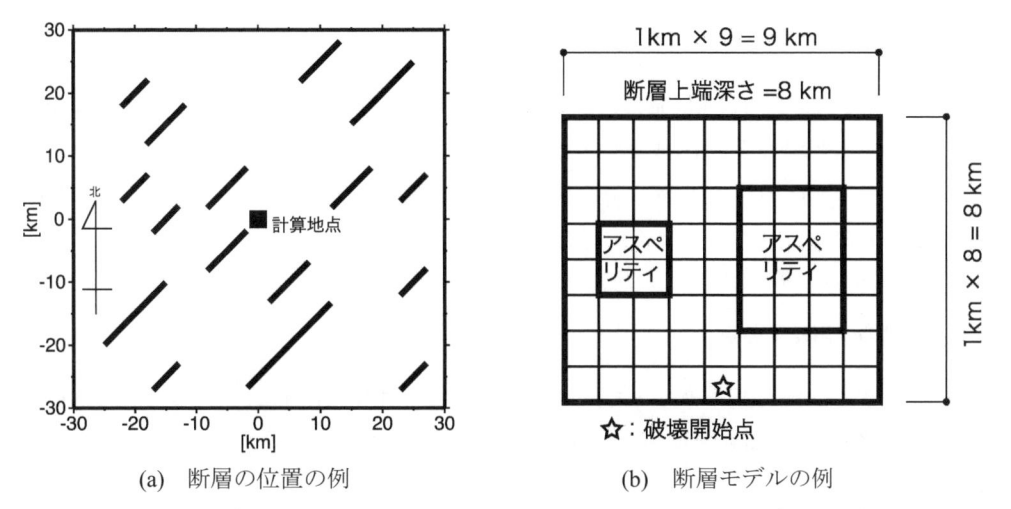

図 6.1.3 横ずれ断層による想定名古屋浅発直下地震の断層モデルの設定例[12]

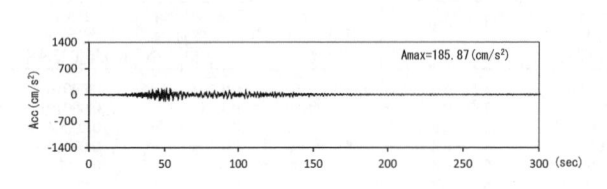

図 6.1.4 名古屋三の丸地区における強震動の予測結果の例

(a) 想定新東海地震の加速度波形 (EW成分)
(b) 伏在断層による想定地震の加速度波形 (EW成分) 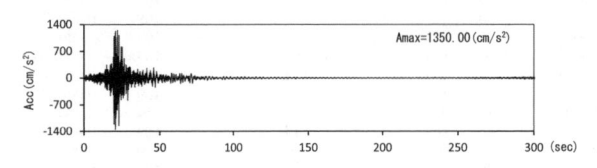
(c) 横ずれ断層による想定名古屋浅発直下地震の加速度波形(EW成分) 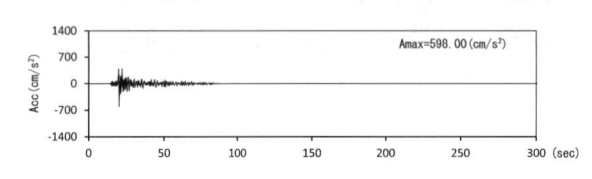
(d) 速度応答スペクトル (h=5%) 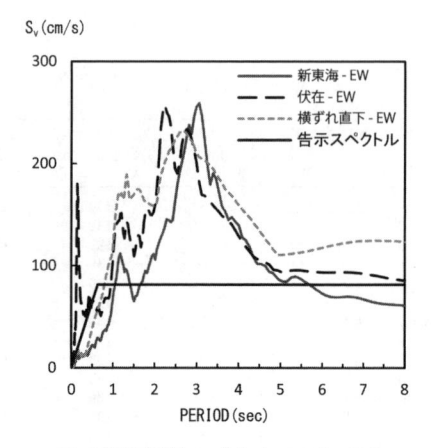
(e) エネルギースペクトル (h=10%) 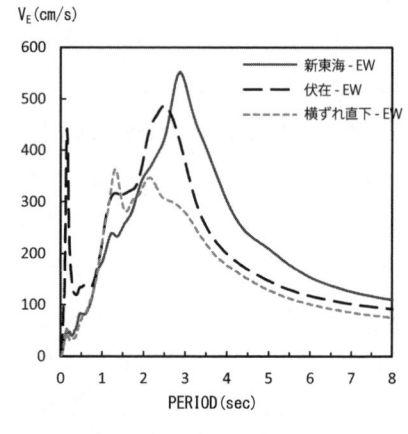

断層モデルの設定例を図6.1.3に示す[12]．このモデルは，入倉・三宅[17]による震源モデルの設定法に準拠している．

横ずれ断層による想定名古屋浅発直下地震では，断層破壊のシナリオとして，40×121=4,840とおりが考えられ，水平2成分と上下1成分で，合計14,520波が計算されている．

実際の強震動の予測では，逆断層による想定名古屋浅発直下地震と同じ要素地震と乱数の用い方が採用されている．

6.1.4 強震動の予測結果の例

図6.1.4に強震動の予測結果の例として，想定新東海地震，推定伏在断層による想定地震，横ずれ断層による想定名古屋浅発直下地震による加速度波形と速度応答スペクトルおよびエネルギースペ

(a) 加速度波形　　　　　　　　　(b) 擬似速度応答スペクトル

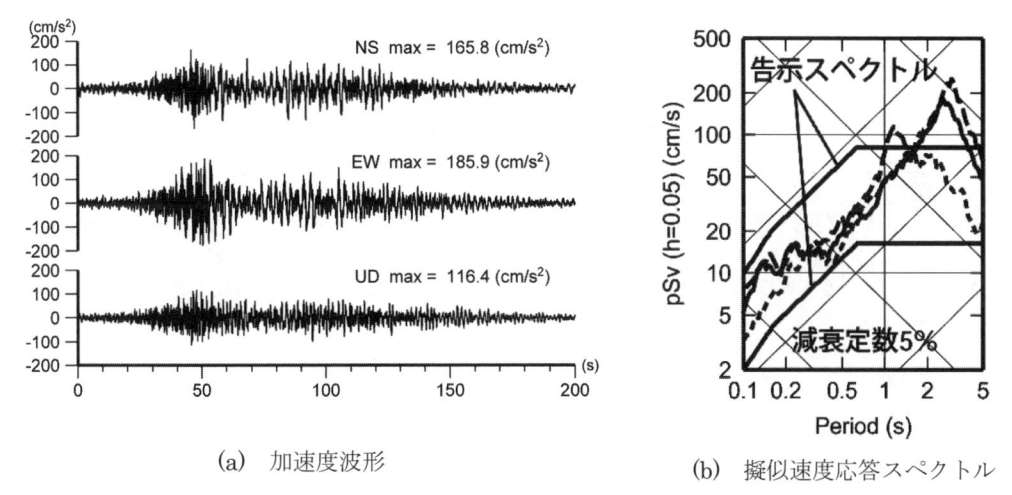

図6.1.5 想定新東海地震による名古屋三の丸地区における設計用入力地震動 (宮腰・他, 2004)[19]

クトルを示す．図には比較のため，告示スペクトル (国土交通省, 2001)[18] も示す．3つの地震の速度応答スペクトルは，いずれも周期1秒～5秒で告示スペクトルを上回っていることがわかる．

6.1.5 設計用入力地震動の例

本節の6.1.3の(1)で述べた想定新東海地震による名古屋三の丸地区における予測地震動は，水平2成分と上下1成分で，合計363波形である．宮腰・他(2004)[19] は各成分ごとに121波の擬似速度応答スペクトル (減衰定数5%) の平均値を求め，この平均値に適合するような模擬地震動を作成している．このときのフーリエ位相は，もとの波形の位相を用いているため，作成された模擬地震動は各成分でそれぞれ121波である．これらの121波から，最終的にEW成分の最大速度が中央にきた3成分の組み合せを代表波として選定している．こうして選定された加速度波形を図6.1.5(a)に，その擬似速度応答スペクトルを図6.1.5(b)に示す．図には比較のため告示スペクトル (国土交通省, 2001)[18] も示されている．図6.1.5(b)に示した想定新東海地震の応答スペクトルは，周期3秒において，告示スペクトルの2倍～3倍の大きさとなっているが，これは主に，名古屋三の丸地区における深さ数kmの地震基盤から上の地盤の増幅特性によるものである．庁舎の耐震改修には，この波形が設計用入力地震動として用いられている．

6.1.6 まとめ

本節では，はじめに名古屋三の丸地区における設計用入力地震動の策定の基本方針を説明したのち，想定地震の選定方法と断層破壊のシナリオを説明した．ついで，強震動の予測結果の例と設計

用入力地震動の例を示した．次節以降では，これらの結果を入力地震動として各種建物の応答評価事例を示す．

参考文献

1) 福和伸夫・久保哲夫・飯吉勝巳・大西稔・佐藤俊明: 愛知県名古屋市を対象とした設計用地震動の策定 (その1) 全体計画概要, 日本建築学会大会学術講演梗概集 (関東), B-2, 構造II, pp. 81-82, 2001
2) 亀田弘行・石川裕・奥村俊彦・中島正人: 確率論的想定地震の概念と応用, 土木学会論文集, No. 577/I-41, pp. 75-87, 1997
3) 中田猛・福和伸夫・藤川智・壇一男・佐藤俊明・柴田昭彦・白瀬陽一・斉藤賢二: 名古屋市三の丸地区における耐震改修用の地震動作成 (その1) 全体概要, 日本建築学会大会学術講演梗概集 (北海道), B-2, 構造II, pp. 529-530, 2004
4) 武藤尊彦・宮腰淳一・壇一男・藤川智・早川崇・佐藤俊明・福和伸夫・中田猛: 名古屋市三の丸地区における耐震改修用の地震動作成 (その2) 想定新東海地震による強震動予測, 日本建築学会大会学術講演梗概集 (北海道), B-2, 構造 II, pp. 531-532, 2004
5) 松島信一・宮腰淳一・武藤尊彦・森川和彦・壇一男・佐藤俊明・福和伸夫・中田猛: 名古屋市三の丸地区における耐震改修用の地震動作成 (その3) 推定伏在断層に起因する想定地震の強震動予測, 日本建築学会大会学術講演梗概集 (北海道), B-2, 構造II, pp. 533-534, 2004
6) 愛知県防災会議: 愛知県東海地震・東南海地震等被害予測調査報告書 −想定地震に基づく被害想定−, 地震部会, 2003
7) 渡辺基史・宮腰淳一・石井透・壇一男・佐藤俊明・福和伸夫・久保哲夫: 愛知県名古屋市を対象とした設計用地震動の策定 (その6) 活断層と地震発生層の厚さを考慮した断層モデルの設定, 日本建築学会大会学術講演梗概集 (関東), B-2, 構造 II, pp. 91-92, 2001
8) 原子力安全基盤機構: 震源を特定しにくい地震による地震動の検討に関する報告書, 2004.10
9) 中央防災会議: 第9回, 資料2-2図表集 −東南海, 南海地震に関する報告−, 2003
10) 壇一男・石井透・渡辺基史・佐藤俊明・宮腰淳一・福和伸夫・久保哲夫: 愛知県名古屋市を対象とした設計用地震動の策定 (その5) プレート間の固着域を考慮した想定新東海地震の断層モデルの設定, 日本建築学会大会学術講演梗概集 (関東), B-2, 構造 II, pp. 89-90, 2001
11) 入倉孝次郎・香川敬生・釜江克宏・関口春子: 実用的強震動予測手法の提案, 地球惑星科学関連学会1998年合同大会予稿集, Sm-031, 1998
12) 壇一男・神原浩・藤川智・菊地優: 断層破壊のシナリオとその生起確率を考慮した地震ハザード解析に関する研究 −断層モデルによる予測地震動を建物の性能設計法に実装するために−, 日本建築学会構造系論文集, 第602号, pp. 119-128, 2006.4
13) 壇一男・渡辺基史・佐藤俊明・石井透: 断層の非一様すべり破壊モデルから算定される短周期レベルと半経験的波形合成法による強震動予測のための震源断層のモデル化,日本建築学会構造系論文集, No. 545, pp. 51-62, 2001.7
14) 中田高・今泉俊文: 活断層詳細デジタルマップ, 東京大学出版会, 2002
15) 宮武隆: 断層近傍の強震動パルスの成因, 地震, 第2輯, 第51巻, 第2号, pp. 161-170, 1998
16) 建設省国土地理院: 地震予知連絡会会報, 第62巻, pp. 82-87, 1999
17) 入倉孝次郎・三宅弘恵: シナリオ地震の強震動予測, 地学雑誌, Vol. 110, No. 6, pp. 849-875, 2001
18) 国土交通省: 告示第388号, 平成13年3月30日, 2001
19) 宮腰淳一・中田猛・福和伸夫・柴田昭彦・白瀬陽一・斉藤賢二: 名古屋市三の丸地区における耐震改修用の基盤地震動の作成, 日本地震工学会大会-2004梗概集, pp. 394-395, 2004

6.2 制振改修した既存S造建物の終局耐震性能の評価

6.2.1 はじめに

兵庫県南部地震(1995)では，1981年以前に建てられた既存建築物で多くの被害が生ずることが明らかとなった[1]．1995年10月には「建築物の耐震改修の促進に関する法律（耐震改修促進法）」が制定され，2006年1月には耐震化の目標（耐震化率90％）が盛り込まれた耐震改修促進法の一部改正[2]が行われており，近年，構造耐震指標 Is（以下，従来法 Is 値とする）による耐震診断・耐震補強が精力的に行われている．現在，耐震改修指針[3]に基づく，ブレース接合部の靱性能の改善，ブレースの増設による保有水平耐力の増強などブレースを用いる方法が広く一般に普及している．しかし，ブレースを用いた補強方法では周辺フレームの強度・剛性の不足を補うための補強も求められる場合が多い．一方，履歴型ダンパー等の制振部材による耐震補強では，既存部と補強部の接合をダンパー耐力を制御することでより簡素化することができる．そのため，採用事例も増えつつあり[4,5]，制振補強建物の耐震性評価法（以下，耐震性評価法とする）[6]も提案されている．

ここでは，制振改修した既存鉄骨造建物の終局耐震性の評価を行う．補強対象建物は，X型に配置された山形鋼ブレース（以下，既存ブレースとする）が主要な水平抵抗要素である3層の事務所建物である．まず，この対象建物に対して履歴型ダンパーを用いて補強設計を行う．補強後の耐震性の検証は耐震性評価法に基づき，エネルギー法告示[7]による方法と，制振補強した建物の耐震性能を構造耐震指標で表すことができる換算 Is 値[8]を用いて行う．次に，時刻歴応答解析による終局耐震性の検証を，水平抵抗部材である既存ブレースおよび履歴型ダンパーに着目して行う．図6.2.1に本検討全体のフローを示す．既存ブレースは山下ら[9]による山形鋼ブレースの実大実験結果に基づいて，履歴型ダンパーは文献10)に基づいて，最大変形と累積塑性変形から終局耐震性の検証を行う．その際，6.1節で提示された名古屋三の丸地区を対象に，今後数百年間に建築物に損傷を与えると想定される想定新東海地震（新東海-EW），推定伏在断層（伏在-EW），想定名古屋浅発直下地震（横ずれ直下-EW）に起因する予測波[11,12]を入力地震動として用いる．

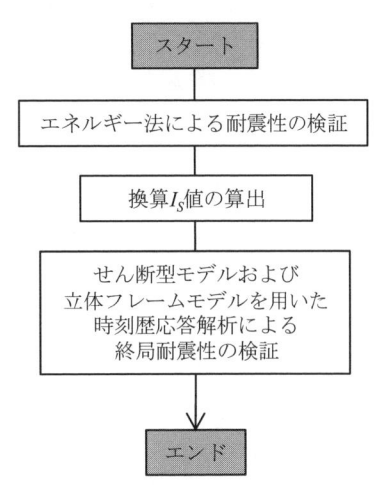

図6.2.1 検討フロー

6.2.2 構造概要

地上3階建ての鉄骨造事務所建物[13]の長辺方向を検討対象とする．検討対象建物に関して，図6.2.2に一般階平面図，図6.2.3に補強前のA，B通りの軸組図，図6.2.4に補強後のA，B通りの軸組図，表6.2.1に部材断面とダンパー（座屈拘束ブレース）の塑性化部断面を示す．検討対象である長辺方

向は水平力に対し，既存ブレース（ダブルアングルが構面内にX型に配置されたブレース），柱弱軸方向のラーメンおよびダンパー（鋼種LY100を使用した座屈拘束ブレース）で抵抗する．既存ブレースは保有耐力接合されているため塑性化を許容するが，柱弱軸方向のラーメンフレームは十分な靱性能を有していないため塑性化を許容できない状態である．そのため，各層の靱性指標値 F が1.0となる建物であり，補強前の各層の I_s 値は0.6未満となっている．

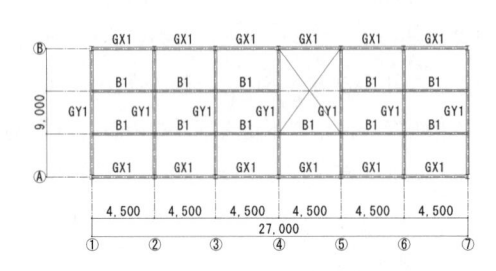

図 6.2.2　一般階平面図

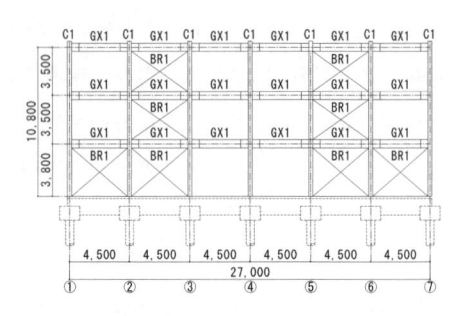

図 6.2.3　補強前のA，B通り軸組図

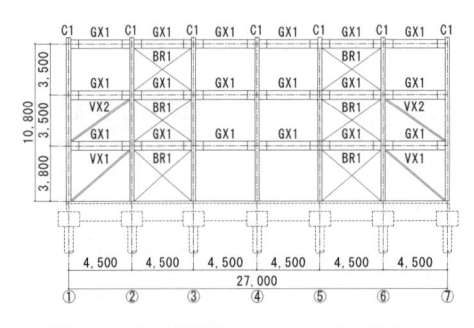

図 6.2.4　補強後のA，B通り軸組図

表 6.2.1　部材断面

部位	符号	部材断面	鋼種
柱	C1	H-300×300×10×15	SS400
大梁	GX1	H-400×200×8×13	SS400
	GY1	H-600×200×11×17	SS400
小梁	B1	H-300×150×10×15	SS400
ブレース	BR1	2L-75×75×6	SS400

部位	符号	塑性化部		鋼種
		断面積[mm^2]	長さ[mm]	
ダンパー	VX1	4700	1770	LY100
	VX2	3000	1710	LY100

（1）　補強方針

補強方針は，2-3通り間と5-6通り間の既存ブレースを維持し，ダンパーのエネルギー吸収性能に期待した制振補強とする．ダンパーは1-2通り間および6-7通り間に設置する．1層の補強構面の確保のため既存ブレースの一部は取り除き，1，2層にダンパーをバランスよく配置する．3層は既存ブレースの耐力に期待し，1，2層のダンパーで入力エネルギーの大半を吸収するように補強を行う．耐震性の検証はエネルギー法告示の方法によるものとする．また，柱梁は弾性挙動を保証する必要があること，山下ら[9]の実験からダブルアングル材は1/100 rad程度で破断することを考慮し，エネルギー法によって求まる層間変形角が1/150 rad以下になることを設計条件として設定する．

（2）　解析条件

荷重増分解析を行う際の主な解析仮定を以下に示す．

- 立体骨組み解析とする．
- 梁は，曲げとせん断変形を考慮する．
- 柱は，曲げとせん断，軸方向の変形を考慮する．
- 1階柱脚は固定とする．
- 既存ブレースと補強ダンパーの長期軸力は考慮しない．
- 既存ブレースの圧縮側の耐力は考慮しない．

（3）エネルギー法による耐震性評価

文献7)に基づき，エネルギー法の計算手順の概要と計算フロー（図6.2.5）を以下に示す．

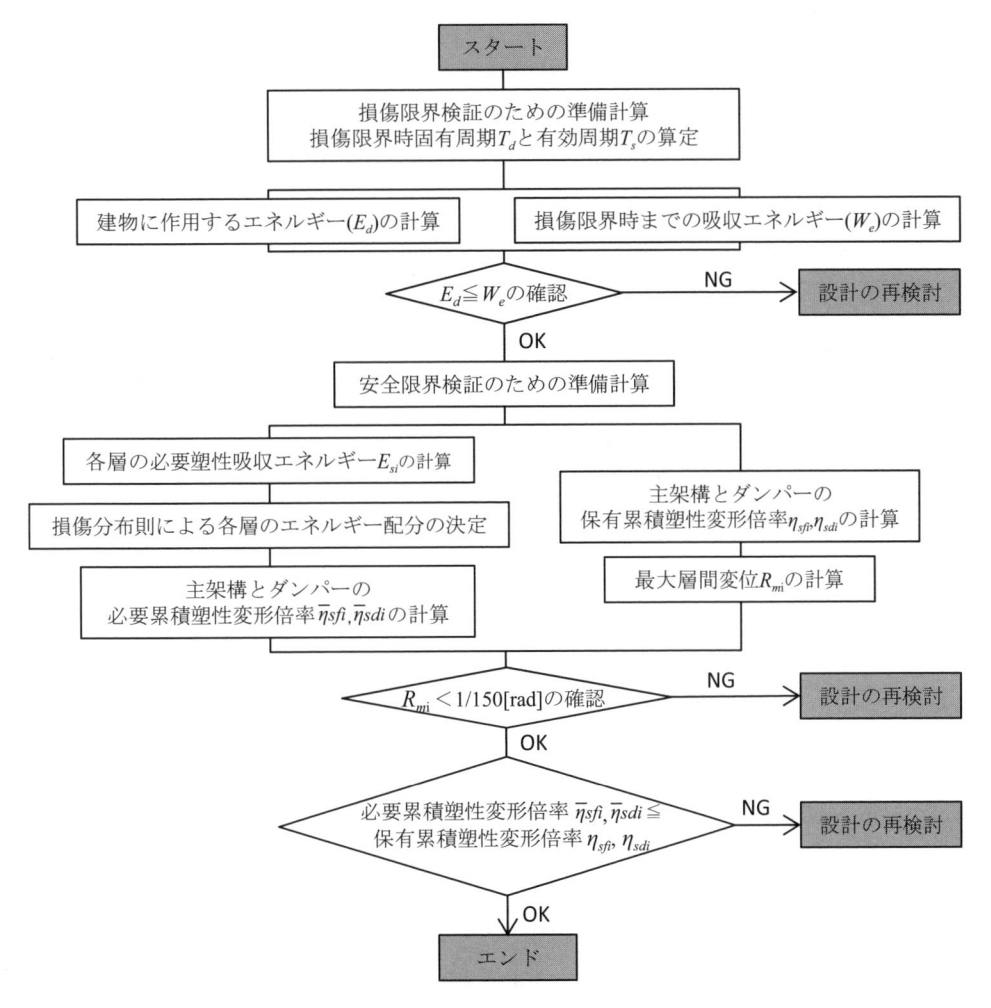

```
スタート
  ↓
損傷限界検証のための準備計算
損傷限界時固有周期 T_d と有効周期 T_s の算定
  ↓
建物に作用するエネルギー(E_d)の計算  │  損傷限界時までの吸収エネルギー(W_e)の計算
  ↓
E_d ≦ W_e の確認 ─NG→ 設計の再検討
  ↓OK
安全限界検証のための準備計算
  ↓
各層の必要塑性吸収エネルギー E_si の計算  │  主架構とダンパーの保有累積塑性変形倍率 η_sfi, η_sdi の計算
損傷分布則による各層のエネルギー配分の決定  │  最大層間変位 R_m の計算
主架構とダンパーの必要累積塑性変形倍率 η̄_sfi, η̄_sdi の計算
  ↓
R_mi < 1/150[rad] の確認 ─NG→ 設計の再検討
  ↓OK
必要累積塑性変形倍率 η̄_sfi, η̄_sdi ≦ 保有累積塑性変形倍率 η_sfi, η_sdi ─NG→ 設計の再検討
  ↓OK
エンド
```

図 6.2.5　エネルギー法の計算フロー

① 損傷限界時固有周期 T_d と有効周期 T_s の算定
② 主架構とダンパー部分の復元力の Bi-linear 置換
③ 建物に作用するエネルギー E_d の計算： $E_d = (1/2)MV_s^2$
  ここに M ：建築物の地上部分の全質量(t)
    V_s ：損傷限界時に地震動により建築物に作用するエネルギーの速度換算値(m/s)
④ 損傷限界時までの吸収エネルギー W_e の計算： $W_e = W_f + W_{de} + W_{dp}$
  ここに W_f ：損傷限界状態で主架構が吸収できる弾性エネルギー(kN・m)
    W_{de} ：損傷限界状態でダンパーが吸収できる弾性エネルギー(kN・m)
    W_{dp} ：損傷限界状態でダンパーが吸収できる塑性エネルギー(kN・m)
⑤ 必要塑性吸収エネルギー E_s の計算： $E_s = (1/2)MV_s^2 - W_e$
⑥ 各層の必要塑性吸収エネルギー E_{si} の計算
⑦ 主架構とダンパーの必要累積塑性変形倍率 $\bar{\eta}_{sfi}$ ，$\bar{\eta}_{sdi}$ の計算
⑧ 主架構とダンパーの保有累積塑性変形倍率 η_{sfi} ，η_{sdi} の計算
⑨ 最大層間変位 R_{mi} の計算
⑩ $R_{mi} < 1/150$ の確認
⑪ 必要累積塑性変形倍率と保有累積塑性変形倍率の比較

図 6.2.6 に荷重増分解析により得られたダンパー補強モデルの各層の荷重変形関係と，これを主架構部分（柱梁フレーム＋既存ブレース）とダンパー部分に分離し Bi-linear 置換した結果を示す．

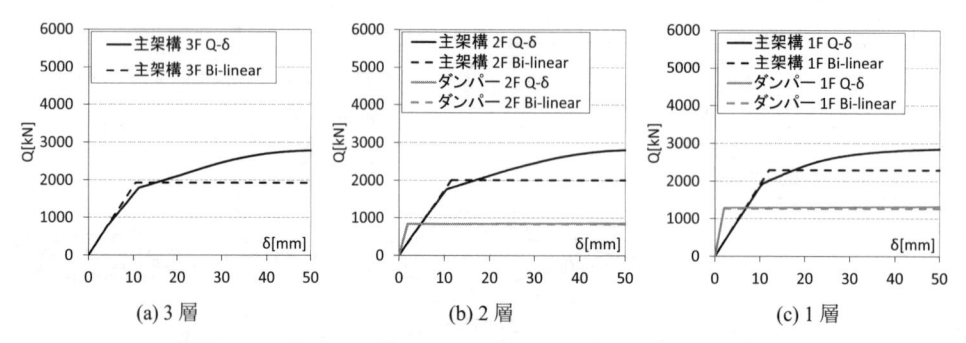

図 6.2.6　主架構とダンパーの荷重変形関係と Bi-linear 置換

表 6.2.2 にエネルギー法の計算手順の⑤までを示す．表中の T_d は，Bi-linear 置換後の最弱層（1層）が降伏する時点での割線剛性を用いて算出したものであり，T_s は T_d の 1.4 倍の値（ブレースありの場合）を採用した．W_e の算定では，最弱層（1層）が保有水平耐力に達する時点までに各層が吸収できるエネルギー量として算出した．E_s が正の値となるため，主架構が塑性化後もエネルギー吸収が必要となる．表 6.2.3 にエネルギー法の計算手順の⑨までの算定結果を示す．表中 η_{sfi} と η_{sdi} はそれぞれ主架構とダンパーの層の片側必要累積塑性変形倍率を，R_{mi} はエネルギー法による応答

層間変形角を示す．損傷分布則から，1，2層で全入力エネルギーの90%以上を負担しなければならない．主架構の必要累積塑性変形倍率 η_{sfi} は1.0以下であり，文献10)で定める引張ブレース架構の片側保有累積塑性変形倍率3.25より十分小さな値となった．表6.2.4に耐震性評価法[6)]を用いて算出したダンパーの層の片側保有累積塑性変形倍率を示す．ダンパーの必要累積塑性変形倍率 η_{sdi} は500程度であり，ここで使用しているダンパーの片側の保有累積塑性変形倍率は4000以上であるため十分に小さな値となっている．また，エネルギー法による応答変位は，全層で層間変形角 1/150 rad を下回っており，設計条件を満足していることを確認した．

表6.2.2 エネルギー法による安全限界時必要エネルギー吸収量の計算

損傷限界時固有周期	$:T_d[s]$	0.40
有効周期	$:T_s[s]$	0.56
エネルギーの速度換算値	$:V_s[m/s]$	0.97
建物全体の質量	$:M[t]$	670
作用するエネルギー量	$:(1/2)MV_s^2[kN \cdot m]$	316
損傷限界内で吸収できるエネルギー量	$:W_e[kN \cdot m]$	211
安全限界時必要エネルギー量	$:E_s[m/s]$	105

表6.2.3 エネルギー法による必要累積塑性変形倍率と層間変形角

層	si	pi	pti	損傷分布	Esi [kN・m]	主架構 $\bar{\eta}_{sfi}$	主架構 η_{sfi}	$\eta_{sfi} > \bar{\eta}_{sfi}$	ダンパー $\bar{\eta}_{sdi}$	ダンパー η_{sdi}	$\eta_{sdi} > \bar{\eta}_{sdi}$	R_{mi} [rad]	$R_{mi} < 1/150$
3	0.32	1.21	1.00	0.042	4.4	0.108	3.25	OK	-	-	OK	1/318	OK
2	0.75	1.02	1.00	0.381	39.9	0.607	3.25	OK	507	4426	OK	1/232	OK
1	1.00	1.00	1.00	0.577	60.3	0.706	3.25	OK	459	4372	OK	1/234	OK

表6.2.4 ダンパーの塑性率と層の片側保有累積塑性変形倍率

層	ダンパーの塑性率 μ_d	弾性変形寄与率 γ_d	層の累積塑性変形倍率 η_d
2	8.02	0.495	4426
1	8.08	0.494	4372

6.2.3 制振補強建物の換算 I_s 値

エネルギー法の計算結果を用いて，式(6.2.1)～(6.2.3)により，換算 I_s 値を算定する[6)8)]．式(6.2.2)と式(6.2.3)を比較し，小さいほうの値を当該層の換算 I_s 値とする．

$$I_{s,i}^{CON} = \min\left({}_s I_{s,i}^{CON} \ , \ {}_c I_{s,i}^{CON} \right) \tag{6.2.1}$$

$$_s I_{s,i}^{CON} = \frac{2\sqrt{2}\pi}{\gamma_i \cdot T_d \cdot G\sqrt{M}} \sqrt{E_{D,i} \bigg/ \frac{s_i}{\sum_{j=1}^{N} s_j}} \tag{6.2.2}$$

$$_cI_{s,i}^{CON} = \frac{2\sqrt{2}\pi}{\gamma_i \cdot T_d \cdot G\sqrt{M}} \sqrt{E_{D,i} \Big/ \frac{s_i(p_i \cdot p_{ti})^{-n}}{\sum_{j=1}^{N} s_j(p_j \cdot p_{tj})^{-n}}} \tag{6.2.3}$$

ここで，T_d：損傷限界時固有周期，G：重力加速度，M：建物全質量，$E_{D,i}$：架構全体の限界吸収エネルギー，γ_i：多質点系の補正係数，s_i：1階の必要エネルギー吸収量に対する各階の必要エネルギー吸収量の比を表す基準値，p_i：各階の保有水平層せん断力係数の A_i 分布とのずれを表わす数値，n：損傷集中指数

表 6.2.5 に換算 I_s 値の算定結果を示す．全層で 0.6 以上となっており，特にダンパーのエネルギー吸収性能により 1，2 層では 1.0 程度となっている．補強前に比べダンパーを設置していない 3 層で換算 I_s 値が 0.83 と増加するのは，3 層の保有水平層せん断力係数が 1，2 層に比べて相対的に大きく，損傷分布（必要エネルギー吸収量の配分量）の値が小さくなったためである．これは，換算 I_s 値がエネルギー吸収性能を直接耐震性として評価するからであり，エネルギー法による必要累積塑性変形倍率の検討結果とも対応している．

表 6.2.5 換算 I_s 値算定結果

層	$s_i/\Sigma s_i$	損傷分布	γ_i	$_sI_{S,i}^{CON}$	$_cI_{S,i}^{CON}$	換算I_S値=$min(_sI_{S,i}^{CON}, _cI_{S,i}^{CON})$	補強前I_S値
3	0.157	0.042	1.10	0.83	1.58	0.83	0.65
2	0.361	0.381	1.10	0.99	0.95	0.95	0.39
1	0.483	0.577	1.10	1.07	0.99	0.99	0.35

6.2.4 時刻歴応答解析による補強効果の検証と終局耐震性能の評価

時刻歴応答解析により最大層間変位および累積塑性変形を算定し，補強効果の検証，並びに終局耐震性の評価を行う．解析モデルは，エネルギー法の計算で用いた各層の荷重変形関係を Bi-linear 置換した復元力特性を用いた 3 質点系せん断型モデル（以下，せん断モデルとする）と，部材レベルでのモデル化を行った立体モデルとする．せん断モデルでは，主架構に関して柱梁に比べ既存ブレースの負担耐力が大きいことと既存ブレースの圧縮側の座屈後安定耐力が小さいことから履歴則を Slip 型とし，ダンパーは Normal Bi-linear 型とする．一方，山下ら[9]によると，X型に配置された細長比の大きい山形鋼においても圧縮側のひずみエネルギー吸収性能は Slip 型の履歴則より大きくなるため，立体モデルでは既存ブレースの圧縮側の耐力を考慮するため柴田・若林モデルを用いた．また，ダンパーは鋼種を LY100 としているため，振幅によって耐力が上昇する歪依存性を再現する履歴モデルを用いた[14]．既存ブレースの座屈荷重は鋼構造限界状態設計指針[15]を用いて算定した．既存ブレースの終局耐震性の検証は，文献9)の実験で用いた 2L-75×7×6 のダブルアングル材（以下，2L 材とする）を参考に行う．

減衰仮定は各次一定で減衰定数を2%とする．入力地震動は，告示の地盤増幅係数 Gs を 2 種地盤

(簡略法)とした極めて稀に発生する地震動の加速度応答スペクトルにフィッティングさせた模擬地震動 3 波（位相：Elcentro NS, Kobe NS, 乱数）と，最大速度 PGV を 50 cm/s に基準化した観測地震動 3 波（Elcentro NS, Hachinohe EW, Taft NS），および名古屋三の丸地区を対象に，今後数百年間に建築物に損傷を与えると想定される想定新東海地震，想定名古屋浅発直下地震，推定伏在断層に起因する予測波から選定した新東海-EW，横ずれ直下-EW，伏在-EW の予測波 3 波の計 9 波を用いる．予測波 3 波は，工学的基盤面位置での地震動である．通常，表層地盤の増幅特性を考慮する必要があるが，本検討では入力地震動の特性を評価することを目的として，予測地震動を建物基部へ直接入力する．入力地震動の一覧と最大加速度を表 6.2.6 に，加速度応答スペクトルを図 6.2.7 に示す．

表 6.2.6　入力地震動の一覧と最大加速度

種別	地震動名	最大加速度[cm/s^2]
告示波	ART-Elcentro	561.5
	ART-Kobe	590.0
	ART-Random	564.1
観測波	ElcentroNS	508.6
	HachinoheEW	242.3
	TaftNS	491.7
予測波	新東海-EW	185.9
	伏在-EW	1352.7
	横ずれ直下-EW	598.0

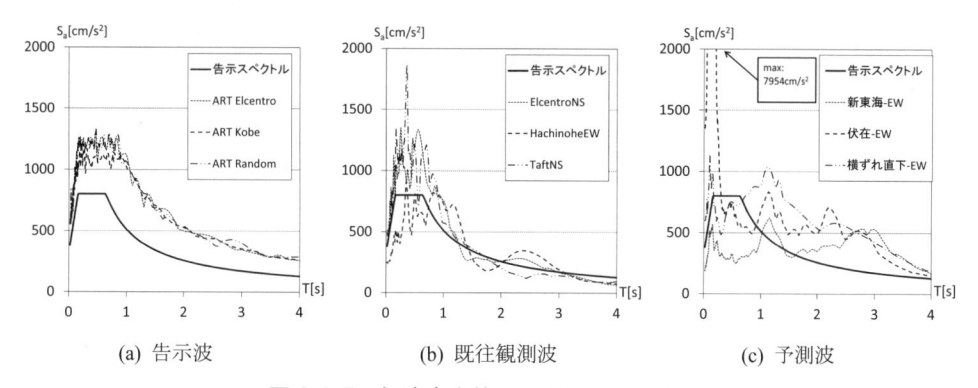

(a) 告示波　　　(b) 既往観測波　　　(c) 予測波

図 6.2.7　加速度応答スペクトル(h=5%)

　せん断モデルおよび立体モデルの各地震波入力時の最大層間変位をそれぞれ図 6.2.8 および図 6.2.9 に示す．また，立体モデルの最大加速度応答を図 6.2.10 に示す．ART-Kobe が最も大きな層間変位応答となるが，いずれの入力地震動においても，最大層間変形角は 1/150 rad を下回っており，ダンパーの補強効果が確認される．文献 9)によると，正負繰返し加力を受ける 2L 材は局部座屈部の亀裂のため 1/100 rad 程度で引張耐力を保持できなくなる．解析結果は最大層間変形角が 1/150 rad を下回るので，既存ブレースの破壊に対しては十分な余裕がある．

せん断モデルに比べて立体モデルの応答値が小さいが，これは，柴田・若林モデルを用いて既存ブレースの圧縮側の座屈耐力を考慮したこと，ダンパーの耐力に歪依存性を有する履歴則を用いたことによるものと考えられる．

告示波，観測波，予測波の地震波の種別ごとに最大層間変位の分布形状に特徴がある．告示波やTaft-NSでは，1層に大きく変形が集中しているが，予測波の伏在-EWでは，1層および3層の変形が大きくなっており，3層の既存ブレースにも塑性化が生じている．

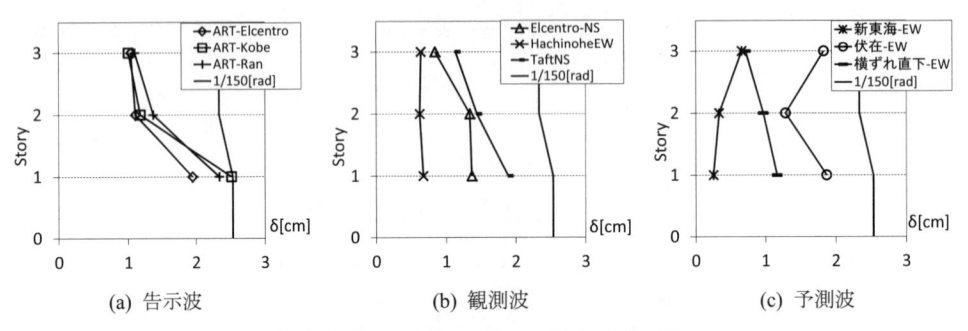

図 6.2.8　せん断モデルの最大層間変位

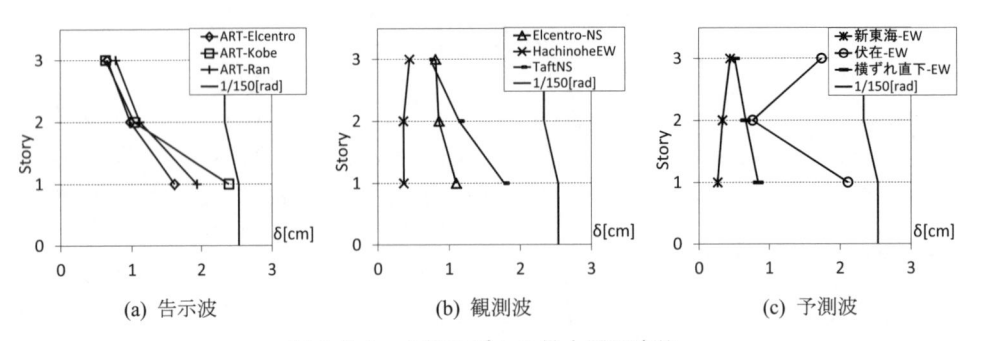

図 6.2.9　立体モデルの最大層間変位

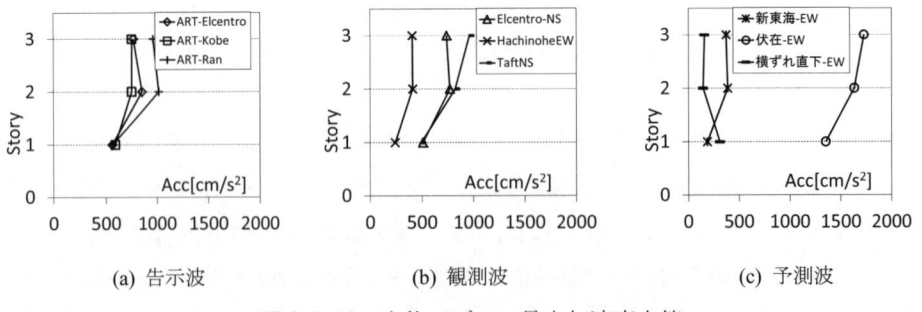

図 6.2.10　立体モデルの最大加速度応答

立体モデルにおける各層のX型に配置された1組の既存ブレースとダンパーの水平方向の履歴ループを，層間変位の大きいART-Kobeと伏在-EWについて図6.2.11に示す．ART-Kobe入力時の1層の応答変位には片寄りが生じており，これによって最大変形の集中が生じたことが分かる．伏在-EW入力時は，ART-Kobeほど応答に片寄りがなく，定常的なループを示しているが，3層に大きな塑性化が生じていることが確認される．

(a-1) 3F 既存ブレース　　　　　　　　　　(b-1) 3F 既存ブレース

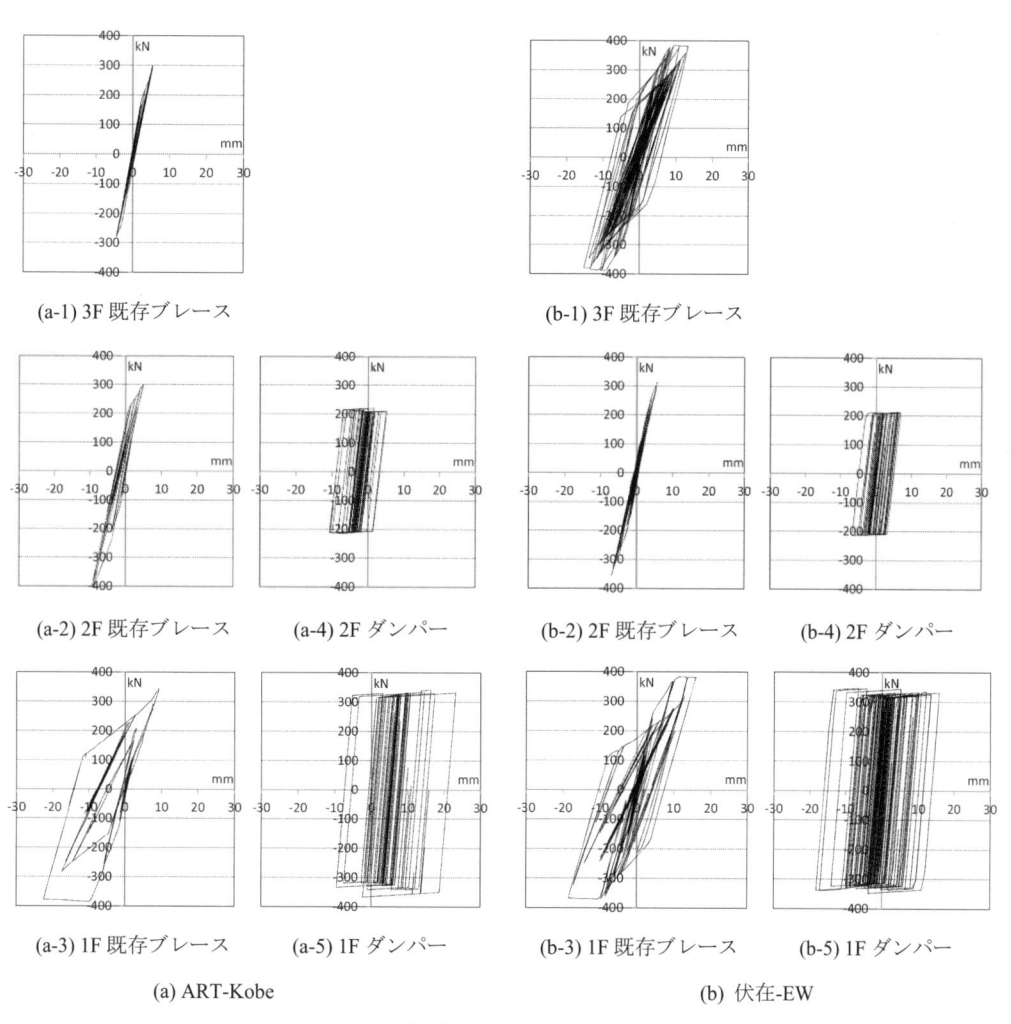

(a-2) 2F 既存ブレース　　(a-4) 2F ダンパー　　(b-2) 2F 既存ブレース　　(b-4) 2F ダンパー

(a-3) 1F 既存ブレース　　(a-5) 1F ダンパー　　(b-3) 1F 既存ブレース　　(b-5) 1F ダンパー

(a) ART-Kobe　　　　　　　　　　　　(b) 伏在-EW

図 6.2.11　既存ブレースとダンパーの履歴ループ

立体モデルの既存ブレースとダンパーの正負両側の累積塑性変形倍率 η を図6.2.12に示す．ここでは，層の中で累積塑性変形倍率が最大となった部材の値を示している．なお，累積塑性変形倍率は式(6.2.4)によって算定した．W_e，W_p はそれぞれ弾性ひずみエネルギーと塑性域で消費されたエネルギーであり，Q_y，δ_y はそれぞれ降伏時の耐力と変位である．

$$\eta = \frac{W_e + W_p}{Q_y \cdot \delta_y} \quad (6.2.4)$$

　文献9)には引張耐力が保持できなくなったときの2L材の正負両側の累積塑性変形倍率は52程度であることが示されている．解析結果から既存ブレースの累積塑性変形倍率は十分に余裕があることが確認される．また，ダンパーについても表6.2.4に示したとおり，層の片側の累積塑性変形倍率が4000を超えるため，十分に余裕があることが確認される．

　層全体ではダンパー補強を施している1,2層のエネルギー吸収性能が高く余裕がある．ART-Kobe入力時には，設計条件である層間変形角1/150 rad程度まで変位しているため，本検討建物では，最大変位振幅に関する余裕度のほうが低いといえる．伏在-EW入力時の立体モデルの3層の既存ブレースの累積塑性変形倍率は7.9であり最も大きな値である．これは，図6.2.7に示すように伏在-EW波は短周期成分の加速度が極めて大きく，これにより高次モード応答が励起されたこと，また3層では，ダンパー補強がなされていないこと，圧縮側のエネルギー吸収量も考慮したことなどが要因として挙げられるが，伏在-EWのような地震動に対しては，補強部材を高さ方向にもバランスよく配置することが，終局耐震性を高めるために効果的であることが確認された．

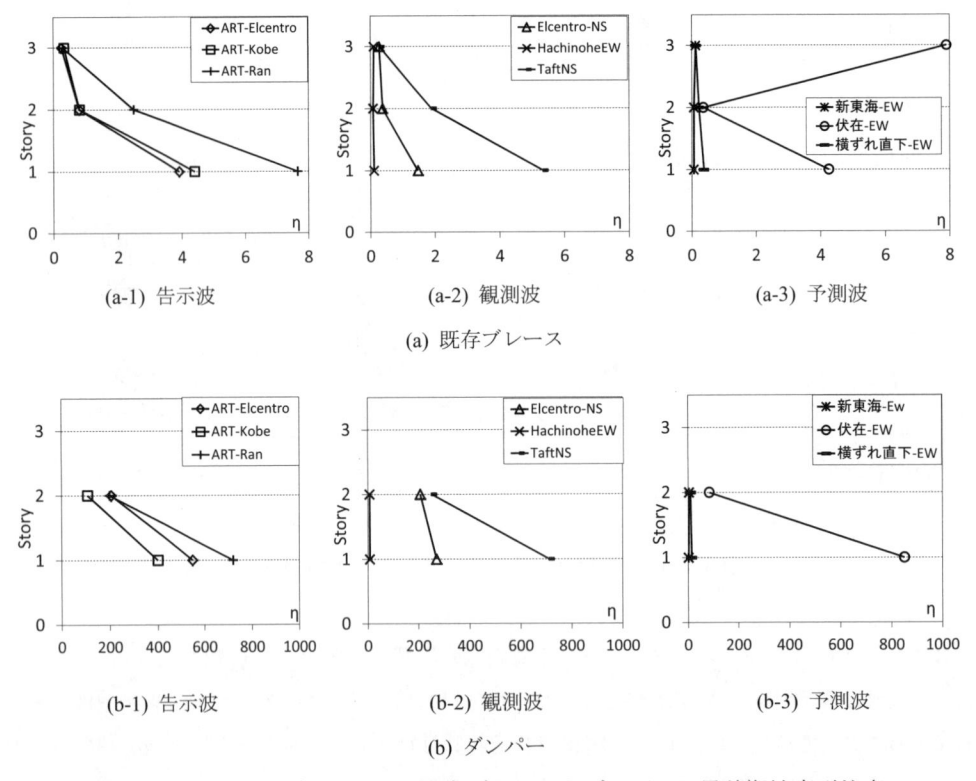

(a-1) 告示波　　(a-2) 観測波　　(a-3) 予測波

(a) 既存ブレース

(b-1) 告示波　　(b-2) 観測波　　(b-3) 予測波

(b) ダンパー

図6.2.12　立体モデルにおける既存ブレースとダンパーの累積塑性変形倍率

6.2.5 まとめ

　主要な水平抵抗要素が X 型に配置された山形鋼ブレースである中低層鉄骨造建物を対象に，履歴型ダンパーで制振補強を行った．さらに，耐震性評価法に基づいて，エネルギー法告示による方法と換算 Is 値によりその耐震性を検証した．また，名古屋三の丸地区で予想される 3 つの地震動と告示レベルの地震動を用いて時刻歴応答解析を行い，既存ブレースとダンパーの終局性能に着目した終局耐震性の評価を行った．

参 考 文 献

1) 日本建築学会：阪神・淡路大震災調査報告 建築編-3 鉄骨造建築物 シェル・空間構造 容器構造, 1997.11
2) 国土交通省住宅局建築指導課：改正建築物の耐震改修の促進に関する法律・同施行令等の解説, 2006.2
3) 日本建築防災協会：2011 年改訂版 耐震改修のための既存鉄骨造建築物の耐震診断および耐震改修指針・同解説, 2011.9
4) 日本建築防災協会：既存鉄筋コンクリート造建築物の耐震改修事例集(1997), pp.138-148, 1997.9
5) 竹内徹・安田幸一・湯浅和博・岡山俊介・宮崎健太郎・岩田衛：統合ファサードによる既存不適格建物の耐震改修, 日本建築学会技術報告集, 第 24 号, pp.161-166, 2006.12
6) 独立行政法人建築研究所：履歴型ダンパーを用いた既存建築物の耐震改修～制振補強建物のエネルギー法による耐震性評価法の提案, 及び外付ダンパー接合部の設計・施工法 (案)～, 建築研究資料, No.126, 2010.12
7) 日本建築センター：エネルギーの釣り合いに基づく耐震計算法の技術解説及び計算例とその解説, 2005.10
8) 小林正人・位田拓磨・五十棲雄高・長谷川隆・北村春幸：エネルギー法に基づいた制振補強建物の換算値－履歴型ダンパーを用いた制振補強建物の耐震性評価－, 日本建築学会構造系論文集, 第 663 号, pp.881-990, 2011.11
9) 山下哲郎：体育館におけるブレース構造の耐震性に関する取組み, セミナー「学校体育館の耐震診断・改修方法の課題と取り組み」資料, 日本建築学会, pp.21-32, 2010.12
10) 独立行政法人建築研究所など編：鋼構造建築物へのエネルギー法活用マニュアル, 技報堂出版, 2008.9
11) 国土交通省中部地方整備局ほかコンソーシアム：名古屋三の丸地区における地域特性を考慮した耐震改修のための基盤地震動の作成 (概要版), 2004.6
12) 壇一男・神原浩・藤川智・菊地優：断層破壊のシナリオとその生起確率を考慮した地震ハザード解析に関する研究－断層モデルによる予測地震動を建物の性能設計法に実装するために－, 日本建築学会構造系論文集, 第 602 号, pp.119-128, 2006.4
13) 財団法人日本特殊建築安全センター：既存鉄骨造建築物の耐震診断基準改修設計指針適用の手引, 1978.6
14) 社団法人日本免震構造協会編：パッシブ制振構造設計・施工マニュアル, 2003.8
15) 日本建築学会：鋼構造限界状態設計指針・同解説, 1998.10

6.3 S造建物の終局耐震性能の評価

6.3.1 はじめに

本研究は，100年建築物（長寿命建築物）の供用期間である数百年間に建築構造体に損傷を与えると予想される強震動を想定して，それらを時系列に並べた地震動群を作成する．それを入力として超高層S造架構モデルの時刻歴応答解析を行い，その結果から建物が受ける応答最大値，累積値を求め，累積損傷評価を行うことを目的とする[1),2)]．

本節では，6.1節で提示された名古屋三の丸地区を対象に，今後数百年間に建築物に損傷を与えると想定される想定新東海地震，想定名古屋浅発直下型地震，推定伏在断層に起因する予測波[3),4)]の中から3波を選定し，それらの予測波を時系列に並べた地震動を作成する．これらの地震動が単独で作用する場合と3波が連続して作用する場合について，30層鋼構造超高層建物の純ラーメンモデルと制振モデルの部材レベルの時刻歴応答解析を行う．その解析結果を用いて建物の層間変形角や塑性変形などの最大値と，累積塑性変形や残留変形などの累積値[5)~8)]とに着目して応答性状を評価する．これらの検討から，単独入力時の応答値から連続入力時の応答値の予測式を検証する．また，各地震動が単独に作用する場合と連続して作用する場合の解析結果を，JSCA性能メニューに示す性能判断基準値表[9)]に適用して，耐震性能を評価する．特に，単独入力に対して最大値と累積値が終局限界値に対して余裕度を確保した建物が，連続して入力すると終局限界値に達する場合にどのような対応が考えられるかを考察する．以上の検討から，長寿命建物が遭遇する複数の強震動に対する鋼構造超高層建物の累積損傷評価事例を示す．

6.3.2 多層骨組モデル概要

ここでは，長周期地震動に対する超高層建物の耐震性の検討[10)]で用いた，30層鋼構造純ラーメン架構（耐震モデル）と，その架構（主架構）に履歴減衰型制振ブレースを付与した制振架構（制振モデル）を採用する．各階床重量は 10.4 kN/m^2 とし，制振架構モデル伏図を図 6.3.1 に，軸組図を図 6.3.2 に，部材断面を表 6.3.1 に示す．制振ブレースの設置位置を図 6.3.1 中の梁を挟む 2 重線で示し，図 6.3.2 に示すようにハの字形状に 1 階から 30 階まで連層に取り付ける．階高は 4 m で 1 階のみを 5.5m とする．部材断面は，標準層せん断力係数 C_0=0.30 時の応力に対して許容応力度設計されている．また，柱の終局耐力を梁の 1.5 倍以上にした梁降伏型架構とする．荷重増分法による静的弾塑性解析より，本架構は，設計層せん断力の約 1.7 倍で梁部材が初めて全塑性モーメントに達し（弾性限耐力 $_f\alpha_{y1}$=0.14），終局耐力（$_f\alpha_{u1}$=0.17）は約 1.9 倍を示した．耐震モデルの 1 次固有周期は T_1=3.65 s である．制振ブレースの降伏層せん断力係数 $_d\alpha_{y1}$ の高さ方向の分布は，Ai 分布を基本としてその値を 3 層ごとに変化させる階段状の分布とする．また，入力エネルギーが多くなることから，第 1 層で $_d\alpha_{y1}$=0.03 とする．制振モデルの 1 次固有周期は T_1=3.36 s である．減衰定数は架構モデルの 1 次固有周期 T_1 に対して h=2%とする剛性比例型とし，解析時間刻みは 0.005 秒とする．

時刻歴応答解析は部材レベルで行い，部材の曲げと軸方向力に対する弾塑性挙動を材端部に設けた Multi Spring Model で評価する．時刻歴応答解析は剛床仮定，振動自由度は X 方向のみとし，質量を各階の重心位置に集約する．ただし，本解析では P Δ 効果は考慮されていない．表 6.3.2 に耐震モデルと制振モデルの総入力エネルギーの速度換算値 V_E，損傷に寄与する入力エネルギーの速度換算値 V_D を示す．V_E は，それぞれ 3 波連続で 472 cm/s と 542 cm/s，新東海-EW（図表中，C-SAN-EW）が 388 cm/s と 410 cm/s と大きく，横ずれ直下-EW（図表中，Yoko-EW），伏在-EW（図表中，Fuku-EW）はその 6 割程度を示す．

表 6.3.1 架構モデル部材断面

柱	外周部	□-600×600×19×19～□-600×600×50×50
柱	その他	□-600×600×19×19～□-600×600×45×45
梁	外周部	H-850×200×16×19～H-850×250×16×25
梁	その他	H-850×200×16×19～H-850×300×16×25

表 6.3.2 耐震モデルのエネルギー吸収量

入力地震動	耐震モデル V_E(cm/s)	耐震モデル V_D(cm/s)	制振モデル V_E(cm/s)	制振モデル V_D(cm/s)
C_SAN_EW	388	222	410	341
Fukuzai-EW	223	120	273	205
Yoko-EW	199	142	224	178
3波連続	472	330	542	436

図 6.3.1 架構モデル伏図

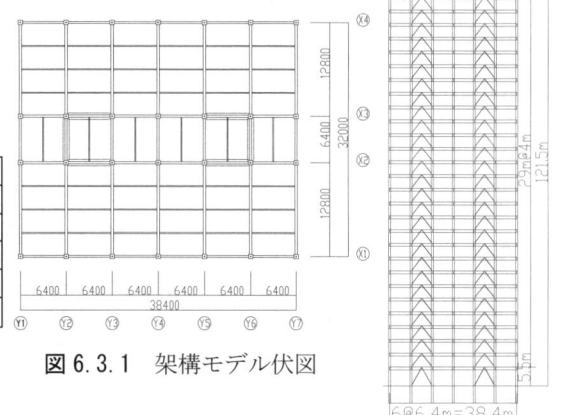

図 6.3.2 架構モデル軸組図

6.3.3 地震波が単独に作用した場合の応答評価

耐震モデルに対して，選定した 3 波が単独で作用する場合について時刻歴応答解析を行う．図 6.3.3 に，耐震モデルと制振モデルの層間変形角 $1/R_{0i}$，塑性変形倍率 $_f\mu_{0i}$，$_d\mu_{0i}$，残留変形倍率 $_f\Delta\eta_{0i}$，$_d\Delta\eta_{0i}$，累積塑性変形倍率 $_f\eta_{0i}$，$_d\eta_{0i}$ の層応答と，これらの応答解析結果から算出した各層の a_d 値を示す．また，図中に波線で示した予測値は，式(4.2.38)を用いて耐震モデルの架構に対する $_fa_d$ を，式(4.2.40)を用いて制振モデルの制振ダンパーに対する $_da_d$ を求める．図 6.3.3 より，耐震モデルの最大値である層間変形角 $1/R_{0i}$ は，横ずれ直下-EW と新東海-EW の応答が大きく 0.01 を上回り，5 階で 0.014，18 階で 0.014 と大きい値を示す．架構の塑性変形倍率 $_f\mu_{0i}$ は概ね 1.0 以下であり塑性化の程度は小さい．残留変形倍率 $_f\Delta\eta_{0i}$ は，横ずれ直下-EW が大きいがどの地震波も 0.01 以下の小さい値に留まっている．累積値である累積塑性変形倍率 $_f\eta_{0i}$ は，新東海-EW の応答が他の 2 波と比べて大きい値を示す．また，制振モデルでは，架構の最大値，累積値はともに純ラーメンの 7 割程度に小さい．制振部材の塑性変形倍率 $_d\mu_{0i}$ は横ずれ直下-EW が最大で 8.7，累積塑性変形倍率 $_f\eta_{0i}$ は新東海-EW が大きく 200 を上回る層もある．架構に比べて制振部材の塑性化の程度は格段に大きい．解析から求めた架構の a_d 値は直下地震である横ずれ直下-EW と伏在-EW は 2～3 を示し，長周期地震動である新東海-EW は 10 近い値を示す．a_d 値の予測値は直下地震の横ずれ直下-EW で 3.1，伏在

-EW で 5.6 であり解析値に比べて大きな値を示す．これは横ずれ直下-EW と伏在-EW の継続時間が短く，累積損傷が小さかった事や，解析モデルの 1 次固有周期で地震動の入力エネルギーが比較的小さかった事などが原因として考えられる．また，長周期地震動の新東海-EW では 6.9 であり，各層の解析値の平均的な値を示す．制振部材の a_d 値は直下地震である横ずれ直下-EW と伏在-EW は 10～20 を示し，長周期地震動である新東海-EW は 40 近い値を示す．a_d 値の予測値は横ずれ直下-EW で 6.8，伏在-EW で 18.8，新東海-EW で 32.8 であり，いずれの地震動も各層の解析値の平均的な値を示す．

　耐震モデルの応答値が大きい 5 階の層間変形を図 6.3.4 に示す．図 6.3.4 より，5 階の層間変形は横ずれ直下-EW が 5.2 cm と大きく，残留変形も 2.0 cm と大きい．新東海-EW と伏在-EW は層間変形は 4.3 cm と 3.1 cm であるが，残留変形は 0.35 cm と 0.27 cm と小さい．

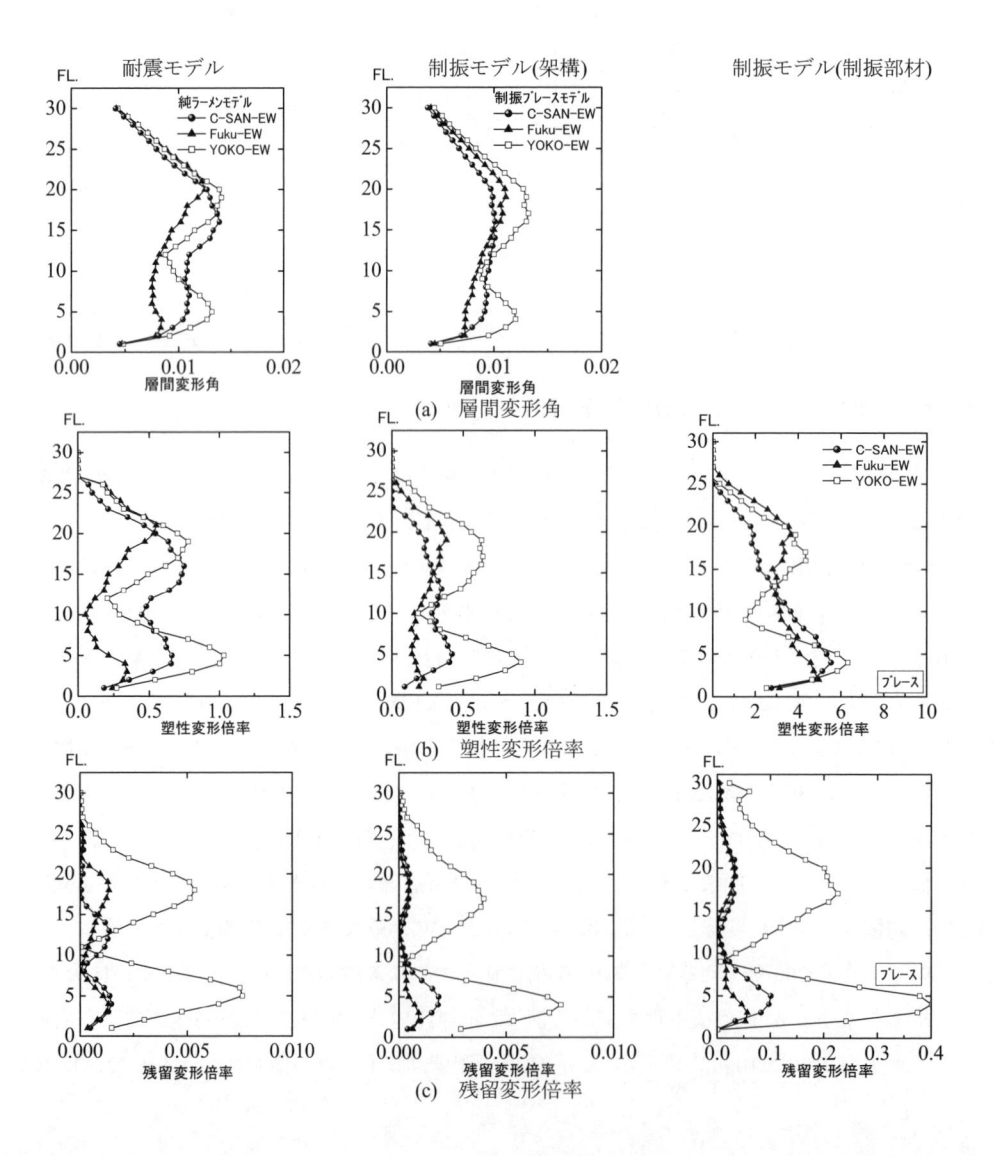

6章 名古屋地区の地震を想定した設計用入力地震動評価と応答評価 －275－

(d) 累積塑性変形倍率

(e) a_d分布

図6.3.3 単独入力時の層応答分布

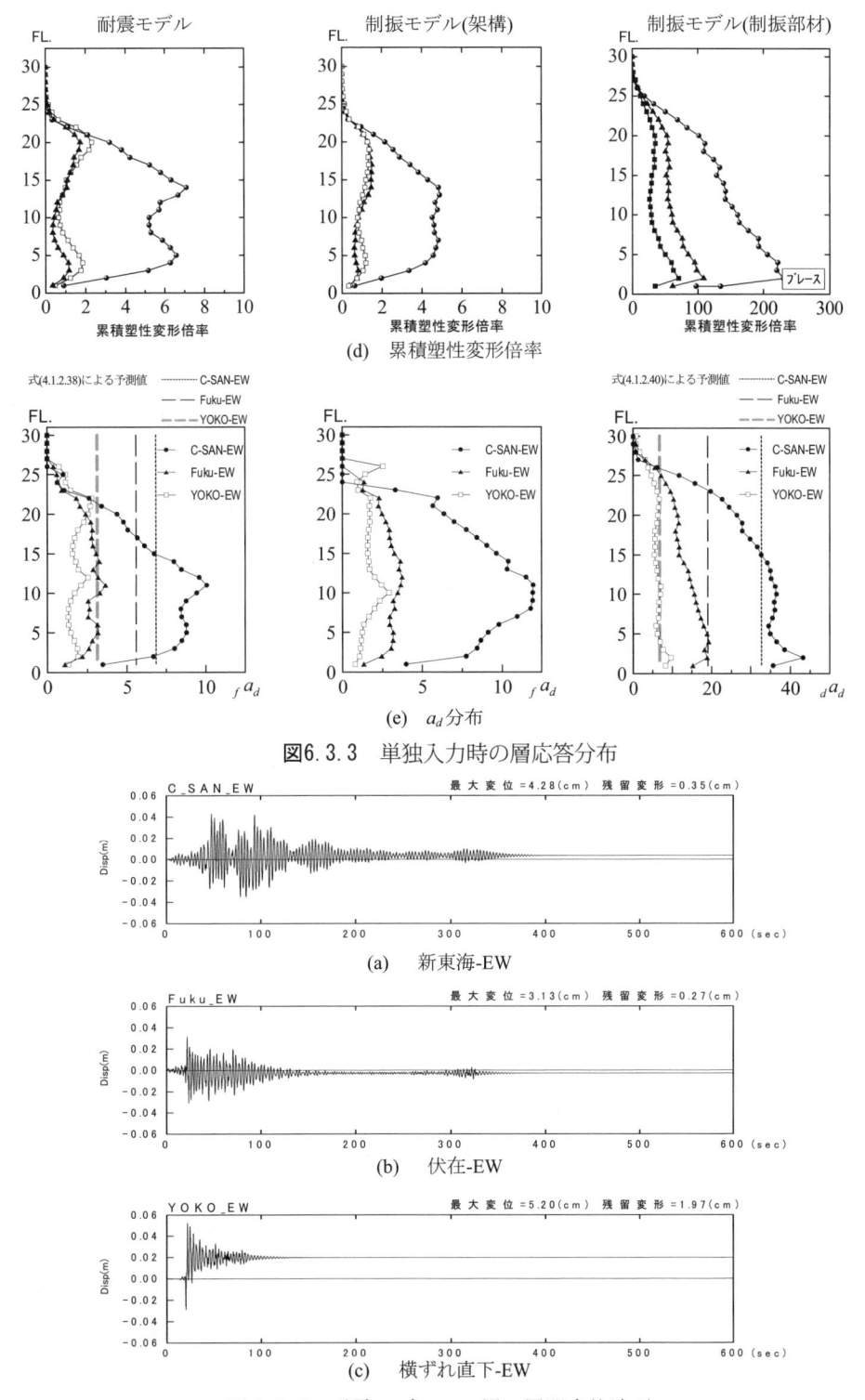

(a) 新東海-EW

(b) 伏在-EW

(c) 横ずれ直下-EW

図6.3.4 耐震モデルの5層の層間変位波形

6.3.4 地震波が連続して作用した場合の応答評価

超高層建物モデルの入力順序は，新東海-EWと伏在-EWが続けて起き，横ずれ直下-EWはその前後に発生するF→S→Y，Y→F→S，S→F→Y，Y→S→Fの4ケースとした．表6.3.3に単独入力時と4ケースの連続入力時の耐震モデルと制振モデルの層の応答値を示す．図6.3.5に，耐震モデルと制振モデルの架構と制振部材の層間変形角 R_i，塑性変形倍率 $_f\mu_i$，$_d\mu_i$，残留変形倍率 $_f\Delta\eta_i$，$_d\Delta\eta_i$，累積塑性変形倍率 $_f\eta_i$，$_d\eta_i$ の層応答を示す．図中の予測値は，それぞれ層間変形角では式(4.2.49)と式(4.2.52)を，塑性変形倍率では式(4.2.50)と式(4.2.51)，式(4.2.53)を，累積値では式(4.2.56)と式(4.2.57)を用いて計算した値を示す．

図6.3.3と図6.3.5を比較すると，耐震モデルの最大値である層間変形角 $1/R_i$ と塑性変形倍率 $_f\mu_i$ は単独入力時の最大値を包絡する値かそれ以上であり，入力順序による違いも小さい．一方，残留変形倍率 $_f\Delta\eta_i$ は入力順序により異なる．単独入力時に大きい残留変形を残す横ずれ直下-EWを最後に入力した場合S→F→Yが大きく，特に5層と18層付近が大きくなる．制振モデルの架構と制振部材の最大値である層間変形角 R_i と塑性変形倍率 $_f\mu_i$，$_d\mu_i$ は概ね単独入力時の最大値を包絡する値を示し，入力順序による違いも少ない．最大値の予測式は，耐震モデルでは塑性変形に比べて残留変形が小さいため式(4.2.52)と式(4.2.53)による予測値はともに応答値より大きい値を示す．制振モデルでは架構が塑性化しているが，残留変形が小さいため，式(4.2.52)より式(4.2.49)，式(4.2.53)より式(4.2.50)と式(4.2.51)による予測値の方がともに応答値と良く一致している．一方，架構の残留変形倍率 $_f\Delta\eta_i$ は，制振構造にもかかわらず塑性化しているため入力順序により異なり，耐震モデルと同様の傾向を示す．架構と制振部材の累積塑性変形倍率 $_f\eta_i$，$_d\eta_i$ は，耐震モデル，制振モデルともに入力順序と無関係に単独入力時の値の総和を示し，式(4.2.56)と式(4.2.57)で表される．

6.3.5 連続入力時の最大値の予測

耐震モデル，制振モデルともに応答値が大きい5階の層間変形に着目して，層の最大値について考察する．入力順序が最大値に及ぼす影響を検討するため，+Y+S−F，+Y−F+S，−F+S+Yの順序で入力した耐震モデルの5階の層間変形の時刻歴波形を図6.3.6示す．図より，4.2.3節に示す1質点系の応答値と同様に，残留変形が最大の横ずれ直下-EWが最後になる場合が2.2 cmと最も大きい残留変形を示し，横ずれ直下-EWが最初の場合には新東海-EWや伏在-EWの応答により残留変形が減少している．

残留変形が最も大きい横ずれ直下-EW波が最後となる入力順序S→F→Yについて，波形の符号の全ての組合せ入力時（+S+F+Y，+S−F+Y，+S−F−Y，+S+F−Y）の耐震モデルの5階の層間変形の時刻歴波形を図6.3.7に示す．図より，地震波の符号の違いにより，5階の層間変形は4.2〜5.5 cm，残留変形は1.6〜2.2 cmの範囲でばらつき幅を持つ．単独入力時の最大値は横ずれ直下-EW波の層間変形5.5 cm，残留変形1.9 cmであり，連続入力時の最大値はそれより大きくなる場合がある．

6章　名古屋地区の地震を想定した設計用入力地震動評価と応答評価　−277−

耐震モデル　　　　　　　　　　制振モデル(架構)　　　　　　　　制振モデル(制振部材)

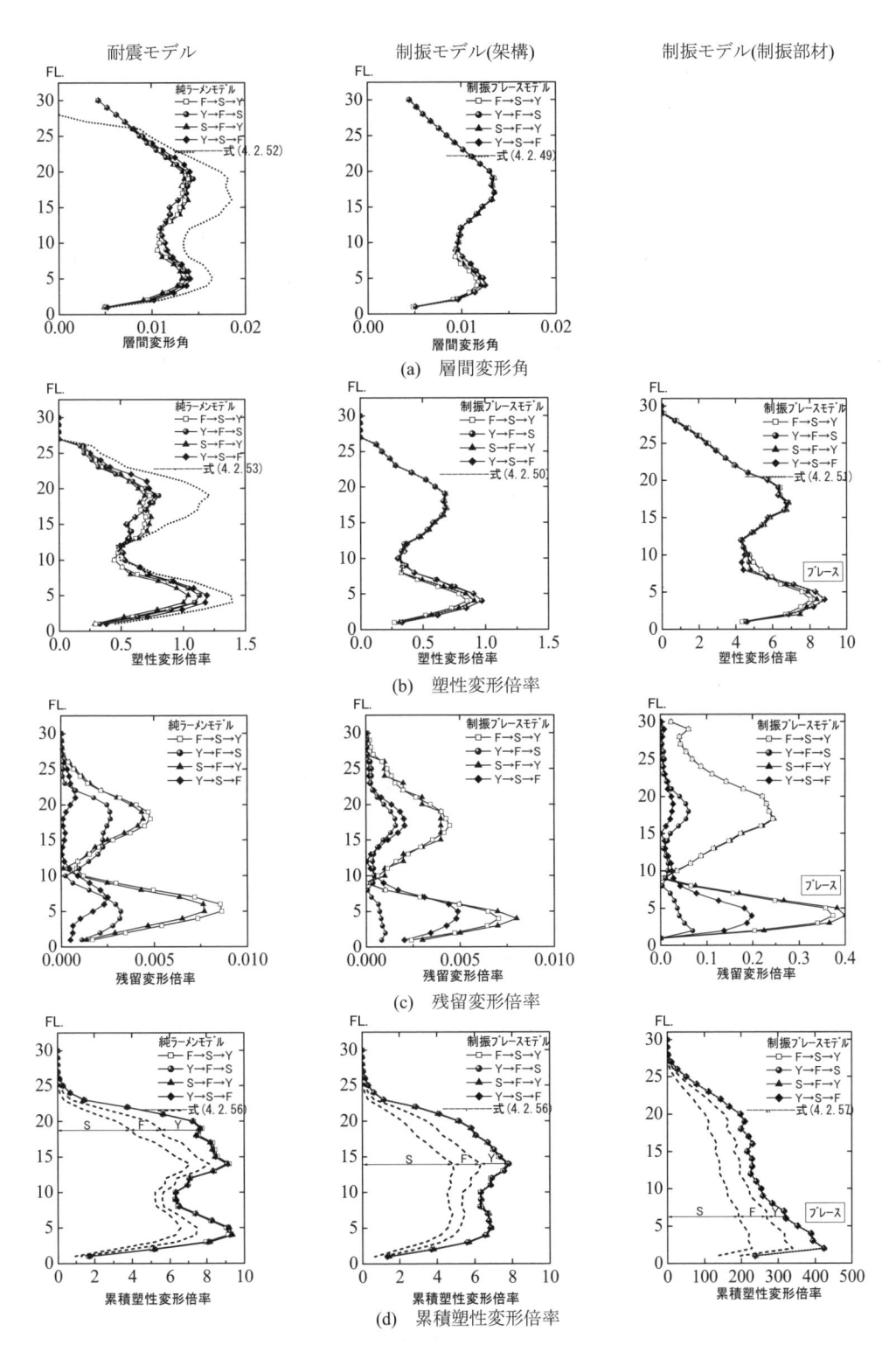

(a) 層間変形角

(b) 塑性変形倍率

(c) 残留変形倍率

(d) 累積塑性変形倍率

図 6.3.5　連続入力時の層応答分布

表 6.3.3 耐震・制振モデルの層の応答値

	耐震モデル					制振モデル				
	1/R	μ	η	$\Delta\eta$	$\Delta\eta/\mu$	1/R	μ	η	$\Delta\eta$	$\Delta\eta/\mu$
C_SAN_EW	0.014	0.74	7.09	0.005	0.003	0.010	0.42	5.33	0.002	0.004
Fuku-EW	0.013	0.55	1.73	0.002	0.005	0.011	0.43	1.67	0.001	0.002
Yoko-EW	0.014	1.03	2.31	0.008	0.008	0.013	0.97	1.55	0.008	0.008
−F+S+Y	0.014	1.13	9.22	0.009	0.008	0.014	0.93	8.11	0.008	0.008
+Y−F+S	0.014	1.13	9.21	0.003	0.004	0.014	0.97	8.16	0.004	0.005
+S−F+Y	0.014	1.04	9.38	0.008	0.008	0.014	0.86	8.09	0.007	0.008
+Y+S−F	0.014	1.19	9.34	0.003	0.003	0.014	0.97	8.19	0.002	0.002

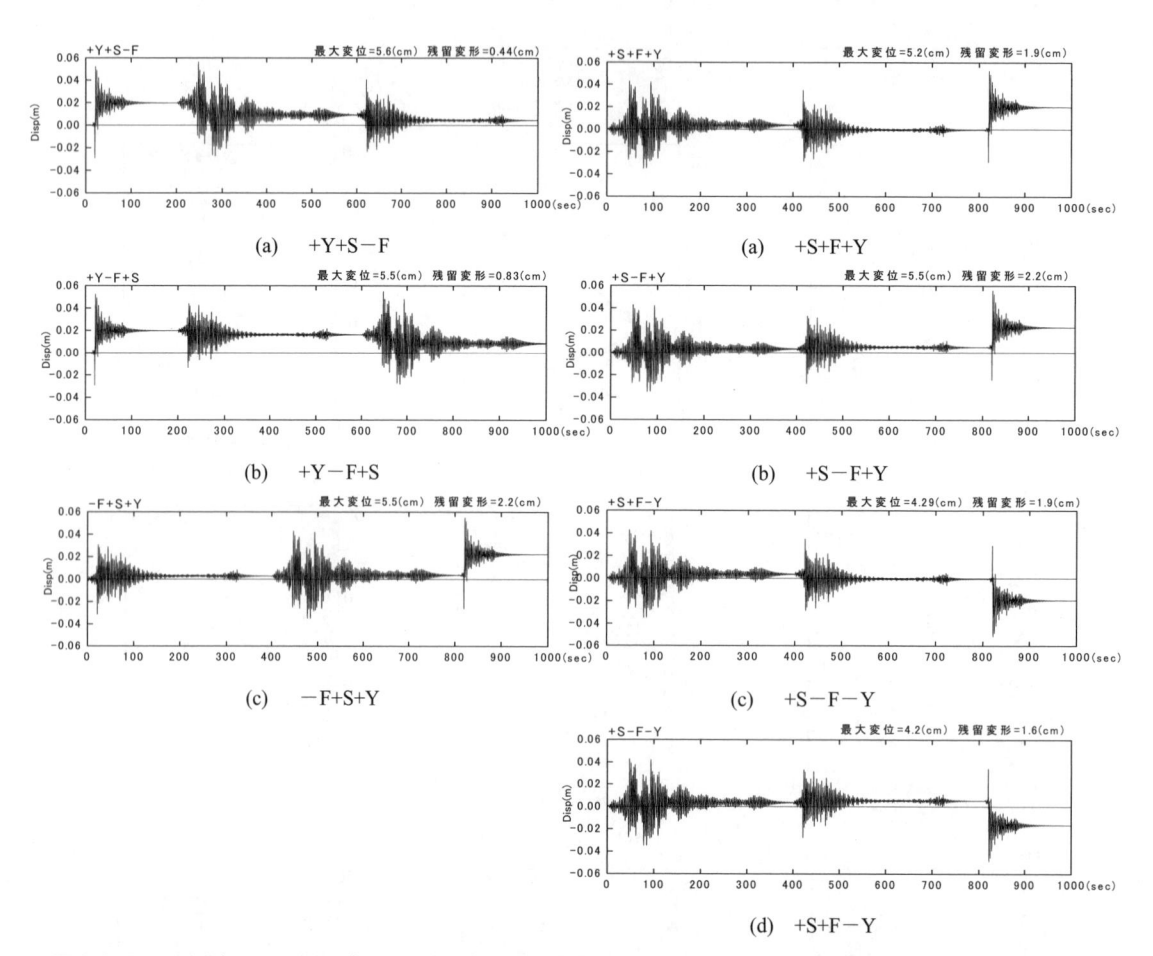

(a) +Y+S−F

(b) +Y−F+S

(c) −F+S+Y

(a) +S+F+Y

(b) +S−F+Y

(c) +S+F−Y

(d) +S+F−Y

図 6.3.6 入力順序による層間変形の比較（5階）　図 6.3.7 地震波の符号による層間変形の比較（5階）

6.3.6 終局耐震性能の評価

応答結果を JSCA 性能メニューに示す性能判断基準値表[9]に基づき，終局耐震性能を評価する．JSCA 性能メニューでは，層間変形角 R を性能評価項目の基準と考えており，損傷限界値，余裕度Ⅰ，余裕度Ⅱ，安全限界値を，それぞれ 1/200，1/150，1/100，1/75 と規定している．最大値の安全限界値に対する比率は，層間変形角の比率（100/75=1.33，150/75=2.0）をそのまま採用し，累積値

は最大値の比率を 2 乗した値（1.33^2=1.77, 2.0^2=4.0）としている．また，鋼構造建物では，保有水平耐力計算(1981)で構造体の塑性変形能力を確保するための諸規定が定められ，1995 年の阪神大震災の建物被害から，柱や梁などの構造部材に期待されている塑性変形能力を発揮する前に，柱・梁接合部が応力集中により延性破壊や脆性破壊を起こし，構造体の塑性変形能力に大きく影響することが明らかになっている．このことから，角形鋼管柱と H 型鋼梁の接合部を対象とする，既往の研究をもとに，接合部詳細や接合形式ごとに，梁端部の破断で決まる塑性変形能力を 5.3 節の表 5.3.4 のように設定している．さらに，架構の部材レベルの時刻歴応答解析から，構造部材と構造骨組の応答値の関係を求め，構造部材の安全限界値から構造骨組の安全限界値を定めている．表 6.3.4 に示すようにこれらを性能判断基準値表として整理している．表 6.3.4 の δ_y/δ_{eq} は層の復元力を Bi-linear 型にモデル化して求める累積塑性変形倍率の基点となる等価降伏変形 δ_{eq} と層の降伏変形 δ_y の比率を表しており，ここでは δ_y/δ_{eq}=0.8 を一律に採用した．制振部材の累積塑性変形倍率 $_d\eta_{ui}$ の安全限界値は，100～1000 の間にあり，ここでは $_d\eta_{ui}$=400 と設定する．架構の層の塑性変形倍率と累積塑性変形倍率の応答値と表 6.3.4 に基づく限界値の関係をそれぞれ図 6.3.8，図 6.3.9 に示す．同様に，制振部材の累積塑性変形倍率の応答値と表 6.3.4 に基づく限界値の関係を図 6.3.10 に示す．

　図 6.3.8 より，耐震モデル，制振モデルともに塑性変形倍率については，架構は十分な余裕を持っており安全限界値に達しない．図 6.3.9 より，累積塑性変形倍率については，長周期地震動の新東海-EW は余裕度Ⅱを上回るが，直下地震の伏在-EW と横ずれ直下-EW は余裕度Ⅰレベルに留まる．連続しての発生が予想される新東海-EW と伏在-EW の連続入力に対して架構は安全限界値に達していないが，3 波の連続入力に対しては，耐震モデルで安全限界値を上回り，制振モデルでは下回っている．図 6.3.10 より，制振部材の累積塑性変形倍率は，新東海-EW は余裕度Ⅱを上回るが，直下地震の伏在-EW と横ずれ直下-EW は余裕度Ⅰレベルに留まる．2 波の連続入力＋S－F に対して安全限界値に達していないが，3 波の連続入力に対しては，安全限界値を上回る．

　これらの結果から，構造体の損傷に係わる塑性変形倍率は，両モデル，3 波入力ともに安全限界値を十分下回る．層間変形角も，耐震モデルでは R=0.014 と安全限界値 R=1/75=0.0133 を若干上回るが，制振モデルにすることで R=0.013 と満足する．従って，最大値のみを設計目標とする場合は，何回地震を受けようとも安全限界値を満足することになる．一方，累積値である累積塑性変形倍率を設計目標に付け加えた場合には，耐震モデルでも 1 波入力では安全限界値を満足するが，3 波入力では，安全限界値を上回る．このことから，制振構造を採用するか，いずれかの時点で制振改修をする必要がある．制振部材も，3 波入力では，安全限界値を上回ることから，いずれかの時点で取り換えが必要となる．鋼構造建物に対する JSCA 性能判断基準値表は，最大値は仕上材や設備機器，什器備品などの損傷や建物の機能・居住性能に係わる評価指標であり，累積値が構造体の損傷に係わる評価指標と位置付けている．この検討から，累積値の性能グレードは何回まで地震動を許容できるかを表しているとも言える．

表 6.3.4 性能判断基準値表 [9]

対象		性能評価項目	損傷限界	安全限界 余裕度 I	安全限界 余裕度 II	安全限界
建物挙動		$R\,(rad)$	1/200	1/150	1/100	1/75
		$\alpha\,(m/s^2)$	—	2.5	5.0	10.0
構造体	構造骨組	μ	0	1.0	2.0	3.0
		η JASS6型(複合円スカラップ)	0	$2.6(\delta_y/\delta_{eq})$	$6.0(\delta_y/\delta_{eq})$	$10.7(\delta_y/\delta_{eq})$
		ノンスカラップ	0	$4.5(\delta_y/\delta_{eq})$	$10.2(\delta_y/\delta_{eq})$	$18.2(\delta_y/\delta_{eq})$
		梁端混用	0	$1.7(\delta_y/\delta_{eq})$	$3.7(\delta_y/\delta_{eq})$	$6.7(\delta_y/\delta_{eq})$
		$\gamma\,(\%)$	0	30	60	100
	構造部材	μ_m	0	1.5	2.75	4.0
		η_m JASS6型	0	5.4	12.0	21.5
		ノンスカラップ	0	9.0	20.5	36.5
		梁端混用	0	3.5	7.5	13.5
制振・免震部材		η_d	—	$\eta_{du}/4.0$	$\eta_{du}/1.77$	$\eta_{du}=400$
		W_d	—	$W_{du}/4.0$	$W_{du}/1.77$	W_{du}
		δ_l	—	$\delta_{lu}/2.0$	$\delta_{lu}/1.33$	δ_{lu}

注) R：層間変形角, α：床加速度, $_f\mu$：層の塑性変形倍率, $_f\eta$：層の累積塑性変形倍率, γ：塑性ヒンジ発生率, $_f\mu_m$：構造部材の塑性変形倍率, $_f\eta_m$：構造部材の累積塑性変形倍率, $_d\eta$：制振部材の累積塑性変形倍率, $_dW$：制振部材のエネルギー吸収量

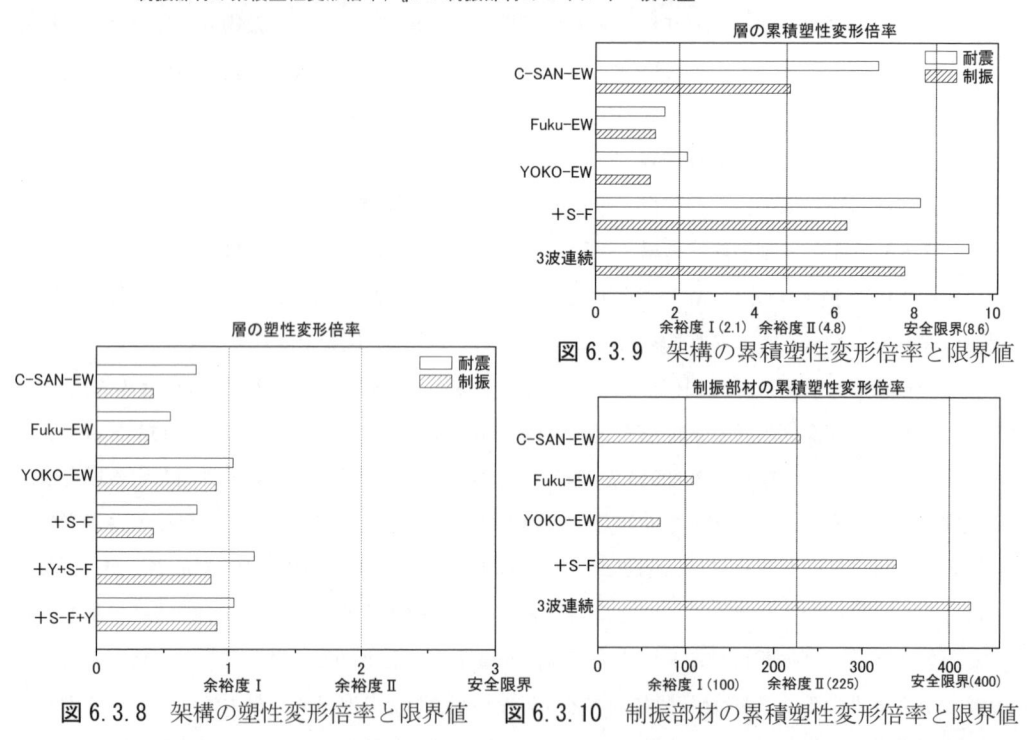

図 6.3.8 架構の塑性変形倍率と限界値

図 6.3.9 架構の累積塑性変形倍率と限界値

図 6.3.10 制振部材の累積塑性変形倍率と限界値

6.3.7 まとめ

本節では，名古屋三の丸地区で想定される3つの地震波を用いて，30層鋼構造超高層建物の耐震・制振モデルを用いて，地震動が単独入力した場合と連続入力した場合の応答解析を行い，4.2.3節で示した単独入力時の応答値から連続入力時の応答値の予測式を検証した．また，これらの解析結果を，JSCA性能メニューに示す性能判断基準値表に適用して，耐震性能を評価した．これらを整理して，長寿命建物が遭遇する複数の強震動に対する鋼構造超高層建物の耐震性の評価法として提案した．

この検討から得られた知見を以下にまとめる．

・連続入力時の累積値は，地震波の入力順序に関係なく単独入力時の値の総和で求まる．
・塑性化が進行し残留変形が残るような場合には，連続入力時の最大値は，入力順序の影響を受け，単独入力時よりも残留変形が小さくなる場合もあるが，設計的にはばらつき幅を持つことを前提に，加速度の正負も含めた残留変形が最大になる組合せで最大値を評価すべきと考える．
・残留変形の残る方向とその大きさは，地震波だけではなく層によっても異なり，予測は困難である．
・制振モデルのように残留変形を生じない場合は，連続入力時の最大値は，単独入力時の最大値を包絡する値となる．

参 考 文 献

1) 北村春幸・野村綾・川崎恵・壇一男・佐藤俊明：長寿命鋼構造建物が遭遇する複数の強震動を想定した累積損傷評価法の提案－名古屋三の丸地区で想定される強震動を対象として－，日本建築学会構造系論文集，第642号，pp.1443-1452，2009.8
2) 熊谷由章・工藤渉・森井雄史・林康裕：長周期建物の供用期間中の累積損傷度評価，第12回日本地震工学シンポジウム，No.344，pp.1482-1485，2006.11
3) 国土交通省中部地方整備局ほかコンソーシウム：名古屋市三の丸地区における地域特性を考慮した耐震改修のための基盤地震動の作成（概要版），2004.6
4) 壇一男・神原浩・藤川智・菊地優：断層破壊のシナリオとその生起確率を考慮した地震ハザード解析に関する研究－断層モデルによる予測地震動を建物の性能設計法に実装するために－，日本建築学会構造系論文集，第602号，pp.119-128，2006.4
5) 北村春幸・馬谷原伴恵・川崎恵：時刻歴応答解析結果をもとにエネルギーの釣合に基づく耐震設計法を適用した建築物の耐震性評価法の提案，日本建築学会構造系論文集，第632号，pp.1755-1763，2008.10
6) 秋山宏：エネルギーの釣り合いに基づく建築物の耐震設計，技報堂出版，1999.11
7) 北村春幸：性能設計のため建築振動解析入門(第2版)，彰国社，2009.4
8) 秋山宏・北村春幸：エネルギースペクトルと速度応答スペクトルとの対応，日本建築学会構造系論文集第608号，pp.37-43，2006.10
9) 北村春幸・宮内洋二・浦本弥樹：性能設計における耐震性能判断基準値に関する研究－JSCA耐震性能メニューの安全限界値と余裕度レベルの検討－，日本建築学会構造系論文集，第604号，pp.183-191，2006.6
10) 日本建築学会：長周期地震動と建築物の耐震性，丸善，2007.12

6.4 免震建物の終局耐震性能の評価

6.4.1 免震建物の応答特性

図 6.4.1 に示す 1 自由度系振動モデルを用いて 6.2 節と 6.3 節で使った 3 種類の地震動に対する免震建物の応答特性を検討する．免震層にはアイソレータ＋履歴系ダンパー（ノーマルバイリニアモデル）と流体系ダンパー（減衰力は速度に単純比例）の 2 種類を配置する．流体系ダンパーの減衰係数は減衰定数として与え，バイリニア型モデルの降伏荷重は降伏荷重を建物全重量で除した降伏せん断力係数 α_s で与える．降伏変位は 1 cm で固定し，2 次剛性 K_f は免震周期が 1 秒から 10 秒まで変化するように設定した．なお，本検討で 1 自由度系振動モデルを用いているのは，免震層の繰り返し変形によるエネルギー吸収性能や求められる変形性能に着目しているためである．多層建物モデルでは上部構造の粘性減衰によりエネルギーを吸収するものの，本項では上部構造を 1 質点としているため，地震入力エネルギーをすべて免震層で吸収する必要がある．

(a) 振動モデル　　(b)アイソレータ＋履歴系ダンパー　　(c)流体系ダンパー

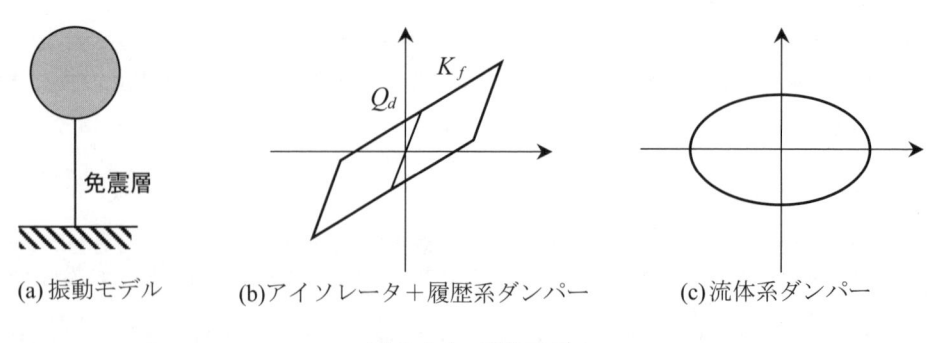

図 6.4.1　振動モデル

図 6.4.2～図 6.4.4 に各地震波を入力した場合の最大応答変形を示す．図の左から流体系ダンパーの減衰定数 h が 0%，10%，15% となっている．図中には降伏せん断力係数 α_s を 0.01～0.05 まで変化させたときの結果が示されている．減衰定数 h が 0% で履歴系ダンパーしかない場合には，応答変形は非常に大きくなっている．特に周期 3 秒付近での応答は 1 m を超えるような応答となる．新東海-EW 波と伏在-EW 波では降伏せん断力係数 α_s を 0.05 程度まで大きくすると最大応答変形は 50 cm 以下となっている．しかし，横ずれ直下-EW 波では 70 cm を超える応答となる．降伏せん断力係数 α_s を大きく設定すると上部構造の応答が増幅する傾向にあり，適用にあたっては注意が必要だろう．

履歴系ダンパーに粘性減衰を付加していくと周期 3 秒付近の応答も低減させることができる．減衰定数が 10% 以上で，降伏せん断力係数 α_s が 0.03 程度であれば，最大応答変形を 40 cm 程度以下とすることが可能である．ただし，横ずれ直下-EW 波では粘性減衰を 15% まで高めると応答変位は 50 cm 程度となる．

図 6.4.2 新東海-EW 波入力時の最大応答変位

図 6.4.3 伏在-EW 波入力時の最大応答変位

図 6.4.4 横ずれ直下-EW 波入力時の最大応答変位

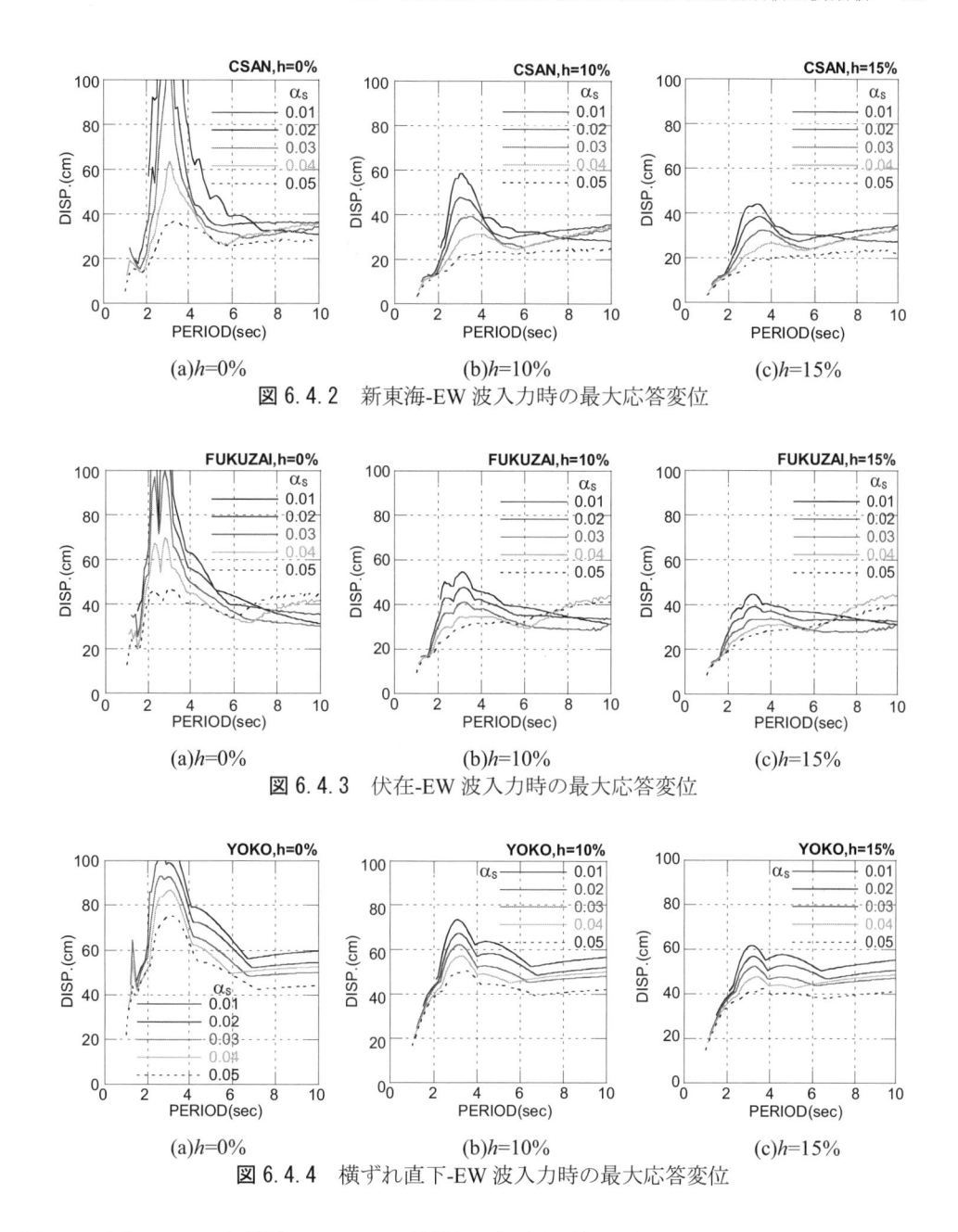

図 6.4.5～図 6.4.7 に，免震層のベースシア係数を示す．図の並びは図 6.4.2～図 6.4.4 に同じである．ベースシア係数は免震周期が長くなるにしたがって小さくなっていく．免震周期 4 秒で減衰定数 h が 0%のときのベースシア係数は，新東海-EW 波で 0.15～0.2，伏在-EW 波で 0.15 程度，横ずれ直下-EW 波では 0.2 を超えている．減衰定数を増していくと，新東海-EW 波と伏在-EW 波では免震周期 4 秒時点のベースシア係数は 0.1 程度となっている．しかし，横ずれ直下-EW 波では 0.2 を若干下回る程度である．横ずれ直下-EW 波でベースシア係数を 0.1 程度とするためには，免震周期を 5 秒～6

秒程度まで伸ばす必要がある．上部構造の応答加速度については，上部構造の剛性と免震層の剛性の比率により高次モードの影響が異なってくるものの，免震層のベースシア係数が0.1程度であれば，上部構造の応答加速度は十分抑制されると思われる．

(a)h=0%　　　　　　　　(b)h=10%　　　　　　　　(c)h=15%
図 6.4.5　新東海-EW 波入力時の免震層のベースシア係数

(a)h=0%　　　　　　　　(b)h=10%　　　　　　　　(c)h=15%
図 6.4.6　伏在-EW 波入力時の免震層のベースシア係数

(a)h=0%　　　　　　　　(b)h=10%　　　　　　　　(c)h=15%
図 6.4.7　横ずれ直下-EW 波入力時の免震層のベースシア係数

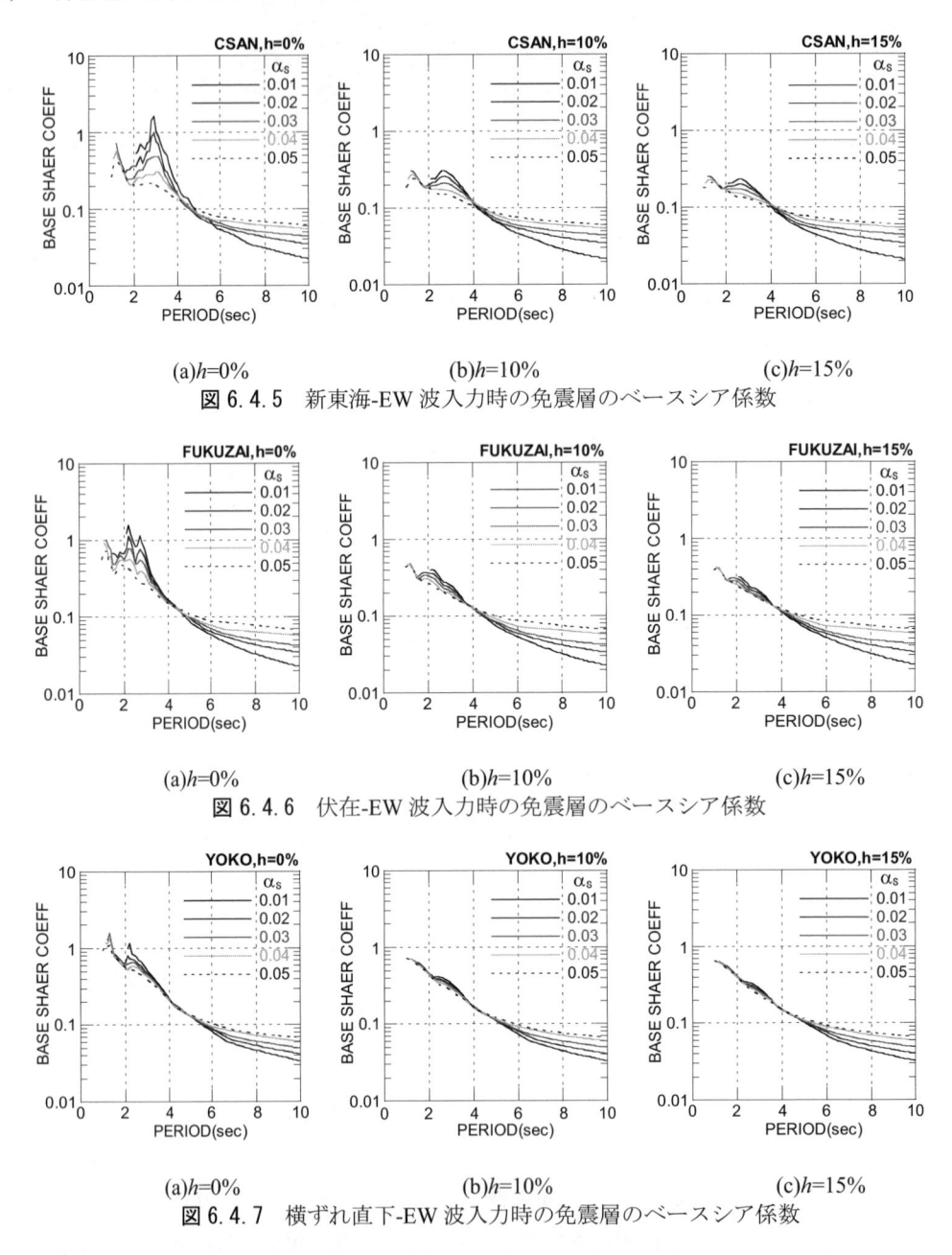

図 6.4.8〜図 6.4.10 は，累積塑性変形量を示す．図の並びは前出の図に同じである．累積塑性変形量が最も大きいのは新東海-EW 波で，最も小さいのは横ずれ直下-EW 波となっている．減衰定数 h

が0%でα_S=0.03の場合,新東海-EW波では周期3秒付近で60mという非常に大きな累積変形となっている.一方,横ずれ直下-EW波では20m前後である.減衰定数を10%以上加えた場合には,累積変形はほぼ20m(横ずれ直下-EW波では10m)以下となっている.粘性減衰を付加することで,最大応答変位のみならず累積塑性変形も大幅に低減できることがわかる.

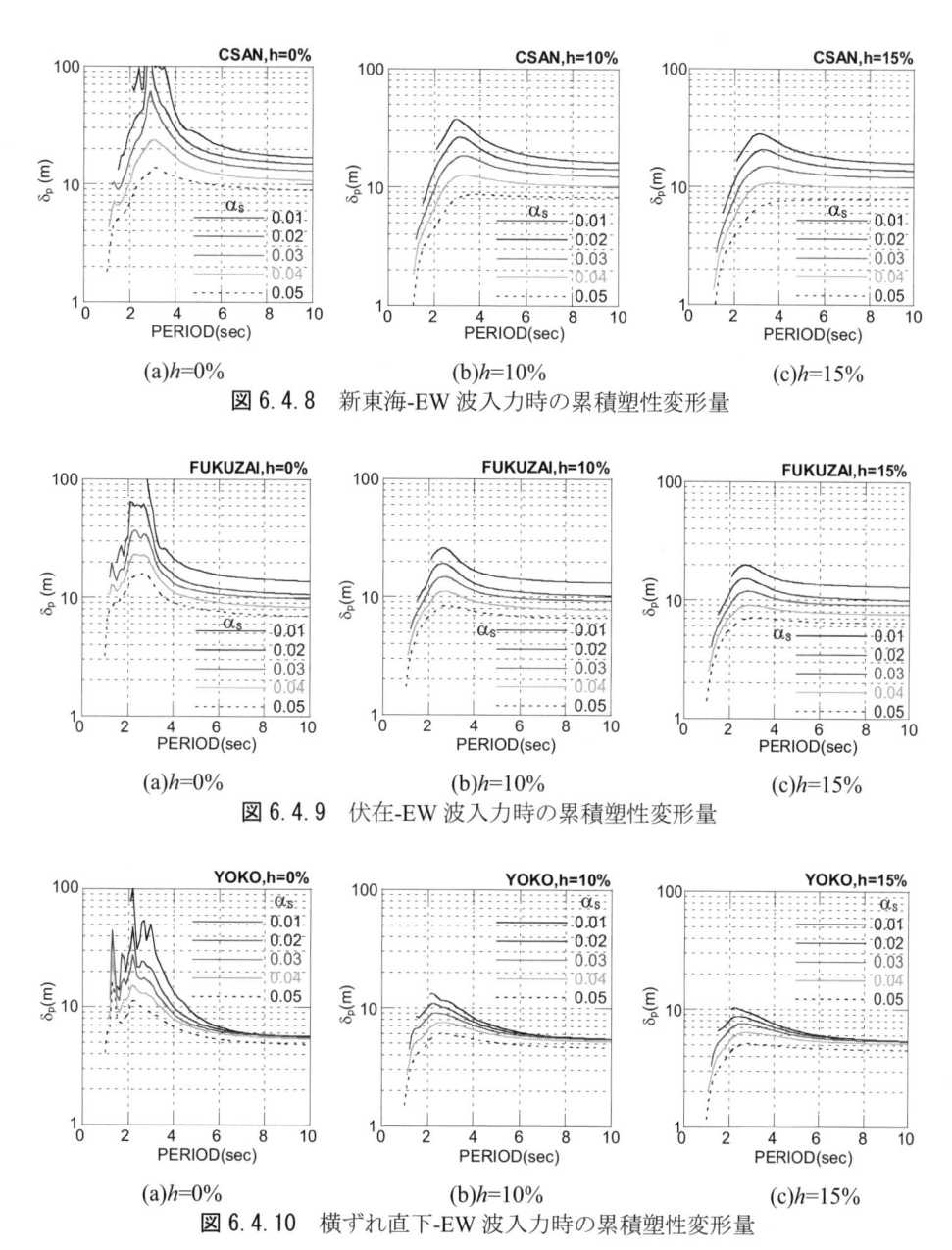

(a)h=0%　　　　　　　　(b)h=10%　　　　　　　　(c)h=15%

図6.4.8　新東海-EW波入力時の累積塑性変形量

(a)h=0%　　　　　　　　(b)h=10%　　　　　　　　(c)h=15%

図6.4.9　伏在-EW波入力時の累積塑性変形量

(a)h=0%　　　　　　　　(b)h=10%　　　　　　　　(c)h=15%

図6.4.10　横ずれ直下-EW波入力時の累積塑性変形量

6.4.2 繰り返しに伴う耐力低下を考慮した解析

長周期地震動により免震建物が繰り返し変形をうけると，鉛プラグ入り積層ゴムや鉛ダンパーなどでは耐力が低下することが知られている．そこで，耐力低下を考慮した応答解析を実施し，耐力低下が応答値に与える影響を検討する．

解析モデルは図6.4.1と同じ1質点系モデルを使い，免震周期は4秒，降伏せん断力係数 α_S =0.03 とする．ただし，耐力低下を考慮するために，バイリニアモデルの降伏荷重を累積塑性変形量に応じて低下させていく．ここでの解析では，5.4節で示した鉛ダンパーの耐力低下モデル（図5.4.6, 式(5.4.4)）を用いる．

表6.4.1に解析結果を示す．同表には最大応答変位と累積塑性変形量を，耐力一定モデルと耐力低下モデル別に示している．耐力低下モデルの最大応答変位は一定モデルに対して，1.00～1.08倍であまり変化はない．累積塑性変形量は新東海-EW波で約28 m（流体系ダンパーの減衰定数 h=0%の場合），約20 m（h=10%の場合）となっている．伏在-EW波の累積塑性変形は約15 m程度，横ずれ直下-EW波では約9 mとなっている．耐力一定モデルに対し耐力低下モデルでは累積塑性変形量は新東海-EW波では1.2倍程度大きいものの，伏在-EW波と横ずれ直下-EW波では1.04～1.14程度となっている．

表中の累積塑性変形量の欄に括弧付きで示している数値は，最大応答変位が発生した時点での累積塑性変形量を示している．新東海-EW波では最大変形発生時点で15 mを超える累積塑性変形量となっているものの，その他の地震波では2～3 m以下であり，最大変形が発生する時点ではダンパーの耐力低下はほとんど生じていないことになる．このため耐力低下の有無にかかわらず最大応答変位が変わらなかったと考えられる．

表6.4.1 最大応答変位と累積塑性変形の比較（免震周期4秒, α_S =0.03）

地震動	耐力	h=0%		h=10%	
		最大変位(m)	累積変形(m)	最大変位(m)	累積変形(m)
新東海-EW	一定	0.493	23.21 (15.64)	0.363	16.76 (11.35)
	低下	0.499 [1.01]	28.46 (17.97)	0.391 [1.08]	20.41 (12.91)
伏在-EW	一定	0.502	13.37 (1.67)	0.382	11.19 (1.37)
	低下	0.502 [1.00]	15.27 (1.67)	0.382 [1.00]	12.59 (1.37)
横ずれ直下-EW	一定	0.714	8.67 (2.89)	0.521	7.11 (1.32)
	低下	0.724 [1.01]	9.15 (2.90)	0.524 [1.04]	7.38 (2.35)

※ [ ]内は耐力一定モデルに対する比率，( )内は最大変形が発生した時点での累積塑性変形量

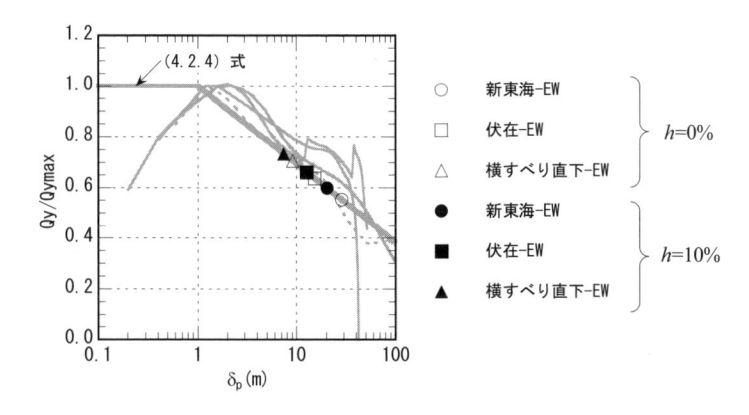

図 6.4.11 累積塑性変形の応答値と鉛ダンパーの実験値との比較

図 6.4.11 には,図 5.4.6 の鉛ダンパーの繰り返し特性の図に,表 6.4.1 の応答結果(耐力低下モデル)をプロットしている.鉛ダンパーの耐力は最大で 60%程度まで低下することが推定される.

図 6.4.12 と図 6.4.13 には,耐力一定モデルと耐力低下モデルの履歴曲線を示す.新東海-EW 波では繰り返し変形が多いのに対し,横ずれ直下-EW 波では最大変位は大きいものの,繰り返し数は多くないことがわかる.

6.4.3 まとめ

本項では,名古屋三の丸地区で想定された地震動を使った免震建物の応答について検討した.その結果,以下の知見が得られた.

・解析に使用したいずれの地震波でも,免震周期 3 秒付近で大きな応答変位を示し,履歴型ダンパーだけでは応答変位を小さくすることは難しい.粘性減衰を適切に付与することで,応答変位を 40cm 程度に低減することは可能である.ただし,横ずれ直下-EW 波では粘性減衰を付与しても応答変形は 40〜60cm と非常に大きいままであった.

・免震層のベースシア係数を 0.1 程度とするには,免震周期が秒以上であれば達成できるものの,横ずれ直下-EW 波では免震周期を 5〜6 秒以上とする必要がある.

・免震層の累積塑性変形量は,免震周期 4 秒以上では最大でも 20〜30m 程度であった.横ずれ直下-EW 波では免震周期 4 秒以上のとき累積塑性変形量は 10m 以下と逆に小さくなる.

・ダンパーが繰り返し変形を受け降伏荷重が低下していくことで免震層の最大応答変形が大きくなることが予想される.鉛ダンパーの耐力低下モデルを用いて検討したものの,本検討の範囲では最大変形の増加量は最大でも 8%でしかなかった.

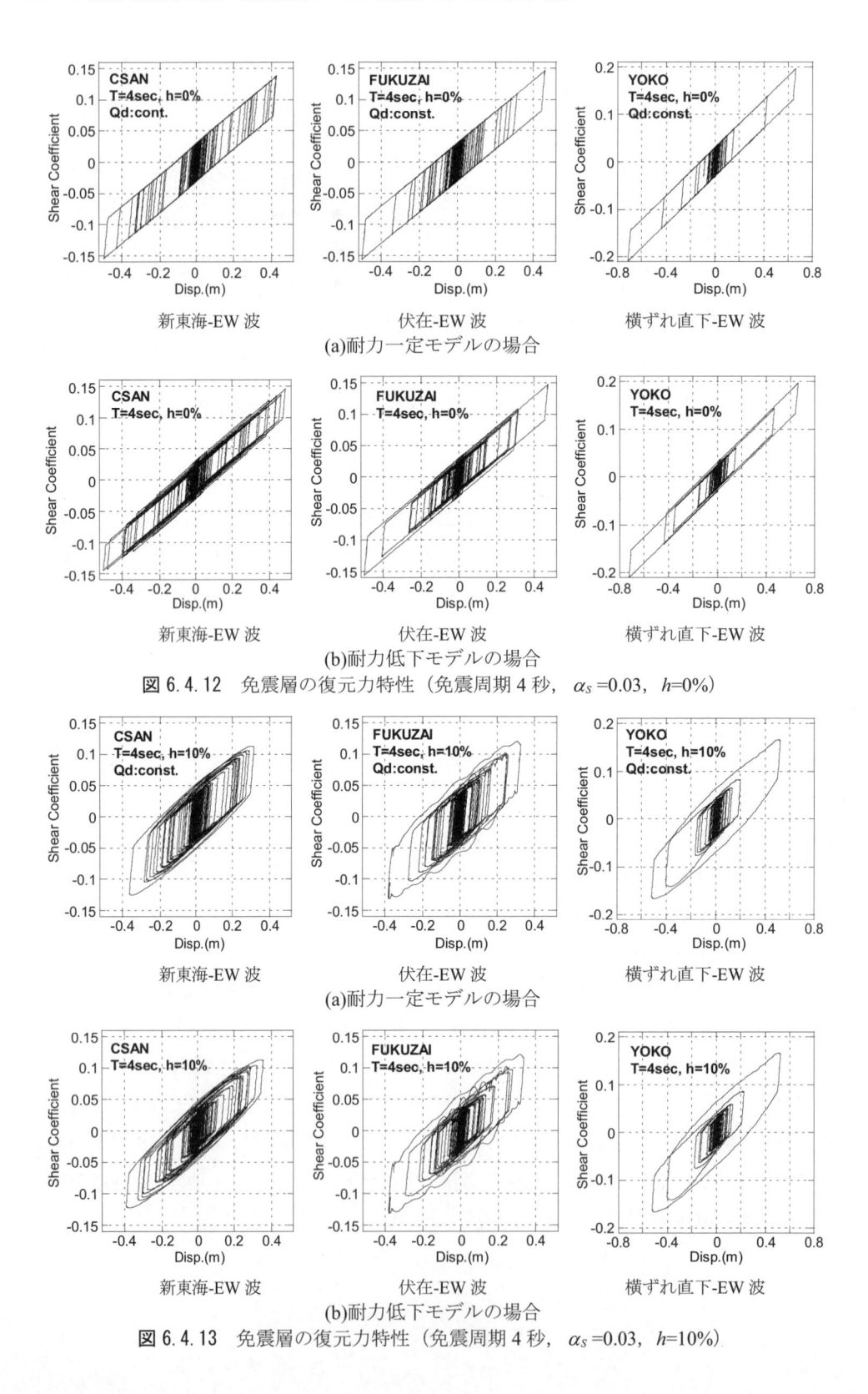

新東海-EW 波　　　　　　　　伏在-EW 波　　　　　　　　横ずれ直下-EW 波
(a)耐力一定モデルの場合

新東海-EW 波　　　　　　　　伏在-EW 波　　　　　　　　横ずれ直下-EW 波
(b)耐力低下モデルの場合

図 6.4.12　免震層の復元力特性（免震周期 4 秒，α_s =0.03，h=0%）

新東海-EW 波　　　　　　　　伏在-EW 波　　　　　　　　横ずれ直下-EW 波
(a)耐力一定モデルの場合

新東海-EW 波　　　　　　　　伏在-EW 波　　　　　　　　横ずれ直下-EW 波
(b)耐力低下モデルの場合

図 6.4.13　免震層の復元力特性（免震周期 4 秒，α_s =0.03，h=10%）

7章　上町断層帯の地震を想定した設計用地震荷重と応答評価

　本章では，内陸地震に対する事例として，上町断層帯の地震を想定した設計用地震荷重評価および建物の終局耐震性評価について紹介する．まず，設計用入力地震動評価として上町断層帯において実施されている強震動予測事例およびそれに基づいて行われた設計用入力地震動の策定事例を示す．次に，ここで示された上町断層帯を想定した設計用入力地震動による，S造建物および免震建物の解析事例を示す．また，上町断層帯地震のよる地震動を模した正弦波パルス入力に対する，伝統木造建物の安全限界評価事例を示す．

7.1　設計用入力地震動評価

7.1.1　上町断層帯と予測地震動の概要

（1）　大阪堆積盆地と上町断層帯

　大阪平野から大阪湾にかけての地域は，「大阪堆積盆地」と呼ばれる大きな盆地構造となっている．大阪堆積盆地は周囲を，中央構造線・生駒断層帯・有馬－高槻構造線・六甲－淡路断層帯といった活断層に取り囲まれており（図7.1.1）[1]，その内部は1,000m以上の厚さの堆積層（大阪層群）が分布（図7.1.2）[2]している．さらに大阪平野の直下には，北は豊中市から大阪市を通り岸和田市に至る全長40km以上（撓曲も考慮した総延長は50km以上）におよぶ上町断層帯がある．上町断層帯は東側隆起の逆断層であり，上町断層主部における平均上下変位速度は約0.4m/千年とされている[3]．最新活動時期は，約2万8千年前以後，約9千年前以前であった可能性がある．断層長さから推定される1回のずれの量（約3m程度，上下成分）と平均上下変位速度からその活動間隔は8千年程度と推定される．断層帯全体を1区間として地震が発生した場合，地震の規模は気象庁マグニチュードで

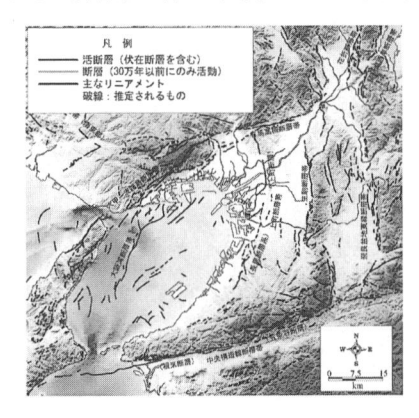

図 7.1.1　大阪堆積盆地周辺の活断層分布 [1]　　図 7.1.2　大阪堆積盆地の地震基盤深度分布 [2]

7.5～7.8程度[4),5)]となると推定される．地震調査研究推進本部の長期評価[4)]では，今後30年以内の地震発生確率が2%～3%，今後50年以内の地震発生確率が3%～5%であり，我が国の主な活断層の中でも地震発生確率が高いグループに属するとされる．上町断層帯は都市直下に存在する活断層であり，地震発生の際は活断層による地震の中で最も大きな被害が発生することが予測されている[5)]．

（2）　上町断層帯地震の強震動予測

　地震発生時の影響の大きさから，上町断層帯で発生する地震について，複数の機関により強震動予測（あるいは被害想定と併せて）が実施されている．地方自治体が実施した例では，大阪府/大阪市合同[5)]の例や堺市[6)]の例がある．また内閣府中央防災会議[7)]が実施した例もあり，以上は建物分布の情報とあわせて被害想定が実施されている．その他，産業技術総合研究所[8)]や地震調査研究推進本部[9)]においても強震動予測が実施されている．

　実施機関により断層面や地震シナリオの設定が異なり，予測手法の違いや地盤構造モデルの違いと併せて，予測結果に差が見られる．予測手法には，距離減衰式による「簡便法」や，ハイブリッド合成法により地震動波形を予測する「詳細法」などがある．表7.1.1に予測実施機関の違いによる巨視的断層パラメータの比較を示す．図7.1.3に予測実施機関や同一機関においても想定する地震シナリオによりに異なる断層面設定の比較を示す．桜川撓曲や住之江撓曲といった派生部を断層の総延長に反映させるか否かといった想定する諸条件の違いによって，予測する地震動の地震規模（モーメントマグニチュード）にも差が現れる．図7.1.4に既往の地震に対する地震モーメントと断層面積の推定値の関係[10)]を示し，上町断層帯地震について想定される値を重ねて示す．中央防災会議による想定値は既往地震の推定値の関係と比べて想定断層面積に対する地震モーメントが大きく設定されているが，他の機関による想定値は平均的な関係である．

　設定される巨視的断層パラメータは，採用する情報や強震動予測の目的の違いなどに応じて予測機関毎に差が見られる．さらに，震源断層の不均質性を示す「微視的断層パラメータ」や破壊過程の違いにより，強震動予測結果は様々な分布を示す．このため，各実施機関ではそれぞれアスペリティ配置や破壊開始点などを複数ケース設定（断層傾斜角を複数ケース設定する場合もある）して予測計算を実施している．大阪府/大阪市合同では，統計的グリーン関数法による35ケースの予測結果が示されており，このうち府下に与える影響の大きな2ケース（図7.1.3の(a)および(b)）のハイブリッド法による予測結果が示されている．産業技術総合研究所では，調査結果を基に断層面の不均質さを仮定した断層面の自発的な破壊伝播仮定の動力学シミュレーションによる推定などから地震シナリオが作成されており，5ケースの地震シナリオ（表7.1.1の値はシナリオ1のもの）が示されている．地震調査研究推進本部では，詳細法による予測結果として，直線ケース4ケースと屈曲ケース2ケースが示されている．中央防災会議では1ケースのみ実施されている．予測実施機関の立場や目的の違い等が，想定される地震シナリオにも現れている．図7.1.5に強震動予測結果の例として，大阪府/大阪市合同の2ケースと産業技術総合研究所の1ケースの地表面最大速度分布を示す．両者ともに，アスペリティの破壊進展方向ではディレクティビティ効果により速度振幅が大きくなり，最大速度振幅が150cm/sを超える場所が現れている．

表7.1.1 予測実施機関の違いによる巨視的断層パラメータの比較

	大阪府	産総研	中央防災会議	地震本部
断層長さ（総延長）	58 km	— ※	43 km	46 km
傾斜角	65°	60°	70°	70°
断層モデル幅	18 km	— ※	12 km	16 km
断層モデル面積	1,044 km^2	585 km^2	522 km^2	736 km^2
断層タイプ	逆断層	逆断層	逆断層	逆断層
地震モーメント	5.2×10^{19} Nm	1.8×10^{19} Nm	7.3×10^{19} Nm	3.5×10^{19} Nm
モーメントマグニチュード	7.1	6.8	7.2	7.0
平均すべり量	1.4 m	0.9 m	4.1 m	1.5 m

※地表トレースの全長は約45kmとしているが，断層面の自発的破壊の動的シミュレーションにより地震シナリオを決定しているため断層面が矩形の破壊となっておらず，ここでは空欄とした．

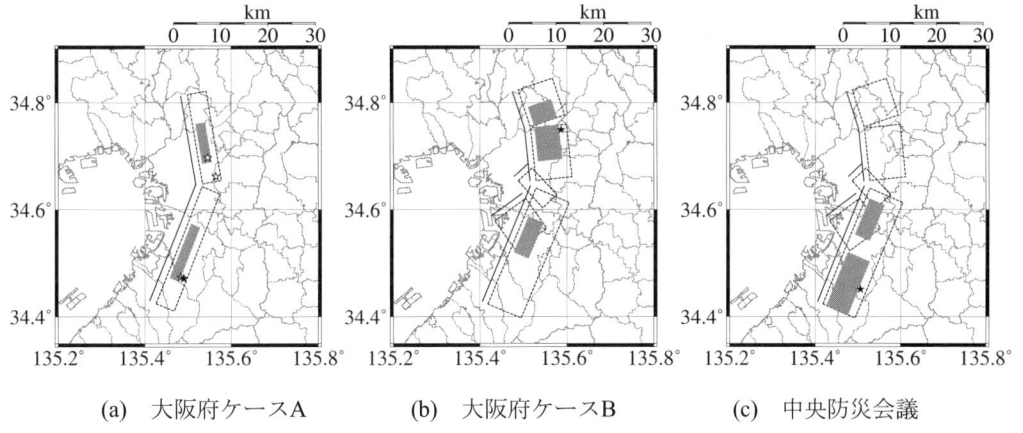

(a) 大阪府ケースA　　(b) 大阪府ケースB　　(c) 中央防災会議

図7.1.3　予測実施機関・地震シナリオの違いによる断層面設定の比較

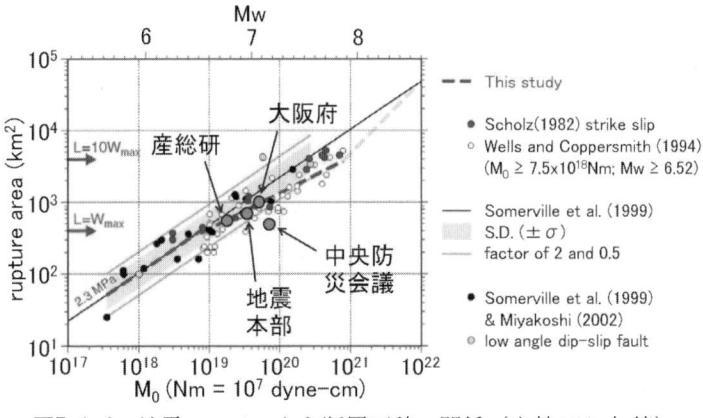

図7.1.4　地震モーメントと断層面積の関係（文献10)に加筆）

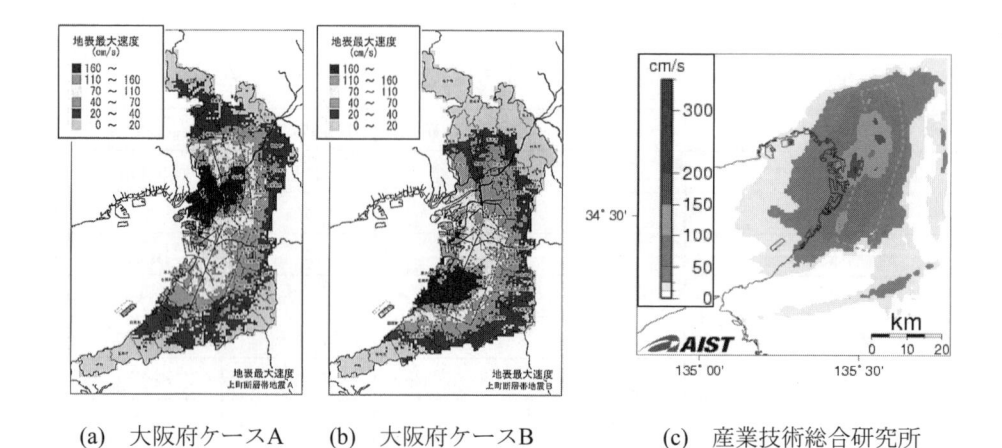

(a) 大阪府ケースA　　(b) 大阪府ケースB　　(c) 産業技術総合研究所

図7.1.5　強震動予測結果（地表面最大速度）の例

（3）　強震動予測結果の耐震検討への利用
（i）　断層近傍の地震動の特徴

　上町断層帯のような逆断層の断層近傍においては，図7.1.3(a),(b)および図7.1.5(a),(b)を比較すると分かるようにアスペリティ（特に破壊開始点）の近傍で地震動が顕著に大きくなる地点がある．この主な理由としては以下の2点が考えられる．1点目は断層距離の影響であり，断層上盤側では断層からの距離が小さく距離による減衰の効果が小さいため地震動が大きくなる傾向がある．断層の放射特性や地盤増幅特性の影響も考えられる．2点目は先にも記したディレクティビティ効果の影響である．地震動が最も大きくなる破壊開始点からアスペリティを挟んで反対側の地表面（断層線付近）では，断層直交方向にその影響が大きくなり，上町断層帯地震では概ね東西方向に振幅の大きな長周期パルスとなる．

　図7.1.6に，後述の地震動ゾーン区分のうちゾーンD6（上町断層帯上盤側）における擬似速度応答スペクトルの例を示す．(a)ケース03は，対象ゾーンの直下に12km×12kmの大きなアスペリティと，その下端中央に破壊開始点を配したケースである．震源から放射されるパルス波の周期特性と対象ゾーンの地盤増幅特性から，4秒強の周期において大きな振幅となり，500cm/sを超える応答振幅となる地点がある．(b)ケース23は，対象ゾーンの南寄りに10km×10kmのアスペリティと破壊開始点，撓曲部にもアスペリティを配したケースであり，比較的フラットなスペクトル特性となっている．(c)ケース25は，(b)ケース23と同じアスペリティ配置で破壊開始点を変更したものである．対象ゾーンにディレクティビティ効果が現れない場合，長周期の振幅は小さくなる．

　図7.1.7に，ゾーンA4（上町断層帯上盤側）における擬似速度応答スペクトルの例を示す．(a)ケース06は，対象ゾーンに対して等価震源距離は小さいが，破壊開始点を8km×8kmのアスペリティの下端中央としたケースである．(b)ケース11は，対象ゾーンの近くに10km×10kmのアスペリティを配し，その下端中央を破壊開始点としたケースである．(b)ケース11の2秒強で大きな振幅となり，

(a) ケース03　　　(b) ケース23　　　(c) ケース25

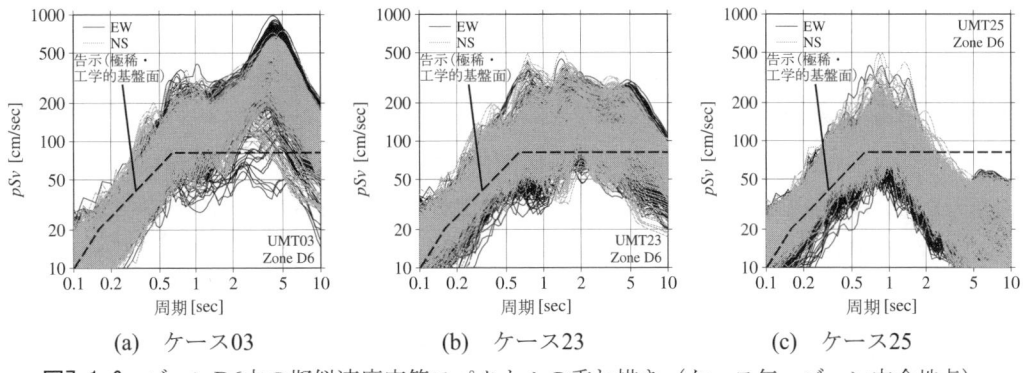

図7.1.6 ゾーンD6内の擬似速度応答スペクトルの重ね描き（ケース毎・ゾーン内全地点）

(a) ケース06　　　(b) ケース11　　　**図7.1.8** ゾーンA3内の擬似速度応答スペクトルの重ね描き（ケース33・ゾーン内全地点）

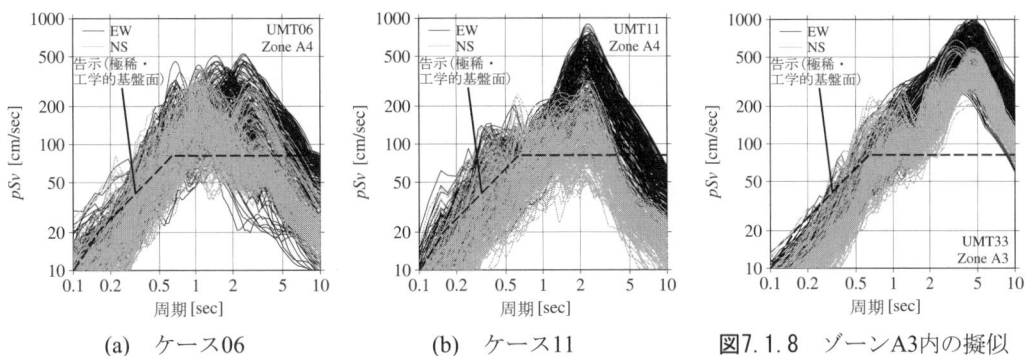

図7.1.7 ゾーンA4内の擬似速度応答スペクトルの重ね描き（ケース毎・ゾーン内全地点）

特に東西方向で顕著である．

　図7.1.8に，ゾーンA3（上町断層帯下盤側）における擬似速度応答スペクトルの例を示す．このケースは，12km×12kmのアスペリティの下端中央に破壊開始点を配している．このため対象ゾーン内では，地震基盤の深さと併せて大振幅の長周期パルスが形成され，東西方向で特に振幅が大きく，5秒弱の周期で大きな振幅となっている．

　これらのように断層近傍において長周期パルス地震動の卓越する場合，その卓越周期は同一ゾーン内においても震源断層モデルのケースによって，ゾーンD6では2秒強から4秒強まで，ゾーンA4では2秒弱から4秒弱まで，ゾーンA3では2秒強から5秒弱まで，アスペリティ配置や破壊開始点配置などの影響を受け多様に変化する．またその振幅も約2秒以上の長周期帯でケース毎に大きな差が見られる．断層近傍の建設地点においては，このような多様性を考慮し，特定の周期で振幅が卓越する地震動で建物の検討を行う際は，他の周期帯での過小評価を避けるため，後述の大震研のようにフラットな特性を持つ地震動を併用するなどの注意を払う必要がある．

（ⅱ）　大阪府/大阪市の想定標準地震動

　大阪府/大阪市においては，平成8年度に土木施設等の構造物に対する耐震検討用の標準的な入力

地震動(地表面)である「想定標準地震動」[11](大阪市における名称は「標準地震動」[12]で,建築構造物に対しては,これをベースに別途地震荷重[13]が与えられている)が示されている.平成19年度には,前節で述べた統計的グリーン関数法による上町断層帯地震35ケースを含む内陸直下型地震72ケースの強震動予測結果を利用し,「想定標準地震動」の見直し[14]を実施しており,図7.1.9に示すゾーン区分毎に加速度時刻歴波形が示されている.内陸直下型地震72ケースの中から各ゾーンにおいて対象周期0.2～2.0秒に対する応答スペクトルの平均レベルが最も高いケースを代表地震シナリオとして選択している.選択された地震シナリオに対し,ゾーン内における応答スペクトルの平均および標準偏差σを計算し,平均+σのスペクトル振幅に対して最も残差の少ないものが,想定標準地震動として示されている.

図7.1.10にゾーンA3(上町断層帯下盤側)における想定標準地震動と,想定標準地震動が計算された地点における上町断層帯地震35ケースの擬似速度応答スペクトルを重ね描いたものを示す.

想定標準地震動は対象周期0.2～2.0秒であるため,2秒以上の応答振幅のバラツキに対して必ずしも大きくなるものが代表地震シナリオとして選択されていない.

2秒以上の周期帯において,選択された想定標準地震動の振幅レベルを超える大きさの地震動レベルとなる可能性が示された.この2秒以上の周期帯については今後の検討に譲ることとされており,2秒以上の固有周期となるような超高層建築物や免震建築物を上町断層帯地震に対してどのように設計していくかを検討する必要性が高まり,日本建築学会近畿支部においてもシンポジウム[15),16)]の場で議論がなされた.このような背景から,次項に示すような建築設計用地震動の策定が行われている[17),18)].

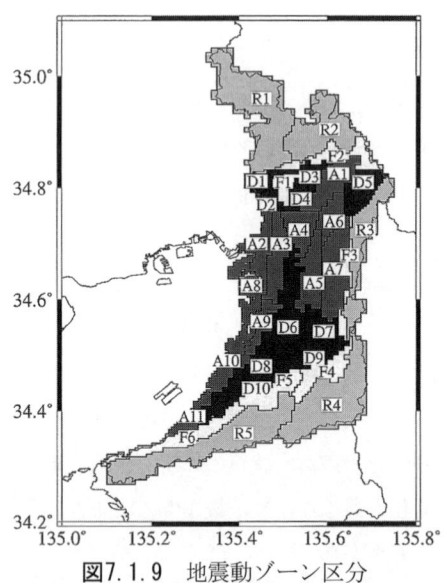

図7.1.9 地震動ゾーン区分
(岩盤:R1-R5 山地境界:F1-F6
洪積地盤:D1-D10 沖積地盤:A1-A11)

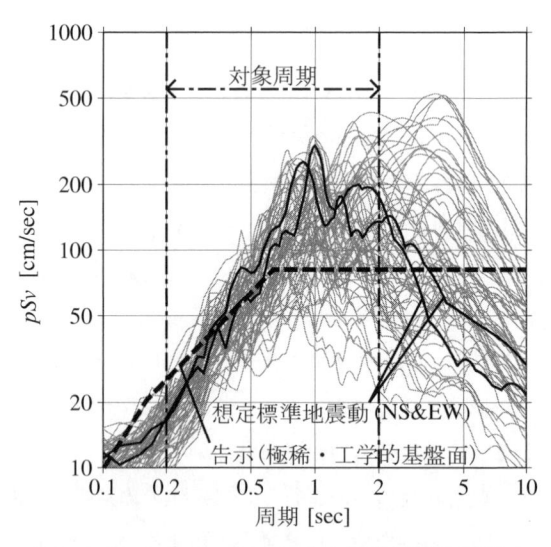

図7.1.10 ゾーンA3における想定標準地震動と同一地点上町全35ケースの重ね描き

7.1.2 上町断層帯の地震に対する設計用入力地震動の策定事例

本設計用地震動は，設計者が，実際に，上町断層帯等の大阪府域の直下型地震に対して建築物の耐震設計に取り組めるように，「大阪府域内陸直下型地震に対する建築設計用地震動および設計法に関する研究会（略称；大震研）」が策定したものである．ここに紹介する設計用入力地震動は，その第 1 ステップとして，上町断層帯地震に対する大阪市域の建築物を対象に，その耐震設計のガイドラインと合わせて策定したもので，参考文献 [18],[19],[20] をもとに，その概要を以下に示す．

（1） 策定の背景について

平成 7 年の兵庫県南部地震は，発生頻度は低くとも大きな被害を与える内陸直下型地震動に対して，その特性に応じた対策が必要である [21] ことを強く印象づけた．大阪市は，その直後に「大阪市土木・建築構造物震災対策技術検討会」を組織し，平成 9 年に上町断層系の地震動を対象とした先駆的な震災対策技術指針を取りまとめた [12],[13]．その成果は，市施設の公共建築物のみならず，民間建築物においてもレベル 2 の設計用サイト地震動として高層建築物等の設計に広く採用されてきた．

その後 10 年を経る間に，活断層調査や地震動観測記録の充実および地震動計算手法と計算機能力の発達など強震動評価の環境が大きく変化し，産業技術総合研究所 [8],[22]，内閣府中央防災会議 [23] 等から活断層予測地震動が公表されるようになった．地震調査研究推進本部によると，上町断層の地震発生確率は，30 年以内に 2～3％と，決して小さな値ではないことが分かってきた [4]．

大阪府／大阪市でも，「大阪府自然災害総合防災対策検討委員会」を設置し，平成 8 年度の地震被害想定に対し，近年の調査・研究成果を取り入れて，内陸直下型地震や海溝型地震の地震動を予測し，地震被害想定の見直しを実施している [24]．その検討では，上町断層帯の想定断層長さは，平成 8 年想定の 32km から 58km となり，多くの断層破壊シナリオが想定され，これまでよりも大きなレベルの地震動が予測されている（以下，上町断層帯地震の予測波を「大阪府市予測波」と略す）．さらに，この被害想定に続き，平成 9 年度の想定標準地震動（市では「標準地震動」と呼ぶ）の見直しを実施し，平成 19 年度想定標準地震動 [25] および標準地震動 [26] が策定された．これらの地震動では，法で規定する建築設計用レベル 2 地震動を大きく上廻る強さの地震動を含むバラツキの大きなものが想定されており，建築物の設計に大きな影響を及ぼす可能性があることが明らかとなったが，その見直し検討の途上において，周期 2 秒以上の長周期帯域においては，平成 9 年の想定地震動よりもかなり大きな振幅となる地震動が散見され，断層破壊シナリオによってこの帯域の地震動に大きなバラツキが生じることも認識されたため，「内陸地震の周期 2 秒以上については今後の検討に譲る」として，周期 0.2 秒から 2.0 秒が対象となっている [17]．そのため，高層建築物や免震建築物といった長周期建築物には適用できないという問題に加えて，それら地震動の使用に関して，目標とする耐震性能や耐震設計法は，使用する者が考えるものとされていることから，設計者が，実際に直下型地震に対して取り組むには，設計用入力地震動の策定が大きな課題となった [27],[28]．

このような背景において，(社)日本建築構造技術者協会関西支部（以下 JSCA 関西と略す）を中心とする設計実務者が，大阪府下において法規定を超える大きさの内陸直下型地震動に対して，社会

のコンセンサスを得ながら，如何に設計するかを研究する会として，「大阪府域内陸直下型地震に対する建築設計用地震動および設計法に関する研究会」（以下「研究会」と略す）を平成21年11月に立ち上げた．研究会の掲げる目的は，

　① 上町断層帯等の大阪府域の直下型地震に対する建築物の設計用地震動と，最新の技術や研究成果に基づく耐震設計法の基本的考え方を提示する．
　② 法令を超えるレベルの地震動に対して，建築主をはじめ一般社会に建物の安全性について理解を得て，設計者とともに考える性能設計の実現を目指す．

こととされ，具体的な検討は，関西の学術研究者およびJSCA関西会員により構成する専門委員会が行い，専門委員会には5つのWG（地震動，解析，RC造，S造，免震）が設けられている．

その最初のステップとして，大阪市域の上町断層帯地震動に対する研究成果を，平成23年7月に，「大阪府域内陸直下型地震に対する建築設計用地震動および耐震設計指針（その1 上町断層帯地震に対する大阪市域編）」[18]（以下「指針」と略す）としてまとめている．

なお，研究会は，その後4年間を目安に，生駒断層帯，有馬高槻構造帯，中央構造線断層帯に対する研究成果をまとめることを目指している．

（2）　本指針の適用範囲

大阪府域の新築および既存の建築物のうち，高層建築物や免震建築物等，時刻歴応答解析により耐震安全性を検討する必要がある建築物を対象としている．なお，本指針では，建築物の地震時挙動を時刻歴応答解析により予測し，その変形性能に照らして耐震性能を評価することを基本としていることから，当面は高層系建築物や免震建築物を対象とするが，時刻歴応答解析を義務付けられていない規模の建築物に対して本指針を適用することを妨げるものではないとしている．

（3）　設計用地震動策定の基本方針

（ⅰ）　既往の研究成果の活用

設計用地震動の策定にあたっては，近年の内陸直下型地震についての強震動予測や観測記録に関する研究成果をできるだけ反映させることとし，主として平成18年の「大阪府自然災害総合防災対策検討委員会」の成果として得られている大阪府市予測波を活用している．これは，上町断層帯地震のほか，大阪府域に大きな影響を与えると考えられる複数の想定地震に対して地震被害想定を目的として 500mメッシュ点について得られている予測地震動である．上町断層帯地震については，全長58kmわたる断層が一時に動くとし，アスペリティの大きさ，位置，破壊開始点などの不確定要素に対して35ケースの地震発生シナリオを設定して作られたもので，地震動の大きさ，特長については大きなバラツキを持っている．

（ⅱ）　3段階の設計用地震動レベル

建築の構造設計では不確定な要素の中から，発生確率，安全性，経済性などを総合的に判断して設計荷重を決定していかなければならない．このような難題に対して，震災の教訓や設計実務上実効性のある対応も考慮した解決策として，本指針では，性能規定型設計の考え方を取り入れ，大阪

府市予測波や地震工学的知見をもとに，想定される幅のなかで次の3段階の設計用地震動レベルを設定している．いずれのレベルも法令で定める極めて稀に発生する地震動（告示波）を超えるレベルの地震動である．構造設計者は建築主など関係者との協議のもと，いずれかのレベルを設定して設計を進めることとしている．

レベル3A：上町断層帯地震を考慮する際の基準となるレベルで，大阪府市予測波の発生シナリオ35ケースの平均的なレベルに相当する．

レベル3B：基準のレベルより高い安全性を求めて設定するレベルで，より大きなばらつき範囲をカバーするレベル．大阪府市予測波の発生シナリオ35ケースの70%程度を含んだ地震動レベルに相当する．

レベル3C：基準のレベルに比べ，特段の高い安全性を求めて設定するレベルで，さらに大きなばらつき範囲をカバーするレベル．大阪府市予測波の発生シナリオ35ケースの85%程度を含んだ地震動レベルに相当する．

ここで，35ケースの発生シナリオは，断層に沿った全域に大きな地震動が生じるように配慮して設定されているものであり，個々のケースの発生確率は不明である．したがって，上記の平均，70%および85%のカバー率は，発生確率そのものに対応するものではないことに注意する必要がある．なお，法令に定める範囲の安全性検討にあたっては，当面の措置として，これまで採用されてきた「大阪市平成9年建築設計用想定地震動」[6]（レベル2クライテリアに対する入力地震動）によることとしているが，これをもって本指針による検討を省略できるものではないとしている．

地震動レベルの設定に関する，以上のような課題については，今後の研究の進捗や社会的コンセンサス等を踏まえて，適宜見直しを計るべきものとしている．

（4）　目標とする耐震性能

本指針で扱う内陸直下型地震は，今後30年以内の発生確率は2〜3%と言われている一方で，多くのケースが考えられる断層破壊パターンに応じて予測地震動の大きさに大きな幅があり，個々の建設地において大きな影響を及ぼす地震の発生確率は，海洋型地震に比べて，かなり低い確率であると考えられる．したがって，高層建築物等の一般的な耐震性能目標よりも，倒壊・崩壊に対して，より踏み込んだ次の状態に至ることを許容することとしている．

限界状態Ⅰ：下記の終局的な限界状態Ⅱに対してある程度の余裕があり，非倒壊の保証を目標とする限界状態として設定する．「本震でこの状態におさまっていればある程度の余震にも耐えることができ，一定期間の使用が可能な状態（応急対策が必要な場合もある）」と位置付ける．

限界状態Ⅱ：最新の研究レベルを踏まえて設定する建築物が倒壊しない限界の状態．この状態を確認するためには詳細な解析や，さらなる調査・研究を必要とする場合がある．

以上のように，3段階の設計用地震動レベルと，2段階の終局耐震性に対する設計クライテリアを設けている．設計者は，これらについて建築主に背景を十分説明し，どの組み合わせを採用するか

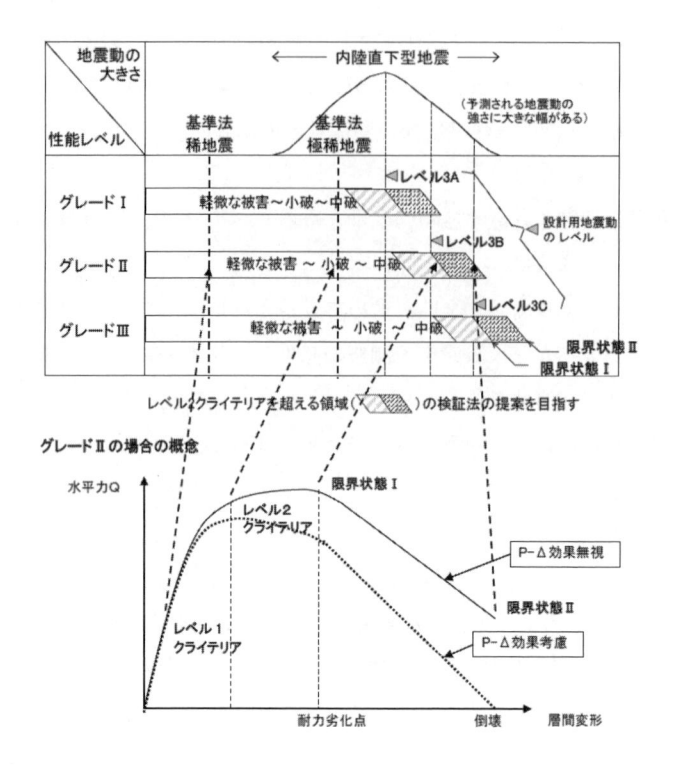

図 7.1.11 設計用地震動レベルと設計クライテリアの関係例

を協議し，設定するものとしている．図 7.1.11 にこれら設計用地震動レベルと耐震クライテリアの関係の概念を示す．

グレードⅠは，レベル 3A の設計用地震動に対して限界状態Ⅰ以下に留まることを目標としたもので，相対的な関係として，基準法の極稀地震に対してはそれ以下の損傷に，また，限界状態Ⅱに達するのはレベル 3A より大きな地震動となる．同様にグレードⅡはレベル 3B の，グレードⅢはレベル 3C の設計用地震動に対して限界状態Ⅰ以下に留まることを目標としている．なお，限界状態は，検証方法の違い等によって若干幅のある評価となるので，その領域を斜め線で示している．いずれも法を超えるレベルの地震動を対象とするものであるため，その適用は，建築主と設計者の自主的な判断によるものであるが，新築建物については，「3B レベルに対して，限界状態Ⅰ以下とする」ことを推奨している．

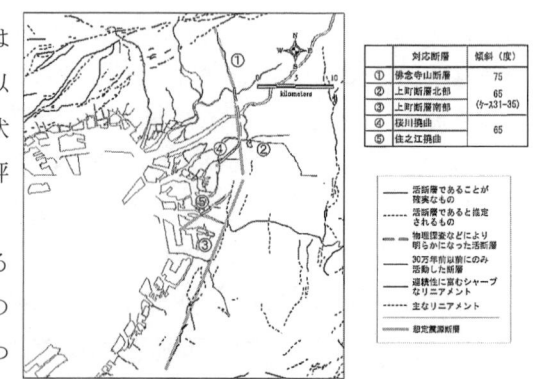

図 7.1.12 上町断層帯の想定震源断層の位置

（5） 設計用入力地震動の策定条件
（i） 想定地震と地震動予測
主として採用する大阪府市予測波の作成手法，基本パラメータ等は以下のようなものである．
・想定された震源断層：図 7.1.12 による（断層長さ：58km）
・想定された断層破壊ケース：35 ケース
・工学的基盤の波形作成手法：波形合成法として統計的グリーン関数法[29]を用いて，せん断波速度 500m/s 相当以上の工学的基盤面における地震動波形を計算
・地表面地震波の作成：周波数依存を考慮した等価線形地盤応答解析により地表面における地震動波形を計算

表層地盤の増幅評価について，今回は，周期 2 秒程度以上の建物を対象にして，特に，長周期パルス地震動の影響が評価できることを意図していること，想定される長周期パルス地震動による大阪平野表層地盤のせん断ひずみレベルは従来の入力波の応答と大きな差はないことから，等価線形化法を適用した大阪府市の予測波が，本設計用入力地震動策定に用いる予測波として妥当なものと考えられている．なお，液状化の影響については別途扱いとし，設計としては一定の耐震性確保を意図し，液状化を考慮しない地表波として設計用入力地震動を策定することとしている．

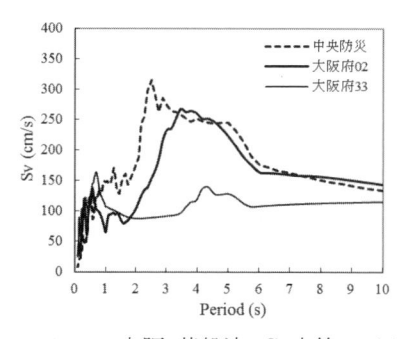

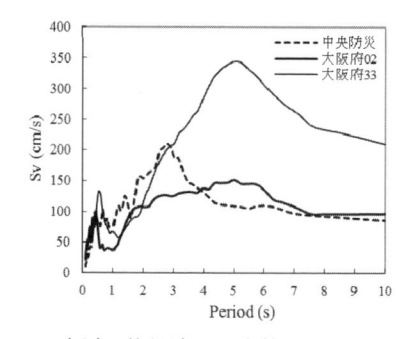

大阪府市予測波を，他の予測地震動のひとつである中央防災会議の予測波[23]と比較した一例を図 7.1.13 に示す．本図は，比較地点として，大阪管区気象台付近（大阪市中央区大手前:洪積地盤）と福島（大阪市福島区野田:沖積地盤）の 2 地点を選び，中央防災会議の断層破壊パターンと比較的似ている 2 ケースについて工学的基盤（中央防災会議波は V_s =700m/s）の速度応答スペクトルを重ね書きしたものである．両者は，断層モデル，深層地盤モデルおよび予測手法も異なり予測波に差があるが，活断層地震に取り組む大震研としては，予測地震動がばらつくことは前提としており，地震規模の想定の違いや断層破壊パターンによるばらつきの大きさ，不確実さ等を考えると，大きくはずれていないとの見方である．従って，予測波に関して，このようなばらつきの可能性を承知しながら，大阪府市予測波はある程度の蓋然性を有するものと考えている．

(a) JMA 大阪 基盤波 S_v 応答スペクトル　　(b) 福島 基盤波 S_v 応答スペクトル
図 7.1.13　大阪府市予測波と中央防災会議予測波の比較例

(ii) ゾーニング

大阪府市の構造物耐震対策検討においては，被害想定用に求められた地震動波形の中から，主として土木構造物検討用に用いる「標準地震動」を選択するにあたって，大阪府域のゾーン区分を行っている．これは，常時微動観測による地盤の増幅特性や内陸活断層（主に上町断層）からの距離などをもとに大阪府域を合計 32 ゾーン（大阪市域は図 7.1.14 に示す 6 ゾーン）に分割し，表層地質分布，沖積層相当の層厚分布，1995 年兵庫県南部地震時のアンケート震度分布，予測地震の特性値分布などとの対応が考慮されている．本指針でも，同様のゾーン区分を設定し(図 7.1.14)，ゾーンごとに設計用地震動を定義することとしている．

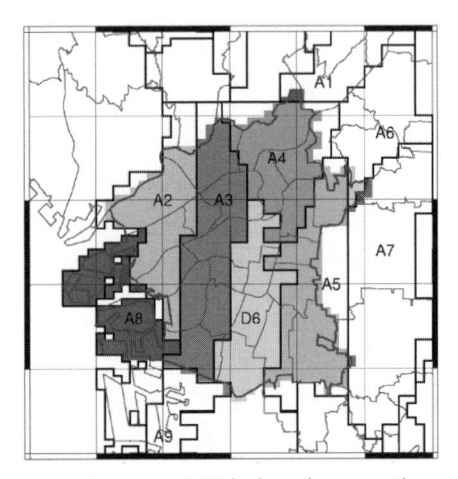

図 7.1.14　大阪市域のゾーニング

(6) 水平方向設計用入力地震動

(i) 基本方針

大阪府市予測波の，破壊ケースによる応答特性の違いの分析例として，ゾーン A4 の全 35 ケース毎の全地点の疑似速度応答スペクトルの重ね書きを図 7.1.15 に示す．これによると，比較的フラットな応答スペクトル形状を示すケースもある一方で，非常に大きく，かつ周期特性の明瞭なケースがある．他のゾーンについても同様で，これから以下のことが言える．

① 次の②以外のケースは，分散的な周期特性でばらつきは比較的小さく，S_v の大きさは，あるレベル以下に包絡される．
② 2 秒程度以上の範囲で，ばらつきは大きいが大きな応答を示すケースで，パルス性地震動の応答特性を示し，明瞭な卓越周期を示す．また，応答の大きさのばらつきも大きい．

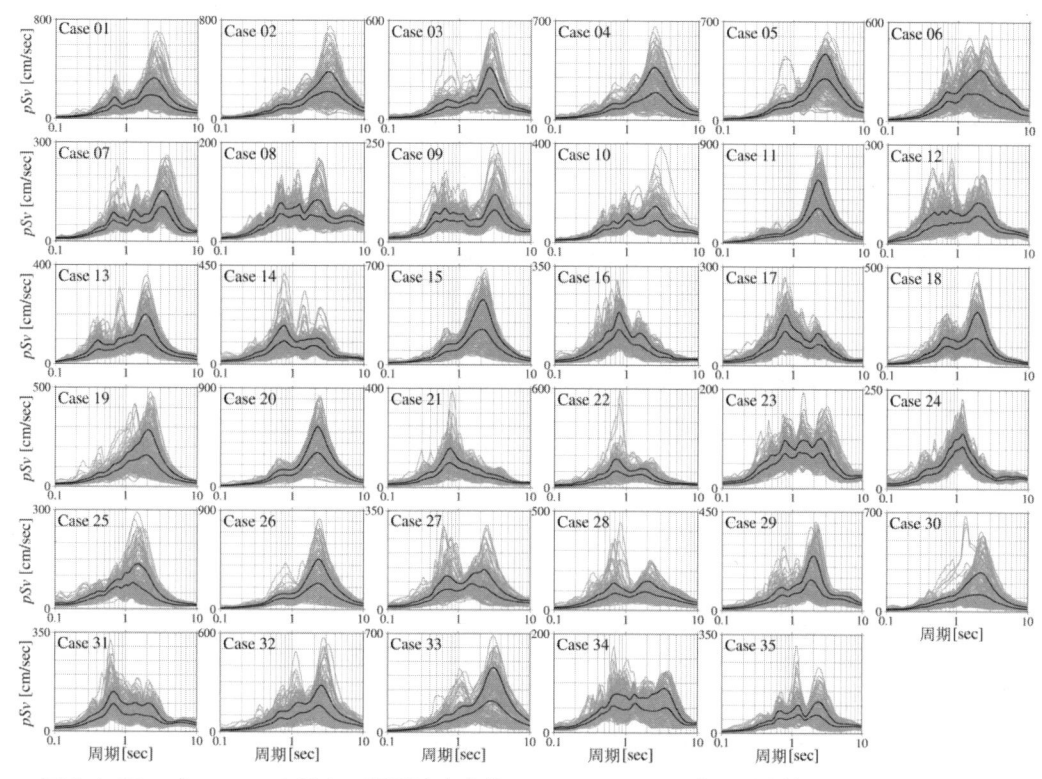

図 7.1.15　ゾーン A4 全地点の疑似速度応答スペクトル　EW 成分（太線は，平均，平均+σ）

ゾーンに対する設計用入力地震動については，以上のような大阪府市予測波の特性に着目しながら，破壊ケースによるばらつきに加えて，ゾーン内の空間的ばらつきも考慮して策定する必要があるが．設計用入力地震動の基本的な考え方として，次の二つの方法が考えられるとしている．

方法 A：大阪府市予測波のゾーン全地点の応答スペクトルをもとに，設計用入力地震動応答スペクトルで地震動を定める方法．一定レベルの応答を与える地震動を明確に定めることができる．入力地震波は，予測波の位相を用いて作成することも可能である．ただし，断層近傍のパルス性地震動の特性は反映されない．

方法 B：大阪府市予測波の中から，パルス性地震動を対象に，ゾーンの代表的な予測波数波を直接，サイト波として用いる方法．上町断層帯特有の予測地震動の影響を，直接応答に反映させることができる．ただし，選択された波形により応答が限定されたものとならないよう，ばらつきを考慮して複数波を選択する．また，パルス性地震動を単純化した波形，例えば，正弦波パルスの使用も考えられる．正弦波パルスは，パルス性地震動の応答特性が簡潔・明瞭に模擬された波で，経験的な地震学的知見も反映しており，ばらつきの大きい予測波に応答が限定されないという意味で，パルス性地震動の単純波形として設計上有用であると考えられる．（4.3 項参照）

設計用地震動の策定においては，以上の考え方の一方に偏ることなく，①と②のような両タイプの地震動の傾向を反映するものとして,水平方向設計用入力地震動は,①をフラットタイプ地震動,②をパルスタイプ地震動と呼び，下記のように，この二つのセットで設計に用いるものとして提示している．

①フラットタイプ地震動：フラットな速度応答特性を持つ設計用応答スペクトル $_pS_v$ で入力地震動を定め，このスペクトルに適合する模擬地震動

②パルスタイプ地震動　：予測波から選定された卓越周期特性の強いパルス性地震動

なお，単純化パルス波は，設計用としては採用せず，検討用入力地震動としている．その理由は，杭・基礎の設計に動的な影響を考慮しようとする場合等で，基盤波を定義する必要が生じるが，予測波から入力波を選択すれば，それに対応する工学的基盤面波を定めることができるためである．これら①と②の設計用入力地震波は，それぞれ，各ゾーンについて，3段階のレベル毎に，NS，EW各方向で3波ずつ提示している．ただし，3Aレベルには地震動②は無しとしている．

(ⅱ)　設計用入力地震動

(a)　フラットタイプ地震動

フラットタイプ地震動の設計用速度応答スペクトルは，下式で定義している．設計用応答スペクトルの基本形状を図7.1.16に示す．

$$_pS_v(T,0.05) = PGV_o \cdot {_pS_{vo}}(T,0.05) \quad (7.1.1)$$

ここで，PGV_o：設計用基本最大速度（cm/s）．

$_pS_{vo}(T,0.05)$：基準化速度応答スペクトル

PGV_oは，各ゾーンの予測波最大速度の空間的ばらつきを考慮した35ケースの PGV に対し，レベル3A，3B，3Cに対応するレベルとし，$_pS_{vo}$ は，予測波の応答特性，地盤増幅特性や卓越周期[30]等を考慮して設定するが，最終的には，設計用 $_pS_v$ のフラットレベル $_pS_{v\max}$ は，既往の調査・研究成果[31),32),33)]と比べて不整合がないことや，隣合うゾーン間で大きな差がないこと等を考慮して設定している．なお，$_pS_{vo}$ は，PGV_o のレベルによらず一定としている．$_pS_v$ のフラットレベル $_pS_{v\max}$ を表7.1.2に示す．フラットタイプ地震動①の応答レベルは，ゾーンにより多少の差はあるが，大阪市域中心部で，$_pS_v$ が周期2秒程度以上で100cm/s前後となるレベル2（極稀地震）の告示波と比べて，レベル3Aはおよそ1.2倍前後，レベル3Bは1.5倍前後，レベル3Cは1.8倍前後となっている．

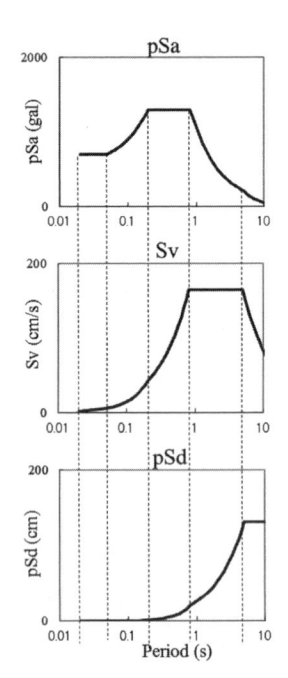

図7.1.16　設計用応答スペクトルの基本形

多くの高層建築物が建つゾーンA3および入力レベルが最も大きいゾーンA4のEW方向を例に，設計用応答スペクトル $_pS_v$ を図7.1.17に示す．同図には，比較のため，標準波3波(最大速度50cm/s)の S_v スペクトルを重ねて示す．なお，いずれも減衰定数は5%である．標準波と本設計用入力地震動とは，設計クライテリアが同一ではないため単純な比較はできないが，本地震動がレベル2クラ

イテリアを超える損傷限界を目標とすることも併せて考慮すれば，レベル 3A フラットタイプ地震動は，標準波と同等もしくは，ややこれらを上回る応答を与えるものと見られる．

設計用入力地震波は，$_pS_a$ をターゲットスペクトルとし，正弦波合成法により作成している．その位相は，$_pS_v$ のフラット周期域で比較的フラットな応答スペクトルを示す大阪府市予測波を用いている．位相採用波は，EW 方向に着目して選定し，NS，UD 方向は，EW と対の成分の予測波を用いている．

表 7.1.2 設計用応答スペクトルの $_pS_{v\max}$ (cm/s)

ゾーン	区分	レベル 3A	レベル 3B	レベル 3C
A2	NS	100	120	150
A2	EW	120	140	170
A3	NS	120	150	180
A3	EW	120	150	180
A4	NS	120	140	160
A4	EW	130	170	220
A5	NS	110	130	150
A5	EW	120	150	180
A8	NS	100	120	150
A8	EW	110	140	170
D6	NS	120	140	160
D6	EW	120	150	180

表 7.1.3 パルスタイプ地震動の $_pS_{v\max}$ 目標レベル (cm/s)

ゾーン	区分	レベル 3B	レベル 3C
A2	NS	130	170
A2	EW	200	280
A3	NS	180	230
A3	EW	180	240
A4	NS	160	190
A4	EW	240	300
A5	NS	170	200
A5	EW	170	200
A8	NS	140	180
A8	EW	170	230
D6	NS	180	200
D6	EW	200	270

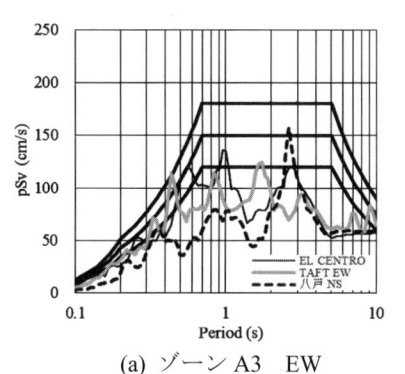

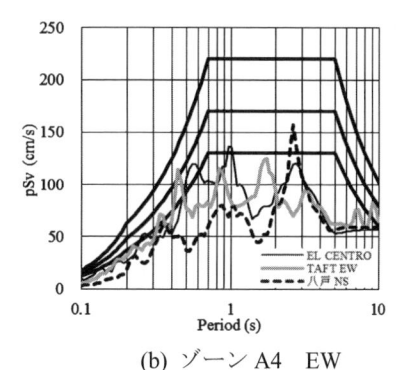

(a) ゾーン A3 EW　　　　(b) ゾーン A4 EW

図 7.1.17 フラットタイプ地震動 設計用応答スペクトル $_pS_v$ 例
（下から，レベル 3A, 3B, 3C）

（b）パルスタイプ地震動

各ゾーンにおいて，主として2秒以上の範囲で，非常に大きな応答を示すケースは，パルス性地震動の様相を示し，比較的明瞭な卓越周期を示すが，応答スペクトルピーク値のばらつきは大きい．このような特性を考慮し，パルスタイプ地震動は次の方法で設定している．

各ゾーンの予測波の応答スペクトルの空間的ばらつきを考慮した 35 ケースの応答スペクトルに対して，レベル 3B，3C がそれぞれカバーする応答スペクトルのピークレベルに着目し，これを目標レベルとして設定し，予測波の中から，その応答スペクトルのピークレベルが，この目標レベルに相当する波形を複数波抽出する．抽出された波形の中から，ピーク周期や応答の偏りがないこと等を考慮して，3波程度に絞り込み，これを入力波とする．$_pS_{v\max}$ 目標レベルを表 7.1.3 に示す．

ゾーン A3 および A4 について，レベル 3B，3C の入力地震動 EW の S_v スペクトルを，各々，図 7.1.18，図 7.1.19 に示す．また，作成波の一例として，ゾーン A4 のレベル 3B のフラットタイプ地震動とパルスタイプ地震動 EW の加速度波形を図 7.1.20 に示す．

パルスタイプ地震動の S_v スペクトルのピークを見れば，ピーク周期が偏らないように，予測波から入力地震動が選定されていることが確認される．また，レベル 3C の方が 3B よりも，応答の周期卓越性が顕著であることが判るが，ゾーン A3 と A4 の比較から，両者の応答スペクトルには有意な違いが見られ，ゾーン A4 の応答の周期卓越性が特に顕著であることが判る．この，ゾーン A4 と A3 の違いは，断層に対するゾーンの配置と地盤構造の違いによるものと考えられている．

(a) フラットタイプ地震動　3B

(b) パルスタイプ地震動　3B

(c) フラットタイプ地震動　3C

(d) パルスタイプ地震動　3C

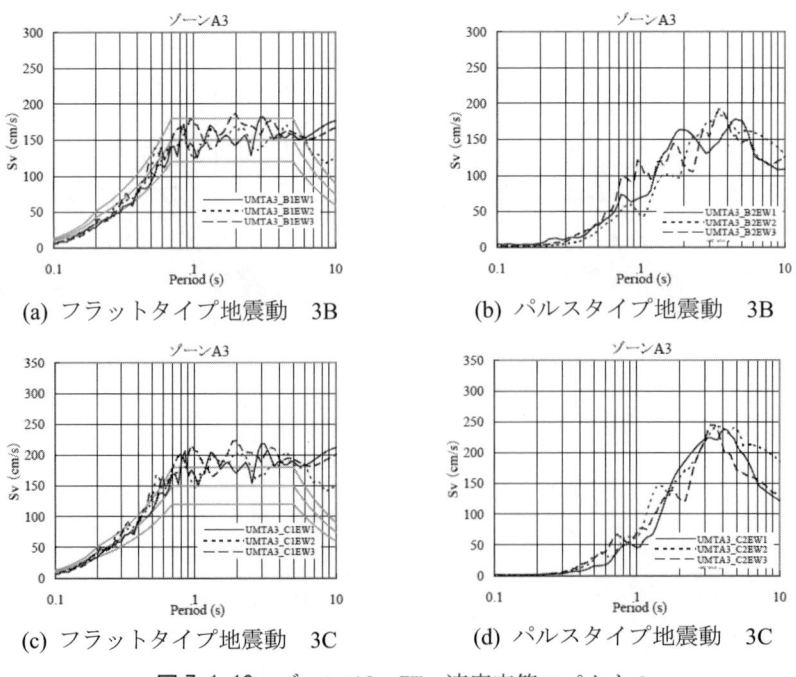

図 7.1.18　ゾーン A3　EW　速度応答スペクトル

(a) フラットタイプ地震動　3B
(b) パルスタイプ地震動　3B
(c) フラットタイプ地震動　3C
(d) パルスタイプ地震動　3C

図 7.1.19　ゾーン A4　EW　速度応答スペクトル

(a) フラットタイプ地震動

(b) パルスタイプ地震動

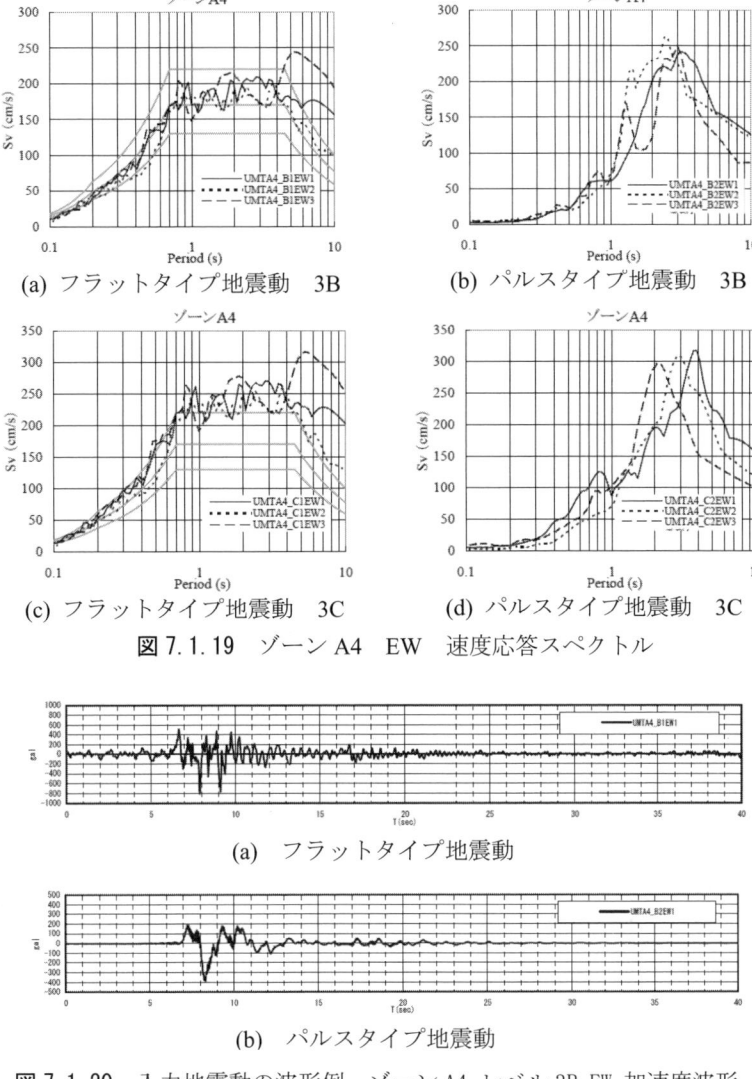

図 7.1.20　入力地震動の波形例　ゾーン A4　レベル 3B EW 加速度波形

（ⅲ）　R_{max} 応答スペクトルによる設計用入力地震動の評価

策定した入力地震動が高層建築物の応答変形に及ぼす影響を，最大層間変形角 R_{max} 応答スペクトル[34]で評価してみる．

R_{max} 応答スペクトルは，実際に設計された高層建物群の固有モードから，高次モードも含めた代表的な層間変形角モードと振動特性を仮定し，モーダル解析により，建物の最大層間変形角応答（弾性）R_{max} を概算し，地震動に対する建築物の変形応答を簡便に評価するものである．具体的には，以下に示すように，高次周期の 1 次周期比の仮定をもとに，高次モードを考慮した高層建物全体の最大層間変形角 R_{max} を建物の 1 次周期に対する応答スペクトルとして示される．

（a）多自由度系のモード層間変形角係数

モード層間変形角係数 γ_{ij} の定義：モード層間変形角 mR_{ij} を基準変形角 R_0 で除した値

$$\gamma_{ij} = \frac{mR_{ij}}{R_0}$$

ここに，mR_{ij} は，刺激関数 $\beta_j \cdot u_{ij}$ の層間差分を層高 sh_i で除した値

$$mR_{ij} = \frac{\beta_j \cdot u_{ij} - \beta_j \cdot u_{i-1,j}}{sh_i} \quad \text{(rad)}$$

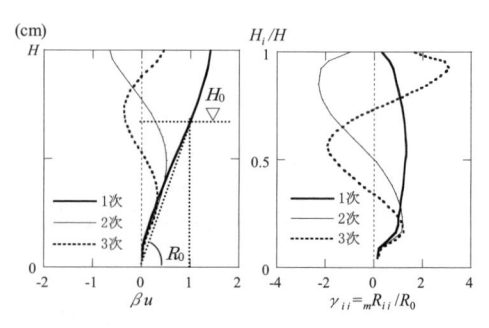

図 7.1.21 基準変形角 R_0 とモード層間変形角係数 γ_{ij} の概念

（b）高層・超高層建物のモード層間変形角係数例

実際に設計された高層建物群の振動モデルについて，3次までのモード層間変形角係数を示す．

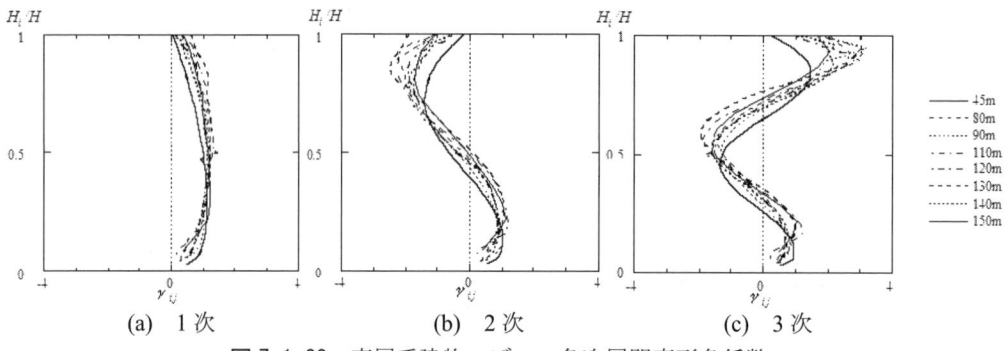

図 7.1.22 高層系建物モデルの各次層間変形角係数 γ_{ij}

（c）R_{max} 応答スペクトルの計算

高層建物に対して，上層，中層，下層の γ_{ij}，代表高さ比・高次周期比等の振動特性は，固有周期によらず一定と仮定し，モーダル解析により，上層，中層，下層の層間変形角応答スペクトルを算定する．このうちの最大値のスペクトルを最大層間変形角 R_{max} 応答スペクトルとする．通常，3次モードまでを対象にモード合成法を用いるが，簡略法として SRSS 法を用いることもできる．

R_{max} 応答スペクトルの計算条件例　（本節の R_{max} 応答スペクトルは，本条件による）

鉄骨造を対象に，（b）に示す実際に設計された建物群の動特性をもとに以下のとおり設定

・代表高さ：　$H_0 / H = 0.66$
・固有周期：　$T_1 / H = 0.03$，　$T_2 / T_1 = 0.37$，　$T_3 / T_1 = 0.23$
・減衰定数：　$h_1 = 0.02$，　$h_2 = 0.02$，　$h_3 = 0.027$
・層間変形角係数　γ_{ij}（1次,2次,3次）：　上層(0.9,-2.0,2.5), 中層(1.1,-0.1,-1.5), 下層(1.2,0.9,0.9)

ここでは，鉄骨造高層建築物を対象に，上記の計算条件により R_{max} 応答スペクトルを算定する．ゾーン A3 および A4 について，レベル 3B，3C の R_{max} 応答スペクトルを，各々，図 7.1.23，図 7.1.24 に示す．横軸は，1次固有周期を表す．

フラットタイプ地震動とパルスタイプ地震動は，その S_v スペクトルでは，最大応答レベルや周期

特性における違いがあるが，R_{max} 応答スペクトルでは，両地震動とも，周期 2 秒程度以上の周期域で，およそ同じ応答レベルとなっていることが分かる．入力レベルが最も大きいゾーン A4 の R_{max} 応答レベルは，レベル 3B でおよそ 1/40，3C でおよそ 1/30 である．なお，ゾーン A4 のレベル 3C のパルスタイプ地震動は，S_v スペクトルの周期卓越性が顕著なため，R_{max} 応答スペクトルにおいても，その周期の応答レベルが卓越していることが特徴的である．

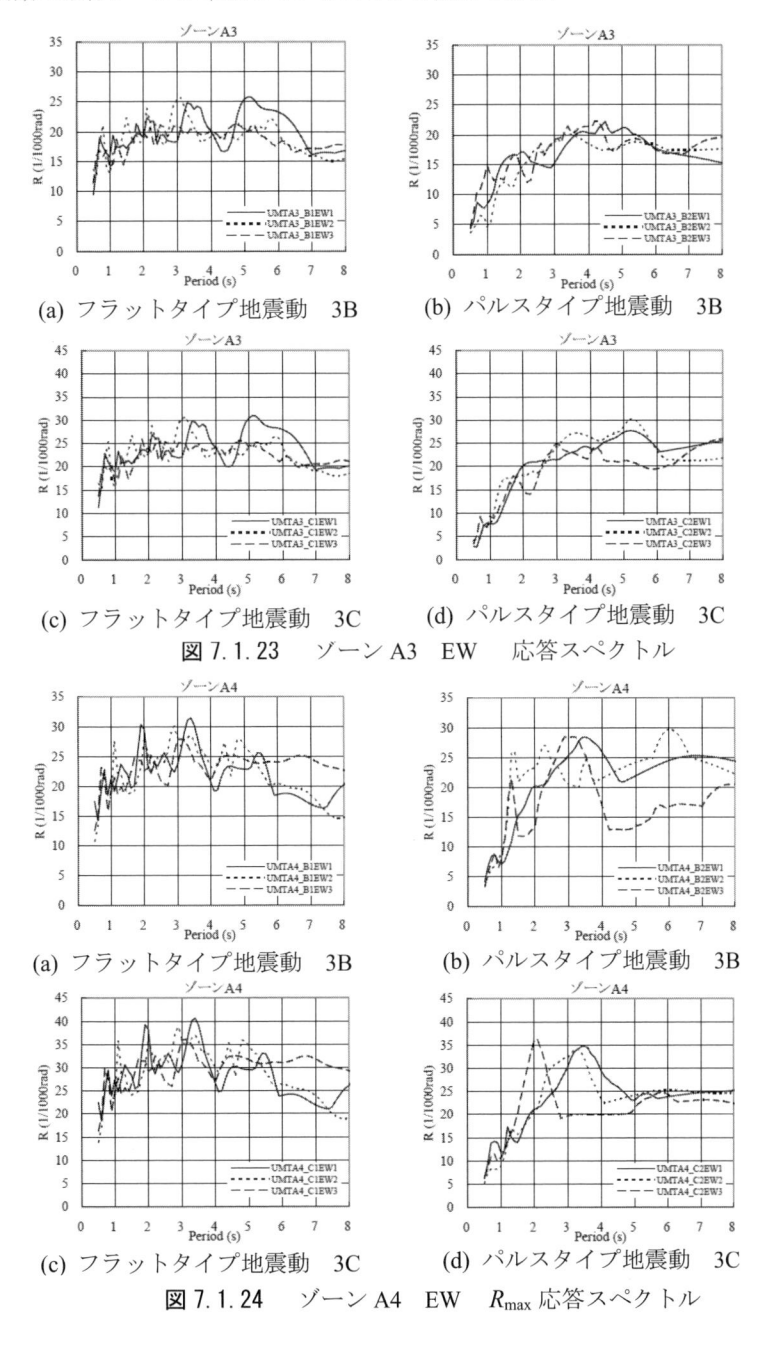

(a) フラットタイプ地震動　3B　　　(b) パルスタイプ地震動　3B

(c) フラットタイプ地震動　3C　　　(d) パルスタイプ地震動　3C

図 7.1.23　ゾーン A3　EW　応答スペクトル

(a) フラットタイプ地震動　3B　　　(b) パルスタイプ地震動　3B

(c) フラットタイプ地震動　3C　　　(d) パルスタイプ地震動　3C

図 7.1.24　ゾーン A4　EW　R_{max} 応答スペクトル

（7）　水平方向検討用入力地震動

水平方向設計用入力地震動に加えて，パルス性地震動を近似する単純化パルス波として，正弦波パルスを，初期設計段階や応答比較評価等で有効な検討用地震動として提示している．

検討用地震動は，観測波や予測波にもとづく経験的な知見[35),36)]をもとに，パルス振幅V_pを，レベル 3A:100cm/s，レベル 3B:125cm/s，レベル 3C:150cm/s とし，パルス周期T_pは1～3秒の正弦波1波のパルス波とし，ゾーン共通波として用いる．速度応答スペクトルの最大値S_{vmax}（h=0.05）は，レベル 3A:132cm/s，レベル 3B:165cm/s，レベル 3C:198cm/s である．

レベル 3B の検討用入力地震動のS_v応答スペクトルを図7.1.25に，R_{max}応答スペクトルを図7.1.26に示す．R_{max}応答のレベルは，フラットタイプ地震動やパルスタイプ地震動と概ね対応するレベルである．なお，T_pよりも長い周期においてR_{max}が大きいのは，高次モードの影響によるものである．

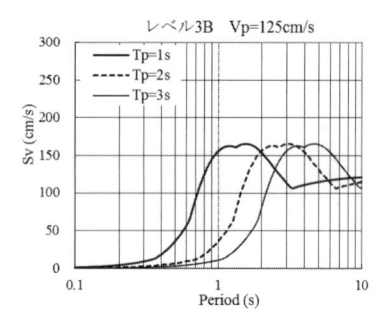

図 7.1.25　検討用入力地震動の速度応答スペクトル

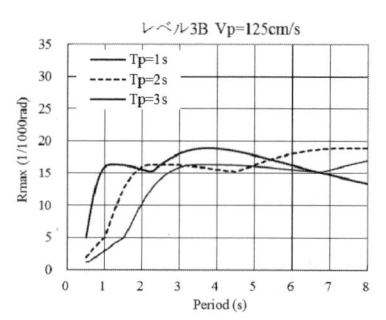

図 7.1.26　検討用入力地震動のR_{max}応答スペクトル　レベル 3B

（8）　上下方向設計用入力地震動

（i）　基本方針

上下地震動も地表面で定義している．地表面上下地震波は，大阪府市予測波の工学的基盤解放面の上下地震波を用いて，等価線形化法による上下動重複反射計算により求めている．

上下動応答スペクトルの特徴として，断層破壊ケースによらず，概ね，周期0.1秒から0.2秒程度の周期帯が明瞭な卓越周期帯となっており，この周期帯でフラットな傾向を示している．この傾向は，他のゾーンにおいても同様である．

設計用上下地震動は，水平地震動と組み合わせて使用することが基本となるため，予測地震動をもとに，水平地震動と対応するように，下記の二つタイプの地震動をセットで設計に用いるものとして提示している．

①フラットタイプ地震動と組合わせる上下地震動：

フラットな加速度応答特性を持つ設計用加速度応答スペクトル$_vS_a$で入力地震動を定め，このスペクトルに適合する模擬地震動

②パルスタイプ地震動と組合わせる上下地震動

選定したパルスタイプ水平地震動予測波と対をなす上下動成分

（ⅱ）　設計用入力地震動
（a）　フラットタイプ地震動と組合わせる上下地震動

　フラットタイプ地震動と組合わせる上下地震動の設計用加速度応答スペクトル $_vS_a$ は，台形状スペクトルとしているが，水平地震動と対応するように，そのレベル 3A，3B，3C のフラットレベル $_vS_{a\max}$ は，35 ケースの応答スペクトルのばらつきに対して，水平地震動と同じカバー率でレベル設定をしている．表 7.1.4 に設計用加速度応答スペクトルのフラットレベル $_vS_{a\max}$ を示す．$_vS_{a\max}$ は，レベル 3B で，1000～1400cm/s^2 程度である．

表 7.1.4　上下動設計用加速度応答スペクトルのフラットレベル $_vS_{a\max}$ (cm/s^2)

ゾーン	レベル 3A	レベル 3B	レベル 3C
A2	980	1055	1125
A3	1170	1250	1330
A4	1295	1450	1610
A5	1240	1325	1410
A8	975	1030	1090
D6	1365	1445	1520

　適用周期範囲は，予測波の信頼性[37]を考慮し，0.02 秒から 2 秒としている．2 秒以下とした設定については，今後の予測精度向上によっては，見直す可能性があるが，一般的な建築物の上下動地震荷重としては，このような適用範囲設定で実用上問題は少ないとしている．

　応答解析により上下動応答を求めることもできるように，上下地震動入力波を作成している．入力地震波は，$_vS_a$ をターゲットスペクトルとし，正弦波合成法により作成するが，位相は，水平方向入力波作成で選定した位相波の上下成分としている．

（b）　パルスタイプ地震動と組合わせる上下地震動

　パルスタイプ地震動と組合せる上下地震動は，水平地震動として選定された大阪府市予測波に対応する地表面上下地震波を用いている．なお，大阪府市予測波の精度上の制約から，周期 2 秒程度以上の成分の信頼性に留意して使用することとしている．

（ⅲ）　水平地震動の応答に対する上下地震動の応答の静的組合わせについて

　水平地震動の応答に対して上下地震動の応答を静的に組合わせる場合においては，水平地震動による応答との同時性を考慮する．

　作成した上下動について，水平地震動による応答との同時性を，1 自由度系の水平応答のピーク発生時刻直後の上下動応答のピークのうちの最大値 $_v\alpha_{peak}$ により評価している．図 7.1.27 は，ゾーン A4 について，3B レベルの両タイプの地震動に対して算定した結果である．ここで，水平動の応答のピークは，水平最大応答の 80%以上の応答となるピークを対象とし，建物の水平 1 次周期に対する上下 1 次周期の比を既往の調査結果[38]を参考に 0.1 と仮定，減衰定数は水平，上下とも 5% としている．図の横軸は水平 1 次周期を示す．同図には 3 波の $_v\alpha_{peak}$ の平均を太線で重ねて示す．

　水平応答との同時性を考慮した上下動応答加速度は，周期による応答の変動が激しいが，上下動のピーク応答が極短時間の応答であることを考慮し，均して見ると，概ね 400 から 500cm/s^2 程度以下である．また，地震動レベルによらず，両タイプの水平上下応答同時性の差は大きくはないように見られる．

　以上より，柱軸力等に関して水平地震動による応答と上下動の応答の組合わせを静的に考慮する

場合，両タイプの地震動とも，次の上下震度を目安として設定している．

　レベル 3A：0.35，　レベル 3B：0.40，　レベル 3C：0.45

(a) フラットタイプ地震動　3B

(b) パルスタイプ地震動　3B

(c) フラットタイプ地震動　3C

(d) パルスタイプ地震動　3C

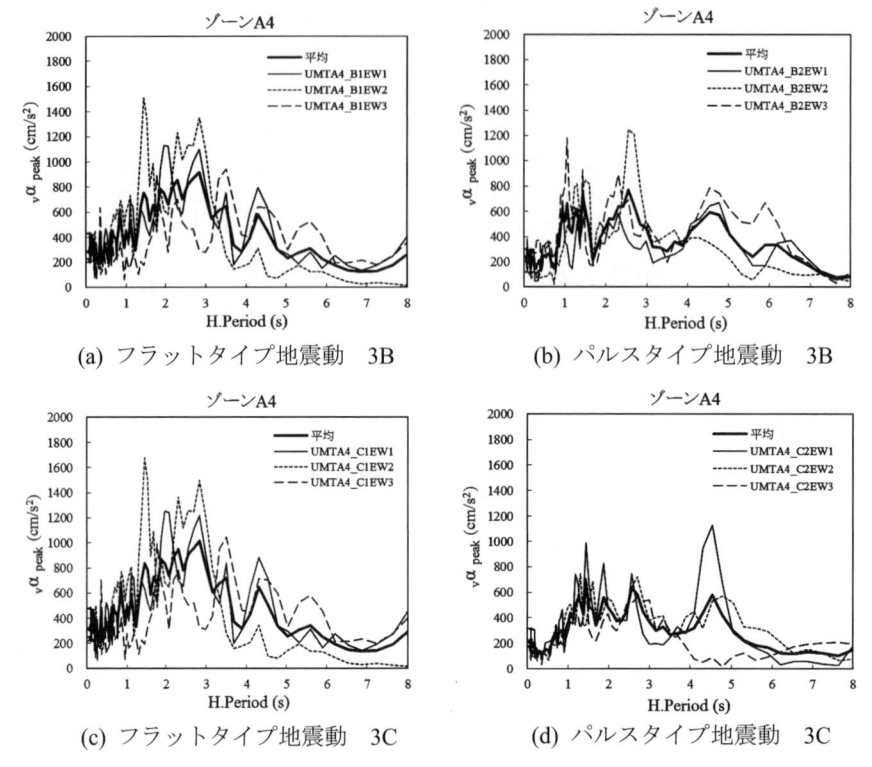

図 7.1.27　ゾーン A4　EW　水平応答ピーク時の上下動最大応答加速度 $_v\alpha_{peak}$

(9)　工学的基盤の入力地震動

(i)　基本方針

　地盤応答を考慮した基礎・杭の設計用，あるいは，地下部分の根入の影響が無視できないような場合の検討用に工学的基盤の地震動を設定している．工学的基盤の地震動は，基本的にパルスタイプ地震動のみを対象としている．大阪府市予測波の中から選択したパルスタイプ地震動と対のVs500m/s 位置での工学的基盤面波を用いることが考えられる．

　パルスタイプ地震動について，選定された大阪府市予測波は，ゾーン内の平均的な増幅特性からの乖離が少ないものとしているが，設計地点では，地表面で定義した設計用入力地震動と基礎構造設計用の工学的基盤の地震動の間に整合性が保たれない場合が生じる．特に，相互作用を考慮した応答解析の結果得られる上部構造の応答が地表面で定義した設計用地震動による応答と大きく異なるような場合は，設計用地震動の考え方を理解し，設計上適切に配慮することが求められている．

　以上のように，工学的基盤面の地震動は，地震動設定の面でいくつか課題があることに留意するとともに，大きな地震動入力に対して地盤を含めた動的解析を行うにあたっては，地盤のモデル化等において高度かつ慎重な判断が求められている．

7.1.3 まとめ

本節の前半 7.1.1 では，都市直下に存在する上町断層帯を対象に，その地震動予測の現状について概説し，活断層近傍の地震動の特徴として，前方指向性効果により上町断層帯では概ね東西方向で大きな速度振幅の長周期パルスが発生すること，また，断層破壊パターンにより地震動の応答スペクトルは大きくばらつくことを示した．そのため，設計用入力地震動を策定する際には，地震動の多様性に注意を払う必要がある．

後半 7.1.2 では，上町断層帯地震を想定し，実際に建築物の耐震設計用として用いることを目的とした設計用入力地震動の策定事例を紹介した．本地震動は予測地震動や地震工学的知見にもとづくものであるが，地震動レベルが従来のレベル 2 地震動を超えるものであり，かつ，地震動のばらつきが大きいことに対する実効性のある対応として，性能規定型設計の考え方を取り入れ，レベル 3A，3B，3C の 3 段階の設計用地震動レベルを設定している．また，断層近傍の地震動の特徴を考慮し，速度応答スペクトルがフラット的な地震動（フラットタイプ地震動）と，パルス性地震動（パルスタイプ地震動）の両タイプの入力地震動を提示するとともに，パルス性地震動を近似する単純化パルス波として，正弦波パルスを初期設計段階や応答比較評価等で有効な検討用地震動として提示している．

参 考 文 献

1) 岡田篤正・東郷正美編：近畿の活断層，東京大学出版会，2000
2) 大阪府：平成16年度地震関係基礎調査交付金 大阪平野の地下構造調査成果報告書，2005
3) 大阪府：平成10年度地震関係基礎調査交付金 上町断層帯に関する調査成果報告書，1999
4) 地震調査研究推進本部 地震調査委員会：上町断層の長期評価について，
http://www.jishin.go.jp/main/chousa/04mar_uemachi/index.htm, 2004 (2012.3. 参照)
5) 大阪府：大阪府自然災害総合防災対策検討（地震被害想定）報告書，2007
6) 堺市：堺市地震災害想定総合調査 報告書，2009
7) 内閣府 中央防災会議：「東南海，南海地震等に関する専門調査会」（第26回）中部圏・近畿圏の内陸地震の震度分布等について，2006
8) 産業技術総合研究所 地質調査総合センター：大阪湾周辺地域の地震動地図－地震動予測研究成果報告 暫定版，2005／承認番号 第60635130-A-20130801-001号
9) 地震調査研究推進本部 地震調査委員会：全国地震動予測地図 別冊2 震源断層を特定した地震動予測地図，
http://www.jishin.go.jp/main/chousa/09_yosokuchizu/index.htm, 2009 (2012.3. 参照)
10) 入倉孝次郎：強震動予測レシピ ― 大地震による強震動の予測手法 ―，京都大学防災研究所年報，第47号 A，2004.4
11) 大阪府土木部：大阪府土木構造物耐震対策検討委員会報告書，1997
12) 大阪市：大阪市土木・建築構造物震災対策技術検討会 報告書，1997
13) 大阪市：大阪市土木・建築構造物震災対策技術検討会 建築物の耐震性向上の指針 解説編，1997
14) 大西良広・澤田純男：上町断層について想定される地震動，第36回地盤震動シンポジウム，pp.83-90, 2008.12
15) 日本建築学会近畿支部耐震構造研究部会：シンポジウム「大阪を襲う内陸地震に対して建物をどう耐震設計すればよいか？」資料，2008.3
16) 日本建築学会近畿支部耐震構造研究部会：シンポジウム「上町断層帯による想定地震動に対する建物の耐震設計を考える」資料，2009.1
17) 大西良広・多賀謙蔵・亀井功・近藤一雄：国内の設計用地震荷重策定事例, 2011年度日本建築学会大会（関東）構造部門（振動）パネルディスカッション「活断層を考慮した設計用地震荷重」資料，pp.59-68, 2011.8

18) 大阪府域内陸直下型地震に対する建築設計用地震動および設計法に関する研究会:「大阪府域内陸直下型地震に対する建築設計用地震動および耐震設計指針（その1 上町断層帯地震に対する大阪市域編）」, 2011
19) 多賀謙蔵・亀井功・角彰・近藤一雄・林康裕・宮本裕司・井上一朗:上町断層帯地震に対する設計用地震動ならびに設計法に関する研究（その1）設計用地震動ならびに設計法に関する基本方針, 日本建築学会大会学術講演梗概集（関東）, 構造Ⅰ, pp.127-128, 2011.8
20) 亀井功・多賀謙蔵・角彰・近藤一雄・林康裕・宮本裕司・井上一朗:上町断層帯地震に対する設計用地震動ならびに設計法に関する研究(その2)設計用入力地震動の概要, 日本建築学会大会学術講演梗概集(関東), 構造Ⅰ, pp.129-130, 2011.8
21) 日本建築学会:地震荷重—内陸直下地震による強震動と建築物の応答, 2000
22) 関口春子・加瀬祐子・堀川晴央・吉田邦一・吉見雅行:内陸地殻内地震の強震動評価:上町断層系を例として, 近畿支部耐震構造研究部会主催シンポジウム「大阪を襲う内陸地震に対して建物をどう耐震設計すればよいか？」, 2008.3
23) 内閣府 中央防災会議:「東南海, 南海地震等に関する専門調査会」の成果公開データ
24) 大阪府:大阪府自然災害総合防災対策検討（地震被害想定）報告書, 2007
25) 大阪府:大阪府平成19年度想定標準地震動, 2008
26) 大阪市:大阪市平成19年度標準地震動, 2008
27) 林康裕・鈴木恭平・多幾山法子・山田真澄:内陸直下地震の地震動特性を考慮した設計用加速度応答スペクトル, 近畿支部耐震構造研究部会主催シンポジウム「内陸地震に対し構造設計者はどう対応すればよいか？（地震荷重と構造設計）」, 2009.10
28) 亀井功・西影武知:現状の設計用地震動と予測地震動との対比, 近畿支部耐震構造研究部会主催シンポジウム「大阪を襲う内陸地震に対して建物をどう耐震設計すればよいか？」, 2008.3
29) 香川敬生:ハイブリッド合成法に用いる統計的グリーン関数法の長周期帯域への拡張, 日本地震工学会論文集, 第4巻, 第2号, pp.21-32, 2004.5
30) 宮腰研・堀家正則:大阪平野におけるやや長周期地震動の周期特性, 物理探査, VOL.59 No.4, 2006
31) 林康裕・森井雄史・川辺秀憲:予測地震動に対する建築応答と設計用地震荷重, 近畿支部耐震構造研究部会主催シンポジウム「上町断層帯による想定地震動に対する建物の耐震設計を考える」, 2009.1
32) 亀井功・野畑有秀・田中清和:上町断層により生成される長周期パルス地震動の特性, 近畿支部耐震構造研究部会主催シンポジウム「上町断層帯による想定地震動に対する建物の耐震設計を考える」, 2009.1
33) 山田真澄・林康裕・鈴木恭平:断層近傍の地震記録に基づくパルス性地震動の設計荷重の定式化, 近畿支部耐震構造研究部会主催シンポジウム「内陸地震に対し構造設計者はどう対応すればよいか？（地震荷重と構造設計）」, 2009.10
34) 亀井功・佐藤浩太郎・林康裕:モーダル解析によるパルス波地動に対する多自由度系の層間変形角応答特性, 日本建築学会構造系論文集, 第649号, pp.567-575, 2010.3
35) 大西良広・田中和樹・林康裕:予測地震動の変動要因, 近畿支部耐震構造研究部会主催シンポジウム「内陸地震に対し構造設計者はどう対応すればよいか？（地震荷重と構造設計）」, 2009.10
36) 鈴木恭平・川辺秀憲・山田真澄・林康裕:断層近傍のパルス性地震動特性を考慮した設計用応答スペクトル, 日本建築学会構造系論文集, 第647号, pp.49-56, 2010.1
37) 大西良広・鈴木恭平・林康裕:震源近傍の上下動特性, 近畿支部耐震構造研究部会主催シンポジウム「パルス性地震動に対する建物の応答特性を考える」, 2010.10
38) 日本建築学会:多次元入力地震動と構造物の応答, pp.73-78, 1998

7.2 S造建物の評価

ここでは，7.1 節に示された上町断層帯地震を想定した設計用入力地震動による，S造建物の応答評価に関する検討結果を示す．

はじめに，6 棟の既存 S 造建物についての地震応答解析により，現行のレベル 2 地震動に対して 1/100rad 程度の層間変形角となる建物が，入力レベルよっては耐力劣化を考慮しない場合でも 1/25rad 程度の大きな応答を生じることを示す．

次に，想定建物に対して，5.3.3 項に示した設計法を適用して検討し，設計用入力地震動に対して建物が「限界状態Ⅰ」の領域に収まっているかどうかの具体的な検証例ならびに，収まっていない場合に目標とする耐震性能を満足するために必要な部材断面変更の例を示す．

最後に，既存のS造高層建物に対する配慮ならびに今後の新築S造高層建物の方向性についての概略検討結果を示す．

7.2.1 既存 S 造建物についての地震応答解析

ここでは既存 S 造建物についての，上町断層帯地震に対する設計用入力地震動を用いた地震応答解析結果を示す[1), 2)]．ここで対象とする 6 棟の既存 S 造建物は，すべて設計時において「告示（平 12 建告第 1461 号）に示されるスペクトルに適合した地震波」を用いた検討が行われ，レベル 2 地震動に対して概ね最大層間変形角が 1/100rad となっている建物である．

（1） 検討用地震動

7.1.2 項で提案されている設計用地震動のうち，6 ゾーンについて設定されている中でも入力レベルが最も大きい大阪市北東部の沖積地盤地域（ゾーン A4）を対象とした地震動を用いる．地震動レベルは，レベル 3B，レベル 3C（各々フラットタイプ地震動 3 波，パルスタイプ地震動 3 波とする）．

（2） 解析モデル

解析モデルは，各層 1 質点とした質点系モデルである．復元力特性は，各建物のフレームモデルでの静的弾塑性解析結果の層せん断力－層間変形角関係を，層間変形角約 1/100～1/75rad 程度までフィッティングした等価せん断型モデル（Tri-linear 形）もしくは，曲げせん断型モデル（曲げ；弾性，せん断；Tri-linear 形）で，部材レベルの耐力劣化は考慮されておらず，解析上は大変形に対しても十分変形能力があるとするモデルとなっている．解析モデルの概要を表 7.2.1 に示す．

（3） 応答解析結果

それぞれの建物の 1 次固有周期とレベル 3B およびレベル 3C 地震動に対する最大応答層間変形角の関係を図 7.2.1 に示す．なお，検討例 6 については Y 方向のレベル 3B 地震動に対する応答解析結果のみを示している．レベル 3B 地震動においては，1 次固有周期が 3.5 秒より短い建物ではフラッ

トタイプ地震動とパルスタイプ地震動との大差はなく，フラットタイプ地震動の最大応答層間変形角は 1/36，パルスタイプ地震動では 1/40 となっている．一方，1次固有周期 3.84，4.37 秒の建物ではフラットタイプ地震動での最大応答層間変形角は 1/31，パルスタイプ地震動では 1/39 となり，若干の差異が見られる．

　レベル 3C 地震動においても同様にフラットタイプ地震動での層間変形角がやや大きく，最大で 1/25 となっている．

表 7.2.1　解析モデル概要 [1]

検討例	階数			高さ(m)	方向	架構形式	解析モデル	周期(s)	減衰	D_s換算値	PΔ効果考慮
	地上	地下	塔屋								
1	13	1	1	56.5	X	ラーメン	15 質点曲げせん断型モデル	1.62	初期剛性比例1次2%	0.43	有
					Y	ブレース付		1.61		0.49	
2	28	2	1	142.0	X	ブレース付	30 質点等価せん断型モデル	3.84	初期剛性比例1次2%	0.67	無
					Y	ブレース付		3.58		0.62	
3	16	1	1	73.7	X	ブレース付	16 質点等価せん断型モデル	1.90	初期剛性比例1次2%	0.40	無
					Y	ブレース付		1.96		0.54	
4	20	0	2	73.2	X	ブレース付	20 質点等価せん断型モデル	1.49	初期剛性比例1次2%	0.58	無
					Y	ブレース付		1.52		0.63	
5	24	2	2	116.8	X	ブレース付	23 質点曲げせん断型モデル	3.16	瞬間剛性比例1次2%	0.58	無
					Y	ブレース付		3.48		0.54	
6	39	4	3	195.0	X	ブレース付	39 質点曲げせん断型モデル	4.37	瞬間剛性比例1次2%	0.67	無
					Y	ブレース付		5.38		0.56	

* 検討例 6 は，X 方向かつレベル 3B 地震動のみの検討とする．
* 表中の D_s 換算値は，1階レベルの保有水平耐力の D_s 換算値 ($=Q_u/\Sigma W_i A_i R_t$) を示す．
但し，保有水平耐力の算出方法は，検討例により異なる．
（最大耐力時，層間変形角の最大値が一定値到達時，各層の層間変形角が一定値到達時）
* 地下や塔屋のモデル化の有無により，地上階数と質点数は必ずしも一致しない．

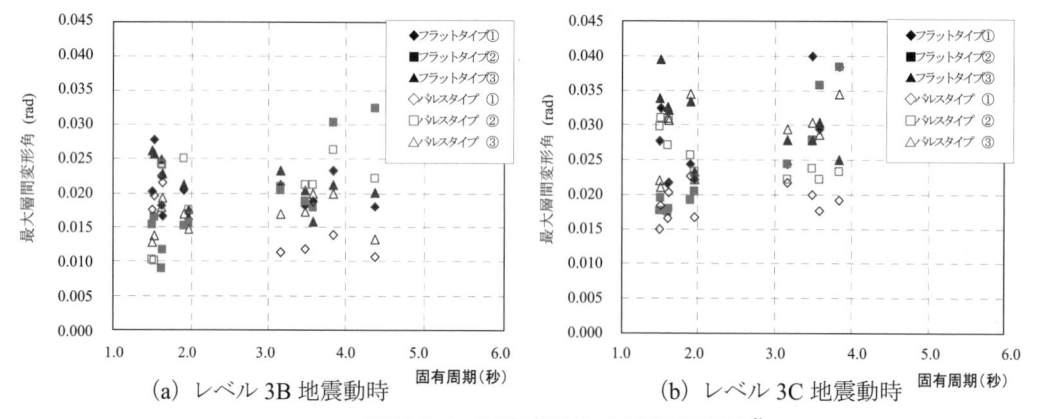

(a) レベル 3B 地震動時　　　(b) レベル 3C 地震動時

図 7.2.1　層間変形角-固有周期関係 [1]

　また，層の塑性率の最大応答値を表 7.2.2 に示す．レベル 3B に対しておよそ 5 前後，レベル 3C に対しては 7 前後の大きな塑性率となっており，部材レベルの損傷状態の検証が必要なことが明らかである．

表 7.2.2　層の塑性率の最大応答値 [2]

		検討例1	検討例2	検討例3	検討例4	検討例5	検討例6
レベル 3B	X方向	3.57	4.61	6.62	5.75	3.75	6.88
	Y方向	4.38	7.38	5.99	5.00	6.05	－
レベル 3C	X方向	4.59	6.54	9.44	7.44	5.48	－
	Y方向	5.57	7.40	7.34	7.70	8.54	－

7.2.2　想定建物に対して，5.3.3項に示した設計法を適用して検討した事例

ここでは，あるS造建物を想定し，上町断層帯地震動を受けた時の建物の状態を，5.3.3項に示した方法によって検討した事例を示す [2),3)]．同一建物について，質点系モデルとフレームモデルによる地震応答解析を行って，モデル化の違いによる影響についても示す．検討に用いる地震動は7.2.1項と同じものである．

（1）　想定建物の概要

想定されたS造建物は，25階建ての制振ブレース付ラーメン構造である．想定建物の伏図及び軸組図を図7.2.2に示す．建物はX方向に4架構，Y方向に6架構を有し，Y方向外周架構の1～20階に座屈拘束ブレース（LY225，耐力1500kN）を設置したものとし，この建物のY方向を解析対象としている．建物の代表的な構造諸元は下記の通りで，ゾーンA4のある地点を想定して作成した告示波（レベル2）に対して，最大層間変形角が概ね0.01radとなるモデル設定となっている．

(a) 建物概要

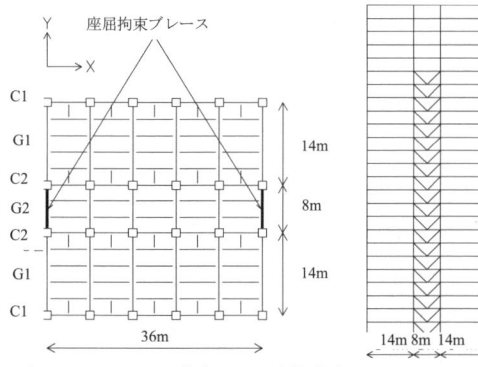

平面 36m×36m，階高 4m，建物高さ 100m
基準階床面積：約 1,300 m²，延べ面積 32,400 m²
地上階総重量 240,400kN（7.4kN/m²）

(b) 柱部材断面（材質 SN490）

階	外柱 C1	中柱 C2
16～25	□-700×25（FB）	□-700×28（FA）
11～15	同上	□-700×32（FA）
6～10	□-700×28（FA）	□-700×36（FA）
1～5	□-700×36（FA）	□-700×45（FA）

(c) Y方向の梁断面（材質 SN490，すべて FB）

階	Y方向大梁 G1（外側）	Y方向大梁 G2（内側）
17～R	BH-800×350×14×22	BH-800×350×14×22
12～16	BH-800×350×14×25	同上
7～11	BH-800×400×14×25	BH-800×400×14×25
2～6	同上	同上

図 7.2.2　想定建物の伏図とY方向外周架構軸組図 [3]

（2） 質点系モデルによる検討

（i） 質点系モデルの概要

建物の質量を，並進1自由度を有する1層1質点（合計25質点）に集約し，建物主架構（柱梁）及び座屈拘束ブレースの復元力特性を，静的弾塑性荷重増分解析結果をもとにTri-Linear型またはBi-Linear型にモデル化したモデルで，このモデルでは部材の耐力劣化は考慮していない．履歴法則はNormal型である．上町断層帯地震動に対しては層間変形角が0.01radを上回ることが予想されるため，復元力特性にPΔ効果による剛性低下を考慮している．減衰は振動数比例型とし，1次減衰定数を2%としている．固有周期は，1次3.19秒，2次1.16秒，3次0.71秒である．

（ii） 応答解析結果

図7.2.3にレベル3A，3B，3Cの地震動に対する最大層間変形角を示す．

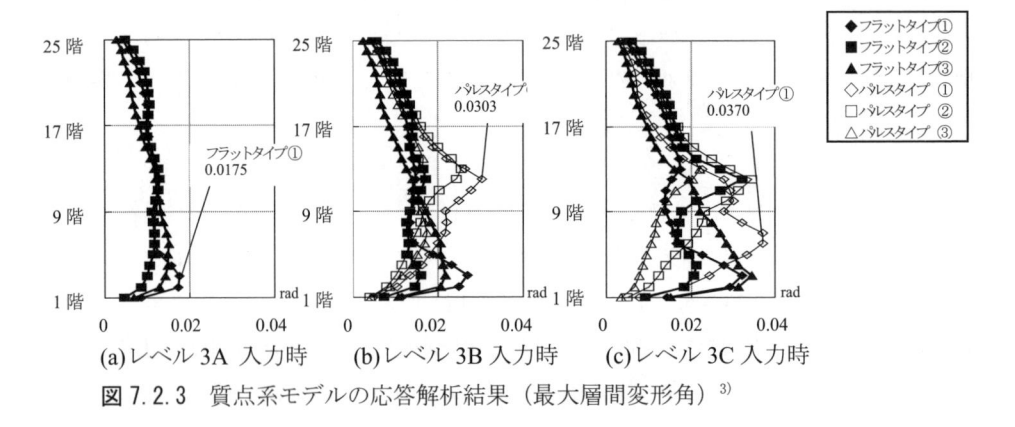

図7.2.3 質点系モデルの応答解析結果（最大層間変形角）[3]

最大層間変形角が発生する階に対して，その層間変形に対応する静的弾塑性荷重増分解析結果から，当該階を構成する柱梁部材の塑性回転角を確認したところ，いずれの入力レベルに対しても，最大塑性回転角（$\max\theta_p$）は，内側スパンの梁の端部に生じていた．

表7.2.3に，各入力レベルの最大塑性回転角（$\max\theta_p$）と破断限界塑性回転角（θ_f）を示す．破断限界塑性回転角は，梁端のディテールに応じて設定された3種類の値を併記している．

レベル3Bに対しては，梁端のディテールによっては破断限界塑性回転角を上回る応答を示す場合がある．レベル3Cに対しては，7階の梁G2端部で$\max\theta_p=0.046$となり，梁端が変形能力の高い部類のノンスカラップ＋固形エンドタブ工法で施工された場合でも破断限界塑性回転角（$\theta_f=0.04$）を上回っている．

一方，上町断層帯地震動を用いた複数の建物についての時刻歴応答解析結果から得られた最大塑性回転角と累積塑性回転角の関係を表す式（5.3.3）を用いて，最も条件が厳しい梁部材について片側の累積塑性回転角の最大値（$\Sigma\theta_p$）を推定し，また5.3.3項に示した方法によって対象部材の局部座屈による耐力劣化限界塑性回転角（θ_d）を求めた．結果を表7.2.4に示す．

表7.2.3 各入力レベルの地震動に対する最大塑性回転角と破断限界塑性回転角[2]

入力レベル	対象部材	最大塑性回転角 $\max\theta_p$ (rad)	破断限界塑性回転角 θ_f (rad)	判定
3A	3階梁 G2 BH-800x400x14x25	0.019	0.040 (ケース1)	OK
			0.030 (ケース2)	OK
			0.020 (ケース3)	OK
3B	12階梁 G2 BH-800x350x14x22	0.037	0.040 (ケース1)	OK
			0.030 (ケース2)	NG
			0.020 (ケース3)	NG
3C	7階梁 G2 BH-800x400x14x25	0.046	0.040 (ケース1)	NG
			0.030 (ケース2)	NG
			0.020 (ケース3)	NG

ケース1：ノンスカラップ形式＋固形エンドタブ工法
ケース2：ノンスカラップ形式＋鋼製エンドタブ工法
ケース3：複合円形式＋固形エンドタブ工法 または鋼製エンドタブ工法

表7.2.4 各入力レベルの地震動に対する片側の累積塑性回転角と局部座屈による耐力劣化限界塑性回転角[2]

入力レベル	対象部材	片側の累積塑性回転角 $\Sigma\theta_p$ (rad)	破断限界塑性回転角 θ_d (rad)	判定
3A	3階梁 G2 BH-800x400x14x25	0.024	0.042	OK
3B	12階梁 G2 BH-800x350x14x22	0.042	0.036	NG
3C	7階梁 G2 BH-800x400x14x25	0.051	0.042	NG

これによれば，レベル3Bでは，$\Sigma\theta_p=0.042>\theta_d=0.036$，レベル3Cでも，$\Sigma\theta_p=0.051>\theta_d=0.042$となり設計クライテリアを満足しない結果が得られている．

レベル3Bの入力に対しては，当該梁のウェブ厚を14mm→16mmとすることで$\theta_d=0.045$となり設計クライテリアを満足させることが可能である．一方，レベル3Cの入力に対しては，幅厚比の改善だけでは設計クライテリアを満足させることは困難で，最大塑性回転角も破断限界塑性回転角を上回っているため，梁部材性能の向上だけではなく塑性変形を低減させる別の対策が必要となる．

（3） フレームモデルによる検討
（i） フレームモデルの概要

次に，この建物を，部材劣化現象や幾何学的非線形性を考慮できる解析プログラムCLAP.f[4]を用いて，フレームモデルで検討する．モデル化上の主な特徴は下記の通りである．

・梁部材は「単純ヒンジ」でモデル化している．即ち，梁部材を曲げ剛性・軸剛性・せん断剛性を考慮した弾性の線材とし，その端部に剛塑性回転バネをつけて弾塑性性状を表現する．
・剛塑性回転バネは，劣化を考慮に入れたTri-Linear型の復元力特性[5]としている．

- 柱は1階柱脚のみ「単純ヒンジ」でモデル化している．柱の長期軸力と降伏軸力の比が概ね 0.3 となることを考慮して，1 階柱脚の剛塑性回転バネの耐力を設定している．なお，1 階柱頭および 2 階以上の柱は弾性範囲の応答におさまっていることを別途確認している．

　図 7.2.4 に柱部材と代表的梁部材の復元力特性を示す．固有周期は，1 次 2.92 秒，2 次 0.94 秒，3 次 0.53 秒である．

(a) 柱部材の復元力特性　　(b) 梁部材の復元力特性

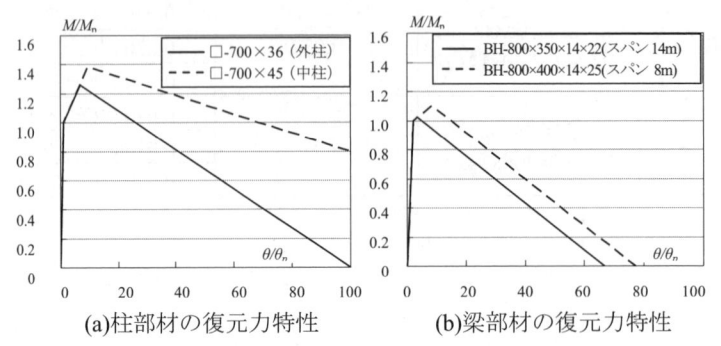

図 7.2.4　代表的な柱部材（1 階柱脚）と梁部材の復元力特性 [3]

（ii）　応答解析結果

　レベル 3A，3B，3C の地震波を入力した場合の最大層間変形角を図 7.2.5 に示す．また図 7.2.6 にレベル 3C の地震波入力時の 6 階の層間変形角の時刻歴と，梁 G2 の剛塑性回転バネの履歴曲線を示す．これらの図より，応答が片側に偏っていることが確認できる．

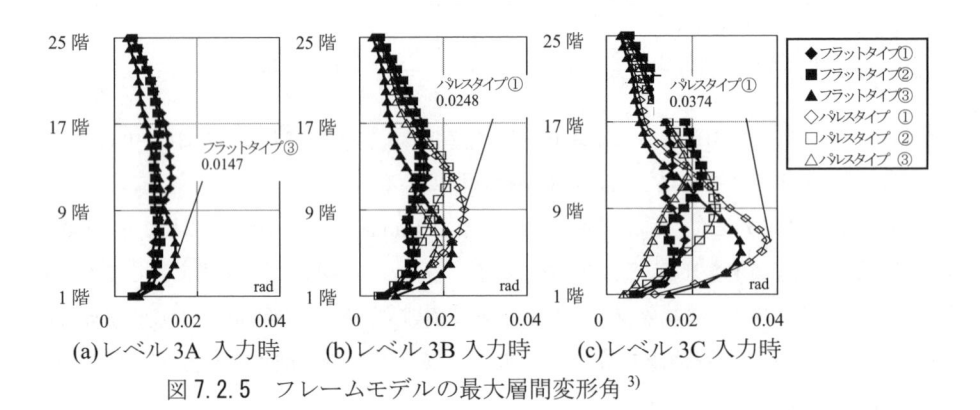

(a) レベル 3A 入力時　　(b) レベル 3B 入力時　　(c) レベル 3C 入力時

図 7.2.5　フレームモデルの最大層間変形角 [3]

(a) 層間変形角の時刻歴　　　　(b) 梁端の $M\text{-}\theta$ 関係

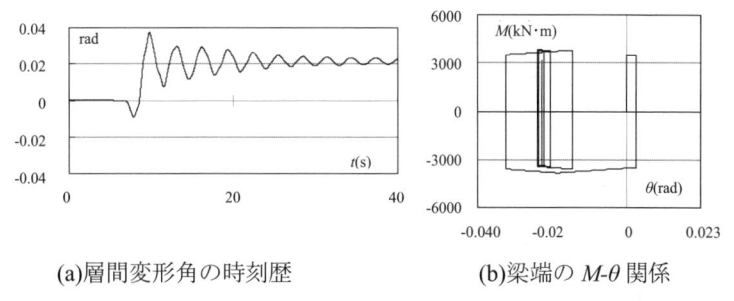

図 7.2.6 3C レベル地震動入力時の層間変形角と梁端の履歴曲線 [3]

表 7.2.5 に，各入力レベルの最大塑性回転角（$\max\theta_p$）と破断限界塑性回転角（θ_f）を示す．質点系モデルによって評価した場合と比べて最大値を示す梁は必ずしも同一ではない．前項と同様に，破断限界塑性回転角は，梁端のディテールに応じて設定された 3 種類の値を併記している．表 7.2.6 に片側の累積塑性回転角の最大値（$\Sigma\theta_p$）と，対象部材の局部座屈による耐力劣化限界塑性回転角（θ_d）を示す．図 7.2.7 に，レベル 3B，3C の地震波入力時の最大塑性回転角（$\max\theta_p$）と破断限界塑性回転角（θ_f=0.04）との比率を示す．また図 7.2.8 に，片側の累積塑性回転角の最大値（$\Sigma\theta_p$）と局部座屈による耐力劣化限界塑性回転角（θ_d）との比率を示す．$\Sigma\theta_p$ のうち 1 階の値は柱の値を，それ以外の階については梁の値を示している．

前述した質点系モデルによる検討と異なり，フレームモデルで検討した場合，梁端が変形能力の高い部類のノンスカラップ＋固形エンドタブ工法で施工された場合であれば $\max\theta_p$ はいずれの地震動レベルに対しても θ_f より大きく，設計クライテリアを満足している．また $\Sigma\theta_p$ も，レベル 3B に対して θ_d より大きくなり，クライテリアを満足する．レベル 3C に対してはいずれの検討でもクライテリアを満足させることができず，梁断面の増大などの対応が必要である．なお，詳細モデルであるフレームモデルのほうが，部材端の塑性回転角について概して小さめの応答を与えるが，レベル 3C のように耐力劣化域に至る場合には，この現象をモデル化していない質点系モデルが安全側の結果を示すとは限らないことに注意が必要である．

表 7.2.5 各入力レベルの地震動に対する最大塑性回転角と破断限界塑性回転角 [2]

入力レベル	対象部材	最大塑性回転角 $\max\theta_p$ (rad)	破断限界塑性回転角 θ_f (rad)	判定
3A	5 階梁 G1 BH-800x400x14x25	0.009	0.040 (ケース 1)	OK
			0.030 (ケース 2)	OK
			0.020 (ケース 3)	OK
3B	9 階梁 G1 BH-800x400x14x25	0.019	0.040 (ケース 1)	OK
			0.030 (ケース 2)	OK
			0.020 (ケース 3)	OK
3C	6 階梁 G2 BH-800x400x14x25	0.035	0.040 (ケース 1)	OK
			0.030 (ケース 2)	NG
			0.020 (ケース 3)	NG

表 7.2.6 各入力レベルの地震動に対する片側の累積塑性回転角と局部座屈による耐力劣化限界塑性回転角[2]

入力レベル	対象部材	片側の累積塑性回転角 $\Sigma\theta_p$ (rad)	破断限界塑性回転角 θ_d (rad)	判定
3A	5階梁 G1 BH-800x400x14x25	0.010	0.034	OK
3B	7階梁 G1 BH-800x400x14x25	0.029	0.034	OK
3C	7階梁 G2 BH-800x400x14x25	0.048	0.042	NG

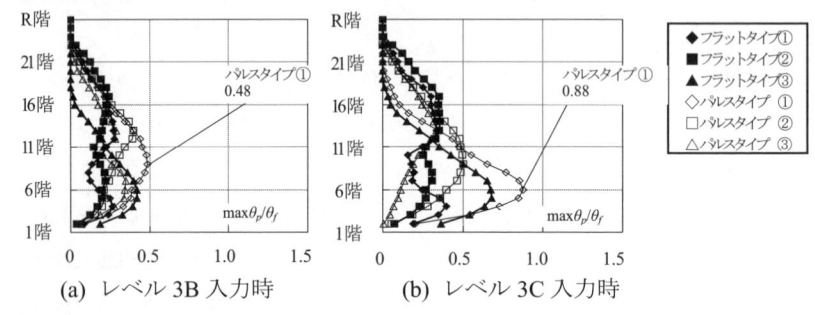

図 7.2.7 レベル 3B, 3C 地震動入力時の $\max\theta_p$ と θ_f との比率[3]

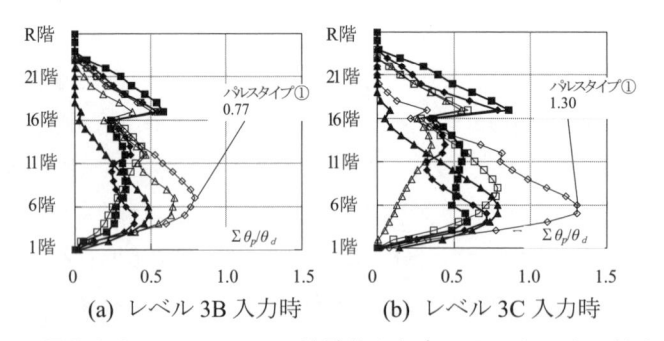

図 7.2.8 レベル 3B, 3C 地震動入力時の $\Sigma\theta_p$ と θ_d との比率[3]

一方，柱についてはレベル 3A の地震動に対しては全て弾性で，レベル 3B, 3C 地震動に対しては 1 階柱の脚部において塑性化した．表 7.2.7 に柱脚部についての各入力レベルの地震動に対する片側の累積塑性回転角の最大値（$\Sigma\theta_p$）と局部座屈による耐力劣化限界塑性回転角（θ_d）を示す．ここでは，θ_d の算定には，地震応答解析時の最大軸力を用いている．表に示すように，いずれの入力レベルに対してもクライテリアを満足している．

座屈拘束ブレースについて，各入力レベルで最大層間変形角が最大となった地震動に対する応答結果を表 7.2.8 に示す．座屈拘束ブレースにはレベル 3C に対して最大歪度が 7.4%という大きな塑性変形が生じており，このような状態における安全性については，種々の座屈拘束ブレースごとの実験結果等に基づいて慎重に評価する必要がある．

表 7.2.7 片側の累積塑性回転角と局部座屈による耐力劣化限界塑性回転角（1階柱の柱脚）[2]

入力レベル	対象部材	片側の累積塑性回転角 $\Sigma\theta_p$ (rad)	地震応答時の最大軸力/降伏軸力	破断限界塑性回転角 θ_d (rad)	判定
3A	—	弾性	—	—	OK
3B	中柱 1C2 □-700x45	0.002	0.45	0.097	OK
3C	中柱 1C2 □-700x45	0.008	0.46	0.096	OK

表 7.2.8 各入力レベルの地震動に対する座屈拘束ブレースの応答結果[2]

入力レベル	最大層間変形角	発生階	最大軸歪度	累積塑性変形倍率
3A	0.0147	5	0.029	122
3B	0.0248	9	0.049	221
3C	0.0374	6	0.074	462

ちなみに，ここでいう「クライテリアを満足する」状態とは，5.3.3項に示している「非倒壊の保証を目標とする限界状態」で，「本震でこの状態におさまっていればある程度の余震にも耐えることができ，一定期間の使用が可能な状態（応急対策が必要な場合もある）」と位置づけられるもので，補修後再使用の可能性については別途検討が必要である．

（iii） 上下動の影響等を考慮した検討

ここまでの検討では上下動の影響は考慮されていない．7.1.2項に従って，レベル3Bの地震動時の上下動による付加軸力として長期軸力の0.4倍（0.4G）を見込んだ検討を行う．また，5.3.3項に示すように，水平2方向入力にも配慮して，この状態でも各節点について $\Sigma M_{cu} \geq 1.5 \times \Sigma M_{bu}$ （M_{cu}, M_{bu} は，それぞれ柱，梁の全塑性曲げモーメント）を満足することとする．

上下動を想定した付加軸力を見込んだ場合の，当初想定部材断面での柱梁耐力を表7.2.9に示す．上層階では柱梁耐力比1.5のクライテリアを満足する場合もあるが，軸力が大きい下層～中層階では目標とする柱梁耐力比を満足していない．特に隅柱や座屈拘束ブレースが取り付く柱では，検討軸力が柱の軸耐力を上回り $M_{cu}=0$ となっている．

表 7.2.9 上下動付加軸力を考慮した場合の柱梁耐力比の検討結果（当初想定部材断面）[2]

階	隅柱 C1		側柱 C2（ブレース付き）		側柱 C1		中柱 C2	
	柱断面	柱梁耐力比	柱断面	柱梁耐力比	柱断面	柱梁耐力比	柱断面	柱梁耐力比
21～25	700x25	2.99	700x28	1.44	700x25	2.99	700x28	1.76
16～20	700x25	2.07	700x28	0.93	700x25	2.41	700x28	1.20
11～15	700x25	0.62	700x32	0.76	700x25	1.08	700x32	0.93
6～10	700x28	0	700x36	0.03	700x28	0.27	700x36	0.57
1～5	700x36	0	700x45	0	700x36	0.19	700x45	0.53

注：柱はすべて溶接箱形断面（SN490） 　　　　　　　　　　　　柱鉄骨重量：480N/m²

目標の柱梁耐力比を満足するように変更した結果を表7.2.10に示す．なお，断面変更後の応答解析は行っていないが，7.1節に示したパルス性地震動による応答特性により，最大応答変形は大きく変わらないと仮定して，変更後の諸検討を行っている．

変更前後で，柱鉄骨重量は480kN/m²から620kN/m²と約29%増加している．

柱の片側の累積塑性回転角が，局部座屈による耐力劣化限界塑性回転角以内であるかどうかを確認した結果を表7.2.11に示す．当初想定断面でも幅厚比が小さいため，クライテリアを満足している．

表7.2.10 上下動付加軸力を考慮した場合の柱梁耐力比の検討結果（変更部材断面）[2]

階	隅柱C1		側柱C2（ブレース付き）		側柱C1		中柱C2	
	柱断面	柱梁耐力比	柱断面	柱梁耐力比	柱断面	柱梁耐力比	柱断面	柱梁耐力比
21～25	700x25	2.99	700x32	1.71	700x25	2.99	700x25	1.76
16～20	700x25	2.07	700x40	1.72	700x25	2.41	700x36	1.72
11～15	700x32	1.68	700x45	1.57	700x28	1.54	700x45	1.72
6～10	800x36	1.82	800x55	1.73	800x32	1.73	800x45	1.64
1～5	800x45	2.02	800x75	1.69	800x40	1.80	800x55	1.73

注：柱はすべて溶接箱形断面（SN490）　　　　　　　　　　　　　　柱鉄骨重量：620N/m²

表7.2.11 片側の累積塑性回転角と局部座屈による耐力劣化限界塑性回転角（断面変更前後）[2]

	対象部材	片側の累積塑性回転角 $\Sigma\theta_p$ (rad)	地震応答時の最大軸力/降伏軸力	破断限界塑性回転角 θ_d (rad)	判定
当初想定断面	中柱1C2 □-700x45	0.0023	0.79	0.062	OK
変更後断面	中柱1C2 □-800x55	同上と仮定	0.57	0.123	OK

7.2.3 既存建物の梁端溶接部の破断を考慮した地震応答解析[6]

ここでは，高度成長期に建設された高層建物をモデル化し，上町断層地震を想定した正弦波パルスを用いた時刻歴応答解析を行って，特に梁端部が脆性破断を生じる場合の建物挙動を検討する．

（1）検討用地震動

検討用地震動には7.1.2項の（7）に示されている上町断層帯地震動で発生するパルス性地震動を簡潔・明瞭に模擬した正弦波パルスを用いる．図7.1.26のR_{max}応答スペクトルをみると，固有周期1秒程度以上の建物には，ほぼ一定の大きな変位応答（レベル3Bで1/50～1/60rad程度）が生じることが想定される．従って，大梁と柱の溶接接合部詳細などによって変形能力が限界づけられるような既存建物では梁端溶接部の破断が懸念される．

（2）解析モデル

解析モデルは高度成長期に建設された超高層建物の長周期地震動に対する既往の検討用モデル[7]

のうち，高さ75mのモデルを模したものとした．このモデルは1964～79年の15年間に建てられた60m以上の建築物107棟のモデルを建築物の高さや，当時の設計方法などを考慮し作成された高度成長期の超高層建物の代表的なモデルと考えられるものである．図7.2.9に略伏図・軸組図ならびに代表部材の断面サイズを示す．固有周期は1次が2.32秒，2次が0.75秒である．

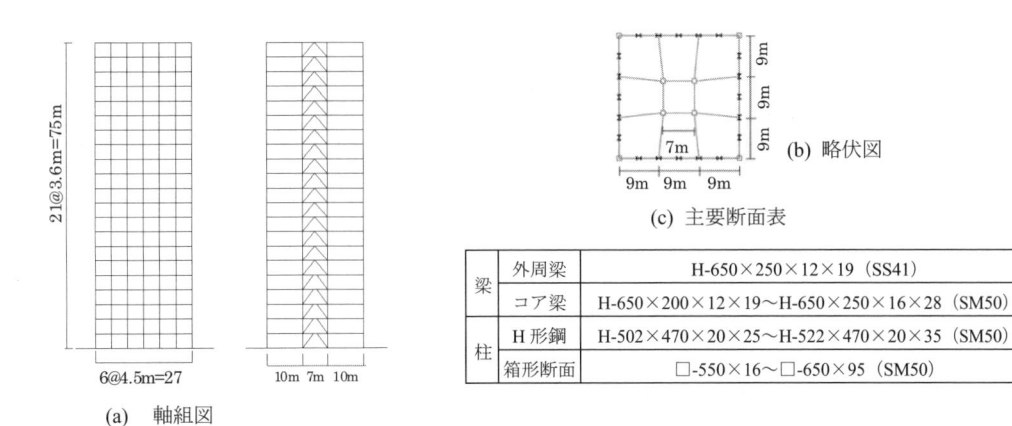

図7.2.9 対象建物の軸組図・略伏図・主要断面

梁	外周梁	H-650×250×12×19（SS41）
	コア梁	H-650×200×12×19～H-650×250×16×28（SM50）
柱	H形鋼	H-502×470×20×25～H-522×470×20×35（SM50）
	箱形断面	□-550×16～□-650×95（SM50）

解析には材料非線形と幾何非線形を考慮でき，部材の耐力劣化が扱えるCLAP.f[4]の改良版を用いた．前述した梁端溶接部の破断を図7.2.10のような端部ばねを梁の両端に配することで模擬した．

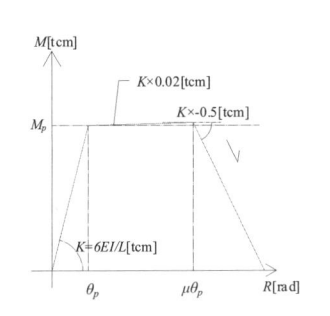

図7.2.10 端部バネ模式図

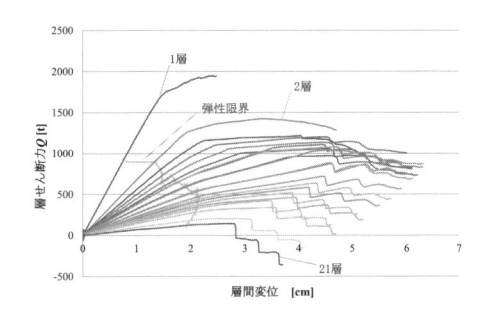

図7.2.11 各層のスケルトンカーブ($\mu=4$)

梁端が破断する回転角は弾性限回転角θ_pの破断時塑性率μ ($\mu=2,4,6,\infty$)で定義する．梁端の破断に関しては，5.3.3項に示すように接合ディテールに関してある程度の配慮がなされた複合円スカラップ形式の場合で，最大塑性回転角が0.02radとされており，外周ラーメン架構の梁の場合$\mu=8$，コア構面の梁で$\mu=6$程度に相当する．図7.2.11に$\mu=4$のモデルのスケルトンカーブを示す．

（3）時刻歴応答解析結果

破断時塑性率μを変化させて入力地震動レベルごとの解析を行った．$\mu=6$のモデルではレベル3A程

度までの入力ではほとんどのケースで破断が生じなかったが3Cレベルでは層間変形角が1/50を超えるケースが多くあった．また，$\mu=2$のモデルでは破断しない場合と比較して最大層間変形角が1.5倍程度になるケースも見られた．レベル3Cの入力時の破断時塑性率ごとの最大層間変形角を図7.2.12に，破断時塑性率$\mu=4$としたときの外周フレームの梁端の破断位置の例を図7.2.13に示す．

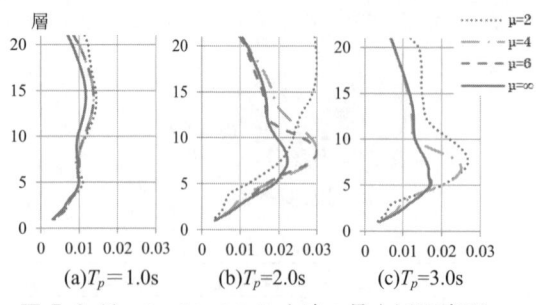

図 7.2.12　レベル 3C 入力時の最大層間変形

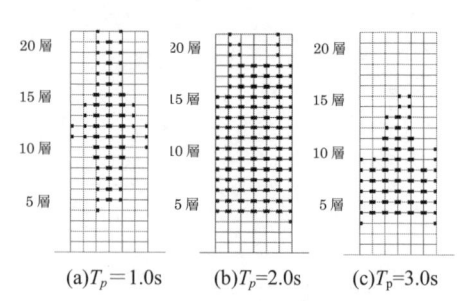

図 7.2.13　レベル 3C 入力時の破断位置

（4）　補強範囲の検討

上記のような損傷を防止するためには，フランジの幅を拡幅したりフランジの板厚を増厚する[8]などの改造を施すことが考えられる．

補強目標の一例として，すべての層の最大層間変形角が0.02radを超えないことを目指す．正弦波パルスの入力によって最大層間変形角が0.02radを超えている層を破断時塑性率$\mu=\infty$に置き換える手順を，目標を満足するまで繰り返す．最大層間変形角が0.02radを超えていたケースの内，特に変形の大きかったケースの補強結果を図7.2.14に示す．ここで，R3-17@2とは破断時塑性率$\mu=2$のモデルを基本モデルとして3層から17層の端部ばねの破断時塑性率μを∞としたモデルを表す．

一部の層の補強を行ったモデルにおいては，補強をしていない層の変形が$\mu=\infty$のときの最大層間変形角より若干大きくなる半面，補強層の最大層間変形角が小さくなる傾向がみられる．

パルス性地震動によって初期の超高層建築物の最大層間変形角は1/50radを超えるような大変形

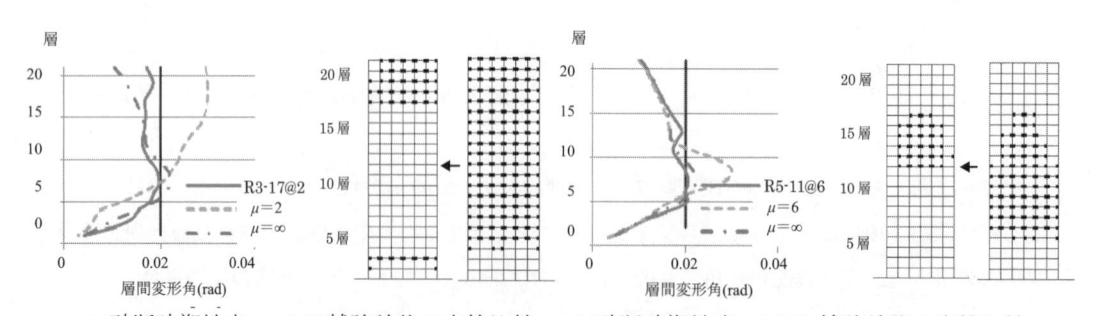

(a)破断時塑性率 $\mu=2$ の補強前後の応答比較　　(b)破断時塑性率 $\mu=6$ の補強前後の応答比較

図 7.2.14　3C レベル、T_p=2.0s 入力時の補強効果

を生じ，梁端溶接部の破断が生じる可能性があるものの，一部の層の梁端の破断を許容することができれば，最大層間変形角制限等を満足するような部分的な補強範囲があり得ることを示した．

7.2.4 柱に高強度鋼材を用いて損傷低減を図る手法の検討[9),10)]

大きな応答変位が予測される地震動に対して建築物の損傷を低減するために，柱梁に高強度鋼材を用いて弾性限変形を大きくすることが考えられる[11)]．ここでは，高強度鋼材を柱に，従来鋼材を梁に用いた梁降伏先行型の架構を想定し，その有効性について検討する．

（1） 損傷低減のための手法

高層建築物では一定の応答変位が生じるという，パルス性地震動の応答特性を考慮すると，次のような目指すべき方向性が浮かび上がる．

・剛性は現状と同等としつつ，弾性限変形を現状の1.5～2倍程度大きくするためには，降伏点強度の高い部材が必要で，高強度鋼材はその典型である．

・想定以上の過大入力を考慮すると，柱梁すべてを塑性変形能力の乏しい高強度鋼材とすることは好ましくなく，梁には変形能力を持たせるべきである．

・施工性，経済性を考慮し，高強度鋼材の溶接接合はできる限り避ける[12)]．

これらを踏まえると，高強度鋼材を柱に，従来鋼材を梁に用いた架構の有効性が考えられる．その概念を，層の復元力特性として図7.2.15に示す．柱梁の断面は，架構を梁崩壊型の鋼構造ラーメン構造とした場合，図7.2.16の手順で求めることができる．

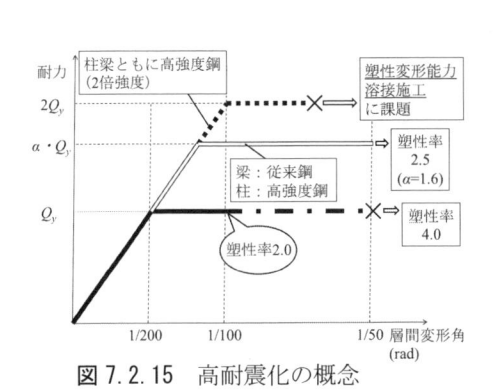

図 7.2.15　高耐震化の概念

図 7.2.16　高耐震化の断面算定手順

（2） 魚骨形モデルによる地震応答解析

一般的な高層建築物を想定し，以下の条件で魚骨形モデル[13)]によって初期モデルを設定した．

・層数：15, 25, 35，階高：3.75m，梁スパン：6m，各層の負担面積：60m^2，重量：7.0kN/m^2
・柱梁耐力比：1.5以上，部材：FBランク以上，SN490BのH形鋼

・目標クライテリア：観測波（El Centro NS, Taft EW, Hachinohe NS）レベル1地震動(25cm/s)入力時に最大層間変形角0.005程度，全部材弾性，レベル2地震動(50cm/s)入力時に最大層間変形角0.010程度，梁以外弾性，層の塑性率2.0以下

解析は，幾何学的非線形性を考慮できる解析プログラムCLAP.f[4]を用い，減衰特性は1次減衰定数$h=0.02$の初期剛性比例型として入力している．

次に，前述の断面選定手順に従って，初期モデルの高耐震化を行った．条件は次の通りである．

・レベル3Cの入力に対し層の塑性率2.5以下とする．
・高耐震化する層の柱フランジの鋼材は1000N級鋼材（$\sigma_y=880N/mm^2$），柱ウェブ，梁の鋼材種はSN490Bとする．柱梁耐力比は1.5以上とする．

作成した高耐震化モデルに正弦波パルスを入力し，全層の塑性率が2.5程度に収まるまで断面の修正を繰り返した．

(3) 高耐震化モデルの正弦波パルス応答

高耐震化モデルのレベル3Cにおける正弦波パルス応答を図7.2.17に，各モデルの第3層の部材断面を表7.2.12に示す．すべてのケースで，層の塑性率は最大4程度から2.5程度まで低減できている．また，初期モデルでは下層に応答が集中していたのに対し，下層を高耐震化したことによって応答変位が平均化しており，損傷集中が緩和されている．

表 7.2.12 部材断面の変化

		柱	梁
初期モデル	15層モデル	H-572×485×35×60 $I=410,099cm^4$, $M_p=5,420kNm$	H-800×300×14×25 $I=274,531cm^4$, $M_p=2,530kNm$
	25層モデル	H-592×490×40×70 $I=500,893cm^4$, $M_p=6,480kNm$	H-700×300×14×25 $I=202,977cm^4$, $M_p=2,130kNm$
	35層モデル	H-572×485×35×60 $I=410,099cm^4$, $M_p=5,420kNm$	H-700×300×12×22 $I=179,979cm^4$, $M_p=1,870kNm$
高耐震化モデル	15層モデル	H-542×493×39×□39□ I：0.67倍, M_p：1.70倍	H-900×300×19×32 I：1.65倍, M_p：1.50倍
	25層モデル	H-567×515×36×□39□ I：0.62倍, M_p：1.53倍	H-900×300×19×34 I：2.33倍, M_p：1.85倍
	35層モデル	H-527×479×38×□38□ I：0.60倍, M_p：1.84倍	H-800×300×14×25 I：1.53倍, M_p：1.35倍

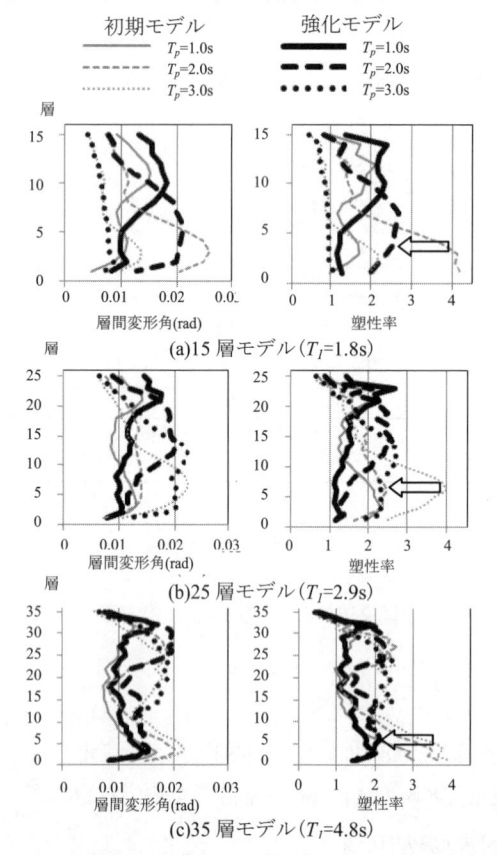

図7.2.17 高耐震化の効果(レベル3C入力時)

(a)15層モデル($T_1=1.8s$)
(b)25層モデル($T_1=2.9s$)
(c)35層モデル($T_1=4.8s$)

※□は1000N級鋼，それ以外はすべてSN490B

柱に高強度鋼材，梁に相対的に強度の低い従来鋼材を用いることで，施工性・経済性を大きく損なうことなくレベル3Cのパルス性地震動(V_p=150cm/s)に対しても全体の剛性を保ちながら架構の損傷を低減させる方法を示した．

7.2.5 まとめ

7.2 節では，7.1 節に示された上町断層帯地震を想定した設計用入力地震動による，S 造建物の応答評価に関する検討結果を示した．

まず，現行のレベル2 地震動に対して 1/100rad 程度の層間変形角となる建物は，入力レベルによっては耐力劣化を考慮しない場合でも 1/25rad 程度の大きな応答を生じることを示した．次いで，想定建物に対して，5.3.3 項に示した設計法を適用した具体的な検証例ならびに目標とする耐震性能を満足するために必要な部材断面変更の例を示した．

また，高度成長期に建設された高層建物をモデル化し，上町断層地震を想定した正弦波パルスを用いた時刻歴応答解析を行って，梁端部が破断を生じる場合の建物挙動の例を示すとともに，今後，柱に高強度鋼材，梁に相対的に強度の低い従来鋼材を用いることで，施工性・経済性を大きく損なうことなく大きなパルス性地震動に対しても架構の損傷を低減し得る方法を示した．

参 考 文 献

1) 福本義之・西村勝尚・田中嘉一・上森博・堀本明伸・多賀謙蔵・吹田啓一郎・多田元英：上町断層地震に対する設計用地震動ならびに設計法に関する研究（その5 既存鉄骨造建物の地震応答解析結果），日本建築学会大会学術講演梗概集，pp.689-691，2011.8
2) 大阪府域内陸直下型地震に対する建築設計用地震動および設計法に関する研究会：「大阪府域内陸直下型地震に対する建築設計用地震動および耐震設計 指針（その1 上町断層帯地震に対する大阪市域編），pp.4-109～4-130，2011
3) 堀本明伸・西村勝尚・多賀謙蔵・吹田啓一郎・多田元英・田中剛・向出静司・塚越治夫：上町断層地震に対する設計用地震動ならびに設計法に関する研究（その7 鉄骨造建物の適用例），日本建築学会大会学術講演梗概集，pp.689-691，2011.8
4) 小川厚治・多田元英：柱・梁接合部パネルの変形を考慮した静的・動的応答解析プログラムの開発,第17回情報・システム・利用・技術シンポジウム論文集,pp.79-84，1994.12
5) 秋山宏：建築物の耐震極限設計，東京大学出版会；第2版，1987
6) 豊島憲太・多賀謙蔵：既存超高層建築物のパルス性地震動に対する応答性状と補強法に関する研究，日本建築学会大会学術講演梗概集，pp.1279-1280，2012.9
7) 吹田啓一郎・北村有希子・橋田勇生：初期超高層建物柱梁接合部が保有する変形性能と接合部改良効果の検証,日本建築学会構造系論文集,第636号,pp.367-374，2009.2
8) 井川大裕・吹田啓一郎・多賀謙蔵・田邉義和・塚越治夫・坂井悠佑：変厚鋼板を梁フランジに用いた梁端溶接合部の塑性変形能力と破断防止設計法，鋼構造論文集，第19巻第75号，pp.27-39，2012.9
9) 小早川拓・多賀謙蔵：柱に高強度鋼材，梁に相対的に強度の低い鋼材を用いた架構による高耐震性構造の研究，日本建築学会大会学術講演梗概集，pp.1037-1038，2012.9
10) K.Taga・M.Tada・Y.Ichinohe・Y.Shirasawa・T.Hashida：Use of Ultra-high Strength Steel in Building Frames Aiming at Major Countermeasure for Huge Earthquakes, Proc. of 15WCEE paper No.0254, 2012.9
11) 野村尚史・佐藤大樹・北村春幸・藤澤一善：高強度鋼を用いた鋼構造中低層建物の耐震評価，日本建築学

会大会学術講演梗概集，pp.785-786，2011.8
12) 川畑友弥・一戸康生・福田浩司・佐々木正道・沼田俊之・橋田知幸・藤平正一郎・甲津功夫・多田元英・桑原進・多賀謙蔵：建築用1000N級鋼(950N/mm2級)GMAW，SAW溶接材料の開発―1000N級鋼の建築構造物への適用性―，溶接学会論文集第29巻第2号，pp.114-124，2011.12
13) 小川厚治・加村久哉・井上一朗：鋼構造ラーメン骨組の魚骨形地震応答解析モデル，日本建築学会構造系論文集，第521号，pp.151-158，1999.7

7.3 免震建物の評価

7.1節に示した上町断層帯地震設計用入力地震動および正弦波パルス[1]を用いて，擁壁衝突時の免震建物の応答解析を行い，この結果に対して建物の安全性を評価した．評価対象の建物は，設計クリアランスが小さく擁壁衝突の可能性が高いと考えられる，1980年代から1990年代前半に建設された初期免震建物とした．

7.3.1 解析モデル

（1） 免震建物モデルおよび入力波

免震建物モデルを図7.3.1および図7.3.2に，応答評価に用いた入力波の一覧を表7.3.1にそれぞれ示す．入力波は水平1方向である．免震建物モデルの解析諸元を表7.3.2に示す．

モデル化した免震建物は擁壁衝突実験[2]が行われているため，擁壁の復元力特性や免震建物の動特性のパラメータ設定にあたっては実験値を参考にした．上部構造はRC造5階建て，軒高21.75m，重量約25,000kNである．免震部材は天然ゴム系積層ゴムと鋼棒ダンパー（以下，ダンパー）で構成されている．解析モデルでは，上部構造を弾性とし，免震部材は積層ゴムを線形ばねで，ダンパーをバイリニア型ばねでそれぞれモデル化した．免震周期は2.84秒，ロッキング周期は0.21秒である．ダンパーの降伏せん断力係数は約0.08，降伏変位は30mmである．モデルとした建物では高荷重域で塑性化する鋼棒ダンパーを用いているため，通常のダンパーを用いた建物と比較して，降伏せん断力係数が倍程度大きい．ロッキングばね剛性は積層ゴムおよび杭基礎の鉛直剛性から求めている．衝突方向は上部構造の短辺方向とし，初期クリアランス Cl の間隔で擁壁および背後地盤（以下，擁壁部）をモデル化した弾塑性ばねを設けている．擁壁衝突時には短時間に大きな加速度が生じることから，解析時間刻みを1/1000秒とした．

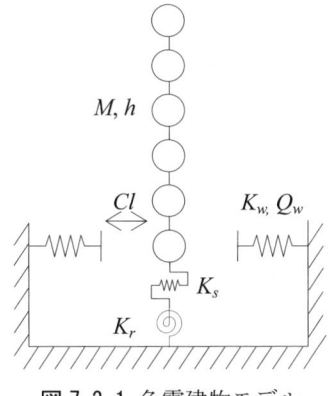

図7.3.1 免震建物モデル

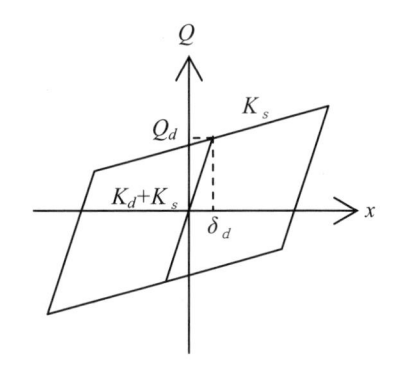

図7.3.2 免震層復元力特性モデル

表 7.3.1 応答評価に用いた入力波

ケース	入力地震動
Case 1	上町断層帯地震設計用入力地震動 ゾーン A4, レベル 3B, パルスタイプ, EW 成分
Case 2	上町断層帯地震設計用入力地震動 ゾーン A4, レベル 3C, パルスタイプ, EW 成分
Case 3	正弦波パルス 周期 3 秒, 150cm/s², レベル 3C

表 7.3.2 解析諸元

	項目		記号	値
免震層	積層ゴム	水平剛性	K_s	1.31×10^4 kN/m
		減衰定数	h_s	1.8%
	ダンパー	1 次剛性（降伏後0）	K_d	6.78×10^4 kN/m
		降伏荷重	Q_d	2,030kN
		降伏変位	δ_d	30mm
	基礎	ロッキングばね剛性	K_r	5.78×10^8 kN・m/rad
		ロッキング振動に対する減衰定数	h_r	8.0%
上部構造		モデル	-	6質点, せん断型モデル
		総重量	M	25,000kN
		減衰定数	h	3.0%
擁壁		水平剛性	K_w	$1.05 \times 10^5 \sim 1.05 \times 10^6$ kN/m
		1次降伏耐力	Q_w	500～5,000kN
		1次降伏耐力後の剛性低下率	α	0.44
		上部構造-擁壁間のクリアランス	Cl	300～400mm

（2） 擁壁部モデル

　擁壁部の復元力特性モデルを図 7.3.3 に示す．擁壁部の復元力特性モデルはギャップ（クリアランスと同値）を持ち，擁壁が降伏するごとに，このギャップが増大するモデルとした．参考として擁壁部復元力特性モデルと，参考文献 3)に示されている擁壁の荷重 - 変形関係の実験結果との比較を図 7.3.4 に示す．擁壁部モデルは 1 次降伏耐力後も初期剛性の 44%の剛性を有するバイリニア型に設定したが，実験結果では擁壁部変位 45mm 程度でさらに擁壁が降伏し剛性低下する傾向が見られることから，擁壁部モデルの降伏後の剛性は過大評価となっている可能性がある．そのため，この擁壁部モデルを用いた応答解析結果は，上部構造については大きな応答加速度が生じ安全側の評価となる一方，免震部材の変形量は過小評価となり，免震部材の破断および引き抜き等については危険側の評価となる可能性があることに留意されたい．

　擁壁部の剛性および耐力によるパラメータスタディを行うため，図 7.3.3 に示した擁壁部の剛性と1次降伏耐力を基準に 2 倍，10 倍した擁壁部モデルを作成した．さらに，これらの擁壁部モデルのクリアランスをそれぞれ 300mm，350mm，400mm とし，計 9 モデルとした．擁壁部モデルの一覧を表 7.3.3 に示す．

　なお，個々の建物について，実験から各免震建物の擁壁部の復元力特性を推定することは実務上

困難であり，擁壁部モデルの FEM 解析等による復元力の推定も労力が大きい．そのため，5.4.4 項（2）に示した擁壁部剛性の評価手法を用いて，復元力特性モデルを作成することが一つの現実的方法と考えられる．擁壁部の 1 次剛性評価手法の詳細については既往報告[4]を参照されたい．

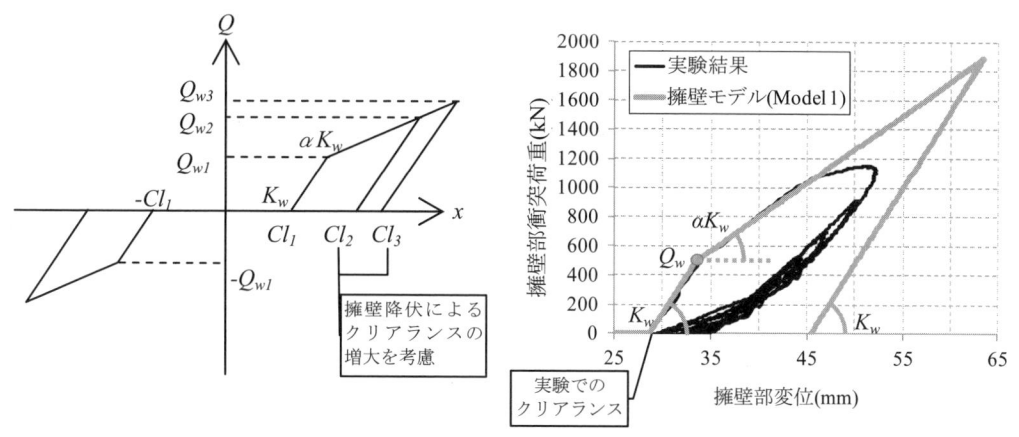

図 7.3.3 擁壁部復元力特性モデル　　**図 7.3.4 擁壁部モデルと実験結果の比較**[3]

表 7.3.3 各擁壁部モデルの復元力特性およびクリアランス

擁壁部モデル	擁壁部初期剛性 K_w (kN/mm)	1次降伏耐力 Q_w (kN)	クリアランス Cl (mm)
1-1	104.6	500	300
1-2			350
1-3			400
2-1	209.2	1000	300
2-2			350
2-3			400
3-1	1046	5000	300
3-2			350
3-3			400

7.3.2 免震建物の安全性評価基準

7.3.1 項に示したシミュレーションモデルによる解析結果に対して，下記 2 つの評価基準を設け，免震建物が終局状態に達するか否かを評価する．

(a) 上部構造に対する参考評価基準
　・最大応答層間変形角：$\delta/h \leqq 1/100$
(b) 免震部材に対する安全性評価基準（下記の両方を満足）

- 積層ゴムのせん断ひずみ：$\gamma \leqq 400\%$（本解析モデルでは107.4cm）
- 積層ゴムのせん断ひずみ：$\gamma \leqq S2 \times 100\%$（本解析モデルでは74.0cm）

(a)の評価基準値について，上部構造の「終局状態」の設定は今後の課題であるが，本検討では，最大応答層間変形角1/100を参考基準値として安全性の評価を行う．この基準値はあくまで参考値であり，評価結果が危険側となる可能性もあることに留意されたい．(b)の評価基準値は，5.4.4項（1）に示した限界状態Ⅰのクライテリア[5]としている．

免震部材に対する安全基準については，せん断ひずみのみを対象とした．引き抜きおよび圧壊については鉛直入力の影響も大きいことから，水平1方向入力とした本検討では，安全性評価の対象としなかった．せん断ひずみに対する安全性評価基準値は，せん断ひずみ400%または積層ゴム直径のいずれか小さい方とし，本解析モデルでは後者が基準値となる．

7.3.3 安全性評価結果および解析結果

（1） 安全性評価結果

各解析結果に対する安全性評価結果を表7.3.4に示す．表の欄上段は上部構造の参考評価基準値（1/100）に対する最大応答層間変形角を，下段は免震部材の安全性評価基準値（74.0cm）に対する免震層最大層間変位をそれぞれ示している．

表より，弾性解析ではあるものの，上部構造の応答層間変形角は最大でも，参考評価基準の4割以下であり，上部構造の塑性化による崩壊といった危険な状態に至るまでには，ある程度の余裕があると考えられる．

一方，免震層層間変位については，27ケースの内2ケースの解析で，応答結果が安全性評価基準値を上回っている．最も免震層層間変位の大きい解析ケースは，入力地震動Case 3によるModel 1-3のケースで，変位は80.5cmである．なお，Model 1-3は擁壁部の剛性が最も小さく，クリアランスが最も大きいモデルである．全解析ケースの平均変位も約53cmと，安全性評価基準値の71%に達しており，解析ケース全体でも上部構造の評価結果と比較して，安全性評価基準に対する余裕度が小さい．

表 7.3.4 最大応答値／評価基準値（上段：上部構造，下段：免震部材，単位：%）

入力地震動＼モデル	1-1	1-2	1-3	2-1	2-2	2-3	3-1	3-2	3-3
Case 1	11	10	10	14	13	13	32	31	29
	67	70	73	62	66	70	50	56	62
Case 2	12	12	11	16	15	15	38	37	36
	74	77	79	68	72	75	52	59	64
Case 3	18	19	20	19	21	22	40	36	35
	92	**101**	**109**	74	82	91	52	59	66

（2） 擁壁衝突回数

各入力地震動に対する各モデルの擁壁衝突回数を表 7.3.5 に示す．衝突回数は，擁壁部の剛性および耐力を変えた場合に差が生じないため，クリアランスごとにまとめて示している．表より，入力が上町断層帯地震設計用入力地震動レベル 3B（Case 1）および正弦波パルス（Case 3）の場合にはクリアランス各ケースで 2 回の擁壁衝突が生じた．上町断層帯地震設計用入力地震動レベル 3C（Case 2）の場合には，クリアランス 300mm のモデルで 2 回，クリアランス 350mm，400mm のモデルでは 1 回の擁壁衝突が生じた．また，同じ側の擁壁に 2 回衝突する解析ケースは無かった．

入力レベルの大きいレベル 3C のケースの方が，レベル 3B よりも衝突回数が少なくなっているのは，レベル 3C の入力地震動の応答のピークが 4 秒にあるのに対して，レベル 3B の応答のピークは 3 秒にあり，建屋モデルの免震周期 2.7 秒に近いためである（図 7.1.19(b)および(d)参照）．

擁壁衝突回数を把握することで，擁壁への再衝突を設計検討から除くことや，擁壁衝突のフェールセーフ機構として免震層に塑性化部材の適用を検討するなど，より効率的な擁壁衝突対策の実施に繋がると考えられる．

表 7.3.5 各入力地震動に対する各モデルの擁壁衝突回数

入力地震動＼クリアランス	300mm (モデル 1-1, 2-1, 3-1)	350mm (モデル 1-2, 2-2, 3-2)	400mm (モデル 1-3, 2-3, 3-3)
Case 1	2	2	2
Case 2	2	1	1
Case 3	2	2	2

（3） 解析結果および考察

各解析ケースの最大応答加速度，最大応答変位，最大応答層間変形角並びに，擁壁衝突時と非衝突時の各第 1 層（免震層）応答比較を図 7.3.5～図 7.3.10 に示す．各図には擁壁に衝突しない場合の

応答を併せて示している．

(i) Case 1（上町断層帯地震設計用入力地震動 ゾーン A4, 地震動レベル 3B, EW 成分）

図 7.3.5 および図 7.3.6 より，Case 1 では擁壁部の剛性および降伏耐力が大きく，またクリアランスが小さいほど，最大応答加速度および最大応答層間変形角が増大する傾向が見られる．擁壁衝突時と非衝突時の第 1 層の最大応答加速度並びに最大応答層間変形角を比較すると，最も剛性の高い擁壁部モデル 3 では最大応答加速度が約 2.7 倍，最大応答層間変形角が 4.0～4.6 倍にそれぞれ増加している．

最大応答変位は，擁壁部の剛性および降伏耐力が大きいほど小さくなる傾向が見られる．最も剛性の低い擁壁部モデル 1 でも擁壁非衝突時と比較して，最大応答変位を約 1 割低減するものの，擁壁部の最大変位は最も大きいケースで約 20cm であり，擁壁部に上部構造の応答変位抑制効果を期待できない可能性がある．

(ii) Case 2（上町断層帯地震設計用入力地震動 ゾーン A4, 地震動レベル 3C, EW 成分）

図 7.3.7 および図 7.3.8 より，Case 2 では Case 1 と同様に，擁壁部の剛性が大きく，クリアランスが小さいほど最大応答加速度および最大応答層間変形角が増加する傾向が見られる．擁壁衝突時と非衝突時の第 1 層の最大応答加速度並びに最大応答層間変形角を比較すると，最も剛性の高い擁壁部モデル 3 では最大応答加速度が約 2.3～2.5 倍，最大応答層間変形角が 4.6～4.9 倍にそれぞれ増加しており，Case 1 と同様の傾向である．

同じクリアランスのモデルについて，第 1 層の最大応答変位を比較すると，擁壁部の剛性および耐力により，最大応答変位に 19%～30% の差がある．擁壁部の剛性は 1～10 倍に変化させていることを考慮すると，擁壁部剛性の上昇に対する第 1 層の最大応答変位の低減率は小さく，多少の擁壁部補強では上部構造の応答変位抑制効果を上昇させることができない可能性があると考えられる．

(iii) Case 3（正弦波パルス 周期 3 秒, 125kine）

図 7.3.9 および図 7.3.10 より，Case 3 では Case 1, 2 と同様に擁壁部剛性が大きいほど，最大応答加速度および最大応答層間変形角が大きくなる傾向が見られる．これに対し，クリアランスが大きいほど，最大応答加速度および最大応答層間変形角が大きくなるケースが数ケース見られる．この要因については (iv) で後述する．また，Model 1-1 の第 1 層の最大加速度は，非衝突モデルの最大加速度を下回っている．この要因についても (iv) で後述する．

図 7.3.9(c) より，Case 3 では各ケースの最大応答変位に大きなばらつきがあり，クリアランスの同じケースでも最大応答変位に 10cm 以上の差がある．

(iv) 諸条件の組み合わせによる上部構造の応答増大

クリアランスの大きい解析モデルで最大加速度が増大した要因を検討するため，図 7.3.11 に Model 2-1（クリアランス 300mm）および Model 2-3（クリアランス 400mm）の応答加速度波形の比較を示す．図より，両モデルともに擁壁衝突により大きなロッキング振動が生じ，主にこのロッキング振動により，非衝突時よりも応答加速度が大きくなっている．1 回目の擁壁衝突後，Model 2-1 およ

び Model 2-3 ともに上部構造がロッキング振動を伴いながら反対側の擁壁へ衝突し，この 2 回目の擁壁衝突直後に両モデルで最大応答加速度が生じている．2 回目の擁壁衝突から最大応答加速度の時刻までの加速度波形は複雑な形状を呈し，最大加速度はクリアランスの大きい Model 2-3 の結果が 2 割程度大きい．ここで示した最大応答加速度の増大は入力地震動，免震建物の固有周期，ロッキング周期およびクリアランスの諸条件の組み合わせで決まっていると推定され，単一の構造パラメータのみで上部構造の応答の大小が決まらない場合もあることを示している．図 7.3.12 に示した，擁壁衝突時の最大応答加速度が非衝突時の最大応答加速度を下回った要因も，免震建物の諸条件並びに入力地震動の組み合わせによるものと考えられる．

7.3.4 まとめ

5 層 RC 造の免震建物を対象に，上町断層帯地震の設計用入力地震動を用いて応答解析を行い，上部構造と免震部材の安全性評価を行った．入力地震動は 3 ケース，擁壁部モデルは剛性，耐力およびクリアランスをパラメータとした 9 モデルとし，計 27 ケースの応答解析を行った．

上部構造の参考評価基準は最大応答層間変形角 1/100 以下とし，免震部材の安全性評価基準は，最大応答変位が積層ゴムの直径（74cm）以下とした．

安全性評価結果並びに免震建物の応答検討時の留意事項を以下に示す．

安全性評価結果

- 最大応答層間変形角が参考評価基準とした 1/100 を上回る解析ケースは無く，最大応答層間変形角の最も大きいケースでも評価基準値の 4 割以下であった．
- 免震層の最大応答変位については，27 ケースの内 2 ケースの解析で，応答結果が安全性評価基準値を上回った．最も応答変位の大きい解析ケースでは，変位が 80.5cm であった．また，全解析ケースの平均変位も約 53cm と，安全性評価基準値の 71%に達した．

免震建物の応答検討時の留意事項

- 擁壁衝突回数は最大 2 回で，片方の擁壁に 2 回衝突した解析ケースは無かった．そのため，免震建物によっては 1 回目の衝突によりクリアランスの増大した擁壁への再衝突を検討から外すことが可能と考えられる．
- 既往研究[6]に示されるように，本応答解析においても，擁壁部の剛性が大きくクリアランスが小さいほど上部構造の応答加速度が増大する傾向が見られた．
- この傾向とは逆に，クリアランスを大きくした場合に上部構造の加速度応答が増大する解析ケースがあった．このような加速度の増大は入力地震動，免震建物の固有周期，ロッキング周期およびクリアランスの諸条件の組み合わせによって生じると考えられる．
- 本解析では，擁壁の復元力特性モデルを免震建物の擁壁衝突実験結果に基づき作成しているため，解析結果にも妥当性があると考えられる．しかし，この擁壁復元力特性モデルはあくまで一例であり，これと極端に異なるサイズの擁壁への衝突を検討する場合には注意が必要である．

(a)最大応答加速度　　(b)最大応答層間変形角　　(c)最大応答変位

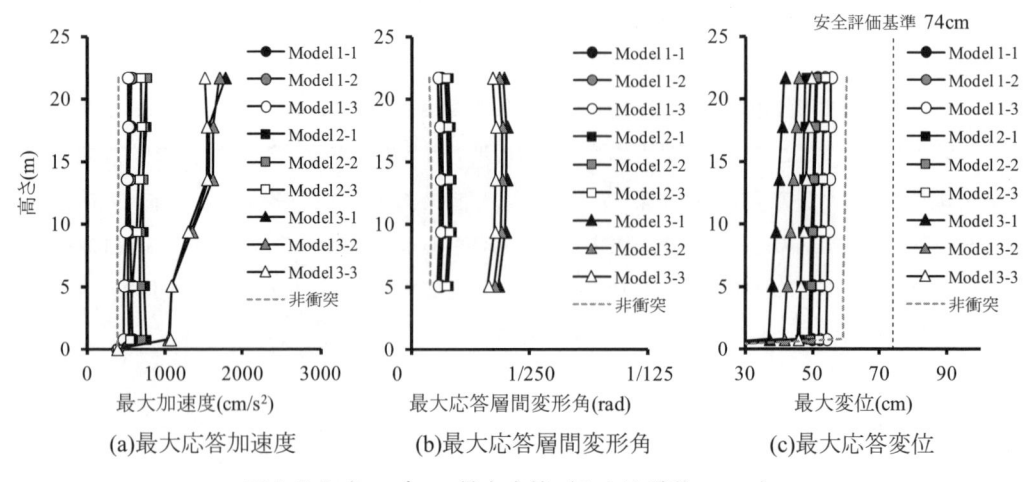

図 7.3.5　各モデルの最大応答（入力地震動 Case 1）

(a)最大応答加速度　　(b)最大応答層間変形角　　(c)最大応答変位

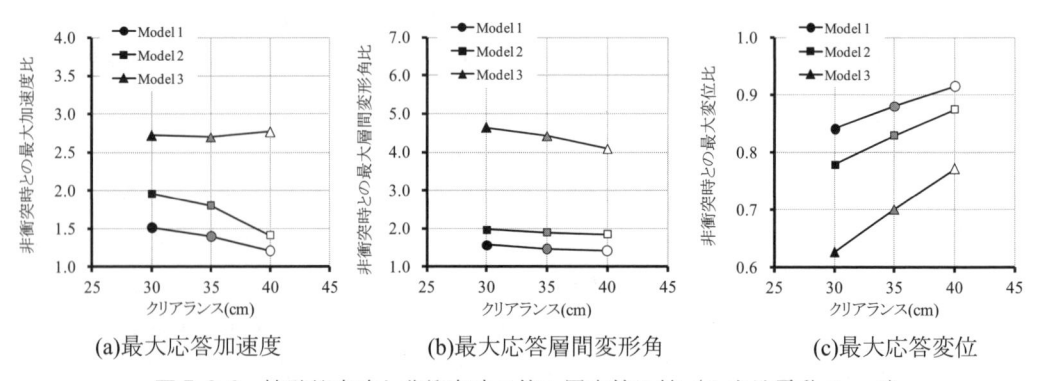

図 7.3.6　擁壁衝突時と非衝突時の第1層応答比較（入力地震動 Case 1）

(a)最大応答加速度　　(b)最大応答層間変形角　　(c)最大応答変位

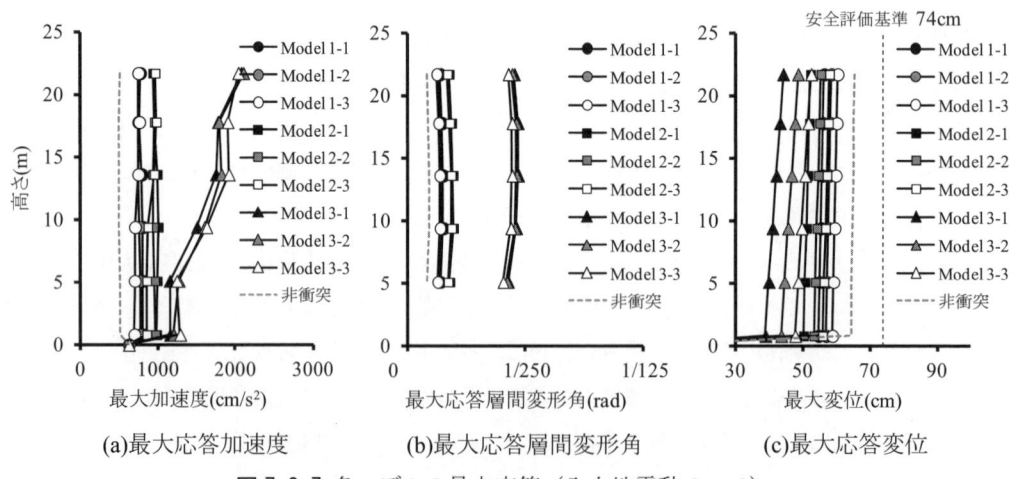

図 7.3.7　各モデルの最大応答（入力地震動 Case 2）

(a)最大応答加速度　　(b)最大応答層間変形角　　(c)最大応答変位

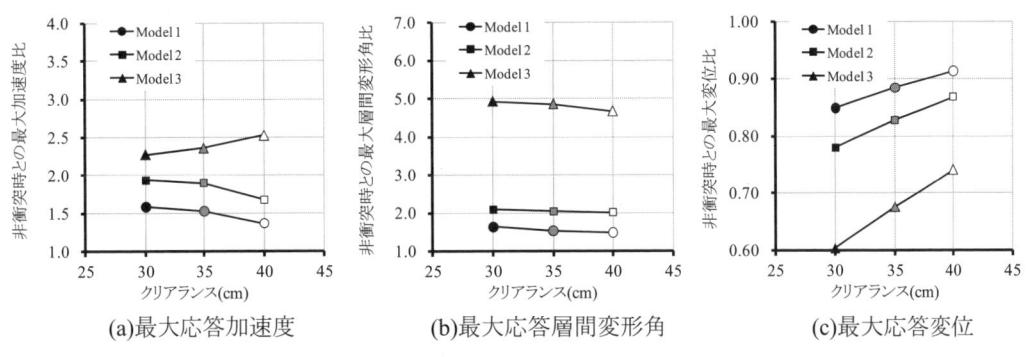

図 7.3.8　擁壁衝突時と非衝突時の第 1 層応答比較（入力地震動 Case 2）

(a)最大応答加速度　　(b)最大応答層間変形角　　(c)最大応答変位

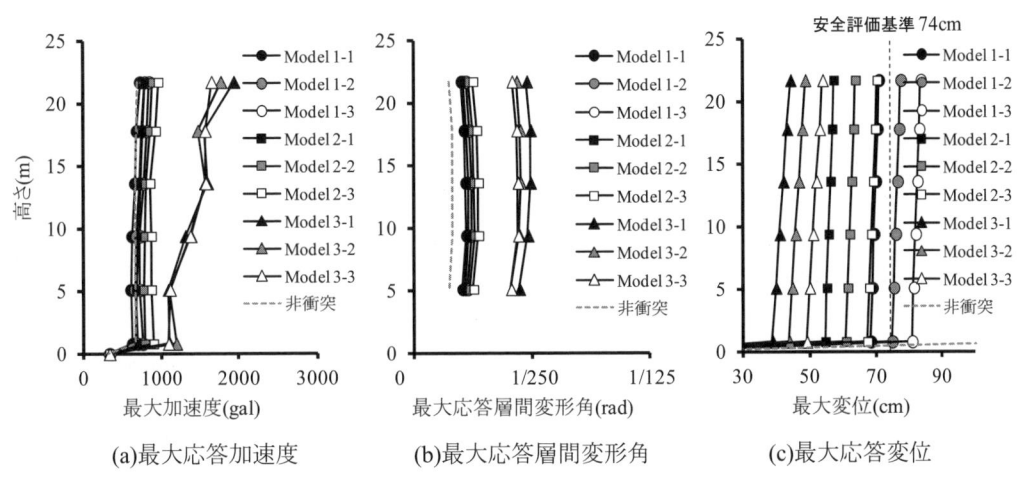

図 7.3.9　各モデルの最大応答（入力地震動 Case 3）

(a)最大応答加速度　　(b)最大応答層間変形角　　(c)最大応答変位

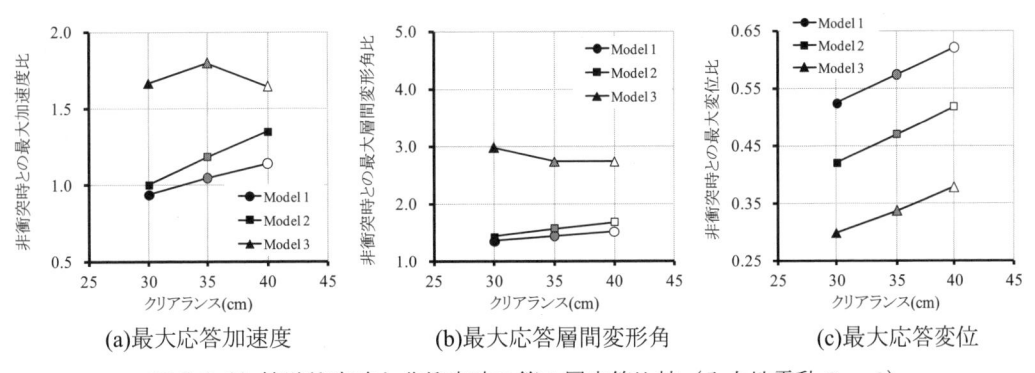

図 7.3.10　擁壁衝突時と非衝突時の第 1 層応答比較（入力地震動 Case 3）

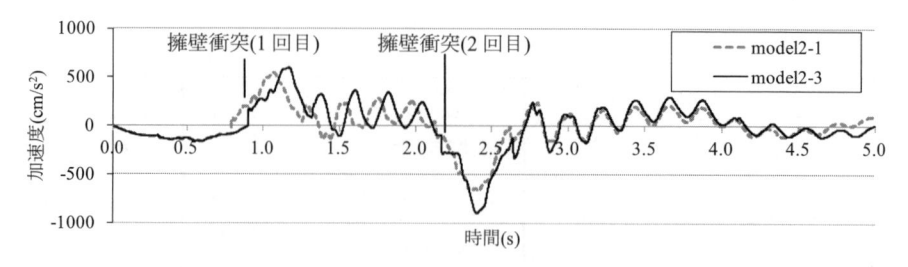

図 7.3.11 モデル 2-1 とモデル 2-3 の応答加速度波形比較（第 1 層）

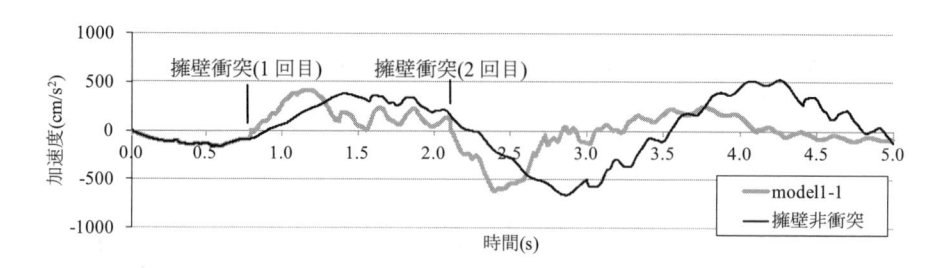

図 7.3.12 モデル 1-1 と擁壁非衝突モデルの応答加速度波形比較（第 1 層）

参 考 文 献

1) 多賀謙蔵・亀井功・角彰・近藤一雄：上町断層帯地震に対する設計用地震動ならびに設計法に関する研究（その 1）設計用地震動ならびに設計法に関する基本方針，日本建築学会大会学術講演梗概集（関東），pp.127-128，2011.8

2) 三輪田吾郎・小巻潤平・佐藤浩太郎・佐野剛志・勝俣英雄・多幾山法子・林康裕：実大免震建物の擁壁衝突実験とそのシミュレーション解析，日本建築学会構造系論文集，第 67.3 号，pp.899-908，2011.5

3) 三輪田吾郎・小巻潤平・大西良広・林康裕：免震建物の擁壁剛性評価手法の提案（その 3） 実験結果との比較，日本建築学会大会学術講演梗概集（東海），pp.263-264，2012.9

4) 小巻潤平・三輪田吾郎・多幾山法子・大西良広・林康裕：免震建物の擁壁剛性評価手法の提案（その 2） 評価手法の構築，日本建築学会大会学術講演梗概集（東海），pp.261-262，2012.9

5) 小倉正恒・前野敏元・近藤一雄・藤谷秀雄・林康裕・倉本洋：上町断層帯地震に対する設計用地震動ならびに設計法に関する研究（その 8）免震構造建物の設計法，日本建築学会大会学術講演梗概集（関東），pp.552-553，2011.8

6) 柏尚稔・中安誠明・中島正愛：過大地震動下における免震建物の応答と損傷特性，構造工学論文集 Vol.51B，pp.237-246，2005.3

7.4 伝統木造建物の評価

木造建物の設計手法は，近年の建築基準法の改正により見直され，限界耐力計算を用いることになっている．この手法は，建物各階のせん断力を算定し，建物を1質点系に置き換えた上で加速度応答スペクトルを用いて地震時の応答を推定するものである．

本節では，我国の伝統木造建物の一つである京町家を対象として，従来の限界耐力計算法[1]に基づいた耐震診断事例を示すと共に，正弦波パルスを入力した場合の応答について検討し，安全限界との関係について考察する．

7.4.1 京町家モデルの諸元

京都には京町家と呼ばれる都市型伝統構法木造建物[2]がある．ここで対象とするのは，図7.4.1に示す1列3室型の標準的な実在2階建京町家である．図中には土壁や差鴨居などの耐震要素の配置が

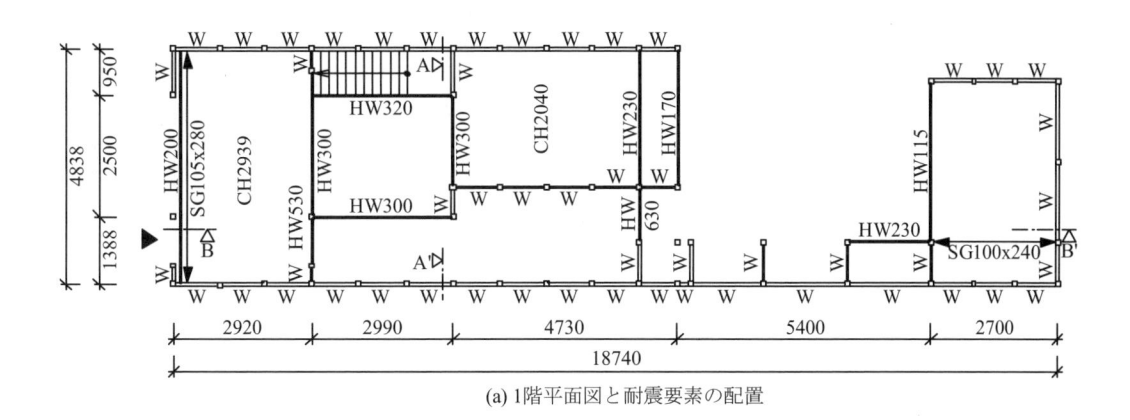

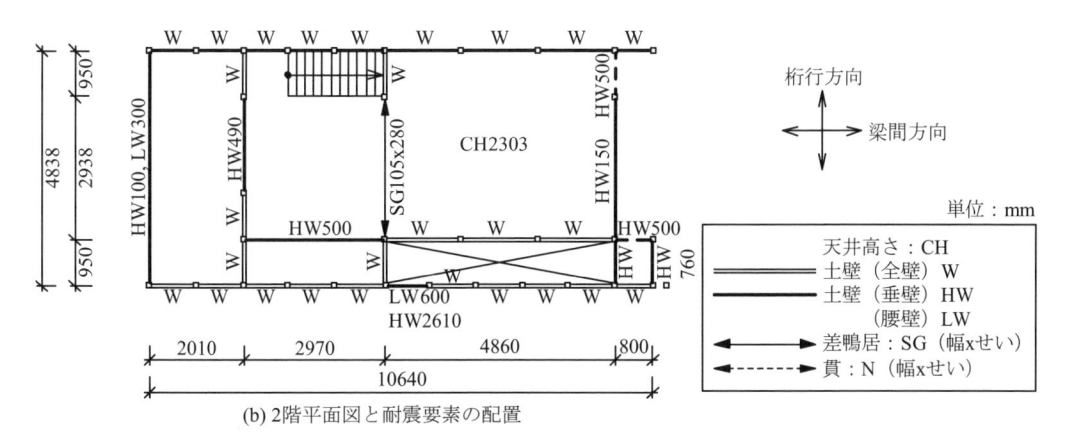

図 7.4.1 京町家モデルの各階平面図と耐震要素の配置

(a) 軸組と壁配置

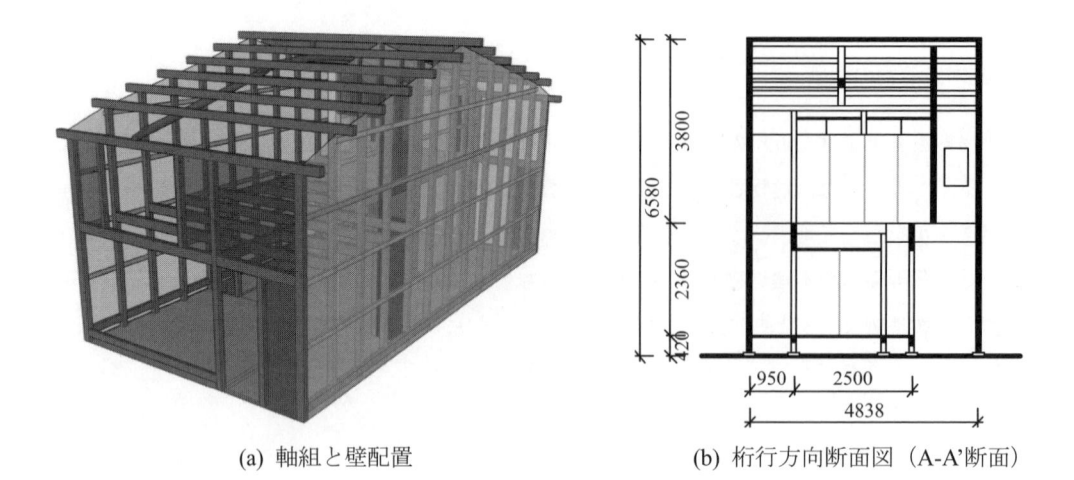

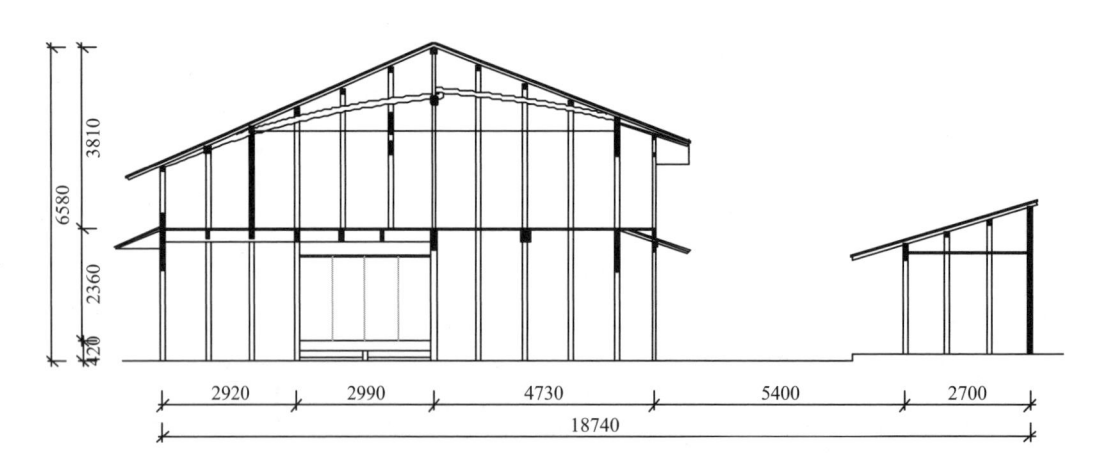

(b) 桁行方向断面図（A-A'断面）

(c) 梁間方向立面図（B-B'断面）

図 7.4.2 京町家モデルの空間把握図と桁行・梁間方向断面図

表 7.4.1 荷重計算表

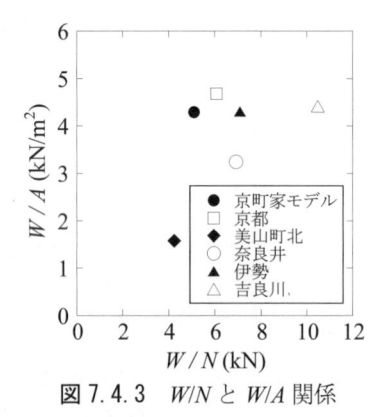

屋根荷重	80.0 (kN)	2階荷重 120.0 (kN)
2階壁荷重	79.1 (kN)	
2階床＋1階天井荷重	27.3 (kN)	
2階床積載荷重	28.1 (kN)	1階荷重 170.3 (kN)
1階屋根荷重	13.6 (kN)	
1階壁荷重	120.8 (kN)	
総荷重 W	290.3 (kN)	
1階床面積 A	67.7 (m^2)	

図 7.4.3 W/N と W/A 関係

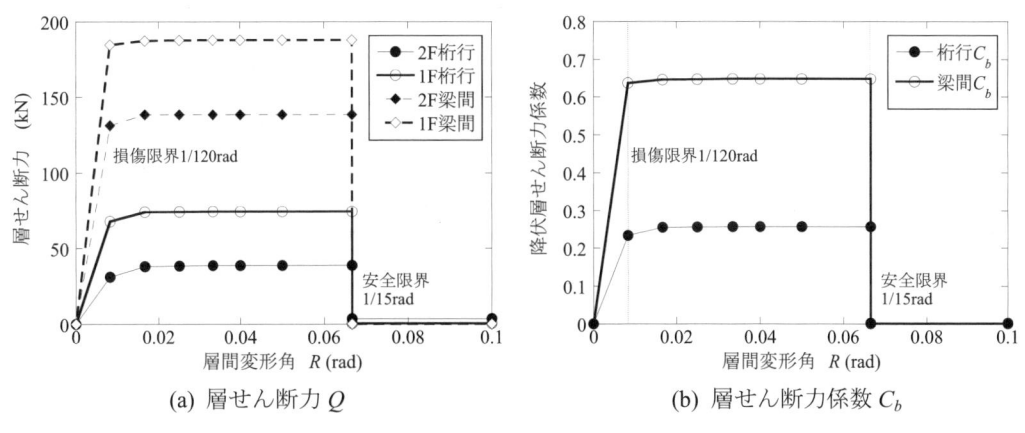

図 7.4.4 京町家モデルの荷重－変形関係の足し合わせ

(a) 層せん断力 Q

(b) 層せん断力係数 C_b

示されており，これより，梁間方向には側壁などの壁量が多いが，桁行方向には壁が少ないことが確認できる．また，図 7.4.2(a)には軸組と壁配置の空間把握図，図 7.4.2(b)には桁行方向の A-A'断面図，図 7.4.2(c)には梁間方向の B-B'断面図を示している．このように，京町家は平入り切妻の形状をした建物である．また，本検討における地盤は 2 種地盤とする．

次に，表 7.4.1 に示すように，設計荷重を算出する[3]．固定荷重としては，建築基準法施行令第 84 条に定める値を用い，屋根荷重や壁荷重を求め，積載荷重としては，建築基準法施行令第 85 条に定める値を用いる．京町家モデルの 2 階荷重は屋根荷重と 2 階壁上部の荷重の合計 120.0kN となり，1 階荷重は 1 階壁上部から 2 階壁下部までの荷重の合計 170.3kN となり，総荷重 W は 290.3kN と求まった．また，1 階柱本数 N と 1 階床面積 A を用いて W/N と W/A 関係を算出した．これまで実際に調査を行ってきた他の伝統建造物群保存地区などの地域型木造住宅（京都，美山町北，奈良井，伊勢，吉良川）の平均値と比較したもの[4]を図 7.4.3 に示す．ここで対象としている京町家モデルは 2 階が無い部分が多いため，柱 1 本当たりに負担する軸力と単位面積当たりの荷重は京町家の平均値より低く算出されているものの，概ね近い値を示していることが分かる．

7.4.2 降伏せん断力係数の算出

既往の実験を基にマニュアル化されたせん断力の足し合わせ[1]を行い，せん断力 Q と層せん断力係数 C_b を求める．図 7.4.1 より，京町家モデルは主に，軸組と差鴨居，土壁の 3 つ耐震要素から構成されている．なお，このせん断力は 1,820mm×2,730mm の寸法の 1 層 1 スパン試験体の場合の値であるため，下記ルールに基づく補正を行い，算出した京町家モデルの層せん断力と層せん断力係数を図 7.4.4 に示す．

a) ほぞで接合した架構（5.5.2 項の軸組試験体と同様）
- 架構高さに反比例し，柱間寸法に関係しない．また，架構に含むほぞ数に比例する．

- 105角～150角の柱では同等の耐力とする．
b) 周辺架構耐力を含まない1段の差鴨居（5.5.2項の差鴨居試験体と同様）
- 差鴨居を含む架構の耐力は架構高さに反比例し，差鴨居高さや柱間寸法に関係しない．
- 差鴨居のほぞめり込み面積に比例する．
c) 壁内の貫3～4段などの下地材や周辺架構耐力を含む土壁（5.5.2項の全壁試験体と同様）
- 柱間寸法と壁厚に比例する．

また，図中には損傷限界1/120radと安全限界1/15radを示しているが，安全限界の1/15radを超えた場合は，それ以降の値を一定値であると考えている．

図7.4.1に示す耐震要素の配置からもわかるように，桁行方向に比べて梁間方向には土壁が多いことに起因し，図7.4.4(a)の層せん断力Qは1階，2階共に桁行方向より梁間方向の方が高く，約3倍の値を示している．また，安全限界の1/15radを超えると層せん断力はほぼ0となることが分かる．また，この層せん断力Qより，層せん断力係数$C_b=Q/W$を算出したものが図7.4.4(b)である．桁行方向では0.3を少し下回るのに対し，梁間方向は約0.7であった．

7.4.3　1質点系への縮約

2階建の建物を検討する場合，図7.4.5に示す手順で等価な1質点系に置換をする[1]．伝統木造建物の場合，塑性領域が長いため，変位増分法を用いる．ここでは，弾性時の固有モードを基本とし，非線形性を考慮して各ステップの変形モードを算出する．

まず，図7.4.4(a)の初期剛性に対して固有モードを求め，1階は図7.4.4の変位点上を増分する．1階の各変位点に対して小さい変位から順に1ステップ目，2ステップ目とし，計算する．1階が1ステップ目の変形角（ここでは1/120rad）の2階変位から2階層間変形角を求める．次に，1階が2ステップ目の変形角（ここでは1/60rad）の2階変位から2階層間変形角を求める．ここで，前ステップ時の2階の等価剛性を用いる．以上の操作を繰り返し，全ステップの変形モードを算出する．

また，各ステップ時の等価剛性K_eは式(7.4.1)のように求められ，これより，等価周期T_eは式(7.4.2)を用いて算出する．

$$K_e = Q_1/\Delta, \ \Delta = (\Sigma m_i \delta_i^2)/(\Sigma m_i \delta_i) \quad (i=1,2) \tag{7.4.1}$$

$$T_e = \sqrt{M_u/K_e}, \ M_u = (\Sigma m_i \delta_i^2)/\Sigma m_i \delta_i \quad (i=1,2) \tag{7.4.2}$$

ここで，$m_i (i=1,2)$は各階の質量，$\delta_i (i=1,2)$は各ステップ時の各階変位，Q_1は1階のせん断力，M_uは有効質量を表している．また，耐力低下が生じる場合は，いずれかの階が耐力低下した時点の層間変形角における等価剛性から固有モードを求め直す．

以上の手順で縮約した建物全体のせん断力を図7.4.6に示す．縮約後の建物は安全限界1/15radより早くせん断力が低下する．

図7.4.5 縮約手順

図7.4.6 縮約後の建物の荷重－変形関係

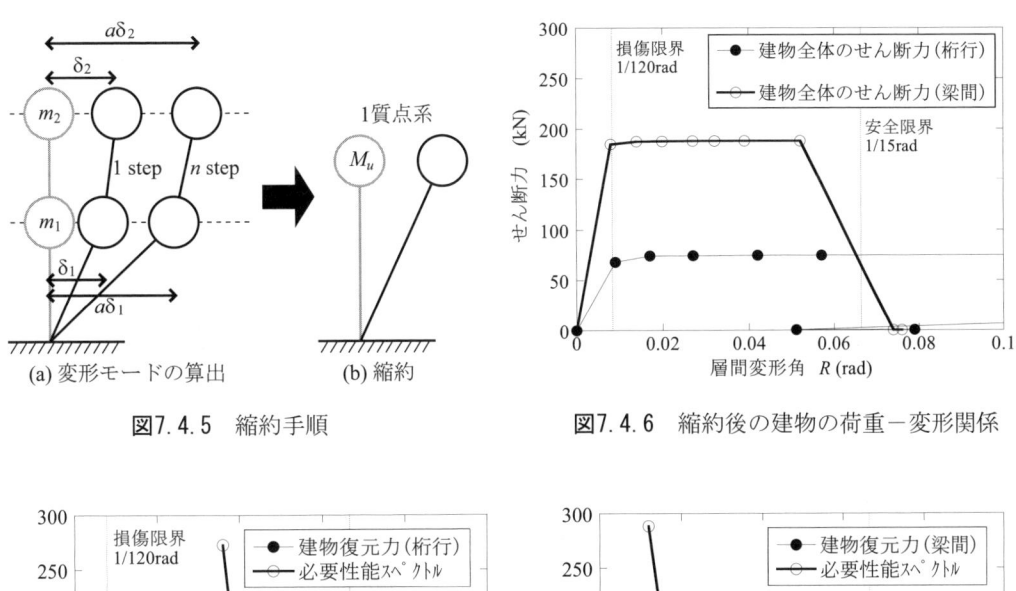

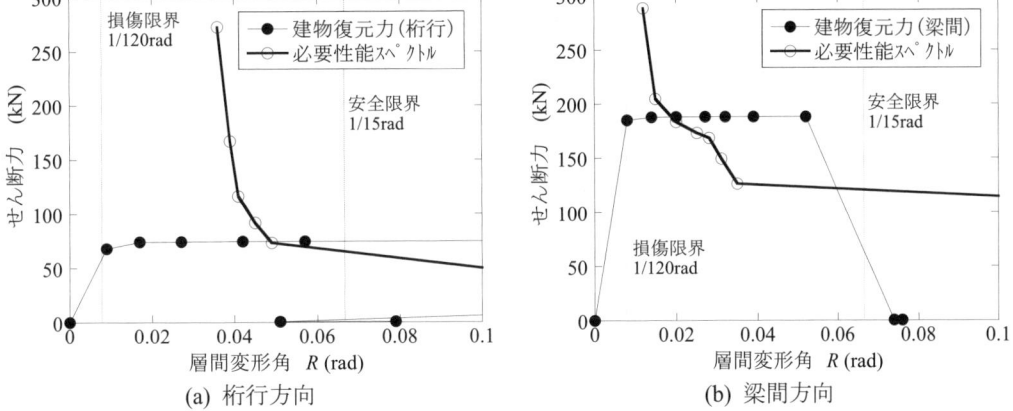

(a) 桁行方向

(b) 梁間方向

図7.4.7 応答値の算出

7.4.4 必要性能スペクトルを用いた応答値の算出

前述の工程で算出されたM_u, T_e, hを用い，次式により，ステップ毎に1質点系の応答せん断力Q_nと応答変位S_Dを式(7.4.3), (7.4.4)より求め，これらの応答値を結んだ線を必要性能スペクトルと呼ぶ．

$$Q_n = M_u S_A \tag{7.4.3}$$

$$S_D = \left(\frac{T_e}{2\pi}\right) S_A \tag{7.4.4}$$

必要性能スペクトルと建物全体の復元力特性を示したものを図7.4.7に示す．これらの交点が1質点系の応答値となるが，桁行方向では0.045rad，梁間方向では0.015radである．

7.4.5 パルス地震動に対する京町家モデルの安全限界の検証

京町家モデルの安全限界について，応答スペクトル法[5]を用いて考察する．応答スペクトル法とは，想定される地震動の加速度応答スペクトルS_aと直接比較可能なように，建物特性を等価な性能等価応答スペクトルS_{ae}に変換することでS_aとS_{ae}の交点から最大応答変形角を求めることができる手法である．また，精算法に基づいた第2種地盤の場合に得られる平均的な加速度応答スペクトルである略算スペクトル[6),7)]との比較も行う．

入力波は図7.4.8(a)に示す波数1の正弦波パルスを用いる[8),9)]．パルス周期T_p=1.0, 2.0, 3.0 s，パルス速度振幅V_p=100, 125, 150 cm/sのように変化させる．

性能等価加速度応答スペクトルS_{ae}は，以下の式(7.4.5)で求めた減衰定数h，及び加速度低減率F_hを用いて式(7.4.6)のように求められる．

$$h = \gamma(1-1/\sqrt{D_f})+0.05, \quad F_h = 1/(1+\pi h) \tag{7.4.5}$$

$$S_{ae} = Q_y/(M_e F_h) = c_y g/(\mu F_h) \tag{7.4.6}$$

ここで，降伏変形角をR_y=1/100 radとし，最大応答変形角Rの時の塑性の程度を表す係数を$D_f=R/R_y$，また，$\mu = M_e/M$とする．

次に，安全限界に対する設計用地震荷重の検討用として，木造建物へ作用する地震荷重の地表面の加速度応答スペクトル$S_a(T, h=0.05)$は，式(7.4.7)に示す工学的基盤露頭波の加速度応答スペクトル$S_0(T, h=0.05)$を用いて，式(7.4.8)で与えられる．

$$\begin{aligned}
S_0(T, h=0.05) &= 3.2+30T & (T<0.16) \\
S_0(T, h=0.05) &= 8 & (0.16 \leq T < 0.64) \\
S_0(T, h=0.05) &= 5.12/T & (0.64 \leq T)
\end{aligned} \tag{7.4.7}$$

$$S_a(T, h=0.05) = G_s \cdot S_0(T, h=0.05) \tag{7.4.8}$$

また，略算法では式(7.4.7), (7.4.8)におけるG_sは安全限界の検討用として次式のように定義されている．また，このとき用いられる値を式(7.4.9), (7.4.10)に示す．

$$\begin{aligned}
G_s(T) &= \max\{G_{s2}(T/0.8T_2), 1.2\} & (T \leq 0.8T_2) \\
G_s(T) &= \max\{G_{s2}+(G_{s1}-G_{s2})(T-0.8T_2)/\{0.8(T_1-T_2)\}, 1.2\} & (0.8T_2 < T \leq 0.8T_1) \\
G_s(T) &= \max\{G_{s1}, 1.2\} & (0.8T_1 < T \leq 1.2T_1) \\
G_s(T) &= \max\{G_{s1}+(G_{s1}-1)(1/1.2T_1-1/T)/(1/1.2T_1-0.1), 1.0\} & (1.2T_1 < T)
\end{aligned} \tag{7.4.9}$$

$$G_{s1} = 2.28, \quad G_{s2} = 1.11, \quad T_1 = 0.85, \quad T_2 = T_1/3 \tag{7.4.10}$$

以上を踏まえて，T_p=1.0, 2.0, 3.0 sの場合の加速度応答スペクトルと，京町家モデルの性能等価加速度応答スペクトルに略算スペクトルを併せて描いたものを図7.4.8(b)-(d)に示す．なお，これらはそれぞれV_p=100, 125, 150 cm/sの場合である．性能等価加速度応答スペクトルは，建物応答変形角がR=1/120, 1/60, 1/40, 1/30, 1/25, 1/20, 1/15, 1/10 radの場合について桁行・梁間方向それぞれについて

掲載している．なお，図中の数字は1/Rを示している．

灰色太線で示している略算スペクトルを見ると，V_p=125 cm/s の場合は固有周期が1 s を超えると略算スペクトルを上回ることが分かる．また，京町家モデルの層せん断力係数 C_y が低い桁行方向に着目した考察を行う．V_p=100 cm/s のパルス入力を受けた場合，京町家モデルの最大応答は T_p=1 s であれば桁行方向の最大応答変形角 R=1/25 rad であり，安全限界変形角 1/15 rad 以下に抑えられる．さらに，V_p=150 cm/s の場合は T_p=1, 2 s の場合も 1/20 rad 前後に抑えられる．一方，層せん断力係数 C_y が高い梁間方向では，V_p=150 cm/s の場合，安全限界を超える応答も生じる可能性があることが分かる．以上を踏まえ，安全限界変形角の設定の仕方を再考する必要性も考えられる．

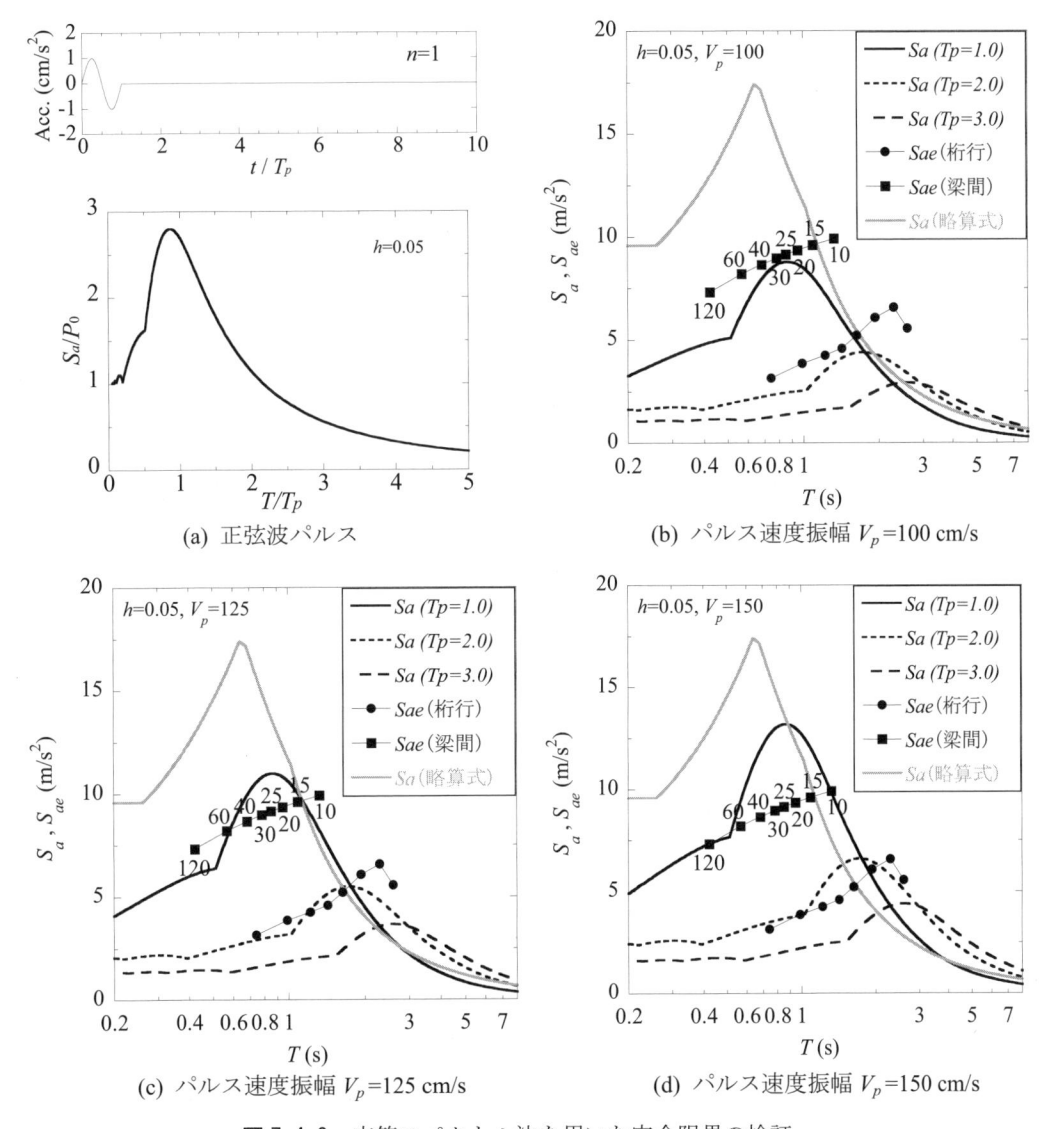

図 7.4.8 応答スペクトル法を用いた安全限界の検証

7.4.6 PΔ効果についての検討

以上の検証に既往の研究に基づいた PΔ効果[10]を考慮した検討例を示す．1 質点系に縮約した後，荷重－変形関係に PΔ効果を付加する．

式(5.5.2)を用いて，図 7.4.6 を修正したものを図 7.4.9(a)に示す．また，応答スペクトル法を用いて V_p=100 cm/s のパルス入力を受けた場合の最大応答を検討したものを図 7.4.9(b)に示す．桁行方向については，T_p=1 s の場合の最大応答は 1/20 rad であるが，T_p=2 s の場合には安全限界を超える可能性を示している．また，梁間方向については，T_p=2 s の場合に安全限界を超える可能性があると分かる．

7.4.7 まとめ

本節では，我国の伝統木造建物の一つである京町家を対象として，従来の限界耐力計算法[1]に基づいた耐震診断事例を示した．降伏せん断力係数の算出方法や，1 質点系への縮約手法，必要性能スペクトルを用いた応答値の算出方法について例示した．また，応答スペクトル法に基づき，想定される地震動の加速度応答スペクトルと京町家モデルの性能等価加速度応答スペクトルを比較した．PΔ効果を考慮する場合と考慮しない場合について，パルス性地震動に対する京町家モデルの安全限界の検証を行い，パルス周期とパルス速度振幅の与え方によっては安全限界を超える応答も生じる可能性があることを示した．

(a) PΔ効果考慮後の荷重－変形関係　　(b) 応答スペクトル法 V_p=150 cm/s

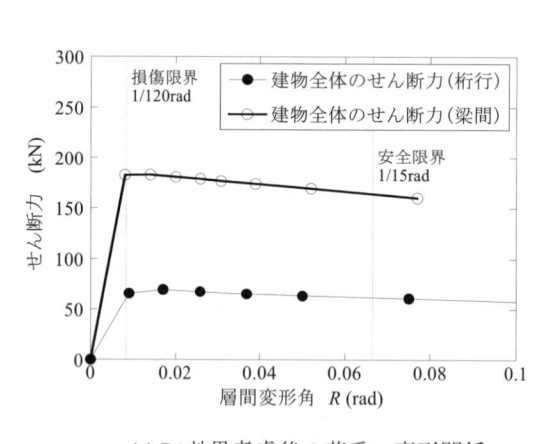

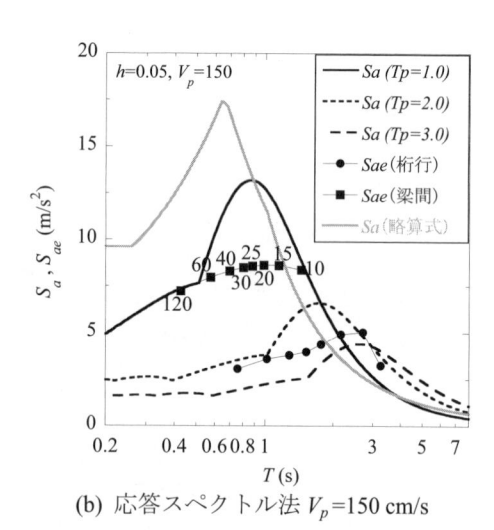

図 7.4.9　PΔ効果を考慮した検討

参 考 文 献

1) 木造軸組構法建物の耐震設計マニュアル編集委員会：伝統構法を生かす木造耐震設計マニュアル　限界耐力計算による耐震設計・耐震補強設計法，2008
2) 京町家作事組：町家再生の技と知恵　京町家のしくみと改修のてびき，2002
3) 日本建築学会：建築物荷重指針・同解説(2004)，2004
4) 多幾山法子・宮本慎宏・水谷友紀・松本拓也・渡辺千明・林康裕：京都府美山町における京都北山型住宅の構造調査と耐震性能評価，日本建築学会構造系論文集，第76巻，No.665, pp.1309-1318, 2011.7
5) 林康裕：性能等価スペクトルに基づく建築物の地震荷重評価，第11回日本地震工学シンポジウム，pp.651-656, 2002.11
6) 日本建築学会：地震荷重－性能設計への展望，2008
7) NPO法人建築技術支援協会：改正建築基準法[構造の性能規定化]を解く，2001
8) 鈴木恭平・川辺秀憲・山田真澄・林康裕：断層近傍のパルス性地震動特性を考慮した設計用応答スペクトル，日本建築学会構造系論文集，第75巻　No.647, pp.49-56, 2010.1
9) 安井雅明・西影武知・見上知広・亀井功・鈴木恭平・林康裕：パルス性地震動に対する1自由度系最大応答理論解と応答特性，第75巻　No.650, pp. 731-739, 2010.4
10) 森井雄史・宮本慎宏・高橋遥希・林康裕：PΔ効果が木造軸組架構の変形性能に及ぼす影響，日本建築学会構造系論文集，第75巻　No.650, pp. 849-857, 2010.4

8章 耐震技術者の意識調査に基づく課題の抽出

近年,従来設計では想定していなかったレベルの大振幅地震動が多く観測され,将来発生する地震を対象とした地震動のシミュレーション解析でも大振幅地震動が予測されている[1]~[4]など.このように地震動がより大振幅なものへと進む中で,耐震設計を行う技術者は設計的・経済的な観点での高耐震化の実現性という問題に直面している.このような中2011年3月11日にマグニチュード9の東北地方太平洋沖地震が発生し,東北日本を中心に震動・津波などによる甚大な被害をもたらした.また,この地震による被害は関西地区にまで及ぶ非常に広域で多様なものであった.各種構造の損壊や非構造部材・設備機器の被害,地盤の液状化や斜面崩壊などに伴う家屋の被害など,各地において各様の被害様相を示した.この大震災は耐震関連分野の技術者にも大きな衝撃を与え,重要な課題をあらためてつきつけている.

建築構造物の適切な耐震設計のためには,地震発生から構造物の応答までの現象を全体としてとらえ,これに社会性や経済性を考慮する工学的な判断を加える必要がある.地震動評価と構造物の応答評価はこのために重要な役割を担っているが,特に東北地方太平洋沖地震を受けて地震の震源そのものをどう考えるかという問題がクローズアップされている.これら分野の技術は最近の多くの被害地震の経験を踏まえ急激に進歩・高度化しているが,理学的な知見を活用しつつ工学的にどのように耐震設計を進めるのかは重要な問題である.耐震設計への活用という工学的観点からは,専門分化して発展しつつある地震・地震動評価と構造物応答評価の両分野が相互に連携して進み,より有効な研究成果の展開につなげることが望ましい.

このような背景の下で「地震動評価」と「構造物の応答評価」の両分野の研究者や構造設計者に対し2010年,2011年の2回にわたってアンケートによる意識調査が実施された[5],[6].この調査では,現在の地震動および構造物応答の評価精度や耐震設計への活用,および両技術分野の連携に関わる意見を収集している.本章では,このアンケート調査結果の概要を記し,耐震技術に関する課題を抽出する.

8.1 アンケート調査の概要

8.1.1 アンケートのねらいと構成

2010年12月に実施されたアンケートでは,1) 回答者の専門分野や経験・立場に応じた意識の特徴,2) 地震動評価技術と構造物応答評価技術の信頼性に関する意識,3) 地震動評価(技術)と耐

震設計との関係についての意識，4) 地震動や構造物応答に関わる設計上重要な指標の抽出，5) 両分野の連携に関する現状認識と今後の対策についての意見収集，などを目的として，計19個の問が設定された．また，2011年12月に実施された第2回目のアンケートでは，この第1回目のアンケートの結果と東日本大震災の発生を受けて，計23個の問が用意された．

本章では，主としてこの第2回目のアンケートについて記述する．このアンケートでは以下のような質問内容を設定している．

1) 地震(震源)設定，広域地盤特性の評価，地震動の評価手法等の信頼性
2) 構造物の種類や応答振幅レベル別の構造物応答評価技術の信頼性
3) 地震動評価・構造物の応答評価に関する「ばらつき」への対応の考え方
4) 耐震設計クライテリアの考え方・項目
5) 回答者の地震・地震動評価，耐震設計などに関する意識の変化
6) 耐震設計における想定地震の選定と設定に関する考え方
7) 今後発生が予想される南海トラフにおける地震と建築構造物の耐震に対する考え方
8) 東北地方太平洋沖地震の教訓

上記の項目のうち1)，2)の項目は，第1回目のアンケートにおいて，地震動評価・構造物応答評価について回答者によって異なる対象に対する意見が混在しており内容が不明確になっていたことを受けて，より細かい対象区分に対しての意見を求めようとしたものである．また3)の項目は，第1回目のアンケートで重要な項目として非常に回答が多かったキーワードである「ばらつき」への考え方を問うものである．4)は，最近多くの大振幅地震動が実際に観測あるいは予測される中で，耐震設計のクライテリアをどのように考えるかという，第1回目のアンケートとも共通する重要な質問である．5)〜8)の項目は，東日本大震災を経験した後の耐震技術者の意識を探ろうとするものであり，今後に向けての考え方を抽出しようとしている．

なお上記の2回にわたるアンケート調査では，選択肢方式とともに自由記述方式の問が多く設定されているのが特徴である．またアンケート調査票の配布先は，地震動・地盤振動，上部構造の耐震・荷重，鋼構造，鉄筋コンクリート構造，基礎構造などの専門分野の研究者と構造設計者であり，電子メールにて調査票の配布・回収が行われている．第1回目と2回目の回答数／配布総数は，それぞれ162名／217名（回答率75%）と125名／165名（回答率75%）であった．

8.1.2 アンケートの質問項目

ここでは，第2回目のアンケートにおける23個の質問項目を以下に列挙する．

1) 専門分野（主たる技術分野）をお教え下さい．（選択肢，複数回答可）
2) ご自分の主な活動は，地震動評価，構造物応答評価のどちら側ですか．（選択肢）
3) 2011年東北地方太平洋沖地震で，地震の規模がM9と大きかったことに対しどのように感じま

したか．（選択肢）

4) 2011年東北地方太平洋沖地震の経験を経て，地震・地震動，構造物応答評価，耐震設計などに対する考え方は変わりましたか．（選択肢）

5) 変わったことの対象分野は次のどの分野でしょうか？（選択肢，複数回答可）

6) （前文略）構造物の耐震設計における想定地震の選定と設定について，どのようにお考えでしょうか．（選択肢）

7) （一部略）構造物の応答評価の観点から想定地震の選定と設定に関する考え方をどのように変えるのがよいか，可能な範囲でお書きください．（自由記述）

8) 耐震設計のための実用的な地震動評価を考えた場合，想定地震の考え方以外で，従来の地震動評価にどのような課題があるでしょうか．（項目別自由記述）

9) 現時点における実構造物の評価精度（実力）について，お考えを記入してください．（構造物種類別・応答振幅別ランク評価）

10) 構造物の応答に関係する敷地直下地盤の応答や建物との相互作用などについても，現時点における評価精度（実力）に対するお考えを記入してください．項目別ランク評価）

11) 構造物応答評価に関して，何が今後の課題でしょうか．（自由記述）

12) 最新の地震動評価技術による「強震動予測結果」の中には，非常に大きな評価結果となるケースも見られ，従来の「設計用地震動」のレベルとの間に大きな乖離が存在する場合がありますが，それについてどのように思われますか．（選択肢）

13) 想定地震の設定も含めて最新の地震動評価技術の設計への採用についてどのように思いますか．（選択肢）

14) 地震動評価・構造物の応答評価には各種のばらつき，あるいは確率分布が存在します．構造物の耐震設計を行う上でのこのようなばらつきへの対処法についてどのようにお考えですか．（自由記述）

15) （前文略）最近の大振幅地震動の観測事例やシミュレーションによる予測結果などを踏まえて，今後の耐震設計の方法（クライテリア）についてどのように考えますか．（選択肢，複数回答可）

16) 具体的にどのように外力レベルや発生頻度を見直すべきですか．（自由記述）

17) 具体的にどのような項目を追加すべきですか．（選択肢，複数回答可）

18) 具体的にどのような方式とすべきですか．（自由記述）

19) 2011年東北地方太平洋沖地震の発生を受け，今後発生が予測される南海トラフでの巨大地震に対し，超高層建物等の耐震設計においてどのような対応をとることが現実的でかつ適切かを選んでください．(選択肢)

20) （前文略）南海トラフで発生する巨大地震で予想される建築物の構造被害について，ご自身のイメージに近いものを選んでください．(2011年東北地方太平洋沖地震との大小比較：選択肢,

複数回答可）

21) 2011年東北地方太平洋沖地震を経験して，今後の建築構造物の耐震設計に向けての教訓となった点，あるいは教訓とすべき点をお書きください．（自由記述）

22) 耐震設計を対象とした場合に，「地震動評価側」と「構造物応答評価側」の連携・相互理解を進めることが重要との意見が多くあります．このような両者の連携のための方策について，お考えがあれば以下にお書き下さい．（自由記述）

23) 「地震動評価技術」と「構造物応答評価技術」との関係について，お考えがありましたら何なりとお書き下さい．（自由記述）

以上の質問項目に対する回答とその分析内容については，次節以降で選択肢問題と自由記述問題とに分けて紹介する．

8.2 アンケート結果に見る意識の全体的傾向

8.2.1 はじめに

2011年東北地方太平洋沖地震発生後の2011年12月に実施されたアンケート[6]に基づいて，特に選択肢方式の質問に対する回答を分析し，耐震技術者の意識の全体的傾向を把握する．アンケート結果の集計は，主な活動の属性（立場）に関する質問2の回答（①地震動評価側：21名，②構造物応答評価側：79名，③両者を統合する立場：19名，④どちらでもない：5名，⑤その他：1名，総計：125名）とその他の質問に対する回答とのクロス集計とし，回答者の立場に応じた意識の相違について分析する．なお，③に示す両者を統合する立場とは，地震動評価と構造物応答評価の両者に関与し，構造設計全体を統括する技術者等が該当する．また，集計に際し，単数回答の設問に対し複数回答を行ったもの，選択肢にない番号を回答したものは，無効回答として扱っている．

図8.2.1に2011年東北地方太平洋沖地震の規模(M9)についての回答を示す(図中の数値は回答数)．「想定外であり驚いた」が立場によらず60%を超え大勢を占めており，地震動評価側で86%と顕著である．東北地方太平洋沖地震が耐震技術者の意識に強く影響していることが推察される．

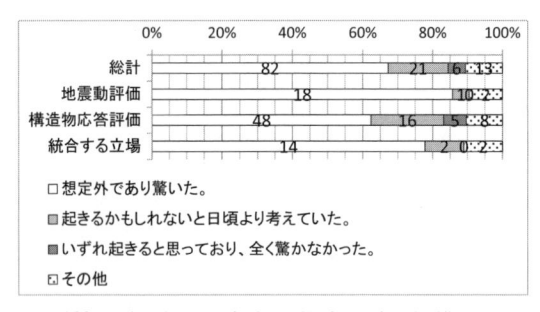

図8.2.1 （質問3）東北地方太平洋沖地震の規模(M9)について

8.2.2 地震・地震動評価・耐震設計などに関する意識の変化

図8.2.2に地震動・構造物応答評価・耐震設計などに対する考え方への回答を示す．東北地方太平洋沖地震の経験を経て，考え方は「少し変わった」が総計で60%を超え大勢を占めており，「大きく変わった」は14%に留まっている．図8.2.3に考え方が変わった対象分野に関する回答を示す．地震動評価側の「地震」との回答が41%とやや高い割合であるが，立場で顕著な差はなく，また回答が分散していることが確認される．

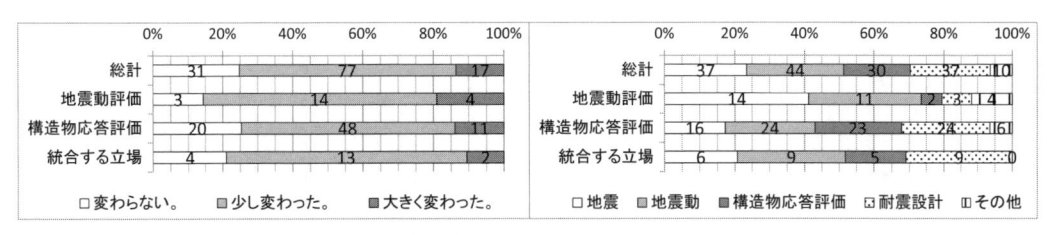

図 8.2.2　（質問 4）地震動・構造物応答評価・耐震設計などに対する考え方

図 8.2.3　（質問 5）考え方が変わった対象分野

8.2.3　耐震設計における想定地震の選定と設定に関する考え方

図 8.2.4 に耐震設計における想定地震の選定と設定についての回答を示す．「従来の想定地震の考え方を変える必要がある」が総計で 60%を超え大勢を占めており，それぞれの立場で，地震動評価側 76%，統合する立場 63%，構造物応答評価側 56%となっている．

図 8.2.5 に従来の地震動評価の課題に関する回答を示す．地震動評価側で「断層モデルパラメータの評価」が 45%でやや高い割合を示しているが，それぞれの立場で顕著な差はなく，また選択項目についても回答が分散しており，様々な課題の指摘がなされていることが確認される．

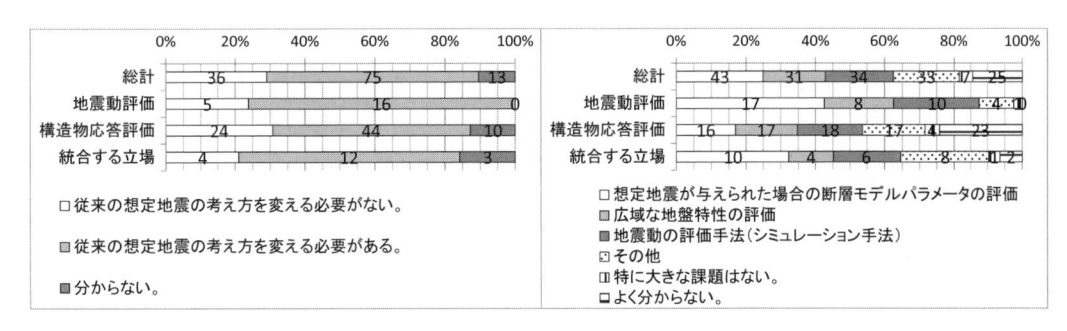

図 8.2.4　（質問 6）耐震設計における想定地震の選定と設定

図 8.2.5　（質問 8）従来の地震動評価の課題

8.2.4　地震動評価と耐震設計の関係

図 8.2.6 に最新の地震動評価技術による強震動予測結果についての回答を示す．本質問は，2010年 12 月と 2011 年 12 月に実施したアンケート調査において共通の設問となっている．図 8.2.6(a)および図 8.2.6(b)はそれぞれの集計結果であり，2011 年東北地方太平洋沖地震の発生前および発生後の結果である．地震動評価側では「従来の設計用地震動のレベルが小さすぎる」の割合が他分野より多く，また，「設計用地震動の考え方は強震動予測とは別体系であり，両者の乖離には気を使う必要がない」の割合が少ないことがやや特徴的であるが，回答は分散しており，意見が大きく分か

れている．この傾向は，東北地方太平洋沖地震の発生前後で大きく変化はしていない．

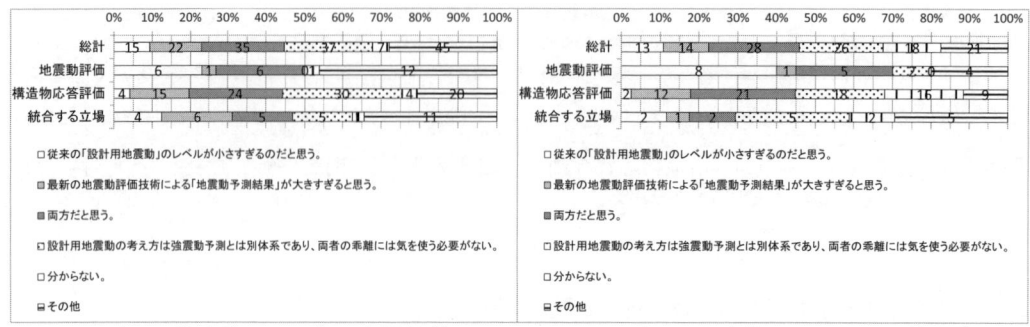

(a) 2010 年 12 月実施のアンケート結果 [5]　　(b) 2011 年 12 月実施のアンケート結果 [6]

図 8.2.6　（質問 12）最新の地震動評価技術による強震動予測結果について

図 8.2.7 に最新の地震動評価技術の設計への採用についての回答を示す．本質問についても 2010 年 12 月と 2011 年 12 月に実施したアンケート調査において共通の設問となっており，図 8.2.7(a)および図 8.2.7(b)はそれぞれ 2011 年東北地方太平洋沖地震の発生前および発生後の集計結果である．

地震動評価側では「順次設計に取り入れるべきである」との回答（2010 年 54%，2011 年 53%）が大勢であり，構造物応答評価側では「地震動指標と応答値の対応関係などを整理した上で設計法に間接的に反映させるのがよい」との回答（2010 年 73%，2011 年 66%）が大勢を占め，立場による有意な差が確認される．

また，東北地方太平洋沖地震の発生前後の変化に着目すると，「早急に取り入れるべきである」が地震動評価側で 4%から 21%へ，「順次設計に取り入れて行くべき」が構造物応答評価側では 16%から 23%へ，統合する立場で 16%から 35%へ増加している．東北地方太平洋沖地震の経験を経て，最新の地震動評価技術を設計へ取り入れるべきであるとの意識が高まっていることが確認される．

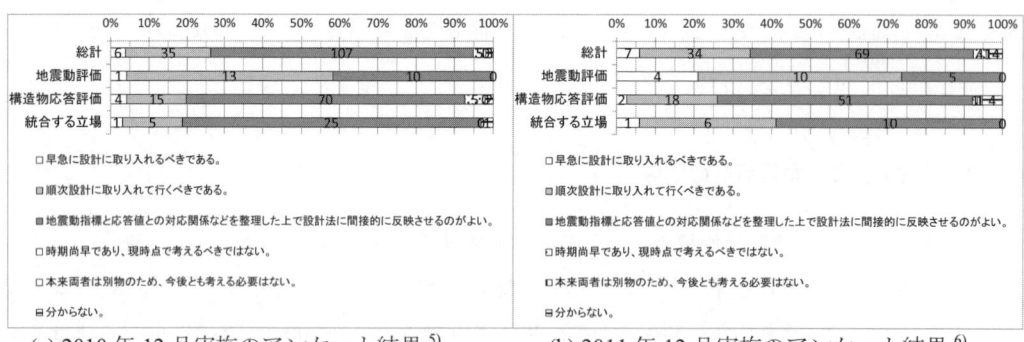

(a) 2010 年 12 月実施のアンケート結果 [5]　　(b) 2011 年 12 月実施のアンケート結果 [6]

図 8.2.7　（質問 13）最新の地震動評価技術の設計への採用について

8.2.5 地震動・構造物応答評価技術の精度について

図 8.2.8 に実構造物の応答評価精度（実力）に関する回答を示す．回答は構造物の種類（超高層建物，高層建物，中低層建物，木造建物および免震建物）並びに応答振幅レベル（弱非線形，一部部材降伏，大破および崩壊）毎に実用上の評価精度が選択されている．ここでは地震動評価側と構造物応答評価側の回答を示す．地震動評価側の回答は構造物の種類で大きな差は見られないが，構造物応答評価側では構造物の種類で回答に有意な差が見られ，中低層建物および木造建物については相対的に評価精度が低いという意識が確認される．また，構造物の種類によらず「弱非線形」，「一部部材降伏」までは「実用上精度よく評価可能」，「実用上評価可能」との回答が大勢を占めているが，「崩壊」に関しては「実用上の評価は不可」との回答が大勢を占めていることが確認される．

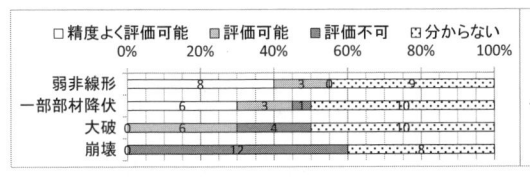

(a1) 超高層建物（地震動評価側の回答） 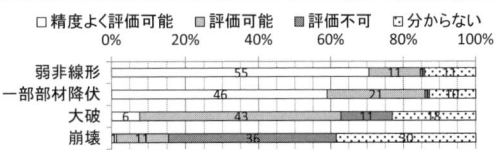　(a2) 超高層建物（構造物応答評価側の回答）

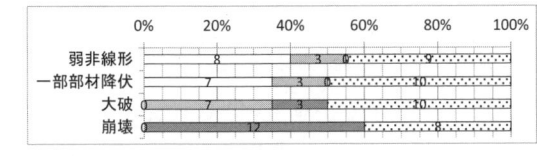

(b1) 高層建物（地震動評価側の回答） 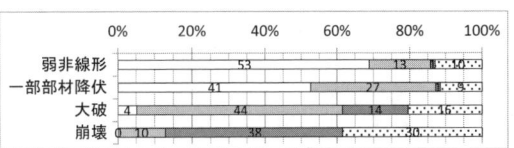　(b2) 高層建物（構造物応答評価側の回答）

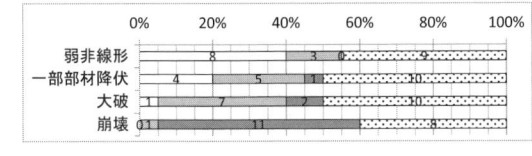

(c1) 中低層建物（地震動評価側の回答） 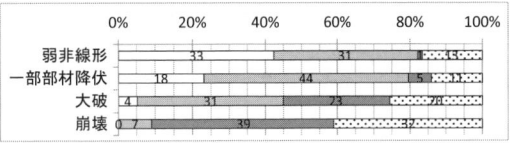　(c2) 中低層建物（構造物応答評価側の回答）

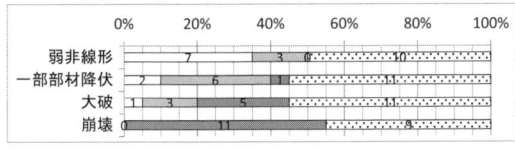

(d1) 木造建物（地震動評価側の回答） 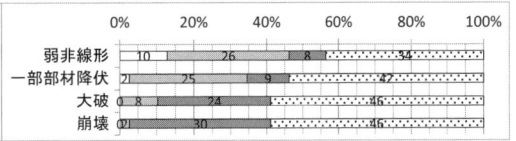　(d2) 木造建物（構造物応答評価側の回答）

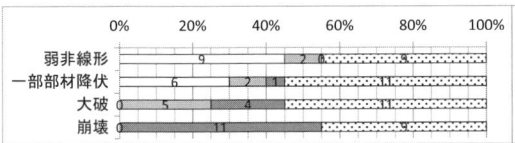

(e1) 免震建物（地震動評価側の回答） 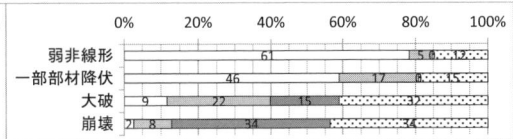　(e2) 免震建物（構造物応答評価側の回答）

図 8.2.8 （質問9）実構造物の応答評価精度について（構造物種類別・応答振幅レベル別）

図 8.2.9 に地盤応答や相互作用などの評価精度（実力）についての回答を示す．回答は評価項目（地盤応答，液状化評価，動的相互作用および建物への実効入力）並びに応答振幅レベル（線形，弱非線形および強非線形）毎に実用上の評価精度が選択されている．ここでも地震動評価側と構造物応答評価側の回答を示す．「地盤応答」，「動的相互作用」，「建物への実効入力」については，「線形」応答振幅レベルは「実用上精度よく評価可能」，「実用上評価可能」との回答が大勢を占めている．また，「弱非線形」，「強非線形」と非線形性の程度が大きくなるほど「実用上の評価は不可」の回答が増え，「強非線形」では大勢の意見となることが確認される．特に，「動的相互作用」，「建物への実効入力」についてはこの傾向が顕著になる．

(a1) 地盤応答（地震動評価側の回答）
(a2) 地盤応答（構造物応答評価側の回答）
(b1) 液状化評価（地震動評価側の回答）
(b2) 液状化評価（構造物応答評価側の回答）
(c1) 動的相互作用（地震動評価側の回答）
(c2) 動的相互作用（構造物応答評価側の回答）
(d1) 建物への実効入力（地震動評価側の回答）
(d2) 建物への実効入力（構造物応答評価側の回答）

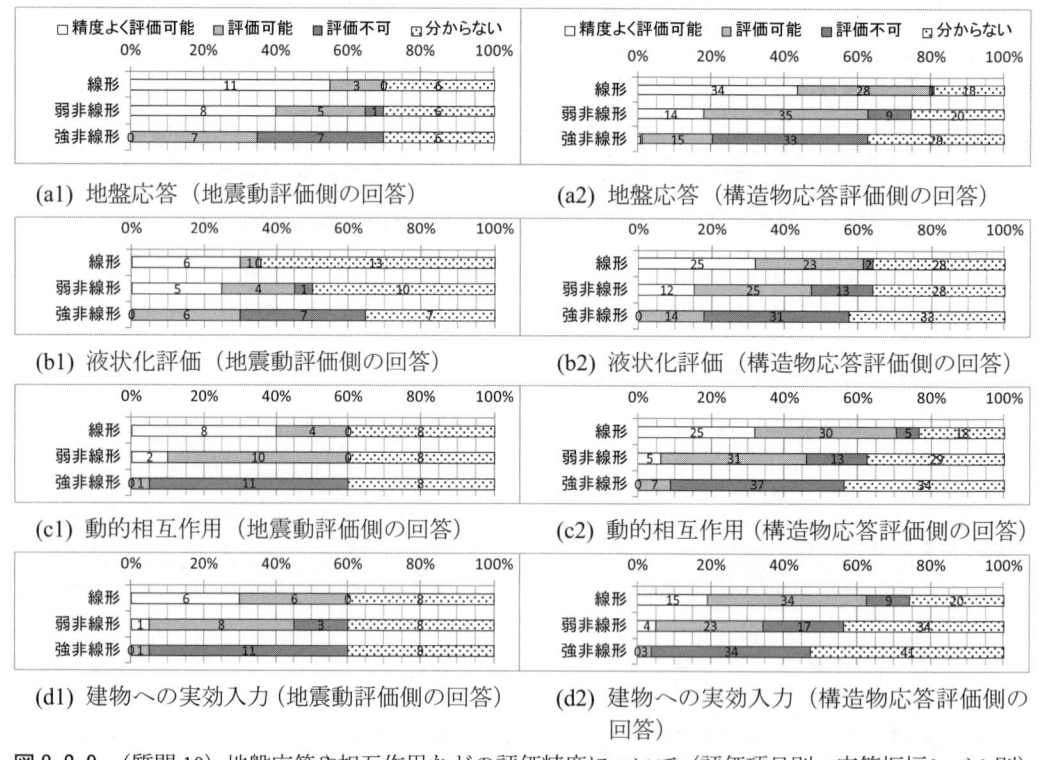

図 8.2.9 （質問 10）地盤応答や相互作用などの評価精度について（評価項目別・応答振幅レベル別）

8.2.6 耐震設計クライテリアの考え方・項目

図 8.2.10 に今後の耐震設計の方法についての回答を示す．「従来の耐震設計の方式でよいが，評価項目を追加すべきである」との回答が立場によらず最も多く，構造物応答評価側で 51%を占めている．また，「従来と異なる方式とすべきである」は統合する立場で 25%の割合を占めているが，総計では 17%となり，全体的には従来と異なる設計方式までを求める意見は少ないことが把握される．

図 8.2.11 に耐震設計に追加すべき評価項目についての回答を示す．立場によらず「建物の機能性・機能維持性」を評価項目に追加すべきとの回答が最も多いが，回答は分散しており，いずれの評価項目についてもその必要性が認識されていることが分かる．

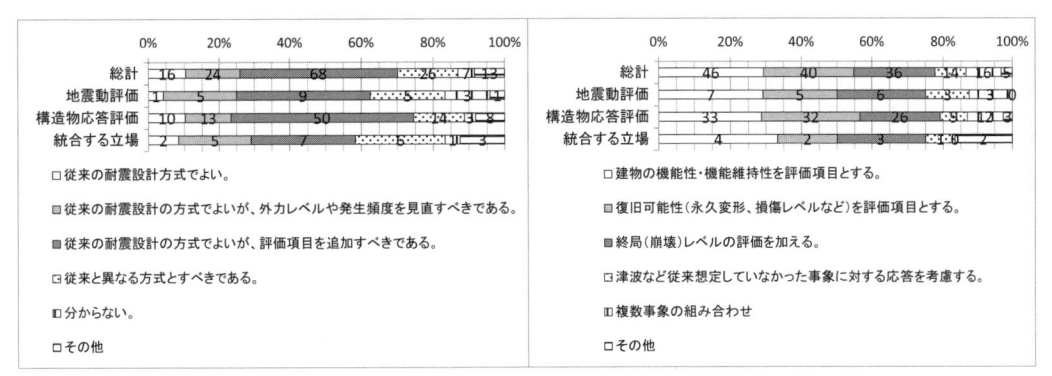

図 8.2.10 （質問 15）今後の耐震設計の方法

図 8.2.11 （質問 17）耐震設計に追加すべき評価項目

8.2.7 今後発生が予想される地震と耐震に対する考え方

図 8.2.12 に今後発生が予想される南海トラフでの巨大地震への対応についての回答を示す．「建築学会や国の機関等から提示されている東海・東南海・南海地震等の予測地震動を活用して長周期地震動を中心に十分な対策をとる」との回答が，構造物応答評価側で 56%の大勢を占めているが，「M9 クラスの東海・東南海・南海地震等を想定した地震動を策定し，十分な対策をとる」も立場によらず 30%程度を占めており，意見が分かれていることが確認される．

図 8.2.13 に南海トラフで発生する巨大地震で予想される構造被害についての回答を示す．「2011年東北地方太平洋沖地震よりも多数の構造被害が発生する」との回答が立場によらず最も多く，地震動評価側 44%，構造物応答評価側 51%，統合する立場で 70%を占めている．これに「既存の長周期構造物，免震構造物の崩壊など，相当深刻な構造被害が発生する」を加えると，地震動評価側 81%，構造物応答評価側 69%，統合する立場で 91%となり，東北地方太平洋沖地震よりも多くの，または深刻な構造被害が生じることを危惧する回答が大多数を占めていることが確認される．

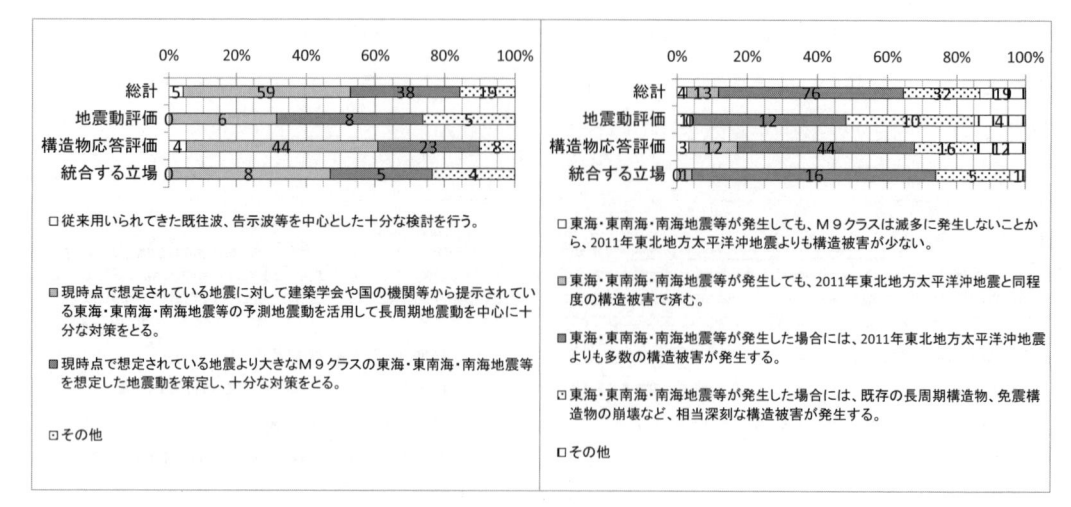

図 8.2.12 （質問 19）今後発生が予想される南海トラフでの巨大地震への対応

図 8.2.13 （質問 20）南海トラフで発生する巨大地震で予想される構造被害

8.2.8 まとめ

2011 年東北地方太平洋沖地震発生後の 2011 年 12 月に実施されたアンケートに基づいて，耐震技術者の意識の全体的傾向並びに回答者の立場に応じた意識の相違について分析した．各項目についてその傾向を要約する．

① 地震・地震動評価・耐震設計などに関する意識の変化

東北地方太平洋沖地震の経験を経て，考え方は「少し変わった」との回答が大勢を占めており，「大きく変わった」はそれほど多くない．また，考え方が変わった対象分野は，地震動評価側の「地震」との回答がやや高い割合を示しているが，立場で顕著な差はなく，回答は分散している．

② 耐震設計における想定地震の選定と設定に関する考え方

「従来の想定地震の考え方を変える必要がある」との回答が大勢を占めている．従来の地震動評価の課題に関する回答については，地震動評価側で「断層モデルパラメータの評価」がやや高い割合を示しているが，立場で顕著な差はなく回答は分散しており，様々な課題の指摘がなされている．

③ 地震動評価と耐震設計の関係

最新の地震動評価技術による強震動予測結果についての回答は，地震動評価側では「従来の設計用地震動のレベルが小さすぎる」の割合が他分野より大きいことが特徴的であるが，回答は分散しており，意見は分かれている．また，最新の地震動評価技術の設計への採用についての回答は，地震動評価側では「順次設計に取り入れるべきである」との回答が大勢であり，構造物応答評価側では「地震動指標と応答値の対応関係などを整理した上で設計法に間接的に反映させるのがよい」との回答が大勢を占め，立場による有意な差が確認される．また，東北地方太平洋沖地震の発生前後での変化に着目すると，最新の地震動評価技術を設計へ取り入れるべきであるとの意識が立場を問

わず高まっていることが確認される．

④　地震動・構造物応答評価技術の精度について

実構造物の応答評価精度（実力）についての回答は，構造物応答評価側では構造物の種類で回答に有意な差が見られ，中低層建物および木造建物については相対的に評価精度が低いという意識が確認される．また，構造物の種類によらず「崩壊」に関しては「評価は不可」との回答が大勢を占めていることが確認される．地盤応答や相互作用などの評価精度（実力）についての回答は，非線形性の程度が大きくなるほど「実用上の評価は不可」の回答が増える．特に，「動的相互作用」，「建物への実効入力」についてはこの傾向が顕著になる．

⑤　耐震設計クライテリアの考え方・項目

今後の耐震設計の方法についての回答は，「従来の耐震設計の方式でよいが，評価項目を追加すべきである」が立場によらず最も多い．耐震設計に追加すべき評価項目については，立場によらず「建物の機能性・機能維持性」を評価項目に追加すべきとの回答が最も多いが，回答は分散しており，いずれの評価項目についてもその必要性が認識されていることが把握される．

⑥　今後発生が予想される地震と耐震に対する考え方

今後発生が予想される南海トラフでの巨大地震への対応については，「建築学会や国の機関等から提示されている予測地震動を活用して長周期地震動を中心に十分な対策をとる」との回答が大勢を占めているが，「M9クラスを想定した地震動を策定し，十分な対策をとる」も立場によらず30%程度を占めており，意見が分かれている．また，南海トラフで発生する巨大地震で予想される構造被害については，「2011年東北地方太平洋沖地震よりも多数の構造被害が発生する」との回答が立場によらず最も多く，大多数の耐震技術者が南海トラフで発生する巨大地震によって東北地方太平洋沖地震よりも多くの構造被害が生じることを危惧していることが把握される．

8.3 自由記載に基づく意識の分析

アンケートには選択回答式の質問のほか，関連コメントや自由記述を求める質問も含まれる．自由記述欄に書き込まれたコメントは，回答者の常日頃考えている主張が強く反映されている．これらを分析することにより，選択型の回答のみからは抽出することの出来ない回答者の意識を把握することが可能と考えられる．ここでは，自由記述を対象にその内容を定量化し，クロス集計によって回答者の属性による分類を行なった．

8.3.1 回答者数，自由記述数の傾向

第1回，第2回アンケート[5),6)]ともに，カウントされた人数を主な活動の属性ごとに集計し，回答の傾向を分析した．主な活動の属性は，①地震動評価側（以下，地震動側），②構造物応答評価側（構造物側）：79名，③両者を統合する立場＋それ以外（統合側等），で分類した．全体のアンケート回答者数と，いずれかの質問に対し何らかの自由記述を残した数を図8.3.1に示す．

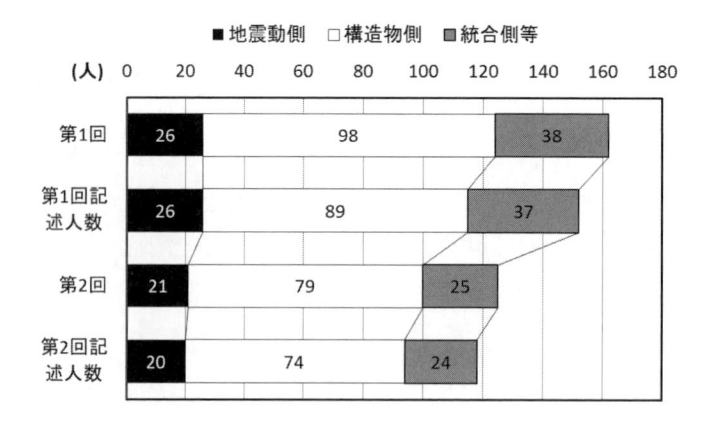

図8.3.1 自由記述回答者の内訳と推移

第1回アンケートの回答者は総計162名で，地震動側26名，構造物側98名，統合側等38名であった．第2回アンケートの回答者は総計125名（地震動側21名，構造物側79名，統合側等25名）で，第1回から2割程度減少した．いずれの回も，回答者のほとんどが何らかのコメントを記述している．

8.3.2 自由回答の項目別の集計

2011年東北地方太平洋沖地震発生後に実施した第2回アンケート結果を対象に，自由記述を求める質問別に見られる主要な回答から項目を設定し，その項目に関連するコメントを判断してカウント

した．自由記述は単一の選択回答ではないため，一人で複数の項目をカウントしているケースもある．

(1) 東北地方太平洋沖地震の経験を受けた考え方の変化

Q4で「2011年東北地方太平洋沖地震の経験を経て，地震・地震動，構造物応答評価，耐震設計などに対する考え方は変わりましたか．」の質問をし，変わったと回答した人を対象に，Q5の「変わったことの対象分野は次のどの分野でしょうか？具体的に変わった点についてご記入ください．」で具体的な記述を求めた．回答者数は，地震動側20人中17人，構造物側74人中49人，統合側等24人中14人と，地震動側からのコメントが相対的に多かった．

ここでは，考え方が変わった点を，大きく「震源・地震規模・地震動予測」，「長継続・長周期地震動」，「2次部材」，「応答予測・余裕度・設計法」，「防災・社会・安全性」，「液状化」，「免震・制震」，「津波」に分けて，項目に関連するコメント数をカウントした．この結果を図8.3.2に示す．

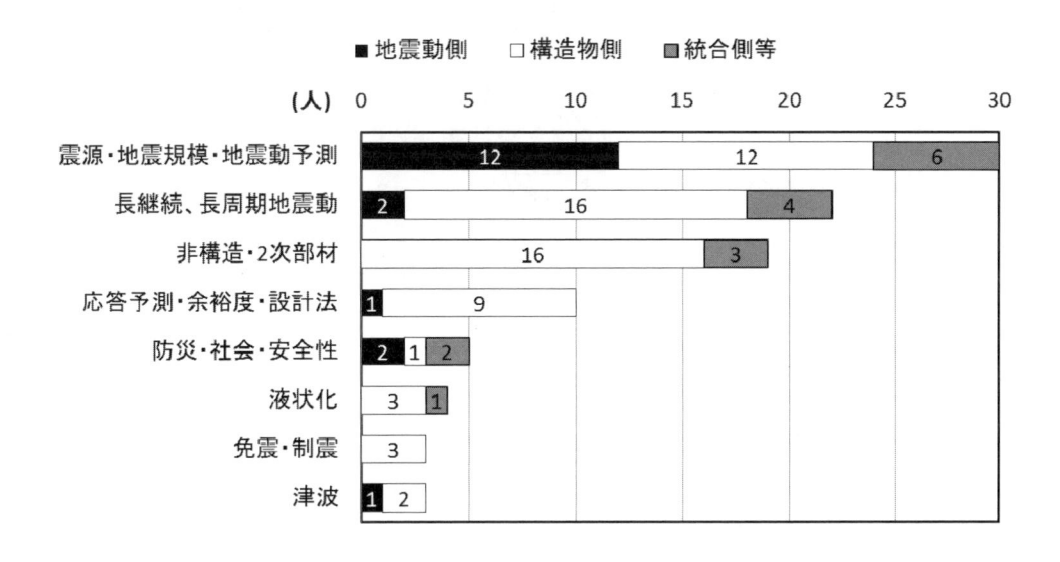

図8.3.2　東北地方太平洋沖地震の経験を受け考え方が変わった項目

地震動側では地震，地震動予測に関する考え方が変わった，もしくはその難しさを改めて感じたとする意見が多い．構造物側は長継続，長周期地震動，建物応答に関するもの，2次部材，非構造部材に関する意見が多い．今回の被害の特徴でもある，液状化や津波に関してもコメントが見られた．

(2) 構造物の応答評価の観点から見た想定地震の選定と設定に関する考え方

Q6で想定地震の考え方を変える必要があるかどうかの質問をし，Q7でその必要がある場合にど

のように変えたらよいか具体的な記述を求めている．回答者数は，地震動側20人中18人，構造物側74人中48人，統合側等24人中14人と，先の質問と同様に地震動側からのコメントが相対的に多かった．この結果を図8.3.3に示す．

　質問文の回答例にあった「地震発生確率が低くても最悪シナリオをもたらす地震を考える必要がある」との類似する回答が，どの分野からも最も多かった．最悪シナリオを考えた場合に，建物応答のクライテリア設定，オーナーとのコンセンサス，費用対効果とセットで考えるべきとする意見も多くみられた．これに対し設計に用いるには過剰である，時期尚早であるといった意見も構造物側より見られた．

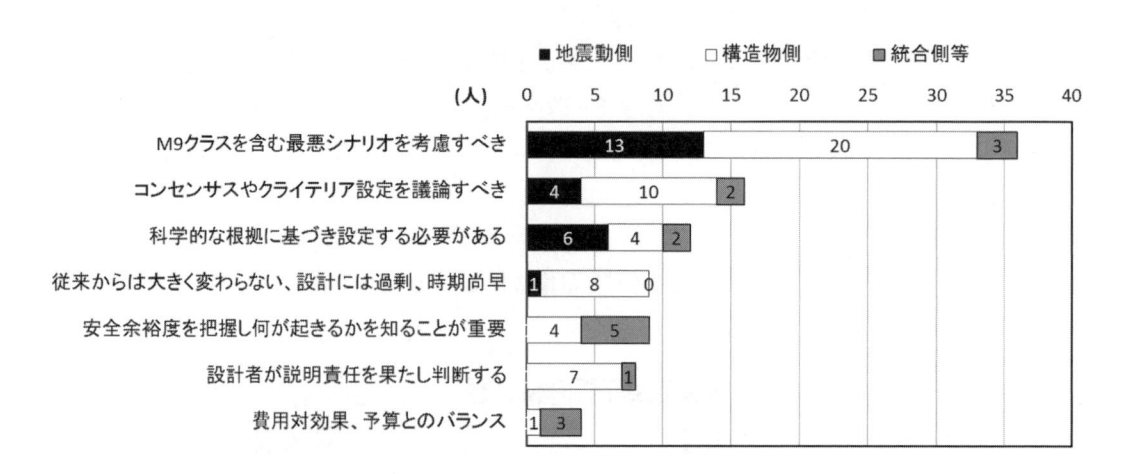

項目	地震動側	構造物側	統合側等
M9クラスを含む最悪シナリオを考慮すべき	13	20	3
コンセンサスやクライテリア設定を議論すべき	4	10	2
科学的な根拠に基づき設定する必要がある	6	4	2
従来からは大きく変わらない、設計には過剰、時期尚早	1	8	0
安全余裕度を把握し何が起きるかを知ることが重要		4	5
設計者が説明責任を果たし判断する		7	1
費用対効果、予算とのバランス	1		3

図8.3.3　構造物の応答評価の観点から見た想定地震の選定と設定に関する考え方

(3)　構造物応答評価に関する今後の課題

　Q11の「構造物応答評価に関して，何が今後の課題でしょうか．」で具体的な記述を求めている．回答者数は，地震動側20人中18人，構造物側74人中65人，統合側等24人中16人と，構造物側からのコメント数がQ5，Q7に比べて多い．

　回答は多岐にわたるが，ここでは項目を「構造物の耐力・終局状態・大変形時の挙動」，「有効，実効入力動」，「地盤増幅・動的相互作用」，「設計法・計算法・精度・評価法」，「2次部材・非構造部材」，「建物減衰」，「観測・検証」，「被害との対応」，「地震動の評価精度」と設定し，項目に関連するコメント数をカウントした．この結果を図8.3.4に示す．

　構造物側を中心として，建物の真の耐力・終局状態・大変形時の挙動を課題に挙げる意見が多い．東北地方太平洋沖地震時には，地震動の振動による被害は比較的少なかったとされているが，今後起こりうる巨大地震に対する課題としての意識しているものと考えられる．

第1回アンケートでは相互作用，特に有効入力動，実効入力動の解明を課題とする意見が多かったが，第2回アンケートでも同じ傾向が見られる．2次部材，非構造部材に関する課題を挙げる意見も多く，これは地震動側からの指摘も多い．強震観測による応答評価の検証を求める声も少なくない．

項目	地震動側	構造物側	統合側等
耐力・終局・大変形	5	18	6
有効、実効入力	3	18	5
地盤・相互作用	5	14	6
設計法・計算法・精度・評価法	1	14	5
2次部材・非構造部材	6	9	
建物減衰	3	8	3
観測・検証	3	6	3
被害との対応	2	4	3
地震動の精度	4	1	

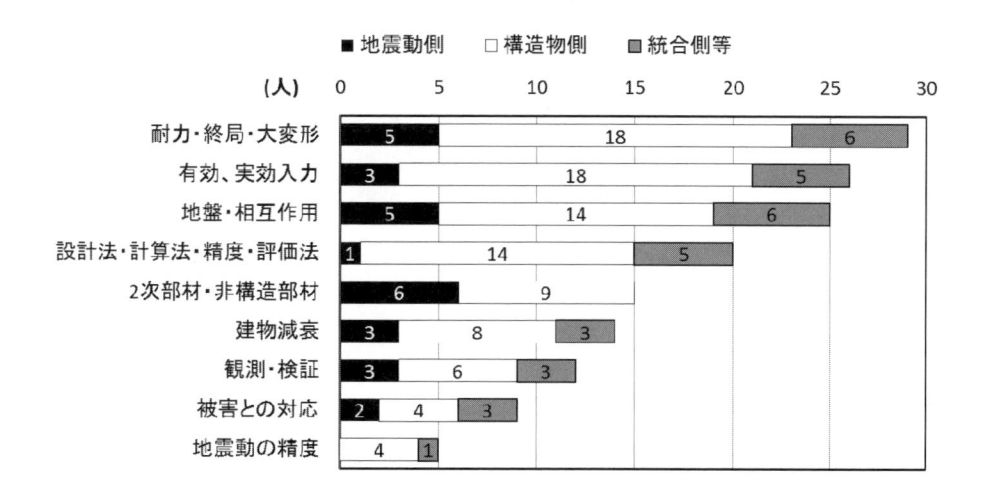

図8.3.4 構造物応答評価に関する今後の課題

(4) 地震動評価・構造物の応答評価のばらつきへの対処法

第1回目のアンケート調査で評価結果のばらつきに関するコメントが多かったことから，Q14では「地震動評価・構造物の応答評価には各種のばらつき，あるいは確率分布が存在します．構造物の耐震設計を行う上でのこのようなばらつきへの対処法についてどのようにお考えですか．」の質問を設定している．回答者数は，地震動側20人中20人，構造物側74人中64人，統合側等24人中22人と多くのコメントが得られた

ここでは，項目を「ばらつきの考え方自体は必要」，「ばらつきが大きすぎる・評価が難しい」，「ばらつきの内容を明らかにすべき」，「確率論，信頼性理論を導入すべき」，「確率論の導入は難しい」旨の意見の数を集計した．この結果を図8.3.5に示す．地震動評価・構造物の応答評価，多くの回答が両者のばらつきを同時にイメージしているが，地震動側では地震動評価の，構造物側では構造物応答のばらつきのみをイメージした回答もあった．

全体的に地震動評価や構造物の応答評価におけるばらつき評価自体を否定する意見はなく，ばらつきの考え方は必要とする意見が大多数であった．それでも，ばらつき自体が明らかになっていない，ばらつきが大きすぎる等，耐震設計に適用する上での問題点を指摘する意見は多い．このようなばらつきを取り入れるための，耐震設計への確率論，信頼性理論の導入に関しては，それを薦める意見と否定する意見があった．

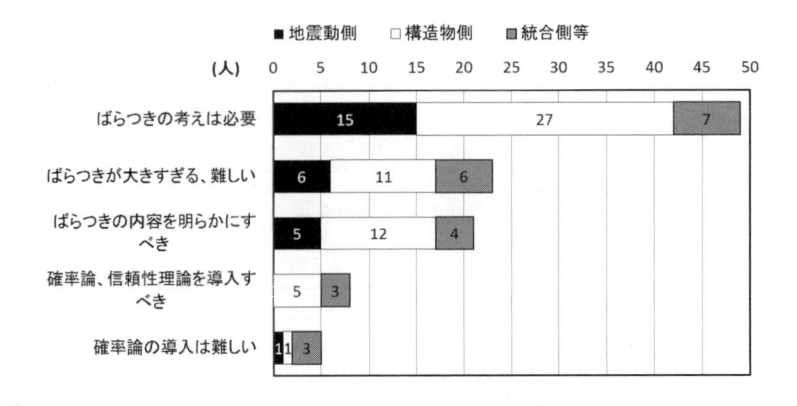

図8.3.5　地震動評価・構造物の応答評価のばらつきへの対処法

(5) 今後の耐震設計の方法，評価項目

　Q15では「最近の大振幅地震動の観測事例やシミュレーションによる予測結果などを踏まえて，今後の耐震設計の方法（クライテリア）についてどのように考えますか．」の選択質問を与え，その結果，「従来の耐震設計の方式でよいが，評価項目を追加すべきである．」との回答が半数以上を占めた．これを受け，Q16，Q18で具体的な追加評価項目，方法等を自由記述形式で尋ねている．ここではQ15の自由記述と併せて，分析した．回答者数は，地震動側20人中8人，構造物側74人中33人，統合側等24人中16人と，統合側等からのコメントが多かった．

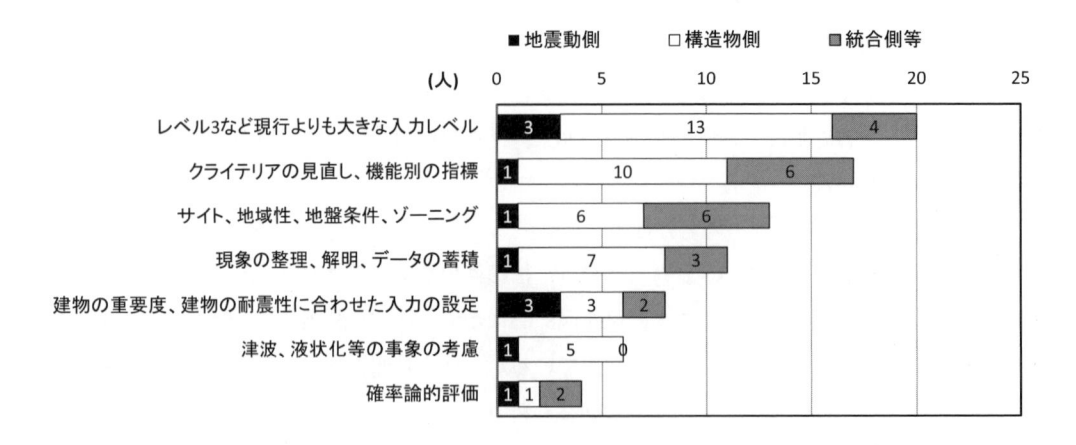

図8.3.6　今後の耐震設計の方法，評価項目

　項目を「レベル3など現行よりも大きな入力レベル」，「クライテリアの見直し，機能別の指標」，「サイト，地域性，地盤条件，ゾーニング」，「現象の整理，解明，データの蓄積」，「建物の重要度，建物の耐震性に合わせた入力の設定」，「津波，液状化等の事象の考慮」，「確率論的評価」等の意見の数を集計した．この結果を図8.3.6に示す．レベル3など現行よりも大きな入力レベルを設

定する必要があるという意見が最も多かった．同時に，入力レベルに応じたクライテリアの設定を別途示すべきとの意見も多い．この一方で，まずは実際の現象の把握が必要であるというコメントも比較的多く見られた．

(6) 今後の建築構造物の耐震設計に向けての教訓

Q21では「2011年東北地方太平洋沖地震を経験して，今後の建築構造物の耐震設計に向けての教訓となった点，あるいは教訓とすべき点をお書きください．」の質問で自由記述を求めている．回答者数は，地震動側20人中16人，構造物側74人中68人，統合側等24人中23人であった．構造物側，統合側等からのコメントが多かった．この結果を図8.3.7に示す．意見は多岐に亘っている．

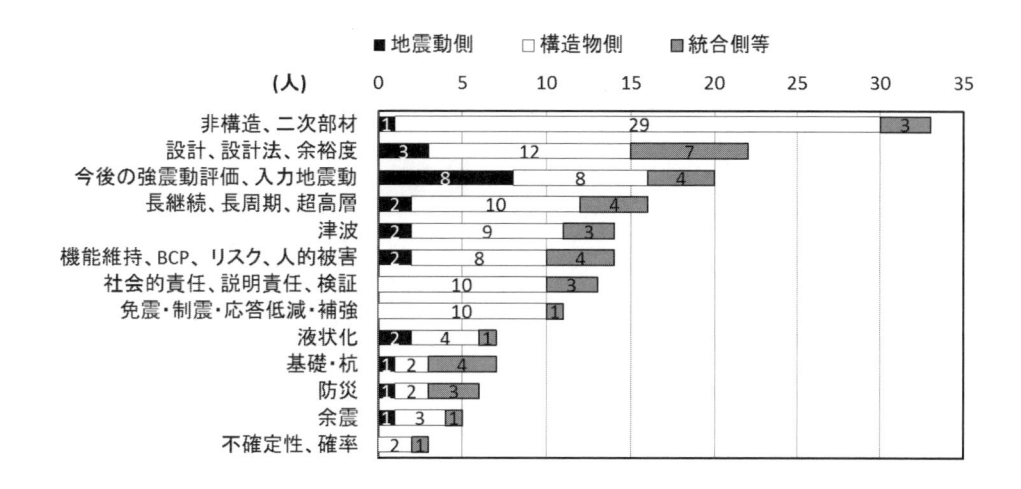

図8.3.7 今後の建築構造物の耐震設計に向けての教訓

ここで，非構造部材，2次部材の評価を教訓として挙げる意見が大変多く，構造物側の1/3以上がこれを指摘している．地震動側は，当然ながら，今後の地震や地震動評価を教訓として挙げる意見が多かった．ただし，「建築構造物の耐震設計」に関する質問であるため，ここでは地震動側からのコメントは少ない．機能維持，人的被害等の防災的観点や，社会的責任，説明責任等のソフト的観点の意見も多かった．今回の震災の大きな特徴である，津波，液状化の他，仙台の集合住宅での被害の影響を受け，基礎・杭に関する意見も見られた．

8.3.3 キーワード検索に基づく意識分析

ここでは，全ての自由記述を対象に，地震動評価と構造物の応答評価に関連するキーワード検索を掛け，項目ごとに該当するコメントを含む回答者数をカウントした．これにより，自由記述の内容を定量化し，クロス集計によって回答者の属性による分類を行い，選択型の回答のみからは抽出

することの出来ない回答者の意識分析を試みるとともに，第1回アンケートから第2回アンケートまでの意識の変化を調べた．

(a) 建物の強震観測等の必要性
(b) 建物への有効入力動等の解明
(c) 地盤と建物の相互作用の影響
(d) 津波
(e) 地盤液状化
(f) 2次部材，非構造部材

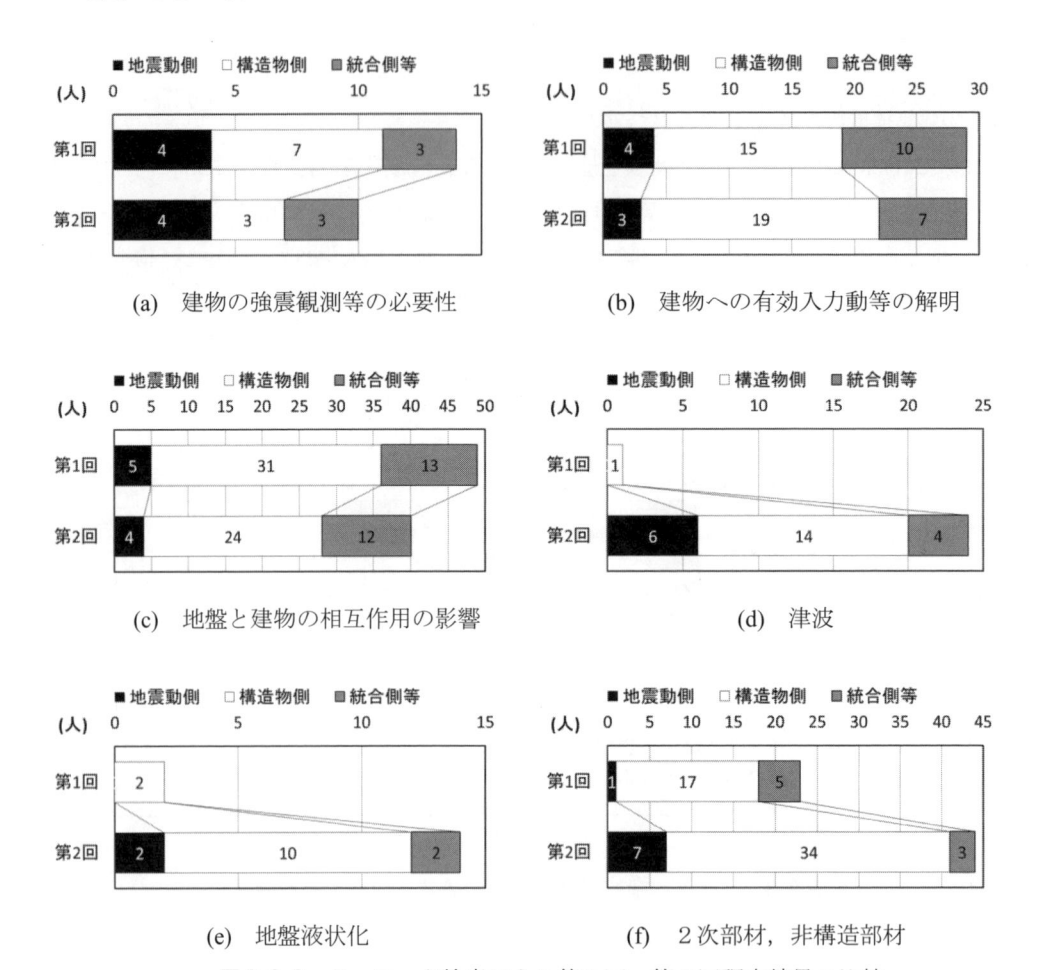

図8.3.8 キーワード検索による第1回，第2回調査結果の比較

検討項目は以下の通りである．
(a) 建物の強震観測の必要性，記録に基づく分析の必要性
　検索キーワード「強震」，「観測」，「実測」，「建物」，「構造物」等
(b) 建物への有効入力動，実効入力動，入力損失の解明
　検索キーワード「入力」，「有効」，「実効」，「損失」等
(c) 地盤と建物の相互作用の影響
　検索キーワード　(b)に加え「相互作用」，「表層」，「地盤」，「増幅」，「逸散」，「すべり」，「連成」等
(d) 津波

(e) 液状化
(f) 2次部材

検索キーワード「2次部材」,「非構造」,「天井」,「仕上げ」,「設備」
集計結果を図8.3.8に示す.

　建物の強震観測の必要性に関する意見について,第2回アンケートでは若干減少したものの,ある程度の割合で見られる.動的相互作用,特に基礎部における有効入力の解明に関する意見は,構造物側を中心に相変わらず多い.第1回アンケートでは津波,液状化に関する記述はほとんど見られなかったが,第2回アンケートでは大幅に増加している.今回最も多かったのは,2次部材等の被害であり,第1回アンケートでもある程度見られたが,第2回アンケートでは2倍に増加している.耐震設計等の対象がもはや構造躯体だけではなく,BCPや利用者の安心感,さらには心理状況までをも念頭に置き,非構造部材,設備,天井等の被害までに及ぶ状況にあることを,多くが認識していると捉えることができる.

8.3.4 まとめ

　第2回アンケートの自由記述に関し,その内容を項目ごとに定量化し,クロス集計によって回答者の属性による分類を行なった.また第1回アンケートからの意識の変化を調べるため,全ての自由コメントを対象に,キーワード検索による項目カウントを行った.この結果,以下の傾向が見られた.

① 2011年東北地方太平洋沖地震の経験を経て,考え方が変わった項目として,地震動側では地震動予測に関する事項,構造物側は長継続,長周期地震動,長周期建物応答に関する事項,2次部材,非構造部材に関する事項が多かった.
② 構造物応答評価に関する今後の課題として,構造物側を中心として,建物の真の耐力・終局状態・大変形時の挙動を課題に挙げる意見が多かった.
③ 今後の建築構造物の耐震設計に向けての教訓として,非構造部材,2次部材の評価を教訓として挙げる意見が大変多く,構造物側の1/3以上がこれを指摘していた.
④ キーワード検索を掛け,項目ごとに該当するコメントを含む回答者数をカウントした.この結果,2次部材等の被害に関するコメントが最も多く,第2回アンケートでは第1回アンケートの約2倍に増加していた.

　ここでの結果は,あくまでも記述されているコメントに基づくものである.コメントしていなくても,上記の考え方を持っている回答者も多数いるとも考えられる.しかしながら,自由記述欄に書き込まれたコメントは,回答者の常日頃考えている主張が強く反映されたものと推察され,貴重な資料と考えられる.

8.4 アンケートのまとめと考察

8.4.1 はじめに

本項では第 2 回アンケート結果[6]を中心に，東日本大震災の発生以前に実施した第 1 回アンケート結果[5]も必要に応じて参照し，まとめと考察を試みた．

8.4.2 東日本大震災後の意識の変化

（1） 東日本大震災に関する認識

「第 2 回アンケートの設問 3」では「東北地方太平洋沖地震の地震規模($M9$)への感想」について聞いているが，「想定外であり驚いた」との意見が総計で 60％を超えていた．一方「第 2 回アンケートの設問 4」では「東日本大震災を経て地震動・構造物応答評価等に対する考えは変わったか」を聞いているが，「大きく変わった」との回答は総計で 15％程度に留まっており，「少し変わった」との回答(60％程度)が大勢を占めている．

アンケート結果から，直接このような回答結果の理由を明らかにすることはできないが，第 1 回，第 2 回アンケートの回答率はそれぞれ 75％，76％であり，回答者は東日本大震災発生以前から極めて高い問題意識を有していたことが分かる．これが上記の回答傾向(考えが少し変わったが，大きくは変わっていない)の背景にあるものと推定される．

（2） 東日本大震災の教訓と南海トラフ地震への備え

「第 2 回アンケートの設問 20」では「東日本大震災を踏まえ南海トラフで発生する巨大地震で予想される構造被害のイメージ」を聞いているが，「南海トラフの被害は東日本大震災より大きい」との回答が大勢であった．

「第 2 回アンケートの設問 21」では「今後の耐震設計への教訓」を聞いているが，東日本大震災の特殊性を指摘し「構造物の被害がそれほど大きくなかったからと言って，次の巨大地震ではそうなるとは限らない」との戒めの意見が複数あった．また「地震動と津波，土砂崩れ等の複合災害への備え」，「構造体の被害を超えたより広範なソフト対策の必要性」等の指摘があった．

8.4.3 地震動評価技術課題

（1） 評価技術の信頼性

「第 1 回アンケートの設問 6」では「最新の地震動評価技術の信頼性」について聞いているが，「実用的な精度はある」との肯定的な回答と「十分な精度は確保できていない」との否定的な回答の割合は，地震動評価側ではそれぞれ 76％，20％となっている．一方，構造物応答評価側では同一設問

への解答がそれぞれ33％，49％となっており，立場により地震動評価技術の信頼性の評価に有意な差異が認められた．

個別の意見を見ると「強震動予測の精度は倍半分程度であり実務に適用は難しい」，「震源モデル設定の任意性が大きすぎる」等の否定的な意見がある一方で，「強震動予測は実用的な精度となってきた．また計算手順が論理的となってきた」，「構造物応答評価と比較すると充分な精度がある」等の肯定的な意見もあり評価は分かれている．

地震動評価技術の信頼性に関して，このような認識の相違が存在することには注意が必要である．

（2） 地震動評価の課題と方向性

「第2回アンケートの設問6」では「東日本大震災を踏まえた想定地震の選定と設定」について聞いているが，「従来の想定地震の考え方を変える必要がある」との意見が大勢(60％)であった．個別の意見を見ても「地震動評価においてM9地震のような最悪のシナリオを考慮すべし」，「断層連動等の不確定性を一層考慮すべし」との指摘があった．これらの指摘は東日本大震災を踏また意見として自然なものと考えられる．また，現状の地震動予測の困難さを指摘し，「予想される以上の地震動を受けても耐えられるようにするなど，構造物側で最悪のシナリオに対応すべし」との意見も数多く見られた．（「第2回アンケートの設問7」）

なお「第1回アンケートの設問17」では「構造物応答評価技術との関係において地震動評価技術に対して今後何を期待するか」について聞いているが，「地震動を決定する要因の中でも，震源特性は科学的観点だけから決定されるものではない．震源特性の設定は複数のシナリオの中から社会的観点も考慮して選びとっていく作業とならざるを得ない」との意見は，「想定地震の選定と設定」に関連し傾聴に値するものと考える．

また「地震動評価に関しては単に波形を提供するだけではなく，平均的な評価とバラツキをセットで提供すべき」，「最も起こりそうなパターンから最悪のパターンまで幅を持たせて地震動を評価できないか」等の確率論的な考慮に期待する声が数多く寄せられた．

8.4.4 構造物応答評価技術の課題

（1） 評価技術の信頼性

「第2アンケートの設問9」では「現時点における実構造物の評価精度」について聞いているが，構造種別に係らず「弱非線形性」と「一部部材降伏」までは「実用上精度よく評価可能」あるいは「実用上評価可能」との意見が大勢を占めている．「大破」に関しては「実用上評価可能」と「実用上の評価不可」で意見が分かれている．また「崩壊」に関しては「評価不可」の意見が大勢を占めている．

このように，構造物応答評価の精度に関しては非線形性が強くない範囲では信頼できるが，非線形性が強まるほど信頼性が低下するとの認識で関係者の見方はほぼ一致していることが分かった．

（2） 構造物応答評価技術の課題と方向性

「第2回アンケートの設問11」では「構造物応答評価技術に関する課題」について聞いているが，「実際の地震被害が正しく予測できていない」，「実構造物の実力・終局挙動が不明」との意見が数多くあった．

また，このような課題を克服するための解明すべき技術項目に関しても数多くの指摘があった．主要な指摘項目を以下に示す．

・入力関係：実効入力，動的相互作用(特に非線形相互作用)，水平2方向・上下入力の効果
・強非線形及び崩壊評価：耐力劣化挙動の評価，局部座屈評価，PΔ効果，非構造部材の影響
・地盤関係：液状化評価，永久変形対策
・経年問題：材料や施工のバラツキ評価

なお，K-NET等の地震観測に比較し不足していると考えられる「建物の地震観測の充実」や「建物の実大実験の必要性」を指摘する声も数多くあった．以上の意見は第1回アンケートでも数多く指摘されており，概ね大きな相違は認められなかった．

8.4.5 耐震設計の課題

（1） 地震動評価と耐震設計

「第2回アンケートの設問12」では「最新の強震動予測と従来の設計用地震動とのレベルの乖離」について聞いているが，「従来の設計用地震動のレベルが小さすぎる」，「最新の地震動評価技術による強震動予測結果が大きすぎる」，「設計用地震動の考え方は強震動予測とは別体系である」に意見は大きく分かれている．

また「第2回アンケートの設問13」では「最新の地震動評価技術の設計への適用」について聞いているが，地震動評価側では「早急に取り入れるべき」，「順次取り入れるべき」との意見の合計が70％を超えている一方，構造物応答評価側では「地震動指標と応答値との対応関係などを整理した上で設計法に間接的に反映させる」との意見が大勢(65％程度)で，立場によって意見が分かれる結果となった．

以上のような意見の違いの要因としては，8.4.3に示した地震動評価法の信頼性に関する認識の相違が背景にあるものとも考えられる．また，「第1回アンケートの設問19」では「地震動評価技術と構造物応答評価技術との関係」について聞いているが，「強震動予測結果は耐震設計に直接適用するもの」との考えを前提とした意見がある一方，「設計用地震動は建物の構造特性・社会的重要度・耐用年限等を勘案した上で，設計者が設計案件ごとに適宜判断すればよい」との意見に代表されるように，強震動予測と設計用地震動を明確に区別する意見もあった．このように，地震動評価結果の使用法に関して見解の相違が存在することも回答が分かれた背景にあるものと推定される．

（2） ばらつきの評価，発生頻度の評価

「第2回アンケートの設問14」では「ばらつきの扱い」について聞いているが，「地震動評価のば

らつきに比較し，構造物応答評価のばらつきは小さい」との認識が構造物応答評価側では大勢であった．

なお，第1回アンケートでは地震動評価側から「構造物応答評価のばらつきが大きい」との指摘が数多くあったが，今回はそのような指摘が減っている．自由記載欄の記入内容からの判断のため評価は難しいが，東日本大震災発生の影響が影を落としているとも考えられる．

また，PSA手法のような「ばらつきの直接的な評価」を実務に適用することには慎重な意見が大勢であったが，確率論的評価法の積極的な採用を求める意見も少なくはなかった．確率論的評価法の代案としては「現行の設計法に基づき，安全率や余裕度を適正化する」「信頼性理論に基づく限界状態設計法を適用する」「崩壊形式・冗長性などに配慮する」「危機管理・初動対策等のソフト対策の充実」等の様々な提案があった．

（3）　耐震設計の課題と方向性

「第2回アンケートの設問15」では「今後の耐震設計の方法」を聞いているが，「従来の耐震設計法で良い」，「従来の耐震設計法で良いが，外力レベルの見直しや評価項目の追加が必要」との意見が総計で70％を占めており，「従来と異なる方法の採用」を求める声は多数ではなかった．

「第2回アンケートの設問11,16,18,19」等の自由記載回答から認められる今後の耐震設計の課題と方向性に関する主要な項目を以下に整理して示す．

・想定地震の見直し等の地震動評価法の高度化．
・強震動予測結果と設計用地震動の関係の整理．
・想定を超える地震動への構造物側の対処方法の検討．
・ばらつきの評価法の確立．PSA手法等の確率論的評価方法の導入検討．
・2次部材，非構造部材の評価法確立と，被害低減対策．（咲洲の事例を踏まえた非構造部材を対象に応答変位を低減する設計法の確立等）
・長周期地震動に対する構造物応答評価の高度化．（継続時間が非常に長い地震動に対する疲労評価法等）
・大地震後の安全性評価・再使用評価の確立．
・大変形領域と崩壊までを対象とした適正な構造物応答評価法の確立．（地震被害の説明性向上）
・大変形領域を対象としたクライテリアの設定．あるいは耐震裕度の評価法確立．
・津波対策，地盤対策の充実．地震との複合災害への備え．
・ソフト対策の充実．

8.4.6　まとめ

本項ではアンケートのまとめと考察を試みた．今回のアンケートでは，地震動が従来に比べより大振幅なものへと進む中で，研究者・技術者の抱える問題意識や悩みが明らかとなった．また，耐

震設計の課題と今後の方向性に関して，一定の整理が出来たものと考える．

アンケートでは，回答者の専門分野や立場によらず一定の見解に収束している回答項目がある一方で，専門分野や立場により見解が大きく異なる項目があることも分かった．前者の代表例としては「従来の想定地震の考え方を変える必要がある」「非線形性が強い状態では，構造物応答評価の信頼性は高くない」等が挙げられる．一方，後者の代表例としては「地震動評価技術の信頼性はどの程度か」「強震動予測結果と設計用地震荷重の関係をどう整理するか」等が挙げられる．

今後，このような現状を踏まえて，地震動評価と構造物応答評価の研究を推進すると伴に，両者の間の溝を埋めるための活動に取り組む必要があると考える．

参 考 文 献

1) 壇一男：大振幅の地震動と設計用入力地震動への反映事例，シンポジウム「増大する地震動レベルと建物の終局耐震性の課題と展望」論文集，日本建築学会構造委員会耐震設計小委員会，2008.12.
2) 土方勝一郎・西村功・水谷浩之・徳光亮一・真下貢：2007年新潟県中越沖地震の地震動特性，日本建築学会構造系論文集，第653号，2010.7.
3) 日本建築学会編：長周期地震動と建築物の耐震性，2007.12
4) シンポジウム「上町断層帯による想定地震動に対する建物の耐震設計を考える」論文集，日本建築学会近畿支部耐震構造研究部会，2009.1.
5) 田村和夫・小林正人・永野正行・北村春幸・佐藤俊明・倉本洋・高山峯夫：地震動評価と構造物の応答評価に関する意識調査（その1～その3），日本建築学会学術講演梗概集（関東），2011.8.
6) 田村和夫・小林正人・永野正行・土方勝一郎・北村春幸・佐藤俊明：東日本大震災経験後の地震動評価と構造物の応答評価に関する意識調査（その1～その4），日本建築学会学術講演梗概集（中部），2012.9.

9章　地震動評価と構造物の応答評価の今後の方向性

9.1　耐震設計と構造物の地震応答評価

－耐震技術の発展と応答評価－

　わが国では，地震による被害を受けながら建築構造の耐震技術が発展してきた．近代的構造技術の発展スピードに対して，自然現象である地震時の挙動による検証を踏まえての耐震技術整備が追いついてこなかったことも，このことの要因の一つであろう．現在も建築構造の方法やその設計は変化しているが，今までに蓄積された耐震のための情報も充実してきている．建物の耐震設計においては，地震・地震動に対して得られる知見を用いて，想定される地震動に対する構造物の応答挙動を把握し，狙った性能を実現させる必要がある．また同時に，社会全体を見渡しての耐震のあり方を踏まえた耐震設計へとつなげていくべきであろう．

　建物の耐震設計においては，古くより地震による建物への作用を静的な力として扱い，これにより構造体の各部に生じる応力に対して構造物を損傷させないようにする設計が行われてきているが，これは現在でも一般的な考え方として受け継がれている．この静的な地震力は簡易であり，かつ地震動による構造物への作用効果を表すのに極めて有用な指標である．

　一方1960年代にわが国に登場した超高層建物では，地震動の時刻歴波形を用いて建物の動的応答解析を行う耐震設計が行われるようになった．また静的耐震設計においても，地震動の性質や構造物の応答の性質を考慮したいわゆる新耐震設計法が1981年に施行されている．さらに2000年には，地震動の周期特性や時間領域での振幅特性を考慮する考え方が，限界耐力計算法とともにとり入れられ，超高層建物を含む重要構造物では建物に入力する地震動の特性を十分に考慮した動的な（場合によっては等価静的な）設計を行うことが，より一般的になってきている．

　動的応答解析を行い始めた当初は，建物の建設地とは異なる地点で観測された既往の地震動波形を設計用の入力地震動として用いていた．その後強震動の研究が著しく進み，最近では海溝型地震による長周期地震動や，内陸地殻内地震による破壊力の大きなパルス成分を含む地震動などの特性もかなり明らかになってきている．現在では，特定の地震の断層モデルを用いて当該敷地周辺における予測地震動を作成し，これを設計に用いることも行われるようになっている．また，平均的な地震動の特性（応答スペクトル，振幅の経時特性など）に適合する模擬地震動を作成して，これを設計に用いることもよく行われている．

9.2 耐震設計に関わる諸課題

－地震動評価に関連して－

地震動評価技術は近年非常に進歩し，発生した地震・地震動をかなりの精度で評価できるようになっているものの，個々の地震や地域ごとの特性に応じた詳細を含む未解明な部分の解明など，発生した現象を理解・説明するための研究は，今後も継続して進めて行くべきである．また地盤の液状化などの強非線形領域での問題や，建物への入力動の観点での評価に踏み込んだ研究も，進める必要がある．

一方耐震設計上で地震動評価を有効に活用するためには，今後発生する地震・地震動の可能性について，設計者や一般社会の人々に理解できる形で提示されることが必要である．すなわち，震源の位置やその特性，発生する地震動の特性を，そのばらつきも含めて提示されることで，対応策や意思決定が可能になる．

－構造物の応答評価に関連して－

構造物の応答評価技術も高度化しており，構造物を構成する膨大な量の構造部材の個々の弾塑性特性を考慮した応答評価が可能になっている．しかし，これらは塑性化の程度がそれほど大きくない範囲の場合であり，構造物が崩壊に至るまでの応答挙動の評価は，まだ実用化には程遠い現状にある．極大入力下の応答を考慮した耐震設計のためには，各構造部材の強非線形域での特性の詳細な把握と，それを踏まえた構造物の終局時までの挙動をより精度高く評価できる必要がある．このためにE－ディフェンスのような大型振動台を活用した実験は有効である．同時に，自然現象である地震時の建物の実挙動を把握するために，敷地地盤・建物の地震観測を行い，これを継続することも重要である．

また構造物の応答評価においても，詳細な応答解析結果に対して建物全体としてどのような現象が生じているのかを人が理解できるように総合化する工夫も必要である．このためには，現象の理解・判断の助けとなる地震動や構造物応答の共通の指標を用いることが有効と考えられる．特に各分野における活動の境界領域にある地震・地震動と構造物への入力動をつなぐ相互作用効果や，耐震設計用の入力地震動設定の考え方に関する問題についての知見のさらなる充実や有効な手法論が求められている．

－耐震設計における総合化の視点－

耐震設計では地震動評価と構造物の応答評価の両者を基に判断が加えられる．しかし，それぞれの分野の研究は独立して深化してきており，耐震設計に向けての両者の連携した発展は必ずしも十分ではなかった．本来，個別の建物の耐震設計は「震源評価」「地震動評価」「入力地震動評価」「動的相互作用効果の評価」「構造物の応答評価」「部材の耐力や変形能力評価」「2次部材等の評価」「事業継続性評価」等の全体を総合化した観点が重要である．また，地域や国全体を考えての各種イ

ンフラ施設を含めた都市計画的観点をも加えるべきである．最近指摘されている，従来の建築構造では成立しないような極大振幅入力動の可能性に対しての備えを探るためには，技術分野間の相互連携と，極大地震の可能性やそれにより生じ得る現象を社会に分かりやすい形で発信して共有化することも重要である．構造設計者からの前向きなアプローチと共に，研究者による総合的な視点からの活動が大いに期待される．

9.3 今後の方向性

－現象の解明と事象の「特性化」－

我々は，既に過去の災害で多くのことを経験している．これらを踏まえて，今後大きな地震災害が発生する前に適切な対策をたてて実行していかなければならない．そのためには，起こり得る地震・地震動の全体像を把握した上で耐震設計方針を設定する必要がある．

現行の建築基準法で規定されるレベルを超える地震入力があることを十分に認識したうえで，増大する地震動レベルに対して，耐震設計の目的に応じた適切な対応を行うためには，前にも述べたように，地震動評価，構造物の応答評価，耐震設計といった各分野の総合的な取組と判断が重要になる．各分野での技術レベルの高度化と共にこれらを総合化するための技術的な工夫が必要になる．詳細に現象を把握するための技術レベルの高度化は，一方で現象の全体としての理解が困難になるという一面を有している．このことへの対応として，本書の4章で記述した入力地震動の「特性化」が有効である．断層モデルを用いた強震動予測では震源情報を単純化した「特性化震源モデル」を用いることが一般的となっているが，構造物への入力地震動も同様に「特性化」することを提案しているのである（表9.3.1参照）．従来耐震設計で用いられてきた，地震動の最大加速度・最大速度や応答スペクトル，継続時間など地震動の特性を表す代表値としての指標も「特性化」されたものであり，これらは地震動の性質を表す上で重要である．特性化は構造物の応答値に対しても行われ，各階の最大応答振幅値，最大応答層間変形や最大応答塑性率，累積塑性変形倍率などがこの代表的なものであるが，この他にも各部材の損傷指標など多様なものが提案されている．本書では，長周期地震動やパルス性地震動など地震動のタイプに応じた重要な地震動特性値の例を示している．個々の建物の耐震設計は地震環境や建物固有の条件により異なるものであるが，このような地震動の特性化や建物応答の特性化により，耐震設計における見通しが得られやすくなり総合化の観点で有効である．またこれにより，設計者や建物応答評価に関わる研究者と強震動研究者の相互理解と情報交換が容易になると思われる．

表 9.3.1 震源・地震動・建物応答の特性化（例）

	震源	地震動	建物応答
対象	震源モデル	地震動	建物応答
特性値	震源特性値	地震動特性値	応答指標（限界値・許容値）
特性値の例	アスペリティサイズ すべり量 応力降下量　など	パルス周期 速度振幅 波数　など	最大応答変形角 累積塑性変形倍率 など
特性値を表す用語	特性化震源モデル	特性化地震動モデル	設計クライテリア

－耐震設計の方向性－

　今までの議論で明らかなように，従来の設計で想定されていた地震動レベルよりも高いレベルの地震動は既に多く発生しており，さらに高いレベルの地震動が今後発生することも考えられる．このような中で，現行設計における想定よりも高いレベルの地震動を設計的にどのように扱うのかについて，個々の建物の設計において決断していく必要がある．発生が想定されるばらつきの上限に近い入力レベルを設計対象として陽な形で設定し，それに対するクライテリアの選択肢を示す性能設計の拡大が必要であろう．この選択の判断にあたっては，本書の 3～5 章に記述した情報や 6，7 章で紹介した事例などが参考になる．また前節でも述べたように，耐震設計に関する社会との情報の共有化を進め，建物の耐震性能に関する相互の合意形成をする活動も必須となろう．

－分野間の連携に向けて－

　増大する地震動レベルに対する耐震設計上の取組としての地震・地震動評価と構造物の応答評価について考えてきた．我々の理解の及ばない大自然の現象の中で，今後建てるべき建物の耐震設計をどうするべきかという大問題に対して，知恵を出し合いながら対応していく必要がある．本書で示した地震動評価，構造物の応答評価に関する情報を参考にして，研究者・技術者の連携が進むことを期待したい．

　また，研究者・技術者の相互連携のために学会活動などにおける場の設定，要素技術の深化とこれらを総合化させるための研究の推進およびそのような体制の整備を望みたい．

用語索引

用　語　索　引

あ

アイソレータ ……………… 230, 231, 236, 241, 282
アスペリティ …………………………………………
　……… 29, 38, 48, 55, 83, 170, 175, 256, 290, 296 ほか
アンケート ……………… 4, 119, 300, 348, 352, 360, 368
安全限界 ………………………………………………
　……… 67, 74, 112, 197, 217, 244, 250, 278, 339, 346 ほか
安全率 …………………………………… 20, 25, 197, 371
意識調査 ………………………………………………… 348
一次設計 …………………………………………………… 20
今村明恒 …………………………………………………… 19
液状化 …… 65, 73, 78, 87, 91, 93, 299, 356, 361, 374 ほか
液状化解析 …………………………………………… 70, 74
液状化強度曲線 ………………………………… 69, 70, 74
液状化試験 ……………………………………… 69, 74, 79
S波速度構造 …………………………… 65, 66, 74, 75, 78
エネルギー・アドミッタンス ………………………… 54
エネルギースペクトル ………………………………
　…………………… 7, 8, 54, 126, 136, 138, 140, 145, 159
エネルギー法 ……………………………………… 261, 271
鉛直アレイ ………………………………… 70, 71, 72, 74
応答解析モデル ………………………… 182, 183, 190, 194
応答指標 ………… 1, 10, 124, 125, 129, 130, 131, 133, 136
応答スペクトル法 ……………………… 75, 249, 250, 344, 346
応答評価指標 ……………………………………… 4, 6, 159

か

回帰分析 ………………………………………………… 65
海溝型(巨大)地震 ……………………………………
　……… 3, 6, 27, 90, 138, 182, 223, 252, 295, 373 ほか
確率論的想定地震 ………………………………… 22, 252, 253
活断層 ………… 1, 6, 22, 27, 34, 51, 82, 252, 289 ほか
換算 I_s 値 ……………………………… 261, 265, 266, 271
慣性の相互作用 ………………………… 105, 108, 109, 111
幾何学的非線形 ………………………………………
　……………… 183, 186, 187, 188, 189, 190, 191, 317, 326
幾何剛性マトリックス ………………………… 183, 191, 192
基礎固定 ……………………………………… 99, 101, 108, 129
KiK-net ……………………………… 3, 18, 19, 70, 71, 83, 87, 90
逆解析 ……………………………………… 31, 66, 70, 71
逆せん断 ………………………………………………… 248
逆断層 ……………… 28, 31, 34, 38, 253, 256, 258, 289, 292 ほか
逆梁 ……………………………………………… 208, 211
強震観測 ………… 3, 15, 70, 72, 82, 107, 114, 363, 366
強震記録 … 17, 31, 70, 82, 99, 103, 112, 126, 147, 230 ほか
強震動生成領域 ……………………………………… 29
強震動予測 … 3, 15, 29, 34, 42, 55, 290, 353, 369, 375 ほか
強震動レシピ ……………………………………… 42, 46
京町家 ………………………………………… 244, 339 ほか

き

協力幅 …………………………………………………… 209
局所的非線形化 ………………………………………… 106
局部座屈 …………… 179, 186, 215, 267, 316, 370 ほか
魚骨(形)モデル ………………………… 176, 183, 227, 325
許容応力度設計 ………………………………… 20, 149, 272
クライテリア ……………………………………………
　…… 22, 98, 124, 176, 236, 244, 297, 317, 349, 359 ほか
クリアランス ……………… 190, 222, 231, 238, 329 ほか
繰り返し(回)数 ………………………………………
　……… 189, 199, 200, 202, 204, 205, 211, 212, 232, 287
繰り返し特性 …………………………………… 234, 287
経験的手法 ………………………………………… 42, 45
継続時間 …………………………………………………
　……… 6, 38, 82, 112, 116, 126, 138, 173, 274, 375 ほか
計測震度 …………………………………………… 82, 87, 98
K-NET ………………… 3, 18, 70, 82, 126, 147, 370 ほか
経年変化 …………………………………………………… 98
限界状態 …………………………………………………
　…… 1, 182, 202, 216, 222, 236, 264, 297, 313, 332 ほか
限界耐力計算 ……………… 2, 65, 76, 78, 245, 339, 373 ほか
原子力発電所 ……………………………… 15, 22, 71, 98, 99 ほか
減衰補正係数 ……………………………………… 165, 171, 249
建築基準法 ……………… 4, 7, 10, 20, 65, 76, 83, 244, 339, 375 ほか
工学的基盤 ………………………………………………
　……… 7, 38, 48, 76, 105, 177, 252, 267, 299, 310 ほか
高強度鋼材 …………………………………………… 325, 327
構成則 ……………………………… 68, 70, 73, 74, 78, 189
剛性比例型減衰 ………………………………………… 103
構造減衰 ……………………………………………… 189, 190
構造耐震指標 …………………………………………… 261
降伏(層)せん断力係数 ………………………………
　…… 129, 148, 149, 154, 233, 246, 272, 282, 286, 329 ほか
告示スペクトル ……………………… 30, 83, 93, 113, 259
固定荷重 ………………………………………………… 341

さ

最悪シナリオ …………………………………………… 362
最大塑性回転角 …………… 220, 224, 236, 316, 319, 323 ほか
材端塑性ヒンジモデル ………………………… 185, 188, 189
サイト波 ……………… 1, 2, 7, 10, 12, 21, 178, 183, 301
材料非線形 …………………………………… 186, 187, 323
座屈後安定耐力 ……………………………… 221, 222, 266
座屈拘束ブレース ……………… 222, 261, 262, 315, 316, 320, 321
佐野利器 …………………………………………………… 19
差分法 ……………………………………………… 44, 45, 48
残留ひび割れ幅 ……………………………… 105, 108, 207
残留変形 ……………… 9, 105, 148, 238, 272, 281 ほか
シアスパン比 ………………………………… 189, 200, 201
市街地建築物法 ……………………………… 19, 20, 21

軸力比 …………………… 199, 200, 201, 207, 220, 226
指向性パルス …………………………… 27, 34, 36
地震荷重 …… 1, 10, 19, 68, 74, 161, 289, 294, 309, 372 ほか
地震基盤 ………… 77, 113, 147, 160, 175, 252, 259, 293
地震シナリオ ………………………………… 290, 294
地震地域係数 ………………………………… 20, 21
地震調査研究推進本部 ………… 18, 42, 46, 47, 290, 295
地震動指標 ………………………………………………
 …………… 104, 124, 125, 126, 131, 133, 136, 354, 358, 370
実強度 ……………………… 104, 105, 109, 111
実効加速度 ……………………………………… 125
実効地震継続時間 ……………………………… 126
実効変形 ………………………………………… 185
質点系モデル ……… 129, 149, 176, 228, 286, 313, 315 ほか
室内動的変形試験 ………………………………… 67, 69
四方差し ………………………………………… 248
終局限界 ………… 182, 215, 217, 222, 228, 231, 239, 272
終局耐震性能 …………… 182, 183, 188, 194, 203, 278
修正最大力積値 ………………………………… 126, 136
上下動 ……………… 25, 175, 227, 308, 309, 321
衝突 …………………… 173, 180, 194, 231, 236, 329 ほか
震央距離 ………………………… 38, 71, 83, 87, 113
震源過程 ………………………………………… 62
震源パラメータ …………… 29, 42, 46, 47, 49, 50, 124
震災予防調査会 …………………………………… 19
新耐震設計(法) ………………… 2, 20, 22, 86, 149, 373
振動特性係数 ……………………………………… 20, 22
振動モニタリング ………………………………… 92
信頼性理論 ……………………………………… 363, 371
推定伏在断層 ………… 253, 255, 256, 258, 261, 267, 272
スペクトル強度 ………………………………… 125, 126, 136
SMAC型強震計 ………………………………… 82
正弦波パルス …… 3, 161, 249, 289, 301, 308, 322, 344 ほか
制振構造 …………… 115, 148, 150, 151, 152, 160, 276, 279
制振ダンパー …………………………… 184, 185, 273
制振補強 …………………………………… 261, 262, 271
脆性破断 ……………………………………… 215, 216, 322
性能曲線 ………………………………………… 197
性能設計 ……………… 2, 6, 12, 14, 217, 252, 296, 376 ほか
性能等価加速度応答スペクトル ……………… 344, 346
性能判断基準値表 …………… 219, 272, 278, 279, 281
性能メニュー ……………………… 10, 11, 272, 278, 281
設計震度 ………………………………………… 19, 20
設計用上下地震動 ……………………………… 308
設計用層せん断力係数 ……………………………… 20, 129
設計用入力地震動 ………………………………………
 ……………… 2, 15, 22, 24, 42, 231, 252, 295, 299 ほか
せん断スパン比 …………………………… 199, 200, 204
せん断破壊 ………… 20, 112, 119, 189, 196, 199, 236 ほか
せん断棒モデル ………………………………… 183
せん断余裕度 …………………… 199, 200, 204, 211, 212
塑性ヒンジ ………… 185, 196, 206, 215, 223, 224, 226

ソフトランディング ………………………………… 241
損傷限界 ……………… 112, 244, 264, 278, 303 ほか
損傷集中 …………… 105, 173, 178, 179, 180, 249, 250, 266, 326
損傷評価指標 …………………………………… 150

た

耐震診断 ……………… 105, 111, 244, 261, 339, 346
耐震性判定 ……………………………………… 6, 12, 14
耐震壁 ……………… 91, 109, 182, 189, 196, 201 ほか
耐力劣化 ………………………………………………
 …… 86, 189, 215, 223, 226, 313, 316, 323, 327, 370 ほか
高さ制限 ………………………………………… 21
多数回繰り返し …………… 9, 199, 200, 205, 208, 209, 211
単位地震動 …………… 126, 141, 142, 150, 152, 159
短期荷重 ………………………………………… 20
弾性限変形 ……………………………………… 325
単独入力 …………… 152, 153, 154, 157, 160, 272, 276, 281
地表地震断層 ………………………… 27, 34, 35, 36
中央防災会議 ………… 42, 46, 47, 166, 254, 290, 295, 299
長期荷重 ………………………………………… 20, 227
長周期地震動 …… 6, 27, 138, 183, 198, 272, 357 ほか
長周期パルス ………………………… 292, 293, 299, 311
長寿命建築物 ………………………………… 272
直下地震 …… 3, 6, 22, 83, 138, 164, 198, 253, 273 ほか
ディレクティビティ効果 …………… 46, 49, 83, 290, 292
倒壊限界 …………………… 174, 215, 237, 244, 245
等価S波速度 …………………………………… 70, 71
等価(粘性)減衰 ………… 68, 70, 204, 205, 212, 233, 249
等価地盤物性 ………………………………… 108, 109
等価震源距離 …………………………… 58, 59, 61, 292
等価線形解析 ………… 67, 70, 71, 74, 75, 76, 78, 79
等価線形化法 …………………… 197, 211, 212, 299, 308
統計的グリーン関数法 ……… 42, 45, 62, 290, 299 ほか
動的設計法 ………………………………………… 21
動的変形特性 ……………………………………… 67, 68
特性化 ……………………………… 3, 124, 375 ほか

な

内藤多仲 ………………………………………… 19
内陸地震 …………… 6, 9, 47, 82, 112, 124, 289, 295 ほか
鉛ダンパー ………………… 9, 230, 234, 235, 286, 287
南海トラフ …………… 113, 349, 350, 357, 359, 368
二次設計 ………………………………………… 20
2次部材 ………………………… 91, 97, 109, 361 ほか
日本建築構造技術者協会（JSCA) …………… 10, 244, 295
日本建築防災協会 …………………………… 21, 244
入力損失 …………………………… 105, 106, 111, 366
入力の相互作用 ………………………………… 105, 111

は

ハードニング特性 …………………………………… 235
バイリニア型 ……………… 118, 120, 232, 282, 329, 330

破壊伝播	28, 36, 45, 49, 57, 171, 290 ほか
破壊モード	201, 202, 206
波形合成法	42, 45, 55, 299 ほか
柱梁耐力比	215, 321, 322, 325, 326
破断	8, 86, 111, 179, 186, 215, 231, 262, 279, 316 ほか
破断限界塑性回転角	224, 316, 317, 319
幅厚比	188, 215, 317, 322 ほか
ばらつき	4, 15, 42, 78, 105, 124, 180, 217, 297, 349 ほか
梁崩壊型	325
パルス周期	161, 166, 168, 178, 249, 308 ほか
パルス性地震動	3, 83, 124, 161, 165, 173, 222, 300, 308 ほか
パルス特性値	166, 168, 169, 172, 178
PSA	371
PS 検層	52, 65, 66, 78
ピークファクター	54, 115
BCP	3, 367
PΔ 効果	174, 183, 191, 215, 244, 246, 316, 346 ほか
非構造部材	38, 103, 217, 348, 361, 371 ほか
被災度区分判定	244
引張鉄筋比	200, 204
引張破断	190, 217, 236
必要性能スペクトル	343, 346
微動探査法	66
標準地震動	294, 295, 300
標準波	7, 21, 138, 159, 302 ほか
ファイバーモデル	186, 188, 189
フェールセーフ	180, 236, 237, 241, 333
復元力特性	112, 119, 201, 208, 216, 235, 238, 245, 343 ほか
複合非線形解析	186, 187, 188
付着割裂破壊	189, 199, 200
フラットタイプ地震動	302, 313 ほか
フリングステップ	27, 28, 34, 36
変形能力	10, 215, 216, 224, 231, 279, 316, 319, 322, 374 ほか
崩壊メカニズム	196, 197
細長比	215, 217, 220, 221, 226, 266 ほか

ま

曲げ座屈	220, 221
曲げせん断破壊	199
曲げせん断棒モデル	183
MSS モデル	190
MS モデル	186, 189
モード層間変形角係数	306
モーメントマグニチュード	111, 168, 169, 170, 290

や

有限要素法	38, 44, 45
有効応力解析	70, 73, 74, 79
要求曲線	197, 212
擁壁	173, 190, 231, 236, 329 ほか
横座屈	187, 215, 220 ほか
横ずれ断層	28, 29, 34, 55, 253, 257, 258
余裕度	11, 198, 219, 231, 270, 272, 278, 332, 361, 371 ほか

ら

ランダム波	28, 29
略算スペクトル	344, 345
履歴系ダンパー	179, 232, 282
履歴減衰	70, 120, 154, 212, 272
累積塑性回転角	220, 224, 236, 316 ほか
累積塑性変形	140, 148, 150, 217, 225, 235, 261, 272, 285 ほか
累積塑性変形倍率	6, 124, 125, 130, 150, 185, 219, 264, 273, 375 ほか
累積塑性変形量	232, 233, 284, 286, 287
累積損傷評価	9, 10, 183, 272
連層耐震壁	91, 201, 203
連続入力	153, 154, 157, 272, 276, 279, 281

大振幅地震動と建築物の耐震性評価
―巨大海溝型地震・内陸地震に備えて―

2013年9月10日　第1版第1刷

編　集
著作人　一般社団法人　日本建築学会

印刷所　昭和情報プロセス株式会社

発行所　一般社団法人　日本建築学会
108-8414　東京都港区芝 5-26-20
電　話・(03) 3456-2051
F A X・(03) 3456-2058
http://www.aij.or.jp/

発売所　丸善出版株式会社
101-0051　東京都千代田区神田神保町2-17
神田神保町ビル
電　話・(03) 3512-3256

© 日本建築学会 2013

ISBN978-4-8189-0613-6　C3052